如东年鉴

2017

如东县年鉴编纂委员会 编

方志出版社
Publishing House of Local Records

图书在版编目(CIP)数据

如东年鉴. 2017 / 如东县年鉴编纂委员会编. — 北京:方志出版社,2017.10

ISBN 978-7-5144-2611-3

Ⅰ.①如… Ⅱ.①如… Ⅲ.①如东县— 2017—年鉴 Ⅳ.①Z525.34

中国版本图书馆 CIP 数据核字(2017)第 259984 号

如东年鉴(2017)

编　　者:如东县年鉴编纂委员会
责任编辑:梅中英
出 版 人:冀祥德
出 版 者:方志出版社
　　地址　北京市朝阳区潘家园东里 9 号(国家方志馆 4 层)
　　邮编　100021
　　网址　http:// www.fzph.org
发　　行:方志出版社发行部
　　电话　(010)67110500
经　　销:方志出版社图书经销中心
印　　刷:扬州市机关彩印中心
开　　本:889×1194　1/16
印　　张:24.5
字　　数:873 千字
版　　次:2017 年 10 月第 1 版　2017 年 10 月第 1 次印刷
印　　数:001～900 册
ISBN 978-7-5144-2611-3　定价:200.00 元

如东县年鉴编纂委员会

主　　任：沈峻峰

副 主 任：于立忠　张蓉蓉　陈春柳　罗晓东
　　　　　施正泉　张光平　於小卫

委　　员：吴亚云　王金泉　潘友兵　于海杰
　　　　　曹晓丽　蔡宇红　高单峰　顾久芬

《如东年鉴（2017）》编纂人员

主　　编：於小卫

执行主编：顾久芬

编　　辑：顾久芬　周云霞　袁学平　胡　磊
　　　　　虞建宣

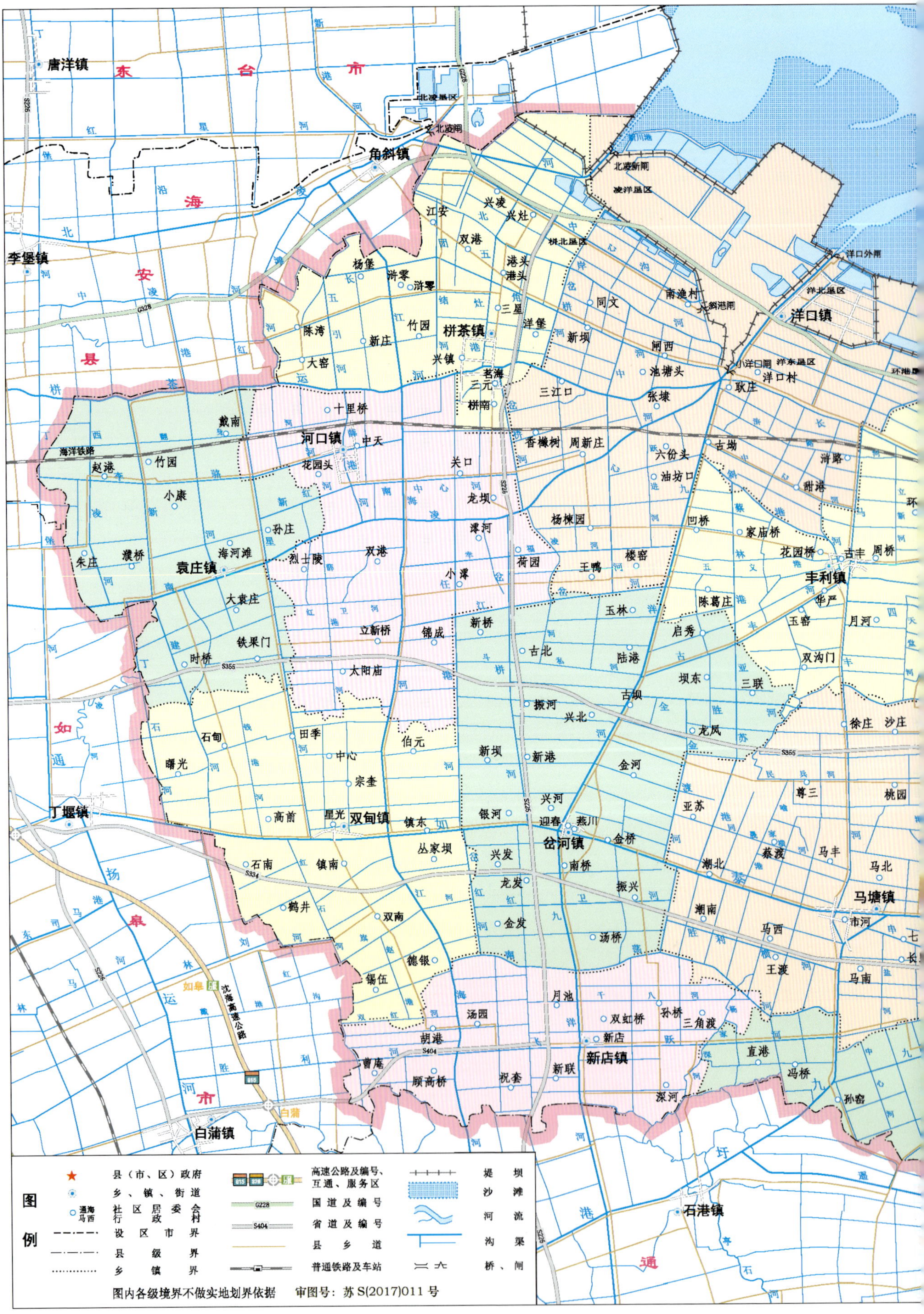

唐洋镇
东 台 市
角斜镇
李堡镇
海 安 县
栟茶镇
洋口镇
河口镇
袁庄镇
丰利镇
双甸镇
岔河镇
丁堰镇
马塘镇
新店镇
白蒲镇
石港镇
如 皋 市
北凌垦区
北凌闸
北凌新闸
凌洋垦区
栟北垦区
洋口外闸
洋北垦区
洋东垦区
小洋口闸
海洋铁路
沈海高速公路
江安
兴凌
兴灶
双港
杨堡
浒零
浒墅
港头
三星
陈湾
新庄
竹园
洋堡
新坝
同文
南渔村
大窑
兴镇
茗海
三元
栟南
三江口
闸西
池塘头
张埭
联庄
洋口村
十里桥
戴南
中天
花园头
关口
香橼树
周新庄
古坳
六份头
油坊口
浒路
甜港
赵港
小康
龙坝
杨楝园
孙庄
谭河
凹桥
家庙桥
朱庄
濮桥
海河滩
烈士陵
荷园
王鸭
楼窑
花园桥
古丰
周桥
小潭
大袁庄
陈葛庄
华严
玉林
新桥
立新桥
锦成
启秀
玉窑
月河
铁果门
时桥
古北
陆港
双沟门
太阳庙
坝东
三联
古坝
振河
兴北
龙凤
徐庄
沙庄
石甸
田季
中心
伯元
新港
金河
曙光
宗奎
尊三
桃园
兴河
亚苏
银河
迎春
燕川
高前
星光
镇东
金桥
丛家坝
石南
镇南
兴发
南桥
潮北
蔡渡
马丰
马北
龙发
振兴
鹤井
双南
金发
潮南
马西
市河
汤桥
德银
王渡
锡伍
马南
月池
汤园
双虹桥
孙桥
三角渡
新店
直港
冯桥
胡港
曹庵
顾高桥
祝套
新联
深河
孙窑
图例
县（市、区）政府
乡、镇、街道
社区居委会 行政村
设区市界
县级界
乡镇界
高速公路及编号、互通、服务区
国道及编号
省道及编号
县乡道
普通铁路及车站
堤坝
沙滩
河流
沟渠
桥、闸
图内各级境界不做实地划界依据 审图号：苏S(2017)011号

如东县地图（2016年）

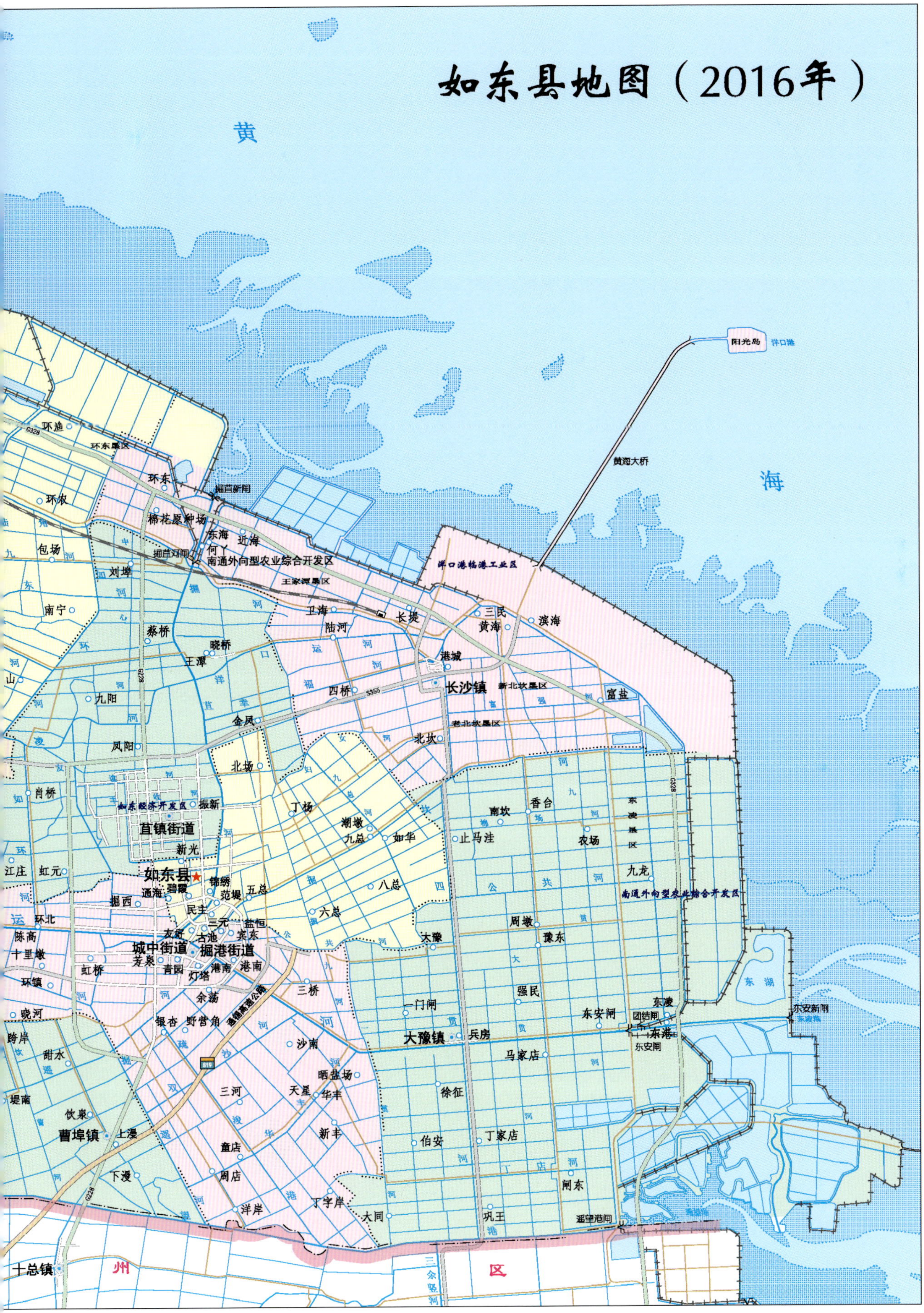

黄
海
阳光岛
洋口港
黄海大桥
洋口港临港工业区
环渔
环东垦区
环东
掘苴新闸
环农
棉花原种场
东海
近海
何丫
掘苴闸
南通外向型农业综合开发区
包场
刘埠
王家潭垦区
南宁
卫海
陆河
长堤
三民
滨海
黄海
蔡桥
晓桥
王潭
港城
九阳
四桥
长沙镇
新北坎垦区
富盐
金凤
老北坎垦区
北坎
凤阳
北场
肖桥
如东经济开发区
振新
丁场
南坎
香台
直镇街道
潮墩
九总
如华
止马洼
农场
东凌垦区
新光
九龙
江庄
虹元
如东县
锦绣
五总
八总
南通外向型农业综合开发区
掘西
通海
碧霞
范堤
民主
环北
六总
陈高
三元
盐恒
周墩
十里墩
友好
古池
宾东
太豫
豫东
城中街道
掘港街道
芳泉
虹桥
青园
港南
灯塔
环镇
三桥
强民
东湖
余荡
一门闸
晓河
银杏
野营角
东安闸
东凌
东安新闸
团结闸
东港
大豫镇
兵房
跨岸
沙南
东安闸
甜水
马家店
晒盐场
天星
三河
华丰
徐征
堤南
饮泉
曹埠镇
上漫
新丰
伯安
丁家店
童店
下漫
周店
闸东
丁字岸
洋岸
大同
巩王
遥望港闸
十总镇
州
区

如东县城区图（2016年）

如东铸造
榕泰包装
车天车地
汽车广场
雷迪森
大酒店
浅水湾水上公园
雨润
家园
中坤苑
敬老院
大东桥
掘港中学
掘港小学
德大
小区
天天肠衣食品
上真观
妍阳工艺品
社区福利中心
光华大厦
爱德士
鞋业
绿城西子
浅水湾
城市花园
中天
润园
中天
润园
名门
世家
环卫处
总工会
财政局
人民桥
洋口运河桥
少年杂技团
工程质量
监督站
晋和
水岸花城
爱民
小区
欧尚
蚕桑指导站
碧霞
农贸市场
新碧霞
大酒店
烈士陵园
盐务局
中央
广场
种子
管理站
六总村
城东冷冻厂
爱的电子公司
中心市场
阳光家园
人民医院
通海桥
中医院
东闸桥
护理医院
向阳
汽修
电线厂
卫校
供电
公司
实验中学
江海中路
文化馆
大通建设
福利造纸厂
粮油质量
检测中心
西华园
明霞
花苑
司法局
天西桥
教育局
实验幼儿园
亲琴托老院
楠桥纺织
莫瑞针织
农林局
长城门诊部
农业机械
管理局
蜈西桥
国防桥
晟大会计事务所
荣生
豪景花苑
太极
纺织
如泰运河桥
实验中学
盛世华城
弹琴桥
时代
广场
工商局
蜈东新村
交通
储运
盐业
分销中心
怡园小区
银河湾
中行
电信局
海鑫建材公司
格瑞调味品
串场河桥
地方
税务局
人民公园
丁棚桥
农行
棉织厂
龙腾
机械
民政局
建行
协鑫环保
热电公司
振如电器
香地生物
江苏百华电子
市政公司
强生
手套
正大公司
党风廉政
教育中心
交行
海花桥
果品市场
天一家具城
永泰驾校
亚正门业
山鹰健身
器材公司
卡耐泰
工艺品
祥盛倍得满家具
汽车站
国税局
博爱
医院
掘港街道
王彭新村
欧贸
广场
烟草
公司
蜈山小学
食品药品
监督管理局
交警中队
车管所
黄海不锈钢
制品公司
阳光
新城
虹桥村
大自然食品
力德服饰
彩神紫檀
博艺馆
第四
人民医院
昆仑
花苑
友谊食品
梅利亚斯服饰
永辉职业
培训学校
国清寺
如东高级中学
苏建
新天地
汽车城
不倦亭
如泰运河
串场河
掘坎河
洋口运河
江海路
图例
县（镇）政府
学校
医院
银行
国道、高速公路
城市道路、街道
建成区
绿地、公园
河流
沟渠
桥、闸
图内各级境界不做实地划界依据
审图号：苏S(2017)011号

2016年9月9日，中共江苏省委书记李强（左二）、中共南通市委书记陆志鹏（左三）等省、市领导到如东调研港口开发建设情况 （陈建明 摄）

2017年3月10日，中共江苏省委常委、常务副省长、省政府党组副书记兼省行政学院院长黄莉新（右二）调研洋口港开发建设工作 （蔡珊珊 摄）

2016年12月14日，江苏省副省长马秋林（前左二）到如东优嘉植物保护公司调研（蔡珊珊 摄）

2017年4月12日，国土资源部副部长王广华（左一）在如东调研通威“渔光一体”项目（蔡珊珊 摄）

2017年2月28日，国家能源局副局长李仰哲（前左二）在如东调研风电产业发展情况（蔡珊珊 摄）

2016年7月12日，江苏省政协副主席范燕青（前左二）在如东经济开发区颐养福利中心调研（蔡珊珊 摄）

2016年12月7日，江苏省政协副主席罗一民（左二）到中水电如东海上风电场监控室了解风电场建设情况 （蔡珊珊 摄）

2016年6月21日，中共南通市委书记陆志鹏（前右一）在中共如东县委书记潘建华（左三）等领导陪同下慰问曹埠镇甜水村老党员 （李振发 陆和煦 摄）

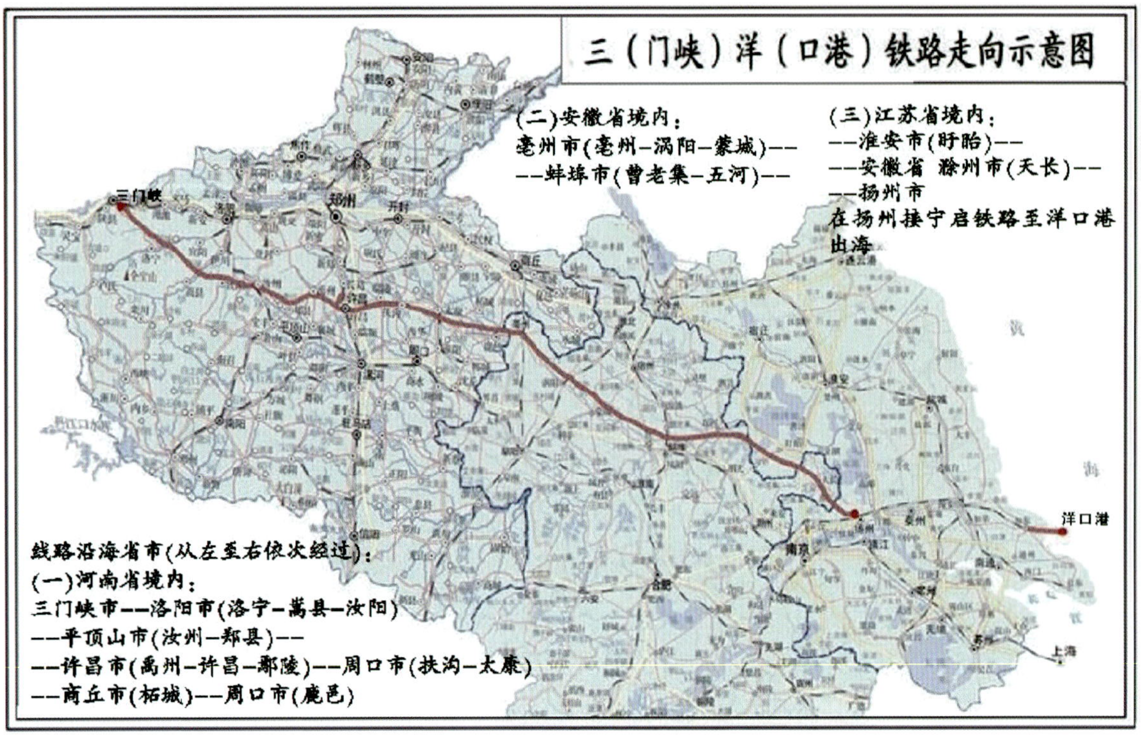
三（门峡）洋（口港）铁路走向示意图
(二)安徽省境内：
亳州市(亳州–涡阳–蒙城)——
——蚌埠市(曹老集–五河)——
(三)江苏省境内：
——淮安市(盱眙)——
——安徽省 滁州市(天长)——
——扬州市
在扬州接宁启铁路至洋口港出海
三门峡
郑州
开封
洋口港
上海
线路沿海省市(从左至右依次经过)：
(一)河南省境内：
三门峡市——洛阳市(洛宁–嵩县–汝阳)
——平顶山市(汝州–郏县)——
——许昌市(禹州–许昌–鄢陵)——周口市(扶沟–太康)
——商丘市(柘城)——周口市(鹿邑)

中华人民共和国如东出入境检验检疫局

1 | 3
2 | 4

1. 2016年7月，洋口港开发又迎利好消息，“三洋铁路”被列入国家《中长期铁路网规划》

2. 2016年7月8日，如东国检局揭牌成立（蔡珊珊 摄）

3. 2016年7月11日，江苏华电如东洋口港20兆瓦光伏发电项目现场（陈建明 摄）

4. 2016年7月27日，洋口港区5000吨级液体化工码头工程通过竣工验收（陈建明 冯益军 摄）

1 | 3
2 | 4

1. 2016年8月24日，单个风机施工周期缩短一半，华能如东海上300兆瓦风电场加快建设

2. 2016年11月11日，用于输送液化品、油气的洋口港22公里长管廊工程项目，管廊架施工率先使用具有国际领先水平的石墨烯重防腐涂料技术 （陈建明 摄）

3. 2016年11月15日，洋口港区15万吨级航道疏浚纳泥区围堰工程竣工 （陈建明 摄）

4. 2017年4月19日，洋口港液化品码头迎来第一艘外国货轮，3个对外开放码头实现外贸运营 （陈建明 摄）

1 | 4
2 | 5
3 |

1. 2016年6月2日上午11时18分，刘埠国家一级渔港首个分部工程刘埠水闸开闸通水 （冯志明 摄）

2. 2016年8月20日，北京如东企业商会揭牌成立 （陆和煦 摄）

3. 2016年8月29日，通威渔光一体一期10兆瓦项目建成10个光伏发电单元和110千伏通威渔光变电站，成功实现并网发电，至8月底共发电1003万千瓦时 （周雨霁 陈斌 摄）

4. 2016年9月11日，中共如东县委、县政府在上海举办招商活动，图为项目签约现场 （陆和煦 摄）

5. 2016年10月15日，如东县人民政府与中船重工（重庆）海装风电设备有限公司举行深化风电产业合作签约仪式 （蔡珊珊 摄）

项目签约
甲方代表
乙方代表
鸿轩实业（上海）有限公司
循环经济产业园
上海宝网天穗太阳能有限公司
沿海经济开发区
台湾客商吴嘉原先生
上海归兴生态农业有限公司
外向型农业综合开发区

如东县人民政府 中船重工(重庆)海装风电设备有限公司

翼扬蛋制食品深加工项目暨全县重大项目
集中开工仪式

中天科技如东产业园重大项目签约仪式

1. 2017年2月12日，如东经济开发区翼扬蛋制食品深加工项目暨全县重大项目集中开工（蔡珊珊 摄）

2. 2017年2月27日，中天科技如东产业园又添两个重大项目，图为项目签约现场（蔡珊珊 摄）

3. 2017年3月31日，如东县人民政府与上海电气风电集团在上海举行风电产业链项目集中签约仪式（蔡珊珊 摄）

4. 2017年5月6日，中天科技集团总投资10亿元铝基项目签约落户经济开发区（蔡珊珊 摄）

5. 2017年5月19日，爱朋医疗产业园等29个项目集中开工（蔡珊珊 摄）

1/2 | 3/4/5

1 2 3 | 4 5

1. 2016年9月10日，石墨烯改性防腐涂料技术报告会在如东召开，县委书记潘建华在报告会上致辞 （蔡珊珊 摄）

2. 2016年12月9日，江苏如通石油机械股份有限公司在上海证券交易所上市，图为市、县及企业领导共同敲响上市铜锣（季建飞 摄）

3. 2016年12月15日，江苏亚振家居股份有限公司在上海证券交易所上市，图为市、县及企业领导共同敲响上市铜锣 （季建飞 摄）

4. 2017年5月30日，中天科技集团加快由材料供应商向总承包商战略转型，总投资10亿元海洋工程项目签约落户洋口港经济开发区 （陈建明 摄）

5. 中天科技集团普特缆智慧工厂一角 （周雨霁 摄）

1 | 3
2 | 4

1. 2016年7月28日，中国共产党如东县第十四次代表大会开幕　（陆和煦 摄）

2. 2016年7月28日，出席中国共产党如东县第十四次代表大会的代表们听取审议县委、县纪委工作报告　（陆和煦 蔡珊珊 摄）

3. 2016年7月30日，中国共产党如东县第十四届委员会常委合影　（陆和煦 摄）

4. 2017年1月4日，中共如东县委十四届二次全体（扩大）会议召开　（蔡珊珊 摄）

2017年1月10日，如东县第十七届人民代表大会第一次会议开幕 （蔡珊珊 摄）

2017年1月9日，政协如东县第十五届委员会第一次会议开幕　　（蔡珊珊　摄）

109

1 | 3
2 | 4

1. 2017年5月18日，109公交线路开通

2. “城市绿肺”秀出水韵新如东　　（李献诚 摄）

3. 2016年4月15日，空中羽翼　　（李燕生 摄）

4. 2016年6月5日，如东县举办“生态如东，低碳骑行”百名环保达人绿色骑行活动　　（李亚君 摄）

1. 2016年6月18日，30名小学生参加如东邮政分公司第二届“我是爱心小报童”公益活动，共卖得报刊款1792元捐赠给中国扶贫基金会爱心包裹项目　（蔡珊珊 陆利兵 摄）

2. 2016年6月25日，团县委组织青年志愿者将各界人士捐赠物资装车送往盐城阜宁灾区　（陆和煦 摄）

3. 2016年8月4日，边防干警的七夕节“礼物”　（蔡珊珊 叶长文 摄）

4. 2016年8月7日，县江海义工联组织7支爱心小分队，为工作在高温烈日下的执勤交警、环卫工人、公交驾驶员、水电故障抢修人员等送上夏令清凉用品礼包　（刘 晔 摄）

1 | 3
2 | 4

公安边防

严禁焚烧秸秆
保护生态环境
如东江海义工联合会

1. 2016年9月13日，“我们的节日·中秋”主题活动在金蛤岛度假村金陵厅举行。该活动由县委宣传部和沿海经济开发区、小洋口旅游度假区（洋口镇）主办（曹建明 张平 摄）

2. 2016年9月16日，以“爱我家乡——童心童梦”为主题的县首届儿童画主题画展在县规划展览馆展出（张秀银 摄）

3. 2016年9月17日，如东县开展“文明交通志愿者在行动”活动（刘晔 摄）

4. 2016年12月12日，沈亚秋家庭获评首届全国文明家庭（蔡珊珊 摄）

5. 2017年春节期间，非遗传承人罗斌在文峰大世界设摊，向市民展示捏泥人技艺（冯志明 摄）

1 | 3|4
2 | 5

江苏省如东高级中学
高考状元录
范 茹 1966年江苏省高考理科状元
1998年江苏省高考文科状元
1999年江苏省高考文科状元

1	4
2	5
3	

1. 2016年，江苏省高考理科状元李云飞（周雨霁 摄）

2. 2016年，洋口镇丰盛葡萄园获得丰收（蔡珊珊 张平 摄）

3. 2016年6月26日，开业1个多月的如东农贸中心市场（陆和煦 摄）

4. 2016年10月23日，掘港街道灯塔社区党总支、居委会举行“纪念红军长征胜利80周年”文艺演出（张予钦 摄）

5. 2017年1月14日，如东年俗（钱德明 摄）

1/2	3/4/5

1. 2017年2月11日，龙腾狮跃闹元宵，栟茶古镇民俗行街表演现场，“唐僧师徒”踩高跷（缪根生 摄）
2. 2017年2月11日，龙腾狮跃闹元宵，栟茶古镇民俗行街表演现场，舞龙表演（缪根生 摄）
3. 2017年3月18日，如东县首个海洋生物主题博物馆开馆，“香鲸馆”开馆首日吸引众多市民参观（蔡珊珊 摄）
4. 人民公园内，海棠盛开（蔡珊珊 摄）
5. 大型多媒体杂技剧《海星花》（蔡珊珊 摄）

编 辑 说 明

一、《如东年鉴(2017)》编纂坚持以马克思列宁主义、毛泽东思想、邓小平理论、“三个代表”重要思想、科学发展观、习近平新时代中国特色社会主义思想为指导，坚持辩证唯物主义和历史唯物主义的立场、观点和方法，全面记述2016年度全县自然、政治、经济、文化、社会、生态等方面的基本面貌和发展情况，力求为领导决策所用、为一线工作所用、为百姓知情所用、为专家研究所用、为宣传交流所用。

二、《如东年鉴(2017)》设21个类目，按类目、分目、条目3个层次编排，部分分目设副分目，有的副分目设子副分目，条目为主要载体。在上年基础上，年鉴整体框架保持大稳定小调整，突出如东地方特色和年度特色。

三、《如东年鉴(2017)》记述范围为2016年如东县所辖区域，凡在区域范围内的机关、团体、学校、企事业单位有价值的信息和资料，不论归属，均予收录。收录时限为2016年1月1日—12月31日，个别事物适当追溯或下延，便于读者了解始末。

四、《如东年鉴(2017)》刊用文稿，均由全县各部门、各镇、各企事业单位提供，并经各单位领导审定。撰稿人姓名加括号列条目后面，多个条目系同一作者，只在最后一个条目后署名。统计资料数据由县统计局提供，全县主要经济数据由县统计局核定。面积单位除农业生产方面使用“亩”外，其余均用公顷、平方公里等公制单位。公用彩图照片未署名的均由县文广传媒中心提供，随文插图由各有关单位提供。

五、为方便读者检索查找，卷首列中文目录，卷中设书眉，卷末有主题索引，所载信息可用目录、书眉、索引检索。

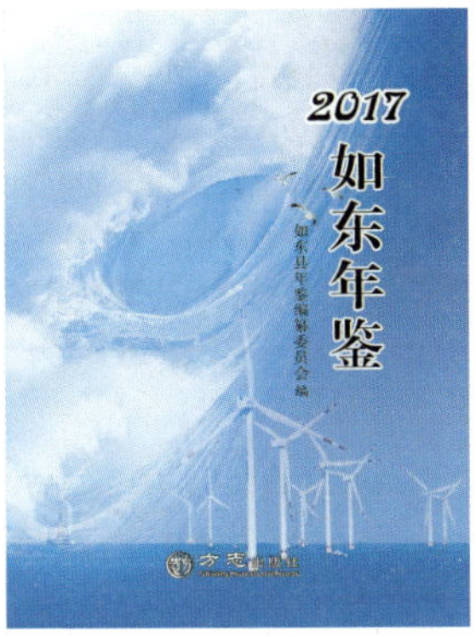

《如东年鉴》
编辑部

地址：如东县掘港镇富春江中路1号县行政中心12层
邮编：226400
电话：0513-84532918
0513-81961539

目　录

·特　载·

·大事记·

·如东概览·

· 洋口港建设 ·

· 产业发展 ·

· 园区经济 ·

· 海洋渔业 ·

· 绿色能源 ·

·旅游休闲·

·城乡建设·

· 生态环境 ·

· 公共管理 ·

· 社会事业 ·

·社会保障·

· 政党政权 ·

· 群众团体 ·

·法 治·

·军　事·

· 辖镇概览 ·

·人　物·

·附　录·

特载

Tezai

专 记

如东项目建设取得突破

2016年，县委、县政府制定《关于加快推进产业项目建设的意见》，建立信息交流机制、预审把关机制、领办挂钩机制、会办交办机制、联动审批机制、集中开工机制、现场观摩机制、督查考核机制、容错免责机制、责任追究机制10大工作机制。进一步完善重大产业项目电子系统平台，对各镇区实行招商引资有效信息每日上报、一周汇总，项目建设情况半月一通报、一月一考核、一季一评比、半年一点评、一年一述职，全方位服务保障重大项目快落地、快开工、快投产、快见效。加大招商引资力度，对县级机关和部门下达招商引资任务，并从县级机关抽调90人派驻6大园区和县招商局上海分局、深圳分局、苏州分局挂职招商。9月10—11日，在上海举行第十届中国如东沿海经济合作洽谈会暨上海投资环境说明会。海洽会期间，邀请如东在沪企业家代表和上海在如东投资项目业主代表出席座谈会，集中推介临港产业、高端装备制造业、新材料产业等8大类产业项目。会上，集中签约项目26个，其中1亿元以上项目20个，单体最大投资30亿元，总投资106亿元。全年新开工建设工业项目54个，完成投资额69.86亿元；新开工服务业项目30个，完成投资额47.8亿元。均超额完成年初南通市下达任务。54个项目中，市重点发展新兴产业项目20个，占37.04%。其中，新能源产业重点项目有华能海上风电、华电新能源、中石油LNG技改等6个项目；电子信息产业重点项目主要有江东科技特种光纤、江东金具避雷器、江东电子动力电池精密结构件等6个项目；新材料产业重点项目主要有诺德新材料、铬尼玛新材料、苏州兴业材料等8个项目。全县新批外资企业57家，增资企业12家，协议外资7.19亿美元；实现外资到账3.52亿美元，占市下达任务125%。全年落户重大外资项目12个。全市项目建设考核综合成绩97.3分，排名第三，位列第一方阵，获全市项目建设先进单位流动红旗。

（彭　振）

沈亚秋家庭获评全国文明家庭

12月12日，首届全国文明家庭表彰大会在北京举行。沈亚秋家庭作为南通市唯一获奖家庭参加表彰大会，并受到习近平总书记亲切接见。同时作为江苏省14个全国文明家庭两个代表之一，上台接受中央政治局委员、国务院副总理刘延东颁奖。

沈亚秋，41岁，中共党员，任如东高新技术产业开发区文化站站长，丈夫张恒俊在如东县公安局掘港交警中队工作。沈亚秋除亲生父母外，还有3对“父母”：丈夫前女友父母（莫家二老，女儿因病去世）、公公婆婆、伯父伯母。她10多年如一日像对待亲生父母般温暖3对老人，特别是与丈夫前女友父母组成一个特殊家庭，演绎一场跨越血缘关系的人间大爱。

“莫家二老就像我亲生父母一样。”沈亚秋用大爱之举让两位失独老人安度晚年。她对待公公、婆婆同样用心。婆婆长年卧床不起，公公又被查出肺癌晚期，沈亚秋带着老人四处寻医，即使自己被检查出患有乳腺癌，她也一边和病魔做斗争，一边尽力照顾公婆。丈夫的伯父、伯母中风，沈亚秋同样给予超越血缘的爱。从买米买油，到买药看病，不论大事小事，沈亚秋都心系他们，把他们当成自己父母一样孝顺。

沈亚秋用一双纤瘦柔弱肩膀，挑起4个家庭重担，担起战胜自我、相夫教子重任；扛起丈夫全身心奋战在交警岗位、女儿心无旁骛汲取知识养分、自己负责全区文体工作重担。先后被评为“三八红旗手”“全省最美警嫂”“南通市十大女杰”等称号,并荣登“中国好人榜”。

(如 鉴)

聚焦如东

如东第二届科技人才节开幕 21家企业率先入驻

6月4日,中国如东第二届科技人才节暨“通创荟”走进如东活动拉开帷幕。如东高新区生命健康产业园开园,21家企业率先入驻,南通市人民政府副市长徐新民出席开幕式并讲话。

据介绍,如东生命健康产业园一期规划建设150亩,现已建成建筑面积15万平方米的省级科技孵化器,是集专业孵化器、生物医药研发公共平台、加速器及人才配套服务于一体的多功能产业培植发展载体,园区先后引进院士团队两个、国家“千人计划”项目两个,美国、加拿大回国创业项目4个、原创类项目8个,重点围绕诊断试剂、保健食品、精准医疗等领域开展研发、试制和推广,着力引进生物医药、医疗器械、功能食品等领域国际领先技术,集聚海内外专业顶尖人才,致力打造长三角地区有一定影响力和独特比较优势的生命健康产业集聚区。

开幕式上,海创智库(千人计划)如东创新创业服务中心、江苏省科技创业众创集聚区、创新南通众创空间、重庆大学如东技术转移中心、华东师范大学上海分子治疗与新药创制工程技术中心如东产业化基地、苏州大学国家级技术转移中心如东分中心、扬州大学如东技术转移中心揭牌。

来自生物医药领域的专家学者,就当前生命科学领域最前沿的理论进行主旨演讲,其中,国家“千人计划”专家、清华大学教授孙伟就“生物3D打印的产业化前景”,国家“千人计划”专家,江苏硕世生物科技有限公司董事长张旭就“大健康产业中的医疗器械产业现状和思考”,中国科学院北京基因组研究所博士生导师陈唯军就“精准医学与基因检测”,中国医学科学院北京协和医院教授、中心实验室主任李龙承就“RNA激活技术助力精准医学”,青年长江学者,哈尔滨工业大学教授黄志伟就“结构生物学在生物医学研究领域中的应用”,美国休斯顿大学教授杨宪斌就“打造中国未来全新的POCT产业”所作主旨演讲引起了与会人员的广泛关注。专家学者还以“分享体会、建言献策”为主题,进行了沙龙交流。

中共如东县委书记、如东县人民政府县长潘建华表示,“科技兴则民族兴,科技强则国家强”。如东的发展,始终离不开科技、人才的引领和支撑。如东将以此次科技人才节的举办为新的契机,进一步打造筑巢引凤福地,放大“扶海英才计划”的品牌效应,加大人才招引力度,构筑一流的创新创业环境,努力形成招商与引智、人才与科技,互动并进、竞相发展的生动格局;进一步提升创新创业平台,加强生命健康产业园等公共科创平台建设,为创新创业提供全过程服务,扶持促进更多创新成果加快转化,形成更多新兴增长点和现实生产力;进一步创新科技体制机制,设立产业引导基金,制定完善科技成果转化风险补偿机制,促进科技与金融、智力与资本、人才与产业深度融合对接,不断增强核心竞争力,提升县域经济发展层次和水平。

(新华网2016年6月4日 朱爱梅 阚建斌 杨梦奎)

如东石墨烯产业异军突起 或将迈入黄金发展期

9月10日,由江苏省经济和信息化委员会、南通市人民政府共同主办,南通市经信委、如东县委、县政府承办的“石墨烯改性防腐涂料技术报告会”在南通雷迪森大酒店举行,国家工信部、省经信委以及南通市政府有关负责同志以及石墨烯产业方面的专家学者出席会议。随着如东石墨烯产业化应用的加速发展,如东的石墨烯产业渐渐进入公众视线,越来越多的石墨烯上下游企业聚集如东。

如东县委书记潘建华表示:“如东非常荣幸地乘上了石墨烯产业化应用加速发展的快车,并努力在推进石墨烯工程化、产业化、商业化应用中作出更大贡献。”随着国家系列利好政策的出台以及相关技术的不断突破,我国石墨烯步入了产业化发展的黄金时期,必将以更强劲的势头快速发展,并在未来竞争中扮演极其重要的角色。如东率先瞄准石墨烯新材料产业,从应用石墨烯改造提升传统产业入手,结合本地风电产业防腐需求,首攻石墨烯改性防腐涂料,已经取得了突破性进展,打破了国外技术封锁。在短期内组建了县级石墨烯应用研究院、开工建设道蓬5万吨石墨烯涂料项目,初步规划建设了洋口港石墨烯产业园。下一步,如东将积极组织开展石墨烯产业招商引资、产学研合作等活动,对石墨烯产业重点企业、重大项目、重点园区主动进行跟踪服务,努力将石墨烯产业打造成南通、如东产业转型升级发展的新亮点、新动能、新支撑。

据了解,石墨烯重防腐涂料,是利用石墨烯良好导电性和片状搭接特性,将石墨烯引入到锌粉底漆中,与锌粉形成良好的导电网络,从而突破性实现了在低锌条件下仍然具有优异阴极保护作用和防腐性能,成为我国自主研发的科技新产品,产品性能超越世界海洋重防腐体系最高标准NORSOK－M501。据悉,目前江苏道蓬科技有限公司年产5万吨石墨烯重防腐涂料的项目已动工。石墨烯重防腐涂料已在军工项目进行了多项示范工程;华润风电场和洋口港23公里管廊架工程等项目也正在推进中;船舶制造和高端集装箱涂装正逐步批量使用；还有一大批海洋工程项目已达成了合作意向。

与会人员还参观了如东高新石墨烯应用研究院、应用石墨烯新技术改造传统产业成果展览、洋口港工业区管廊架石墨烯涂料防腐工程示范段现场、道蓬公司5万吨石墨烯涂料防腐项目工期现场、洋口港石墨烯产业园规划，观看了石墨烯应用视频。

（新华网 2016年9月10日 杨梦奎 阚建斌）

“靠江靠海靠上海” 如东做长三角产业“后院”

拥有“教育之乡”“海鲜之乡”“长寿之乡”等城市品牌的江苏如东，9月11日在上海集中推介了临港产业、高端装备制造业、新材料产业、生物与新医药、电子信息技术、现代服务业、滨海旅游、现代农渔业等，并集中签约26个项目，其中亿元以上项目20个，单体最大投资30亿元，总投资106亿元。

如东向东，对接上海做长三角重要的产业“后院”。如东县实施深耕上海、厚植产业发展战略，围绕项目走出去，主动承接上海产业辐射，吸引优质资本、优秀项目、优秀人才和先进管理模式，打造上海的重要外溢功能的承载区、产业转移的集聚区、创新模式的复制区的又一重要举措。

上海是国际经济、金融、贸易和航运中心，是长三角和全国发展的龙头。近年来，一江之隔的如东充分发挥“靠江靠海靠上海的”的独特区位优势，全力抢抓“一带一路”、长三角一体化和江苏沿海开发等多重国家战略机遇，学习上海、服务上海、依托上海、接轨上海，实现区域、产业、园区、项目和功能性平台的全方位对接，两地发展关联度越来越高。目前，如东籍在沪知名企业家超过300人，如东招引落户的项目信息40%左右来自上海，60%以上的企业与上海地区有直接关联，近70%的外贸出口通过上海口岸，上海方向旅游客源占如东市场的50%以上。

（新华社客户端上海频道 2016年9月11日 姚玉洁）

让这个县出名的，不光是因为它的百岁老人比例是全国的3倍

集“绿色能源之都”“教育之乡”“海鲜之乡”“长寿之乡”等城市品牌于一身的如东县，9月10－11日在沪举办第十届中国如东沿海经济合作洽谈会暨上海投资环境说明会。会上，如东县集中推介了临港产业、高端装备制造业、新材料产业、生物与新医药、电子信息技术、现代服务业、滨海旅游、现代农渔业8大投资项目，并集中签约了26个项目，其中亿元以上项目20个，单体最大投资30亿元，总投资106亿元。

去年GDP增幅10%，17家世界500强项目投产

江苏省南通市如东县与上海一江之隔，近年来，两地发展关联度越来越高。目前，如东籍在沪知名企业家超过300人，如东招商引资的项目信息40%左右来自上海，60%以上的企业与上海地区有直接关联，近70%的外贸出口通过上海口岸，上海方向旅游客源占如东市场的50%。

如东是“绿色能源之都”，如东拥有丰富的风能、太阳能、生物质能等各类自然资源，是发展绿色能源的理想之地。目前已经建成亚洲最大的上风电基站和江苏省最大的县域风电基地，并网装机容量达到141万千瓦，累计上网电量超过120亿千瓦时；如东是著名的教育之乡，如东与湖北黄冈、甘肃会宁被称为“中国基础教育三驾马车”，高考生均总分和本科上线率连续23年保持江苏第一；如东是著名的海鲜之乡，如东拥有1093种海鲜，其中名贵海鲜50余种，文蛤、紫菜、鳗鱼、竹蛏被誉为“南黄海四珍”，如东拥有“中国条斑紫菜第一县”和“中国南美白对虾第一县”的美誉；如东是著名的长寿之乡，每10万人中约有百岁老人13人，是全国平均水平的3倍。

如东县东揽黄海、南依倚长江，是中国最早对外开放的县份之一。近年来，如东抢抓长三角一体化发展、江苏沿海开发等国家战略机遇，大力实施“港口引领、科技驱动、城乡一体和可持续发展”四大战略，致力打造“东方深水大港、绿色能源之都、黄海旅游胜地”三张城市名片，形成鲜明的区域特色和比较优势，县域经济基本竞争力连续13年跻身全国百强县行列。2015年，全县实现地区生产总值672.9亿元，同比增长10%。“十二五”期间年均利用外资超过3.3亿美元，已有17家世界500强企业投资项目建成投产。

聚焦产业链整合，推出8类适宜投资的产业项目

在产业优势方面，如东已形成了新能源、新材料、生物与新医药、高端设备制造、纺织服装等若干产值规模百亿级的特色产业板块和较为完整的产业链。此次在沪举行的第十届中国如东沿海经济合作洽谈会上，如东向广大客商推出了适宜投资的8类产业项目：

——临港产业项目。以港口运入的石化产品原料为基础，发展石化下游产业链项目。重点打造江苏沿海最完整的丙烯产业链，积极引进工程塑料、特种工程材料等高分子新材料项目；依托中石油LNG接收站，发展LNG冷能利用项目；依托洋口港省级物流基地和正在申报的综合保税区，积极引进第三方、第四方物流服务和供应链管理企业，重点构建以能源运输为主，液体化学品、石材以及其他大宗货物为辅的港口物流产业格局；港城开发重点招引房地产、港城公园、港口医院、金融服务中心、总部基地、五星级酒店等项目。

——高端装备制造业项目。工程机械制造产业，围绕已落户的三

一重工等重大工程机械项目，重点引进高端传动装备、高精度密封件、高强度紧固件等关键基础零部件生产企业;通讯设备制造产业,以中天科技集团为龙头，大力引进智能通讯及电网装备制造上下游企业。新能源装备制造业，大力发展以风电为重点的新能源产业，积极引入风电机组关键零部件制造和研发、设计、检测、维护企业。智能制造产业，重点引进机器人关键构建、静密机电零部件加工、特种功能织造机械等项目。

——新材料产业项目。依托化工新材料和生命安全防护两大特色产业基地,重点引进有机氟材料、聚氨酯材料、光气化新材料、锂离子电池材料、功能性高分子材料、新型生命安全防护新材料等项目。

——生物和新医药项目。大力发展环保安全的医药原料药和制剂、小分子药物及制剂,重点引进手性药物、抗肿瘤药物、心血管药物等企业。大力发展生命健康产业,重点引进高端放创药和生物仿制药、诊断试剂、基因快速检测设备、声光医疗诊断系统、组织再生与干细胞组织工程平台、生物萃取与功能食品等研发生产企业。

——电子信息技术产业项目。依托大唐恩智浦汽车电子项目芯片设计研发优势，积极引进汽车电子模块制造、封装测试、检验检测等企业和机构。

——现代服务业项目。重点引进现代物流、金融服务、工业设计、文化创意、检验检测、电子商务、服务外包等生产性服务业项目；大力招引高档居住、时尚购物、星级酒店、主题餐饮、养老服务等生活性服务业项目;围绕智慧城市建设,积极引进大数据、云计算、移动互联网、互联网金融、物联网等新业。

——滨海旅游项目。着力引进海上特色旅游、生态观光旅游、休闲度假旅游、海洋主题公园、参与性娱乐项目等大型滨海特色旅游项目。开发建设高星级酒店宾馆、旅游商业地产等配套项目，积极引进旅游产品开发、旅游文化策划等新兴旅游业态。

——现代农渔业项目。重点招引优质果蔬种植和特种水产品繁育加工、特种高效种植项目;招引标准化生态畜禽养殖基地、肉禽屠宰加工、畜禽副产品综合开发利用等项目;招引现代农业展示、采摘、观光旅游项目。

(上海观察网 2016年9月11日 吴卫群)

一根头发丝厚涂料耐腐蚀3000小时

10万层石墨烯叠加起来的厚度只有一根头发丝的直径，把它用在涂料上会有怎样的效果？日前在江苏如东举行的“石墨烯改性防腐涂料技术报告会”上,江苏道蓬科技有限公司推出一种世界最薄的石墨烯重防腐涂料，耐腐蚀达到3000小时,是美国重防腐涂料的3倍。

众所周知，防止金属腐蚀是全球性难题。一般防腐蚀的方法就是给金属上漆，隔绝金属与空气和水的接触，这种方法只能达到短时间内金属不被腐蚀,需要定期维护,且有一定的局限性。

石墨烯是目前已发现的最轻、最薄、强度最高、导电性和导热性最好的纳米级新材料，能在诸多应用领域提升原材料的性能。石墨烯重防腐涂料是利用石墨烯良好的导电性和片状搭接特性，将改性石墨烯添加到防腐涂料体系，与锌粉形成良好的导电网络，从而突破性的实现了在低锌的条件下仍然具有优异的阴极保护作用和防腐性能。

据深圳清华研究院创始院长、中国石墨烯产业奠基人冯冠平介绍，石墨烯与涂料的结合使得锌粉用量只有传统防腐涂料的1/3,施工时的锌蒸汽污染大大减轻，同时石墨烯重防腐涂料是防腐涂料领域已知的最薄的一种，满足了涂装材料轻量化的要求。

如东县拥有亚洲最大的海上风电场，风电塔筒防腐需要重防腐涂料，随着江苏1000万千瓦海上风电场的建设，海洋重防腐涂料产业面临巨大的需求。冯冠平说:“唯有打通石墨烯涂料应用环节，海上风电产业才会变成持久发力的朝阳产业。

(《科技日报》第一版 2016年9月14日 魏晓敏 张 晔)

大事记

Dashiji

1月

1日　县委人才工作领导小组举行“扶海人才奖励基金”颁奖仪式。县委书记、县人大常委会主任詹立风向县少年杂技团“中国杂技魔术金菊奖团队”颁发专业技术人才成就奖。

是日　根据江苏省人社厅通知,即日起,如东最低工资标准由每月1460元上调至1600元,增加140元。非全日制用工劳动者小时最低工资标准由12.5元上调至14元。

是日　全县城乡居保基础养老金标准由每人每月105元提高至115元，这是如东县第五次调整,受益人数达27.33万人。

是日　如东县全面启用交通IC卡“从业资格证”,不再发放纸质“从业资格证”。

4日　刘埠国家一级渔港海堤成功合龙。

6日　总投资约5000万元的中外合资企业南通雷恩食品有限公司正式成立。这是如东首家进口销售海外海鲜和饮料的企业。

8日　江苏振新颜料股份有限公司在上海浦东新区上交所挂牌上市。该公司是如东首家在新三板挂牌上市企业。

9日　洋口港石材产业发展说明会在上海大华虹桥假日酒店举行。国内外各石材矿山、荒料贸易商、石材加工企业等矿产业内220家知名企业负责人与会。7家二次加工入驻企业与洋口港经济开发区管委会进行标准厂房租赁签约,4家企业进行荒料贸易企业入驻项目签约。

11—12日　上海市政府参事、华东师范大学国际航运物流研究院院长包起帆带领国际航运物流、航道勘察设计方面8名专家，到洋口港开展实地考察调研。双方交流港口发展和产业规划的看法和建议，并就洋口港发展定位与石化临港产业优化发展专题座谈。

13日　沿海经济开发区与江苏理工学院签订《关于共建化工产业研究院的协议》,县委常委、组织部部长任新峰和江苏理工学院党委书记王建华为“江苏理工学院如东沿海经济开发区化工产业研究院”揭牌。

15日　县中医院医养融合PPP项目正式签约。县委副书记、县长潘建华与政府采购成交方联合体陕西必康制药集团控股有限公司董事长李宗松、医疗法人社团同济会董事长赛序波分别签订合作框架协议。

是日　国家口岸办副处长刘武锋一行到洋口港调研口岸开放工作。

16日　如东县石油机械行业协会成立。县石油机械行业协会首任执行理事长刘志刚代表协会向协会名誉理事长、协会顾问单位代表颁发聘书。

是日　下午3时30分,洋口港进靠的LNG运输船“索哈儿”号轮完成6万吨液化天然气卸载任务,至此，中石油江苏LNG接收站接卸量突破1000万吨大关。

18日　如东国、地税联合建设的24小时自助办税区正式对外开放。

20日　即日起，如东机动车违停进入“史上最严”管理模式,凡机动车辆在县城人民路、友谊路、江海路和青园路4条重点路段随意违停，按照“机动车违反禁止停车标志、标线”,对违停车辆驾驶人处以100元罚款,驾驶证记3分,不再按仅罚款50元不计分处理。

21日　如东经济开发区被科技部评为国家火炬如东生命安防用品特色产业基地。

24日　洋口港经济开发区总工会成立，并选举产生新一届工会委员和工会主席。

27日　县委、县政府召开2015年全县综合表彰暨经济工作会议，县委副书记、县长潘建华出席会议并讲话。

是日　县委召开2015年度镇(区)党(工)委书记抓基层党建工作述职评议大会，专题听取15个镇(区)党委书记抓基层党建工作述职。与会人员对述职单位书记抓基层党建工作情况现场评议。

28日　中国广核集团自主开发建设的江苏如东150兆瓦海上风电场示范项目，成功实现首批6台风机并网发电。

是日　南通永润塑业有限公司在江苏股权交易中心成功挂牌。

29日　县委、县政府召开全县农村工作会议。县委副书记、县长潘建华到会讲话。

2月

16日　县委、县政府召开全县机关作风建设大会，贯彻落实中央、省、市要求，动员部署2016年全县机关作风建设工作。

17—20日　中国人民政治协商会议如东县第十四届委员会第五次会议在会议中心召开。县委副书记、县长潘建华做开幕讲话。县政协主席陈建华做县政协常委会工作报告。县政协副主席吴鼎皋做政协十四届委员会四次会议后提案工作报告。

18日　县委、县政府举办企业家新春座谈会，县委副书记、县长潘建华与县内40位企业家代表谈情况、说问题、讲对策、提建议。

是日　博茨瓦纳华人妇女协会常务副会长王亚丽一行到如东参观考察。双方就组织如东少年杂技团赴博茨瓦纳、罗马尼亚商演事宜进行交流和洽谈。

18—20日　如东县第十六届人民代表大会第五次会议在县会议中心召开。县长潘建华代表如东县人民政府向大会作工作报告。会议审查《如东县国民经济和社会发展第十三个五年规划纲要(草案)》《关于2015年国民经济、社会发展计划执行情况和2016年国民经济、社会发展计划（草案）的报告》《关于2015年财政预算执行情况和2016年财政预算(草案)的报告》。

22日　县政府、洋口港经济开发区管委会、中天科技集团有限公司就中天科技海洋装备产业园项目落户洋口港临港工业区正式签约。中天科技海洋装备产业园项目由中天科技集团有限公司在洋口港经济开发区注册投资建设，首个投资项目为中天海洋系统有限公司，注册资本1亿元，由江苏中天科技股份有限公司投资4000万元、中天科技海缆有限公司投资3000万元、浙江大学投资3000万元。

是日　如东经济开发区内的江苏诺德新材料股份有限公司正式挂牌登陆新三板，股票代码836467。

23日　市委副书记、市长韩立明带领市发改委、经信委、科技、商务、金融办等部门负责人到如东，专题调研重大项目推进情况。

26日　县委、县政府召开全县开放型经济暨项目建设工作会议。县委副书记、县长潘建华到会讲话，县委副书记周建飞做动员部署。

是日　县委、县政府召开2016年度城市建设管理暨“六城联创”工作会议，县委副书记周建飞部署2016年“六城联创”工作。县委常委、常务副县长沈峻峰做城市建设管理工作报告。县委副书记、县长潘建华出席会议并讲话。

27日　上午10时30分，如东县运送大连委托加工塑化标本的抹香鲸，经过36小时长途运输运抵大连，由大连鸿峰生物科技有限公司制作标本。14日、15日，洋口港滩涂先后发现两头搁浅抹香鲸。经国家、省、市、县专家研究，妥善保留两头抹香鲸具有极高经济价值和社会价值，并确定，两头抹香鲸一头用传统剥制技术制作骨架和皮制标本，另一头采用塑化技术制作抹香鲸标本。

图1　洋口港滩涂搁浅的抹香鲸

28日　中共如东县第十三届纪律检查委员会第六次全体会议召开。县委副书记、县长潘建华到会讲话。县委常委、纪委书记杨中坚代表县纪委常委会做工作报告。

29日　县政府召开全县服务业经济工作会议，副县长王智通报2015年服务业经济发展情况，部署2016年服务业发展及服务业经济“开门红”重点工作。

是月底　位于沿海经济开发区海印寺南侧的如东海岸生态保护与生态廊道建设工程对游客开放。

3月

2日　由南通卓云数据科技公司投资的东凌湖云计算产业基地项

目正式奠基。该项目位于循环经济产业园东凌湖库区，定位为综合性云计算产业基地，规划占地33.33公顷，其中首期启动项目10公顷，总投资18亿元，建成可容纳25万台服务器的数据中心1座。

是日 中共如东县委召开全县领导干部会议，宣布省、市委关于如东县委主要领导职务调整决定。潘建华任如东县委书记；詹立风不再担任如东县委书记、常委、委员和如东县人大常委会主任职务。

是日 江苏中天科技股份有限公司与南京邮电大学签署合作协议，双方携手共建特种光纤制备与研究联合实验室。

5—8日 如东组织海关、国检、边检、海事、口岸、港务以及洋口港国际石材园相关人员，就保税仓建设、港口管理、石材产业发展等考察厦门港象屿保税区、泉州石湖港、上海洋山保税港区。

7日 洋口港重件码头2号门机开工安装。2号门机承载能力40吨，最大变幅33米，总投资900多万元，由南京港口机械厂实施安装。

10日 中国检验认证集团江苏有限公司总经理何贤伟等一行在县委常委、洋口港经济开发区党工委书记于立忠陪同下，考察调研洋口港检验检疫配套服务方面相关情况。

20日 如东高新石墨烯产业研究院成立，原深圳清华大学研究院院长、江南石墨烯研究院名誉理事长冯冠平，县委书记、县长潘建华为研究院成立揭牌。

是日 江苏道蓬科技有限公司在洋口港投资开发有限公司正式揭牌，标志着石墨烯涂料生产型项目正式启动，拉开洋口港经济开发区石墨烯新材料产业园建设序幕。

是日 下午5时30分，巴拿马籍海轮"绿松"靠泊通用散杂货码头，为县内企业——江苏刚正薄板科技有限公司运送6059吨彩钢卷到菲律宾。这是洋口港一类口岸对外开放正式通过国家验收后，港口通用散杂货码头起运的第一船外贸出口货物。

21日 市委书记陆志鹏到如东调研经济社会发展情况。县委书记、县长潘建华汇报"十二五"时期全县经济社会发展情况、"十三五"规划纲要及2016年工作部署。

是日 如东海关通过开关验收。

是日 县政协邀请全国政协研究室原副主任、中国人民政协理论研究会常务理事、中国政协《理论研究》杂志社执行主编原冬平到如东，做《按照"懂政协、会协商、善议政"的要求，提高履职素质和能力》的专题报告。

22日 如东海关正式开关。如东由此有了直接通向世界的"出海口""大通道"，开启开放型经济发展进程新纪元。

23日 如东新宇科技创业园有限公司被科技部确定为国家级科技企业孵化器。

24日 江苏边防总队政委陈庆忠一行到洋口港经济开发区检查如东边检站筹备情况。

28日 中央人民政府驻香港特别行政区联络办公室副主任、香港江苏社团总会荣誉顾问仇鸿率"一带一路"(丝绸之路经济带、21世纪海上丝绸之路)南通考察团一行33人到如东考察。

31日 金太阳粮油股份有限公司正式挂牌登陆新三板，股票代码837129。

3月31日—4月1日 县委、县政府组织县内44家重点工业企业负责人和相关职能部门负责人到盐城、泰州及中天科技集团考察学习。

是月初 总投资超过6亿元的小洋口(洋口镇)综合下海通道及配套设施建设工程项目在海印寺东侧开工建设。该项目由中交第一航务工程勘察设计有限公司中标，并实行勘察、设计、采购、施工一体化的总承包运行模式，一期工程投入2.32亿元，由天津港航工程有限公司具体实施，实施引堤与作业场地包括通道、作业场地护岸、陆域形成工程作业施工，建设总长3500米、顶面宽20米的下海大通道。

图2 3月22日，如东海关举行开关仪式

是月 东凌平原水库二期工程正式实施，总投资6000万元，主要建设内容包括前置库、引水涵闸、取水泵站、桥梁、管理用房、机电设备安装等。

4月

5日 县委召开全县镇领导班子换届工作会议，专题部署全县镇领导班子换届工作。

是日 县委召开党风廉政建设督导巡察工作动员部署会，县委书记、县长潘建华出席会议并讲话。

7日 南通金蛤岛投资发展有限公司与海丰旅游发展有限公司签署正式合作协议，双方共同打造小洋口欢乐谷旅游项目。

9日　洋口港石墨烯新材料项目正式签约。该项目由江苏道蓬科技有限公司投资,投资额达4亿元。

12日　南通海子牛文化传媒有限公司正式在Q板(中小企业股权报价系统)挂牌,成为南通第一家在Q板挂牌的文化企业,挂牌代码"209502"。

16日　中天科技海缆有限公司4名博士联合浙江大学专家研发的水下观测网水质在线监测系统,成功应用于长江流域。该项新技术打破国际垄断,填补国内空白。

19日　省关工委常务副主任、省人大常委会原副主任张艳一行,到县高新区三元社区调研校外辅导站工作。

24日　中共如东县委十三届十次全体会议在县行政中心举行。会议审定召开中国共产党如东县第十四次代表大会的有关事宜。

27日　南通市农村环境"四位一体"(农村河道、农路、绿化和垃圾收集处置)长效管理升级版建设暨畜禽粪便区域化集中处理工作现场推进会在如东召开。

28日　江苏省青年美协创作基地在小洋口旅游度假区揭牌成立,同时成立"江苏省青年美协创作基地联络中心"。

是月始　如东县失业保险费率由2%降至1.5%,其中,用人单位缴费比例为1%,个人缴费比例为0.5%。

5月

1日　《如东县物业服务收费管理实施细则》正式施行。

是日起　如东县全面推开"营改增"试点。

2日　由县红木行业商会主办,县工商联、文广新局协办的首届如东红木家具工艺品博览会在倍得满家居广场闭幕,县内35家红木企业参展。

5日　县委召开全县"两学一做"(学党章党规、学习近平系列讲话,做合格党员)学习教育工作电视电话会议,学习贯彻习近平总书记重要指示和中央、省、市委座谈会精神,对全县开展"两学一做"学习教育进行动员部署。

8日　洋口港汽车客运站投入试运行。

12日　县委召开全县镇党委换届干部调整集体谈话会议,集中宣布县委关于镇党委领导班子换届人事安排的决定,县委书记、县长潘建华到会并集体谈话。

14日　全县15个镇(区)26个项目集中开工,总投资37.1亿元。其中,工业项目18个,总投资19.8亿元;服务业项目8个,总投资17.3亿元。

是日　全县21个项目参加签约,其中外资项目4个,内资项目17个,总投资约45亿元。

16日　德国勃兰登堡州州长发言人Astrid.Judith一行到如东,就如东杂技团赴德国参加"总统亲民日"活动演出和商贸发展项目进行考察。考察团向如东杂技团颁发由德国勃兰登堡州州长签发赴德国演出的邀请函。

是日　南通市油气管道保护工作会议在如东召开。

18日　国家海洋局东海分局副局长魏泉苗围绕区域建设用海规划项目和围填海项目建设、动态监视监测、环境跟踪监测情况以及建设过程中存在的相关问题、建议等到如东调研。

19日　省交通厅党组书记、省铁路办主任刘广忠一行到如东调研洋口港集疏运体系建设工作。

21日　县总工会秋韵艺术团表演的《花之俏》,在"歌舞中国——2016全国少数民族电视歌舞大赛"总决赛中获得金奖,同时获最佳原创节目奖、最佳组织奖和优秀指导老师奖,该艺术团是大赛唯一摘取4个奖项的参赛团队。

24日　国家海洋局组织《人民日报》《科技日报》《中国海洋报》等中央主要媒体记者组成的"2016海疆生态行"宣传报道组到如东采访。

26日　江苏联合职业技术学院院长晏仲超到如东调研高职教育情况。

28日　县委、县政府召开县级机关部门招商引资动员大会,90名县级机关干部赴招商一线。

是日　县政府召开"十三五"现代农业发展规划及农产品冷链物流发展规划评审会。由南京农业大学、中国农业科学院、扬州大学、省农委、省农科院、市农委、县农委相关专家组成的评审组参加评审,并一致同意两项规划通过评审。

31日　省体育局局长陈刚一行到如东调研体育工作。

是月　海启高速公路洋口港互通至如东沿海经济开发区连接线工程预可行性研究报告通过省发改委批复。

6月

2日　上午11时18分,刘埠国家一级渔港首个分部工程刘埠水闸开闸放水。新建成的挡潮闸共5孔,中孔为渔港建设期临时通航孔,孔宽12米,其余4孔每孔宽10米,总净宽52米,设计流量538立方米/秒。2015年4月开工建设,12月底主体完工。2016年1月通过水下验收。

3日　县政府召开《如东县沿海地区发展规划》编制成果汇报会。该规划由县委、县政府委托江苏省工程咨询中心编制。

4日　中国如东第二届科技人才节暨"通创荟"走进如东活动开幕。如东高新区生命健康产业园同时开园,首期入驻21家企业。

是日　由县委、县政府、市科技局主办,县委组织部、县科技局、如东高新技术产业开发区承办的第二届科技人才节暨"通创荟"走进如东高峰论坛在如东举行。

是日　如东县安防手套行业协会成立大会召开。会议通过《如东县安防手套行业协会章程(草案)》,选举产生理事会及领导成员,南通强生轻工集团有限公司董事长沙晓林当选协会理事会会长,全县53家企业成为会员。

4—5日　由洋口港经济开发区、中蓝连海有限公司共同主办的

2016海峡两岸石化发展论坛在林克斯温泉酒店举办。论坛围绕“两岸石化产业集聚发展”主题,共议两岸石化产业融合与发展、交流与合作的前景,推动洋口港与台湾石化产业对接。

6日　如东县工艺美术行业协会成立大会暨第一届会员大会召开。

是日　伊朗驻上海总领事馆大使级总领事阿里瑞扎·伊瓦什、商务参赞阿里·德伽倪一行到洋口港考察。

7日　洋口港经济开发区管委会与南通港口集团有限公司正式签订港口合作框架协议。

15—16日　省政协副主席、农工党江苏省委会主委、中科院南京分院院长周健民一行到如东,专题调研“农业供给侧结构性改革”情况。

16日　县委、县政府召开专题会议,就村(居)“两委”换届选举试点工作进行动员和部署。如东被确定为全省第十一届村委会、第六届居委会换届选举试点县。

17日　如东县党史地方志工作会议暨《如东县志》首发式召开。县委常委、宣传部部长张蓉蓉出席会议并讲话,南通市委党史办、市地方志办主任严崇明参加会议。会上,表彰县委办公室等11个修志先进集体及44名修志先进个人。

是日　如东经济开发区与上海阜兴金融控股集团签订全面合作协议,共同成立产业发展基金及其管理公司,基金总规模达100亿元。

是日　如东县携手《能源》杂志社共同举办2016能源中国行——寻找风能的洁净世界暨“迎增长”海上风电发展与投资研讨会,邀请约20名业内企业负责人和专家重点围绕海上风电规划、海上风电发展制约因素、海上风电运维等课题展开交流。

18日　如东经济开发区举办投资环境推介会,邀请法国、英国以及国内相关企业50多名业主到如东,与区内企业交流、商谈合作。

20日　县委常委、洋口港经济开发区党工委书记于立忠,伊朗驻上海总领事馆商务参赞阿里·德伽倪,分别代表洋口港和伊朗政府在伊朗驻上海总领事馆,签署《关于构建交通运输体系、促进双边贸易的合作备忘录》。合作备忘录涉及石化产品、天然气、铁路、海运物流、石材贸易等领域。

21日　如东县举办第八届放鱼节活动,有820多万单位苗种被放归大海。

22日　省水利厅厅长李亚平一行到如东检查指导防汛工作。

是日　如东县第二届县级机关党员“1+X”能力提升大赛正式启动。此次大赛以“做合格党员,促科学发展”为主题,165名机关党员报名参加。

是日　临海高等级公路如东段通过竣工验收,质量等级为优良。

23日　古巴电力集团可再生能源投资发展有限公司总经理米格尔·佩雷斯·罗德里格斯在中国驻古巴前大使李连甫陪同下,带领古巴新能源研修团到如东考察新能源建设情况。

24日　在全省政协工作会议上,县政协党组作为全省唯一县级政协党组织在大会上做《商以求同　协以成事　不断探索基层政协协商民主的新路径》的经验交流。

25日　县委以中心组学习扩大会形式,举行扶海大学堂——“思维创新与工作方法创新”专题讲座。省委党校哲学教研部主任、教授、硕士研究生导师,省理论宣讲专家组成员章凝作专题讲座。

26日　如东县召开“十三五”环境保护和生态建设规划评审会,并通过专家组评审。

28日　“中国梦·狼山志·濠河情”文化艺术展在南通市崇川区狼山民俗文化博览园举办,如东籍著名画家丁杰艺术馆在该博览园开馆,艺术馆展出《瑞雪兆丰年》《多彩哈尼》等近百幅优秀作品。

30日　县委召开纪念建党95周年大会暨“两学一做”学习教育专题党课,表彰全县先进基层党组织、优秀党务工作者、优秀共产党员。县委书记、县长潘建华以《做一名“守纪律讲规矩”的合格党员》为题,为全县党员领导干部上专题教育党课。

是日　如东县正式启动不动产统一登记工作,房屋产权登记统一整合到不动产登记机构。

是月　如东通过省爱卫会专家组对国家卫生县城的省级验收。

7月

1日　如东县率先在南通县(市)试行“江苏交通一卡通”。

7日　美国凯西基金会董事长顾凯夫带领考察组到如东考察。县委书记、县长潘建华,县委副书记、常务副县长沈峻峰会见顾凯夫一行,双方就新能源汽车、医疗健康等领域合作进行交流。

8日　中华人民共和国如东出入境检验检疫局(简称如东国检局)正式揭牌成立,并挂牌开检,为南通强生安全防护科技有限公司签发第一份原产地证书。

9日　南通明大农业发展有限公司农业技术服务中心成立,是全县首家由企业创办的农业技术服务中心,标志着一主多元农业技术基层推广服务模式初步形成。

10日　县政府举办“第二届中国如东科技人才节·2016教授/博士如东行”活动。

12日　省政协副主席范燕青带领省政协社会法制委员会到如东专题调研“实施民生共享战略,提升人民群众幸福感和满足感”推进工作。

14日　三一帕尔菲格特种车辆装备有限公司与如东中等专业学校合作设立的中奥联合学徒培训项目正式开班,标志着如东县中外合作办学取得新突破、开启新篇章。

15日　县人武部党委第一书记任职大会召开,县委书记潘建华被南通军分区党委任命为县人武部党委第一书记。

是日　如东县新天地投资发展有限公司项目收益债券通过簿记建档成功发行,承销主体为申万宏源证券有限公司。公开发行债券近10亿元,所筹资金占项目总投资70%。

债券期限7年，募投资金全部用于沿海经济开发区公租房项目建设。

20日　南通市首家中国银行益农信息社暨农村金融综合服务站，在南通外向型农业综合开发区何丫村举行开业典礼和揭牌仪式。

25日　中共如东县第十三届委员会第十一次全体会议召开，研究召开中国共产党如东县第十四次代表大会有关事宜。

是日　由中信建设证券股份有限公司作为主承销商的如东县金鑫交通工程投资有限公司15亿元企业债成功发行，此为该企业第二次发行企业债。

28日　中国共产党如东县第十四次代表大会在县行政中心开幕。潘建华代表中共如东县第十三届委员会向大会作工作报告。杨中坚代表县第十三届纪律检查委员会作工作报告。大会应到代表349名，实到代表337名。

是日　在世界珠算心算联合会第六届珠心算比赛上，丰利小学珠心算选手徐刘洋获学生A组个人全能特等奖。

30日　中国共产党如东县第十四次代表大会闭幕。大会应到代表349名，实到代表342名。大会通过《中国共产党如东县第十四次代表大会关于中共如东县第十三届委员会报告的决议》和《中国共产党如东县纪律检查委员会工作报告的决议》。中国共产党如东县第十四届委员会召开第一次全体会议，选举产生新一届县委常委、书记、副书记。潘建华当选为县委书记，沈峻峰、任新峰当选为县委副书记。

31日　上海市江苏如东商会在沪成立。上海惠天然投资控股（集团）董事长胡斌任商会会长。

8月

1日　如东县调整自来水和管道天然气价格。

是日　总投资10亿元的德克汀化工项目成功落户洋口港经济开发区。

4日　市委书记陆志鹏、市长韩立明率队到如东观摩项目建设工作。

8日　全市依法分类处理信访诉求工作现场推进会在如东召开，与会人员现场观摩县国土资源局、人力资源和社会保障局依法分类处理信访诉求工作的经验做法。

是日　由三一帕尔菲格特种车辆装备有限公司主办的TOP(随车起重机）操作技能大奖赛全国总决赛在如东举行，全国24个省、市20多名选手参赛。

14日　伊朗国家工业矿石与贸易部贸易促进司司长卢扎·阿布赫里、伊朗驻上海总领事馆商务参赞阿里·德伽倪，实地考察洋口港阳光岛，并就双方在上海共同签署的交通运输体系、双边贸易合作备忘录内容进一步交流探讨。

16日　大豫镇举行《大豫镇志》首发式暨纪念大豫盐垦公司成立100周年报告会。

16—17日　省住建厅副调研员薛继业带领专家组到如东，对“江苏省优秀管理城市”创建工作进行考核验收。

18日　投资20亿元、年产30万吨的环已酮项目落户洋口港经济开发区。

20日　北京如东企业商会在北京成立，北京正量网络科技有限公司董事长严晓建任会长。该商会是继江阴之后在北京成立的第2家县级企业商会，拥有54家会员单位。

25日　全国工商联发布“2016中国民营企业500强榜单”中，中天科技集团有限公司以259亿元收入排名第176位，比上年第221位跃升45位。

是日　如东县举行省第八批“科技镇长团”如东团总结汇报会暨省第九批“科技镇长团”如东团欢迎活动。

是日　攀柔莎(江苏)生物科技股份有限公司在全国股份转让系统公司举行上市挂牌仪式，正式登陆新三板，证券代码:837897。

26日　全县15个镇(区)24个项目集中开工，计划总投资26亿元，年度计划投资11.5亿元。其中，工业项目21个，服务业项目3个。16个1亿元以上项目中，工业项目13个，服务业项目3个。

27日　全国人大代表、省农业委员会主任、党组书记吴沛良带领江苏部分全国人大代表，到如东专题调研现代农业发展工作。

是日　县委、县政府在南京组织召开《通苏嘉铁路延伸工程通如城际规划方案研究报告》专家研讨会，中国国际工程咨询公司交通部、中国铁路经济规划研究院、国家铁路局、上海铁路局等多家单位专家，对规划进行研讨。

29日　如东县第五届职工文化艺术节落幕。县委书记潘建华、市总工会主席葛玉琴、县委副书记任新峰等领导出席闭幕式，并为2016年度“最美一线职工”、首批“十大如东工匠”颁奖。

是日　上午6点50分左右，装载着10054吨彩钢卷的“鑫鹏轮”成功靠泊在洋口港重件码头，是码头开放后首次靠泊载货量最大的海轮。

9月

1日　省委书记李强到如东专题调研沿海开发开放工作。

5日　洋口港区5000吨级液体化工码头工程获得南通市港口局批复，同意通过竣工验收，准予投入使用。

6日　如东县家居建材装饰行业商会成立。85家会员单位自发签署行业诚信经营承诺书。

7日　县委中心组召开“两学一做”学习教育第二次专题学习会，围绕“严守纪律规矩，强化党员意识”主题交流研讨。县委书记潘建华主持会议，并部署下阶段学习教育活动。

9日　县委、县政府召开全县教育工作会议，表彰教育工作先进集体、先进个人，研究部署教育现代化创建工作。

9—10日　由江苏省经济和信息化委员会、南通市人民政府主办的石墨烯应用技术研讨会在如东召开。工业和信息化部领导和相关院校所的专家、学者参加研讨。

10—11日　第十届中国如东沿

海经济合作洽谈会暨如东·上海投资环境说明会在沪举行。高端聚酯新材料、废旧轮胎再利用、东凌湖多产融合旅游文化发展等26个项目当场签约,总投资约106亿元。

19日　如东高新区与韩国路创丽医疗器械有限公司签订战略合作协议,投资1000万美元,在如东县设立首个中外合资美容医院。

20日　马塘镇潮北村文学艺术界联合会、市河社区文学艺术界联合会成立,是如东首个村(社区)级文联。

28日　由南京航空航天大学、如东高级中学共同合作创建的航空与计算机创新实践基地揭牌投入使用,这是南京航空航天大学首次在南通地区成立实践基地。

30日　县委在苏中四分区抗日反"清乡"斗争纪念馆举行公祭烈士活动,县内党政军和社会各界代表参加。

是月　省政府正式批复同意在洋口港经济开发区筹建省级开发区,规划面积9.8平方公里。

10月

9日　由县精神文明建设指导委员会、县老龄工作委员会主办的"不老的情怀——我们的节日·重阳"大型敬老活动在如东高级中学海韵馆举行。

是日　中国·如东(上海)旅游招商推介会在上海举行。会议以"海纳百鲜·悦享如东"为主题,推介如东特色旅游产品、旅游线路,并签订7个旅游观光项目合作协议。

10日　县委、县政府召开全县老干部工作会议,贯彻落实中央和省市委对老干部工作的新要求,研究部署新形势下全县老干部工作。县委书记潘建华出席会议并讲话。

13日　上午10点,南通首个新能源汽车推广应用"桩随车行政府助推工程"充电桩群在县国税局停车场投入运行。

14日　纪念政协如东县委员会成立60周年座谈会召开。县委书记潘建华出席会议并致辞。

15日　县委中心组举办"产业转移对区域经济发展的驱动力"专题讲座,湖北融园投资控股集团董事长何万里作专题讲座。县委书记潘建华,县委副书记、代县长沈峻峰等县委中心组全体成员听取讲座。

是日　如东县人民政府与中船重工(重庆)海装风电设备有限公司关于深化风电产业合作签约仪式在雷迪森大酒店举行。县委副书记、代县长沈峻峰,中船重工(重庆)海装风电设备有限公司董事长孙建中分别代表双方在合作协议上签字。

是日　中船重工海装5兆瓦海上风电机组批量化生产下线,标志着中国装备制造业成功掌握大型海上风电设计制造技术,打破国外企业的行业垄断。

15—17日　中国·如东第十七届国际风筝会在小洋口风筝放飞场举行。来自英国、美国等国家和中国台湾地区47支代表队236名运动员参赛。

16—17日　建设创新型国家战略推进委员会秘书长吴子敬一行到如东考察大众创新创业情况。

19日　中组部党员教育和干部测评中心巡视员、副主任雷光华一行到如东调研党员教育培训工作,认为如东党员教育培训工作创新力度大,推进措施实,教育成效佳,探索出具有自身特色的党员教育培训之路,为新时期全国党员教育培训工作提供新经验、树立新样板。

20日　江苏省"宁粳8号"现场观摩暨技术培训会在如东召开,全省180名农作物种植专家参加会议。

21日　由南通创亿达新材料有限公司投资10亿元的高世代光学多功能板项目正式签约落户如东经济开发区。

图3　10月22日,0058号货运专列从海洋铁路栟茶货运站内驶出

22日　海洋铁路栟茶货运站正式通车,标志着如东对外开放和互联互通迈上新台阶。

是日　县委、县政府在北京举办对接央企合作交流恳谈会。县委书记潘建华出席会议并致辞,副县长许金标推介如东投资环境。

24日　江苏省生物有机水稻现场观摩及市场对接会在如东召开。

25日　如东供水微信平台缴费功能正式上线,在手机上实现实时业务查询和水费缴纳。

是日　县委、县政府召开洋口港发展战略功能定位研究课题验收会,就《洋口港发展战略功能定位研究》相关细节进行探讨。上海市政府参事、华东师范大学国际航运物流研究院院长包起帆介绍研究成果,并从宏观战略层面对洋口港下一步发展提出建议。

29日　在贵州省思南县举行的2016创新"互联网+全域旅游"暨第四届旅游业融合与创新论坛上,如东县风筝节获“最美中国·首批最具影响力特色节庆”。

11 月

1 日　全省农产品经纪人创业兴业培训工程暨全县农村电子商务培训班在县委党校开班,全县 16 个镇(区)村(居)干部、农民专业合作社、种养大户、农村电子商务从业人员等 210 多人接受培训 3 天。

3 日　国内首座罐容 20 万立方米 LNG 储罐——江苏 LNG 二期工程 T-1204 储罐进液投运，实现一次投产成功，标志着江苏 LNG 二期工程全面建成投产。

图 4　江苏 LNG 二期工程正式投产

4 日　洋口港区临海工业围涂工程(三期)填海竣工海域使用通过验收。

6 日　在第五届中国西湖国际魔术交流大会颁奖晚会及国际金牌魔术师舞台魔术展演上，如东杂技团魔术演员朱明珠表演的魔术节目《纸飞机》,获近景组唯一金奖。

7 日　沿海经济开发区邀请西安交通大学化工学院专家团到区考察,双方就园区管理、企业转型升级中面临问题进行研究。

8 日　“如东县空竹培训基地”在河口镇河口小学成立并举行揭牌仪式，标志着省内首家学校空竹培训基地正式成立。

9 日　社区参与式法律需求评估试点(南通)总结会在如东举行。司法部法律援助中心副主任桑宁、省司法厅副厅长万力及黑龙江、江西、湖北、湖南、广东、江苏等地法律援助中心代表参加会议。

10 日　中化国际(控股)股份有限公司总经理覃衡德一行在县委书记潘建华,县委副书记、代县长沈峻峰等陪同下，就新材料产业园项目落户洋口港进行实地考察。

11 日　总投资 3.5 亿元的县人民医院洋口港分院项目工程正式开工建设。

17 日　第九届国际发明展览会在昆山国际会展中心开幕，江苏中天科技集团携带 36 件发明专利参加评奖。科技部、国家知识产权局和中国发明协会领导对江苏中天科技集团发明专利成果表示赞赏。

18 日　县委、县政府在上海举办 2016 如东(上海)现代农业推介会，宣传推介如东农业项目和资源优势。现场签约投资项目 18 个,总投资 10.85 亿元，项目涵盖生态养殖、农产品加工、有机肥生产、农业观光休闲等领域。

是日　第三届世界互联网大会在乌镇闭幕，中天海洋系统技术有限公司提供的水下安防整体方案，得到大会安防合作方肯定。

26 日　由中国农民书画研究会、文化部全国公共文化发展中心、中国动画学会和江苏省文化厅联合主办,南通市文化广电新闻出版局、如东县人民政府承办的第十一届中国艺术节“在希望的田野上——中国农民画精品巡回展览首展”在如东县市民活动中心举行首展启动仪式。共展出全国 29 个画乡 451 幅精品，其中如东有 13 幅精品参展,展期 20 天。

28 日　洋口港经济开发区管委会与安徽省外经建设(集团)有限公司签署 100 亿元的钛金属产业园项目战略合作框架协议。

29 日　总投资 3264 万元的洋口港阳光岛南、北环岛路工程正式开工建设。

是月　南通汽运集团推出县际“定制客运”班车业务,往返如东和南通之间可通过拼车方式进行。

12月

1 日　县政府召开海鲜食品行业寄递解决方案推介会，促进顺丰速运与县内农渔业企业交流与合作,助力如东海产品“走”向全国。

是日　南京海关党组书记、关长薛金楼一行到如东调研开放型经济工作。

是日　《如东县“十三五”综合交通运输发展规划》通过专家组评审。

5 日　如东县现代电子器材厂业主施永兵出席全国先进个体工商户表彰大会暨纪念中国个体劳动者协会成立 30 周年座谈会,在北京人民大会堂受到国务院总理李克强接见。

6—7 日　省政协副主席罗一民带领省政协科技委、省海洋与渔业局等相关部门负责人到如东调研，要求如东坚持不懈,探索创新,以更高标准、更大力度推动绿色发展、协调发展上水平、上台阶。

7 日　如东海上风电产业基地被科技部评为 2016 年第二批国家火炬特色产业基地。

8 日　总投资 4 亿元的江苏道蓬科技石墨烯新材料项目正式开工建设，标志着洋口港石墨烯科技产

图5 洋口港石墨烯科技产业园规划图

业园进入实质性项目建设阶段。

9日 由县纪委牵头，县海洋与渔业局和华能如东八仙角海上风力发电有限责任公司共同组成的华能如东海上风电场工程生态修复增殖放流验收监督组，在洋口港经济开发区阳光岛南侧重件码头和大豫镇新四号闸进行增殖放流活动。根据季节分3年多次放流完成，放流总金额750万元。

是日 江苏如通石油机械股份有限公司成功登陆上海证券交易所主板，首次公开发行A股上市，上市代码603036，总股本20336万股，上市股本5084万股。这是如东县继江苏中天科技股份有限公司、江苏九九久科技股份有限公司（2016年3月1日，公司变更为江苏必康制药股份有限公司）上市后第三家上市企业，标志着如东企业走向资本市场取得新突破。

是日 县政府召开栟茶历史文化名镇保护与更新建设项目领导组工作例会，对栟茶历史文化名镇保护与更新建设工作再动员、再部署、再推进。

10日 首届电子商务论坛暨如东县电子商务协会成立仪式举行。县电子商务协会有正式会员80家。

12日 如东高新技术产业开发区沈亚秋作为南通市唯一获奖家庭参加在北京召开的第一届全国文明家庭表彰大会，党和国家领导人习近平、刘云山、刘延东等接见300个全国文明家庭代表并合影留念。

13—14日 副省长马秋林带领省经信委、省安监局等相关部门负责人到如东调研工业经济转型升级和安全生产工作。

15日 亚振家具股份有限公司成功登陆上海证券交易所主板，首次公开发行A股上市。亚振家居上市代码603389，总股本21896万股，上市股本5474.95万股。

是日 如东县被教育部、科技部、水利部、农业部、国家林业局、国家粮食局联合评为首批“全国职业教育和成人教育示范县”。

16日 省人大常委会原副主任、省老促会会长丁解民，市委原常委、市老促会扶贫协会理事长秦厚德到如东调研群众因病致贫情况及全县医疗救助情况。

是日 洋口港区5000吨级液化码头对外开放通过验收。

21日 县委中心组举行“两学一做”学习教育第三次专题学习会。县委书记潘建华主持会议并讲话。

22日 县委举行学习贯彻中共十八届六中全会和省、市党代会精神报告会。市委宣讲团成员、县委书记潘建华作宣讲报告。县四套班子领导，各镇（区、街道）党政主要负责人，县级机关各部门、各单位主要负责人出席会议。

是日 县委中心组举行“跨江融合、接轨上海”专题讲座，著名经济学家，全国人大代表、民建上海市委副主委，上海社会科学院副院长、经济学博士张兆安做专题讲座。

19日 泰国曼谷吞武里大学伯格理中文学院首位华人院长张鸿一行到栟茶高级中学考察交流，双方签订协议结为友好学校。

25日 如东县工商业联合会（总商会）第十一次会员代表大会召开。市政协副主席、市工商联（总商会）主席（会长）徐守铭，县委书记潘建华出席会议并讲话。县政协副主席桑健代表县工商联（总商会）第十届执委会作工作报告。大会选举产生如东县工商业联合会（总商会）第十一届领导机构和领导班子。

27日 金融IC卡智慧菜场闪付工程在如东正式启动，如东农贸中心市场首批70多家商户安装开通闪付设备，市民买菜实现刷卡支付。

30日 全县“六五”普法总结表彰暨“七五”普法动员会召开，会议表彰省、市、县“六五”普法先进集体和先进个人，部署“七五”普法工作任务。县委常委、县政法委书记杨小军出席会议并讲话。

是日 省科技发展战略研究院首次发布“江苏省百强创新型企业”名单中，中天科技集团有限公司位居榜单第7位，为南通市9家上榜企业之首。 （如 鉴）

如东概览

Rudong gailan

地理位置

【区位】 如东县位于北纬32° 12′～32° 36′，东经120° 42′～121° 22′。南与通州区为邻,西与如皋市接壤,西北与海安县毗连,东面和北面濒临黄海。

【面积】 如东县总面积1872平方公里（不包括海域），其中，陆地面积1702平方公里，水面面积170平方公里。海岸线全长106公里,占全省1/9,海域面积6000多平方公里。

历史沿革

【概况】 据现存明、清时期的《如皋县志》载:春秋时(公元前7世纪至公元前4世纪),如皋叫郧,又名发阳、发繇口、发繇亭(故址即今立发桥),属吴国。战国时(公元前4世纪至公元前2世纪),改属楚。秦时属九江郡。楚汉相争时,为东楚所有,隶属于东阳郡。汉初,为吴王刘濞封地,属于海陵县(故治今泰州)。三国时,曹操令江淮地区居民迁徙,海陵县废，为隙地。后吴主孙亮以吕岱(吕是海陵人)为大司马,吕复置海陵县。晋太康元年(280年),如皋地属广陵郡海阳县。

东晋义熙七年(411年),分广陵郡而析置建陵、宁海、如皋、临江、蒲涛5县。(据《太平寰宇记》载:“县西百五十步有如皋港,港侧有如皋村,县因此以得名。”)北周废蒲涛县,并临江县入宁海县。如皋县隶属于海陵郡。隋开皇九年(589年),如皋县并入宁海县，隶属于扬州总管府(605年改为江都郡)。唐太和五年(831年),设置如皋场,隶属于海陵县。南唐保大十年(952年),升如皋场为如皋县,隶属于泰州。北宋初,如皋县隶属淮南道泰州军。元代,如皋县隶属于扬州路泰州府。明代,如皋县隶属于扬州府泰州。清康熙六年(1667年),置江苏省,如皋属江苏省泰州。清雍正二年(1724年),如皋县隶属于通州。民国初年,如皋县先后隶属于苏常道和淮扬道。1927年,废道存县。1933年3月,如皋县隶属于江苏省第四行政督察区。1938年3月19日,日军侵占如皋城,如皋县政府先后迁移至李堡、丰利、马塘。

1940年10月黄桥决战后,新四军苏北指挥部第三纵队东进掘港。11月下旬，于马塘镇和平接管国民政府如皋县政府，并以白蒲经丁堰至柴湾河以东为界，将原如皋县一分为二,河东为如皋县(如皋东乡),河西称如皋西南行政公署，后升格为如西县政府。1941年3月后,如皋县隶属于苏中第四行政区。1945年9月22日,如皋县易名如东县,如西县复名为如皋县，如东县隶属于苏皖边区第一行政区专员公署；翌年秋，隶属于苏皖边区第九行政区。1949年后，如东县隶属于苏北行政区南通专区。1953年后,为江苏省南通专区。1968年后,改称江苏省南通地区。1983年,江苏省南通地区与南通市合并，如东县隶属于江苏省南通市。

环境 资源

【环境】 如东属北亚热带海洋性季风气候区。四季分明,光照充足,雨量充沛,霜期不长,季风明显,温和湿润。境内地势平衍,林木繁茂,土地肥沃,田园葱茏。

【资源】 如东县耕地面积10.85万公顷,农用地14.33万公顷,建设用地3.13万公顷，水域面积1.70万公顷。境内水资源丰富,降雨产生的地表径流量5亿立方米，年引长江水5.90亿立方米。境内地下水分布面广,水量丰富,水质上乘。农作物主要以水稻、小麦、棉花为主,兼有油料、蔬菜、瓜果,还有湖桑,盛产优质蚕茧。如东大米名闻遐迩，棉花曾三度突破皮棉总产百万担大关，在全省独领风骚，享誉全国，受到国务院表彰。如东是驰名中外的狼山鸡故乡，狼山鸡被列为世界八大名鸡之首，曾参与育成不少国际知名鸡种如奥品顿、澳洲黑等。1872年，被引入英国，为国际标准鸡种，世界家禽业的宝贵基因，入选世界优良鸡种标准图谱。野生动物有黄鼠狼、狗獾、水獭。20世纪60年代，黄鼠狼皮出口名列全国第二。可入药的枸杞子、龟板、蟾酥、地龙等野生生物有200多种。如东还是全国粮食生产先进县、全国商品瘦肉猪基地先进县、全国山羊板皮出口先进县。如东近海资源丰富，是全国最大的文蛤和条斑紫菜生产和出口基地。近海内有各种浅水贝类50余种，常见鱼类有100种以上，虾蟹类出名的有红虾、白虾、对虾、金钩虾以及梭子蟹、大青蟹等。被誉为"软黄金"的鳗鱼苗以及以海产为原料深加工的紫菜、烤鳗、虾米、文蛤干（粉）、"醉八鲜"等更是风靡海内外。2007年，如东县被评为全国海鲜之乡。20世纪80年代，开辟"海上迪斯科"（滩涂踩文蛤）和"空中交响乐"（滩涂放风筝）两个特色旅游项目。建设中的10万～30万吨级的洋口港，是江苏境内优良的深水港资源。拥有丰富的太阳能、风能、潮汐能、生物质能等绿色能源，是亚洲最大的风力发电场，开发前景广阔。2009年9月，如东创建成为"全国绿色能源之都"。2010年，如东县被国家能源局等部门授予"国家绿色能源示范县"称号。2011年，建成全国最大海上风电场。利用"海港、海鲜、海韵"南黄海风情开发建设的南通小洋口风景区成为全县首家AAA级旅游景区。

图6 海上风电场

气候特征

【概况】 2016年，如东年平均气温正常略高，降水偏多，日照正常偏少。重大气象事件较为频繁，主要灾害性天气有寒潮、连阴雨、霜冻、暴雨、强对流、高温、台风和雾霾等，年降水量创历史极值。

【气温】 2016年，如东年平均气温16.6℃，与常年（1981—2010年，以下同）相比偏高1.2℃，除1月平均气温与常年值持平外，其余月份均比常年偏高，其中4月、12月平均气温比常年偏高2℃以上。年极端最高气温39.1℃，出现在7月24日，平历史极值；年极端最低气温-10.5℃，出现在1月24日，比历史极值高0.1℃，为历史次极低值。全年高温日数14天，比常年值偏多7天；日平均气温≤0℃日数7天；终霜出现在3月11日，比常年早20天；初霜出现在11月24日，比常年晚19天；无霜期257天，比常年多34天。全年出现4次寒潮天气过程，分别为1月22—24日、2月13—15日、11月21—23日、12月13—15日。

【降水】 2016年，如东年降水总量1685.2毫米，比常年偏多610.6毫米，为县气象站有气象记录后新极值。其中，除1月、2月、3月和8月降水量比常年偏少外，其他月份均比常年偏多。6月、9月和10月降水量异常（比常年值偏多5成以上）偏多，均为常年降水量2倍以上，10月降水量罕见，是常年降水量近6倍，为历史同月极值；8月降水量不足常年值1/6。全年雨雪日132天，比常年偏多14天。6月19日入梅，入梅正常；7月20日出梅，出梅偏迟，梅长31天，梅雨量501.5毫米，是常年值2倍多。梅雨期内出现2场暴雨，其中1场大暴雨。

【日照】 2016年，如东年日照时数1730.6小时，比常年偏少189.7小时。除2月、8月和9月日照时数比常年略偏多外，其余月份均比常年偏

2016年如东县各月平均气温和降水量一览

表1

月份	1	2	3	4	5	6	7	8	9	10	11	12
气温(℃)	3.0	5.6	9.7	15.8	19.7	23.7	28.6	29.0	24.3	19.6	12.0	7.8
降水量(mm)	50.0	14.5	30.3	115.3	107.7	326.7	269.5	25.1	314.6	307.0	84.0	40.5

少，其中10月日照时数不足常年1/3。

【重要天气事件】 受6月下旬至7月初连续强降水影响，至7月4日，如东县各镇均受涝灾，紧急转移人口5人，倒塌房屋5间，受涝面积49.25万亩。农作物受灾面积42.19万亩，其中粮食作物受灾面积30.6万亩，经济作物受灾面积11.59万亩；农作物成灾面积35.13万亩，其中粮食作物成灾面积26.65万亩，经济作物成灾面积8.48万亩；农业直接经济损失2545万元。损坏堤防1处，长度6千米，直接经济损失1075万元。7月5日凌晨5点10分，双甸镇曙光村、石甸社区遭受疑似龙卷风袭击。曙光村12个组137户农户、石甸社区10个组18户农户不同程度受灾，有1人轻伤，部分房屋、猪舍、鸡棚、树木和农作物受损。7月6日下午16点30分，掘港镇、苴镇王潭村及掘苴公路边被大风刮倒、刮断树木数十根；同日夜间11点，袁庄镇受强对流天气影响，房屋受损约260户，附房倒塌10间，其中时桥村受灾最严重，约130户农户房屋不同程度受损，另有部分猪舍、绿化、农作物受损。雷雨大风还造成袁庄供电所10千伏袁庄线、袁沿线、袁石线跳闸，造成57个综合变停电，涉及用户2900户，损坏剩余电流动作保护器5台，400伏线路断杆3支、断线8处，无人员伤亡。7月27日13点30分，雷雨大风袭击曹埠镇部分区域，对该镇农作物、树木、房屋及电线杆等设施造成一定程度破坏，甜水村18组上百棵树木被风刮倒，约3亩水稻被树木压坏，甜水村18组老人姚红成家中1间平房屋顶被掀。跨岸村7根电线杆倒塌，105间村民房屋受损，其中4间受损严重、101间情形较轻微，总受损面积2190平方米；副业用房受损185间，总面积2510平方米；经济林被损坏50亩，46棵树被折断或连根拔起；大棚损坏460亩；村部后墙受损面积200平方米；玉米地5亩受损；全村太阳能损坏12个；渠道被损坏总长0.2千米。受14号台风“莫兰蒂”外围环流与西风槽共同影响，9月15日、16日出现连续暴雨，16日降水量120毫米，达到大暴雨量级。其间，出现陆上5～7级、沿海8～10级偏东大风，最大风速24.9米/秒(10级，如东太阳沙)。受17号台风“鲇鱼”外围环流和冷空气共同影响，9月27日夜至30日，如东出现连续降水和大风天气，其中30日降水量55.8毫米，达暴雨量级。风力陆上5～7级、沿海7～9级，最大风速20.9米/秒(9级，如东太阳沙)。受21号台风“莎莉嘉”和22号台风“海马”外围共同影响，10月21－22日出现连续强降水，2天降水量120.9毫米。受22号台风“海马”外围和冷空气共同影响，10月26－27日出现连续强降水，2天降水量73.8毫米。

【气候与农业】 1月22－24日，低温雨雪冰冻天气对在田小麦、油菜等作物造成冻害影响。据各地灾情调查，小麦冻害主要表现为部分早发苗及迟播弱小苗叶片呈水渍状冻伤；少数秸秆还田不到位田块，分蘖节裸露，麦苗出现冻死；部分一、二类壮苗叶尖部位稍有冻伤，影响不大。5月下旬，降雨量及降雨日数异常偏多，日照严重不足，频繁雨水过程使得已成熟油菜子、小麦收获困难，油菜子霉变，在田小麦倒伏，部分地区小麦来不及收割穗发芽，夏粮品质受到影响。6月下旬，两次强降雨过程对水稻等秋熟作物生长发育较为不利，部分已播栽水稻秧苗没顶受淹，有些田块出现漂秧、烂种烂苗现象。7月上、中旬，持续阴雨寡照造成农田连续受淹，棉花、玉米、桑园、蔬菜田积水严重，土壤含水量长期处于饱和状态，玉米、大豆等叶片发黄、受损；露地蔬菜植株倒伏折断；水稻受淹。10－11月，降雨量异常偏多，加上连阴雨，导致秋收进度缓慢，部分田块水稻发生倒伏、穗发芽现象；棉铃被雨淋后霉烂变黑，烂桃较多，棉花产量和品质都受到严重影响；部分麦油播栽偏迟，秋播质量较差，不利于抗逆壮苗形成。

(冯芝祥)

海涂潮汐

【概况】 因地球自转和东北合成风的作用，长江主泓偏向西南，致使北岸泥浆淤积，沙洲与砂咀连接成片，西周时期如东开始成陆。20世纪50年代初，如东海涂起自东南遥望港至西北老坝港，长达95公里，滩涂淤积情况各段不一，但除北坎尖至苴镇闸下游20公里一段滩涂面陡，在距堤500～600米一线有大量冲蚀坑，滩涂淤进缓慢，局部还有退缩外，余皆以不同速度增长。据1959—1980年实测，遥望港向北至北坎尖，长25公里，海岸为南北向，为淤进型海岸，滩面平缓外伸，3米等高线外伸600米，淤进速度每年20～30米；掘苴闸下游至小洋口闸港长23公里，滩面比降自东向西减小，3米等高线外伸700米，平均每年淤进30米以上。小洋口向西至老坝港，滩面比降小，-1.5米以下有一道深泓，但沿堤低潮位线有断续的砂堤发育，堆积作用十分明显，故滩面淤高较之外伸为快。全县海涂标高零以上达600平方公里。

如东沿海潮汐24小时涨落两次，一般早潮称潮，晚潮称汐。每日两个潮次时间，主要受月球引力而出现周期性涨落现象，故通常以农历编排汐表。但是同一潮次，洋口闸比东安闸早30分钟左右到达。北风和东北风起，来潮时间常有提前；秋潮常跟暴风起，有风即有潮。一年之中秋汛为势大，故有“八月十六赛马跑”之说。如东沿海每12小时发生1次潮汐涨落周期(以农历编排)如下：

如东沿海潮汐涨落周期

表 2

日期	潮汐名称	来潮时间	退潮时间	汐别	日期	潮汐名称	来潮时间	退潮时间	汐别
初一	六潮水	11:00	1:00	大汐	十六	六潮水	11:00	1:00	大汐
初二	七潮水	11:45	1:45		十七	七潮水	11:45	1:45	
初三	八潮水	12:30	2:30		十八	八潮水	12:30	2:30	
初四	九潮水	1:15	3:15		十九	九潮水	1:15	3:15	
初五	下岸潮	2:05	4:05	小汐	二十	下岸潮	2:05	4:05	小汐
初六	下岸一	2:55	4:55		廿一	下岸一	2:55	4:55	
初七	下岸二	3:45	5:45		廿二	下岸二	3:45	5:45	
初八	下岸三	4:35	6:35		廿三	下岸三	4:35	6:35	
初九	下岸四	5:25	7:25		廿四	下岸四	5:25	7:25	
初十	起　水	6:15	8:15	大汐	廿五	起　水	6:15	8:15	大汐
十一	一潮水	7:05	9:05		廿六	一潮水	7:05	9:05	
十二	二潮水	7:55	9:55		廿七	二潮水	7:55	9:55	
十三	三潮水	8:45	10:45		廿八	三潮水	8:45	10:45	
十四	四潮水	9:30	11:30		廿九	四潮水	9:30	11:30	
十五	五潮水	10:15	12:15		三十	五潮水	10:15	12:15	

（如　鉴）

行政区划

【概况】 2016年，如东辖12个镇、3个街道办事处，村(居)256个，其中居民委员会47个、村民委员会209个，大豫镇3个村(居)为南通滨海园区托管。全县总面积1872平方公里，总人口103.54万人。

2016年如东县行政区划一览

表 3

镇(街道)	面　积(平方公里)	人口(人)	村、居民委员会(个)	
掘港街道	145.06	116759	20	村：陈高、掘西、虹桥、十里墩、晓河、芳泉、银杏、野营角、周店、三河、沙南、晒盐场、天星、新丰、洋岸、丁字岸、宾东、余荡、港南、三桥
			10	居：青园、古池、灯塔、盐垣、九总、童店、华丰、港南、环北、环镇
城中街道	74.16	82789	7	村：五总、北场、丁杨、潮墩、六总、八总、如华
			8	居：友好、三元、民主、范堤、碧霞、通海、新光、锦绣
苴镇街道	113.65	49765	9	村：王潭、金凤、凤阳、刘埠、蔡桥、九阳、肖桥、江庄、虹元
			2	居：晓桥、振新
长沙镇	110.77	41280	12	村：陆河、富盐、三民、黄海、滨海、长堤、北坎、四桥、卫海、何丫、环东、近海
			2	居：港城、东海
马塘镇	142.70	78793	17	村：长路、七里镇、马南、王渡、马西、潮北、潮南、马东、马北、马丰、蔡渡、亚苏、许楼、桃园、沙庄、徐庄、尊三
			1	居：市河

续表 3

镇(街道)	面　积 (平方公里)	人口 (人)	村、居民委员会(个)	
新店镇	80.70	37003	10	村:顾高桥、曹庵、胡港、月池、新联、深河、孙桥、三角渡、双虹桥、祝套
			2	居:新店、汤园
曹埠镇	92.50	46001	6	村:甜水、应泉、跨岸、冯桥、直港、下漫
			3	居:上漫、堤南、孙窑
岔河镇	140.70	81178	22	村:振兴、汤桥、南桥、金河、金桥、兴发、金发、龙发、兴河、银河、新坝、新桥、振河、兴北、新港、古北、玉林、陆港、三联、坝东、龙凤、启秀
			5	居:迎春、燕川、镇北、其国、古坝
双甸镇	120.60	72110	13	村:曙光、田季、高前、中心、宗奎、伯元、镇东、丛家坝、德银、锡伍、镇南、鹤井、石南
			3	居:星光、石甸、双南
栟茶镇	95.80	56789	16	村:陈湾、新庄、大窑、杨堡、竹园、兴凌、兴镇、江安、兴灶、双港、三元、木并南、三星、洋堡、港头、浒澪
			3	居:港头、浒澪、茗海
袁庄镇	97.20	57890	11	村:大袁庄、时桥、铁果门、孙庄、海河滩、朱庄、濮桥、竹园、赵港、小康、戴南
大豫镇	212.60	99988	16	村:止马洼、香台、周墩、九龙、豫东、大同、伯安、徐征、巩王、丁家店、东安闸、马家店、强民、一门闸、东港(托管)、闸东(托管)
			5	居:大豫、南坎、兵房、农场、东凌(托管)
河口镇	130.20	63196	11	村:荷园、小溇、溇河、龙坝、十里桥、关口、烈士陵、双港、太阳庙、锦成、中天
			2	居:花园头、立新桥
洋口镇	147.30	72129	19	村:浒路、甜港、古坳、耿庄、池塘头、新坝、同文、闸西、楼窑、王鸭、杨楝园、油坊口、六份头、香橼树、三江口、张埭、周新庄、南渔、洋口
丰利镇	154.40	79696	20	村:周桥、花园桥、华严、玉窑、双沟门、陈葛庄、家庙桥、凹桥、龙口、月河、九和、双灰山、包场、南宁、兴南、张家园、环堤、光荣、环农、环渔
			1	居:古丰

(盛海娟)

人口　民族

【人口】 2016年末，如东县常住人口98.18万人，其中城镇人口55.05万人，增长3.2%，城镇化率56.07%，比上年提高1.77个百分点。户籍人口103.54万人，比上年末减少4237人。其中，18岁以下人口10.10万人，占9.8%，比上年上升0.5个百分点；18～34岁人口18.13万人，占17.5%，比上年下降1.1个百分点；35～59岁人口42.65万人，占41.2%，比上年下降2个百分点；60岁以上人口32.66万人，占31.5%，比上年提高2.6个百分点。全年出生6125人，死亡9544人，人口自然增长率-3.3‰。

2016年末如东县人口数及构成一览

表 4

指　标	年末数 (万人)	比重 (%)
年末常住人口	98.18	—
城镇人口	55.05	56.1
乡村人口	43.13	43.9

续表 4

指　标	年末数(万人)	比重(%)
其中,0～17岁	10.10	9.8
18～34 岁	18.13	17.5
35～59 岁	42.65	41.2
60岁及以上	32.66	31.5
男性人口	50.94	49.2
女性人口	52.60	50.8

(施　楠)

【民族】 2016 年,如东县有 35 个少数民族,人口 4887 人。其中,男性 762 人,占 15.6%,女性 4125 人,占 84.4%;未识别民族 16 人,亻革家人 1 人。侗族最多 1937 人,占 39.6%;苗族 1584 人,占 32.4%;土家族 234 人,占 4.8%。壮族 173 人,布依族 146 人,彝族 104 人,满族 97 人,瑶族 93 人,水族 87 人,白族 83 人,蒙古族 48 人,朝鲜族 48 人,傈僳族 26 人,黎族 24 人,傣族 22 人,藏族 19 人,畲族 17 人,仡佬族 10 人,景颇族 9 人,哈尼族 6 人,仫佬族 6 人,羌族 5 人,毛南族 4 人,佤族 3 人,维吾尔族 3 人,达斡尔族 2 人,鄂伦春族 2 人,拉祜族 2 人,普米族 2 人,俄罗斯族 1 人,哈萨克族 1 人,京族 1 人,纳西族 1 人,土族 1 人。全县各镇中,掘港镇最多 851 人,占 17.4%;袁庄镇 525 人,占 10.74%;大豫镇 454 人,占 9.29%。岔河镇 447 人,马塘镇 396 人,河口镇 393 人,双甸镇 359 人,丰利镇 281 人,洋口镇 259 人,栟茶镇 258 人,长沙镇 203 人,曹埠镇 171 人,苴镇 152 人,新店镇 138 人。

(单蔡薇蓉)

民俗　方言

【民俗】 如东民俗在漫长岁月里,随着移民及流民不断增多而在吸收中变化,在变化中融合,渐次形成特色鲜明又颇具广泛包容性的民俗风情。诸如乡井生活、衣食住行、时岁节庆、婚育丧葬、祈福求瑞、礼仪宗教等,都蕴藉并彰显着如东人勤劳、善良、淳厚与质朴的优良品德。外来居民带来简单劳动求生本领,在荒滩上“辟我草莱”或“煮海为盐”。同时,也带来各自故乡民风民俗,成为皋东民俗起源和发端。唐代(618—907),境内已逐渐成为风俗习惯杂陈之地。宋末明初,逐渐融入镇江、扬州市俗成分。民国初年,张謇倡导沿海开垦,一批称为“外沙”的启海人迁入,其分布以掘港和“皇岸”为界。掘港西以“本场人”风俗为根基,谦和好客;掘港东则以“启海”民俗为本原,直率开放。海堤外渔、盐民风俗久盛不衰;海堤内则显民风民俗相互掺杂、糅和、改良,加上文明新风影响,古今传承、新旧交融。几千年形成许多节日习俗,其中包括除夕、春节、元宵、清明、立夏、端午、中秋、重阳、冬至等。中华人民共和国成立后,增加元旦(俗称新年)、国庆等节日,一些外国洋节也被民众仿效。

在如东,人们通过各自行业赖以生存发展,形成独特的生产、生活习俗。工商界求生意兴隆;掘东人重视棉花种植;掘西人重视水稻生产,都各有一整套规矩。渔民生产禁忌与生活禁忌相联系,使渔民禁忌尤为特殊。两千多年的制盐史,使盐民形成独特的风俗民情。如东个性显明的民风民俗还上升为文艺形式。如马塘人打锣鼓与众不同,成为歇后语“马塘锣鼓——各打各”。掘港十番音乐和谐缠绵,成为歇后语“掘港十番——不紧不慢。”如东风俗中,都天菩萨出巡中“烧马伕香”、跳判官,被改编成民舞《跳马伕》和《钟馗嬉蝠》。1984 年,演进中南海,并走出国门。

如东风俗雅俗共赏。掘东灶头画、掘西床头画和孙窑农民画,虽粗犷简单、大红大绿,却凸现风格,装点千家万户。如东人爱说唠、放鹞子,《曹瘦脸儿打官司》系列故事登上大学论坛。如东放哨口风筝被外国人称为“空中交响乐”,成为全国 4 大风筝产地之一。中共十一届三中全会后,倡导社会主义新风尚,人们的思想和生活被注入新的内容和形式。进入 21 世纪,随着经济发展,改革开放不断深入,人民的物质和精神文化生活普遍提高。优秀传统风俗得到重视和继承,一些过时民俗逐渐淡化,一些新民俗相继产生,如东民俗在与时俱进中得以延伸、改革和发展。

【方言】 如东县域内方言有 3 种:第一种属于北方方言江淮方言区泰如片,其中内部又存在一定差异。一是本场话,即以县城掘港为中心的掘港话(亦称“掘西话”,跟“掘东话”对举而言),包括掘港(绝大部分)、长沙、曹埠(大部)、马塘、岔河、双甸、新店(北部)、苴镇、丰利、洋口(洋蛮河以东)等镇;二是西路话(亦称栟茶话、洋西话),从古坝北边向西,至与如皋交界一线以北地区,东至洋蛮河(通洋运河北段),包括栟茶、袁庄、河口(老秀贞乡南河以北)等镇。第二种属于吴方言,即沙里话(亦称掘东话),包括大豫、掘港(小部)等镇。第三种是呈现出江淮方言与吴方言过渡性质的方言,如通东话(俗称“南场话”),包括掘港(西南)、曹埠(南部)等镇;南通话,包括新店(南部)、曹埠(西部)等镇。

(如　鉴)

文化遗存

【物质文化遗产】 如东物质文化遗产,包括具有历史价值、艺术价值、佐证价值的圩塘、盐灶、垦牧区、水利设施,名人故居、著名纪念地、古宗教场所、古戏台、古墓园、古桥梁、古河道、古树名木,农林牧副渔、工农兵学商的处所和工具等,因天灾人祸,自然朽损,人为破坏,城市改造,文物贩子收购等因素,存世(不包括遗址和碎片性遗物)量不多。

如东县部分存世的典型物质文化遗产一览

表 5

名　称	形成年代	存世地址	历史价值
双甸镇东岳庙主殿	唐元和年间建,民国初年大修	双甸镇东岳庙村	皋东乡村宗教和建筑文化
串场河	宋代前	掘港至马塘	制盐久远,盐场鼎胜,重视水运
何家灶墩	宋代	长沙镇西北侧原海滨	古代盐业生产基地,中国人民海军发祥地
范公堤	宋天圣三年(1025)	县北疆海滨	见证皋东防潮泄涝
“盐垣镇”(部分)	明代初成,清乾嘉铺石板街	掘港东街	见证城市建筑古老和科学
掘港城隍庙娘娘殿(部分)	始建明代,清代重修	掘港镇群庙巷	古镇及宗教兴盛
東公馆(部分)	明代建,民国初翻修	掘港镇服装厂巷	大豫垦殖公司和新四军东进部队的业绩,中国人民海军发源地
掘港镇德井	明永乐年间构筑	掘港镇东营中巷北	近海水质偏咸,筑井取水,亦表现封建时代清官爱民举措
三石涵(小洋口处石涵洞)	明万历年间建	县西北小洋口处	历史上比较重视水利建设
三元池	明万历八年(1580)开挖	掘港镇中部,原县府南侧	城市生态文明建设和城市规划
文苑小楼	清雍正重修张氏小园林而成	丰利老街侧	著名园林文园及其广交文坛画苑巨擘史实
管家牌坊	清乾隆十一年(1746)	掘港南街西首	旧时建筑工艺及守贞民风
萍香堂义学小楼	清嘉庆元年(1796)	掘港镇原北街关帝庙东侧	江东宿贤、诗人江片石崇文重教
枣儿红井	清同治年间	马塘镇仁和北路枣儿红巷内	皋东名特优产品枣儿红酒用料考究
勇洛楼	民国初建(季家小楼)	丰利镇虹桥南踣 37 号	新四军东进部队深入基层,军爱民,民拥军,苏中海防纵队成立典礼
耙齿凌战役烈士陵园	民国 35 年(1946)初建,1994 年、2004 年重修、再修	河口镇内原景安乡西北部	新四军东进部队浴血奋战
如东烈士陵园	1959年建	掘港镇陵园路 42 号	如东干群为翻身解放、建设祖国的壮烈奉献

【非物质文化遗产】　如东挖掘和保护的非物质文化遗产优秀项目有 138 个,其内容涉及历史、文学、音乐、民俗等多方面。其中,被列入各级非物质文化遗产名录的分别是:2007 年 3 月,传统舞蹈《钟馗嬉蝠》《跳马伕》《浒澪花鼓》被江苏省人民政府列入第一批江苏省非物质文化遗产名录;2008 年 3 月,传统舞蹈《钟馗嬉蝠》《跳马伕》《浒澪花鼓》《泼花篮》,传统音乐《马塘锣鼓》《新店山歌》,民间文学《曹瘦脸儿打官司》被南通市人民政府列入市第一批非物质文化遗产名录;2010 年 5 月,《红木雕刻》《如东面塑》《提线木偶制作工艺》被列入南通市第二批非物质文化遗产名录;2011 年 6 月,《跳马伕》被列入第三批国家级非物质文化遗产名录;2011 年 9 月,民间文学《曹瘦脸儿的故事》被列入第三批江苏省非物质文化遗产名录;2013 年,传统音乐《渔民号子》、传统技艺《栟茶煨竹蛏》《烙画》被列入南通市第三批非物质文化遗产名录。

2013 年,如东有省级传承人 2 人,分别是《跳马伕》传承人江振林、任乃贵；市级传承人 11 人，分别是《马塘锣鼓》传承人邓雄，《新店山歌》传承人秦竹林、邵乐标，《浒澪花鼓》传承人张德君，《钟馗嬉蝠》传承人吴克明，《曹瘦脸儿的故事》传承人沈阳，《如东面塑》传承人罗彬，《红木雕刻》传承人房明建、许忠泉、刘承林，《烙画》传承人张争光。加强传承人培养工作，建立《跳马伕》《马塘锣鼓》《如东硬木雕刻》《新店山歌》4 个培训基地。2014 年，获批市级传承基地 5 个，分别为如东硬木雕刻传承基地 3 个，渔民号子传承基地 1 个，柞榛家具制作传承基地 1 个。

（陈卫华）

地方特产

【概况】 如东以海产特产居多，主要有文蛤、梭子蟹、鲳鱼、黄鱼、竹蛏、泥螺、紫菜、虾米等。其他特产有狼山鸡、“苏通”牌蚕丝被等。

【文蛤】 如东出产的海产珍品文蛤，素有“天下第一鲜”之称。唐代，文蛤就被列为贡品。文蛤肉营养丰富，味道鲜美，药用价值大。文蛤是如东大宗出口产品，以往处于自然繁殖、自然生长、自由采捕状态，为保护这一贝类资源，1958 年建立“如东县海涂养殖场”，首次进行人工围养、放养文蛤幼苗、捕大留小，实行封滩养殖。1969 年以冻蛤肉出口，从 1979 年开始改由鲜活文蛤出口，远销日本、韩国等国家。如东成为全国最大文蛤养殖出口基地。

【竹蛏】 竹蛏又名蛏子王，为海产双壳软体动物，体呈延长形，长约 10 公分左右。两壳合抱后呈竹筒状，故得竹蛏之名。鲜蛏肉嫩而味鲜，含有蛋白质、脂肪、糖类以及钙、磷、铁、碘和维生素等多种营养成分，是上等海味珍品。据药书等记载，其壳有散结、消炎、通淋、止带功效，蛏肉则具有退热、明目、止渴、解酒毒以及妇女劳损下血和通乳等功能。蛏干是将鲜活生蛏去壳后，蛏肉经热煮后晒干而成。竹蛏除天然生长外还可进行人工增殖和养殖。养殖品种以大竹蛏和长竹蛏为主，养殖 2 年竹蛏体长可达 8 厘米左右，个体大者 22 厘米以上。

【梭子蟹】 梭子蟹学名叫疣梭子蟹，最明显特征是蟹壳表面有 3 个疣的突起。如东属亚热带海洋性季风气候，冬无严寒夏无高热，春秋两季在一年中所占时间较长，对于最适宜水温 15.5℃～26.6℃的梭子蟹来说，是生存繁衍理想之地，加之如东近海及滩涂基础饵料丰富、潮流通畅，平缓的沙泥质底质，非常符合梭子蟹生活习性。如东梭子蟹肉色洁白，肉多细嫩，膏似凝脂，味道鲜美。尤其是两钳状螯足之肉，呈丝状而带甜味，蟹黄色艳味香，食之别有风味，因而久负盛名。如清代李渔所言，“蟹鲜而肥，甘而腻，白似玉而贵似金，已造色香味三者之极，更无一物可以上之”。姑娘蟹，俗称黄(huang，音“荒”)蟹，是梭子蟹在特定时期的一种叫法。黄蟹一年中以农历二月和中秋节前后才有，因而身价较高。其中二月的黄蟹不仅数量多，而且个儿大(一般半斤左右，隔年生的也有一斤多)膏多，肉肥，味道特别鲜美。

【虾米】 虾米是由各种海虾煮熟，经过晒干，而后去壳而成。虾米营养成份很高，含蛋白质、脂肪、糖份，是人们喜爱的食用佳品。油煎、爆炒、做汤均可，其味鲜美，食而不厌，是美味佳肴之一。虾米便于贮藏携带，四季均可食用。如东所产虾米名称有：条米、金钩、开洋、春红、秋红、鸽子脚等。如东盛产各种虾米，除向全国各地销售外，还远销美国、日本、东南亚各国。

【泥螺】 泥螺，古称吐铁。外壳呈卵圆形，壳薄脆，其壳不能包被全部身体，腹足两侧的边缘露在壳的外面，并且反折过来遮盖壳的一部份。体长方形，拖鞋状头盘大，无触角，壳无螺塔。如东盛产黄沙泥螺和清沙泥螺。泥螺虽然个体小，名声却很大，是人们喜爱的海味珍品，且加工、食法讲究。经腌渍加工的糟醉泥螺味道鲜美，清香脆嫩，丰腴可口。泥螺已跻身宾馆宴席，成为“八珍冷盘”中必不可少的一道佳肴，走俏海内外市场。

【条斑紫菜】 如东条斑紫菜，与“天下第一鲜”文蛤齐名。条斑紫菜产于温带，自然生长数量有限，主产地在如东。因为如东具有条斑紫菜生长条件，适宜气候、适宜水温、适宜盐度。如东条斑紫菜藻体薄嫩，是生态海洋食品，具保健功效。

（如　鉴）

经济社会发展

【概况】 2016 年，如东县贯彻创新、协调、绿色、开放、共享 5 大发展理念，推进供给侧结构性改革，统筹做好稳增长、促改革、调结构、惠民生、优生态、防风险等各项工作，全县经济运行总体保持稳中有进、稳中有好，发展质量和效益进一步提高。全县实现地区生产总值 746.69 亿元，同比增长 9.2%。按常住人口计算，人均 GDP 7.60 万元，增长 9.3%。产业结构继续优化。实现第一产业增加值 67.87 亿元，增长 1.7%；第二产业增加值 340.57 亿元，增长 9.3%；第三产业增加值 338.25 亿元，增长 10.9%。三次产业结构演进为 9.1∶45.6∶45.3。县域经济基本竞争力连续 14 年跻身全国百强县(市)行列，排名比 2015 年提升 5 个位次，实现“十三五”良好开局。

【经济发展】 农业　全县农林牧渔业总产值 139.88 亿元，按可比价计算，增长 2.1%。其中，农业产值 46.52 亿元，下降 3.1%；牧业产值 33.35 亿元，增长 1.4%；渔业产值 50.07 亿元，增长 6.1%。

工业　全县规模以上工业企业 671 家，其中年销售收入 1 亿元以上

2016年如东县规模以上工业企业主要工业产品产量一览

表 6

名　称	计量单位	产量	比 2015 年增长(%)
饲料	万吨	30.6	13.5
精制食用植物油	万吨	14.7	2.4
纱	万吨	8.3	1.4
布	亿米	11.2	7.8
印染布	亿米	2.0	3.0
服装	万件	18624.3	8.7
鞋	万双	1194.7	1.2
家具	万件	27.3	20.1
纸制品	万吨	26.1	9.7
化学农药原药(折有效成分 100%)	万吨	2.5	1.3
涂料	万吨	8.1	24.6
化学纤维	万吨	2.8	0.0
水泥	万吨	202.6	6.9
电力电缆	万千米	24.1	3.0
光缆	万芯千米	857.1	7.4

工业企业 398 家，比上年增加 29 家。全县规模以上工业总产值 1972.03 亿元,增长 3.0%,其中,轻重工业分别增长 5.6%和 1.2%。国有企业增长 5.4%,股份制企业增长 3.0%,外商及港澳台投资企业增长 3.1%。全县规模以上工业企业主营业务收入 1898.63 亿元，同比增长 3.1%;实现利税 230.57 亿元,下降 3.8%,其中利润总额 147.33 亿元,同比增长 0.6%。

建筑业　全县有资质建筑企业 159家,其中特级企业 2 家、一级企业 11 家。全县建筑业总产值 401.2 亿元,增长 5.9%。

服务业　全年社会消费品零售总额 318.62 亿元,增长 10.9%。其中，城镇消费品零售额 207.82 亿元,增长 13.4%;农村消费品零售额 110.80 亿元,增长 6.3%。限额以上贸易企业商品零售额中，汽车类零售额比上年增长 26.7%，中西药品类增长 15.5%，石油及制品类增长 4.1%，建筑及装潢材料类增长 23.4%,服装、鞋帽、针纺织品类增长 9.2%,粮油、食品类增长 11.5%,机电产品及设备类增长 38.9%,文化办公用品类增长 18.9%,家用电器和音像器材类 11.5%。全年接待海内外旅游者 343.35 万人次，实现旅游总收入 43.42 亿元,分别增长 10.8%和 14.7%。全年交通运输、仓储及邮政业增加值 23.89 亿元,同比增长 6.2%。

【固定资产投资】 全县完成固定资产投资额 545.42 亿元，同比增长 12.0%，其中，产业投资 439.6 亿元,占固定资产投资比重 80.6%。工业投资 329.24 亿元,增长 8.6%,其中技改投资 227.92 亿元,占工业投资比重 69.2%，工业设备投资 222.9 亿元,占工业投资 67.7%;全县服务业投资 213.64 亿元，增长 16.6%；民间投资 389.50 亿元,下降 1.2%。全年房地产开发投资 22.24 亿元,下降 13.1%。

【社会事业】 科技　年末,全县有高新技术企业 91 家。新增省级高新技术产品 77 项,新建省级工程中心 5 家，新建市级工程技术研究中心 10 家,企业研究生工作站 8 家。3 项科技成果获江苏省科技进步奖。全县建成科技孵化器 8 家，其中国家级 1 家、省级 4 家。万人发明专利拥有量 10.92 件,增长 12%。全社会研发投入占 GDP 比重 2.51%，同比提高 0.04 个百分点。

教育　全县有中等职业教育学校 1 所,在校学生 4011 人;普通高中 4 所,在校学生 8581 人;普通初中 21 所,在校学生 1.67 万人;小学 45 所,在校学生 2.92 万人;特殊教育学校 1 所,在校学生 105 人;幼儿园 47 所,在园儿童 1.54 万人。

文化广电　全县有文化馆 1 个,文化站 15 个,公共图书馆 1 个,“农家书屋”244 个。市级以上文物保护单位 3 处，市级以上非物质文化遗产 13 项,其中,国家级 1 项、省级 3 项。有广播电视台 1 座,年末数字电视用户 28.56 万户，有线电视入户率 99%。文化市场经营单位 447 家,广播电视行业单位 1 家,印刷发行单位 190 家。

卫生　全县有卫生机构 461 个,其中,医院、卫生院 59 个,妇幼保健所 1 个。全县卫生机构床位 3649 张，卫生技术人员 4311 人,其中执业医师和执业助理医师 1981 人,注册护士 1504 人。全县有疾病预防控制中心 1 个，卫生技术人员 61 人;卫生监督所 1 个,卫生技术人员 24 人。农村社区卫生服务站、村卫生室 243 个，行政村覆盖率 100%。农村自来水普及率 100%。

体育　成功承办中国如东国际风筝邀请赛、省风筝精英赛、省田径短跨项群等赛事。全县有晨晚练健身点 621 个，全年各级各类全民健身活动参与群众超过 25 万人次。体育彩票销售额 7954 万元。

(县统计局)

洋口港建设

Yangkougang jianshe

港口规划

【洋口港区总体规划】 按照《中华人民共和国港口法》要求，如东县委、县政府委托中交一航院编制《南通港洋口港区总体规划》，2008年获得交通部和江苏省政府批准，洋口港区主要为临港工业开发服务，以能源、原材料、液体化工品和杂货运输为主。洋口港区划分为长沙作业区和环港作业区，其中长沙作业区划分为西太阳沙码头区和金牛岛码头区。西太阳沙码头区规划面积约2.5平方公里，规划泊位29个。西太阳沙北码头区开发利用烂沙洋北水道，建设大型深水泊位，并通过栈桥与西太阳沙人工岛连接；西太阳沙南码头区开发利用烂沙洋南水道，建设中小型液体散货及干散杂货泊位，并与西太阳沙人工岛连接；金牛岛码头区开发利用烂沙洋南水道，并在浅滩稳定区域修筑人工岛，该码头区为洋口港区远期预留。洋口港区规划港口岸线长29.5公里，其中长沙作业区规划深水岸线17.5公里。2014年9月，《南通港洋口港区西太阳沙码头区优化方案》获交通运输部和江苏省政府联合批复，优化方案调整所涉及的西太阳沙码头区减少散杂货运输规模，形成以LNG、油品、液化品等液体散货运输为主的专业化作业区，为临港工业区和腹地液体散货运输提供服务。调整后的西太阳沙码头区分为北侧码头区和南侧码头区。其中，北侧码头区水深条件较好，布置5万～15万及以上吨级大型深水泊位，规划4组码头作业区，分别布置LNG接卸泊位、液体散货泊位和通用散杂货泊位，共形成大型泊位22个，岸线8800米；南侧码头区限于码头区域水深条件，规划布置2万～5万吨级泊位，规划4组码头区，分别布置LNG转运泊位、液体散货泊位及支持系统岸线，形成大型泊位15个，岸线3810米。

【洋口港产业规划】 如东县委、县政府先后委托中国国际工程咨询公司和国家发改委产业研究所分别编制《洋口港及临港支柱产业总体规划研究》和《洋口港区产业发展规划研究》，明确“3+1”产业定位，即能源、冶金、石化及现代物流。产业规划在修编，重点发展石化产业、能源产业、新材料产业、冶金产业、装备制造业、通用航空产业、石材产业、仓储物流等。

【港产城概念规划】 整合港口、产业和城市资源，协调港产城协调发展，洋口港经济开发区委托新加坡邦城公司编制《洋口港经济开发区概念规划》，明确“港—产—城”一体化发展战略。新城区规划用地10平方公里，配套建设现代物流园区、行政管理中心、商贸商务中心、配套生活社区，通过20年发展，建成10万人左右的新型海港城市。

【规划修编】 2015年，洋口港开发区总体规划修编启动，阳光岛控规和市政专项规划完成中间成果，老镇区改造提升规划完成中间成果。洋口港区近岸环抱式作业区规划编制项目相关前期工作启动。2016年，完成洋口港开发区总体规划修编方案初稿，完成阳光岛控规和市政专项规划、老镇区升级改造方案设计、长沙镇村镇布局规划、临港工业区污水工程专项规划，启动水系规划和消防专项规划编制工作。

开发历程

【概况】 20世纪70年代伊始，以中科院院士王颖为代表的海洋地质专家着手江苏沿海岸外水下辐射沙洲研究，在此期间发现洋口港外海的黄沙洋、烂沙洋深槽，并开始调查研究,引起学术界关注。80年代初期,洋口港开发研究工作得到市、县政府重视,洋口港开发建设拉开序幕。

1983—1992年,是洋口港前期研究阶段。根据研究主体和区域范围,分为两个阶段:一是1983年至1992年5月,主要以南京大学、河海大学及国内高等院校等科研单位的理论研究为主,着重于对海洋动力、辐射沙洲地质地貌、水文潮汐的基本情况进行调查、整理、分析,主要研究海域是洋口港小洋口至环港港区一带,研究水道是黄沙洋水道。二是1992年5月后,主要以工程设计院一航院为牵头单位,着重于项目推进和工程可行性研究,对海洋动力条件、地质地貌、水文潮汐等从工程角度进行现场勘测,采用数学模型、物理模型等工程研究措施深化和细化工程方案,研究范围从小洋口环港港区一带转移到长沙外海一带,主要研究烂沙洋深槽及西太阳沙稳定性。

1993—2002年,是洋口港的项目推进阶段。该阶段主要分为3个时段:1993—1996年,主要进行LNG等项目的研究申报;1997—2000年,开始进行项目深化研究;2001—2002年,进行项目前期准备工作。

1993年,省电力局开始对LNG接收站和燃气电厂进行预可行性研究,在对江苏几个可能用作LNG接收站地区初步调查后,听取专家意见,确定在如东洋口港开展前期工作。1995年7月,省电力局在南京主持召开"关于江苏LNG发电工程烂沙洋海域西太阳沙建港条件专题报告评审会"。

1999年8月26日,省计委以《关于要求将如东作为长江三角洲LNG接收站站址的请示》,上报国家计委。1999年9月1日,国家计委经济预测司徐锭明视察江苏LNG项目。同年,国家计委将如东正式纳入华东LNG接收站站址比选范围。2000年,省计委牵头开展有关工作,并再次向国家计委推荐如东西太阳沙作为华东LNG接收站建站站址。

2001年11月1日,时任中国石油天然气股份有限公司总裁黄炎与时任江苏省政府省长季允石签订《中国石油天然气股份有限公司与江苏省政府关于联合建设开展研究LNG项目合作谅解备忘录》。12月4日,签订并形成《中国石油与江苏省联合开展LNG项目可行性研究的会议纪要》。12月12日,省计委西部开发办主持,就尽快开展LNG项目预可行研究工作进行讨论。会议明确江苏LNG项目预可行研究工作由中国石油规划计划部和省计委委托中国石油规划总院牵头,与交通部一航院共同开展研究工作。2002年7月14日,南通市、如东县与新加坡金鹰国际集团下属太平洋油气有限公司,就建设如东燃气轮机电厂及LNG接收站项目签订投资意向书。在新加坡国际金鹰集团有投资LNG项目意向基础上,南通市计委向省计委上报该项目建议书。11月,省计委向国家计委上报《关于如东燃气电厂项目建议书的请示》。

2003—2005年,是洋口港开发建设起步阶段。2003年,临港工业区一期围堤工程施工,由此,洋口港由理论研究进入实际开发阶段。2004年5月,经国务院副总理曾培炎批准,国家海洋局颁发洋口港临港工业区围涂工程30平方公里海域使用权证书,一次性领取如此规模的海域使用权证在全国尚属首例。6月,临港工业区一期围垦竣工。10月16日,省政府和中石油向国家发改委致函,明确将江苏如东LNG项目作为"西气东输"的配套工程和第二气源。10月30日,南通港洋口港区及临港支柱产业总体规划在北京通过专家组评审。2005年4月29日,国家发改委办公厅同意江苏LNG项目开展前期工作,由中国石油天然气集团公司和江苏省指定企业共同组建合资公司负责建设和运营,标志着以项目启动洋口港开发取得突破性进展。9月25日,洋口港陆岛跨海通道正式开工建设,标志着洋口港开发基础设施建设正式启动。10月31日,洋口大道正式破土动工。12月30日,洋口运河工程正式启动。

2006—2010年,洋口港开发迈入建设发展阶段。2006年12月1日,阳光岛围填开工建设。2007年2月28日,洋口港启动性、标志性项目LNG项目一期工程获得国家发改委批复。11月28日,举行阳光岛LNG接收站区块围填成功庆典仪式,该工程成为中国首座施工无遮拦的外海人工岛。2008年10月28日,洋口港实现初步通航。12月23日,交通部和江苏省政府联合作出《关于南通港洋口港区总体规划的批复》。

2009年4月,10万吨级LNG码头开工建设,至2010年10月16日,10万吨LNG码头工程全部竣工,并正式交付使用。2009年5月,洋口港经济开发区与长沙镇实施一体化管理。6月10日,国务院常务会议审议并原则通过《江苏沿海地区发展规划》,规划中明确定位洋口港是江苏沿海开发的重要节点。2010年7月,10万吨级石化码头获得交通部批复,阳光岛三期工程通过省海洋局环评和海域论证,10月获得省发改委核准。

2011—2015年,洋口港开发迈入建设与产出并举新阶段。2011年5月30日,10万吨级石化码头开工。2011年4月,5000吨液化品码头正式开工建设,至2012年4月,5000吨液化品码头水工部分主体结构完工。太阳岛二期开始围垦,至2011年12月,阳光岛二期工程主体完工。2011年5月24日,洋口港正式迎来第一艘LNG运载船。8月12日,阳光岛三期工程0.8平方公里正式开工建设,至12月31日,阳光岛三期工程围堰成功合龙,其间,柏林钢构、华港LNG调配中心、华东LNG物流、南天农科、LNG接收站项目相继投产。

2012年2月5日，振戎洋口(中国)能源投资有限公司成立暨合资经营项目签约。5月7日，洋口港经济开发区与石材产业园18家入驻企业正式签约。5月8日，国信热电联产项目落户洋口港。5月17日，台湾中石化项目正式签约。8月16日，博润生物科技南通有限公司项目开工。9月13日，洋口港环港作业区开发工作第一次汇报会暨环港投资开发有限公司董事会召开，在小洋口地区新建洋口港环港作业区，环港作业区开发工作全面启动。

2013年4月4日17时，洋口港临港工业区三期围堤工程成功合龙，标志着洋口港临港工业区总规划面积35平方公里的框围工程全面完成。5月7日上午，江苏LNG项目举行4号罐开工仪式，标志着LNG项目二期工程实施拉开帷幕。5月8日，位于黄海大桥东侧3000米的洋口港临港工业区排涝闸站可行性研究报告通过专家组审查。5月28日上午，滨渡液体化学品仓储物流项目在阳光岛开工。8月6日下午，中天科技集团总投资逾50亿元，建设总装机容量超500兆瓦的光伏发电场和光伏电站，其中起步投资5亿元、建设50兆瓦光伏电站项目落户洋口港。10月8日，洋口港现代物流园被明确为省第八批重点物流基地。12月22日，洋口港景区生态园获批省级自驾游基地。

2014年1月，交通运输部正式同意安排南通港洋口港区烂沙洋北水道15万吨级航道建设部补助资金3.975亿元。6月，江苏海企化工仓储有限公司与洋口港万吨级液化品码头举行经营管理合作签约。6月，江苏杭氧润华气体有限公司自主研发的国内首套利用LNG冷能空分设备正式进液试车。8月10日，国务院正式批复同意洋口港一类口岸对外开放。9月13日，《南通港洋口港区西太阳沙码头区优化方案》获交通运输部和江苏省政府联合批复。10月17日，洋口港万吨级重件码头配套首台40吨级门座式起重机安装成功。

2015年3月8日，国内首座最大20万立方米LNG储罐——江苏LNG项目二期工程T-1204储罐一次升顶成功。3月30日，洋口港经济开发区管委会收到国家海洋局关于江苏省中广核如东海上风电场项目用海批复文件，正式同意中广核如东海上风电场项目用海申请。同日，江苏LNG项目通过环保部竣工环境保护验收。3月31日，洋口港(上海)石材产业发展说明会借座上海东华环球石文化研究院成功举行。4月7日，总长13.63公里、电压等级110千伏的海上电缆在洋口港铺设完成。4月16日，债券承销商宏源证券股份有限公司将9亿元企业债资金转入洋口港建设发展集团有限公司账户，发行利率6.23%，为同阶段同期企业债最低利率。5月15日，洋口港内河港池一期岸线长1200米、6万平方米容量、40台吊机的基础工程基本竣工，总动土方60万立方米。7月21日下午2时30分，装载1618吨液化品的“轩静”号货轮，成功靠泊洋口港阳光岛南侧航道5000吨级液化品码头，洋口港台中化仓储项目投产运行。8月5日，洋口港天瑞海港城二期工程开工建设。11月17日，洋口港口岸对外开放通过国家验收。11月24日，洋口港国际石材城标准厂房建设工程正式开工。12月4日上午，洋口港石材金融暨产业发展论坛举行签约仪式。其中，由民生银行、天津股权交易所、天玖投资与洋口港经济开发区共同设立的中国石材产业发展引导基金子基金项目，将重点服务洋口港国际石材城的生产、加工及贸易企业。12月17日，如东海关开关工作通过预验收。

2016年1月16日，洋口港进靠LNG运输船“索哈儿”号轮完成6万吨液化天然气卸载任务，中石油江苏LNG接收站接卸量突破1000万吨大关。3月22日中午，装载江苏刚正科技有限公司出口菲律宾6099吨彩钢卷的新加坡籍“绿松”轮，在洋口港港务有限公司万吨级重件码头经过26.5小时受载，起锚开航，标志着如东企业外贸出口产品通过洋口港出关通道正式开通。3月21日，江苏道蓬科技有限公司石墨烯防腐涂料项目在洋口港举行揭牌仪式。3月22日，中华人民共和国如东海关在洋口港口岸联检中心正式揭牌，宣布正式开关。4月12日，南通港洋口港区5000吨级液体化工码头工程通过安全设施专项验收。5月30日，省政府发文《关于筹建江苏如东洋口

图7 12月16日，洋口港5000吨级液化码头对外开放验收

港经济开发区的批复》，同意在洋口港开发区筹建省级开发区，实行现行省级经济开发区政策。6月7日，洋口港经济开发区管委会与南通港口集团有限公司正式签订港口联盟合作框架协议。7月8日，如东出入境检验检疫局正式开检。9月5日，洋口港区5000吨级液体化工码头工程获得南通市港口局批复，同意通过竣工验收，准予投入使用。9月22日，洋口港区15万吨级航道疏浚工程对黄海村渔民滩涂征收工作正式启动。11月3日，江苏中石油LNG二期全面建成投产。12月16日，江苏省口岸办公室在洋口港主持召开洋口港区5000吨级液体化工码头对外开放省级验收会议，12月29日，省政府批复同意对外开放。

基础设施

【概况】 按照"超前规划、分步实施、全面配套"总体思路，港区基础设施配套建设不断完善。全年在建基础设施工程8项。

2016年洋口港基础设施建设一览

表7

序号	项目名称	项目概况	2016年进展
1	液化品码头二期工程	5000吨级液化品泊位 1 个，万吨级液化品泊位 1 个	通过安全条件审查，获得通航、岸线、工可、环评批文，通过用海报告专家评审，相应初步设计文件完成
2	洋口港烂沙洋北水道15万吨级航道工程	15万吨级进港航道建设	该工程正式开工建设，完成纳泥区施工
3	综合管廊工程	分临港工业区一期、阳光岛和管线桥管廊3个标段，总长约20公里	完成临港一期桩基和960米试验段；阳光岛段管廊开工
4	洋口港临港工业区道路工程	一期经一路、经二路、经三路、纬二路、一期东堤路、二期东堤路，总长约8.4公里	完成6.2公里，其余在建
5	洋口港临港工业区河道工程	临港二期北横河，长4500米，宽约30米；临港一期进水闸	二期北横河建成； 一二期北横河贯通工程开工； 一期进水闸纳入省补项目
6	黄海大桥二桥工程	该项目全长10042米，其中直线段9050米、曲线段992米，桥面宽11.5米。与黄海大桥一桥组成双向4车道一级公路，服务等级二级	在进行海洋环境现状调查，用海和环评报告在编。同时进行黄海二桥工程勘察设计
7	通用栈桥工程	新建栈桥长2030米，规划宽度20米，先期建设14米宽栈桥	该工程获得工可批复及省海洋局通航安全审查。环评及用海报告通过专家审查，勘察设计工作完成
8	热电管网	中压管道4.6公里，低压管道3.8公里及相关计量控制设备	前期报批工作完成，在进行施工图设计

临港工业区

【概况】 洋口港临港工业区规划面积45平方公里，主要发展临港产业项目，分一期、二期、三期和石化产业预留区，工业区集中供热、供水、集中水处理、双回路供电、公用管廊、天然气管道、道路等生产要素以及基础设施均配套到位。一期10平方公里建成，主要发展石化及以化工新材料、合成橡胶、工程塑料、高分子材料为特色的石化中下游产业链项目，投产企业有爱森如东化工有限公司、博润生物科技南通有限公司、如东南天农科有限公司、南通科益化工有限公司、南通锦辰制动系统有限公司，落户项目包括天洋热熔胶、乐能电池项目、森华新材料、道蓬石墨烯、国科MTO等14个项目；二期10平方公里，主要发展装备制造、金属冶炼、石材加工产业，落户江苏福泉石材有限公司、江苏明杰石业有限公司、江苏鹭江实业有限公司、江苏东盛人造大理石有限公司等12家石材企业；三期15平方公里，主要发展装备制造、新能源、通用航空产业;石化产业预留区位于一期西侧,规划面积10平方公里,预留发展大型石化产业。

产业项目

【概况】 2016年,洋口港经济开发区围绕能源、石化、装备制造和现代物流的产业定位,发挥港口优势,以基础液体化工原料仓储基地建设作为产业链发展源头,以大项目落户实现临港产业质的突破。工业项目投入45亿元,服务业投入30.76亿元。新开工项目19个,其中工业项目15个、服务业项目4个;竣工工业项目6个。全年签约1亿元以上工业项目19个。华电光伏等项目当年引进当年投产,道蓬石墨烯等项目当年引进当年开工,台中化环已酮、尼龙6和滨渡仓储等项目加速推进。甲醇制烯烃等洋口港基础石化项目实现突破,协鑫LNG接收站等项目审批取得实质性突破;与国科控股、中国石油、协鑫集团、法国爱森、南天农科、台中化、中广核等落户企业合作进一步深化。航空、冶炼、清洁能源、高端石材等非石化产业取得突破,非石化产业与石化产业发展逐步呈现齐头并进势头。

2016年洋口港区项目建设一览

表8

序号	项目名称	项　目　概　况	2016年完成情况
1	中石油LNG二期	新增1座20万立方米的LNG储罐,增设2台高压泵、1台开架式海水气化器(ORV)和2台浸没式燃烧气化器(SCV),新建1座80万吨/年规模装船码头。二期工程实施后,LNG接收能力增加至650万吨/年,气化能力增加至1000万吨/年,装船能力增加至80万吨/年	建成投产
2	爱森丙烯酰胺、聚丙烯酰胺等生产	用地18.80平方米,新建生产及辅助用房5.77万平方米,购置设备359台(套),年产12万吨丙烯酰胺、12万吨聚丙烯酰胺、3.60万吨黄原酸盐和5000吨汽缸密封酯(MFZ),总投资11亿元	6万吨丙烯酰胺及6万吨聚丙烯酰胺生产线在安装设备;1.8万吨黄原酸盐生产投产, 1.8万吨黄原酸盐生产线在安装设备;5000吨MFZ项目投产
3	台湾中石化化工仓储项目	总投资3.50亿元,占地6.67万平方米,建设储罐7.70万立方米,主要从事丙烯腈、苯乙烯、甲醇、甲苯等液体化学品的仓储物流	正式投产
4	石材产业园	占地2.5平方公里,建设成为华东最大石材产业基地。洋口港石材博览中心占地11.87万平方米,总建筑面积7.3万平方米,建设石材展示中心、石材交易中心、石材文化中心、石材行业标准制定中心、石材大数据中心等产业体系,以大数据为依托,构建中国石材行业标准及定价体系,推动石材产业转型升级。洋口港石材二次加工标准厂房工程总投资约2.5亿元。工程分两期建设,其中一期工程总建筑面积5.6万平方米,企业入驻生产;二期工程总建筑面积5.3万平方米,项目在建。洋口港石材保税交易中心占地10.53万平方米,分花岗岩和大理石两大区域建设,依托洋口港国家一类口岸开放契机和优质海港资源优势,集聚国内外优质石材原材料资源,建成华东地区最大石材荒料交易中心	江苏鹭江实业有限公司在安装设备,部分投产;江苏东盛人造大理石有限公司厂房主体工程在施工;标准厂房一期企业入驻投产。标准厂房二期厂房钢结构基本完工;石材保税仓库场地工程完工,部分龙门吊完成安装;石材出口仓在进行方案设计;江苏源胜石业有限公司在进行厂房地平施工;江苏港裕石材有限公司1号厂房完成桩基工程;石材博物馆在优化方案设计

续表 8

序号	项目名称	项 目 概 况	2016年完成情况
5	洋口港热电联产项目	建设 2×B9 兆瓦背压式热电联产机组+2×75 吨/小时高压煤粉炉和 1×B20 兆瓦背压式热电联产机组+2×199 吨/小时高压煤粉炉	锅炉钢架在焊接,变电站、燃气锅炉房、汽轮机、水处理车间在基础施工
6	台湾中石化尼龙6、环己酮项目	年产 10 万吨尼龙 6 及 30 万吨环己酮项目	尼龙 6 项目开工,环己酮项目规划许可证办结,在出施工图
7	石墨烯新材料	年产 5 万吨锌烯重防腐涂料	主体工程在施工
8	领先汽车保养用品生产	占地面积 7.1 万平方米,生产产品为汽车保养用品及汽车保养用品配套设备	一期在安装设备,二期在报批

口岸管理

海关监管

【概况】 2016 年 3 月 22 日,如东海关正式成立。如东海关位于洋口港经济开发区(长沙镇),业务管辖范围为江苏省如东县,正处级单位,编制 28 人,设立综合科、监管科和稽查科 3 个科室,有关员 12 人、协勤人员 12 人。如东海关主动参与地区海关一体化改革。组织业务培训 50 余次,赴兄弟海关跟班作业、外出学习、业务轮岗 60 余人次,修订完善 43 项规章制度,确定 16 项科室职责、61 个岗位设置,完成 26 个业务及监控系统授权,建立与南通海关各业务部门业务协调、应急处置等联系配合机制;建立如东各镇区外贸统计数据库,梳理如东地区 743 家外贸企业基本信息,形成专题分析报告 9 篇。强化窗口建设,规范设置业务窗口,落实政务公开各项规定要求;围绕一体化改革方案,开展通关一体化、加贸一体化、稽查一体化以及综合保障一体化等改革事项试运行。11 月 3 日,南通地区中心制海关一体化方案正式获批。11 月 22 日,完成首票 LNG 全流程监管试运行,征收入库税款 1626 万元。12 月 1 日,如东海关正式对外开办业务。12 月 2 日,办结第一票企业注册手续。至年末,监管船舶 18 艘次,办理企业注册 5 家,监管货物 75.2 万吨、货值 2.75 亿美元,征收税款 2.43 亿元,人均征税 2000 余万元。南京海关关长薛金楼视察如东海关时,肯定如东海关“队伍精神风貌好,基础工作实,业务开通快”。推动口岸开放和载体功能建设,4 月 5 日,大唐恩智浦公共型保税仓库获批,成为如东地区首家保税监管场所;12 月 15 日,洋口港 5000 吨级液化品码头通过省级验收。开展“百千万”“联系政府、对接项目、服务企业”服务活动,组织召开政策宣讲会和外贸企业座谈会 8 次,开展走访调研、现场办公 30 余次,解决企业实际困难 40 余个,解决江苏利田科技有限公司信用证明、台中化油气液化品系统接入等问题。加强政策辅导和实际监管,引导江苏中石油国际事业有限公司、中天科技集团等高资信企业参加企业认证。推动县政府相关职能部门学习了解新型贸易方式,主动为地方政府建言献策,报送工作专报 9 期。 (黄双飞)

出入境检验检疫

【概况】 2016 年 7 月 8 日,如东县检验检疫局(以下简称如东局)揭牌成立。8 月 19 日,南通检验检疫局发文明确如东局内设机构及部门职能,如东局内设办公室、综合业务科、卫生与食品检验检疫科、检验监管科、动植物检疫科、查验科 6 个科

图 8 7月6日,如东海关走访服务中石油江苏 LNG 项目

图9　7月8日，如东县检验检疫局工作人员为南通强生安全防护科技有限公司签发第一份原产地证书

室。按照“一次规划、分步实施”总体规划和部署，根据如东对外贸易发展情况和需要，如东局先期启动办公室、综合业务科、检验监管科、查验科4个科室，主要开展如东口岸全部业务及辖区内危化品及其包装检验监管业务；后期根据如东开放型经济和检验检疫业务发展需求，再启动动植物检疫科和卫生与食品检验检疫科，承担如东辖区内动植物检疫、食品检验及卫生检疫工作。按照《出入境检验检疫窗口基础设施建设规范》和《出入境检验检疫窗口服务规范》要求，逐条对照推进检验检疫窗口标准化、规范化建设，年底，如东局检务窗口获批成为全国示范窗口。加强干部队伍建设。采取从南通抽调、组织选调、社会招录等形式，充实人才队伍，并根据业务发展需要选派相关人员参加各种岗位培训和资质培训。挂牌成立后，先后组织50余人次参加各类培训，2名选调生、2名新招录公务员在省局参加为期2周新进人员培训，3名协检员至南通局技术中心参加1个月实验室操作技能培训，选派1名选调生到省局办公室跟班锻炼，2人通过总局考试获得危包签证资质，选派1人参加全省系统进出境动植物检疫法学法考试获第一。及时对接服务地方经济发展。3月，如东局筹建组就洋口港进出境集装箱场站检验检疫监管设施建设等方面，专门发函给县港口管理局提出指导性意见，在查验通道设置、专业技术用房、查验场所及查验区、出入境货物检疫处理、监管仓库建设等方面提出明确要求。宣传原产地证等政策优惠，帮助企业破解技术性贸易壁垒，指导如东指定口岸建设，全面对接如东主导产业发展，为如东外向型经济转型升级提供新平台和新支撑。重点关注石化、石材两大产业发展，安排人员调研如东地区石材产业和全国石材行业发展，邀请口岸办等单位召开石材调研报告汇报会；派员专门赴广东检验检疫局和厦门检验检疫局学习进口石材检验监管工作做法与经验、石材检测实验室的建设思路、技术能力建设做法与经验，提交石材检测实验室建设可行性报告。

（袁建国　周宏斌）

边防检查

【概况】　2016年，如东边防检查站（简称如东边检站）队伍、设施全部筹建到位。注重加强党委组织建设，建立党委中心组理论学习和党委议事规则等制度，在边检执勤执法、基础设施建设、大项经费开支等方面，发挥集体智慧和党委把关定向作用。成立机关与基层两个党支部，建立党委成员联系帮扶制度，开展“党员标兵”等评比活动，营造创先争优氛围。谋划应对如东对外开放格局，针对LNG化工品码头、重件散货码头等口岸实际，先期模拟、推演窗口服务、巡视巡查、执法办案等各勤务环节，探索“集约布警”“科技助警”等新途径，为实际担负勤务及服务管控举措提档升级奠定基础。围绕指挥中心、执勤业务科、监护中队3个边检执勤单元，开展岗位练兵活动，明确“突出重点，以学促练，循序渐进”培训思路，先后举办集中授课22次，将专业知识学习与精品课程观摩相结合，重点学习出境入境管理法等边检法律法规及上级业务规范性文件，派员赴张家港、南通边检站跟班学习，并请总队法制处协调省公安厅物证鉴定处颁发证件鉴定机构资质，夯实边检业务基础。执勤业务科2人分别被总队抽调参与总队案件评查、自助通关调研及执法质量考评等工作。

【基础配套保障】　如东边检站参照《总队正规化建设样板图册》标准，完善执法办案区人身行李物品检查室、询问室等功能库室设置，规范办证大厅通道设置，安装梅沙系统、海港勤务指挥系统、电子证件发放系统、OCR阅读机、二代身份证阅读机等专业查验设施，粘贴边检引导、咨询、警示等标识标牌，添置电子触摸屏和取号机等便民服务设施，优化窗口办证环境；在证件研究室配置文检仪、生命探测仪、毒品检测仪等高精尖设备，组织开展专业设备应用培训，提升队伍专业化水平；安装高清视频会议系统和公安内线程控交换机，开通350兆超短波通信，安装公安网、梅沙服务器、安全服务器和高清视频监控系统，成功调试出入境验放功能，确保边检勤务工作正常运行。

【边检队伍建设】　如东边检站加强

图 10 边检官兵对登轮人员进行证件查验

官兵理想信念引导，开展“讲党性迎考验”“改革强警”主题教育、“两学一做”等专题教育，利用宣传橱窗、学习园地、警营小广播、网络多媒体等，将理论灌输和实践引导结合，开展“我为新站献一策”座谈交流、“绿色港口生态城市”卫生扫除等实践活动，实现教育质量、效果双提升。通过查阅档案、个别谈心等方式，及时掌握官兵思想状况，确保思想政治教育因地制宜、因人而异、注重实效。树立依法建队导向，刚性执行《部队正规化管理规定》《公安边防部队基层建设要则》和《安全管理工作精细化指引》。落实警容风纪、一日生活、值班备勤以及形势分析和责任倒查等制度，制定干部留营住宿、请销假、私家车、手机使用等管理规定，对官兵请假、休假、离营、住宿进行动态跟踪管理，抓住“人、车、章、财、密、执法执勤”“8小时外”等重点环节，对计算机、移动存储介质实施统一购买、统一标识、统一注册、统一管理，实行专机专用、专盘专用，逐人签订保密工作责任状，部队精细化管理水平提高。落实休假保障、生活保障等措施，针对营房设施薄弱、交通不便等实际困难，购置办公生活用品，协调洋口港管委会提高官兵伙食补助。注重文化育警，为官兵征订报刊、配备文体器材，与洋口港管委会、文广新局图书馆和长沙镇建立警民共建机制，组织官兵参加口岸系统趣味运动会等活动，缓解官兵工作压力和紧张状态。

（陶 金）

洋口港经济开发区（长沙镇）

【概况】 洋口港经济开发区位于如东县东北部，北依南黄海，规划面积260平方公里，分海上作业区、临港工业区、综合物流园区及港口新城区4大功能区。2016年，长沙镇下辖行政村9个、社区1个，总户数1.31万户，总人口4.04万人。出生268人，死亡361人，人口自然增长率-0.30‰。全年地区生产总值28.56亿元，同比增长11.5%；财政总收入5.83亿元，同比下降24.6%。注册外资6400万美元，到账外资5075万美元，引进市外民资13.72亿元。工业应税销售收入41.5亿元，同比增长10.84%。工业项目投入45亿元，服务业1000万元以上项目投入30.76亿元。

【基础配套建设】 阳光岛道路管网、通信供电、消防安全、污水处理、综合服务等配套设施基本到位，重件码头、5000吨级液化品码头投入运营，10万吨级石化码头水工部分建成，液化品码头二期工程获得核准并正式启动。15万吨级航道疏浚工程岸上纳泥区完成围堰，疏港三级航道列入省干线航道网规划取得突破。临港工业区一期配套基本到位，污水处理厂、污水收集系统工程、1号污水处理点、消防站投入运行，公共管廊架、热电联产项目等重大基础配套工程开工建设；二期中心路、北堤路、石材园配套道路等完工，主干道路网、独立水系基本形成；三期吹填全面完成，基础配套开始实施。交通体系建设实现历史性跨越，临海高等级公路、洋口港大道、港城大道建成通车，洋口运河贯通，洋口港形成以高速、铁路、高等级公路、运河、管道为主框架的综合集疏运体系。

【项目招引】 2016年，洋口港经济开发区新签约1亿元以上项目19个，其中20亿元以上项目9个。碧科甲醇制烯烃、协鑫LNG接收站、通用航空产业园等一批投资规模大、市场前景好、带动能力强的100亿元项目签约落户。参加省、市、县组织的各类产业合作恳谈会、推介会，宣传推介洋口港投资环境和产业特点，捕捉项目信息，对接一批合作线索。参加2016南通江海国际博览会、如东（上海）沿海经济合作洽谈会、如东（北京）央企合作交流恳谈会等大型招商活动，集中签约项目4个，总投资约50亿元。

【农业农村】 2016年，长沙镇10个村（社区）村级集体经济收入967.33万元，其中4个村超100万元。全年投入1382万元，修建农路64公里，新建、改造桥梁6座，改建、新建车口泵站1座，全区一体化供水全部到位。全年培育种植园区1个、养殖园区1个，新增规模化种养示范基地3个，绿化造林1358.32亩。道路维护、河道保洁、绿化管护、垃圾清运、村公共设施运行维护管理“五位一体”机制进一步完善，推进畜禽粪污综合整治，规模养殖户禽粪治理工作基本完成，农村环境面貌不断改善。调整农村建房政策，研究出台“产权调换”房屋征收安置政策。结合洋口港15万吨级航道工程建设，创新提出滩涂占用实施方案，解决失滩渔民补偿及养老保障问题。有序推进农村土地确权，土地确权工作全县领先。

【金融支撑】 洋口港经济开发区通过传统项目贷款、资产证券化、产业基金、融资租赁等方式扩大融资总量。上半年，平安银行物流园基础设施建设项目获批放款6.5亿元，国开行航道项目成功获批放款8亿元。下半年，集团公司产业基金成功获批3亿元，南京银行资产证券化获批放款5亿元。

【社会管理】 政法综治中心升级和长沙派出所改造完成，省综治信息系统和技防城建设全面推进，率先在全县村村建成社区管理服务平台，实施政社互动，新型社区建设实质启动。开展港区特色系列平安创建活动，强化涉港工程、岛桥安全、海洋渔业、危险化学品生产及运输等防范措施和应急管理，不断健全全方位防控体系，社会持续保持和谐稳定。

【民生保障】 人口计生环境良好，出生政策符合率100%。成功创建省级卫生镇。城乡居民保险参保10511人，缴纳保费1082.67万元，在全县率先完成任务，采集用工单位信息355家，完成劳动监察示范网格复查。培训农民900人，农村富余劳动力基本实现转移就业，城镇登记失业率控制在2%以内。港口医院总投资3.5亿元，规划床位499个，2016年投入3000万元，土建全面进场施工。全镇建档立卡扶贫低收入户409户655人，采取机关干部与低收入户结对帮扶等多措并举，年底脱贫111户171人，脱贫率31.6%。改造危房户50多户，农村改厕300座。

【科技创新】 2016年，洋口港经济开发区实现高新技术产业产值30.23亿元，占规模以上工业产值72.84%，万人发明专利拥有量8.57件，专利授权量201件，新增省民营科技企业2家。 年末，全区高新技术企业2家，省民营科技企业5家。

2016年洋口港经济开发区(长沙镇)主要经济社会指标

表9

项　目	单　位	数　量	比2015年增减(%)
总面积	平方公里	133	—
总人口	万人	4.04	—
地区生产总值	亿元	28.56	11.5
第一产业增加值	亿元	4.71	-1.3
第二产业增加值	亿元	9.36	12.3
第三产业增加值	亿元	14.48	19.4
财政总收入	亿元	5.83	-24.6
公共财政预算收入	亿元	5.50	-15.4
企业总数	家	98	—
其中规模工业企业	家	14	—
工业总产值	亿元	50	11.1
应税销售收入	亿元	41.50	10.8
当年实际利用外资	万美元	5057	191.6
全社会固定资产投资	亿元	75.76	41.4
工业投入	亿元	45	-15.9
农业总产值	亿元	7.83	0.8
粮食总产量	万吨	3.20	14.6
棉花总产量	吨	365	-79.4
油料总产量	吨	1705.41	40.0
水产品产量	吨	32131	8.8

续表 9

项　目	单　位	数　量	比 2015 年增减(%)
中、小学校	所	2	—
医院、卫生院	所	4	—
参加社会养老保险人数	人	10478	-12.1
参加合作医疗人数	人	31023	-1.8
享受尊老金人数	人	1955	-4.9

2016年如东县长沙镇各村(社区)基本情况

表 10

村(社区)名	党支部书记	主　任	村民小组(个)	人口(人)	耕地面积(公顷)	村营收入(万元)
港　城	樊祥兵	陆　军	62	6900	666.67	166.27
北　坎	周　祥	季　兵	59	6765	720.00	70.43
陆　河	陆阳林	李杏明	57	5951	540.00	60.92
四　桥	许雪峰	袁玉华	47	4903	533.33	107.92
长　堤	陈　伟	韩益昌	22	2900	393.33	70.87
富　盐	张　健	纪海兵	29	2754	415.20	78
卫　海	顾　飞	张小峰	17	3002	426.67	102.21
滨　海	陈　建	马步松	2	1246	13.33	134.33
黄　海	季　红	孙磊磊	1	1422	13.33	83.53
三　民	刘汉兵	孟　兵	2	1360	26.67	92.85

港口新城

【概况】 港口新城西距县城中心区8公里，北距临港工业区3.5公里，通过洋口大道、港城大道、洋口港大道等快速通道与县城和临港产业区相连。港口新城主城区规划面积10平方公里，其中，核心区4平方公里，先期启动区2平方公里，是集行政商务、商业居住、休闲娱乐为一体的现代化港口新城。2016年，围绕尽快形成生产性及生活性服务业业态，全面铺开新城建设框架。天瑞商业街一期、海逸国际社区一期、人才公寓、居民安置公寓建成，洋口港海鲜商贸城、汽车客运站建成投运，锦湖美墅、港城花园项目全面建设。

2016年港口新城建设一览

表 11

序号	项目名称	项 目 概 况	2016年进展
1	天瑞商业街	洋口港天瑞商业街项目由南通天瑞置业有限公司投资建设，总投资6亿元。项目位于洋口港港口新城中心区，新城行政办公区南侧，总用地面积7.47万平方米，一期总建筑面积2.8万平方米，包括高、低层住宅和沿街商铺，2014年开工，2016年竣工验收并达到入住条件；二期总建筑面积3.8万平方米，包括商业和办公，2015年开工，2016年底主体工程完工；三期总建筑面积3.5万平方米，2016年开工建设	12月，一期竣工，二期主体完工，三期主体封顶

续表 11

序号	项目名称	项 目 概 况	2016年进展
2	海逸国际社区一期	海逸国际社区项目是洋口港新城区首个房地产开发项目，由南通江洋置业有限公司投资建设，总投资1.54亿元,一期总占地面积4.4万平方米,总建筑面积约5万平方米,主要建设电梯洋房、叠加和联排别墅。项目以“国际化、生态化、科技化、跨越化”为设计理念，打造与东方大港相称的一流国际高档社区,凸显海岸生活魅力。2011年开工,2015年一期中1号、4号、7号、8号、9号、11号、12号、13号、14号楼竣工验收,并达到入住条件	12月，一期中1号、4号、7号、8号、9号、11号、12号、13号、14号楼竣工
3	洋口港海鲜商贸城	洋口港海鲜商贸城位于洋口港开发区洋口港大道东侧、龙潭西路北侧,占地面积2.16万平方米,总建筑面积1.53万平方米,项目总投资约3000万元,由南通洋口港港城开发有限公司投资建设,是洋口港新城范围内唯一以海鲜批发零售为主的综合农贸市场。2014年开工,2016年竣工	10月,项目竣工并投入使用
4	汽车客运站	洋口港汽车客运站位于洋口港新城区渤海路以北、四贯河以西,规划标准为三级公用型汽车客运站。主要建设内容有候车厅、售票厅、行包托运房、办公室及车站其他附属用房，项目总投资1200万元，占地面积8000平方米,总建筑面积1721.58平方米。2014年开工,2016年竣工	5月,完工投入使用
5	人才公寓	洋口港人才公寓项目由南通洋口港港城开发有限公司投资建设,总投资约1.1亿元。该项目位于洋口港港口新城中心区,洋口大道南侧、洋口港大道东侧,项目用地面积3.02万平方米，共建设10幢公寓楼,分别为4幢高层,6幢多层，外加1幢社区服务中心,总建筑面积4.53万平方米,建设住房484套。2013年开工,2015年竣工验收,并具备入住条件	9月,工程交付使用
6	居民安置公寓	居民安置公寓项目由南通洋口港港城开发有限公司投资建设,总投资约4500万元。项目位于洋口大道南侧、长南农民集居点北侧,占地面积1.2万平方米,共建设5幢“5+1”多层公寓楼,总建筑面积2.3万平方米,建设用房202套。2014年开工,2016年竣工,并具备入住条件	3月,项目竣工

（张海容）

产 业 发 展

Chanye fazhan

农 业

【概况】 2016年,如东农业农村发展继续保持稳中有进良好态势。现代农业建设迈上新台阶。新增高效设施农渔业面积6.59万亩;新认定农渔业市级龙头企业6家,累计57家;新增市级以上示范性家庭农场12家,累计注册家庭农场892家;新培育"全托管"服务主体197个,累计408个;新认证"三品"68个,有效期内累计257个,通过国家地理标志产品认证4个。新增物联网智能技术应用点5个,网上年营销额超100万元农业电商10家。全县18家不合格生猪定点屠宰企业一次性全部关停到位。南通神农生态农业科技有限公司和如东鑫华园生态农庄分别获评五星级、四星级全国休闲农业与乡村旅游星级示范企业。如东再次被评为"全国平安渔业示范县",全省连续3年获此荣誉仅如东1家。全县农村居民人均可支配收入17250元,同比增长8.99%。农村改革实现新突破。农村土地承包经营权确权登记颁证工作全面展开,数据录入进入扫尾阶段。县农村产权交易中心正式运行,14个镇(区)、村(社区)相继成立农村产权交易服务中心、农村产权交易服务站,全年总成交额5800万元。推进海域规范化管理,继续探索新淤涨养殖用海海域使用权市场化配置模式,推进海域基准价格体系建立。农村环境面貌持续改善。推进河道机械化管护,购置28条动力保洁船对全县一、二级河道实施巡航保洁。畜禽粪污治理工作有效推进,全县9家养殖场建设沼气并网发电工程项目启动。疏浚农村河道203条,土方175万立方米,同步整村推进整坡绿化工作,对15个村97条河道全面实施整坡绿化。新建改造农村公路526公里、农桥212座,拆坝建涵(桥)973座。新增省级"水美乡村"8个。新增绿化造林1.32万亩,森林覆盖率24.4%。获评国家生态县。全县主要农作物生产综合机械化水平83.5%。全年建设高标准农田8万亩,农业综合生产能力进一步增强。全年财政预算内实际支农支出17.36亿元,同比增长5.6%。完成第一期市扶经济薄弱村物业项目建设,并通过市验收。实现精准脱贫3392户、4794人。成功创成"江苏省节水型社会示范区"。

【项目农业】 2016年,如东新(扩)建农产品加工项目44个,实际投入7.56亿元,其中单体投入超1亿元项目2个,列入市项目农业考核1000万元以上项目10个,投入6.02亿元,同比翻一番,在全市项目农业考核中位列第二。全年"三资"投入农业近48亿元。如泰农产品加工集中区加大基础设施建设,项目承载功能不断提高。新引进近3亿元加工项目1个,园区内企业技改亿元项目1个。

【农民合作组织】 县农办及时调研农民合作社发展情况,推进合作社规范化建设,年末全县农民合作社1308个。搞好培训,与扬州大学商学院合作创办农民合作社规范化建设培训班,各镇(区)农经负责人、合作社理事长共68人参加培训。做好合作社年报公示工作,年报公示率97.1%。抓好项目申报,有9个合作社项目报省备案。成功推荐如东县鑫旺生猪养殖专业合作社、如东县卫海滩涂养殖专业合作社、如东县如泰粮食种植专业合作社、南通辉塔农地股份专业合作社、如东县江北农地股份合作社、如东鸿鹏蔬菜专业合作社、如东苏洋稻米专业合作社、南通绿环秸秆综合利用专业合作社8家合作社为江苏省农民合作社示范社,19家合作社被认定为市级示范社。全县国家级示范社7家、省级示范社25家、市级示范社67家。

【农业龙头企业】 县农办组织全县市级以上农业龙头企业开展争先创优和运行质量提升活动，引导农产品加工企业走集群化、集约化发展道路，推动农业龙头企业转型升级。全县省级以上农业龙头企业15家，年销售收入76.88亿元，同比增长11%，税后利润2.01亿元，同比增长44%。南通正大有限公司投入2.7亿元，新上肉鸡精深加工项目；江苏金太阳油脂有限责任公司投资6500万元，新上20万吨/年健康葵油升级改造项目；凯爱瑞食品（南通）有限公司投入6000万元，新上食品固体饮料(植脂末二期)项目。

【农民负担监管】 2016年，县农办全面落实农民负担监管措施。严禁将“一事一议”筹资筹劳变成固定收费项目或虚拟项目向农民筹资筹劳。全县实行“一事一议”筹资筹劳制度村218个，“一事一议”筹资额1611.85万元，“一事一议”筹劳以资代劳金额1561.11万元，共筹集“一事一议”资金3172.96万元。“一事一议”筹资筹劳筹集标准均在政策限额内，未发生一起涉农负担案件。规范实施“一事一议”财政奖补项目。全年组织实施“一事一议”财政奖补项目111个，项目投入5877万元，建设里程230.34公里。项目资金总投入、县财政投入及水泥路面建设里程均为历年最多。县奖补办对每个财政奖补项目全面实行实施前勘查、实施中督查、完工后检查。工程竣工后，在醒目位置设置县统一制作的项目情况公示牌，接受群众监督。通过拓展监督触角，做到全程监督，全方位覆盖，建立起“一事一议”财政奖补项目监管到位、运行规范的监督体系。

【农村土地承包管理】 2016年，县农办推进农村土地承包经营权确权登记颁证，优化确权登记工作方案，实行分类施策，梯次压茬推进。年末，全县完成数据入库268531户，占应确权农户89.6%。一户一档、证书打印、档案整理工作加紧推进。强化农村土地承包管理相关法律法规宣传，组织镇村干部学习培训，引导农村土地规范有序流转。进一步完善土地矛盾纠纷化解机制，落实土地矛盾纠纷化解责任，做到“一般纠纷不出村、较大矛盾不出镇”，把各类矛盾纠纷化解在基层，减少或杜绝越级上访。建设农村土地承包仲裁庭，及时办理农户要求仲裁案件。

【村级集体经济发展】 2016年，县农办把扶持和发展村集体经济摆上突出位置，推进经济薄弱村物业项目第一期市级97个薄弱村全部通过市级验收，第二期市级14个薄弱村物业项目建设方案获市审批。推介村级集体经济发展典型，促进村级集体经济收入提高。全县229个村全年村级集体账面村营收入1.59亿元，所有村村营收入30万元以上，其中，30万～50万元村72个，50万～70万元村71个，70万～100万元村55个，100万元以上村31个。

【农村产权交易】 2016年，如东县、镇、村均建立农村产权交易机构。各地按照统一信息发布、统一交易流程、统一交易规则、统一交易文书、统一交易监督标准，推进农村产权交易市场建设。全县14个镇(区)开展农村产权交易，全年交易项目80个，交易总额5800万元。

【扶贫开发】 2016年，县农办针对人均纯收入低于7000元低收入农户，开展建档立卡精准识别工作，并及时跟踪脱贫进程，实现扶贫对象能进能出动态管理。牵头组织实施新一轮脱贫致富奔小康工程，携手各相关部门，开展产业脱贫、培训就业、教育支持、医疗救助、社会保障“五个一批”扶贫工程，确保低收入农户实现“六有”目标，即有安全住所、有生活保障、有医疗保险、有增收项目、有就业岗位、有稳定收入。推进惠民补助工作，退还减免建档立卡对象“一事一议”筹资筹劳36.61万元，退还和补缴居民基本医疗保险和大病保险(新农合)118.61万元。全县全年脱贫3392户、4794人，脱贫率27.9%，超过市定25%考核任务。

【政策性农业保险】 2016年，县农办组织好各险种参保工作，加强农业保险宣传和督查指导。全县共开设水稻、小麦、油菜、蚕茧、大棚、育肥猪、能繁母猪、山羊、蛋鸡等险种。农业保险保费总收入8944.41万元，其中，种植业保费3514.03万元，高效设施保费5430.38万元，全县高效设施保费占比60.71%。

(周玉峰)

种　植　业

【概况】 2016年，如东粮食面积、产量保持稳定。全县粮食面积199.5万亩，粮食总产90.90万吨，比前5年平均产量减1万吨，主要是小麦、水稻收割时连阴雨所致。开展技术指导，测查上报二麦、水稻、玉米苗情80期，下发栽培通讯12期。开通技术服务热线接受农民电话、登门咨询98次，开展培训35场次，培训农民9500人次。开展高产攻关，两个小麦示范方比大面积亩增50公斤以上；水稻高产攻关田亩产量803.8公斤，继续位列全市首位。扩大集中育秧，全县建立1亩以上育秧点531个，总面积1817.2亩，其中，10亩以上集中育秧点37个，总面积511亩。开展高产创建，实施省、部级小麦万亩高产创建项目7个，如东作为全省8个县之一，整建制推进水稻绿色高产高效创建和增产模式攻关，在全县水稻种植面积2万亩以上有12个镇84个村，以新型农业经营主体为重点，建立水稻绿色高产高效生产技术示范基地2.06万亩，水稻示范基地平均单产689.2公斤。坚持病虫综防，夏粮贯彻“立足预防、主动出击、药肥混喷、保粒增重”防治策略，秋粮坚持“突出重点、统筹兼顾、绿色防控、减量控害”原则，全年下发《如东病虫情报》20期，开展电视预报14期，各类病虫发生期预报准确率98%以上、发生量预报准确率95%以上,全县水稻病虫防治面积306万亩次,平均防治3.8次,挽回稻谷损失30万吨。全县蔬菜西甜瓜播种面积52.37万亩,比上年降低1.4%,总产量95.22万吨,比上年降低3.1%,总产值15.48亿元,比上年增长1.9%。

【耕地质量监管】 如东在长沙镇建立国家级监测点,在栟茶、新店、长沙、掘港4个镇分别建立4个省级监测点,在岔河、掘港等镇建立8个市级监测点,监测耕地质量、环境质量、蔬菜基地动态变化。按照1∶2∶3比例设立监测点规定,在全县15个镇(区)建立县级耕地地力与施肥情况长期定位监测点、调查点,开展土壤监测试验和肥情调查。全县各级各类耕地质量监测点27个。与县国土局就全县基本农田及耕地保护、占用及补充耕地质量评定等工作进行协商,按照市农委、国土局《关于做好南通市补充耕地质量评定工作的通知》要求,拟定《如东县补充耕地质量评定实施办法》。4月,组织人员对栟茶镇新庄等村省投项目新增耕地现场踏勘和质量建设技术培训。6月,邀请省、市专家对长沙、马塘、洋口、河口等镇2015年实施耕地占补平衡项目补充(新增)耕地进行质量评定。10月,对全县2016年实施耕地占补平衡项目539个图斑76.75公顷和省投项目36个图斑10.17公顷补充(新增)耕地质量进行评定。

【测土配方施肥】 2015—2016年度,如东继续承担农业部全国测土配方施肥项目巩固县建设任务。项目覆盖全县15个镇(区)、200个村居,实施面积215万亩,其中,小麦72万亩,大麦15万亩,油菜20万亩。全县建立15个采样专业队,采集土样305个。实施稻麦主推配方校正试验2个,稻麦氮、磷、钾肥利用率试验2个,盐土生物有机肥改良试验、示范各1个,蔬菜叶面施肥试验1个。在全县干线公路沿线掘港、马塘、曹埠、双甸、栟茶、洋口、丰利等镇建立7个小麦高产创建暨测土配方施肥示范方,其他各镇建立100亩以上镇级示范方,100个村建立20亩以上村级示范方。全县建有各类示范方150个、15.9万亩。县镇两级举办测土配方施肥培训50场,培训技术人员50人次,村干、科技示范户、种田大户1000人次,配方肥经销点负责人100人次,一般农户3000人次。印发技术培训明白纸等培训资料5000份。在县广播电台《三农之声》开办测土配方施肥专题技术讲座2期。

【高标准粮田建设项目】 按程序完成如东县2016年新增千亿斤粮食产能规划田间工程(高标准粮田)建设项目计划申报、设计单位招标采购等工作。编制项目实施方案分别通过市、省发改委专家评审,得到省发改委、省农委批复。该项目建设地点在袁庄镇竹园村、小康村,河口镇中天村,洋口镇楼窑村、耿庄村,建设规模2万亩,总投资3000万元,分5个标段施工。年末,完成检测单位和监理公司招标采购,进行施工单位招标采购。完成如东县2015年新增千亿斤粮食产能规划田间工程(高标准粮田)建设项目施工招投标、第三方质量检测政府采购,以及主体工程施工任务。确认5个标段工程变更情况和实际施工量。委托第三方对2011年、2013年新增千亿斤粮食产能规划田间工程(高标准粮田)建设项目田间工程进行竣工质量检测和数量核查。

【商品化育供秧示范点建设】 开展新技术培训。5月13日,县农委召开全县机插水稻规模集中育秧现场观摩会,对70多人开展规范化育秧流程、机械化育秧流水线播种、暗化育秧、秧床微喷灌补水、不同育秧调理剂、育秧基质、育秧机械等育秧新技术、新模式、新产品、新机械现场演示和观摩、讲解。开展新技术攻关。在南通中江农业发展有限公司、如东喜丰生态家庭农场、如东海青粮食种植家庭农场、如东洋新粮食种植家庭农场开展育秧基质替代营养土、流水线播种替代人工播种、硬盘替代软盘“三替代”育秧新技术示范,暗化育秧、微喷灌育秧新模式示范及机插水稻不同育秧基质比较试验、机插水稻育秧培肥调节剂比较试验。洋新粮食种植家庭农场育秧全部采用蛇皮布覆盖,播期早、播量适中、出苗齐,秧田管理严格遵循不卷叶不浇水旱管措施,对苗床开展微喷灌设施补水新技术示范,被省专家称为全省旱育机播秧典范。稳定集中育秧面积。按照突出重点、带

图11 岔河镇新港村高标准粮田建设工程

动全县，方便群众、规避风险原则，重点扶持有一定基础和机插秧发展潜力大的镇（区）村（居），培育育秧专业户、种粮大户、家庭农场、全托管等集中育秧主体。全县建立1亩以上育秧点531个，总面积1817.2亩，其中，10亩以上集中育秧点37个，总面积511亩；5～10亩集中育秧点59个，总面积350.1亩；1～5亩集中育秧点435个，总面积956.1亩。全县水稻集中育供秧单体育秧点规模、集中育供秧总规模比上年扩大，呈向规模育秧点集中趋势。

【稻麦周年高产攻关】 5月24日，市小麦高产增效创建测产验收专家组，抽测马塘镇和洋口镇小麦高产增效创建示范片，将马塘镇小麦高产增效创建示范片推荐为全市唯一小麦高产增效示范片参加省级复测。6月2日，由省高产增效创建办专家验收组，对马塘镇亚苏村、尊三村两个小麦示范方实产验收，亚苏村“扬麦20号”亩产410公斤，尊三村“镇麦10号”亩产455.2公斤，均比大面积亩增50公斤以上。9月30日，“宁粳8号”育种人，中国工程院院士、中国农科院副院长万建平教授，考察马塘镇亚苏村“宁粳8号”高产示范方及高产攻关田水稻长势，万建平认为马塘镇亚苏村“宁粳8号”高产示范方长势及产量水平比其课题组种植高产田还要好。10月15日，日本水稻专家千叶大学礒田昭宏教授、台湾水稻专家翁虹宪考察马塘镇亚苏村机插水稻高产示范方及于志祥高产攻关田，中外专家一致认为马塘镇亚苏村机插水稻高产示范方机插稻精确定量栽培技术水平高，其水稻长势及产量水平处于全国机插稻领先水平。11月3日，市农委对马塘镇亚苏村于志祥家“宁粳8号”水稻高产攻关田实产验收，亩实收产量803.8公斤，继续位列全市首位。该高产田先后吸引考察参观的县镇村技术人员、种植大户、农户有500人，带动周边稻农水稻生产水平提高。该攻关田周年稻麦产量1213.8公斤，产量高于大面积生产233.5公斤。

【小麦高产增效创建】 如东以镇为单位，实施省、部级小麦万亩高产创建项目7个，涉及马塘镇亚苏村、双甸镇中心村、洋口镇杨楝园村、如东高新区陈高村、栟茶镇新庄村、曹埠镇直港村和丰利镇南宁村等7个镇、29个村；万亩示范片种植品种4个，分别为“扬麦20”“扬麦16”“镇麦10”“扬麦23”。项目区小麦生产全面应用适期播种、半精量播种、普施重施拔节穗肥、化控防倒等关键技术和统一播种、统一病虫防治、统一肥水管理、统一机收的专业化服务。5月23日，对全县7个创建方测产，平均每亩穗数35.5万，每穗粒数33.76粒，千粒重35.6克，理论产量426.7公斤/亩。据调查，实收单产395公斤/亩，比大面积亩增产25公斤。

【农作物病虫监测预警】 县农委在全县布局7个病虫普查点、6个性诱剂监测点、1个鼠情监测点及1个县级系统测报点，明确专人负责，适时开展重大病虫害监测，有效控制病虫草害危害。坚持重大病虫害会商制度，全年向省、市汇报病虫信息29期，发放《如东病虫情报》20期，开展电视预报14期，各类病虫发生期预报准确率98%以上、发生量预报准确率95%以上；发布植保信息99条，全县未发生植保技术事故。

【加拿大一枝黄花防控】 坚持“分级负责、属地管理”疫情防控原则，加强宣传发动，开展加拿大一枝黄花疫情春季、秋季普查，准确掌握发生与分布情况，及时提出防除意见。5月3日、8月23日，分别部署春季防除和秋季拔除，对境内S19通洋高速绿化带及两侧等交通主干道和城市建设闲置地块实施人工拔除。

【绿色防控技术推广】 推广水稻绿色防控新技术。2016年，如东县实施水稻病虫害绿色防控，集成运用农业、物理、生物及科学化防等防治措施，在马塘镇蔡渡村建立水稻绿色防控与统防统治深度融合示范基地，核心面积80亩，辐射面积200亩。示范区选种耐病品种，应用性诱剂诱杀害虫、种植香根草诱集害虫、投放赤眼蜂寄生害虫、使用高效、低毒、低残留及生物农药等技术，科学防控、精准施药，全面实行专业化统防统治。核心区内专业化统防统治覆盖率100%，绿色防控技术推广覆盖率100%，综合防治效果85%以上，减少化学农药使用量20%以上，水稻病虫危害损失率控制在3%以下。9月27日，省植物保护植物检疫站领导专家一行考察水稻绿色防控项目现场，对如东县水稻绿色防控

图12 马塘镇蔡渡村香根草生物防治水稻螟虫

工作给予肯定，达到项目建设目标要求。10月13日，县农委召开水稻病虫绿色防控技术培训班，省植物保护植物检疫站专家专题对全县15个镇(区、街道)植保员和部分种植大户开展培训。推广蔬菜绿色防控新技术。全县蔬菜害虫防治推广应用防虫网、遮阳网2万亩，部分蔬菜基地应用性诱剂5000个，杀虫灯260台。全县75家蔬菜绿色防控项目区、2.28万亩种植基地应用生物农药8000国际单位/毫克苏云金杆菌悬浮剂33.33吨。全县推广使用定虫隆、茚虫威、氯虫苯甲酰胺等高效、低毒、低残留农药，防治斜纹夜蛾、甜菜夜蛾、菜粉蝶等，减少高毒农药在蔬菜上使用。全年抽检蔬菜样本5995个，合格率99.6%。

【农作物产地检疫与调运检疫】 县农委对大麦、小麦、水稻、蔬菜、蚕豆、花生良繁基地全面实施产地检疫。全年受理7个单位申报产地检疫申请73份、71个品种，生产面积2.02万亩，总产量6689吨；调运检疫证书18份，出具产地检疫合格证73份，调运数量192.2吨。

【种子“双打”行动】 县农委继续开展品种侵权和制假售假种子“双打”专项行动。3月下旬、10月中旬，检查种子企业与种子经营门店153个。全年抽检各类农作物种子样品140个，确认种子生产商140份，抽样送检省“双打办”品种真实性和纯度检测样品9个，上半年种子质量抽检全部合格，下半年2个样品检验不合格后，委托南通市种子质量监督检测中心检验并出具正式检验报告，移交县农业行政执法部门立案查处。全年种子抽检样品合格率98.6%。水稻种子市场中，“扬育粳2号”“盐粳13”“南粳5055”“南粳9108”等品种占主导地，没有发现以近似品种名称标注“TM”标识的金玉粳、黄金稻等假冒水稻种子。

【农作物良种推广】 1月，县农委召开2016年春夏播良种推广和供种会议，公布春夏播农作物推广品种。水稻推广“扬育粳2号”“盐粳13号”，示范“南粳5055”，订单种植“南粳9108”“常农粳8号”；玉米推广“苏玉19”“苏玉22”“长江玉8号”，示范种植“联创799”。8月，明确秋播农作物推广品种，小麦推广“扬麦16”“扬麦20”“扬辐麦4号”，示范种植“扬麦23”“镇麦10号”，订单种植“浩麦1号”；大麦推广“东江1号”和“东麦3号”；油菜继续推广“秦优10号”“秦优11号”，试种“沣油737”“德核杂油8号”。主要供种企业实施主要农作物预约订种，全县供应水稻种子225万公斤、小麦种子350万公斤。

【种子行政许可与监管】 检查确认小麦种子生产种源。夏熟纯度验收核发2份7个小麦品种生产许可证，许可面积6400亩。其中，如东县种子有限公司1份，包括6个小麦品种4900亩和1个大麦品种300亩；江苏省中江种业有限公司1份2个小麦品种1500亩。经检验及田间纯度综合判定，合格小麦生产面积5900亩。规范种子生产经营许可管理。全年核发水稻种子生产许可证4份12个品种5650亩。其中，如东县种子有限公司2份5个品种2850亩，江苏省中江种业有限公司2份4个品种2800亩。10月进行水稻良繁田纯度验收与真实性样品取样(剪穗送样)。核发南通东方种业有限公司种子生产经营许可证D证，审核如东县种子有限公司经营许可证C证。

【种质资源普查与征集】 全国第三次种质资源普查行动中，如东县被省列为19个种质资源系统调查县。根据要求，县农委对1956年、1981年、2014年3个时间节点普查县内特色种质资源种类与分布；调查、收集14个镇(区)种质资源20份；10月中旬，省农科院调查组到如东采集种质资源110份。

【小麦病虫防治】 县农委组织实施2016年中央财政资金小麦“一喷三防”(一次喷施药肥，防病虫、防干热风、防早衰)病虫害防治物资补助项目和2016年中央财政重大农作物病虫害统防统治项目—小麦病虫防治示范项目，根据江苏省政府采购中心《关于2016年江苏省小麦“一喷三防”农药、叶面肥采购中标结果公告》，选择江苏农林生化有限公司、南京宁粮生物肥料有限公司、扬州春泉科技有限公司和江苏谷熠农业科技有限公司4家供货企业，采购叶面肥50.28吨，4月中旬发放到各镇(区)小麦种植户用于叶面喷施。贯彻“立足预防、主动出击、药肥混喷、保粒增重”防治策略。组织召开专题会商会1次，县政府、县农委发文(电传)2次，县电视台可视化信息宣传2条、县电台专题宣传小麦穗期病虫1次、镇广播站宣传200次，开展技术培训200人次，发放技术资料3万余份。在病虫害防治关键时期组织技术人员深入乡村田头，指导种植户防治。经鉴定性调查，主要病虫对农作物平均危害均被控制在经济允许防治阈值内。

【蔬菜新品种引进】 2016年，如东引进荷兰15马铃薯原种、非洲冰草、5911刀豆、苏椒1号辣椒、苏椒27号辣椒、耐抽薹“春佳”小白菜等新品种10多个，分别在绿松农业有限公司、裕丰家庭农场、丰润蔬菜专业合作社、中江种业有限公司等基地试验示范，取得良好效果。荷兰15马铃薯平均亩产2000公斤；非洲冰草平均亩产4500公斤。

【秸秆利用】 2016年，如东培育年利用秸秆200吨以上利用主体85个，利用总量50.66万吨，超过市考核80个、总量50万吨任务。秸秆收购点设备申报42台(套)，制粒项目申报4家。 (冯仕根)

畜牧业

【概况】 2016年，如东县生猪存栏135.20万头，同比增长3.41%。其中，母猪存栏15.58万头，同比增长

0.98%；上市肥猪103.38万头，同比持平。家禽存栏939.35万羽，同比增长26.65%，其中良种蛋鸡存栏557.59万羽，同比增长51.06%；家禽累计上市2850.74万羽，同比下降0.58%。羊存栏17.52万只，同比下降23.77%，羊累计上市24.03万只。畜禽规模养殖稳步推进。全县生猪规模户3844家，省级规模场55家，规模养殖占比24.40%，市级规模场512家，占比36.67%，全县生猪大中型规模养殖比例61.07%，完成上级任务指标。全县肉鸡规模养殖户1081家，规模养殖占比99.93%；蛋鸡规模养殖户531家，占比99.47%；规模养羊户413家，占比58.60%。畜禽生产总量稳中有升。全县新(扩)建蛋鸡规模养殖场3家，南通正大畜禽有限公司九龙鸡场通过改扩建，存栏蛋鸡30万羽。江苏鸿轩生态农业有限公司分别在大豫镇九龙村、南通外向型农业综合开发区新建存栏160万羽蛋鸡养殖基地。全县保存狼山鸡种鸡8000套，黑羽狼山鸡家系50个，白羽狼山鸡群体400套。全年全县畜牧业产值33.35亿元，同比增长1.42%。

【生态健康养殖创建】 县农委制定生态健康养殖创建活动意见，印发《2016年如东县畜牧生态健康养殖示范创建工作实施方案》，明确各镇目标任务和创建标准。各镇对创建企业明确分管负责人和技术指导员，落实专门人员现场培训，对照验收细则逐项跟踪督查。市下达如东畜禽生态健康养殖指标5家，如东欣洋生猪养殖家庭农场(洋口)等6家申报上级验收。如东众兴牧业有限公司通过国家级畜禽标准化示范场验收。对2012年复验合格以及2012年度创建的23家生态健康养殖场进行复验，除息养、更名、注销6家外，其余17家全部合格。

【动物卫生执法队伍建设】 县农委严格官方兽医管理。建立官方兽医人员档案，健全基本信息、工作信息，及时清理退休离岗8名官方兽医检疫出证权限，增补官方兽医8人。全县有在岗官方兽医167人，其中，县监督所16人、驻镇畜牧兽医站151人。3月9日，专题召开全县畜产品质量安全法制教育会议，全县畜禽经营大户、病死猪无害化处理收运人员及畜牧系统全体在职在编人员共360多人参加。组织人员深入到镇(区)开展动物防疫法等法律法规宣传，近200人参加培训。

【生猪品种改良】 2016年，如东组织实施国家生猪良种补贴项目，生猪人工授精工作继续全省领先、全国先进。全年发放良种猪精液总量突破80万份，创最高。全年从国家级核心育种场引进种公猪80多头，经性能测定外来品种占比超过95%。投资20万元购进自动化采精、分装、检测设备，全面提升生产标准化、自动化水平。在省、市主管部门组织的种公猪精液质量抽检中，如东生产的种猪精液全部符合国家标准，猪人工授精受胎率、产仔数稳定在较高水平。

【动物疫病防控】 2016年，如东县累计防疫猪口蹄疫796.88万头、猪瘟783.19万头、猪蓝耳病316.01万头，羊口蹄疫38.02万头次、羊小反刍兽疫34.2万头次，禽流感防疫4015.01万羽；口蹄疫、猪瘟、高致病性蓝耳病、高致病性禽流感、羊小反刍兽疫应免实免密度100%。发放生猪、羊耳标265.08万套，牲畜免疫耳标佩戴率100%。全县共监测猪、羊口蹄疫2117份，合格率87.1%；猪蓝耳病1456份，合格率92.9%；猪瘟1456份，合格率93.3%；羊小反刍兽疫913份，合格率94.2%；H5禽流感3863份，合格率95%；H7N9禽流感817份，阳性率0；新城疫1696份，合格率94.8%。动物疫病防效均达国家规定标准。

【防疫检疫管理】 加强动物产地检疫。县农委完善动物产地检疫操作程序，采取防疫员出具“家畜免疫情况证明”协助官方兽医检疫把关新模式，严格执行登门检疫制度，对未经有效免疫、未佩戴畜禽标识及其他不符合检疫规定的畜禽，一律不予检疫发证。全年产地检疫生猪182.75万头、羊2.68万只、家禽1629万羽。严格畜禽屠宰检疫。充实企业驻场检疫员力量，所有肉品凭检疫证明和验讫标志上市，督促屠宰企业做好病害动物及动物产品无害化处理，完善宰前、宰后、消毒和无害化处理屠宰记录。全年屠宰检疫生猪19.46万头，山羊0.83万只，家禽89.25万羽。规范检疫电子出证。试行由村级防疫员出具如东县家畜免疫情况证明，畜主到报检点换取官方兽医电子证的产地检疫新模式，缓解检疫工作量大与官方兽医人员不足矛盾。全年电子出证动物A证21422份、动物B证25301份、产品A证214份、产品B证55411份。规范动物标识管理，全年发放猪标254.02万套，羊标9.74万套。严格防疫条件许可。动物防疫条件审核发证4家，其中，猪场2家、蛋禽场1家、生猪屠宰场1家。开展动物诊疗专项整治。推进执业兽医制度建设，严格规范动物诊疗活动和兽医执业行为，研究制定《如东县关于开展动物诊疗专项整治行动的方案》，以城镇动物诊疗机构为重点，强化动物诊疗活动管理，严厉打击动物诊疗机构、兽药经营机构、执业兽医和乡村兽医无证经营、违规售药、非法行医、执业行为失范等违法行为，促进动物诊疗市场健康发展，形成以执业兽医为主体的兽医社会化服务体系。

【病死动物集中无害化处理】 按照“政府主导、市场运作，统筹规划、因地制宜，财政补助、保险联动”原则，开展病死动物集中无害化处理工作，杜绝病死动物乱扔乱弃和非法加工行为发生，实现净化养殖环境、构建生态新农村目标。洋口病死动物无害化处理中心建设项目启动，土建工程基本完成；苴镇新收集点建成投入使用；马塘新收集点建设项目进入政府招投标程序。县农委会同县农办、财政等部门加强各环节监管，保障全县病死猪集中无害化处理各项工作正常运转。全年无害化处理病死猪 19.85 万头、3947 吨，涉及农户 9.05 万户次。

【畜禽粪污综合治理】 2016 年，如东县畜禽粪污综合治理工作继续推进。全县重点村治理达标 9 个，治理出栏生猪 50 头以上农户 1032 户；封堵直排口 7507 个；拆除违规违章养殖建筑 3000 多平方米；改水冲粪为干清粪养猪户 3521 个；改造粪污处理设施 3304 处，其中新造户用蓄粪池 2402 个，三级沉淀池 651 个，新建沼气池 251 座；新建干粪收集房 1293 个，田间蓄粪池 305 个。全县新增畜禽粪污综合利用示范典型 153 个，其中培植 92 个农牧结合综合利用典型。组建清运服务专业队 15 个，全县购置吸粪车 30 辆，吸粪泵 287 台，购置有机肥生产设备 2 套，清运粪污 5.22 万吨。新建有机肥加工中心 1 处，新建大田循环农业示范项目 2 处。示范 2 类畜禽粪便片区化集中收集治理模式。示范养殖片区畜禽粪便收集与“能源化＋肥料化”综合利用模式。利用马塘镇畜禽粪便收集处理中心设施，通过扩建覆膜式简易沼气池，配套建设沼气发电、并网工程，铺设沼液田头利用管道，增强畜禽粪污处理能力，实现“三沼”综合利用。此收集利用模式在南通尚属首例，4 月 27 日，全市畜禽粪便区域化集中处理工作现场推进会在如东召开。示范养殖片区畜禽粪便收集与肥料化利用模式。利用岔河镇玉林村畜禽粪便收集场，通过扩建加工厂房、引进有机肥自动化生产设备，扩大畜禽粪便加工能力，提升有机肥品质，年产 2 万吨。此收集加工模式实现清洁生产，不产生二次污染，具有投资规模小、粪便处理效果好、适应不同种植者需求优势，在全县具有推广价值。

【生猪屠宰行业清理整顿】 4 月，县政府出台生猪屠宰行业清理整顿实施方案，并召开清理整顿工作动员会。县农委按照方案划分区域逐个镇(区)推进清理整顿工作。至 4 月 15 日，全县 18 家不合格生猪定点屠宰企业一次性全部关停到位，提前一个半月完成不合格生猪屠宰企业全部关停目标任务，关停企业设施设备拆除到位。组织对南通市益康食品有限公司获证企业进行生猪屠宰资格复核现场检查，提出整改意见，监督整改到位。加强与环保部门沟通，指导南通天天畜产品有限公司、南通润宝肉类食品有限公司两家保留企业升级改造屠宰设备和排污设施。10 月 27 日，生猪屠宰行业清理整顿工作通过省第三方验收。

【病害猪无害化处理监管】 县农委严格做好生猪定点屠宰场病害猪无害化处理工作，防止病害猪产品流入市场。每月底监督无害化收集处理单位及时收集每个屠宰场病害猪和病害三腺，送至如东天楹环保有限公司集中无害化处理。全年屠宰环节收集处理病死猪 155 头，病害三腺 4.08 万公斤。

图 13　双甸镇曙光村规模猪场沼气工程

【兽药质量安全监管】 加强兽药市场检查。全年检查兽药生产经营单位 97 家，对检查中发现的部分不能提供供应商档案、供货合同及采购记录的经营企业，给予警告，责令其限期改正。开展兽药经营质量管理人员专题培训。组织新申办兽药经营单位负责人、兽药质量管理及经营人员学习《兽药管理条例》《兽药经营质量管理规范》《兽用处方药与非处方药管理办法》《兽药 GSP 管理技术》等法律法规。开展兽用疫苗质量安全大检查。重点检查经营环节、规模养殖场和动物诊疗机构等使用环节，出动 1675 人次，检查疫苗经营单位 15 家、动物诊疗机构 22 家、规模养殖场 782 家，未发现违法经营使用现象，对检查中发现的少数养殖场存在使用记录不全、免疫档案不规范等问题当场勒令其整改提高。

【兽药饲料抽样监测】 县农委全年抽查 14 家兽药生产、经营、使用单位，抽检 18 个兽药样品，检测结果合格；抽查 10 家饲料生产、经营、使用单位，抽检 26 个样品，检测结果合格；抽查 3 个生猪屠宰场，抽检 182 个猪肝样品、19 个猪肉样品，检测结果合格；抽查 16 个养鸡场(户)，抽检 18 个鸡蛋样品、16 个鸡肉样品，检测结果合格。

【“瘦肉精”监测】 县农委制订下发《2016 年度全县养殖、屠宰环节“瘦肉精”监测方案》，下达养殖环节生猪 1 万头份、羊 1000 头份和屠宰环节生猪 1000 头份监测任务。全年检测猪尿样 1.32 万份，检测合格率 100%；抽检羊尿样 1700 份，检测合格率 100%。

【家禽屠宰试点】 根据县内家禽生

产量大,销往上海、苏州、南京等城市量多现状,县农委制定《如东县家禽定点屠宰试点实施方案》,在河口、袁庄分别选择南通众发禽业有限公司和南通通天禽业改良育种有限公司为家禽试点屠宰企业。通过改造家禽屠宰场加工和污水及病害产品无害化处理设备,加强生产过程监管,严格按照《家禽产地检疫规程》《家禽屠宰检疫规程》《肉鸡屠宰操作规程》进行检疫和屠宰加工,经检疫合格家禽产品,由官方兽医出具动物产品检疫合格证明,并在家禽产品包装物上加封企业统一标识。

【动物卫生监督执法】 2016年,县农委加强动物卫生监督执法工作,全年立案查处动物卫生违法案件2件,其中1件是经营死因不明生猪案,罚款9000元,1件是经营死因不明猪肉案,罚款1872元。立案查处南通润宝肉类食品有限公司生猪屠宰环节违法案件1起,罚款2万元;移交公安部门私自宰杀死鸡案件线索1起。2015年底移送公安部门"陈某涉嫌非法屠宰加工病死猪线索",1月20日,公安部门抓获陈某等犯罪嫌疑人10人,并移送检察机关。

(冯仕根)

林果业

【概况】 2016年,如东县新增市验收合格造林1.32万亩,合格率98%,其中生态片林1.2万亩、骨干河道绿化1200亩。森林抚育6.05万亩,完成率100%。流转土地造林面积提高,县级流转土地造林2200亩,完成率108.3%,镇级流转土地造林6800亩,完成率150.5%。省验收合格绿化示范村8个。全县累计造林47.39万亩,森林覆盖率24.4%。

【林政资源管理】 2016年,县林业局办理林木采伐许可证12张,批准采伐林木750立方米,占森林采伐限额指标6.8%,办理木材运输许可证360张,运输木材1080立方米。办理渔港大道、西气东输2个项目征占用林地,占用面积20.9亩。

【林政执法】 2016年,全县30人次参加省、市林业局组织的林业实用技术、项目管理、林政培训。持林业执法证上岗13人。接受举报5起,立案查处4起,移送公安机关1起。

【林业有害生物防控】 县林业局开展森林植物检疫宣传与培训,重点对江苏中天科技股份有限公司、南通亚振家具有限公司、新达木材加工公司现场检疫,对杨树、松树及有检疫对象要求树种进行检疫。全年检疫苗木产地、木材及其产品运输52起,重点监测美国白蛾和松材线虫病,防止病虫害蔓延和传播。全年开具森林植物检疫证书4500张,其中出省4100张、省内400张。森林植物检疫率100%,准确率100%。坚持"预防为主、科学防控、依法治理、促进健康"方针,全县设立8个病虫害监测点,在关键季节预测、预报病虫害,未发现美国白蛾侵入如东境内。实现林木病虫害测报准确率90%以上,防治率90%、成灾率2%以下,种苗产地检疫率100%的控制目标。

【盐土绿化】 如东完成盐土绿化造林1719亩,其中栟茶镇204亩,洋口镇397亩,长沙镇185亩,大豫镇88亩,县水务局845亩。主栽榉树、中山杉、女贞、乌桕、落羽杉、柳杉、白腊等耐盐抗逆树种,示范引进乔木耐盐树种白榆和中山杉2个。

(冯仕根)

蚕 桑 业

【概况】 2016年,如东县有桑园1万亩,实际投入生产7000亩,全年养蚕18841张,产茧803吨,茧款收入3438万元,亩桑茧款收入4910元,比上年增加873元。桑田春夏季田间夹种蔬菜、瓜果,秋冬季夹种青菜、花菜、洋葱等作物,部分蚕农桑田围网养鸡,全县桑园套种、套养率70%以上,平均亩增效益350元左右,全县增加蚕农收入160多万元。针对茧丝绸行情疲软,从事养蚕人员年龄老化实际,以省力高效为出发点,组合多项技术生产。全县小蚕集中共育率98%,大蚕漏空透气育、方格蔟室外预挂等省力化应用率95%以上。续春桑园丰产栽培技术、桑树病虫害防治技术普通应用,桑、蚕新品种推广率100%。全年示范采用全龄人工饲料养蚕30张。

(冯仕根)

现代农业

【概况】 2016年,如东继续加强国

图14 马塘镇沙庄村桑园冬春套种紫皮洋葱

家现代农业示范区建设，将国家现代农业示范区建设列入全县农业农村考核，及时转发《南通市2016年度国家现代农业示范区建设标准和认定办法》，定期上报国家现代农业示范区“863”工程和如东“842”工程建设进度。掘港镇万亩蔬菜产业标准园、栟茶方凌肉禽现代化养殖产业标准园、大豫镇江苏鸿轩肉禽养殖标准园3个现代农业标准园及如东经济开发区农产品加工集区，通过市国家现代农业示范区领导小组考核认定。全县新建或续建获市认定规模农业项目45个，其中种植业11个、加工业11个、养殖业9个、休闲观光7个、其他7个，当年完成投资18.49亿元。全县新增设施农业面积5.12万亩，超额完成省、市任务。

【家庭农场】 2016年，全县新增注册登记家庭农场236家，经营面积3.23万亩，家庭农场经营比重增加2.56%；新增专业大户1055家，经营面积7.76万亩，经营比重新增6.13%，合计新增经营比重8.69%。如东县勇兵家庭农场、如东佳丰果蔬种植家庭农场、如东县徐建家庭农场、如东县洋新粮食种植家庭农场、如东喜丰生态家庭农场、如东县福林家庭农场6家农场被认定为省级示范家庭农场。如东建伟家庭农场、如东高丰家庭农场、如东县乐群家庭农场、如东县陈小亚家庭农场、如东爱思维家庭农场、如东范红梅家庭农场6家农场被认定为市级示范家庭农场。全县累计注册登记家庭农场892家，其中，获省认定示范家庭农场12家，获市认定21家。

【粮食生产“全托管”】 2016年，如东继续将农业生产“全托管”列入政府单项考核，出台《关于大力培育新型农业经营主体的意见》，实行奖补政策。利用媒体宣传全托管服务典型，发挥优秀经营主体示范促进作用。加强指导与监督，推动农业生产“全托管”健康发展。全年全县新发展100亩以上粮食生产“全托管”经营主体197个，服务面积4.67万亩，服务农户1.33万户，农业行政村“全托管”覆盖率86%。全县“全托管”经营服务组织408个。

【休闲观光农业】 围绕“G328黄海风情观光带”“S334—S355生态农业观光带”，发展休闲观光农业，争取部休闲农业示范创建项目2个，南通神农生态农业科技有限公司被认定为全国休闲农业与乡村旅游五星级示范企业，如东鑫华园生态农庄被认定为全国休闲农业与乡村旅游四星级示范企业。

【农业龙头企业】 县农委组织农业企业申报各级龙头企业，其中，组织金太阳油脂股份有限公司、江苏鸿轩生态农业有限公司申报国家级重点农业龙头企业，申报市级农业龙头企业7家，获批6家，市级复核龙头企业9家。全县获认定各类龙头企业131家，其中，国家级1家、省级17家、市级57家、县级56家。

【省“菜篮子”工程蔬菜基地】 2016年，实施掘港镇“菜篮子”工程蔬菜基地1.3万亩、大豫镇“菜篮子”工程蔬菜基地1万亩。掘港镇“菜篮子”工程蔬菜基地全面建成，建设面积1.32万亩，占规划面积101.5%；其中设施栽培面积9484亩，占基地面积71.9%；设施面积中，钢架大棚5028亩，中小棚1667亩，“两网”覆盖2485亩，喷滴灌覆盖6969亩。该基地通过省级第三方验收。大豫镇“菜篮子”工程蔬菜基地按照规划目标推进，建设面积1.04万亩，已建喷滴灌设施园区4个、面积4866亩，标准钢架大棚区3个、面积1500亩，其他1965亩，基地设施面积占比80.2%。

【园艺标准园】 如东佳丰果蔬种植家庭农场、如东淑军家庭农场、如东吴刚家庭农场、如东果旺家庭农场4家被省农委确定为省级园艺作物标准园，由县农委统一组织实施。11月上旬，组织4家家庭农场负责人赴江苏农牧科技职业学院参加省级园艺作物标准园建设培训班，并结业。

【首届蔬菜瓜果摄影大赛】 2016年，县农委与县摄影家协会联合举办“首届如东蔬菜瓜果摄影大赛”，组织统一采风5次、18人参与，采风地点8个。33位参赛者报送参赛作品303幅，评出一等奖2个，二等奖6个，三等奖16个。周建斌拍摄《迷人的海滩》获中国第三届蔬菜摄影大赛创意类二等奖。　（冯仕根）

农业科技

【概况】 2016年，县农委继续将项目建设作为工作重点，从项目争取、组织实施、项目监管等方面超前谋划。全年获批项目26项，争取扶持资金7958.24万元（不包括普惠政策扶持资金）。加强基层农技人员岗位教育和知识更新，分类别、分产业、分批次选送80名畜牧人员、34名种植业人员到扬州大学、句容农校、苏州农校、泰州牧校等院校参加培训；《梅山猪开发利用关键技术研究集成应用》《新型精准养蚕技术创新与应用》项目，通过市农委专家鉴定。全年组织送科技下乡活动5次。县农委被中国科协、中共中央组织部、中共中央宣传部、国家发改委、教育部、科技部、财政部、人力资源社会保障部、农业部评为《全民科学素质行动计划纲要》“十二五”实施工作先进集体，被南通市全民科学素质工作领导小组评为全国科普日活动先进集体和南通市第28届科普宣传周先进集体。

【农民职业技能培训】 全年县农委举办农业职业技能培训班17期，培训学员3080人。其中，植保专业2期、培训351人；规模种植2期、培训391人；粮食种植10期、培训1939人；畜牧专业2期、培训325人；泥鳅养殖1期、培训74人。组织190人参加蔬菜农艺工初级工技能鉴定，合格165人，合格率86.8%。

【农业信息化建设】 2016年，县政府将农业信息化工作继续列入各镇农业农林工作考核内容，对农业电子商务发展和物联网技术应用明确目标任务。专门制定奖励政策，对2016年新增农业电子商务市场主体和物联网技术应用点通过验收复核后进行奖励。县农委举办农业电子商务培训班，培训130人。全年新增农渔业特色营销网店12家，当年线上销售350万元。全县有农副产品网店44家，全年线上销售6000万元，其中线上年销售100万元网店10家。新增物联网技术应用点13家，其中设施园艺应用点5家、畜禽养殖应用点6家、水产养殖应用点2家，有8家通过手机或电脑远程控制。年末，全县有物联网技术应用点80家。省级农业信息化示范基地项目——智能农业示范县、智能农业示范园区、农业电子商务示范单位启动建设。

【益农服务社建设】 益农服务社建设是农业部2014年在全国试点推行，江苏为先行试点推行省，连续试点推行3年。2016年，如东自行试点推行。县农委制定《信息进村入户试点工作实施方案》以政府文件下发，围绕信息进村入户有场所、有人员、有设备、有宽带、有网页、有可持续运营能力"六有"标准建设要求，在全县每个镇(区)确定1个试点村，开展益农信息服务试点。7月20日，首个村级信息服务站南通外向农业开发区何丫村益农服务社、中国银行农村金融综合服务社正式开业。至年末，全县15个试点村益农服务社全部开业。

【在线学习模块开发】 2016年，如东继续承担完成中央农业广播电视学校中美远程教育合作"在线学习模块开发"项目。如东县农技推广中心2014年承担中央校项目，先后制作《机插稻软盘旱育秧技术》《机插稻移栽及苗期管理技术》《机插稻中后期管理技术》在线学习模块，得到中、外专家论证肯定。该模块通过江苏省新型职业农民培训平台，下发给全县水稻种植户学习。(冯仕根)

农产品质量建设

【概况】 2016年，县农委继续贯彻落实"最严谨标准、最严格监管、最严厉处罚、最严肃问责"总要求，不断强化农产品质量安全监管工作举措，全县没有发生重大农产品质量安全事件。强化农产品质量安全监管属地管理。县政府将农业投入品使用和农产品质量建设工作列入各镇农业农村工作考核，发生重大农产品责任事故，实行一票否决。县农委与各镇(区)农产品质量安全监管服务站签订责任状，落实各镇政府属地管理责任。落实绩效评价。县委办公室、县政府办公室分别下发《2016年食用农产品质量安全工作绩效评价实施办法》《关于进一步加强食用农产品质量安全监管工作的通知》，对各镇(区)食用农产品质量安全监管工作实行百分制评价考核。落实责任分工。县农委调整农产品质量安全监管工作领导组成员，落实农产品质量安全监管责任和目标任务。开展诚信创建。在农产品生产企业、农民合作社、家庭农场和"三品一标"获证单位开展"创牌立信"和"红黑榜"认定活动。推荐如东虹元肉鸽专业合作社、如东金沙滩果蔬专业合作社参加省级农产品质量"创牌立信"评选活动。如东县狼山鸡种鸡场等2家单位获省级农产品质量"创牌立信"示范单位，如东佳丰果蔬种植家庭农场等7家单位获省"放心吃"网示范单位。

【农产品质量安全监管】 县农委与县食品安全办公室协同推进食品安全基层责任管理，全面实施网格化监管。全县行政村(居)配备食用农产品质量安全村级协管员，明确职责和任务，确定每月200元报酬补偿标准，建立百分制考核与报酬挂钩的绩效评价管理制度。对全县农产品生产经营企业(合作社、家庭农场)等规模生产组织(粮油作物6公顷以上、露地蔬菜、设施蔬果2公顷以上)建立基础信息档案和产品数据库。完善"六管六化"(网格化管理，实现监管对象差别化；清单化管理，实现监管效益最大化；精准化管理，实现经营主体数字化；在线化管理，实现打假维权高效化；公正化管理，实现日常监管公正化；舆情化管理，实现社情民意及时化)农资监管模式，创建检查对象、抽检产品和参检人员全部随机确定抽查农资监管新机制。全年出动执法人员592人次，检查生产企业及经营单位1554趟次，查获各类假劣农资7.44万公斤，货值金额15.13万元，受理投诉举报案件12件，查办各类案件14件，其中，上级交办案件5件，县级立案案件9件。抽样送检农药样品70个批次，肥料样品45个批次，兽药样品10个批次，饲料样品10个批次。通过日常巡查、监督检查、随机抽检，督促农产品生产单位严格执行产品质量管理制度，全县设监测点64个，涵盖全县农业生产基地园区；每周正常安排抽取8个监测点、80个样品检测。每周将检测结果以《如东农检》形式，向省、市、县有关部门报送，全年编印《如东农检》48期，出具各类检测报告681份。全年开展农药、农资、"瘦肉精"、兽用抗菌药、生猪屠宰5项专项整治，对15家生产基地、种植园区、专业合作社和家庭农场定量检测甜瓜和西瓜样品38个，全部合格；"瘦肉精"检测合格率100%；抽查14家、18个兽药样品，检测结果合格；抽查10家、26个饲料样品，检测结果合格；抽查3个生猪屠宰场182个猪肝样品、19个猪肉样品，检测结果合格；抽查16个养鸡场(户)、18个鸡蛋样品、16个鸡肉样品，检测结果合格。全县举办生猪屠宰培训14个班次、810人次。开展执法995次，出动2715人次，检查14个镇(区)30个农贸市场、86个超市、18个雨润肉品销售点和40个农村"三就点"近600个肉品摊位。对检查中发现问题，及时向所在镇(区)反馈，并要求整改，对问题较为严重地区组织复查。屠宰场屠宰环节瘦肉精抽检 2828 份，合格率 100%。全年无肉品质量安全事故发生。实施农产品例行监测、专项检测和监督抽检，全县检测蔬菜样品 5250 个、水果样品 48 个、食用菌样品 114 个、稻谷样品 71 个，合格率 99.8%；全年定量例行抽检 385 个，超过省农委考核指标 85 个。县、镇两级抽检总体合格率 99.8%。

【农产品“三品”认证】 2016 年，如东县“三品”(无公害农产品、绿色食品、有机食品）认证通过 68 个，其中，无公害 64 个、绿色食品 4 个，完成省考核指标 22 个的 309%。全县有效期内“三品一标”累计 257 个，其中，无公害 230 个、绿色食品 26 个、地理标志产品 1 个。当年种植业“三品”产量占比农产品产量 56.5%，提前完成农业基本现代化考核指标。

【农业环境质量监测】 如东县设立具有种植代表性土壤环境监测点 42 个，水质监测点 29 个。4 月中旬，在栟茶、洋口、丰利、苴镇、长沙等水质性缺水区域主要灌溉水系 29 个断面进行水质监控，检测水中全盐、氯化物和 pH 值。在夏熟作物离田、秋熟施肥前开展土壤监测，主要检测土壤中铅、镉、铬、汞、砷等重金属及土壤 pH 值。全年检测水样 145 个，检测 435 项次，形成分析报告 5 期；检测土壤样品 42 个，检测 252 项次，田间调查表格 126 份。 （冯仕根）

农业法治

【概况】 县农委印发《2016 年度如东县农资市场综合整治方案》，召开全县农资市场综合整治动员部署会，150 人参加。4 月 20 日，执法人员深入镇区对农资生产经营人员和种植大户专题授课。在“放心农资下乡进村宣传周”活动中，组织科技人员到村头、田头、农民街接受农民咨询 800 人次，发放明白纸 2500 张。6 月 1 日，在如东新闻广播《三农之声》向全县听众直播识别假劣农资常识，回答听众提问，受理听众举报。结合农时和季节特点，加强对县内农资生产企业、源头批发企业和经营门店日常监督检查，加大对县域交界地域监管力度，推进高毒农药定点经营、专柜销售和实名购买。先后补充、修订、完善各类管理制度 15 项。完成省抽检任务并送达指定检测机构检测，对抽检不合格产品，及时组织查处。规范执法，处罚案卷连续 3 年被省、市评为优秀案卷。

【涉农法制宣传】 按照“谁执法、谁普法”“谁监管、谁普法”和精准普法要求，明确涉农法律法规宣传牵头单位，细化普法内容和预期目标。开展农业、林业、畜牧业及农产品质量安全等主题宣传 6 期。3 月，在县法制宣传专栏(原农工商西侧)举办为期 1 个月专刊宣传。中国检察新闻网、平安江苏—法制网、法润江苏网、中国普法创新网报道如东农委普法情况。开展农业政策调研，向市农委报送调研文章《如东县生态循环农业发展思路与对策措施》《如东县蔬菜产业现状及发展思路》两篇，《深化农林行政审批的实践与思考》被县法学会列为调研成果。

【信访办理】 县农委制定《如东县农业系统通过法定途径分类处理信访投诉请求清单》，对重点地区、重点领域、重点人员，加强信访排查稳控与矛盾化解。全年办理“县长信箱”信访 2 件，回复“12345”政府热线 3 件、“南通阳光信访”2 件、市县转办件 9 件、其他 1 件，全部符合规定程序、质量、时间要求，无到市以上上访、缠访现象。

【农业行政审批服务】 县农委制定行政权力清单和实施方案。对行政审批涉及场址选择、区内布局、设施设备等专业性强、要求高、投入大事项，提出针对性建议，让业主少走或不走弯路。涉农窗口行政审批事项按期办结率 100%，服务对象满意率 100%。农业行政审批工作经验在全省农业政策法规工作会议上介绍。

【建议、提案办理】 2016 年，县农委接受县人大代表建议、政协委员提案 15 件。其中，代表建议 9 件、委员提案 6 件；主办件 12 件(代表建议 9 件、委员提案 3 件)、协办件 3 件；人大重点建议 1 件。6 月底前，全部完成与县人大代表、政协委员沟通、见面与系统回复、答复意见信息公开工作。10 月，专题召开人大建议、政协提案落实情况汇报会。县农委继续被评为人大建议、政协提案办理工作先进单位。 （冯仕根）

农业机械

【概况】 2016 年，如东农机化工作继续保持快速发展良好态势。全县农机总动力 92.43 万千瓦，拥有大中型拖拉机 2823 辆，联合收割机 2249 台，插秧机 3885 台，农业机械化水平 88.75%。全县从事农机化作业服务组织 114 个，从业人员 7822 人。其中，拥有农机原值 20 万～50 万元（含 20 万元）服务组织 70 个 2500 人；拥有农机原值 50 万元(含 50 万元）以上服务组织 30 个 3020 人。农机专业合作社 80 家 6084 人。全县农机户 21250 个 22350 人，农机维修厂及点 75 个 165 人，农机经销企业 10 家 105 人、经销点 60 个 110 人。全年农机化作业服务收入 8.5 亿元，其中田间作业收入 3.75 亿元、跨区作业收入 1.22 亿元、农产品初加工收入 1.98 亿元、农机运输收入 4320 万元、维修服务收入 3853 万元、其他收入 7327 万元。

【农机新机具推广】 县农机局用好农机购置补贴等强农惠农政策，坚持行政推动、项目带动，强化农机农艺技术融合，加强与种植大户沟通，通过宣传、培训、演示、技术服务等方式，加快农机新机具推广步伐，农机装备机构进一步优化。全年新增 36.75 千瓦以上大中型拖拉机 254 辆、高性能收割机 260 台、插秧机 275 台(其中高速机 141 台)、高地隙植保机 18 台、粮食烘干机 102 台，其他各类农机具 783 台。

【秸秆机械化还田】 县农机局采取行政推动、政策扶持、强势推进等措施，加大推进力度，秸秆机械化还田成效显著。全年完成作业面积86.21万亩，其中夏季54.21万亩、秋季32万亩，秸秆还田率48%。

【农机合作组织建设】 县农机局通过加强引导、培训服务、典型引路、重点扶持、以点带面等手段，推动如东农机专业合作社不断发展壮大。全年新增经工商部门注册登记农机合作社10家，农机专业合作社总数80家，合作社成员总数6084人，资产总额1.75亿元，拥有各类配套农机具9720台(套)。

【农机购置补贴】 县农机局按照《2016年省农机购置补贴实施办法》要求，加强督查审核、严格公示制度、严格操作程序、严格信息录入和报送制度，加强档案管理，按照规定要求核查、结报。对各镇区申请结报机具按不低于10%的比例分别进行电话核查和现场核查，确保补贴机具的产品名称、产地、生产企业、产品配置、机具编号与购机确认表相符。全年补贴农机具1438台(套)，其中，插秧机275台、收割机261台、大中型拖拉机282辆、秸秆粉碎还田机和旋耕机334台、烘干机102台，其他机具184台，惠及农户1267户，使用中央、省级补贴资金2065.05万元，带动农户投资农机具9.5亿元，资金使用量名列省、市前茅。

【农机项目建设】 县农机局完成省农机"三新"工程"水稻生产全程机械化集成技术应用"项目，全县试验示范面积1200亩。组织实施省级农机服务体系建设项目，创建符合农业部标准二级农机专业维修示范点1家。组织实施市级粮食烘干中心项目建设，新建粮食烘干中心23家，新增日烘干能力1248吨。创建市级设施园艺农机化科技示范基地2家，发展合理配置农机具家庭农场60家。全年利用各级项目资金530万元，其中，省级资金50万元、市级资金55万元、县级资金425万元。

【农灌管理】 县农机局做好农灌泵站维修改造，确保及时开车打水。参与农灌水费定价改革，将农灌水费定价模式调整为村域协商为主的定价方式，提高服务水平，节约水电资源。

【农机培训】 县农机局重点开展农机驾驶员、秸秆机械化还田技术及农机行业职业技能获证奖补培训。针对学员基础不同，采取集中管理、分类教学方法，注重培训效率，全年培训拖拉机、收割机驾驶员213人；举办秸秆机械化还田培训班22期，培训学员3494人次；420人通过农机行业职业技能鉴定。

【农机服务】 县农机局及早研究制定农机服务方案，农忙前组织各镇区农机管理人员，对辖区内作业机具登门入户检修、调试；农忙期间加强对农机作业安全监管、作业质量技术指导、跨区作业机具引导，合理调配机具。全县农忙期间检修调试各类机具2万多台(套)，投入机耕机播作业大中型拖拉机配套机具7560台（套）、联合收割机2700多台，机收率100%。免费发放跨区作业证696张，引进联合收割机500多台次，组织外出作业机具2700台次。

【农机安全监管】 县农机局巩固"平安农机示范县"创建成果，全年发放农机宣传资料1万多份，签订"安全生产责任书"3721份；检验上道路拖拉机3647辆，年检联合收割机1066台；检验滩涂作业拖拉机1385辆，各沿海镇滩涂作业拖拉机年检率均达100%。新增各类拖拉机驾驶员164人。未发生较大以上农机安全生产事故。 （沈　真）

农业综合开发

【概况】 2016年，如东县实施农业综合开发项目14个，建设规模6万亩，扶持农业龙头企业及家庭农场4家，财政投资8308万元，争取项目资金位于省、市前列。其中，高标准农田项目7个，开发任务4万亩，财政投资6000万元，分别为双甸镇高标准农田建设项目、栟茶镇高标准农田建设项目、新店镇高标准农田建设项目、河口镇高标准农田建设项目、洋口镇高标准农田建设项目、曹埠镇高标准农田建设项目、岔河镇高标准农田建设项目；滩涂垦区配套项目3个，开发任务2万亩，财政投资2000万元，分别为掘苴垦区外向型开发区种植基地(续建)项目、大豫垦区南坎社区种植基地项目、环港垦区光荣村养殖基地项目。项目区共新建电灌站21座，新建防渗渠155.4公里、暗渠5公里、渡槽13座、路下涵和排水涵

图15　9月7日，县人大常委会领导视察双甸镇项目区

176座，新筑混凝土机耕路 112.6 公里、机耕桥 27 座，营造防护林 1.84 万株。新建保鲜库雨棚 936 平方米，购置设备 878 台(套)，新建钢结构粮食库房 1404.37 平方米，新建晒场 1655.5 平方米;产业化经营财政补助项目 2 个，财政投资 170 万元，分别为江苏鲜之源水产食品有限公司承建的“南通市如东县年储 4 万箱条斑紫菜保鲜改扩建项目”、如东高丰家庭农场承建的“南通市如东县 2000 吨粮食种植基地新建项目”；贷款贴息项目 2 个，获得财政贴息 138 万元，分别为南通市东盛米业有限公司承建的“南通市如东县 3 万吨大米加工原料收购流动资金贷款贴息项目”，金太阳粮油股份有限公司承建的“南通市如东县 3500 吨食用油加工原料购进流动资金贷款贴息项目”。（高　晶）

老区开发

【概况】 2016 年，县老区开发促进会、扶贫开发协会（以下简称“两会”)配合县扶贫办实施脱贫攻坚工程，按照精准扶贫要求实施省、市扶贫示范项目 17 个。通过选送贫困家庭子女到纯慈善全免费高中读书阻断贫困，13 年累计输送 63 人。利用纪念长征胜利 80 周年契机，开展老区精神宣传教育活动。县“两会”被评为 2009－2016 年南通市老区建设扶贫开发先进集体。

【老区精神宣传】 结合纪念长征胜利 80 周年纪念活动，县“两会”和各镇分会通过挖掘革命史料、编写斗争故事、组织巡回宣讲等形式，对干部群众进行爱国主义和老区精神宣传教育，宣传老区历史，传承红色基因。各镇分会利用《大江南北》《中国老区建设》等载体，以镇组织开展学习心得体会交流活动，教育党员干部特别是青少年学生树立正确人生观和世界观。在南通市学习红色期刊心得交流表彰会上，如东多篇心得体会参加交流并获奖，县“两会”和栟茶、马塘两镇获组织奖。在全国老区宣传工作会议上，如东县获特等奖，岔河、丰利、栟茶 3 个镇获三等奖，曹埠、双甸、洋口、河口、长沙等 10 个镇获优秀奖。

【精准扶贫】 争取江苏省扶贫协会、省老促会资金支持，实施金海岸山羊生态养殖、富国葡萄种植加工、新余渔网定型生产 3 个省级无息贷款扶贫示范项目，确保扶贫资金惠及贫困户和低收入户。围绕项目农业，实施南通市扶贫基金会产业开发项目 14 个，扶持久丰、海青、丰禾、裕田等家庭农场，银树食品、新月植保等农牧企业，北盛工艺品、万恒针织服饰等扶贫单位，兴洋家禽养殖、利民草制品等县定扶贫示范基地，通过安置就业、发放苗种、提供服务等手段，实施造血扶贫，帮助和带动贫困户和低收入户增加收入。县扶贫协会向 8 个镇、17 个村 238 户贫困家庭赠送育肥山羊 644 只，累计增收近 100 万元。

【扶贫助学】 县“两会”和各镇分会把助学扶贫作为老区扶贫工作重点，帮助家庭贫困且成绩优异的初中毕业生到纯慈善、全免费广东国华纪念中学读书。2016 年输送 12 人，占全省总数(35 人)三分之一，创县级录取国华中学人数之最。自 2004 年开始，如东共向国华中学输送 63 人，其中，35 人考上知名大学，7 人大学毕业，5 人在读研究生，1 人由教育部公派国外留学读博。马塘分会夕阳红助学志愿者组织常年开展“爱心奉献让梦启航”活动，9 年募集捐款 44 万元，先后举行捐赠仪式 47 次，捐款 28 万多元，资助初高中贫困生 860 人次；双甸镇 8 位退休老战友抱团献爱心，连续 3 年向 5 名初中贫困生每人年捐赠 800 元。县“两会”通过省扶贫示范项目挂钩帮扶贫困家庭学生 10 人次、2 万元；对报考国华中学未被录取贫困生帮扶 89 人次、22.5 万元；对黄桥老区人才培训中心招生贫困生帮扶 42 人次、9.57 万元;通过与南通台资协会联合捐助贫困生 30 人次、5.5 万元;通过扶贫项目助学 244 人次、19 万元。各镇分会动员社会力量助学 468 人次、41.94 万元。（沈伯华）

工　业

【概况】 2016 年，如东县共有一般纳税人以上工业企业 3638 家，其中规模以上工业企业 665 家，实现规模工业总产值 1972.03 亿元，同比增长 3.04%；规模工业增加值 431.85 亿元，同比增长 9.7%，总量和增幅分别排 5 县（市）第四和第五；实现全部工业应税销售收入 1047.78 亿元，同比增长 22.02%，总量、增幅居 5 县(市)第二位;工业入库税金 34.08 亿元，同比增长 10.99%，其中国税入库税金 25.52 亿元，同比增长 9.3%，总量 5 县(市)第三、增幅 5 县(市)第二;工业用电 36.11 亿千瓦时，同比增长 6.57%，用电总量和增幅居 5 县（市）第二；工业贷款增量 8.44 亿元，增量居 5 县(市)第一。全县应税销售收入 1 亿元以上企业 168 家，新培育应税销售收入 2000 万元以上企业 61 家，新培育应税销售收入亿元企业 49 家。全县 132 家高新技术产业企业实现产值 792.47 亿元，同比下降 0.38%，占规模工业比重 40.19%;130 家新兴产业企业实现产值 431.53 亿元，同比下降 5.24%，占规模工业比重 21.88%。32 家企业获批高新技术企业，5 家企业获省级工程技术研究中心立项，10 家企业研发机构被认定为南通市级工程技术研究中心;8 家企业新建省级研究生工作站，4 家企业技术中心获省级认定，7 家企业技术中心被评为市级企业技术中心。江苏湘园化工有限公司被认定省科技小巨人企业;18 家企业被认定为省科技型中小企业。全县万元产值能耗下降 6.69%，7 大高耗能行业产值占比下降 3.54%，应税销售耗电下降 12.66%。江苏中天科技股份有限公司成为国家级“两化融合”管理体系贯标企业，其特种光纤智能制造新模式应用入选工信部智能制造综合标准化与新模式应用项目，光缆智能制造车间被评为2016年第一批江苏省示范智能车间。江苏刚正薄板有限公司镀铝锌智能生产车间、南通雅本化学有限公司高级医药中间体智能车间、江苏快达农化股份有限公司农药中间体智能车间获评市级示范智能车间。6家企业入围省级首批“两化融合”贯标试点企业，3家企业入围省融合创新示范(试点)企业，5家企业入围市级融合创新示范企业。沿海经济开发区、如东经济开发区被评为省级“企企通”试点园区，10家企业被评为省级“企企通”试点企业。

【工业投入】 2016年，工业投入平稳增长，按统计口径，全县实施1000万元以上工业项目494个，计划总投资570.05亿元，当年完成投资366.77亿元，同比增长6.41%。市统计局确认如东完成工业投资329.24亿元，同比增长8.6%，总量5县(市)第四，增幅5县(市)第一。2000万元以上新开工项目165个，其中亿元项目57个。优嘉植保二期、江东电子、重通成飞二期等一批优质项目相继开工建设。2000万元以上竣工项目89个，中天科技特种光纤光缆、重通成飞一期、江东科技等一批重点项目竣工投产。设备抵扣保持领先，全县设备增值税抵扣7.35亿元，同比增长27.76%，总量5县(市)第一，增幅5县(市)第二。考核口径（含技术开发费加计扣除折算减免税2259.18万元，同比增长90.81%）技术、设备抵免税额7.57亿元。

【工业运行】 产业结构稳中向好。如东明确重点发展5个传统产业(纺织服装、食品饲料、生命安防、新型植保、健身器材)、5个新兴产业(新能源、新材料、生物医药、智能通信及电网装备、高端装备)，结合全市“3+3”重点产业工作，重点抓好功能性高分子新材料产业园、智能通信及电网装备产业园、海上能源装备先进制造业产业园等特色产业园建设。全县11个主要行业除医药业增幅下降9.93%外，其余各行业均实现增长。服装业、电子信息业增速较快，分别为21.03%、20.60%；3个行业增幅10%～20%，分别是轻工业17.07%、化工业14.37%、机械业12%。工业投资稳中提质。如东县完成工业投资329.24亿元(市确认)，同比增长8.6%，总量5县(市)第四、增幅5县(市)第一。全县设备增值税抵扣7.35亿元，同比增长27.76%，总量5县(市)第一，增幅5县(市)第二。其中风电设备抵扣3.8亿元，占总量51.7%。市核查认定如东新开工1亿元以上工业项目54个，完成市计划任务174.2%，全市第三，累计完成投资额69.9亿元，完成市计划任务205.5%，全市第三。

（李元峰 李海楠）

上市融资

【企业上市】 2016年，江苏诺德新材料股份有限公司、金太阳油脂股份有限公司、江苏都市牧歌绒业股份有限公司、攀柔莎(江苏)生物科技有限公司、南通尤力体育科技股份有限公司、江苏快达农化股份有限公司6家企业在新三板挂牌。江苏亚振家居股份有限公司、江苏如通石油机械股份有限公司在上海证券交易所主板上市。江苏利田科技有限公司于6月报会，南通泰禾化工有限公司、江苏爱朋医疗科技股份有限公司进入辅导期。推进新三板挂牌企业梯队建设和梯队推进工作，全县与中介机构签约企业9家，与中介机构接触洽谈企业4家。

【债券融资】 2016年，如东县债券募集资金37亿元，创新高。如东县金鑫交通工程建设投资有限公司发行“16金鑫债”，主要投资于如东县城乡公交一体化基础设施建设项目，融资规模15亿元；如东县开泰城建投资有限公司发行“16如东棚改项目债”，主要投资于2013—2017年棚户区改造(一期)项目，融资规模12亿元；沿海经济开发区新天地投资公司发行“16如东公租项目债”，主要投资于区公租房及配套设施建设项目，总建筑面积33.23万平方米，融资规模10亿元。

上市企业简介

【江苏中天科技股份有限公司】 江苏中天科技股份有限公司注册地址为如东县河口镇。2002年10月，在上海证券交易所发行上市。公司主营光纤预制棒、光纤光缆、电力电缆及导线的生产及销售，光伏电站设计及施工等业务。2016年，产值236.98亿元，同比增长10.48%，销售额227.85亿元，同比增长9.44%；利润28.55亿元，利税39.39亿元。年末，总股本26.11亿股，总市值287.21亿元。

【江苏九九久科技股份有限公司】 江苏九九久科技股份有限公司注册地址为如东沿海经济开发区。2010年5月，在深圳证券交易所中小板发行上市。公司主营医药中间体类及农药中间体类等产品的研发、生产和销售业务。2016年，产值11.6亿元，同比增长68.76%，销售额11.67亿元，同比增长98.52；利润5.07亿元，利税5.16亿元。年末，总股本15.32亿股，总市值383亿元。

【江苏亚振家居股份有限公司】 江苏亚振家居股份有限公司注册地址为曹埠镇。2016年11月，在上海证券交易所发行上市。公司主营高档家居的生产销售。2016年，产值2.35亿元，销售额2.44亿元；利润0.49亿元，利税5.16亿元。共发行5474.95万股，发行价格7.79元/股，募集资金约4.26亿元，募集资金主要用于营销网络扩建、沙发及家具等扩产、家具生产线技改、信息化系统建设等项目。

【江苏如通石油机械股份有限公司】 江苏如通石油机械股份有限公司注

册地址为如东经济开发区。2016 年 11 月,在上海证券交易所发行上市。公司是国内最早从事石油钻采井口装备生产和销售的企业之一、中国石油石化装备制造业 50 强企业、江苏省高新技术企业、江苏省创新型企业、江苏省企业院士工作站和省级企业技术中心。2016 年，产值 1.36 亿元,销售额 2.19 亿元;利润 0.81 亿元，利税 0.93 亿元。股票发行 5084 万股,发行价格 5.84 元/股,募集资金约 3 亿元,募集资金主要用于石油钻采提升设备建设、石油钻采卡持设备建设、石油钻采旋扣设备建设、石油钻采研发中心建设等项目。

【江苏宇迪光学股份有限公司】 江苏宇迪光学股份有限公司是专业从事玻璃元件冷加工高新技术企业，成立于 1979 年。拥有各种进口、国产设备 1200 多台(套),主要生产各种光学透镜以及各类光学镜头。公司通过 ISO 9001 质量管理体系认证、ISO 14001 环境管理体系认证，多项科研成果获国家奖励。2012 年 6 月,在江苏省金湖县经济开发区成立专业生产触控面板子公司——金湖宇迪光学有限责任公司。2015 年 3 月 25 日在新三板挂牌上市，融资 3700 多万元。2016 年,产值 2.89 亿元,销售额 3 亿元;利润 0.42 亿元,利税 0.65 亿元。年末,总股本 5628 万股。

【南通合兴铁链股份有限公司】 南通合兴铁链股份有限公司成立于 1999 年，是一家从事工业铁链生产经营专业企业,占地 6 万平方米,注册资本 1200 万元，员工 220 多人。该公司生产经营不锈钢铁链、编结链、宠物链、鱼网下坠链等 300 多个品种产品,畅销国际市场。2015 年 5 月 13 日在新三板挂牌上市。2016 年,产值 6.57 亿元,销售额 6.57 亿元；利润 0.44 亿元，利税 0.87 亿元。年末,总股本 1588 万股。

【江苏伊贝实业股份有限公司】 江苏伊贝实业股份有限公司前身创办于 1997 年，是一家高品质工作鞋、马靴、牛仔靴等固特异鞋类的开发与生产企业。拥有 6 条先进制鞋流水线,配套设施俱全。职工 1200 人,年产量 150 万双,年创汇近 4000 万美元。2003 年起列入南通市“百强民营企业”,2006 年获如东县“十强民营企业”称号,入选中国成长百强企业。2011 年 6 月,并购江苏苏通茧丝绸有限公司，成立江苏伊贝实业股份有限公司。2015 年 11 月 23 日在新三板挂牌上市。2016 年，产值 1.89 亿元,销售额 1.86 亿元;利润 0.19 亿元,利税 0.3 亿元。年末,总股本 4801.38 万股。

图 16　江苏宇迪光学股份有限公司生产车间

【江苏诺德新材料股份有限公司】 江苏诺德新材料股份有限公司原为南通诺德电子有限公司，创办于 2006 年，以专业制造电子基础材料为优势,于 2007 年建立铜箔基板生产基地,配套发展生产通信设备、数码家电、电脑等产品的主要电子基础材料铜箔基板。2016 年 2 月 22 日,在新三板挂牌上市。2016 年，产值 5.87 亿元,销售额 5.74 亿元;利润 0.49 亿元,利税 0.67 亿元。年末,总股本 2545 万股。

【金太阳粮油股份有限公司】 金太阳粮油股份有限公司前身为国营岔河油米厂,创办于 1949 年,公司集油脂加工、国际贸易、保健油营销、粮食加工等为一体，是国家农业综合开发重点经营龙头企业、江苏省农业产业化重点龙头企业、中国油脂加工 50 强企业、江苏省农业产业化辐射带动 20 强龙头企业、南通市星火龙头企业、南通市百强民营企业、中国粮食行业协会 AA 级信用等级企业并获得“诚信粮油企业”称号。2016 年 3 月 31 日在新三板挂牌上市。2016 年,产值 17.75 亿元,销售额 17.75 亿元;利润 0.5 亿元,利税 0.6 亿元。年末,总股本 5600 万股。

【南通尤力体育科技股份有限公司】 南通尤力体育科技股份有限公司成立于 2004 年，占地面积 1 万平方米，厂房 6000 多平方米,职工 80 多人，主要生产包胶类产品(哑铃、铃片、壶铃、杠铃等),产品销往美国、日本等国家和欧洲等地区。2016 年 5 月 26 日在新三板挂牌上市。2016 年，产值 1 亿元,销售额 1 亿元。年末，总股本 1000 万股。

【攀柔莎(江苏)生物科技有限公司】 攀柔莎(江苏)生物科技股份有限公司创办于 2011 年,是一家专营个人护理化妆品、洗化用品和家庭护理洗涤用品,集研发、生产、销售为一体的现代化生产制造型企业，拥有现代化自动生产设备、国际先进管理体系及产品质量检验检测制度。

2016年6月28日在新三板挂牌上市。2016年，产值1亿元，销售额1亿元。年末，总股本4514万股。

【江苏都市牧歌绒业股份有限公司】 江苏都市牧歌绒业股份有限公司创办于2005年，主要从事针织服饰生产、销售等进出口业务，建有标准厂房、办公用房1.5万多平方米，有各种针形半自动横机250台、全自动电脑机150台，年生产能力150万件，产品主要出口至欧美市场。公司采取“内外销并齐”经营策略，在巩固外贸市场基础上，打造“都市牧歌”羊绒衫内销品牌。2016年7月29日在新三板挂牌上市。2016年，产值3.22亿元，销售额3.12亿元；利润0.21亿元，利税0.41亿元。年末，总股本1亿股。

【江苏快达农化股份有限公司】 江苏快达农化股份有限公司前身为如东县农药厂，创办于1994年。公司是综合性农药化工大型企业，国家50强农药骨干企业之一，拥有进出口自营权。企业净资产2.4亿元，占地面积40万平方米，有农药产品除草剂、杀虫剂、杀菌剂3大系列和酰氯系列、光气化等农药、医药、染料化工中间体80多个品种，有国家级新产品8个，国家博览会金奖产品3个，江苏省金牛奖产品7个。公司自主研制开发的水田优良除草剂——稻无草、杀菌剂——异菌脲为江苏省名牌产品。“快达”“银海”商标为江苏省著名商标。2010年1月，“快达”商标被国家工商总局商标局认定为中国驰名商标。2016年12月28日在新三板挂牌上市。2016年，产值6.78亿元，销售额6.37亿元；利润0.35亿元，利税0.35亿元。年末，总股本1.26亿股。

（李元峰　李海楠）

技术创新

【科技成果奖励】 2016年，如东县企业获省、市科技进步奖13项，其中，省级3项、市级10项。

2016年如东县企业获科技进步奖一览

表12

项目名称	承担单位	完成人	备注
海上风机基础的安装、运行维护关键技术研究与应用	江苏海上龙源风力发电有限公司，江苏龙源振华海洋工程有限公司	高宏飙，李泽，张乐平，王健，张钢，唐永卫，季晓强，江建军	省二等
特高压用节能型输电材料及产品关键技术研究及应用	江苏中天科技股份有限公司，上海中天铝线有限公司，上海交通大学，中天电力光缆有限公司，江东金具设备有限公司	薛驰，谢书鸿，高海燕，陆伟，尤伟任，缪小林，徐拥军	省三等
智能化安全型随车起重机的开发及应用	三一帕尔菲格特种车辆装备有限公司，三一汽车起重机械有限公司	王新友，刘丹，周献华，陆进添，李宁波，周金蓉，郭新强	省三等
面向智能绿色能效光接入系统一体化解决方案	中天宽带技术有限公司	何品翰，吴媛媛，薛驰，符小东，于海良，王寅，李莉华	市二等
麦草畏清洁生产关键技术的研发与产业化	江苏优嘉植物保护有限公司，江苏扬农化工股份有限公司，江苏优士化学有限公司	孔勇，吴孝举，王东朝，姜友法，谢邦伟，汪国庆，王宝林	市二等
近海风电施工装备及施工工艺研究	江苏海上龙源风力发电有限公司，江苏龙源振华海洋工程有限公司	高宏飙，李泽，王健，张乐平，唐永卫，冯小星，吴迪	市二等
二缩三丙二醇二丙烯酸酯(TPGDA)清洁生产技术	江苏利田科技股份有限公司	张丽丽，胡剑飞，马怀祥，朱梅，姚晓峰	市二等
3,5,6-三氯吡啶-2-醇钠的制备工艺	江苏必康制药股份有限公司	朱建军，徐兵，李文建，夏俊维，于敏，李珣珣，咸娟	市二等
N,N-双(2,2,6,6-四甲基-4-哌啶基)1,3-苯二甲酰胺工业化生产	如东金康泰化学有限公司	郭徐良，万学明，卓联盟	市三等
大跨越用特高强度光纤复合架空地线	中天电力光缆有限公司	何仓平，栗鸣，徐拥军，陆杰，缪旭光	市三等

续表 12

项目名称	承担单位	完成人	备注
圆球形粒状 3,3-二氯-4,4-二氨基二苯基甲烷(MOCA)及三种延生产品	江苏湘园化工有限公司，苏州市湘园特种精细化工有限公司	周建,丛亨滋,龚文林,张文学,肖进伟	市三等
年产 5000 吨塑料合金相容剂产业化	佳易容相容剂江苏有限公司	田冶,张鹏,朱延谭,朱从山,刘志强	市三等
1-(3-氯吡啶-2-基)-3-溴-1H-吡唑-5-甲酸的产业化研究	南通雅本化学有限公司	江岳恒,蒋信义,阙利民,蔡彤,牛跃辉	市三等

【科技成果鉴定】 2016 年,如东县企业获市级科技成果鉴定项目 10 项。

2016年如东县企业获市级科技成果鉴定项目一览

表 13

序号	项目名称	承担单位
1	索非布韦	南通常佑药业科技有限公司
2	替卡格雷	南通常佑药业科技有限公司
3	(2'R)-2'-脱氧-2'-氟-2'-甲基脲苷	南通常佑药业科技有限公司
4	DSL135动力水龙头	江苏如石机械有限公司
5	WGY-375-14-4500(FMS375)液压套管卡瓦	江苏如石机械有限公司
6	YZBF-120LD/2-5III液压动力站	江苏如石机械有限公司
7	DQ197/40Y-TB型多用液压动力钳	江苏如东金友机械有限公司
8	钻井废弃物不落地环保处理设备	江苏如东金友机械有限公司
9	石墨烯常温插层剥离制备技术及其在纺织材料中的应用	南通维亚石墨烯科技有限公司
10	磷化渣资源化利用技术	南通云来气体有限公司

【高新技术企业】 2016 年,如东县新认定高新技术企业 32 家,全县高新技术企业累计 91 家。

2016年如东县新认定高新技术企业一览

表 14

序号	企业名称	序号	企业名称
1	东力(南通)化工有限公司	11	江苏海宝电池科技有限公司
2	江苏盛纳凯尔医用科技有限公司	12	南通大东有限公司
3	江苏天泽环保科技有限公司	13	南通亨利锂电新材料有限公司
4	江苏万年长药业有限公司	14	南通紫琅生物医药科技有限公司
5	江苏优嘉植物保护有限公司	15	攀柔莎(江苏)生物科技股份有限公司
6	南通高盟新材料有限公司	16	日鸿半导体材料(南通)有限公司
7	南通功成精细化工有限公司	17	如东库克泵业有限公司
8	爱普科学仪器(江苏)有限公司	18	如东联亿机电有限公司
9	大唐恩智浦半导体有限公司	19	江苏国信东凌风力发电有限公司
10	格兰特医药科技(南通)有限公司	20	江苏骏源新材料有限公司

续表 14

序号	企业名称	序号	企业名称
21	江苏通协机械设备有限公司	27	南通强生安全防护科技股份有限公司
22	江苏琦衡农化科技有限公司	28	南通市纳百园化工有限公司
23	南通法瑞电气有限公司	29	南通腾龙化工科技有限公司
24	南通鸿富达利化工有限公司	30	南通天材科技有限公司
25	南通华仑节能建材有限公司	31	南通众益鑫化工有限公司
26	南通久和药业有限公司	32	土平机械(江苏)有限公司

(徐力群)

新兴产业

新能源产业

【概况】 2016年,如东县新能源业保持平稳快速增长,发展形势较好,特别是变压器、整流器和电感器制造、风能原动设备制造应税销售收入增幅较大。年底,全县新能源业企业16家,占全部工业企业0.44%,实现应税销售收入52.87亿元,同比增长16.16%,占全部工业应税销售收入5.05%;入库税金3.92亿元,同比增长106.28%。全年实现产值70.75亿元,同比增长22.66%,占全县工业总产值3.59%。

【重点行业支撑】 电池制造、风能原动设备制造和光伏设备及元器件制造分别实现应税销售收入21.7亿元、10.12亿元、3.61亿元,同比分别增长13.46%、29.83%、41.12%,共净增应税销售收入5.95亿元,拉动新能源业增幅提升13.07%。其中,江苏海力风电设备科技有限公司应税销售收入7.19亿元,同比增长41.24%;江苏海宝电池科技有限公司应税销售收入10.85亿元,同比增长27.16%,首进10亿元企业行列。

新材料产业

【概况】 2016年,如东县新材料产业企业61家,完成规模工业产值207.73亿元,同比下降20.67%,占全县规模工业总产值10.53%;实现应税销售收入55.78亿元,同比增长3.79%,占全县工业应税销售收入5.32%;入库税金3.69亿元,同比增长20.59%。61家新材料企业中,78.69%的企业为有机化学原料制造业,实现应税销售收入51.03亿元,占新材料业总量91.48%,同比增长1.98%。其中,3家企业增幅超100%,分别是南通翔泰化工有限公司2147.58%、南通利奥化工科技有限公司157.29%、南通永盛化工有限公司104.15%,共实现应税销售收入1.07亿元,净增应税销售收入0.69亿元;增幅50%～100%企业1家,江苏优普生物化学科技股份有限公司实现应税销售收入1.62亿元,同比增长80.33%,净增应税销售收入0.72亿元;增幅20%～50%企业10家,实现应税销售收入13.53亿元,净增应税销售收入2.92亿元。

生物技术和新医药产业

【概况】 2016年,如东县生物技术和新医药产业企业22家,实现应税销售收入33.05亿元,同比增长25.62%,占全县工业企业应税销售收入3.15%;入库税金2.28亿元,同比增长152.83%,占全部工业入库税金6.69%。新培育1家超10亿元企业,江苏必康制药股份有限公司实现应税销售收入11.38亿元,同比增长71.99%,净增应税销售收入4.76亿元,拉动生物技术和新医药产业增幅提升18.09%;培育1家新上亿元企业,南通香地生物有限公司实现应税销售收入1.15亿元,同比增长31.31%,净增应税销售收入2739.39万元;南通紫琅生物医

图17 江苏如石机械有限公司自主研发铁钻工TQ34035Y2和套管动力钳占国内市场30%,并成为欧美等地区抢手货,图为车间一角

药科技有限公司、经纬精细化工(南通)有限公司、南通施壮化工有限公司3家企业新上5000万元以上行业，共实现应税销售收入1.95亿元,同比增长62.5%,净增应税销售收入7444.31万元。

高端装备制造产业

【概况】 2016年,如东县列入统计高端装备制造企业18家，其中,江苏如通石油机械股份有限公司、江苏如石机械有限公司、南通科赛尔机械有限公司等企业是县重点企业。高端装备制造产业实现工业应税销售收入6.54亿元，同比下降3.64%,实现产值44.06亿元,同比增长19.8%；中天科技集团共实施中天科技FTTX、中天科技光伏支架、中天科技铝包钢、中天科技特种光纤光缆、江东金具绝缘子避雷器、江东科技特种光纤、江东电子动力电池精密结构件7个技改项目。

节能环保产业

【概况】 2016年,如东县列入统计节能环保企业13家,实现应税销售收入7.85亿元,同比增长38.11%,实现产值25.61亿元，同比增长21.7%。宁普电器、恒发污水处理三期等一批重点项目陆续建设。

主导产业

机械制造业

【概况】 2016年,如东县机械制造业保持平稳快速增长，发展形势较好,特别是通用设备制造业、专用设备制造业、金属制品业应税销售收入增幅较大。全县机械制造业企业584家，占全部工业企业16.05%。全部机械工业应税销售收入145.56亿元,同比增长12%,占全部工业应税销售收入13.89%，同比下降1.24个百分点；入库税金4.02亿元,同比下降3.77%。全年规模以上机械工业企业实现产值235.30亿元,同比增长10.19%,占全县工业总产值11.93%。

图18　江东科技有限公司年产特种光纤1000万芯公里,领跑光纤“智”造

【重点行业支撑】 通用设备制造业、金属制品业分别实现应税销售收入38.82亿元、53.32亿元，同比分别增长44.67%、74.32%。南通辉煌彩色钢板有限公司应税销售收入10.11亿元,同比增长47.67%,刚正薄板镀铝锌智能生产车间获评市级示范智能车间;重通成飞风电设备江苏有限公司、南通宜高塑胶有限公司应税销售收入突破1亿元，分别为2.29亿元、1.15亿元,同比分别增长299.07%、69.44%。江苏如通石油机械股份有限公司主板上市。

电子信息业

【概况】 2016年,如东县电子信息行业以“中国第一缆”江苏中天科技股份有限公司为龙头，中天电力光缆有限公司、中天宽带技术有限公司等通信、电力企业为支撑,运行相对平稳,全行业生产、出口、内销均在不断调整提升中。全县电子信息业企业156家，其中规模工业企业13家，规模工业产值285.40亿元,同比增长10.88%,占全县规模工业总产值13.10%;全部电子信息企业应税销售收入129.78亿元,同比增长20.60%,占全县工业应税销售收入12.39%;入库税金5.35亿元,同比增长54.61%。

【重点企业支持】 2016年,江苏中天科技股份有限公司由中国民营企业500强升级为中国企业500强；荣膺“全球光纤光缆十强”“主板上市公司价值百强”,行业与品牌地位登新高,成为国家级“两化”融合管理体系贯标企业。该公司特种光纤智能制造新模式应用入选工业和信息化部智能制造综合标准化与新模式应用项目，光缆智能制造车间被评为第一批江苏省示范智能车间。中天科技集团在如东公司均有项目实施，中天科技特种光纤光缆智慧工厂项目竣工投产,江东科技光纤、OPGW系列产品、线缆用环保型高分子材料等生产项目部分竣工投产，主要产品全年订单充足，实现平稳增长。全年中天科技集团在如东公司应税销售收入92.12亿元，同比增长24.12%。其中,中天宽带技术有限公司应税销售收入9.70亿元,同比增长45.44%;江东金具设备有限公司应税销售收入6.43亿元,同比增长23.19%。江苏宇迪光学股份有限公司应税销售收入2.76亿元,同比增长15.77%。

化工产业

【概况】 2016年,如东县有化工(医药)类企业235家,占全县工业企业6.46%,其中,化工业217家、医药业18家。化工(医药)行业共实现应税销售收入157.45亿元，同比增长13.23%，占全县企业应税销售收入15.03%;入库税金7.20亿元,同比增长27.43%,占全县工业入库税金21.13%。规模以上企业工业产值

384.57 亿元，同比下降 10.32%。化工(医药)企业中综合 50 强企业 20 家，应税销售收入 100 强企业 37 家。属于新兴产业化工（医药）企业 78 家，占新兴产业企业总数 59.54%，属于高新技术化工（医药）企业 79 家，占高新技术企业总数 59.85%。

【化工园区建设】 沿海经济开发区以载体功能提升、产业链完善、产品升级及产业拓展为主线，注重新材料、新医药项目补链效应和产品上下游延伸，形成产品结构相对完整、产业间联系比较紧密的产业结构。区内污水处理厂完成升级改造，固废处理实施提质扩能，热电联产能力提升，控源截污和循环化改造初步完成，管网配套规范齐全。园区内有各类企业 121 家，在产企业 96 家，其中世界 500 强企业 3 家，上市公司及投资企业 28 家。企业员工总数超过 1 万人，其中具有中级以上技术职称 382 人，高级技术职称 62 人。园区内有院士工作站、国家工程技术中心分中心等科研平台 29 家，安全环保等第三方营运机构 8 家。2016 年，全区工业应税销售收入 215 亿多元，20 家企业进入全县工业综合 50 强，37 家企业进入全县工业 100 强。必康制药、泰禾化工、亨利锂电新材料等一批重大项目相继竣工达产，江苏必康制药股份有限公司应税销售收入 11.38 亿元，南通泰禾化工股份有限公司应税销售收入 5.08 亿元。

传统产业

纺织服装业

【概况】 2016 年，如东县共有纺织服装企业 1505 家，实现应税销售收入 163.3 亿元，同比增长 11.44%。其中，规模以上纺织服装企业 246 家，实现工业产值 399.65 亿元，同比增长 3.19%，占全部规模工业产值 20.27%，基本与同期占比持平；规模以上纺织服装企业实现应税销售收入 98.97 亿元，同比增长 8.59%，占全县规模工业企业应税销售收入 17.28%，基本与同期占比持平。应税销售收入过 1 亿元企业 26 家，比 2015 年增加 1 家。2016 年，南通大东有限公司引进冷漂冷堆、数码印花生产线，重视电子商务、网上销售，加大网站平台投入，自建公司网站，在淘宝、天猫开设网店，网上销售额 2500 多万元。该公司与天虹集团合作，在越南投资办厂，注册资金 1000 万美元。

图 19　南通世纪天虹纺织有限公司智能化改造后的细纱车间一角

食品饲料业

【概况】 2016 年，如东县食品饲料企业 349 家，其中农副食品加工企业 48 家，食品制造企业 3 家，酒、饮料和精制茶制造企业 2 家。规模以上企业 53 家，实现产值 110.4 亿元，同比下降 4.42%。48 家农副食品加工业企业中，水产品加工企业 23 家，占总数 47.92%。食品饲料业全年实现应税销售收入 111.57 亿元，同比增长 3.06%。金太阳粮油股份有限公司、南通正大有限公司和南通巴大饲料有限公司 3 家龙头企业为全县工业综合 50 强企业。应税销售收入超 1 亿元企业 35 家。其中，金太阳粮油股份有限公司应税销售收入 12.74 亿元，同比增长 1.79%；南通正大有限公司首超 5 亿元，应税销售收入 5.07 亿元，同比增长 7.73%。新上应税销售收入 2 亿元以上企业 8 家，新上亿元企业 21 家，新上 5000万元以上企业 7 家。

健身器材业

【概况】 2016 年，如东县一般纳税人以上健身器材工业企业 172 家，实现应税销售收入 16.42 亿元，同比增长 5.87%，其中增幅 20%以内企业 30 家，增幅 20%～50%企业 24 家，增幅超过 50%企业 30 家。应税销售收入超 1 亿元企业 1 家，同比减少 1 家，如东县丰利机械厂有限公司应税销售收入 1.24 亿元；应税销售收入 5000 万～1 亿元企业 3 家，同比增加 1 家，共实现应税销售收入 2.09 亿元；应税销售收入 2000 万～5000 万元企业 20 家，同比增加 1 家，共实现应税销售收入 6.1 亿元；应税销售收入 2000 万元以下企业 148 家，共实现应税销售收入 6.99 亿元。

【产业集聚发展】 如东健身器材企业主要分布在新店、岔河、双甸、曹埠、丰利、马塘等镇，其中新店镇企业数占全县健身器材企业总数 45.35%。新店镇不断推动健身器材行业集聚发展，新店镇健身运动用品特色产业基地产品展示体验中心、研发中心、检测中心、电子商务中心、物流中心 5 大中心均建成投入使用，集电子商务、产品展示、商品交易、货物集散、品牌增值于一体的特色商务类平台功能进一步增强，对全县健身器材产业集聚发展起到板块带动效应。

2016年如东县应税销售收入2亿元以上工业企业一览

表15　　单位:万元、%

企业名称	2016年	2015年	增幅
江苏中天科技股份有限公司	679374.09	556176.60	22.15
江苏刚正薄板科技有限公司	131459.09	101216.88	29.88
金太阳粮油股份有限公司	127388.01	125149.91	1.79
江苏必康制药股份有限公司	113754.27	66141.54	71.99
江苏海宝电池科技有限公司	108480.66	85307.48	27.16
南通辉煌彩色钢板有限公司	101109.54	68468.24	47.67
中天宽带技术有限公司	97018.72	66706.51	45.44
南通凯塔化工科技有限公司	92681.36	24526.86	277.88
中石油江苏液化天然气有限公司	78563.37	65734.55	19.52
江苏海力风电设备科技有限公司	71857.58	50876.64	41.24
南通亿能彩钢板有限公司	70492.03	57256.11	23.12
江苏快达农化股份有限公司	68118.17	74945.83	-9.11
中天电力光缆有限公司	67612.80	61756.72	9.48
江苏优嘉植物保护有限公司	66626.23	65928.86	1.06
江东金具设备有限公司	64273.54	52175.98	23.19
巴斯夫植物保护(江苏)有限公司	62838.62	60859.77	3.25
江苏三美化工有限公司	59014.88	46285.77	27.50
南通泰禾化工股份有限公司	50777.31	57217.63	-11.26
南通正大有限公司	50744.91	47104.66	7.73
南通强生光电科技有限公司	44746.43	60792.10	-26.39
南通强生安全防护科技股份有限公司	43898.21	45187.88	-2.85
如东洋口环保热电有限公司	42598.09	38625.15	10.29
南通恒盛精细化工有限公司	42179.35	39762.99	6.08
国能子金电缆南通有限公司	42057.59	22083.66	90.45
南通大东有限公司	41645.48	43254.60	-3.72
江苏长青农化南通有限公司	41066.10	47143.94	-12.89
江苏瑞邦农药厂有限公司	40169.29	38776.23	3.59
江苏海装风电设备有限公司	37479.73	20448.03	83.29
江苏海上龙源风力发电有限公司	37427.29	41885.45	-10.64
江苏都市牧歌绒业股份有限公司	36536.31	10659.56	242.76
江苏利田科技股份有限公司	35673.54	30235.26	17.99
南通高盟新材料有限公司	33851.63	23456.85	44.31
如东南天农科化工有限公司	33473.78	43803.85	-23.58

续表 15

企业名称	2016年	2015年	增幅
南通世纪天虹纺织有限公司	31475.42	28629.16	9.94
汇鸿(南通)安全用品有限公司	30986.27	27299.76	13.50
南通牧绒王羊绒制品有限公司	30950.43	11690.99	164.74
如东县铁链厂有限公司	30400.94	32423.35	-6.24
南通东日钢铁有限公司	29980.38	19398.43	54.55
江苏琦衡农化科技有限公司	29534.58	44581.85	-33.75
龙源黄海如东海上风力发电有限公司	29451.78	10340.38	184.82
江苏海灵重工设备科技有限公司	29314.82	27053.02	8.36
龙源(如东)风力发电有限公司	28826.06	23540.76	22.45
江苏宇迪光学股份有限公司	27631.97	23867.40	15.77
恒辉(南通)安全防护用品有限公司	27342.87	25576.23	6.91
南通金陵农化有限公司	27044.97	21654.62	24.89
南通巴大饲料有限公司	26231.33	23020.40	13.95
迈克斯(如东)化工有限公司	25931.14	20733.02	25.07
南通腾龙化工科技有限公司	25791.72	17530.17	47.13
江苏禾本生化有限公司	25022.52	20004.47	25.08
亚振家具股份有限公司	24810.55	28083.70	-11.65
南通雅本化学有限公司	23566.59	17072.17	38.04
英联动物营养(南通)有限公司	23226.50	24285.30	-4.36
重通成飞风电设备江苏有限公司	22924.34	5744.49	299.07
南通康福特纺织有限公司	22455.18	18785.68	19.53
江苏如通石油机械股份有限公司	21932.82	26568.31	-17.45
南通市东盛米业有限公司	21272.91	20472.52	3.91
南通市纳百园化工有限公司	21026.91	18197.15	15.55
海正化工南通股份有限公司	20645.91	10912.71	89.19
精华制药集团南通有限公司	20613.46	17438.63	18.21
江苏世纪燎原针织有限公司	20229.63	20755.94	-2.54

(李元峰　张　清　李海楠)

建　筑　业

【概况】 2016年,如东建筑业面对宏观经济领域种种不确定因素和国际金融危机冲击，深化行业发展改革和科技创新，规范和整顿建筑市场秩序,加快产业结构调整,加大市场开拓力度，建筑业主要指标同比有增长。全年实现建筑业总产值401.20亿元,同比增长5.9%;竣工产值336.83亿元,增长8.1%;竣工率74.2%；建筑业企业房屋建筑施工面积4875万平方米,增长8.6%;竣工面积1776.20万平方米，增长89.1%,其中住宅竣工面积1446.86万平方米,增长105.1%。从业人员11.84万人,相比减少4800人。依然保持在经济和社会发展中的支柱产业地位。

【市场开拓】 2016年,如东县建筑市场遍布22个省35个地区,县外共完成施工产值321.75亿元,占全县施工产值75.52%。超亿元市场28个,比上年增加5个,其中超5亿元市场17个,超10亿元市场11个。按产值排名前5位市场是:南京、苏州、上海、辽宁、湖北,南京、苏州产值均超40亿元。

【市场监管】 县住建局在2015年底制定《建筑业企业诚信考核实施意见》,分别于2016年1月和6月专门召开全县建筑业企业信用考核工作会议,布置信用考核工作任务,通过企业申报、现场检查、集中抽查、统一打分形式,对全县87家施工总承包企业、如东经济开发区安置房4期住宅小区保障性安居工程等25个在建施工项目的市场综合、项目综合、工程质量、安全生产文明施工相关情况进行考核打分。

【产业现代化】 2016年,县住建局重点引导扶持具有产业化转型升级潜质的钢结构及混凝土构件生产企业,通过组织专家针对企业转型,多次开展专题调研及组织企业家外出考察产业现代化发达地区等途径,宣传优惠政策和市场前景,帮助企业探索转型升级模式和方法。至年底,南通大学建筑产业发展课题组受邀,对意向建立建筑产业现代化基地的2家混凝土预制构件企业、1家钢结构生产企业进行实地调研和指导,其中南通百祥预制构件有限公司基本具备转型升级能力,前期全封闭式工业生产厂房改造工程在规划设计。(冯溢铭)

服 务 业

【概况】 2016年,如东县服务业经济保持平稳较快发展态势。主要指标增长较快。全县服务业实现增加值338.25亿元,同比增长10.9%,占GDP比重达45.3%,同比提升1.8%。服务业应税销售收入560亿元,同比增长7.7%,增幅5县(市)第二。累计完成统计投入213.6亿元,同比增长16.6%。完成设备抵扣款5688万元,同比增长227.1%,增幅位于5县(市)第三。社会消费品零售总额318.6亿元,同比增长10.9%,增幅位列5县(市)第一。行业支撑能力增强。全县服务业10大行业实现应税销售收入546亿元,同比增长6.8%,发展势头不断向好。除旅游休闲、金融业、服务外包和现代物流外,其他6个行业同比均实现增长。其中,文化创意、科技服务两个行业发展较快,同比分别增长127.8%、110.7%;房地产、商贸流通、家庭服务、商务服务业同比分别增长54.6%、23%、8.4%、3%。重点项目推进有力。全县实施服务业重点项目70个,其中省重点项目4个[健桥医药物联网应用、高新生物科技生命健康产业园、如东农副产品交易中心、新店(苏中)健身器材总部经济产业园]、市重大项目4个、市重点项目8个。市确认新开工亿元服务业项目30个,完成投资47.7亿元,其中,土建项目21个、社保类项目8个、设备类项目1个。全县70个重点服务业项目完成投资44.3亿元,占年计划任务83.3%。重点企业培优做强。按照《如东县服务业企业培育行动方案》要求,分层次、分行业培育服务业重点企业。2016年,全县应税销售收入1000万元以上、5000万~1亿元、1亿元以上服务业企业比上年分别新增9家、2家、10家,累计分别为304家、50家、74家;新增限额以上贸易企业16家、规模以上服务业企业28家,累计分别为331家、314家。南通江东物流有限公司成功创建省物流技术中心。

(李元峰 韩卫卫)

现代物流

【概况】 2016年,如东有规模物流企业17家,实现主营业务收入23亿元,同比增长12.5%。其中,超1亿元5家;超5000万元7家。缴纳税金3291万元,同比增长7.9%;利润总额7938.6万元,同比增长9.1%;从业人员1588人,同比增长3.3%。全县新建重点物流项目江东物流园、健桥医药物流中心扩建、天顺物流和盐化品物流中心4个,计划总投资5亿元,实际完成投资4.2亿元。洋口港一类口岸通过国家验收正式对外开放,栟茶火车货运站正式开通货运业务,南通江东物流有限公司被评为省级物流技术中心。

(李元峰 张小卫)

国内贸易

商贸流通

【概况】 2016年,如东消费市场运行总体平稳,并呈稳步小幅增长态势。全年社会消费品零售总额318.62亿元,同比增长10.9%,增幅列南通市各县(市)区第一。其中,批发业零售额76.05亿元,同比增长7.4%;零售业零售额225.26亿元,同比增长12%;住宿餐饮业零售额17.30亿元,同比增长12.1%。全年新增限上企业16家,总数330家,其中,批发企业170家、零售企业134家、住宿企业10家、餐饮企业16家。

【黄金周消费】 2016年,县商务局重视春节、"十一"黄金周消费品市场运行管理,立体打造黄金周消费品市场。春节黄金周期间,监测企业产生消费品零售额4349万元,同比增长9.91%。其中,5家商场超市、4家电器卖场7天零售额3620万元,同比增长10%。"十一"黄金周消费品市场货丰价稳、秩序井然。黄金周7天,13家商场、超市、家电卖场、4S店产生零售额7656万元,同比增长8.9%,6家住宿餐饮企业营业额950万元,同比增长5%,1家批发市场成交额5669万元,同比增长7%。

【"消费促进月"活动】 4—5月,县商务局在全县开展“消费促进月”活动，国内消费成为拉动全县经济持续增长动力。以县城为重点，联合镇(区)、相关部门利用县城主干道广告牌、《如东日报》、如东电视台等媒体进行宣传，在各促销活动开始前，利用移动、电信、联通高端用户群发短信、过街电子屏提前预告。组织商圈内各类商贸服务企业，开展打折、返券等促销活动。县文化广电传媒中心牵头举办全县车展乡镇行活动，10家汽车销售企业参加，销售各类汽车近2000辆，销售额2.25亿元，同比增长10.22%。消费促进月活动，产生社会消费品零售总额7.2亿元，同比增长15.4%。

【农贸市场建设】 2016年，如东加快城市菜市场和农贸市场建设步伐，洋口港海鲜商贸城和县农贸中心市场相继投入运营，孙窑农贸市场、光荣农贸市场等完成改造，规范商贩进场经营，创建美丽村居，解决农民街菜市场脏乱差现象。年末，全县农贸市场全面改造。全年全县市场成交额262.59亿元，同比增长8.15%。

【商圈建设】 2016年，如东加大商圈建设力度，继青园路商圈、三元商圈、中央广场商圈、香格里商圈后，打造以“时代广场”为中心的人民路商圈。人民路商圈是如东重要的成熟商业圈，同时承担联系新老城区交流功能。“时代广场”是集购物、休闲、娱乐、餐饮、酒店、办公多功能为一体的大型商业开放型综合体，打破传统封闭室内区域商业模式，总建筑面积8.5万平方米，总投资3.5亿元，地上9层，地下1层。1～3层为商业部分，包括7500平方米四星级农贸中心；4～9层为办公区域、酒店，地下1层为精品超市。年底，住宅封顶，商业综合体动工打桩，吸引麦当劳、三福百货、85度C等100多个品牌商家入驻。

【洋口港海鲜商贸城】 1月，洋口港海鲜商贸城正式对外营业，为全市最大文蛤交易批发市场，占地面积0.67公顷，总投资1000万元，交易量约占全县80%以上，文蛤过漏达标后出口日本、韩国和美国。洋口港海鲜商贸城全年总交易额3亿多元，总成交量5万多吨。

【如东农贸中心市场】 如东农贸中心市场是集批发、零售、商务、餐饮、仓储于一体的综合性商业体，5月12日，对外营业。占地7.33公顷，总建筑面积8万多平方米，地下建筑面积1.5万平方米，总投资3.5亿元。营业面积5万平方米，摊位1500多个，从业人员3000人，拥有1000余辆机动车和3000余辆非机动车停车位。全年总交易额27亿元。

【金融IC卡闪付工程】 12月28日，金融IC卡智慧菜市场闪付工程正式进驻县农贸中心市场，市民买菜可刷卡支付，首批70多家商户安装并开通闪付设备，涉及鲜肉，水果，海产，蔬菜等行业。

【行业管理】 县商务局强化成品油市场监管，完成《如东县加油站“十三五”专项规划》编制，确认新布站点22个，健全覆盖城乡供油体系，满足经济社会发展需求；结合“双层罐”改造，加快加油站升级改造，新改扩改造企业6家。监管非营运汽车报废工作，非运营车辆报废监管197辆。规范黄标车提前报废监管工作，黄标车报废720辆，奖补金额501.68万元。抓好餐饮行业日常监管，牵头编制《如东地方菜谱》。加强再生资源、酒类、单用途预付卡管理，联合执法80余次。 (赵一锋)

电子商务

【概况】 2016年，如东县电子商务加快发展，新店镇成功创建省级电子商务示范镇，如东县成功创建省电子商务示范县，如东经济开发区苴镇街道金凤村成功创建省级电子商务示范村。8月3日，县政府办公室出台《关于加快发展电子商务的实施意见》《如东县促进电子商务发展政策意见(试行)》。全年争取省商务厅电子商务各项扶持资金144万元。8月16－18日，举办为期3天电子商务暨流通现代化专题研修班，引导参训人员了解“互联网＋流通”思维方式，熟悉电子商务发展现状与趋势，强化地方优势特色产业与流通现代化融合发展理念。至年末，全县共有电子商务企业92家，其中，销售收入超1亿元企业10家、超5亿元企业4家。

【电子商务示范县】 4月18日，如东县被省商务厅命名为江苏省第二批“农村电子商务示范县”。全年争取省商务厅电子商务扶持资金60万元，全县电子商务企业921家，个体经营者1709户，直接从事电子商务工作人员1.59万人，电子商务周边产业从业人员5600余人。全县电子商务销售额123.5亿元，采购额65.6亿元，同比分别增长34.5%和37.2%，交易额总量占南通市12.2%。其中，B2C、B2G、C2C网络零售额26.05亿元，同比增长31.5%。拥有电子商务平台6家，即中天电商 (www.zttmall.cn)、中天商城(www.zttmall.com)、南通鲜活在线(www.84601912.com)、青睐商城(www.buyql.com)、瑞银支付(www.richerpay.com)、海洲e学堂(www.ext100.com)。

【电子商务示范镇】 1月15日，新店镇被省商务厅命名为江苏省第二批“农村电子商务示范镇”。新店镇打造“健身器材电商产业发展集群”，争取省商务厅电子商务扶持资金25万元，加快镇电商平台建设，鼓励镇域内实体企业进入电商平台，建立网络销售渠道。全年全镇电子商务销售额2.5亿元；培育电子商务示范主体5家；开展电子商务企业(网商)260家，数年均增长30%，培训电子商务人才50人，相关从业人员超过260人。

【电子商务示范村】 7月27日，如东经济开发区苴镇街道金凤村被省商务厅命名为江苏省第四批“农村电子商务示范村”。2010年后,金凤村拓展农副产品销售渠道,发展网络销售,发展农村电子商务从单一到群体协作模式、从单一农产品到“大棚西瓜+出口蔬菜”经营,发挥“苴凤”品牌效应,共有586户、2864人从事电子商务及相关工作,其中大学生64人。2016年,争取省商务厅电子商务扶持资金20万元,实现电子商务销售额1200万元。

【电子商务协会成立】 12月10日,如东举行首届电子商务论坛暨县电子商务协会成立仪式,电子商务论坛邀请电子科技大学领导及校友代表等嘉宾发言,强化创业创新理念。县电子商务协会正式会员80家,将与上海浦东电子商务协会、四川省电子商务协会、中国电子商务协会等联合,促进县内企业交流对接,利用大上海平台推动如东更好更快融入“长三角”经济圈。 (赵一锋)

供销合作

【概况】 2016年,县供销合作总社立足服务“三农”(农业、农村、农民),实施全国总社“新网工程”和省政府“为农服务工程”,加强目标考核,扩展服务功能。成功申报政策扶持项目1个,为掘港镇中心市场迁建工程争取省“新网工程”财政贴息资金350万元,连续6年实现项目资金申报无空白,累计争取国家、省、市项目资金760万元,服务沿海地区经济发展。引进浙江1家企业到如东注册成立农业物联网公司。全年投入60多万元用于为农服务社、专业合作社和农村电商、农产品网络销售、农资连锁网络等为农服务网络基地建设。实现农村服务网点“全覆盖”、项目扶持资金“新突破”、行业信访安全“无事故”、经济发展进入“快车道”,成功打造全国供销社村级为农服务社、农民专业合作社建设品牌,蝉联市“文明单位”、县“文明单位标兵”称号。获评省供销合作社系统“农民专业合作社建设”先进单位。

【为农服务社建设】 县供销合作总社加强农村综合服务社标准化、规范化建设,推进长效管理。81家农村综合服务社复检与提档升级工作按期通过省、市验收,争创省级样板社2家,各获扶持资金10万元,提档升级为农服务社21家。至年末,全县建成为农服务社303家,其中,三星级200家、省级样板社4家。新建专业合作社15家,带动农户1110户,助农增收640万元,分别获评省、市供销合作社系统“农民专业合作社建设”优胜单位。

【农产品交易】 县供销合作社帮助农民解决农产品难卖问题,促进农民增收。围绕“生态如东,绿色食品”主题,推进农超对接,服务沿海开发。组织江苏金太阳油脂有限公司、北渔人和水产有限公司、天下第一鲜食品工业有限公司、农副产品展销中心、绿野富硒玉米专业合作社等参加“2016海峡两岸(江苏)名优农产品展销会”,组织农产品进超市进市场。比上年增长16%,销售同比增长24%,并组织参加市第13届农副产品进上海农洽会,帮助农民专业合作社签订意向交易额4800万元。

【助农金融服务】 建设银行江苏分行将如东列为全省助农金融服务站建设试点县,依托供销系统农村综合服务社、农资供应点,推进助农金融服务站建设,建成助农金融服务站50个。参与县农委益农信息网建设,拓展农村综合服务社服务范围和功能,新增电商、金融、保险等服务项目,提升服务能力。

【电子商务发展】 县供销合作总社推进“互联网+农业”,通过淘宝、京东、1号店等第三方平台及全国“供销e家”、江苏“地平线”等平台,发展农村电子商务。通过自开网店、代运营、牵线搭桥、展示展销等途径,宣传推介并组织销售如东农副产品。加强对农村电商发展引导、指导,调查全县农村电商发展情况,强化培训、宣传,营造良好氛围。年末,全县电子商务企业800余家、个体经营者1500多户,直接从事电子商务人员1.55万人、配套产业从业人员5000余人。配合县委党校开展农村电商专题调研。与县残联合作,加强残疾人员电子商务业务技能培训,促进残疾人就业。组织全县村(居)党组织书记参观考察东台、沭阳等地农村电子商务,举办全县村(居)党组织书记农村电子商务专题讲座。加强与省供销总社联系,11月,举办全县农村电子商务人员培训班,218人参加。全年培训农产品经纪人和农村电商人员800人次。指导农业龙头企业、农民专业合作社、家庭农场、种养殖大户33家,109个农产品加入“地平线”“供销e家”线上营销,销售如东名特优农产品海产品4大类30多个品种,销售额250多万元。创新树立“农村电商驿站”群众满意服务品牌。获评全省供销合作社系统电子商务示范县。 (徐家军)

粮油贸易

【概况】 2016年,如东县加大粮食宏观调控、产业发展、流通监管、改革创新和统筹运行,全县国有粮食购销企业完成粮食购销55.62万吨,实现利润363.97万元,同比分别增长8.7%和30.6%。“如东大米”成功创建国家地理标志证明商标。“全国粮食流通监督检查示范单位”通过复核验收。全县粮食全产业链自营联盟、订单联盟总量分别达666.67公顷和3200公顷,相关做法向全省推广。粮食工作整体运行质量继续位于市同行业首位、省同行业前列。

【粮食去库存】 至2015年底,如东县粮食总仓容量19.6万吨。受全国粮食“三高”(高库存、高进口、高成本)叠加影响,粮食外销困难,全县粮食库存17万吨,仓仓有粮。2016年,面对“收不进、储不下、销不出”困境,县粮食部门研究消化粮食库存压力途径,适当提前轮出地方储备粮，将6个国有粮食储备库中同期同品种粮食进行腾仓并仓，与中央储备粮直属库协调拍卖国家临时储备粮，并采取租赁县内规模以上民营粮食企业仓库、启用新建和周转仓等办法，腾出仓容7万吨，全县粮食收储工作平稳有序运行。

【粮食购销经营】 县粮食局把握新常态下粮食流通新特征，掌控县内粮源，推进产销合作，促进粮食供需平衡，全县国有粮食购销企业全年收购26.5万吨，销售29.12万吨，各项购销指标列南通各县（市、区）首位。针对连续降雨导致等外麦问题，全县国有粮食企业分仓储存、分类处置，并与海门、启东等销区及外地粮食加工企业、饲料企业对接，拓展不合格粮销路，减少农民损失1000万元。严格执行国家粮食收购政策，适时启动最低收购价执行预案，夏、秋两季争取20个最低价委托收储库点，筹措收购资金3.4亿多元，最低价收购粮食7.5万吨，促进农民增收1700余万元。6家国有粮食储备库与480户种粮大户全部实行专人对接、精准服务，代烘干粮食4万吨。拓展电子商务渠道，利用“苏宁易购”平台，延伸市场“触角”，如东大米远销沪、浙、闽、贵、云等地，并为东南亚一些国家和地区消费者所熟知和喜爱。

【粮食储备管理】 县粮食局兑现政府配套补贴政策，全县7.1万吨国家和市、县储备粮全部落实。制定下发《全县粮食仓储工作要点》和《安全生产目标管理办法》，将生产安全与储粮安全检查相结合，采取月抽查、季巡查方式，深入各库、站进行安全和规范化管理检查；实施粮情电子测控、机械通风、环流熏蒸、低温储藏“四合一”粮食仓储新技术，推广收储可视化信息系统，提升粮食储备自动化监控水平；常态化开展“四无粮仓”（无虫害、无变质、无鼠雀、无事故）活动，全县“一符（账实相符）四无”粮仓合格率100%，县级储备粮“一符三专四落实”（账实相符；专仓储存、专人保管、专账记载；数量落实、质量落实、品种落实、地点落实）合格率100%，科学保粮率90%以上。坚持实行熏蒸备案制度，熏蒸药剂“统一购买、统一存放、专人保管、县局审核、双人发放”，全年安全熏粮17万吨。

【粮安工程】 2016年，县粮食局根据国家发展改革委、国家粮食局、财政部3部委《粮食收储供应安全保障工程建设规划（2015—2020年）》，继续推进“粮安工程”建设，强化粮食安全保障。粮油仓储设施建设方面，全年争取省以上补助项目7个，补助资金1800多万元，其中，仓储建设项目2个、军供专项维修改造项目1个、烘干设施项目4个，总投资概算4611.71万元。全年完成省补烘干设施3个、智能化升级项目3个、企业自筹仓储拆旧建新项目3个，总投入2500万元，新增有效仓容9400吨，新增日烘干能力640吨；军供专项维修改造项目进入招投标阶段；2个仓储建设项目和2个烘干设施项目按实施计划有序推进。应急供应体系建设方面，根据粮食应急保供预案，重新确定应急加工和应急供应点，严格执行军供保障规定，供应对象满意度100%。放心消费网络建设方面，进一步优化“放心粮店”布局，拓展服务功能，创新监管模式，“放心粮店”总数44家，实现各镇（区）“半小时放心粮油消费圈”全覆盖。

【粮食产业发展】 2016年，如东县规模以上粮油工业企业实现产值45.5亿元，销售收入44.7元，利润1.86亿元，大米日加工能力1500吨，面粉日加工能力145吨，饲料日加工能力1530吨，油脂日加工能力450吨。推进粮食全产业链联盟建设，不断完善联盟“五统一”（统一供种、统一栽培管理、统一收购、统一品牌、统一加工销售）运行机制，加强与基地新型农业组织对接，采取优先烘干、优先收购、优质优价等手段，不断提高服务水平，全年新增自营联盟面积2108亩，订单联盟面积1.19万亩。加强粮油精深加工科技创新和技术集成，提高粮食加工深度、加工层次和技术装备水平，提高农副产品附加值，初步形成稻米、油料、小麦、饲料4大加工产业集群。实施“百强引领、百企升级”“双百工程”，涌现出南通市东盛米业有限公司、南通绿之蓝米业有限公司等一批管理先进、效益明显、市场竞争力强的引领企业和升级企业。

【依法治粮】 县粮食局以全国粮食流通监督检查示范单位复核迎查为契机，巩固提升依法治粮成果。建立健全市场准入许可管理、责任追究、一次告知等制度，完善收购资格核查机制。落实行政执法责任追究、举报投诉受理等制度，细化行政执法自由裁量权，完善行政权力网上公开透明运行系统数据库，明晰粮食流通监督检查工作的执法依据、执法流程和执法责任。持续开展“粮盾360”行动，全年开展各种粮食流通监督检查45次，出动302人次，检查企业281家次。以市场监管为重点，全年核查粮食收购资格、核定合理库存180家，夏、秋季收购期间，共发放3方联体监督检查（收购方、经纪人、售粮农民，在同一检查单上提出监督意见，比例不低于20%；开展联合检查、联合执法、区域协作）征询函250份。组织粮食经营者守法诚信评价，结合“3·15”“5·26”“10·16”等重要纪念日，开展广场宣传活动，推动全社会树立依法治粮意识。

【粮食责任制考核】 2016年，国务院办公厅印发《粮食安全省长责任制考核办法》后，市政府对县级粮食安全县长责任制考核涉及8个方面、24个重点考核事项、68项考核指标，县粮食部门联合县农委，会同县发改委、县农办、县财政局、县国土局、县环保局、县水利局、县物价局、县市场监管局、县统计局、人民银行如东支行、农发行如东支行等19个部门，细化考核指标，查漏补缺,拉长短板,如东得分在全市排名优秀。

【粮油检测】 县粮油检测中心常态化开展原粮品质、卫生监测,严把粮食收购、入库和销售质量关, 严防库存粮食发生霉变或污染。全年接收委托检测样品383个批次,检化验粮食324批次,涉及粮食8.69万吨,原粮进出库检测率100%。注重提升检测人员素能,全年组织技能培训5批12人次。受气候影响,2016年小麦、稻谷量质齐降,县粮油质量检测中心全程跟进收购粮食的质量监管,购置真菌毒素快速检测仪,对收购小麦样品赤霉病率和呕吐霉素(又称“脱氧雪腐镰刀菌烯醇”,属于霉菌的单端孢菌素族,由某些镰刀霉真菌属产生。呕吐毒素多分布于小麦、大麦、玉米等谷物籽实中)等重要指标实行统一会检制,确保检得出、检得准、检得快,并指导收购企业对赤霉病超标小麦进行风扬、清杂和筛选,保证粮食质量安全。

【监测预警】 随着粮食收储制度改革不断深化,粮食市场主体日趋多元化,更多粮源由国有粮库转到社会主体中、转到流通市场上,县粮食局强化新形势下粮油监测预警工作,做好粮油流通、产业加工、夏秋粮食收购进度、价格测报等日报、5日报、月报、年报,做好粮油供需平衡调查、夏秋粮食产、购、销情况预测和相关分析报告;合理布局县粮油价格监测点,每天监测,重大节日期间坚持对商超和粮油市场价格、供应情况进行监测,及时掌握粮油加工、市场供应和质量安全等情况,粮食宏观调控逐步由依靠直接调控,转向以政策引导为主的间接调控。

【如东大米】 如东大米主产区在马塘、曹埠、新店、岔河、双甸、袁庄、河口7个镇,地势低洼,标高均在3.0米以下,是天然“蓄水池”。如东县属北亚热带海洋性季风气候区,年平均气温、无霜期、降水量以及日照时间和强度适中。生长的稻谷,穗大粒多,籽粒饱满,谷粒发育完整,其大米蛋白质、支链淀粉含量丰富,口感好。2015年,如东县启动“如东大米”创建国家地理标志产品工作,2016年正式获得国家商标局认证。全省获此品牌5个,南通市获此品牌仅“如东大米”1个。 (葛 勇)

烟草专卖

【概况】 2016年,如东县烟草专卖局(分公司)贯彻落实省行业楷模发展战略,突出抓好卷烟营销、专卖监管、企业管理等重点工作。全年实现税利2.93亿元,同比增长26.33%。其中,实现利润2.41万亿元,同比增长26.06%。销售烟量3.35万箱,销售额11.01亿元,同比增长11.74%。平均含税批发单价131.47元,同比增长12.8%。先后被评为省、市文明单位、县预防职务犯罪先进集体、县政务工作先进单位、县人民满意机关,行政服务大厅被评为“江苏省质量信得过班组”,1人获得全国烟草行业“精益十佳”个人和省局“精益明星”称号。

【卷烟营销】 县烟草专卖局组织卷烟市场调研,调查和分析业态、档次、城乡、地理位置等要素,摸清市场需求,为卷烟投放提供科学依据。开展订货新平台上线,组织客户经理培训并下发《网上订货平台操作指南》,到店现场调试、演示,保证新老平台平稳过渡。打造精益物流,以降本增效为目的,优化配送线路,将10条线路调整为9条,节省物流费用。

【专卖监管】 县烟草专卖局创新监管方式,建立专销良性沟通平台,运用“APCD”[分析(Analysis)、计划(Plan)、检查(Check)和处理(Deal with)四个环节]工作法,推行“双随机、一公开”(随机抽取被检查对象、随机选派检查人员、公开办事结果)市场监管机制,注重案件线索经营,加强对互联网、微信、QQ等售烟活动监管,提升市场监管效能。完善协作机制,主动与市、县公安、工商、质监部门联系,开展横向联合,完善协作机制。2015年度“12·31”网络案件3名主犯被判决。2016年的“6·24”非法经营假冒卷烟网络案件,涉案金额500余万元。4起无证运输案件、变价烟处理进入收尾阶段。“5·27”微信非法经营卷烟案件取保3人,并与山东东营方面相关案件关联取证完毕。强化许可证管理。组织学习新修订《烟草专卖许可证管理办法》,确保新办法落实到位、执行到位。根据《南通市烟草制品零售点布局管理规定》,推行窗口办证申请“排号制”,方便办证群众。全年新办证251份,依职权注销386份,办理停业249户,延续240户。全年查处违法违规案件86件(假冒、走私卷烟案件20件),其中5万元以上案件5起,20万元以上案件2起,破获非法经营假冒卷烟网络案件1件,移送公安部门案件8件,移送市场监管部门案件2件,取保候审3人,判刑3人。查获卷烟7205.4条(假冒、走私卷烟299.4条),总案值156.89万元,到账罚款4.29万元。

【企业管理】 县烟草专卖局加强基础管理,依据职能与实际相匹配原则,编制岗位说明书。发挥绩效考核杠杆作用,构建“234”(两个重点、三个结合、四个延伸)绩效考核模式,不断完善各项管理制度。加强财务管理,以降本增效为目标,进一步加强预算执行分析,提高预算管控水平,预算执行率95%以上;强化定额管理,细化费用列支,把控重点费用,全年业务招待费同比下降94.5%。及时召开对标分析会,定制整改方案和措施,确保各项对标指标优化。拟定食堂人财物定额标准并形成论文,在江苏省创新课题研讨会上被收为案例。加强安全管理,层层签订安全责任书,建立健全人防、物防、技防和制度防相结合的群防群控管理机制。建立全员安全工作和安全应急小组两个微信群,开展安全生产自查活动,隐患整改率100%。被评为南通市安全文化示范企业。重视信息系统安全。完善对各类系统信息安全监督，加强对机房监控管理和日常维护，确保系统软硬件及网络正常运行无故障。开展基层创优，紧扣班子建设、队伍建设、文化建设、客户服务、市场监管、内部监管、证件管理7个方面，推进基层服务站和中转站建设，明确阶段目标，实现管理透明化、目视化和图表化，激发营销人员争先创优意识。

【社会责任履行】 县烟草专卖局组织党员干部慰问挂钩村60余户贫困户和结对社区4户失独老人，组织青年志愿者多次慰问蟠山老年公寓100名老人，累计捐赠物资1.4万元。向新店镇胡港村和栟茶镇竹园村捐赠4万元，向县红十字会捐赠1万元，全体职工自发筹集5450元，捐给社区困难群众。组织义务献血，28名员工献血7300毫升。

（夏春明）

石油经营

【概况】 2016年，如东在营加油站28座，在营加气站2座，轻资产加油站1座。成品油销售8.14万吨，同比增长5.37%。其中，汽油销售5.44万吨，同比增长7.56%；柴油销售2.70万吨，同比增长1.2%。直分销全年销售总量1.12万吨，同比增长40%。加油站天然气销售1550吨，非油品销售额1736万元。

【经营管理】 2016年，中石化如东石油分公司围绕销售目标，增量扩销。抓好零售纯枪销售，开展“多加一升油”活动。抓好零售配送工作，轻油配送到家；抓好高峰期车辆疏导管理，加快车辆流通率，提升工作效率。实施“一站一策”“一店一策”“一户一策”工作，拓宽思路，开辟销售市场。定期组织油站综合检查，加强夜查、节假日检查等专项督查。开展小站改革，采取夫妻承包、委托管理等方式，优化油站用工，帮扶改革站。 （缪海波）

图20 12月16日，县烟草公司向县红十字会捐赠1万元

食盐专营

【概况】 2016年，县盐务局（南通市江东盐业有限公司）根据《盐业体制改革方案》，应对盐业市场变化，立足主营，确保碘盐覆盖率98%以上。全年盐斤销售2.12万吨，其中小包装碘盐销售3791.33吨，其他食用盐销售1.03万吨，工业盐销售7127.1吨。全年销售非盐集采商品1058万元。全年出动执法人员1200多人次，与县公安局、县卫生局、县市场局等部门，开展制贩假盐专项治理等联合执法行动5次，查处盐业违法案件13件，没收私盐0.56吨，罚款2180元，其中“9·12”系列案件移送公安机关查处。

（张洪英）

金　融

中国人民银行如东县支行

【概况】 2016年，中国人民银行如东县支行（简称人民银行如东县支行）与县金融办会商出台《2016年全县金融工作考核意见》，引导全县银行机构合理增加有效信贷投入。年末，全县各项存款余额1027.54亿元，同比增长19.59%，增幅排名南通5县（市）第一；各项贷款余额495.49亿元，同比增长17.61%，增幅排名第二。其中，工业贷款余额136.79亿元，比年初增加8.44亿元，增长6.58%，增量、增幅皆为5县（市）第一。及时向地方政府部门、辖内金融机构传导国家有关货币信贷政策，做好政策宣传解读，合力推进《存款保险条例》等重大金融政策实施。继续推进农村土地承包经营权抵押贷款，选择承包流转合同完备、手续齐全、种养殖经营状况良好、风险系数低的新型农业经营主体，尝试发放农村土地承包经营权抵押贷款。至年底，全县发放农村土地承包经营权抵押贷款5830万元，比年初增加4630万元。提请县政府出台《关于加强应收账款融资平台推广应用工作的通知》，创新应收账款质押融资业务，全年发放应收账款质押贷款2.2亿元。发挥支农再贷款政策效应，拓展支农再贷款投放面。对如东农商银行发放支农再贷款1亿元，重点支持具有品牌、技术优势农产品加工企业以及经营良好个体工商户、小微企业。配合税务部门做好“营改增”科目设置和税收转换缴纳工作，确保全县“营改增”顺利实施。配合税务部门做好金税三期上线工作，保证税收缴库正常有序，确保地方财政平稳运行。规范和化解地方债务风险，先后向地方财政划拨地方债券收入3批、51.52亿元。深入辖区国债承销网点，指导各承销机构开展国债宣传标准化工作，全年组织辖内国债承销机构发行储蓄国债12期。开展精品服务站和优秀服务站评选活动,在全县219家农村金融综合服务站中评选10家精品服务站和10家优秀服务站,并推荐参加南通市农村金融综合服务站表彰大会。

【金融生态创建】 人民银行如东县支行完善金融稳定协调机制、金融机构风险监控机制,推进金融生态环境建设。依托自律机制,规范利率市场秩序,指导法人机构合理宣传,约定挂牌利率不得突破自律机制。与县文明办、县信用办、县教育局、团县委联合印发《关于进一步做好如东县诚信文化教育工作的通知》,普及信用文化和理念,推动形成诚实守信社会文化氛围。组织如东银行业金融机构,通过《如东日报》、互联网、微信等向全县社会各界发出诚信服务承诺。严格执行周报和月报制度,及时了解全县银行业金融机构重大事项,协调处理金融风险事件。召开专题会议,联合相关部门开展防范非法集资宣传和互联网金融专项整治活动,维护人民群众合法权益和全县经济金融秩序稳定。

【外汇管理服务】 人民银行如东县支行开展"控流出、扩流入"工作,促进国际收支平衡。制订"控流出、扩流入"工作专项方案,落实银行监管措施5条。加强日常监测核查,非现场核查资本项目企业38家、货物贸易项下企业427家、服务贸易企业7家;现场核查资本项下企业4家、银行2家、货物贸易项下企业39家、银行1家、服务贸易企业5家。落实贸易投资便利化改革措施,支持企业走出去,指导协调南通大东有限公司、南通刚正薄板有限公司、南通五建建设工程有限公司等完成境外投资2000万美元。利用全口径跨境融资政策为企业降低融资成本创造条件,为中天海缆有限公司、辉煌彩钢有限公司等借入境外资金1.1亿元人民币。落实行政审批制度改革要求,更新外汇行政审批权力清单;通过新闻媒体、政务服务大厅窗口等宣传平台,对外公示行政许可事项;调整"行政审批受理单"等新文书文本,制订《外汇管理行政审批服务规范》,并向客户公示。

【货币管理】 人民银行如东县支行推进硬币清分便民工作。根据如东各镇(区)管辖范围和人口分布情况,组织各商业银行在镇(区)合理布放小型硬币清分机,方便农村百姓。组织开展系列宣传培训活动,实现硬币清分便民事项社会知晓面15个镇(区)全覆盖,城乡居民知晓面90%以上。人民银行总行货币金银局、南京分行领导认为如东县支行开展硬币清分工作做法,可在其他地区复制,省内盐城等地金融机构到如东观摩。如东县硬币清分鉴定中心惠民便民工作,影响范围覆盖南通及周边地区并辐射到上海。县电视台《直通民生》栏目、南通电视台《新闻》栏目、江苏电视台公共频道相继报导如东县硬币循环工作成效。强化反假货币工作。在人民币反假宣传月活动中,组织建行、农行、中行、如东农商银行、江苏银行、工行等金融机构,开展"开学季,我们来啦"系列培训活动。3月5日,深入农村宣传普及新版人民币、反假人民币等金融知识。3月10日,《金融时报》第十版以图文形式报道。由县公安局经侦大队主办,辖区各镇(区)基层派出所建立日常巡视机制。全年成功处置客户因假币被收缴发生纠纷3起。通过"110"联络热线,参与东凌港边防派出所、大豫派出所处理非法持有假币案件2件,现场缴获假币43张,抓获犯罪嫌疑人5人,挽回经济损失4000余元;会同马塘派出所成功处置客户ATM机取款纠纷1起。 (许瑞高)

中国工商银行股份有限公司如东支行

【概况】 2016年,中国工商银行股份有限公司如东支行(简称工商银行如东支行)各项存款(本外币)余额87.74亿元,较年初增加7.72亿元,较上年同期增加3.36亿元。其中,对公存款余额47.65亿元,较年初增加3.37亿元;储蓄存款余额40.09亿元,较年初增加2.29亿元。各项贷款余额为48.9亿元,较年初增加6.66亿元。实现中间业务收入1.21亿元,实现经营利润2.49亿元。全年清收不良贷款549万元,其中,公司类不良贷款450万元、个人类不良贷款99万元。不良资产余额268万元,较年初下降495万元,不良贷款余额占全部贷款余额0.05%,公司不良贷款率为零。工商银行如东支行服务考核列全市第二,被省分行评为服务先进集体。

【负债业务】 工商银行如东支行在旺季揽存、私营客户发展、个人金融资产增长等方面早部署、早落实,推进旺季工作。一季度末,储蓄存款增加3.47亿元,个人金融资产增加4.7亿元,私银客户增加11户。确定重点批量目标客户,加强客户拜访和职场营销,推动批量业务进度。针对建安企业、拆迁补偿、薪酬(含代发分红、劳务客户)、保险给付等市场,加大重点批量储源客户维护拓展力度,成功拓展农贸市场个体工商老板近100户,租金揽存1000多万元。成功揽到岔河镇会计中心批量分红资金306万元。整合网点资源优势,阵地营销和出门营销相结合,员工效能发挥最大化。结合开展"三走进一体验"(走进机关、走进社区、走进企业;到他行进行业务产品体验)活动,各网点利用旺季氛围打造、岗位合理布局,加强服务,利用班后时间走向市场,到居民区、农贸市场、商场开展送福字、送年画,帮助客户扫描融E联、融E行二维码、南通分行微信公众号等活动,提高客户对产品关注度,吸引客户走进工行。

【资产业务】 工商银行如东支行适时调整经营策略,以项目贷款为抓手,深化银政、银企合作,累计获得项目贷款授信40亿元,2016年投放8.5亿元。8月,支行获悉,由如东财政出资的“如东县宜居新农村建设发展有限公司”融资8亿元,整治县城“三河六岸”。支行策应政府要求,加快三级联动,在1周内8亿元项目贷款获批,投放贷款1.5亿元。11月,“如东县城乡建设用地增减挂钩土地复垦项目”经如东县行政中心审批同意实施,支行主动与项目建设主体对接,加快上报相关材料,加强与上级行沟通力度频率,推进该项目评估、审批流程,成功获批项目贷款6亿元。支持集镇改造和转型升级。9月,邀请省分行相关部门、市分行领导到栟茶实地考察2次,量身定制融资方案,9月底,栟茶古镇改造项目贷款8亿元成功获批,至年末,提款1.6亿元。对如东高新区、如东经济开发区3个项目获批授信7.7亿元,投放1亿元。创新服务,拓展融资渠道。成功营销南通分行首笔“内保直贷”业务300万美元、首笔“内保外贷”业务1000万美元。 (郝 凯)

中国农业银行股份有限公司如东支行

【概况】 2016年,中国农业银行股份有限公司如东支行(简称农业银行如东支行)个人资金总额77.47亿元,比年初增加7.21亿元,系统内贡献度8.9%;个人储蓄存款余额69.39亿元,比年初增加4.88亿元,系统内贡献度7.6%,本外币个人存款日均增量4行第一;个人存款增量继续保持4行第一。公司类存款余额35.68亿元(本外币),比年初增加3.66亿元。本外币各项贷款余额49.73亿元,比年初净增1.66亿元,增量系统内贡献度37.29%,比年初提升13.97%。其中,法人客户贷款48.05亿元,比年初净增1.66亿元。新批项目授信18.4亿元,发放项目贷款5亿元,项目贷款余额36.54亿元,比年初净增2.32亿元。个人客户贷款5.18亿元,比年初净增6130万元。不断完善网点建设。完成网点微创改造2家,整合打造网点智能服务区6家。持续推进全辖网点6S管理创建工作。2个网点整体重装完毕正式营业。全行未发生一起重大责任事故和案件。信贷管理、网点运营、安全保卫达标创建成效显著。全年堵截各类诈骗32起、174.34万元,其中,电信诈骗25起、57.51万元,退色笔填写结算凭证5笔、116.83万元,盗取他人信息开假账户1起,使用假印鉴补办企业网银证书1起。

【客户营销】 4月,开展“服务进万家”包干营销活动,至年底,14家网点合理利用人员分流、弹性排班,拜访、联系并收集村民、居民信息8214户,商铺业主3659户。通过贵宾客户答谢会、网点微沙龙、贵金属巡展等活动针对目标客户群体开展分群营销活动,全年开展营销活动近55场。至年底,全行加权个人贵宾客户比年初增加3201户。加强特色产品营销,加强同业合作,吸收中行存款5亿元;与农发行合作,成功营销同业融出资金3亿元;拓展重点大户跨境人民币业务量15亿元,系统内贡献度35%。全年代理保险3.79亿元,创新高。成功营销文峰BMP、掘港中学E商缴费项目。加大涉农贷款投放力度,至年底,涉农贷款余额45.21亿元,比年初增量1.89亿元,其中农户贷款增量1436万元,列市行第一。开通“金穗惠农通”服务点355个,其中星级服务点8个。开展“青春为农行代言”、金融知识防假防骗宣讲、小小银行家等活动21场,推进普惠金融,提高市民金融知识水平。 (严永成)

中国银行股份有限公司如东支行

【概况】 2016年,中国银行股份有限公司如东支行(简称中国银行如东支行)加大营销力度,拓展有效市场。年底开立农村金融服务站15家,是市辖内唯一试点支行;为村民提供小额取款、转账汇款等便民服务。年末,本外币各项存款余额83.86亿元,新增10.27亿元;各项贷款余额49.08亿元,新增10.15亿元,实现账面拨备前利润2.10亿元,年度绩效考核居全辖县(区)组第一。中国银行如东支行注重培养员工主动服务意识,抓好基本服务管理制度施行,开展“服务体验交流”“寻找最美大堂经理”“服务提升大讨论”“服务礼仪培训”等各类活动,培养全行员工主动服务意识和严谨细致工作作风。在省行业务技能测试中,综合能手率、机测项目能手率、点钞合格率均为100%,实现“满堂红”,支行营业部徐怡媛代表南通分行参加中国银行江苏省分行第19届青年岗位能手技能竞赛,获个人业务项目二等奖。如东支行营业部、马塘支行获“2015—2016年度江苏省分行青年文明号”称号,马塘支行被评为“江苏银行业五星级营业网点”。

【风险防控】 2016年,中国银行如东支行坚持以“创效益、争市场、防风险、强队伍”为指针,夯实管理基础、强化防范手段,营造合规文化氛围,利用“合规季”契机,开展“一把手”讲合规活动、网点内控案防专题分析会评比活动、“学案例、讲操守、防风险”主题教育活动,提升员工规范意识、执行意识、自律意识;强化对第一道防线管理和监控,加强对基层负责人及员工业务培训,加大案防系统录入情况验证,每季度召开案防形势分析会,对部门、网点合规工作点评分析和警示;开展员工异常行为排查工作,防范道德风险,通过个别谈话等方式加强疏导,排解员工畏难情绪;以规章制度为准绳,对违规现象和责任人进行及时通报和问责处理。未发现重大违规问题。 (张玉平)

中国建设银行股份有限公司如东支行

【概况】 2016年,中国建设银行股份有限公司如东支行(简称建设银行如东支行)一般性存款日均余额、对公存款日均余额、一般性存款时点余额、一般性存款时点新增、对公存款时点余额、对公存款时点新增、对公贷款余额及新增额、个人贷款余额及新增额等指标均位列同业第一。全年实现税前利润2.26亿元，同比增加3450.69万元，增幅18.06%，利润绝对值和增速均创新高。实现中间业务收入1.09亿元，同比增加2326万元，增幅27.29%，当地同业占比28.64%，位列第二。截至12月末，机构存款时点余额36.59亿元，当年新增13.36亿元，其中社保机构存款余额8.9亿元，当年新增3.12亿元。各项贷款余额62.02亿元，新增13.82亿元，增幅28.67%。

【市场拓展】 2016年，建设银行如东支行持续加强对制造业客户、央企、(拟)上市公司营销力度及频度，巩固重点客户关系，稳定支撑企业存款增长。财政存款时点余额、当年新增额均位列系统第一，法院专户资金余额超过8000万元，财政、交通、建设、开发区等平台客户资金量均有所增加，必康发债资金、亚振IPO募集专户营销取得突破性进展。建设银行如东支行以机构延伸项目和基本账户作为客户拓展重点，先后落实上线法院诉讼费直联、公共资源交易中心、中医院银医通、社保养老移植等项目，并完成人院银医通、工商代办项目签约。新开基本户727个，创最高，当年净增608户，位列系统第二；新增小企业客户15户，位列系统第一；个人有效客户新增近4万户，增速位列系统第一。截至12月末学校收银台项目已成功上线15所学校，手机银行累计缴交学费33675笔，缴费人数18842人。顺利推进党费收银台项目，试点11个政府部门单位，悦生活如东大众燃气缴费项目同业独家上线。签约1250户，全行移动金融交易占比73.64%，位居前列，手机银行活跃客户完成率101%，位列系统第二。

(王婷婷)

交通银行股份有限公司如东支行

【概况】 2016年，交通银行股份有限公司如东支行（简称交通银行如东支行）持续强化内控，抓核心存款，优化客户结构，提升经营效益。加强物理网点考核管理与自助网点维护管理，实现城区与社区双管齐下，以营业部为中心，设立普惠网点1个，离行自助网点3个。年末，支行时点存款余额11.93亿元，较年初增长2.78亿元，年均余额11.24亿元，较年初增长2.73亿元；贷款时点余额11.34亿元，较年初增长5.26亿元，年均余额6.50亿元，较年初增长0.53亿元。新增已审批待投放项目储备13.25亿元，新增待审批项目8.7亿元，新增在类信贷项目36亿元；全年实现利润2021万元。

【存款业务】 交通银行如东支行加强对中高端客户维护，对日均资产大于5万元客户配备专属理财经理，每月电话回访，了解客户资产配备需求，提供符合客户要求的优质产品；对日均资产大于100万元客户，由分管行长每季度沟通与拜访，必要时提供上门维护。年末，个人有效客户数达1454户，其中，交银客户650户，沃德客户158户，较上年新增27户。提高有贷户代发工资率，做好银行卡、电子银行的营销，大力拓展代发工资、第三方存管等储蓄存款源头性业务。维护代发工资单位，拓展对公存款，对公新开户30户，其中，有效户增长6户，授信户新增9户。

【贷款业务】 交通银行如东支行加强各类风险防范和控制，细化信贷投向政策，优化信贷结构，提高运行质量。年末，支行年均贷款余额6.3亿元，较年初增长6000万元。其中，对公年均6.05亿元，较年初减少4300万元；个人贷款1800万元，较年初增长224万元。前移风险关口，控制不良资产绝对额，加强监督检查和清收处置，防控新增不良贷款。完成不良贷款集中处置及逐笔计提拨备工作，降低不良资产占比。实现全年无风险事故，未产生一笔不良或逾期，全年前3个季度县级支行绩效考核排名第一，通过制度化、目标化管理，确保业务指标有序发展。

【党建引领业务发展】 2016年，交通银行如东支行围绕上级行“创新创优多贡献”工作思路，围绕“资产为王、效益优先、兼顾规模”经营主题主线，在基层党组织建设中开拓创新，深入开展“二级联创”“双链双推”“双培双带”等活动，积极与当地公积金中心、人社局、教育局、国土局、公用事业企业对接，成功推动公积金系统、非税系统的上线工作，成功搭建地区二手房中介交流平台，成功介入地区“自来水、燃气、社保代发”代理行的谈判，推动“党务工作”与“业务工作”双提升，为发展客户奠定基础。

(邬思洁)

南京银行股份有限公司如东支行

【概况】 2016年，南京银行股份有限公司如东支行（简称南京银行如东支行)本外币各项存款余额46.42亿元，比年初新增9.67亿元，其中储蓄存款4.6亿元，比年初增加1.7亿元。表内外信贷敞口余额超66亿元，其中贷款余额16.19亿元，比年初新增6.14亿元。各项理财产品余额14.18亿，当年累计销售26.92亿。发挥灵活创新优势，通过创新服务形成差异化竞争优势，支持如东重点项目建设。成功投放上海自贸区FTE项下融资租赁公司6亿元资产回租业务；投放融资租赁双保理业务4.2亿元；成功发行售后回租资产证券化ABS项目5亿元；开展如东县城市发展基金20.7亿元，其中优先级12亿元；审批通过客户9亿元债权融资计划。参与争创“星级服务品牌”“群众满意窗口服务单位”“党员服务标兵”等品牌，柜面员工苦练基本功，努力提高业务水平和服务能力。开展“学规范、明操守”“转变作风促改革”“互换互学”和“亮承诺、见行动”4项活动，提高服务专业化水平和服务效率。不定期送金融服务下乡，通过走进园区、社区、市场、厂区、商圈“五走进”活动，推介优势特色产品和业务。全年开展“反假、反洗钱、金融知识下乡”等宣传活动30余场，普及金融知识，同时加强征信宣传，号召老百姓远离高利贷、远离黄赌毒、防范电信诈骗、防范非法理财。（李伯宇）

江苏银行股份有限公司如东支行

【概况】 2016年，江苏银行股份有限公司如东支行（简称江苏银行如东支行）实现业务发展与管理提升双丰收。年末，支行各项存款余额48亿元，较年初增加7.4亿元。其中，对公存款余额34.6亿元，较年初增加4.88亿元；储蓄存款余额13.4亿元，较年初增加2.67亿元。表内外各项贷款本外币余额50多亿元，较年初增加13亿元。其他各项业务均衡发展，全年业务考核列分行前列，管理指标考核位居分行第一。通过“中国银行业协会千佳示范网点”评审，成为如东唯一一家获此称号银行机构；如东文峰支行被授予南通市“巾帼文明岗”称号、2个网点再次获分行“五星级服务明星网点”称号。12月22日，江苏银行如东支行的第3家网点如东新区支行开业。

【支持民生工程和小微企业】 2016年，江苏银行如东支行全方位跟踪和落实政府投资项目，综合运用银团贷款、信托、基金、结构化融资等金融产品，科学安排资金，重点支持民生工程、市政工程建设，当年新增投放10多亿元。支持小微企业发展，至年底，小微企业贷款户202户，贷款余额4.62亿元，分别较年初净新增51户、4500万元，其中网贷产品新增73户，审批金额2683万元。

【社区共建服务】 利用党员进社区活动，江苏银行如东支行与县城12个社区签订党支部共建协议。党员干部主动深入社区，深入居民中开展业务宣传，送服务上门，重点宣传反洗钱、反诈骗、金融消费者权益保护等知识。（黄永青）

中国农业发展银行如东县支行

【概况】 2016年，中国农业发展银行如东县支行（简称农业发展银行如东支行）各项贷款余额33.26亿元，比年初增加5.53亿元；各项存款余额16.72亿元，比年初增加3.72亿元；存款日均余额17.3亿元，存款余额和日均余额均创新高。人均存款1.33亿元。实现账面利润9303万元，人均创利716万元，人均创利列全县金融系统第一。财政存款时点最高余额近7.5亿元，日均余额3亿多元。非贷企业存款日均余额6亿元，加强与农业银行如东支行合作，成功办理期限3个月2亿元、1亿元同业存款业务各1笔，综合排名全省第一，被省分行评为存款组织“双十佳”先进单位、“信贷资产优质行”。

【业务发展】 2016年，农业发展银行如东支行明确信贷支持重点，加强对项目贷款营销。服务“三农”发展，支持粮食购销储业务。接受政府委托收储小麦4.16万吨、稻谷3.07万吨。支持地方储备粮轮换工作，发放地方储备贷款9068万元，完成政府轮换储备粮小麦1.05万吨，稻谷轮入2.12万吨。服务政府项目，支持整体城镇化建设，投放洋口港港城建设投资有限公司整体城镇化建设贷款1.3亿元，如东县祥泰城镇建设有限公司城南安置房建设项目已批3亿元贷款，投放1.5亿元。支持农村棚户区改造，提前督促承贷企业筹措到位项目配套资金3.6亿元，在贷款批复10日内，投放首笔贷款12亿元，加快如东棚户区改造项目实施进度。坚持逐笔审核把关大额业务，审批大额现金支付9笔、55万元，审批大额转账132笔、19.35亿元，发出资金到账通知单234份、15.12亿元，无以贷收贷、以贷收息现象，未发生银行承兑汇票垫款。接受内外部检查，无被处罚情况。定期检查企业、人民银行如东县支行、同业和系统内资金往来情况，银企对账单有效收回率100%，对账相符率100%。（左本生）

江苏如东农村商业银行股份有限公司

【概况】 2016年，江苏如东农村商业银行股份有限公司（简称如东农商银行）坚定改革发展不动摇，坚持提质化险不懈怠，坚守创新转型不松劲，各项工作实现持续稳健发展。至年末，各项存款余额281.94亿元，比年初净增40.24亿元，增幅16.65%，占全县金融机构市场份额为27.64%；各项贷款余额137.14亿元，比年初净增10.90亿元，增幅8.63%，占全县金融机构市场份额为27.68%。存贷款总量、市场份额均居全县同业首位。全年实现利润总额3.29亿元，同比增盈0.75亿元，占全省农商银行系统增量10%；实现金融增加值6.42亿元，同比增加0.87亿元，增幅15.67%，高于全省农商银行系统11.6个百分点。连续4年获省联社劳动竞赛苏中地区一等奖，被评为中国服务小微企业最佳县域银行，蝉联“江苏省文明单位”称号。

【业务发展】 如东农商银行在业务发展部推行准事业部制改革，下设公司业务部、小微企业部、零售业务部3个部门，在公司业务部内建立大客户经理队伍，上收500万元以上企业贷款进行综合营销管理，贷款营销从分散向集中转变，提升服务“三农”与小微企业效率。至年末，涉农贷款余额107.55亿元，比年初净增13.42亿元，增幅14.26%，比贷款增幅高5.63个百分点，实现“两个高于”（涉农贷款增速高于各项贷款增速，涉农贷款增量高于上年同期水平）目标；小微企业贷款余额64.6亿元，比年初净增5.21亿元，增幅8.76%，比贷款增幅高0.13个百分点，实现“三个不低于”（小微企业贷款增速不低于各项贷款平均增速，小微企业贷款户数不低于上年同期户数，小微企业申贷获得率不低于上年同期水平)目标。出台“阳光金融”阶段性考核文件,从走访建档面、评议授信面、贷款覆盖面3方面按季对推进村组完成情况进行验收,推进“阳光金融”工程开展。至年末,农户基本信息建档户达20.58万户,建档覆盖面70.41%;新增预授信农户5.83万户,授信覆盖面31.43%;新增贷款户725户,贷款金额1.67亿元。

【渠道创新】 如东农商银行推广云闪付、小额免密免签功能,与商户合作开展消费让利活动,提升客户便捷度。全年电子银行离柜业务率65.96%,比上年末提高4.85个百分点;电子银行产品客户覆盖率14.10%,比上年末提高6.6个百分点。持续发行“稳赢”系列保本理财,设计“满盈”“财盈”等5种理财产品,实现个人、机构、同业客户全覆盖,满足不同客户群体需求。至年末,累计发行各类理财99期27.74亿元,累计实现客户端收益2211.61万元、银行端收益547.77万元。创新推出外商投资企业资本金业务、外债业务、出口退税权利质押贷款、同业合作办理远期结售汇等外汇产品,跨境人民币业务成功加入CIPS(人民币跨境支付系统),提高企业经营与资金运作便利度。至年末,完成国际结算总量2.87亿美元,同比增加1.16亿美元,国际结算总量跻身全省农商银行系统网内单位前3名。

【风险防控】 如东农商银行坚持常规贷后检查和专项检查相结合,对主要风险点落实整改意见,维护信贷资金安全。上线运行客户风险预警管理系统,制定实施《客户风险预警管理办法》,及时筛选、预警、提示、监测客户预警信号,实现信贷风险全流程管理。开发运行贷后检查系统,嵌入生产加工类、商贸类企业等6类贷后检查模版,细化贷后检查范围与重点,加大信贷管理科技支撑力度。根据贷款风险特征,分析借款人还贷能力、担保人代偿能力、担保物处置情况等,通过催收、诉讼等方式,加大不良贷款清收处置力度,不良贷款占比低于全省农商银行系统0.76个百分点,资产质量整体可控。 (许 华 周晓霞)

江苏常熟农村商业银行股份有限公司如东支行

【概况】 2016年,江苏常熟农村商业银行股份有限公司如东支行(简称常熟农商银行如东支行)存款余额9.3亿元,比年初增加1.8亿元;贷款余额13亿元,比年初增加3亿元;信贷支持各类中小“草根”客户4000多户,服务客户及业务覆盖如东各镇(区),树立起品牌形象。根据总行提供产品库,推出“精英人生”“易贷通”“粒金圆梦贷”“易农贷”等无抵押贷款品种;按企业需求推出国内信用证、“票证通”等信贷融资产品。针对私营业主、个体工商户、个体经营户、家庭作坊和种养殖户等,推出免抵押粒金小本生意贷款200万元。 (曹沛佩)

中国邮政储蓄银行股份有限公司如东县支行

【概况】 2016年,中国邮政储蓄银行股份有限公司如东县支行(简称邮储银行如东县支行)各项存款余额43.77亿元,较年初新增8.72亿元,其中储蓄存款余额29.19亿元,较年初新增4.36亿元,公司存款余额14.58亿元,较年初新增4.36亿元;贷款余额6.99亿元,其中个人贷款5.89亿元,小企业贷款1.1亿元,贷款净增8491万元,信贷资产质量位全区前列。

【业务发展】 邮储银行如东县支行探索新产品开发和要素调整,再就业担保小额贷款利率调整获上级行批复。岔河纺织市场创新“织机抵押”贷款、南美白对虾产业“富农贷”新产品均落地转化。加强银企对接,加大制造业实体投放,为中天科技集团办理3000万元国内证开证及议付及8600万元境外项目流动资金贷款,成为全省系统内首笔“走出去”跨境项目融资。托管如东金鑫交通工程投资有限公司7.5亿元发债资金,成为系统内全区首笔资金托管业务。加强与同业在票据、“福费廷”、银团方面合作,全年实现农行10亿元同业资金融入。加强银邮融合,针对“自营+代理”特定模式,利用邮政点多面广优势,进一步扩大银行金融服务覆盖面。 (张 钰)

江苏如东融兴村镇银行有限责任公司

【概况】 2016年,江苏如东融兴村镇银行(简称如东融兴银行)发放下岗职工再就业贷款4787万元,贷款余额600万元。制造业贷款余额1.74亿元,占全部贷款余额43.48%。开发符合小微企业信贷业务品种,小微企业共贷款3.93亿元,占全部贷款额75.57%。全年“富渔贷”产品余额620万元,占全部贷款额1.55%。年末,各项存款余额9.01亿元,比年初增长35.25%,各项贷款余额4.01亿元,比年初下降2.53%。

(陈微微)

中信银行股份有限公司如东支行

【概况】 2016年,中信银行股份有限公司如东支行(简称中信银行如东支行)一般性存款余额20.20亿元,较年初新增7.69亿元。其中,对公存款19.47亿元;零售存款0.73亿元,较年初减少0.30亿元。表内各项贷款余额8.27亿元,其中公司贷款余额7.77亿元。结构化融资余额2.5亿元,零售贷款余额0.50亿元。存款时点、日均余额及新增余额在县内股份制同业均处于领先地位。

【业务发展】 2016年,中信银行如东支行对公敞口授信客户12户,共27.1亿元,其中上报南京新增授信客户2户,新增授信金额16亿元;新增敞口授信客户5户,新增授信17.7亿元,新增提用敞口3.9亿元。新开立对公结算户57户,其中基本户20户。中信银行如东支行推进机构负债，不断提升占比，营销县国土局土地出让金及保证金，累计到行账户额逾28亿元，日均资金沉淀近2亿元。至年末，机构客户存款日均余额6.54亿元，占对公一般性存款日均余额42%；机构客户存款时点余额10.09亿元，占对公一般性存款时点余额51.82%。中信银行如东支行上报并获批长期贷款17.7亿元，其中，豫泉投资水库配套项目5亿元、经营性物业抵押贷款3.2亿元、三益鸿升排海项目政府购买服务5亿元、临海交通城港连接线政府购买服务4.5亿元。落实栟兴公司20亿元产业材料收集与上报工作。联合中信信托公司为交通局推进信托项目，首期发行5亿元。联合中信建投公司为交通局推进二期公司债，签订7.5亿元资金监管协议，洽谈并推进高新区20亿元企业债、交通局10亿元公司债，联合中信证券公司推进如东优质企业新三板上市，包装金太阳粮油股份有限公司上市新三板，转板中小板；为江苏润邦重工股份有限公司办理股票质押式回购买业务2亿元，并推进购买产业基金。为客户提供多样化融资方式，江苏伊贝实业股份有限公司在新三板上市。年末，管理资产余额4.05亿元，实现中间业务收入240万元，非担险理财销售2.26亿元，基金销售1042.41万元，贵金属销售27.56万元，保险销售1.10亿元，移动银行活跃客户4984户，信用卡有效卡发卡750张，个贷发放4166万元。（周雯娟）

上海浦东发展银行股份有限公司如东支行

【概况】 2016年，上海浦东发展银行股份有限公司如东支行（简称浦发银行如东支行）各项存款余额21亿元，比年初增加6.8亿元。其中，对公存款余额20亿元，比年初增加6.7亿元；个存余额1亿元，比年初增加1300万元。表内外信贷余额24亿元，新增4.3亿元。

【金融服务】 浦发银行如东支行支持地方基础设施建设。主动对接县委、县政府重点基础设施项目，提早介入，加强关注和调查重点项目，及时与上级行沟通，做好融资和服务方案，通过政府采购模式、基金模式、政府债务平台、银租保等创新措施，为项目实施提供融资服务。创建“市民银行”，拓展城乡居民个人金融业务，制定个性化营销方案，满足市民金融理财需求。以信用贷款、房抵快贷等产品为抓手，开办个人消费贷款、个人经营性贷款、住房按揭贷款等个人融资产品。（姚拾磊）

招商银行股份有限公司如东支行

【概况】 2016年，招商银行股份有限公司如东支行（简称招商银行如东支行）响应客户经营转型战略指引，打造同业专营团队，设计专属服务方案，开展全方位、综合化服务。年末，全行各项存款余额12.3亿元，较年初增加5.8亿元。其中，储蓄存款余额1.4亿元，较年初增加7472万元；对公存款余额10.9亿元，较年初增加5.1亿元。各项贷款余额9.2亿元，比年初增加5.7亿元。其中，个人贷款余额6893万元，较年初增加4032万元；对公贷款余额8.5亿元，较年初增加5.3亿元。中间业务收入2858万元，较年初增加1658万元。全年发放信用卡780张，新增代发3900万元。零售管户总资产10亿元，综合考核系统内排名第一。

【营销模式】 招商银行如东支行根据中资银行“一户一策”要求梳理客户基本情况，分析比对客户基本面及重点需求，结合总行招赢“N+1”银银合作产品体系，组建专属营销团队，制定专属营销方案，与客户董事长、分行行长、公司金融事业部、同业客户部、零售金融事业部等部门人员互访，在客户资产管理、贸易融资、财富管理、票据、托管等方面，开展全面营销。在手业务6亿元中票、20亿元城市发展基金获得总行立项批准，轻型资产营销有起色。

【创新业务】 招商银行如东支行优化信贷模式，先后完成系统内2项创新业务首单突破，首笔出口双保理放款业务，核定客户融资额度185万美元，不占用客户授信，同时解决客户风险防范、融资困难等难题，拓宽融资品种，打开国际贸易融资新路径，为跨境金融奠定基础；首笔衍生交易，即欧元兑美元汇率挂钩连续双不触式期权交易，帮助企业降低融资成本，提高投资收益机会，实现客户结构新型投融资。（陆姜君）

中国人民财产保险股份有限公司如东支公司

【概况】 2016年，中国人民财产保险股份有限公司如东支公司实现保费收入2.21亿元，同比增长13.34%；实收保费2.20亿元，同比增长9.49%。其中，车险保费收入1.53亿元，同比增长11.6%；非车险保费收入4187万元，同比增长30.75%；农险保费收入2697万元，同比增长1.34%。公司市场份额43.42%，同比上升0.54%，高于市场增速1.31个百分点。其中，车险市场份额38.45%，同比下降0.11%，低于市场增速0.3个百分点；非车险市场份额61.55%，同比上升5.81%，高于市场增速10.92个百分点。开办政策性农业保险、滩涂作业人员意外伤害保险、“和谐家园”家庭财产意外伤害保险、超过法定退休年龄从业人员从业伤害保险、学生、幼儿意外伤害保险、环境污染责任险等民生险种。全年处理赔案16781件，支付赔款1.3亿元。（吴媛媛）

中国人寿保险股份有限公司如东支公司

【概况】 中国人寿如东支公司贯彻上级公司“强实力、稳增长、重客户、优管理、防风险”的工作方针，聚焦转型升级、聚力创新驱动，努力培育市场竞争优势，推动公司快速发展。2016年，实现保费收入6.98亿元，同比增长16.45%。其中，首年期交保费 2.26 亿元,同比增长 26.33%。全年各类给付及赔款支出 4.57 亿元,依法纳税 963.73 万元,获 2016 年度全省系统先进单位。公司确立业务发展与服务社会两轮驱动、两者并重的新导向,发展与老百姓生活息息相关的各类保险业务。在中标如东县新农合大病保险和意外伤害保险项目后,又开办如东县新农合医疗补充保险,对原有新农合及大病保险形成有效补充,使全县 70 万参合农民的健康保险更全面,协调解决参合农民因病致贫、因病返贫以及因意外事故致残、致死得不到补偿等问题,2016 年意外伤害报案 4919 例,经核查赔付 3723 人次,理赔款 1476.30 万元,大病保险补偿 8282 人次,赔付额 2731.68 万元。充分发挥保险业促进改革、保障经济、稳定社会、造福人民的职能作用,为地方经济发展、社会稳定和人民安居乐业作出贡献。

(张秋玲)

房地产业

【概况】 2016 年,如东完成开发面积 41.6 万平方米,同比下降 24%。其中县城完成开发量 33.7 万平方米,同比下降 4%。全县批准预售项目 11 个,预售面积 35.51 万平方米,同比下降 16%。全县商品房销售 6889 套,同比上升 82%;销售面积 75.6 万平方米,同比上升 70%;合同成交金额 37.6 亿元,同比上升 44%。其中,县城住宅销售 4557 套,同比上升 103%;销售面积 55.7 万平方米,同比上升 90%;合同成交金额 27.86 亿元,同比上升 182%。县城商住办公用房销售 445 套,同比上升 4.6%;销售面积 4.39 万平方米,同比上升 25%;合同成交金额 3.99 亿元,同比上升 14%。全县商品房均价 5288 元 / 平方米,其中县城商品房均价 5800 元 / 平方米。全县住宅均价 5116 元 / 平方米,其中县城住宅均价 5505 元 / 平方米(以上均价不包括安置房、别墅)。

(冯溢铭)

信息服务业

邮　政

【概况】 2016 年,如东县有邮政服务网点 47 个,邮路 108 条。邮政业务收入 1.98 亿元,同比增长 12.92%,增幅居南通邮政系统第二。新增汽车邮路 6 条,组建城区商务专投段道,将快包省内件次日递范围扩大到建制镇镇区,有效提高邮件传递速度。开展“业务量超千万、激情大跨越”快递包裹专项营销活动、“点路寻包”活动,加大快递包裹发展力度。全年日均快递收寄量 5600 件,同比增长 194.71%;日均投递量 6100 件,同比增长 150%。拓展综合服务平台,以岔河镇试点,在古北、陆港、玉林等 20 个村部试点建设村邮站,并投入运营。先后组织开展“邮商联盟”路演活动 20 场,推进“邮掌柜”平台运营提档升级,累计发展邮掌柜 305 家,注册会员 7785 人。立足各乡镇农产品资源,推进农产品进城,引进农产品 1 个,实现销售额 29 万元。持续做好机要通信、党报党刊发行工作,全年机要通信进出口量 1007 件。全年装修改造营业网点 4 处,总投资 200 多万元,装修改造面积 1000 平方米,增加营业面积 400 多平方米。网点新装存取一体机 4 台和大堂存折取款机 2 台。改造投递网点 2 处。邮政服务用户满意度 93.6 分,列南通邮政系统第二。通信服务质量获南通邮政系统综合管理、服务质量管理、通信质量管理 3 个一等奖、营业管理三等奖。加强环保邮路、预防邮路等特色邮路建设,符宏彬获评省邮政系统深化特色邮路创建先进个人。县邮政分公司获 2013—2015 年度“江苏省文明单位”称号,连续 8 次蝉联该荣誉。

【业务发展】 2016 年,县邮政分公司加快转型邮务类业务,函件专业引入新媒体、新技术,整合自有和社会各类媒体资源,制定产品组合套餐,促进业务平稳发展。发投专业以“品牌 +”、畅销报刊、校园报刊、零售作为日常重点经营项目,通过项目营销、主题活动,推动业务常态化发展。集邮专业开展新邮预定、旺季邮品销售等竞赛活动,扩大集邮品需求市场。电商专业抓好短信、车险、非车险、分销等重点工作,发展势头良好。

(郭海霞)

电　信

【概况】 2016 年,中国电信股份有限公司如东分公司(简称如东电信公司)优化渠道布局,推进新兴业务,加快 LTE 建设步伐,持续打造优质无线网络。2016 年,移动用户共 16.2 万户,到达份额同比提升 0.8%,宽带用户新增 2 万户,共 12.6 万户,县、乡核心商圈网点覆盖率 31.3%,全年业务收入近 2 亿元。服务沿海经济开发和洋口港建设,支持如东地方经济发展。

【服务提升】 如东电信公司以智慧家庭组网切入,打造智慧家庭工程师队伍,提升差异化服务优势,围绕“电信就是快—宽带快、4G 快、电视快、服务快”加大城区百兆宽带当日装占比,恪守“当日装、慢必赔”服务承诺。2016 年,公司服务投诉率全区最低,客户满意度名列前茅,各项服务能力不断提升,获 2016 年“县人民满意机关”“江苏省文明单位”称号。

【信息化提升】 如东电信公司聚焦物联网、云和行业应用,深挖客户行业信息化需求,重点跟踪融合云计算、物联网、大数据等新兴业务 ICT 项目,持续探索产业互联网。全年新增物联网超万户,云产品超百户,翼支付商户近千户。

【通信能力建设】 2016 年,如东电信公司工程建设总投资逾 5000 万元,新建宏站近 300 个、滴灌、室分超过 100 个,重点做好 FTTH(光纤接入)全覆盖工程加密建设,极大提高装维质量。

(陆晓雯)

移动通信

【概况】 中国移动通信集团江苏有限公司如东分公司（简称如东移动公司）秉承“正德厚生，臻于至善”核心价值观，“客户为根，服务为本”发展理念，围绕“聚焦价值增长，加速能力提升”这根主线，创新服务形式，拓宽服务领域，履行八项服务承诺，以诚信服务赢得客户赞誉。2016年，如东移动新建434个通信基站，4G基站累计开通超900个，基站建设总投资逾6600万元，实现了如东区域4G网络全覆盖；家庭宽带新增覆盖5万户，光改小区2.5万户，总投资逾3500万元；完成集团各类接入逾400家。如东移动网络工程建设投资逾1亿元。4月，如东移动生产调度中心基建项目开工。11月，如东移动生产调度中心基建项目主体封顶。如东移动公司获评“2013—2015年度江苏省文明单位”“2016年度中国移动江苏公司先进集体”“南通市价格诚信单位”，如东移动公司工会获评“2016年度中国移动江苏公司先进工会”，如东移动集团客户部获评“2015—2016年度中国移动江苏公司标杆班组”。

【服务经营】 2016年，如东移动公司规范营业厅服务、宽带装维服务、集团客户点对点服务，优化流程实现服务质量提升。服务全程满意度全市排名第一。如东移动通信服务收入3.7亿元，同比增长率居全区前列。至年底，用户规模56万户，4G用户突破32万户，宽带用户超过10万户。

【专项行动】 2016年，如东移动公司贯彻“防范打击通讯信息诈骗”专项行动，与所有员工、合作方签订保密协议和五项禁令，自查责任状，针对实名制、个人信息保护、集团信息化业务、投诉咨询等大类细分责任目标并进行案例溯源分析，与县公安局等部门联合组织开展“防范打击通讯信息诈骗”专项治理。通过与12345热线、数字城管、如东网等进行互联互通，实时掌握问题导向，公司第一时间收集整理并处理各项通讯信息诈骗类投诉，提高舆情溯源掌控，筑牢信息安全底线。

【“蓝天卫士”】 如东移动公司在各镇承建监测秸秆禁烧项目“蓝天卫士”（基于移动基站覆盖全景高清探头全天候进行秸秆禁烧监控系统），2016年，全县乡镇实现“蓝天卫士”全覆盖13个，累计建设探头74个，协助监管监察秸秆焚烧。

【通信保障】 2016年，如东移动公司承担网络通信保障职责，保障全县各类大型活动及应对暴雨险情，确保各类保障及时有效。完成栟茶龙舟赛、“中国梦 梦之蓝”群星演唱会活动现场通信保障。在暴雨侵袭期间，如东移动第一时间完成双甸、掘港等受灾严重区域的通信基站抢修，保障人民生产生活安全。

【志愿帮扶】 如东移动公司深化文明城市创建工作、提升城市文明程度，与掘港镇民主社区海天公寓结对，开展志愿者服务进社区活动，践行“江海”特色企业文化，树立公司企业形象，彰显社会责任。2016年，如东移动“移动之家”志愿者服务队共组织志愿服务活动24场，人均志愿服务时长超过55小时。如东移动党总支部与如东县洋口镇周新庄村开展结对扶贫工作。县移动党总支部组织党员结对扶贫贫困户15户。

（鲍陈冬）

联通通信

【概况】 2016年，中国联通通信有限公司如东分公司构建以客户为中心的全业务运营体系，持续增强网络保障和服务领先能力。全年完成通服收入5230万元，同比下降4.6%。其中，公众专业收入3870万元，集团专业（含创新业务）收入1300万元。出账用户较上年净增9805户，网上用户净增1.12万户。做好存量经营和移网新增工作，推进重点业务规模提升。聚焦收入环比情况和净增出账用户数，发挥“双百兆双4G”优势，引导2G/3G用户迁移至4G网络，4G在网用户2.19万户。围绕“互联网+”及中小型企业云平台，以ICT（信息和通信技术）项目为推力，成功拓展小洋口旅游度假、沿海经济开发区、南京健桥医药公司、县公安局、县交通局、如东农商银行、华润新能源（南通）风能有限公司等一批优质集团单位。

（缪向阳）

对外及对港澳台经贸

【概况】 2016年，国际贸易持续低迷，县委、县政府积极应对宏观形势变化，利用外资水平持续提升，对外经贸波动较大，对外合作不断拓展。全年工商注册外资7.13亿美元，外资到账2.94亿美元，注册外资、到账外资总量居南通市6县（市、区）第一。全年外贸进出口额25.1亿美元，同比增长2.6%。其中，出口完成14.51亿美元，同比增长0.7%，增幅列全市各县（市、区）第四；进口完成910.59亿美元，同比增长5.4%。对外承包工程和劳务合作经营收入7048万美元，境外投资中方协议投资6855万美元，新派劳务人员1476人。年末，全县实有外商投资企业480家。

利用外资及港澳台资

【概况】 2016年，县政府围绕南通市下达外资利用目标，紧盯重大外资项目，落实县四套班子领导挂钩责任制，解决项目推进过程中存在重大问题，保障重大项目落户、正常运营。全年利用外资再创新高，注册及增资外资项目69个，其中，一产项目7个，二产项目29个，三产项目33个。

【招商方式创新】 2016年，如东县不断创新招商方式，突出“产业高端化”招商。按照县7大基地、10大产业链总体布局，进一步明晰6大园区主要产业及招引方向，以产业链为主脉、以高端化为目标，开展“延链、强链、补链”招商。瞄准世界500强、跨国公司、行业龙头，以6大园区为主要载体，在重大产业、服务外包、现代物流等方面，通过并购、增资、独资、合资、合作、上市等多种形式，引进战略投资者，改造和培育如东高新技术产业、现代服务业、现代农业等产业。研究出台《如东县招商引资考核细则》，修编《招商指引》和《招商实务手册》，举办招商引资实务培训，培训500人次。强化活动招商，牵头组织春节招商、5月集中签约、海洽会、北京招商和韩国境外招商等大规模招商活动，集中签约项目47个，总投资151亿元。

【深耕上海战略】 2016年，县政府提出全面对接上海促进产业发展暨“深耕上海”战略。按照政府主动、市场主导原则，及时关注上海产业转移动向，发挥如东区位条件优越、产业特色明显、科技创新活跃等优势，找准如东在接轨上海中的角色定位，借力发展。根据上海建设国际经济、金融、航运、贸易“四大中心”及科技创新中心功能定位，以配套互补、关联发展为方向，承接以上海为源头的产业梯度转移。实施洋口港与上海外高桥、开发区与上海祝桥镇、沿海开发区与上海金山区、高新区与上海闵行区对接，变“筑巢引凤”为“引凤筑巢”，突破行政区划界限，吸引沪上开发园区、战略投资者采取“飞地经济”或“合作建设”。

【驻外招商】 2016年，如东强化“项目为王、招商第一”理念，突出重点区域、重大项目、重要园区，聚焦跨江融合，聚力接轨上海，谋求招商引资工作新突破。在3个驻外招商联络处基础上，新组建设立上海分局、苏州分局、深圳分局和北京分局，各分局招商人员，围绕县“5+5”重点招引方向，强化全产业链思维，按照“点(项目)—线(产业链)—面(产业集群)”相结合路径“建链、强链、补链”，进行有方向、有策略、有目标、有重点的产业战略招商。同时突出融入上海、借力上海，分区域、分重点、分产业与上海企业、园区、商协会、会计事务所、律师事务所、中介投资咨询公司等保持密切联系，主动承接上海高端产业、优质项目转移。至年底，招商局各驻外分局共引进签约、落户项目13个，总投资100亿元。其中，外资项目1个，内资项目12个；工业项目6个，服务业项目4个，进出口贸易项目3个。

【招商云平台管理】 2016年，县商务局将互联网技术引入招商服务领域，借鉴外地招商活动尝试，会同软件公司研发集人员管理、活动管理、招商服务、项目管理及信息发布等功能于一体的招商云管理平台。5月招商云平台正式上线，将各镇区主要领导分管领导、专职招商人员、部门挂职招商人员等300余人纳入云平台，每月考核上述人员招商情况，镇区人员考核结果计入招商考核和项目建设考核得分，挂职人员考核得分计入对挂职人员专项考核，全县每月经云平台统计招商人次在1000人次以上。各镇区通过云平台及时上报外出招商活动和请进来活动，解决活动上报不及时、不准确问题。通过招商云平台上传各类招商实务资料，推介外地招商做法，招商人员可以随时随地通过手机端查阅学习相关知识。自4月开始，各镇区、各部门通过云平台上报各类招商信息600余条，对备案通过项目信息由项目负责人跟踪，并将跟踪情况录入系统。对项目信息从采集到跟进全程管理。

【异地商会建设】 2016年，如东加大异地商会组建力度。7月31日，县商务局牵头组建成立上海市如东商会。8月20日，组建北京如东企业商会。建立健全联系异地商会和在外创业知名人士工作机制，不定期开展走访了解，关心和鼓励企业发展，联络乡情，通过异地商会搭建宣传推介、招商引资平台，信息互通、资源共享平台，鼓励如东在外成功人士回乡创业，吸引“凤还巢”，共打“如东牌”，共圆“如东梦”。

对外及对港澳台贸易

【组织企业参展】 2016年，县商务局积极应对复杂多变国际贸易形势，组织企业参加国内外展会，增强开拓国际市场能力。引导企业参加国际性专业展会，全年有95家企业出国参展，涉及日本、德国等国家和中东地区，共获得展位126个。组织84家企业参加第119届、120届中国进出口商品交易会（简称广交会），获取展位98个；组织16家企业参加中国华东进出口商品交易会(简称华交会)，获取展位26个；组织8家江苏省海水产品出口基地企业抱团参加中国国际渔业博览会，获取特装展位90平方米。

【服务保障重点企业】 县商务局跟踪服务重点企业，挖掘自营出口潜力，促进外贸平稳增长。建立重点外贸企业跟踪联系制度，及时深入南通刚正薄板有限公司、南通强生安全防护科技有限公司、汇鸿(南通)安全用品有限公司等企业，了解和掌握企业经营成本、出口订单、市场份额等情况，帮助企业协调解决进出口过程中矛盾和问题。通过政策激励和强化考核，组织外贸供货企业业务培训，引导企业将外口岸出口货源纳入如东出口。全年新增自营出口企业39家，新增出口额约2000万美元。全县共有自营出口企业413家，主要出口日本、美国等国家和欧盟地区。全年县政府出资为68家企业投保出口信用保险，为企业防范出口风险提供保障。

【引进总部经济】 2016年，各镇(区)发挥商会和在外成功人士优势，引进贸易总部经济。加强对全县重点企业服务指导，鼓励企业外贸供货转自营，发展总部经济，成功引进广业、广海、博瀛等总部型外贸企业5个，不断拓展外贸总量。

外经合作及与港澳台地区合作

【概况】 2016年,如东对外承包工程和劳务合作经营额7048万美元,同比增长37.12%;境外投资中方协议投资额6855万美元,同比增长1058.29%,境外投资项目7个。新派劳务人员1476人,涉及日本、新加坡、阿尔及利亚、安哥拉、刚果布等国家和中国澳门地区。

【外经宣传】 县商务局提高公益宣传频率,改善宣传形式,每天黄金时段通过县电视台、广播电台发布公益广告;利用五一劳动节、国庆长假劳务人员返乡之际,组织开展出国劳务政策咨询服务活动,发放宣传资料。通过县城多个主干道大型户外LED电子屏,长期宣传外派劳务法律法规和服务平台,有效维护劳务人员合法权益。

【外经合作】 2016年,如东加快对外承包工程业务,先后有南通五建控股集团有限公司在俄罗斯、安哥拉、阿尔及利亚等开展对外承包工程业务。南通顺宁公司在阿尔及利亚有工人1600多人,在建住房8000余套。中天科技集团先后在印度、孟加拉开展光缆光电工程承包业务,完成对外承包工程和劳务合作合同额4173万美元,同比增长3.55%;新派各类劳务人员813人,同比增长3.3%;期末在外人数2855人,同比增长7.49%。

图21 4月28日,县商务局组织7家有对外承包工程和劳务合作经营权企业,在文峰大世界广场开展出国劳务咨询活动 (陆和煦 摄)

【外经拓展】 2016年,如东加大“走出去”步伐,先后有中天科技集团、江苏刚正薄板有限公司、南通大东有限公司、南通亿家人有限公司、南通五建控股集团有限公司等5家企业完成境外投资项目7个,中方投资总额6855万美元,同比增长1058.29%。对外投资企业形成以光缆、纺织服装、化工建材为基础的传统产业境外贸易加工基地。投资国家涉及巴西、乌兹别克斯坦、哥伦比亚、缅甸、美国、法国、瑞士、澳大利亚。

【涉外劳务纠纷处理】 2016年,县商务局与县市场监督管理局、县公安局、县信访局及镇(区)配合,妥善处理涉外劳务纠纷24起,其中30人以上纠纷1起,维护劳务输出人员权益。

服务外包

【概况】 2016年,如东县服务外包进入加速发展期,服务外包企业41家,其中新增6家。完成服务外包执行额1.6亿元;完成离岸服务外包执行额1183万美元。服务外包合同执行额超3000万元企业1家,为南通润友金属制品有限公司执行额1182.18万美元,从业人员969人,比年初增加113人。 (赵一锋)

2016年如东县服务外包新认定企业一览

表16

企业名称	经营范围	所属类别	所属镇区(街道)
如东锦泽信息技术有限公司	技术服务	KPO	栟茶镇
如东巍一纺织品技术有限公司	技术服务	KPO	岔河镇
如东鼎丰纺织品技术有限公司	技术服务	KPO	岔河镇
聚光科技(南通)有限公司	检测检验	KPO	洋口镇
南通大成广宇电子科技有限公司	检测检验	KPO	河口镇
如东海州文化投资发展有限公司	文化创意	KPO	城中街道

民营经济

【概况】 2016年,如东县共有私营企业2869家,比上年2068家增长38.7%;一般纳税人933户,比上年589户增长58.4%;小规模纳税人4658户,比上年增长87.9%。网络创业121户,比上年增长7.1%;网络创业一般纳税人18户,比上年下降10%。新增江东科技有限公司、江苏亚泰化工有限公司等规模以上民营工业企业55家,比上年增长27.9%;新增南通宏秀文化创意有限公司、如东倍孚速递有限公司、如东县天安货配运输有限公司等规模以上民营服务业企业23家,比上年增长64.3%。全县民营经济入库税金54.48亿元,同比下降8.5%,民营经济税收占国、地税收78.7%,与上年持平。民间固定资产投资39.5亿元,比上年下降1.2%。江苏中天科技股份有限公司董事长薛济萍被评为首届“张謇杯”南通杰出企业家,南通辉煌彩色钢板有限公司总经理刘允华被评为南通市2015年“三创”年度人物。

【转型升级】 亚振家具股份有限公司、江苏如通石油机械股份有限公司在上海证券交易所上市。江苏诺德新材料股份有限公司、金太阳粮油股份有限公司、南通尤力体育用品股份有限公司、攀柔术莎(江苏)生物科技有限公司、江苏都市牧歌绒业股份有限公司5家企业在新三板挂牌。南通巴大饲料有限公司、江东物流有限公司等5家企业中心通过省级企业技术中心认定。江苏如通石油机械股份有限公司等15家企业产品申报省名牌产品,新认定市名牌产品22件;江苏宇迪光学股份有限公司等5家企业商标被认定为省著名商标,13家企业商标被认定为市知名商标。新注册商标600件。江苏天泽环保科技有限公司等32家企业被认定为省级高新技术企业。中天科技股份有限公司自建B2B平台与生产管控集成,获得省互联网与工业融合创新示范工程示范企业;中天宽带技术有限公司全生命周期集成管理平台和南通辉煌彩色钢板有限公司MES、ERP深度融合创新,获得省互联网与工业融合创新示范工程试点企业。南通高盟新材料有限公司、江苏雅本化学有限公司、江苏海宝电池科技有限公司、亚振家具股份有限公司、江苏天泽环保科技有限公司、中天宽带有限公司6家企业获得省“两化融合”管理体系贯标试点企业。江苏刚正薄板科技有限公司、江苏中天科技股份有限公司等7家企业在境外新设立投资机构。

【民资招商】 2016年,如东县引进江苏必康制药股份有限公司、大成广宇电子科技有限公司、南通众成电子商务有限公司等1亿元以上项目21个,同比增长47.7%。全年完成市外民资投入91.4亿元,比上年增长25.9%。引进与各地特色产业相一致的项目22个,总投资38.9亿元。

【民营工业】 2016年,如东县规模以上民营工业实现增加值292.1亿元,同比增长9%;完成产值1355.5亿元,同比增长8.5%;实现出口交货值100.58亿元,同比下降5.6%。新增南通博亿化工有限公司、如东永泰化工有限公司等销售收入1亿元以上民营工业企业23家;新增江苏必康制药股份有限公司、上海中华药业南通有限公司2家销售收入10亿元以上民营工业企业,累计9家。全县新增应税销售收入500万元以上民营工业企业561家,比上年增长240%。新增江苏海宝电池科技有限公司、江苏必康制药股份有限公司、江苏三美化工有限公司、如东天楹环保能源有限公司、中天宽带技术有限公司5家纳税3000万元以上民营企业。

(李元峰　缪寿明)

园区经济

Yuanqu jingji

综　述

【概况】 2016年,如东沿海开发坚持以项目建设为中心,加强港口开发开放、载体平台打造、基础配套完善,推动沿海开发和园区建设不断取得新进展。全年6大园区实现工业应税销售收入620亿元,占全县61%;公共财政预算收入28.5亿元,占全县52.4%;1亿元以上项目投入158亿元,占全县74.9%。6大园区对全县经济发展贡献份额提升。沿海重大项目建设成效显著。如东始终把项目建设作为沿海开发重中之重,树立"项目为王"理念,持续推进全县沿海开发"百项工程会战"。2016年,沿海前沿区域新开工1亿元以上工业项目47个,占全县87%,新开工1亿元以上服务业项目25个,占全县83.3%。其中6大园区新开工1亿元以上工业项目39个,占沿海前沿区域83%,新开工1亿元以上服务业项目21个,占沿海前沿区域84%。海上风电和生命安全防护获评国家火炬特色产业基地,产业集聚效应进一步彰显。载体能级提升配套加快完善。加快沿海载体能级提升和配套完善,主动对接"一带一路"等重大战略,进一步拓展开发开放空间。三洋铁路江苏省段开展预可行性研究,海洋铁路正式开通货运业务。省政府正式批复同意在洋口港经济开发区筹建省级开发区,洋口港经济开发区与伊朗驻上海总领馆签订构建交通运输体系、促进双边贸易合作备忘录,洋口港5000吨级液体化工码头对外开放通过验收,如东海关、如东出入境检验检疫局正式挂牌成立,大唐恩智浦保税仓库获批设立,港口开放功能建设不断加快。洋口港省级海洋经济创新示范区获批,必康产业园、中天海洋智能装备产业园正式签约启动;如东经济开发区成功创建国家级科技孵化器,电商产业园加快建设;沿海经济开发区瑞丰小洋口科技城、VOC监测系统平台加快建设,无害化静脉产业园启动建设;如东高新石墨烯产业研究院成立,高新区生命健康产业园正式开园,首批21家企业入驻;循环经济产业园水库工程以及外向型农业综合开发区国家一级渔港和金海岸现代农渔业产业园加快建设。

（徐旭东）

江苏省如东经济开发区(苴镇街道)

【概况】 如东经济开发区(苴镇街道)位于县城北翼,总面积113.65平方公里。2016年,苴镇街道辖9个村、2个社区,总户数1.74万户,总人口4.97万人。当年出生148人,死亡336人,人口自然增长率-0.38‰。该区锁定"经济建设主战场、对外开放主窗口、城市建设主阵

图22　生命健康产业园

地”定位,贯彻“目标高定位、发展高水平、贡献高份额”工作要求,经济社会呈现出难中求进、稳中有为发展态势。实现地区生产总值 68.5 亿元,同比增长 10.14%;公共财政预算收入 4.67 亿元,同比下降 23.4%(受 2016 年“营业税”改“增值税”影响)。注册外资 1.2 亿美元,外资到账 6006 万美元;工业投入 53.6 亿元,同比增长 11.5%;工业应税销售收入 232.3 亿元,同比增长 29.8%。在全县园区整体目标考核中,夺得“综合优胜杯”铜杯、“开放杯”金杯、“工业发展杯” 金杯、“生态文明杯”金杯和“项目建设杯”银杯。如东经济开发区在全省省级开发区科学发展综合评价排名第 9 位。

2016年如东经济开发区(苴镇街道)主要经济社会指标

表 17

项　目	单　位	数　量	比 2015 年增减(%)
总面积	平方公里	113.65	—
总人口	人	4.97	15.8
地区生产总值	亿元	68.50	10.1
第一产业增加值	亿元	2.79	5.2
第二产业增加值	亿元	44.64	10.9
第三产业增加值	亿元	21.06	13.2
财政总收入	亿元	8.42	-17.7
公共财政预算收入	亿元	4.67	-23.4
税收收入	亿元	7.79	—
企业总数	家	895	6.2
其中规模工业企业	家	73	1.4
工业总产值	亿元	269.80	18.5
应税销售收入	亿元	232.30	29.8
工业利税总额	亿元	18.64	-15.1
当年实际利用外资	万美元	6006	-14.6
全社会固定资产投资	亿元	67.10	15.8
工业投入	亿元	53.60	11.5
农业总产值	亿元	11.70	29.2
粮食总产量	万吨	4.90	-2.4
棉花总产量	吨	23	-96.6
油料总产量	吨	1685	-15.4
水产品产量	吨	17172	-12.9
中、小学校	所	3	—
医院、卫生院	所	2	—
参加社会养老保险人数	人	9376	-10.7
参加合作医疗人数	人	34809	-0.1
享受尊老金人数	人	2952	39.4

2016年如东县苴镇街道各村(居)基本情况

表 18

村(居)名	党支部书记	主　任	村民小组（个）	人口（人）	耕地面积（公顷）	村营收入（万元）
蔡　桥	陈建军	季　林	64	6842	796.43	37.70
凤　阳	张育铭	徐松明	43	5062	712.28	112.01
金　凤	王月星	季　伟	53	5508	779.82	109.21
王　潭	秦亚东	邵继翔	55	6336	733.13	73.59
九　阳	周爱军	陈宏彬	45	4075	578.90	38.79
刘　埠	刘　晶	陈　斌	40	4016	476.90	54.64
晓桥社区	葛海军	葛海军	—	2342	—	15.67
虹　元	张亚军	高怀志	49	4697	575.83	32.62
肖　桥	朱明飞	朱明飞	31	2591	340.43	39.66
江　庄	王　军	陈武春	28	3530	461.06	37.71
振新社区	孔新宝	黄如江	27	6247	217.27	—

【项目建设】 如东经济开发区(苴镇街道)深耕上海、苏南等重点区域,深化与园区、央企、国企、外企、世界500强企业对接合作,全力招引龙头型、基地型、科技型、品牌型项目,当年储备有效项目信息50余条,君聪国际、金翼蛋品、美国MCR安防、美国SPEC金属表面处理、苏州诚弘机械、江东科技特种光纤、江东电子材料精密结构件、高世代光学多功能板、腾魄休闲用品等一批优质项目落户。制定项目建设工作制度18条,强化责任倒逼,严肃考核问责,促推腾魄休闲用品、江东电子材料、汇鸿安全用品二期、东润新材料二期、诺德新材料二期、锵尼玛新材料二期、汇鑫商务中心等21个亿元以上产业项目新开工;汇鑫商务中心、中天科技产业园商务中心等5个亿元服务业项目新开工,2000万元以上新竣工项目7个。

【工业经济】 如东经济开发区(苴镇街道)培育优势企业、优势产业,工业经济实现扩量提质,规模企业应税销售收入平均增幅8%,工业应税销售收入突破200亿元。强化政银企保合作,帮助企业解决资金约1.8亿元;鼓励和引导企业通过技术改造、增资扩产、战略合作、兼并重组、上市等途径,推进企业加快转型发展,江苏强生光电有限公司、凯爱瑞食品(南通)有限公司、深圳市景田食品饮料南通有限公司、江苏绿源亚克力板材有限公司等企业实现技改扩建,江苏如通石油机械股份有限公司主板上市,江苏诺德新材料股份有限公司、江苏都市牧歌绒业股份有限公司、攀柔莎(江苏)生物科技有限公司3家企业在新三板挂牌,全区新增定报企业10家、1亿元企业6家、5亿～10亿元企业1家。全区共有定报企业73家,应税销售收入1亿元以上企业30家。获批专利115项、省高新技术产品13件,万人发明专利拥有量15.88件;

图23　10月15日，中船重工海装5兆瓦海上风电机组批量化生产下线暨风电产品出口基地授牌仪式

建立市级以上工程技术研究中心2家、省级研究生工作站1家;新增高新技术企业10家、省级民营科技企业3家，全区有高新技术企业22家、省级民营科技企业20家,高新技术产业产值占比20%。聚力打造产业集群,新能源、机械装备制造、生命安全防护、汽车电子及零部件、食品等主导产业集聚度不断提高,形成国家火炬生命安防用品特色产业基地、国家级科技企业孵化器、省高端装备制造业特色基地、省知识产权试点园区、省级众创空间等一批产业(行业)品牌。

【园区建设】 如东经济开发区加强基础设施及综合配套功能建设,促进园区形象、功能“双提升”,当年园区建设投入超5亿元。永丰河、友谊河泵站、钟山路西侧渭河路北侧河道整治、江东科技供电供汽专线施工等工程竣工，嘉陵江路新建工程进场施工，紫琅路新建工程完成管网施工,四期安置房多层封顶。当年房屋征收安置220户，总投入1.3亿元。强化功能配套,表面处理中心提标升级改造、污水处理尾水排放等工程全面竣工,便民服务中心、政法综治中心投入使用，汇鑫悦澜湾一期竣工，大唐恩智浦保税仓库交付使用，明安物流、众磊医疗及一批产业基金平台落户。通过产业基金、PPP、信托、融资租赁、P2P等形式获取建设发展资金，新增融资10多亿元。

【社会民生】 开发区小学新建工程完成规划设计,幼儿园、东屏护理院新建工程启动建设，振新西苑升级改造工程、3村自来水管网工程全面竣工。全区新农合参合率99.8%,城乡居民养老保险及各项职工保险扩面任务全面完成，全年安排各类补贴救助金2000多万元，慰问5000余人次。全年流转土地466.67公顷,实现“三资”投入农业4.5亿元,所有村集体收入超30万元，其中2个村超100万元。新建农路24.8公里、农桥18座,疏浚河道22条、11万立方米。省级高标准农田、蔡桥村省级水土保持等项目竣工。海启高速配套拆迁让地工作全面启动,年底前主线、便道地块实施征收26户,落实取土坑2.67公顷。村庄环境综合治理成为全市“五位一体”长效管理工作示范镇。坚持依法治区,开展社会矛盾纠纷排查化解行动4次,突出对重点人员管控、对社会矛盾纠纷化解和对信访问题处置,维护社会和谐稳定。 (韦育军)

南通外向型农业综合开发区

【概况】 2016年,南通外向型农业综合开发区（简称“南通外农开发区”)开展“招商引资突破年、产业升级推进年、开发建设攻坚年、美丽乡村建设年和作风建设深化年”活动，主要经济指标稳步增长。公共财政预算收入1203万元,超额完成县下达任务。全年融资到账1.9亿多元,上争项目资金1000多万元。外资注册2000万美元，外资到账1601万美元,完成内资项目6个,引进市外民资投入额3.1亿元。完成规模工业产值5.02亿元,技术、设备抵免税额1.32亿元；完成1000万元以上工业项目投入3.1亿元;完成1000万元以上服务业项目投入4.5亿元，服务业应税销售收入2650万元。

2016年南通外向型农业综合开发区主要经济社会指标

表19

项　目	单　位	数　量	比2015年增减(%)
总面积	平方公里	169(启动区101)	—
总人口	万人	0.09	—
地区生产总值	亿元	1.32	10.9
第一产业增加值	万元	4117.50	9.7
第二产业增加值	万元	8793	11.8
第三产业增加值	万元	312	12.6
财政总收入	万元	1203	-13.8
公共财政预算收入	万元	1203	-13.8
企业总数	家	43	59.3
其中规模工业企业	家	2	0
工业总产值	亿元	5.02	29
应税销售收入	亿元	3.96	10

续表 19

项　目	单　位	数　量	比 2015 年增减(%)
工业利税总额	亿元	0.84	12
当年实际利用外资	万美元	1601	167
全社会固定资产投资	亿元	6.70	60
工业投入	亿元	3.10	24
农业总产值	亿元	3.40	-12.8
粮食总产量	万吨	0.34	0
棉花总产量	吨	113	0
油料总产量	吨	195.10	0
水产品产量	吨	13671	0
中、小学校	所	—	—
医院、卫生院	所	—	—
参加社会养老保险人数	人	690	9.8
参加合作医疗人数	人	2388	0.2
享受尊老金人数	人	108	0

2016年南通外向型农业综合开发区各村(居)基本情况

表 20

村(居)名	党支部书记	主　任	村民小组(个)	人　口(人)	耕地面积(公顷)	村营收入(万元)
何　丫	秦志辉	奚怀泉	18	1498	280	61
近　海	何恒华	朱明林	3	631	39.73	125
环　东	陈　剑	刘红兵	1	264	7.93	117
东海社区	徐　刚	王冬林	12	986	300	—

【招商引资和项目建设】 南通外向开发区整合全区 8 个部门 4 条工作线，成立 1 个招商总局和 3 个招商分局，出台《招商引资、项目建设考核办法》，强化亿元项目招引，形成全员参与招商、人人比拼招商氛围。主要领导盯客商、跟项目、推进度，分管领导和各部门单位用足时间和精力走出去、请进来、解难题。挂职招商人员融入招商一线，主动作为，取得较好业绩。全年招引江苏小鲜蛋生物科技有限公司等 6 家企业落户；完成台湾慕德生技标准化养殖、苏润光伏发电、如意东方——上海文旅小镇和刘埠现代农渔体验园 4 个项目签约；推进正大虾全产业链、中峰食品工业园、八融食品加工和农副产品交易中心冷链物流等 20 多个项目洽谈。全年新建 1 亿元以上产业项目 4 个。掘苴垦区 10 兆瓦光伏发电项目，建设主体为通威“渔光一体”如东有限公司，总投资 1.1 亿元，竣工并网发电。江苏小鲜蛋生物科技饲料研发加工项目，总投资 1.1 亿元，主要从事功能蛋研发、蛋鸡配合料、畜禽预混料、生物饲料的研发、生产和销售。主体厂房及配套基础设施全面开工建设，综合楼砌筑至四楼，附房主体墙砌筑，配电房竣工验收。江苏小鲜蛋食品蛋制品加工项目，总投资 1.08 亿元，引进全自动鸡蛋生产设备 6 套，鸡蛋加工设备 6 套，全自动鸡蛋清分级机等相关先进配套设备，年加工处理商品鸡蛋 2 亿枚，项目完成主体厂房封顶。通威南通外农 10 兆瓦光伏发电项目，总投资 1.05 亿元，完成基础打桩、光伏电板安装和并网发电。加快刘埠现代农渔体验园项目建设，根据《刘埠现代农渔体验园概念性规划》，梳理、整合原刘埠农庄资源，形成新开发思路，以满足现代

农业项目建设、展示、示范及宣传需求，并与南通五建建筑有限公司达成框架协议，吸引中青旅和万科集团到区考察投资特色小镇建设。

【刘埠渔港建设】　全年完成投资约2亿元。渔港海堤经过200多名工人2天2夜施工,克服水面宽、土质差等诸多难题,1月4日实现一次性成功合龙。刘埠水闸及关联河道工程于5月16日正式移交县水务部门,6月2日首次放水，为全县夏季防洪排涝发挥作用,年底前,会同县水务部门，敦促工程施工方及时组织专家团队和技术力量对水闸检测加固,保障水闸质量。东海堤工程完工验收。码头、船闸、换水闸工程等均陆续开工建设。经过论证规划增设双线船闸，设计变更取得省发改委批复，与一线船闸同时招标施工,为更好服务渔民、吸引更多渔船到港作业和打造国家级中心渔港提供硬件储备。

【基础配套】　2016年,南通外农开发区完成“工矿废弃地、增减挂钩和占补平衡”年度国土任务,争取用地指标,服务项目建设。妥善解决影响项目建设的海域使用等制约因素。渔港大道二期工程全线开工建设,污水处理厂、风光大道二期、G228北延线等工程启动准备工作。

【农渔产业】　南通外农开发区在南美白对虾养殖、紫菜生产和高效设施果蔬生产等领域，全年新增高效农渔业面积2400亩,新增高效设施面积1240亩；新建农渔业项目5个,投资总额约2亿元,续建农渔业示范园区6个，培植连片种养示范基地5个，新培育果蔬、南美白对虾、条斑紫菜、特种水产特色产业4个,完成投入超1000万元以上高效农渔业项目5个。年末,全区高效农渔业面积2.5万亩，高效设施面积7000亩,特色产业3个,农渔业示范园区8个。全年争取涉农项目涵盖省级滩涂开发项目、中央财政支持农业项目、合作社创新试点项目、农业标准化项目、“一事一议”财政奖补项目、交通财政农桥建设、农业信息化建设项目、河道疏浚项目、农业“三新”工程建设项目等,推动园区基础设施建设和农业项目发展,被市政府列入创建国家级农业示范区“863”工程和县政府农业“642”工程建设主阵地之一。

【惠民共享】　推进“双强双带”(强班子、强素质,带头致富、带领群众致富)工程,增强村级集体经济造血功能。近海、环东、何丫3个村村营收入分别为125万元、117万元和61万元，农（渔）民人均纯收入超2.5万元。改善农业农村基础设施和村庄面貌,新建农路10公里、财政桥1座、交通桥1座，疏浚河道60万立方米以上，打造绿化示范路1公里，创成省级绿化达标村和县绿化示范村各1个。开展小麦、水稻、大棚农业政策性保险收缴，小麦油菜良种补贴发放，棉花目标价格补贴核实登记发放,以及动物防疫、绿化造林、农资发放等工作。成功培育新型农业经营主体10余家(个),其中,农业专业合作社1家、家庭农场8个。有序推进土地确权,发证完成率全市领先。

【园区管理】　南通外农开发区坚持依法行政，组织开展农海产品加工区南区征地、刘埠渔港和新光变电站征地等项目社会稳定风险评估工作,保障全区项目建设稳步推进。开展“12348 法润千万家”、渔民普法大培训、法治文化黄梅戏等法治宣传活动,推进法治文化广场建设。推进基层平台建设,3村1社区形成通透式办公、一站式服务、流程式管理模式。全年接待受理信访19件，均逐案落实交办；排查受理矛盾纠纷134件,调成132件,调成率98.5%。

【安全环保】　南通外农开发区及时调整安全生产责任范围，强化条线安全监管意识和监督管理责任。主要领导、分管领导遵照“党政同责、一岗双责”要求,常态化开展安全生产大检查，全年组织各安委会成员单位针对辖区内海洋渔业、施工现场、涉氨制冷、涉有限空间、烟花爆竹、劳动密集型企业及职业病危害企业开展安全大检查40余次,排查并整改安全隐患98处,出具责令改正指令书11份,实现安全生产全年“零事故”。组织海洋渔业、建筑施工等安全生产知识培训15期，受训1800余人次。开展全省污染源一企一档动态管理系统建设工作，组织区内22家企业完成项目建设清理排查，对区内中心河水质和南通佳吉利劳保用品有限公司等重点企业开展突出环境问题专项调查，限时整改到位。　(冯秋鸣)

江苏省如东沿海经济开发区(小洋口旅游度假区、洋口镇)

【概况】　如东沿海经济开发区位于如东县北部,濒临南黄海,西与栟茶镇、南与丰利镇、东与南通外向型农业综合开发区为邻。沿海经济开发区洋口化学工业园建于2004年2月,总规划面积26平方公里,获准开发11.6平方公里,是南通市危险化学品生产储存专门区域。其产业定位为精细化工，行业类别主要是农药、医药、化工新材料等。2012年1月,与小洋口旅游度假区、洋口镇实行区镇合一管理体制。获评省新型工业化示范基地、省“两化”融合试验区、省高分子材料科技产业园、省特色产业集群等。2016年,洋口镇辖19个行政村、2个场、329个村民小组,耕地面积10.68万亩,其中农业承包面积9.45万亩，总农户2.35万户,总人口7.21万人,其中农业人口6.75万人,年内出生401人,死亡770人,人口自然增长率-4.73‰,农村劳动力2.28万人,是传统农业大镇和海洋捕捞重镇。镇(区)党(工)委以建设国家火炬计划新材料产业基地、国家新型工业化产业示范基地、国家级生态工业示范园区、国家级旅游度假区、国家卫生镇为目标，打造千亿级产业集群，建设现代化沿海新城。全年实现地区生产总值61.18亿元，同比增长8.5%；公共财政预算收入7.12亿元，同比下降10.2%；工业投入78.13亿元，同比增长10.5%；应税销售收入205亿元，同比下降7.2%。县整体目标考核中，获综合考评第一，单项考核获“综合优胜杯”金杯、“兴财杯”金杯、“项目建设杯”金杯、“服务业发展杯”金杯、“民生杯”金杯、“综合保障杯”银杯、“创新杯”银杯、“生态文明杯”银杯。

2016年如东县沿海经济开发区(洋口镇)主要经济指标

表21

项　目	单　位	数　量	比2015年增减(%)
总面积	平方公里	125	—
总人口	万人	7.21	—
地区生产总值	亿元	61.18	8.5
第一产业增加值	亿元	5.59	4.1
第二产业增加值	亿元	30.83	4.7
第三产业增加值	亿元	24.76	14.9
财政总收入	亿元	13.01	1.3
公共财政预算收入	亿元	7.12	-10.2
农民人均纯收入	元	19174	12.0
工业企业	家	210	2.4
工业总产值	亿元	315	-14.9
应税销售收入	亿元	205	-7.2
工业利税总额	亿元	20	2.0
当年实际利用外资	万美元	8429	-16
全社会固定资产投资	亿元	127.92	31.1
工业投入	亿元	78.13	10.5
农业总产值	亿元	15.69	1.0
粮食总产量	万吨	8.24	-7.2
棉花总产量	吨	0	-100
油料总产量	吨	1705	-70.2
水产品总产量	万吨	5	-2.3
中、小学校	所	5	0
医院、卫生院	所	5	25
参加社会养老保险人数	人	27250	16.9
参加合作医疗人数	人	54534	-3.4
享受尊老金人数	人	4276	6.0

2016年如东县洋口镇各村(居)基本情况

表22

村(居)名	党支部书记	主　任	村民小组(个)	户数(户)	人口(人)	耕地面积(公顷)	村营收入(万元)
楼　窑	许葛华	王登禾	12	1164	3384	406	73.64
王　鸭	于邵银	马永前	10	709	2153	280	53.50

续表 22

村(居)名	党支部书记	主　任	村民小组(个)	户数(户)	人口(人)	耕地面积(公顷)	村营收入(万元)
杨楝园	石捍东	姜德梅	19	1349	3793	493	71.21
油坊口	缪信荣	陆亚芳	12	713	2279	286	37.75
六份头	刘　建	孙锡红	19	1238	3512	460	68.01
周新庄	陈建军	杨凤琴	20	1285	3480	360	63.20
香橼树	张学进	沈　浩	11	886	2192	280	53.38
三江口	唐文忠	肖　瑜	13	1425	3908	386	112.53
张　埭	张德凤	施鹏飞	16	924	2541	280	57.88
浒　路	茅建华	杨爱红	26	1292	3852	500	81.52
甜　港	王　彬	徐丛明	17	1408	4219	480	98.23
古　坳	顾爱明	刘晓建	12	1056	3167	386	132.72
耿　庄	孙志军	冒金泉	27	1157	3401	380	72.11
池塘头	张慧剑	缪小娟	9	1222	3585	313	89.14
新　坝	缪　林	张玲娟	20	1575	4606	406	95.82
同　文	於海峰	缪志红	19	867	2435	220	67.74
闸　西	林　云	符　值	17	1413	4620	360	84.38
洋　口	傅国华	罗建兰	39	1606	4673	613	541.94
南　渔	许信荣	张大林	13	1908	6029	674	236.20

【农渔业发展】 2016 年,洋口镇农业总产值 15.69 亿元，其中种植业 2.76 亿元,畜牧业 1.92 亿元,渔业 10.96 亿元,人均纯收入 1.92 万元。全镇种植水稻 6.9 万亩，年产稻谷 4.17 万吨;小麦 7.1 万亩,总产 2.8 万吨;油菜 1.4 万亩,总产 1705 吨;玉米 1.5 万亩,总产 6722 吨。洋口镇水稻万亩丰产方共有水稻面积 1.18 万亩,分布在 3 个行政村,丰产方核心方实行统一供种、统一栽培、统一培管、统一植保。全镇高效农田面积 6.76 万亩,高效设施农业面积 6210 亩,主要种植西瓜、各类出口蔬菜、青玉米和德国葱等。全镇有专业渔业村 2 个，涉渔农业村 17 个,渔业劳力近 1 万人，其中出海劳力 1800多人,有大小捕捞渔船 552 艘。全镇农业园区 30 个,其中,种植园区 5 个、畜禽养殖园区 13 个、水产养殖园区 12 个。与中化现代农业有限公司达成合作，开发利用林场及其周边农地，建设现代农业示范基地,打造农业示范样板区。

【工业发展】 2016 年,沿海经济开发区完成 1000 万元工业投入 77.5 亿元，新开工亿元工业项目 20 个、服务业项目 11 个，分别投入 35 亿元、14.65 亿元。年内工业项目有效投入总量和规模位居全县第一。全年完成规模工业产值 315 亿元,工业应税销售收入 205 亿元，园区企业保持稳定运行良好发展态势。全区始终坚持“项目立园、产业强区”理念，建好配套工程，围绕项目招引、开工建设、竣工投产等环节,为

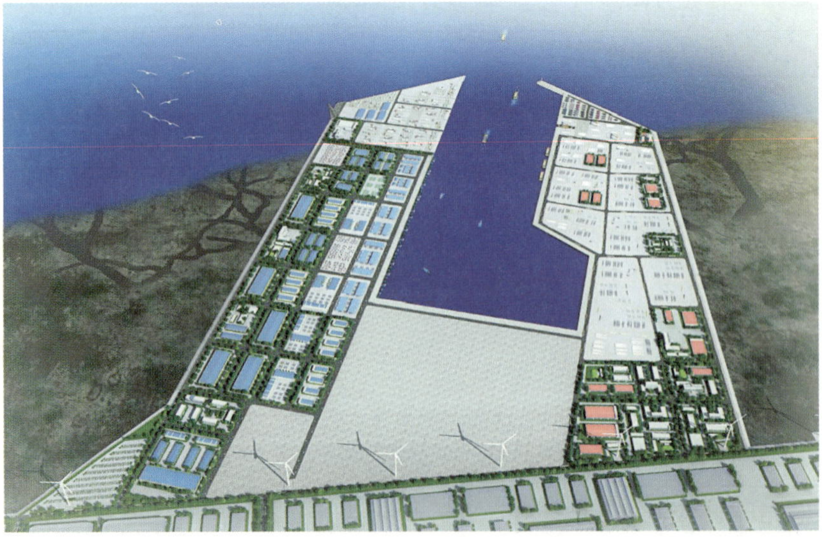

图 24　洋口风电母港规划效果图

图 25 静脉产业园效果图

工业企业和工业项目提供服务，产业结构不断提档升级。开展风电母港建设，招引落户一批新能源产业项目，打造海上风电重装产业园；高标准规划十八总工业区，启动南北主干道建设，推进新型工业集中区建设；建设运行超临界水氧化技术处理高盐、高毒、高浓度有机废水示范项目，回购凯发污水处理厂，引进深圳水务集团投资建设第二污水处理厂。招引国内最大危废处置企业东江环保股份有限公司并购如东大恒危险废物处理有限公司和惠天然填埋场，提升固废处置能力。以危废集中收集、分类贮存、分质处置，实现危废处置资源化、减量化和无害化的静脉产业园建设全面启动。推动企业平台建设，成功申报省研究生工作站 5 家。先后组织 14 家企业申报省、市、县工程技术研究中心，与知名大学共建国家技术转移中心和产业技术研究院，申报各类人才 41 人、省 333 工程科研项目资助经费 3 项。

【基础配套建设】 2016 年，沿海经济开发区以“建设新城”为目标，科学规划编制沿海经济开发区战略发展规划、洋口新城区城市设计和洋口镇村庄体系规划，修编 2 区 1 镇总体规划。启动土地利用总体规划调整修编工作，确定土地利用空间布局。实施道路、水电气、污水处理、综合下海通道等生产、生活要素配套工程。拓展旅游发展空间，全面实施度假区“四横一纵”景观道路、水系等基础配套工程建设，全区硬件设施升级。启动新城开发建设，海正如苑、腾龙花苑等项目全面开工，化工配件市场、“一河两岸” 商业街及渔民社区省级示范项目等项目有序推进，四海之家商业街、海鲜大排档等项目全面竣工。完成农场工区和洋口村十八总等地块土地房屋征收工作，完成土地复垦增减挂钩面积 1300 余亩。抓好农村基础设施建设，新建农村公路 73.9 公里，新建改造农村桥梁 23 座，疏浚河道 8 条、9.2 公里，整坡绿化 25.26 公里，新建防渗渠 16.7 公里。

图 26 洋口新镇区“一河两岸”商业街效果图

【民生保障】 沿海经济开发区实施民生幸福工程，全年直接用于民生及与民生相关财政支出超 4.2 亿元，占全镇公共财政支出 67%以上。实施脱贫攻坚工作，农村低收入人口 1621 人整体实现脱贫。便民服务中心承接行政审批权限 87 项，办结事项 2.89 万件。文化教育卫生事业持续高位投入，市级农家书屋和数字化村建设工作有序推进。教育、医疗及卫生事业投入 4000 余万元，实现基础设施提档升级。镇 4 所学校获县教育质量金奖学校，1 所学校获评县教育质量进步学校。古坳中学成功承办第四届全国中小学课堂教学创新成果博览会分会场，并被评为全国体育工作示范学校。洋口镇卫生院正式投入运行。构建政法综治保障体系，破解重点人群服务管理、重点行业安全监管、重点领域矛盾化解等难题，打造升级版平安洋口，回复各类留言和信访件 226 件，排查化解矛盾纠纷 312 起，调处成功率 99%以上。

【化工园区整治】 沿海经济开发区开展化工园区环保专项整治和危化品安全生产攻坚工作。建立安全环保“党政同责、一岗双责”责任体系，加强园区废水、固废处理设施建设，开展以尾气在线监控和 LDAR（泄漏检测与修复）检测为重点的废气整治工作，检查企业 416 家，整治隐患 1885 条，整治成效在全省沿海化工园区环保专项整治验收考核中名列第一。落实“三强化”（强化宣传教育培训、强化排查治理、强化专项整治)，提升企业安全标准化管理水平,有序开展专项检查和整治工作,督促整改落实。获“全国发展潜力十强化工园区”“全国环保管理优秀园区”等称号。

【旅游开发】 2016年,小洋口旅游度假区投入近2亿元，打造小洋口大舞台、小洋口乐园及小洋口国际风筝放飞场等休闲景点及沿线旅游景观配套工程。加快国家级海洋公园规划编制和省级水利风景区发展规划前期调研工作，为申报国家级旅游度假区奠定基础。完成洋口外闸西侧围垦区域4宗用海海域使用权申领工作,新增旅游建设用地200公顷。推进国际温泉城、科技城、海之城等项目建设，重点打造金蛤岛景区、渔港景区、乡村旅游集聚区等旅游板块,以“海洋、温泉、生态、文化”为主题的小洋口旅游品牌效应不断放大，全年接待游客150多万人次。成功晋级全省旅游度假区发展情况考核前10名。 (姜红英)

如东循环经济产业园(东凌库区产业园、进口再生资源加工区、大豫镇)

【概况】 如东循环经济产业园(东凌库区产业园、进口再生资源加工区、大豫镇)位于如东东部沿海地区,总面积195.47平方公里,耕地面积1.27万公顷,总人口10万人。2016年,出生482人,死亡967人,人口自然增长率-5.03‰。全年实现地区生产总值59.89亿元，同比增长10%,一、二、三产业比重15:39:46。公共财政预算收入2.03亿元，同比增长24.45%；完成注册外资4900万美元，外资到账2500万美元。新培育规模企业3家,分别为南通滨海东泰纺织有限公司、南通灿福工贸有限公司、如东鑫益弘纺织有限公司。新能源、劳护用品、电光源制造、食品加工、机械制造等产业板块竞争力优势日益凸显。通过东凌湖旅游产业融合发展专题研究，委托国家旅游研究院编制南黄海旅游产业融合发展概念规划，完成东凌湖旅游产业融合发展总体规划编制中间成果。全年服务业应税销售收入8.7亿元。大豫镇辖行政村14个、居委会4个，全镇村营收入1405.97万元。获县综合考核“兴财杯”银杯、“新农杯”银杯，被中国成人教育协会农村成人教育专业委员会、教育部社区教育研究培训中心评为“优秀学习型乡镇”,被省水利厅评为“水美乡镇”等。

2016年如东县循环经济产业园(大豫镇)主要经济社会指标

表23

项　目	单　位	数　量	比2015年增减(%)
总面积	平方公里	195.47	—
总人口	万人	10	—
地区生产总值	亿元	59.89	10
第一产业增加值	亿元	9.30	4
第二产业增加值	亿元	23.12	4.7
第三产业增加值	亿元	27.47	17.3
财政总收入	亿元	3.13	19.9
公共财政预算收入	亿元	2.03	24.5
企业总数	家	186	13.4
其中规模工业企业	家	28	12
工业总产值	亿元	80.18	-5.2
应税销售收入	亿元	28	10.2
工业利税总额	亿元	14.85	-1.7
当年实际利用外资	万美元	2500	-20.4
全社会固定资产投资	亿元	32.79	0.1
工业投入	亿元	21.92	9.4
农业总产值	亿元	19.14	-3
粮食总产量	万吨	44144	-3.9

续表 23

项 目	单 位	数 量	比 2015 年增减(%)
棉花总产量	吨	1971	-55.2
油料总产量	吨	7971	-36.5
水产品产量	吨	17432	-8.2
中、小学校	所	4	—
医院、卫生院	所	4	—
参加社会养老保险人数	人	70000	-7.9
参加合作医疗人数	人	78902	-1.5
享受尊老金人数	人	5715	4

2016年如东县大豫镇各村(居)基本情况

表 24

村(居)名	党支部书记	主 任	村民小组(个)	人口(人)	耕地面积(公顷)	村营收入(万元)
大 同	王 鑫	王思平	48	5838	561.30	41.68
巩 王	张红梅	曾红兵	43	6161	676.34	84.73
丁家店	龚 燕	柏玉兵	44	6730	740.10	51.94
伯 安	宋红兵	冯金辉	25	3687	393.29	62.54
东安闸	何爱玲	施安新	46	6345	739.05	50.56
马家店	汤成达	陈军军	44	6292	748.65	46.89
徐 征	查晓飞	周永梅	28	4380	544.15	58.77
强 民	印雪峰	樊沈兵	49	6879	803.16	96.89
一门闸	黄浩新	郁 洲	39	5424	668.99	43.24
兵房居委会	沈春辉	施雪丰	13	1602	102.33	82.64
止马洼	郭拥军	朱海军	32	4972	434.39	51.75
南坎社区	何学忠	季钱勇	33	4894	483.62	63.85
香 台	仇小华	陈 昌	46	6850	834.46	55.53
周 墩	桑新华	马国付	20	4425	501.34	64.91
豫 东	陈 剑	王 玮	35	4769	551.18	70.09
大豫社区	施春华	冯小建	34	5567	551.26	46.49
九 龙	张海林	季林荣	22	2549	697.11	143.41
农场社区居委会	徐永军	徐公兵	6	1616	313.33	290.06

【项目建设】 循环经济产业园立足特色产业和重点项目招商，与行业龙头企业和发达地区做好产业转移对接。推进东凌湖库区旅游开发项目、上海鸿轩公司整体搬迁项目、UFO生态养殖项目、深圳铁汉生态湿地公园项目、上海昱品通讯光缆制造项目、杭州金沙置业有限公司生态旅游项目、无土栽培项目、秸秆加工项目等。市认定新开工1亿元以上工业项目3个，分别为润信纺织机械及配件生产项目、盾王劳保劳保皮鞋扩建项目、亚太环保废旧五金回收利用项目；1亿元以上项目竣工1个，为华润南通如东东安二期

图 27　5 月 17 日，江苏徐鸿飞生态农业有限公司 60 万羽蛋鸡场及蛋制品加工项目开工仪式

风电场项目。美凌液化气灶具技改项目、昌华水产扩建 2000 吨冻煮真空蛤生产项目、滨海东泰高档竹节纱生产项目等 2000 万元以上项目开工 10 个；海灵重工扩建海上风电单桩导管架项目、泓盛手套生产项目、万豪水泥实验室及厂房改造项目等 2000 万元以上项目竣工 6 个。

【产业载体建设】　加工区推进投资管理体制、矛盾化解。工业集中区日臻完善，陆续投资 1000 多万元，征拆住房 2923 平方米，改造兵房工业集中区污水管网，提升绿化、亮化功能，区内基础设施基本完善。东凌库区一期工程全部完成，二期配套建筑物前置库及环库道路工程主体完工，老 334 线东延工程建成通车，水库副岛启动园林景观绿化工程。完成总投资 2.6 亿元，初步形成 5.8 平方公里水面，2 座湖心岛、环湖道路、取水提水涵闸、湿地公园等总面积约 16.7 平方公里的旅游度假区框架。度假区北侧规划约 20 平方公里，发展以现代农业观光、风情度假、特色体验为主题的“农业 + 旅游”产业。鸿轩农业总部基地项目成功落户。

【镇区建设】　修编园区总体规划。投资 2 亿元的金地来公寓项目全面开工，总建筑面积 4.8 万平方米，8 幢商住楼全部封顶。市民健身广场完成路基铺装，文体中心主体工程完工。美凌液化气站搬迁工程全面结束，启动富华路西侧二期 2.53 万平方米开发建设。顺通路东延、富华路和迎宾路连接工程完成后，镇区主干道框架形成。做好省道 334 线东延工程和长兵线拓宽工程征收让地服务工作，涉及征收农户 210 户，征收面积 2 万平方米，征收土地 93.33 公顷。

【社会事业】　年底，省优标准丁店幼儿园具备启用条件。村村建成标准化农家书屋和全民体育健身路径。文化产业主营收入 9.05 亿元。社会保障水平提高，发放城乡低保、农村五保、城镇“三无”老人、孤儿和残疾人等救助资金 220.92 万元。大豫镇爱心助困协会成立，资助金额 11.2 万元。组织开展新一轮扶贫开发建档立卡工作，健全台账，审核确定 766 户 1189 人低收入人群，并落实相关帮扶措施。重大节日及重大活动期间均未发生赴京非访。

【新农村建设】　全年拆坝建涵 125 座，新建农桥 18 座，新建乡级道路 28 公里，新建硬质道路 18 公里，投资 572 万元改造兵北线 2.7 公里。覆盖拉网式农村环境综合整治 56 座蓄粪池，绿化造林 1720 亩。土地复垦工作完成三类项目入库面积 397.65 亩。　(陈　娟)

如东高新技术产业开发区
(城中街道、掘港街道)

【概况】　如东高新技术产业开发区(简称如东高新区)为如东县城所在地，是全县政治、经济、文化中心。2015 年，掘港镇撤镇成立城中街道、掘港街道，与如东高新区实行一体化管理。总面积 219.22 平方公里，总人口 19.95 万人，城区规划面积 120 平方公里，建成区面积 30 平方公里。2016 年，出生 1445 人，死亡 1448 人，人口自然增长率 -0.02‰。下辖 27 个村、18 个居委会，耕地面积 8612.97 公顷，村营总收入 2041 万元。全区工业企业 734 家，其中规模以上企业 109 家，亿元企业 52 家，10 亿元以上企业 2 家；服务业企业 800 多家，其中规模以上服务业企业 32 家，重点服务业企业 23 家。全年地区生产总值 203.83 亿元，同比下降 1.4%；公共财政预算收入 9.3 亿元，同比下降 22.7%。先后跻身经济总量全国千强区、中国投资环境百强区行列。

2016年如东高新技术开发区主要经济社会指标

表 25

项　目	单　位	数　量	比 2015 年增减(%)
总面积	平方公里	219.22	—

续表 25

项　目	单　位	数　量	比 2015 年增减(%)
总人口	万人	19.95	2
地区生产总值	亿元	203.83	-1.4
第一产业增加值	亿元	11.17	3.8
第二产业增加值	亿元	115.29	-6.9
第三产业增加值	亿元	77.37	7.2
财政总收入	亿元	14.6	-22.8
公共财政预算收入	亿元	9.3	-22.7
工业企业	家	734	-69
其中规模工业企业	家	109	2
工业总产值	亿元	556.06	15
应税销售收入	亿元	187.54	24.5
工业利税总额	亿元	46.13	-5.6
当年实际利用外资	万美元	4260	-5.9
全社会固定资产投资	亿元	89.4	25.6
工业投入	亿元	47.6	12.8
农业总产值	亿元	20.27	5
粮食总产量	万吨	8.5	-9
棉花总产量	吨	6568	61.8
油料总产量	吨	8410	-3.9
水产品产量	吨	27946	4.7
中、小学校	所	17	—
医院、卫生院	所	15	—
参加社会养老保险人数	人	76425	92
参加合作医疗人数	人	97998	-8.9
享受尊老金人数	人	8395	-5.3

2016年如东高新技术开发区各村基本情况

表 26

村名	党支部书记	主　任	村民小组（个）	人口（人）	耕地面积（公顷）	村营收入（万元）
如　华	刘桂泉	蔡　冬	42	4893	466.21	49.43
八　总	张巧华	—	29	3263	386.93	47.71
六　总	袁亚芹	杨　勇	58	6049	534.20	70.15
三　桥	高金泉	高金泉	30	3949	340.60	44.90
港　南	王卫东	王卫东	17	2187	95.73	193.12
宾　东	顾政权	黄海东	13	1782	90.40	84.66

续表 26

村名	党支部书记	主　任	村民小组(个)	人口(人)	耕地面积(公顷)	村营收入(万元)
余　荡	王爱云	马　忠	48	5727	351.42	115.27
野营角	顾建忠	顾建忠	32	3675	253.12	68.71
三　河	朱桂生	葛来兵	37	3353	334.87	57.79
沙　南	张小云	高卫东	28	3190	290.40	46.43
天　星	李夏权	陈光明	32	4491	366.50	49.01
晒盐场	季冠镒	顾红明	19	2393	214.78	42.44
新　丰	黄　华	黄　华	41	4468	467.79	45.83
丁字岸	曹雪兵	曹雪兵	42	5191	474.33	51.08
芳　泉	葛　勇	管怀龙	18	2625	129.13	63.17
虹　桥	应舒舒	徐美红	27	3705	144.27	84.48
晓　河	陈文华	管瑞华	28	3538	370.40	60.59
十里墩	陈　东	陈　东	26	3489	302.33	83.41
银　杏	朱振岗	张有才	45	4786	343.87	49.33
周　店	季鹏飞	曹海鹏	52	6105	305.93	53.74
洋　岸	杨晓东	曹瑞华	61	6810	532.87	60.38
陈　高	景志刚	潘　斌	36	4094	340.40	101.78
掘　西	顾小林	王益陈	16	2261	5.40	101.82
五　总	夏金源	—	39	5414	203.73	195.46
北　场	顾晓栋	徐旭东	21	2584	201.20	80.80
丁　杨	季本军	—	39	4077	483.13	70.80
潮　墩	周翠松	曹新云	51	5426	583.00	68.71

【招商引资】 如东高新区锁定大院大所、行业协会、新兴组织、产业基金管理机构、关键委托人、2个500强公司投资总部6大目标对象,做好进行业圈子、处高端朋友、谋资源整合3篇文章,先后与中科院系统、鸿元投资、嘉定经济发展中心、德国创新中心等机构发展为合作伙伴,成功举行韩国专题招商活动,开辟境外招商先河,初步形成可持续招商和精准高效招商新格局。全年捕捉各类项目信息116条,新批注册外资7200万美元,外资到账4200万美元。同时,根据创建省级高新区要求,按照产业方向和产业基金+孵化器+加速器+产业园发展路径,做好新兴产业布局,全年签约各类创新型项目30多个,引进院士项目2个,国家千人计划专家3个,顶尖团队10多个。德华控股、东方商海等知名投资基金参投区内项目。承办如东科技人才节,邀请高层次人才近100人,促成21个生命科学类新兴产业项目落户生命健康产业园。

【项目建设】 如东高新区全年完成1000万元以上项目投入46.5亿元,实现技术设备抵免税额3500万元,2000万元以上新开工项目23个、新竣工项目13个。正大食品、泰莱二期、刚正厚线板、协鑫热电等一批重大项目实施。强化对资源要素政策性把控,全程做好项目落户的甄别把关和建设督查跟进工作。争取增量、盘活存量,项目建设综合保障能力增强。推进创新载体建设。规划15万平方米的生命健康产业园一期8万平方米投入使用,规划14万平方米的智能机电产业园南北两区进入桩基工程。石墨烯研究院、植物萃取筛选、抗体药筛选、小核酸药筛选、新能源汽车变速控制、汽车减量化、减材精密加工等一批平台型、载体类项目入驻。

【工业经济】 如东高新区全年新增规模以上企业8家，全部工业企业实现应税销售收入187.54亿元，同比增长25.75%，规模以上工业企业实现产值391.02亿元，同比增长5.35%。坚持创新驱动发展，完善创新途径，推动创新政策、资源、要素向重点产业和企业集聚，全年新增联亿机电有限公司、爱普科学仪器有限公司等5家高新技术企业，新增生命健康产业园众创空间等科技公共服务平台5个，南通大东有限公司、协鑫热电有限公司等企业实施节能与循环经济项目9个，南通大东有限公司、刚正薄板有限公司智能车间项目通过省、市验收，荣旭纺织有限公司等20家企业完成500万元以上技改项目，全区高新技术产业产值占规模以上工业产值19.3%。重视对接"一带一路"重点国家和地区，推动产品、产能"走出去"，南通大东有限公司投资3000万美元在越南设厂，刚正薄板有限公司投资5000万美元在菲律宾建设2个项目。鼓励企业资产重组，久和药业有限公司等2家工业企业实现重大并购，爱朋医药有限公司完成股改进入创业板上市辅导期。抓质量兴区、质量强企工作，南通大东有限公司获全国纺织行业质量奖和南通市市长质量奖。做好企业维稳工作，各类倒闭企业和运行困难企业历史遗留问题得到有效化解，南通东升长毛绒制品有限公司、南通神东实业有限公司等4家企业实现资产资源再利用。全年未发生重大安全生产事故。

【服务业发展】 如东高新区培植和引进新兴服务业，服务业增加值占GDP比重提高2.1个百分点，应税销售收入145.7亿元，服务业对经济发展支撑能力进一步提高。新开工服务业项目26个，完成1000万元项目投入41.8亿元，完成服务业亿元项目8个。新中心市场正式营业，汽车城汽车后服务、健桥医药物流中心扩建、东路公司等重点项目有序推进，大数据如东示范基地、路创丽美容医院、橙天娱乐综合体等新业态服务业均按期落户。同时，根据县城发展总体规划，推进服务业集聚区预征预拆，谋划中心市场南、北侧、国清寺南侧、上成广场北侧、实验小学南侧、西侧等关键区域多形态开发。

【农业农村】 如东新高区全年实现农业总产值20.3亿元，同比增长9.1%。引进和实施农业项目15个，总投资11.9亿元，成功申报省级产业化引导项目1个、省级示范家庭农场项目5个、省级农业信息工程项目1个。发展规模化种养基地4个，总投资2540万元。培育规模化特色产业2个，产业规模6.1亿元。新建高标准现代农业综合示范园区2个，新增高效农田9600亩，共有高效农田9.2万亩，省级农业龙头企业8家。发展高效、生态和品牌农业，全年新增无公害农产品、绿色食品和有机食品18个，共有"三品"61个。"一村一品"特色产业7个。进一步规范农村财务管理，审计重点村。推进农村集体土地确权登记，规范农村土地流转，全年流转土地集约经营面积1.8万亩。重视农村新型经营服务体系建设，全年新增100亩以上"全托管"服务经营主体29家，合计面积5190亩，新增工商注册家庭农场40家，累计110家。推进占补平衡土地复垦项目，全年新增耕地600多亩。做好海启高速公路、国道228绕城段、省道334重点交通工程项目服务保障工作，组织拆迁105户1.17万平方米，征地1076户、2280亩。110千伏洋口变至东安变供电工程和220千伏马洋线供电改造工程组织推进加快。继续加大农村环境整治和农村基础设施投入力度，全年用于农村基础设施投入近3000万元，城乡交通网络日趋完善，长效管理工作保持全县领先。

【城市建设】 如东高新区围绕建设宜居宜业现代化城市目标，全面加快主城区建设，配合做好"六城联创"各项创建工作，全年投入1500多万元，对城郊结合部、背街小巷、老旧小区以及欧贸广场等62个区域进行整治。牵头组织实施陈高路悍业路周边地块、电大路东延、东环路整治二期、青虹河青湾河整治等房屋征收、土地征用项目23个，征收总建筑面积30万平方米，涉及被征地拆迁清障农户近1500户，征地总面积4463亩。做好集中居住区规范管理和安居保障工程建设，五总一期安置工程7.97万平方米和虹桥二期1.8万平方米全部交付使用，陈高、三桥以及海启高速8个村

图28 农业园区智能温室

11个农居点形成详细规划。强化违法建筑日常监管，制订违法建筑监管办法，新发生违建率同比下降，违建歪风得到遏制。

【和谐社会建设】 如东高新区加大民生事业财政投入力度，城乡居民养老、医疗保险实现全覆盖，城乡最低生活保障、五保、优抚、抚恤补助标准提高。社会养老服务优化，敬老院实行统一管理，居家养老服务站建设加快。基层组织管理持续规范，完成45个村居委员会换届选举工作，一站式服务平台实现全覆盖，6个社区被评为省级和谐社区。鼓励引导农民自主创业，全年培训农村劳动力8000多人次。实施精准扶贫，建档立卡868户1451人，年底实现脱贫334户。全年社会事业项目政府投入2450万元，调动民间资本投入500万元。坚持教育优先发展，完成中小学建设工程1万多平方米，掘港幼儿园异地新建3层封顶，童店初中食堂、环镇幼儿园教学楼等工程有序推进。加强卫生一体化管理，创建省卫生村居12个，新建社区卫生服务站2个，新型农村合作医疗年参保率99%以上，参合金准确率100%。实施农村改厕，全年改造无害化卫生厕所1831座。文化体育惠民活动开展正常，成功组织推进13个村居文化中心建设升级工程。抓好文化产业项目，全年组织推进注资500万元以上文化产业项目2个。开展群众体育活动，选送健身秧歌项目获国家级一等奖。沈亚秋家庭被评为全国文明家庭。打造社区服务品牌，"温馨家园""幸福夕阳""活力高新""养生延年"等品牌活动有亮点、有特色。全年组织各类志愿服务300多次，开展敬老系列活动100余场次，组织各类群众文艺活动30余场次。深化社区网格化管理，探索老旧小区管理办法，抓好无物业小区居民自治模式试行和推广，推进小区长效管理规范化、制度化。完成阳光信访系统工程建设，全年受理人民来信来访1547件，成功调处各类矛盾纠纷587起，其中矛盾调处中心调解各类矛盾纠纷54起，调处成功率100%。(赵海建)

宜兴如东工业园区

【概况】 宜兴如东工业园区由如东经济开发区与宜兴经济技术开发区合作共建，2014年12月经江苏省人民政府批准设立。规划总面积3.03平方公里，其中南片规划面积0.75平方公里，范围为东至朝阳路，西至清湾河，南至芳泉路，北至串场河；北片规划面积2.28平方公里，范围为东至黄山路，西至支二十三河，南至黄河路，北至松花江路。2016年，园区落户项目2个，在建企业2家，累计入驻企业17家。实现外资到账712万美元；公共财政预算收入2132.79万元，同比增长2%；工业产品销售收入27.49亿元，同比增长17.6%；进出口总额7638.81万美元，同比增长3.2%。园区经济呈现稳中向好发展态势。

【招商引资与项目建设】 宜兴如东工业园区发挥共建园区优势，聚力聚焦上海、苏南等重点区域，以海上能源装备、新材料、安防设备、机械制造、食品等产业为主攻方向，招引关联性广、拉动力强、具有业界权威的跨国公司、上市公司、行业龙头入驻。全年捕捉有效项目信息30余条，诚弘机械、陕柴重工、无锡中捷、普美欣生物科技、美国SPEC金属表面处理等项目形成落户意向，总投资5亿元的翼扬食品项目、总投资10亿元的创亿达新材料项目签约落户。创亿达新材料、翼扬食品等项目做好项目报批、清障让地、土地平整等前期准备工作。引导企业技术改造、新建扩建，亿能彩钢技改、锵尼玛新材料二期、宜高塑胶二期等项目顺利推进。围绕央企海装风电有限公司，规划建设中船重工产业园，加快建设集风电研发、生产、运行为一体的产业基地和创新基地。

【园区建设】 2016年，宜兴如东工业园区基础设施投入8414万元。园区南片主干道拓宽改造工程完工，北片"三横三纵"道路成型。河道疏浚工程、泵站建设工程竣工，重点区域绿化亮化工程加快完善。表面处理中心提标升级改造、污水处理尾水排放工程竣工，并同步启用。亿能彩钢东侧标准厂房建设完成设计。全年征收安置居民70户。 (韦育军)

海洋渔业

Haiyang yuye

综　述

【概况】 如东县是江苏省海洋渔业大县,海岸线106公里,所辖海域面积4758平方公里(不含南通滨海园区托管海域)。建有1座国家级中心渔港和2座群众性渔港,拥有各类渔船780余艘,滩涂运输拖拉机1400余辆,全县渔业从业人员1万多人。2016年,全县海洋渔业经济总体保持平稳。水产品总产量30.48万吨,比上年减少800吨。其中,海洋捕捞产量4.9万吨,比上年降低2.3%;海水养殖产量19.8万吨,养殖面积4.86万公顷;淡水养殖产量5.78万吨,养殖面积6978公顷。滩涂贝类捕捞量6800吨。全年从事海洋捕捞渔船736艘。渔业经济总产值154.6亿元,比上年增加1.11亿元。县海洋与渔业局被省海洋与渔业局评为省现代渔业建设先进集体、省海洋伏季休渔工作先进单位,被江苏省蒋家沙竹根沙管委会评为省海域协管先进单位。洋口港经济开发区被认定为第一批江苏省海洋经济创新示范园区,洋口港区基础设施建设项目获开发性金融贷款8亿元。如东县再次被农业部、国家安全监管总局评为2014—2015年度“全国平安渔业示范县”,全省连续3次获此殊荣仅如东1家。

海洋渔业资源

【概况】 如东县拥有7.10万公顷滩涂、4758平方公里海洋,自古流传“黄金海滩处处宝,每日盛产牛一头”民间传说。独特地理位置,天然水系交汇,蕴育出各类海产资源品种200多种,特别是滩涂自然品种以土著、珍稀而著名,“天下第一鲜”文蛤享誉大江南北。全县海产资源鱼、虾、贝、蟹、藻种类齐全,科目众多。常规鱼类品种以小黄鱼、梅子鱼、板鱼、梭子鱼、鲳鱼、马鲛、鳓鱼、箭头为主;虾类以红虾、金钩虾、东方对虾、小白虾为常见;贝类主要以文蛤、泥螺、西施舌、四角蛤、大竹蛏而著名;蟹类以梭子蟹、牛毛蟹、蟛蜞、沙蟹、青蟹为主产品;藻类以条斑紫菜、坛紫菜为主品种。据不完全统计,全县拥有各类海产品资源蕴藏量5000多吨(不包括文蛤天然苗种),每年海产品自然资源销售产值50多亿元。

渔业经济发展

【现代渔业发展】 2016年,如东县围绕建设海洋渔业强县目标,坚持以提高水产养殖业“标准化、设施化、信息化、生态化”水平为主攻方向,巩固和发展传统优势养殖业,继续推进省级现代渔业园区建设。海水池塘虾蟹混养、南美白对虾大棚养殖等特色产业优势日渐鲜明。全年新增渔业基础设施资金投入5.86亿元,拓展水产品加工流通项目建设,以重点项目带动二、三产业提档升级。新增高效设施渔业面积1654.9公顷,累计高效设施渔业面积1.55万公顷,新增浅海养殖面积2217.7公顷,完成35个百亩以上连片养殖池塘标准化改造,面积1139公顷。新增市级示范家庭渔场2个、省级示范家庭渔场1个,全县有市级示范家庭渔场6个、省级示范家庭渔场2个。

【紫菜产业】 2016年,如东县紫菜一次加工会员企业118家,加工机组181台(套),锅炉156台,其中大锅炉7台;会员企业拥有养殖渔船189艘、1.28万吨、2.89万千瓦,采收船261艘、6890.6千瓦;采收拖拉机376辆、7175千瓦;二次加工企业11家,生产线45条。全县紫菜产业固定人员1.09万人,季节固定人员3700人,临时人员3775人,技术人员1391人。全县紫菜育苗面积18.88万平方米,比上年增加1.34

万平方米；海上紫菜挂网12.63万台架，比上年增加3200台(架)；挂网面积（以每亩180平方米折算）1.04万公顷，比上年增加180.9公顷；外沙养殖8.08万台(架)，占总养殖台(架)64%，其中紫菜协会成员单位育苗面积17.3万平方米，海上挂网10.31万台(架)，养殖面积(以每亩180平方米折算)8803.8公顷，分别比上年增长8%、3%、2%。全年全县干紫菜产量29.36万箱，其中，市场总成交24.88万箱，第五次交易会成交4500箱，二次厂自留2.53万箱，场外交易1.5万箱，为近4年产量最低，比上年减收2.36万箱，下降7.4%；总收入4亿元(以百张平均成交价32.41元计算)，与上年持平略微增长。全县118家一次加工会员企业中，24家有盈利，占20%；32家持平，占27%；亏损48家，占41%；14家停产，占12%。

2016年，紫菜病烂罕见受灾严重，寒流突袭损失惨重。从海上培苗开始，内沙就出现烂菜掉苗，此后从内沙漫延到外沙，迅速扩散，致使全县养殖紫菜遭受全面烂菜侵袭，烂菜时间长、区域广为历年未有。烂菜大多发生在较大藻体上，2016年则从幼体到成菜都有发生。从区域分布看，高潮位、低潮位，烂菜均有发生；从时间上看，烂菜大多发生春节前，2016年则持续到收市；从养殖密度看，即使养殖密度较稀、水流畅通的养殖海区也未能幸免。内沙烂菜绝收面积近2680公顷，外沙烂菜面积2010公顷。1月23—24日，寒流突袭，如东最低气温降至零下10℃，极强寒流天气使筏架冻成冰激凌，被强风、涨潮、重流撕扯拉断，筏架损毁、流失严重，养殖设施受损面积1031.8公顷、损失1540万元；紫菜原藻冻结脱落、海流及强风卷走，影响一刀菜收成，损失原藻1.75万吨、价值1.4亿元。极强寒流后原藻菜质差，价格下跌，海上养殖紫菜直接损失共1.55亿元。

【文蛤产业】 如东县滩涂属淤涨式泥沙滩涂，滩面地势平坦，潮落差幅度大、时间长，且水系营养盐转换因素多，是文蛤天然繁育场和理想养殖场。2016年，从事文蛤行业企业42家，其中文蛤养殖生产企业32家，文蛤市场销售及文蛤深加工出口企业10家，从事文蛤养殖、加工生产管理人员3万人，文蛤护养面积2.67万公顷，文蛤产量约2.5万吨，占全国60%；文蛤出口4000吨左右，占全国文蛤出口量40%，主要销往日本、美国、韩国等国家和中国香港地区，产值3.5亿元。先后创建文蛤品牌4个，通过无公害生产基地认证9个。由协会牵头协调苗种产销利益与矛盾，理顺销售渠道，苗种增幅由每吨4000～5000元提升到9000元。持续开展科技攻关和科技普及，组织技术培训，聘请专业技术人员成立养殖技术专家组，指导和解决渔民养殖难题。注重示范引路，协助养殖企业公司建立养殖示范村、高效示范区、产品质量安全建设项目标准化生产等。由县海利滩涂养殖有限公司牵头，联合研制文蛤起捕机，进入试运行阶段。

【南美白对虾产业】 2016年，如东县南美白对虾养殖面积约8040公顷，其中，大棚养殖面积3819公顷，露天外塘养殖面积4221公顷，年产量8万吨。全县有南美白对虾加工企业2家，年加工量1.5万吨以上。冷藏库12家，总储存量15万吨。从事南美白对虾育、养、加、销、储人数3.2万人，销售经纪人队伍1000多人。通过对60户示范户及60户辐射户测产，主推大棚南美白对虾多茬健康养殖平均亩产量570.13千克，亩产值2.35万元，亩利润9611.97元，辐射户平均亩产量489.69千克，亩产值1.97万元，亩利润8426.21元，示范户比辐射户高14.07%。依据民主办会、规范运行、构建平台、协作互助、共谋发展思路，2016年，如东南美白对虾协会牵头建立信息服务平台。在短信平台基础上新建微信群、QQ群，会员248人，养殖户1000多人，通过信息服务平台及时发布南美白对虾育、养、销等相关情况。提供育、养技术服务。全年印发技术资料1200份，组织南美白对虾育、养技术培训班6期，参训1000多人。跟踪服务优化产业新养殖模式、新养殖技术。新建工厂化高位池养殖3家、5.3万平方米；推行循环水高效养殖3家。组织开展南美白对虾"十佳养殖能手"评选。初选35人，遴选"十佳养殖能手"20人。配合市、县海洋与渔业局调查全县南美白对虾养殖情况，走访调查露天池、大棚养殖户52家，形成"如东县南美白对虾养殖现状调查报告"1份。协助并参与县海洋与渔业局技术推广站抽样检测，深入塘口取样送检196份。参与中华财产保险有限公司试行"南美白对虾养殖保险"，全县参保面积194.8公顷，投保户46家，保费50.40万元，报险户44家，受理报案92期，养殖户得到理赔款95.66万元。优化对虾流通市场，规范经纪人销售行为。专题召开南美白对虾销售经纪人会议，制定、出台如东县经纪人行为准则。规范苗种生产管理。召开苗种质量分析会和南美白对虾质量控制技术研讨会，开展南美白对虾苗种口碑调查，督促企业申领南美白对虾淡化许可证。筹划建设南美白对虾风险预警检测平台。与江苏省海洋研究所联合建立南美白对虾苗种检测预警平台，并投入运行，抽检9期，抽样检测样本135个批次，共检测指标403个。

【水产品质量建设】 以群众餐桌安全为目标，实施"放心水产品工程"建设，严把水产品质量安全关，县海洋与渔业局在全县水产品养殖区组织水产苗种质量监督管理检查8次，监督检查水产品养殖户60户。按照创建水产质量平安监管示范县要求，开展法律法规宣传贯彻，重点加强水产品养殖抽检、水产品质量抽检和病害监测工作，配合省、市进行水产品产地环境和产品例行检查，对淡水鱼类、南美白对虾以及文蛤、紫菜等定期抽样检测。开展无公害水产品申报、复检换证工作。全年完成500份省级水生动物重大疫病测报和水产品药物残留快速检测任务。池塘工业化养殖技术项目进展顺利，完成2.33公顷推广指标，建成417平方米标准化鱼槽，配套安装气推、污水处理装置。水生动物疫病防治实验室通过资质认定复评审考核，获得省质监局CMA(中国计量认证)证书。开展水产品质量安全可追溯体系建设试点，建成县追溯管理分中心1个、水产品质量追溯点15个、流通查询点10个。

【渔业科技推广】 2016年，如东县实施"科技兴渔"发展战略，围绕高效渔业项目建设，加快渔业科技成果转化与应用，重点推广优质高效特色品种和实用新技术。全年组织开展水产苗种技术服务培训班20期1200多人次。制定《如东县2016年渔业科技入户工程项目实施方案》，在大豫、长沙、丰利、掘港、新店、南通外向型农业综合开发区6个渔业重点镇(区)10个村实施渔业科技入户工程，培育科技示范户400户，带动养殖户2000户，高效养殖示范面积1059.67公顷，辐射带动健康高效养殖面积1333.33公顷。在重点养殖区建立渔业"科技书屋""科普黑板报"等，为养殖户提供科技服务。以南美白对虾协会为依托，组织养殖大户到海南考察学习，推进全县高效渔业产业提档升级，通过培训、推广、示范，实用技术入户率和到位率90%以上，示范户养殖效益比辐射户平均效益提高10%以上，重点村主推品种覆盖率85%。

海洋综合管理

【海域开发管理】 如东县继续推进"海域使用权直通车"制度，推行用海项目凭权证办理基建审批、工商登记手续，严格按"海域使用权直通车"制度，推进全县重大用海项目落地生根。推进养殖用海规范化管理，继续探索新淤涨养殖用海海域使用权市场化配置模式。全年养殖用海海域使用权证发(续)证60宗，面积1.33万公顷，其中新收储4宗1082.6公顷，并市场化配置到位，发放临时用海证95宗。全年征收养殖用海海域使用金1122万元，为企业办理7宗养殖用海海域使用权抵押登记贷款6300万元。县海洋与渔业局始终将服务沿海开发、服务洋口港建设作为重点工作，协调、协助用海人跑省跑市，完成旅游开发区"空中交响乐"体验区等4宗项目、优嘉植物二期项目、江苏小鲜蛋食品有限公司蛋加工项目等用海办证；刘埠一级渔港项目用海获国家海洋局用海批文，计划申请减免海域使用金；完成阳光岛上杭氧、振戎项目用海权证变更。先后为中广核、中水电风电用海领证，为海上龙源、华能风电、阳光岛上振戎风电等项目用海报批。协助做好项目环评，完成华能如东300兆瓦风电项目、盛东(海装)300兆瓦风电项目、小洋口重装设备安装基地下海通道工程等项目论证、环评及听证与报批工作，并加强项目巡查与监管。

图29 邀请省水产研究所专家为渔民提供水产养殖技术服务与指导

【海洋环境保护】 县海洋与渔业局强化"生态立县、环保优先"理念，构建清洁海洋、平安海洋、和谐海洋。强化生态修复，举办第八届放鱼节活动，共增殖放流大黄鱼、黑鲷、海蜇、半滑舌鳎等苗种820多万单位，较上年翻番。加快推进县级海洋环境监测站建设，主体工程完工。加强对华能风电、宝华高涂、中广核、海上龙源等项目生态修复实施方案审查和生态补偿协议签订，收缴中石油LNG、中水电等项目生态补偿资金149.19万元。配合国家、省、市做好用海及环保设施落实情况检查与督查，为沿海落户项目开发建设奠定良好基础。排查全县所有涉海工程项目海洋环保措施落实情况，做到"清洁用海""环保用海"。

渔业安全生产

【安全责任落实】 如东县推进"管行业管安全、管业务管安全、管生产管安全"责任落实，夯实渔业安全主体责任、属地责任、监管责任和直接责任，构建"单位负责、职工参与、政府监管、行业自律和社会监督"的渔业安全管理新机制。全年召开各类渔业安全工作会议20多次，下发渔业安全管理文件80多件。全县重点沿海镇(区)建有镇级滩涂安全稽查大队6个，配备24人，15座卡口配备67人，10个渔船服务组织配备35人。强化渔业企业安全生产主体责任和船长、拖拉机驾驶员的"第一责任"，层层签订安全生产责任状。

【渔业安全宣传培训】 县海洋与渔业局开展《中华人民共和国安全生产法》宣传，推进依法行政与监管能力建设，邀请县安监局开展有限空间管理基础、企业安全生产主体责任落实与监管知识讲座，培训沿海镇(区)及局渔业安全监管人员104人;举办镇区用滩企业、渔船组织、稽查、卡口单位负责人及安全管理人员安全监管业务培训复训班3期,培训313人;组织开展渔业船员管理、海事调处、救助统计、渔船进出港签证及检查管理等业务培训班1期,培训一线渔政渔港管理人员35人。服务指导沿海镇区培训滩涂从业人员30期、1800余人、培训滩涂运输拖拉机驾驶员8期、1218人;与沿海镇(区)联合开展渔船船东船长船员培训10期,培训2009人;举办职务船员、普通船员培训及审证班6期,培训596人。

【隐患排查整治】 县海洋与渔业局将日常管理和专项整治相结合,抓好隐患排查和问题整改,抓实专项行动。推进海洋滩涂增养殖企业主体责任落实专项整治,排查企业66家。推进渔船有限空间专项整治。全年编印有限空间管理手册1000册、制作安全作业提示牌1000块,制定渔船有限空间作业管理职责、警示标志700多套,发放到渔船,落实责任人,排查渔船半密闭空间3632个,制定操作规程759个。全年排查打杂渔船40艘。抓渔船通信监控终端在线率、开机率,对不按规定开启信息终端的渔船扣除安全生产保证金,并实行渔业行政处罚,限期整改。

海监渔政执法

【概况】 2016年,县海洋与渔业局组织开展鳗鱼苗管理、伏休管理、安全生产检查、定置网、海蜇网专项行动检查等,参加省联合执法行动6次、市联合行动2次,累计出海72航次,执法罚没款480多万元。伏季休渔期间,实施海上执法检查37航次,航行7500多海里,登临检查渔船148艘次,扣押回港24艘,移交启东市海洋与渔业局、南通市海洋与渔业局11艘,立案处罚68艘,处罚金额300多万元,完成海洋伏季休渔各项工作任务。首次推行"两法衔接"工作,将2起违反伏休规定实行偷捕作业案例移交公安部门查处,并移送县检察院备份,涉案人均受到法律制裁。落实渔船检验工作责任制,加强渔船现场检验和渔船进出港签证管理,实施渔船专项整治,维护渔业安全生产秩序和渔民合法权益。协助南通外向型农业综合开发区申报"2017年渔港建设省级专项资金项目",按时上报洋口国家中心渔港"全国文明渔港"复评材料。保障洋口港重大项目实施,定期和沿海中队联合梳理清障航道,全年护航20次,确保LNG船舶航行安全。规范油补发放,全年分5批发放2014年度969艘渔船渔业油价补助资金8438.4万元,申报登记2015年油补渔船827艘。实施省渔船更新改造项目,分2批次对27艘符合省海洋捕捞渔船更新改造项目渔船,发放项目资金770万元。县渔政大队被评为全省海洋伏季休渔工作先进单位,中国海监如东县大队被评为江苏省海监执法工作先进单位。

【港口执法巡查】 2016年,县海洋与渔业局开展港口执法行动268次,渔船安全检查691船次,查找各类安全隐患89艘次,整改率100%,对12艘渔船进行行政处罚。持续加强对辖区渔港明火作业、烟花爆竹燃放、水域游客等安全隐患重点排查,全年渔港水域安全巡查781次,现场整改安全隐患33次。

【执法人员培训】 县海洋与渔业局制定渔业船员2016—2017年培训计划,邀请省、市专家进行业务辅导。全年举办普通船员培训班5期,报名455人,参加考试450人,实发证书423人。开展职务船员培训4期,实发证书423人。举办渔业机驾长培训班1期,实发证书29人。

(王维军 钱丹丹)

图30 12月5日,渔政船队支部在渔政船上开展"流动党课"冬训学习活动

绿色能源

Lüse nengyuan

综　述

【概况】　2016年,如东县拥有发电装机容量186.45万千瓦,其中,风电装机容量150万千瓦,占全县总装机容量80.5%,光伏发电、火力发电、生物质发电、垃圾发电装机容量分别为22.4万千瓦、8.5万千瓦、2.5万千瓦、3.05万千瓦,分别占全县总装机容量12.0%、4.6%、1.3%、1.6%。风电产业联盟企业发展至40多家,其中高新技术企业12家、1亿元以上企业20多家。促成江苏海装风电设备公司与中国华能集团公司、中天科技集团与中国华能集团公司、江苏海力风电设备科技有限公司与中国华能集团公司等成员企业业务合作,为全县风电设备制造企业新增风电主机、塔筒、海缆等产品及服务订单10多亿元。

产业规划

【概况】　2016年,如东县重点完善海上风电规划,委托南京水利科学研究院等专题开展《海上风电开发对港口开发及海洋动力环境影响》等专题研究论证。完善《如东县海上风电场工程规划》,并通过市政府审批,被纳入《南通市"十三五"风电发展规划》。根据规划,全县海上风电总装机容量约425万千瓦,其中"十三五"期间开发规模160万千瓦,成为江苏建设千万千瓦级风电场龙头基地。县能源局加强与省、市能源主管部门及县各重点区(镇)等沟通对接,完善《如东县"十三五"能源发展规划》,推动协鑫LNG接收站等重大项目纳入江苏省"十三五"规划。加强光伏资源管理,出台《如东县光伏项目开发管理办法》,排查全县光伏发电资源,统筹项目建设与光伏设备制造产业发展。整合优势产业,突出科技创新,开展科技部海上风电特色产业基地策划、申报,年底通过科技部专家评审,如东成为全国首个国家火炬海上风电特色产业基地。

招商引资

【概况】　2016年,如东县重点引进协鑫智慧(苏州)能源电力投资有限公司燃气分布式能源项目(包括分布式光伏、微电网示范区等)、江苏省新能源开发股份有限公司如东海上风电场(H2#)项目、江苏华电集团洋口2万千瓦地面光伏电站、中天科技集团沿海经济开发区2万千瓦地面光伏电站、中天科技集团洋口港分布式光伏项目二期、三期等能源项目落户,总投资80多亿元。优化配置风电资源,引进风电装备制造项目,完善风电产业链条。精选优质产业链项目,多次赴重庆、陕西等地开展招商引资,全年项目备案13个,其中服务业项目上海岳峰物流、制造业项目江苏海恒重工两个项目实现落户注册。岳峰物流当年设备投入超过2000万元;海恒重工公司注册资金1亿元,项目总投资4亿元。金瑞法兰、中船海装项目(包括海上风电实验站、海上风电运维中心)签订落户协议,实现落户,总投资11亿元。洽谈陕柴重工项目、上海电气系列项目(包括风电培训中心、海上风电TU-PU装备制造中心、0.4万千瓦以上大功率风机生产线)等重点配套项目,并初步达成投资协议,总投资12亿元。

项目建设

风力发电

【概况】　2016年,如东县继续加大风能资源开发,打造海上风电亚洲旗舰。风力发电新建项目3个,新增并网装机容量26.8万千瓦,累计并网装机容量150万千瓦,约占全省风电总并网装机容量1/3,县域风电装机规模全省第一。其中近海(潮间带）风电项目新增并网装机容量25万千瓦，海上风电累计并网装机容量75万千瓦，如东建成亚洲最大海上风电基地。在建及在谈风电项目总装机容量超过150万千瓦，总投资220多亿元。推进项目工程施工建设，全国首个符合“双十规定”的中广核近海风电项目、中水电潮间带风电项目、华润风电场3个风电项目竣工并网发电；华能如东30万千瓦海上风电场正式开工建设，并完成陆上集控中心、2台海上升压站安装、调试，海上风电机组吊装20台。推进项目上位审批，海装如东3万千瓦海上风电场项目获得核准，开展开工准备工作；蒋家沙二期海上风电项目获得通航安评、用海预审、海洋环评等支撑性文件批复。全年风电上网电量28亿千瓦时，同比增长16%，占全县社会用电总量56%，风电占比全省第一。全县风电累计上网电量约135亿千瓦时，与同等装机规模火力发电厂相比，实现减排二氧化碳1632万吨、二氧化硫9511吨、氮氧化物8836吨，节约标煤475万吨。

太阳能光伏发电

【概况】 2016年，如东县新建成光伏发电项目6个，新增光伏发电装机容量9万千瓦，累计建成太阳能发电项目17个，累计装机容量22.4万千瓦。鼓励企业开展分布式光伏电站开发建设，江苏华电集团洋口2万千瓦地面光伏电站、中天科技集团沿海经济开发区2万千瓦地面光伏电站、中天科技集团洋口港分布式光伏项目二期、三期等6个光伏发电项目完成施工，投产运营。响应国家光伏产业政策，引导城乡居民利用自有屋顶投资建设光伏发电项目，鼓励户用型光伏项目发展，岔河及其周边镇推广农村户用型分布式光伏电站项目超过400户，总装机规模约0.2万千瓦，开发利用太阳能资源，增加农户收入，对周边县(市)户用太阳能项目开发建设起到示范和引领作用。

生物质能发电

【秸秆发电】 如东国信生物质发电项目是国内第一家采用纯秸秆燃烧发电技术项目，项目总投资3亿元，总装机容量2.5万千瓦，年上网发电量约1.5亿千瓦时，年消耗秸秆约17.6万吨，每年可为如东农户增加收入5000多万元。该项目实施为江苏地区乃至全国推广农村秸秆资源综合利用做出示范。2016年，该项目上网发电1.7亿千瓦时，累计上网电量12.52亿千瓦时，累计节约标煤43.7万吨，累计减排二氧化碳150万吨、二氧化硫876吨。（孙成浩）

【沼气发电】 2016年，如东县新建规模畜禽场沼气治理工程项目14处，市政府下达9家企业沼气发电并网建设完成，配套建设覆膜式大型简易沼气池9处。全县规模沼气并网发电企业10家，年发电550万千瓦时，同比分别增9家和500万千瓦时。（冯仕根）

图31 位于沿海经济开发区的2万千瓦分布式光伏发电站项目，用地40公顷

垃圾发电

【概况】 如东天楹环保垃圾焚烧发电项目总投资3.5亿元，项目一期、二期工程总装机容量1.65万千瓦，日处理生活垃圾1000吨，有效缓解如东当地及周边地区生活垃圾处置压力。2015年6月，总装机容量1.4万千瓦的垃圾发电3期工程并网发电，全县垃圾发电总装机容量3.05万千瓦。2016年，该项目上网发电1.9亿千瓦时，累计上网电量6.1亿千瓦时，累计节约标煤21.6万吨，减排二氧化碳73.7万吨、二氧化硫430吨。

装备制造

【风电设备制造】 如东县发展风机设备制造业，提升产业配套能力，形成布局集中、产业集聚、发展集约的风电产业发展新格局。江苏海装风电设备有限公司、江苏明阳风电技术有限公司、重通成飞风机叶片生产基地等风机及配套设备制造项目先后落户并建成投产，重点培育江苏海力风电设备科技有限公司、江苏海恒重工有限公司、江苏中天科技股份有限公司等县内风电装备制造企业，吸纳华东院设计院、江苏道鹏科技有限公司、上海岳峰物流有限公司等涉及风机检测、勘察设计、施工运维、工程防腐、专业物流等上下游产业链企业落户。如东县风电装备制造基地具备年产500台(套)风机整机、800台(套)塔筒、200台(套)海上风机导管架和单桩及5万公里海底电缆的生产能力。2016年，如东重通成飞风机叶片生产基地项目一期竣工投产，二期项目施工建设，项目总投资6.8亿元，

图 32 江苏海装风电设备有限公司生产的风电机组

项目全部建成后年可生产风机叶片880套,当年实现销售收入2.7亿元。江苏海装0.5万千瓦大型海上风电机组实现批量化生产,首台机组在华能海上风电场完成吊装。该海上风电机组是全国海上风电主力机型,是全球唯一一款适应所有海域、各类风区0.5万千瓦级别海上风电机组,是中国第一个通过低电压穿越测试、第一个获得设计和型式认证、第一个具有自主知识产权并批量生产的海上风电机组。县能源局牵头供电、交通、公安等部门及相关园区,开展海装0.5万千瓦大型风电机组运输通道改造优化,具备运输条件。在沿海经济开发区建设海上风电母港,打造“长三角”地区海上风电装备生产、建设施工、物流配送和运维仓储中心,项目一期全面建成。2016年,全县新能源及配套装备产业应税销售收入143亿元,占全县工业应税销售收入14.3%,产值创造力、产业影响力进一步提升。如东县形成以风力发电、风机整机及配套设备制造为主,包括风电场施工和运营维护、勘察设计、技术研发、风电防腐、专业物流等在内的风电全产业体系,初步成为江苏省乃至华东地区领先的风电装备制造基地。

【太阳能光电设备制造】 强生集团投资组建强生光电科技公司,2008年引进首条2.5万千瓦非晶硅薄膜电池生产线正式投产,该生产线同时创下单线产能、电池转换效率、设备投入与产出比例、批量化生产投产时间4项中国第一。2009年,强生光电科技公司投入两条3.5万千瓦生产线。至2016年,强生光电科技公司共拥有3条非晶硅生产线和15条晶硅电池生产线,非晶硅太阳能薄膜电池年产能达9.5万千瓦,晶硅组件年产能近30万千瓦。江苏中天科技股份有限公司投资组建中天光伏技术有限公司等数家专业性强、具备自主研发能力的光伏配套企业,产品设备覆盖光伏储能、分布式能源并网接入系统核心技术研究与设备制造、光伏电站系统集成设计与工程总承包以及光伏电站建设配套产品的生产制造等领域。 (孙成浩)

图 33 通威如东“渔光一体”项目,“养殖+发电”综合效益提高10倍以上

旅游休闲

Lüyou xiuxian

综　述

【概况】 2016年,如东拥有国家级旅游景区5个,其中国家AAA级旅游景区3个(小洋口风景区、洋口港景区、国清园景区),国家AA级旅游景区2个(马塘革命烈士纪念馆、浅水湾水上公园);省级旅游度假区1家(小洋口旅游度假区);省星级乡村旅游区7家,其中四星级乡村旅游区1家(在水一方生态园)、三星级乡村旅游区3家(写意农庄、袁海休闲农庄、鑫华园农庄)、二星级乡村旅游区3家;省级自驾游基地2处(小洋口省级自驾游基地、洋口港景区生态园)。旅行社8家,旅行社分社4家,旅行社门市部24家。旅游星级饭店9家,其中四星级饭店3家(中天黄海大酒店、大明国际大酒店、海洲大饭店);三星级饭店3家(碧霞如东大饭店、如东格林晶品酒店及栟茶鑫华园宾馆);二星级饭店3家(格林豪泰文峰店、如东爱住酒店和栟茶聚福楼大酒店),星级饭店总床位逾1300张。栟茶鑫华园宾馆创建为国家银叶级绿色旅游饭店,全县三星级以上旅游饭店皆为国家银叶级绿色旅游饭店。全县年接待旅游者343.35万人次,实现旅游总收入43.42亿元,同比分别增长10.8%、14.7%。

突出规划引领,与华东师范大学旅游规划与发展研究中心合作完成《如东县"十三五"旅游发展规划》。抓旅游项目开发,入库旅游项目29个,项目投入17.97亿元。栟茶古镇建设项目、小洋口国家AAAA级旅游景区项目等被纳入南通市3年行动计划重点项目库。加大旅游招商推介,组织旅游企业参加各类展会推介6次,其中在上海市开展旅游招商推介活动3次,全面对接上海。创新旅游宣传促销方式,与江苏交通广播网签订如东旅游宣传合作协议,立体宣传如东旅游。与南通地接联盟对接,与携程旅行网、同程旅游网、途牛旅游网、去哪儿旅行网4大网站合作,将如东旅游产品编入南通2日游线路内。推进智慧旅游服务,将如东旅游纳入全省智慧旅游规划,重新设计如东旅游微信公共服务平台,加大如东智慧旅游建设。成功举办"第二届栟茶龙舟赛暨栟茶镇第一届美食节"。林克斯温泉度假酒店被评为江苏休闲度假酒店;如东中天黄海大酒店、国清园景区、在水一方生态园、江海旅行社4家单位被评为南通市文明旅游先进单位。如东中天黄海大酒店被推荐为江苏省诚信示范旅游单位。举办如东县导游(讲解)员技能竞赛,并选送选手参加南通市导游大赛,栟茶选手葛雯慧获比赛二等奖,并获南通市金牌导游(讲解)员称号,栟茶选手康晓燕获优秀导游员称号,县旅游局被评为优秀组织单位。全年组织旅游从业人员培训6批次。开展文明旅游创建活动,加强诚信建设和安全监督检查,开展"平安出行,快乐旅游"等公益宣传活动,旅游市场健康平稳运行。

旅游景区景点

国家AAA级旅游景区

【洋口港景区】 洋口港位于如东县长沙镇。12.6公里长的跨海大桥——黄海大桥,是中国外海第二大型桥梁。与大桥紧相联的是3平方公里人工岛——阳光岛,是南黄海第一人工岛。岛上布置有中石油LNG接收站,原油、化工、散货、集装箱泊位37座。岛上建有接待中心、观景台等设施,登临观景台,可远眺大海、感受大自然,与大海亲密拥抱。2013年,洋口港景区创建成国家AAA级旅游景区、省级工业旅游示范点;2014年,洋口港景区生态园创建成省级自驾游基地。阳光岛是现代工业港口,岛上以工业作业为主,暂不对游客开放。

【小洋口风景区】 小洋口风景区位于如东县北部小洋口旅游度假区内,距上海120公里,1.5小时经济圈内;距南通60公里,1小时车程。景区总面积约67公顷,主要由接待中心、如东滩涂围垦历史博物馆、海上九曲桥、海誓山盟石、爱情长廊、大米草原等景观构成,人文景观丰富厚重,自然风光秀丽典雅,建筑采用相互因借的艺术手法,融南秀北雄于一体,展现辽阔壮观的南黄海风情。

【国清园景区】 国清园景区位于如东县城区内,占地约1.5公顷,分国清寺园区和国清塔园区两部分,形成东寺西塔之格局。园内有易地重建的千年古刹国清寺,殿堂齐全,布局合理,层次分明;朱红色圆柱,杏黄色粉墙,麻石板地面,配以雕梁画栋,翘角飞檐,蔚为壮观。寺内全堂佛像装塑一新。景区西边有9层国清宝塔、放生池、掘港历史与宗教文化展览室,配有楼榭亭阁。登上国清塔,远眺四方,县城风光尽收眼底。国清园景区以佛教文化为依托,汇人文景观和自然景观于一身,集游、购、娱、食、住、行等功能于一体,是游客休闲、游览、娱乐好去处。近年,国清园香火旺盛,各方游客络绎不绝,其中有美国、日本等国外游客。

省级旅游度假区

【小洋口旅游度假区】 小洋口旅游度假区位于如东县北部,总规划面积80平方公里,核心面积40平方公里,先后建成亚洲最大风电场、国家AAA级景区、洋口国家中心渔港、国家级风筝放飞基地、省级自驾游基地、南通市青少年户外运动拓展中心、小洋口乡村俱乐部、小洋口精致温泉疗养别墅酒店、林克斯温泉酒店、金蛤岛温泉度假村、海印寺、海上迪斯科旅游区、海鲜一条街等特色旅游景点,在建和储备项目投入200多亿元。

省级自驾游基地

【洋口港景区生态园】 洋口港景区生态园紧靠洋口港景区,占地总面积6.67公顷,其中水面面积约2公顷。园内建成游客中心、垂钓中心、露营营地、休闲木屋等,可垂钓、烧烤、露营,是自驾游爱好者亲近大自然,享受野外风光首选之地。

【小洋口自驾游基地】 小洋口自驾游基地位于小洋口旅游度假区内,紧靠小洋口景区和洋口外闸,拥有典型滩涂和水域风光,展现独特南黄海风情,突出绿色生态理念和健康休闲养生理念,是"长三角"地区集旅游观光、休闲度假、海鲜美食、科普教育、湿地娱乐、生态野趣、拓展运动等于一体的省级自驾游基地。

四星级乡村旅游点

【在水一方生态园】 在水一方生态园位于岔河镇兴北村(洋兴公路西边苴东线南侧),占地6.67公顷。该生态园以"地为灵、水为魂、木为秀、人为杰"的主旨生态为开发创意,秉承"以人为本,宾客如归"经营理念,其基本格局分为特种水产养殖示范区、名贵花木种植示范区、休闲养生区、餐饮商务区等,是一个彰显科技含量、人与自然和谐、生活质量提高的旅游胜地。

旅游项目开发

【栟茶古镇旅游项目】 该项目规划面积100公顷,核心建设用地13.33公顷。2016年,编制完成《如东县栟茶总体规划(2016—2030)》《江苏省如东县栟茶历史文化名镇保护规划》《栟茶古镇改造与休闲度假项目城市设计》等规划。利用栟茶古镇文化旅游区打造国家全域旅游示范区契机,对栟茶古镇核心游览区进行提升式开发,挖掘千年盐商文化内涵,以海韵古镇为特色,以深休闲、轻度假为发展方向,打造集文化休闲、民俗体验、美食品味、健康养生、特色购物、技艺传承等功能于一体的栟茶海韵文化古镇。

【东凌湖海岸生态旅游度假区项目】 如东县依托东凌湖区滨海淡水湖自然资源,利用紧邻大都市区位优势,以浓郁地域文化特色,顺应信息化、数字化发展潮流,将东凌湖地区建设成为"绿色、智慧、健康"为主题,有文化、有内涵的精致慢城,成为"长三角"及国内知名旅游目的地。2016年,编制完成《东凌库区旅游产业融合发展概念规划》、《东凌湖旅游产业融合发展核心区总体规划》及局部地区详细规划完成中间成果。南黄海旅游度假区子项目完成一期工程建设,水库雏形形成,二期工程及周边配套工程全面开工建设,总投资4亿元。

【小洋口海滨牧场】 小洋口海滨牧场占地40公顷,2016年,投入8800万元,通过最新技术脱离盐改良,土地整理,选育品种,种植草坪展现塞上草原、苏格兰风情美景。以草原牧场为平台,打造各类草地活动项目,形成生态种养殖基地,丰富海滨牧场内涵,成为小洋口休闲旅游配套场所。

【小洋口海鲜大排档】 小洋口海鲜大排档总投资1.5亿元,项目总建筑面积1.2万平方米,主要建设4幢餐饮建筑和1幢商业建筑,为游客到小洋口度假提供各类新鲜海鲜产品。

旅游推介

【展会推介】 5月10日,县文广新局(旅游局)组织小洋口旅游度假区负责人以及客商代表，赴上海参加2016年南通旅游招商推介会，现场发放旅游宣传品，重点介绍如东金蛤岛景区、栟茶寿圣寺佛教文化园、小洋口渔乡民俗园、小洋口渔寨风情园等旅游招商项目，诠释以“海港、海鲜、海泉、海韵”为特色的如东旅游形象，现场成功签约小洋口乐园项目。5月19日,县文广新局(旅游局）在乐天玛特广场举行“爱旅游、爱生活”宣传活动,组织县内各景区、星级饭店、旅行社等开设展台,通过宣挂条幅、发放旅游宣传折页、精品路线推介等形式,向市民展示如东旅游发展形势，引导市民感受如东“建设现代旅游城市”魅力。现场开展旅游咨询、旅游维权等服务,引导市民快乐出游、文明出游、平安出游、理性消费、理智维权。5月28—29日,县文广新局(旅游局)组织县内旅游企业在南通园博园参加南通旅游风情展，以发放宣传资料、旅游特色商品展销、专门人员现场讲解等形式,宣传如东旅游。8月26日,县文广新局(旅游局)组团参加为期3天的2016中国西安丝绸之路国际旅游博览会，在西安曲江国际会展中心通过布设展台、发放旅游宣传资料等方式，向观众宣传和推介如东旅游产品。10月9日,“海纳百鲜,悦享如东”中国如东(上海）旅游招商推介会在上海海神诺富特大酒店举行，邀请上海旅行社50家、国家一级媒体10家、上海一级媒体20家、上海新媒体10家、客商40家,推介展示如东特色旅游魅力,签约7个项目。11月11—13日,县文广新局(旅游局)携小洋口旅游度假区、金陵金蛤岛温泉酒店等旅游企业赴上海参加“2016年中国国际旅游交易会”，发放旅游宣传资料1万余册，向世界各地旅行商及客人提供咨询服务,宣传如东旅游精品线路及产品,展示如东旅游良好形象。

图34　第二届栟茶龙舟赛

【栟茶龙舟赛暨美食节】　6月9日,县人民政府主办,栟茶镇、县文广新局(旅游局)承办的第二届栟茶龙舟赛暨栟茶镇第一届美食节在栟茶镇开幕。12支代表队、180名队员参加龙舟赛，吸引市民近1万人观龙舟竞技、品古镇美食、看民俗表演。栟茶烧饼和扣包、双甸富硒玉米、洋口狼山鸡等地区特色小吃、生态农产品，让观众品尝如东美味。现场还设置包粽子大赛、喝啤酒大赛,民俗表演有《跳马伕》《浒澪花鼓》等传统节目。

旅游服务

【饭店创评指导】　县文广新局(旅游局)抓饭店品质提升,开展饭店绿色创建，在行业内倡导绿色消费和节能减排,通过自查整改,邀请专家现场指导和评定，栟茶鑫华园宾馆创建为国家银叶级绿色旅游饭店；对照江苏省休闲度假酒店申报条件,指导申报评选,林克斯温泉度假酒店被评为江苏休闲度假酒店。

【旅游行业管理】　县文广新局(旅游局)组织全县导游参加各种培训、竞赛、年审及考试,严把导游规范管理关,提升导游人员素质。制定并下发《如东县出境游市场秩序专项检查工作方案》,开展涉外旅游专项检查。开展旅游团队文明旅游宣传引导工作,落实行前、行中引导、行后总结事项。依法治理全县旅游市场。年初,开展旅游市场专项检查活动，重点督查无资质经营、不合理低价经营、强迫消费、欺骗消费者等违法行为。5月,开展旅行社及旅行社门市部专项检查活动，对未备案登记旅行社门市部进行教育并备案。配

图35　9月12日,县导游风采大赛在县行政中心举行

合物价、市场监管等部门对景区及其周边市场进行检查整治。建立旅游市场日常监督机制，及时妥善处理消费者旅游投诉。县旅游质监所全年受理投诉8起，都妥善处理。配合县消协妥善处理上海东航旅行社食品安全事故，配合浙江省湖州市旅委到如东协调处理相关投诉案件。开展旅游用车专项检查，整治旅游黑车现象，县旅游质监所联合县交通运管处运政稽查大队检查营运车辆36辆次，重点检查旅游用车营运资质和旅游用车合同、旅游合同、导游、司机资质等。

【文明旅游创建】 县文广新局（旅游局）印发《文明旅游十大提醒语》《中国公民国内旅游文明行为公约》《中国公民出境旅游文明行为指南》，开展文明餐桌“光盘”行动等公益宣传活动，引导和营造文明健康旅游环境。开展文明旅游引导志愿者活动，做好旅游景区文明告知、文明提醒、文明规劝；旅行社加强对游客文明旅游宣传教育，倡导“不乱扔垃圾”“不随地吐痰”“有序排队”等，做文明游客。

【旅游安全管理】 县文广新局（旅游局）加大旅游企业安全管理和市场整治力度，落实安全生产责任制。年初，召集全县旅游企业主要负责人会议，与旅行社、星级饭店、乡村旅游点签订安全生产责任状，与旅行社门市部负责人签订安全承诺书，并部署2016年度安全生产工作。开展企业安全生产主体责任专项行动活动。全县32家旅游企业登记安全生产基本情况，进行自查自评、整改落实。1—3月，对各旅游景区、星级饭店等人员密集场所开展安全生产检查专项行动，检查近80家次，对查出问题，下发整改通知书，均整改到位。开展清明、五一劳动节、国庆节期间旅游行业安全生产检查和“安全生产月”活动，旅游企业安全意识增强。集中开展食品安全检查，督促旅游企业守法经营、诚信自律。

2016年如东县主要旅游景区、旅游社、旅游饭店一览

表27

单位全称	负责人	星级及创建时间	电话	邮编	详细地址
小洋口旅游度假区	陶玲玲	省级旅游度假区（2011年）	84816236	226407	沿海旅游经济开发区内
小洋口风景区	孙中兴	国家AAA级旅游景区（2011年）	18862777555	226407	沿海旅游经济开发区内
洋口港景区	石　斌	国家AAA级旅游景区（2012年）	84901908	226413	长沙镇
国清园景区	施一峰	国家AAA级旅游景区（2013年）	80865081	226400	掘港镇
浅水湾水上公园	王云霞	国家AA级旅游景区（2010年）	18936429678	226400	掘港镇
马塘革命烈士纪念馆	顾　锐	国家AA级旅游景区（2014年）	84541331	226401	马塘镇
在水一方生态园	缪淑华	省四星级（2012年）	84879999	226403	岔河镇兴北村九组
写意农庄	张　磊	省三星级（2013年）	84668177	226404	双甸镇丛家坝村
袁海休闲农庄	袁绍明	省三星级（2014年）	15962776111	226405	袁庄镇海河滩村
鑫华园农庄	张素华	省三星级（2015年）	84895999	226406	栟茶镇江安村999号
中天黄海大酒店	薛华平	国家四星级（2006年）	84195888	226400	掘港镇日晖西路8号
大明国际大酒店	倪卫国	国家四星级（2006年）	84159999	226400	掘港镇友谊东路81号
海洲大饭店	曹祝山	国家四星级（2012年）	80866666	226400	掘港镇友谊东路1号
碧霞如东大饭店	于海燕	国家三星级（2007年）	84877777	226400	掘港镇人民北路29号
如东格林晶品酒店	杨晓莉	国家三星级（2013年）	84681888	226400	掘港镇青园南路19号
栟茶鑫华园宾馆	丁莉青	国家三星级（2015年）	84829988	226406	栟茶镇卫海北路999号
聚福楼大酒店	顾理勤	国家二星级（2008年）	84828799	226406	栟茶镇卫海路68号
格林豪泰大酒店	邓树梅	国家二星级（2010年）	81908888	226400	掘港镇青园北路32号

续表 27

单位全称	负责人	星级及创建时间	电　话	邮　编	详细地址
如东爱住酒店	莫冬青	国家二星级(2014 年)	80151888	226400	掘港镇人民北路 10 号
南通江海国际旅行社	陈月华	省三星级(2013 年)	84532225	226400	掘港镇青园北路 21 号
南通金黄海旅行社	赵建华	省三星级(2013 年)	84513333	226400	掘港镇青园北路 36 号
南通海洲旅行社	曹雪莲	—	84190182	226400	掘港镇扶海州 7 号
南通岔河古镇旅行社	盛义明	—	84369869	226403	岔河镇古坝社区古镇路 8 号
南通玉鹤旅行社	田鹤泉	—	84187588	226400	掘港镇友谊西路 10-21 号
如东容和旅行社有限公司	陈志明	—	81969816	226400	掘港镇泰山路名居花苑西 8 幢 107 室
如东广视旅游服务有限公司	赵卫东	—		226400	掘港城中街道办长江路 29 号
南通小洋口国际旅行社有限公司	朱春霞	—	84501111	226407	洋口镇新闸东首
上海七彩国际旅行社如东分社	王旭东	—	80866166	226400	掘港镇友谊东路 1 号海洲大饭店六楼
南通飞鹤如东分社	李红霞	—	84165666	226400	掘港镇青园南路 26 号
南通康辉旅行社有限公司如东分社	许莉莉	—		226400	掘港镇日晖西路 2 号金侨花苑
南通中港商务国际旅行社有限公司如东分公司	徐小飞	—		226400	掘港镇三元世纪城 3 号地块 301 室

(范姜枫)

图 36　林克斯温泉酒店夜景

城乡建设

Chengxiang jianshe

城乡规划

【规划编制】 2016年，县住建局围绕“十三五”战略目标，按照“创新开发方式，规范开发秩序，提高开发效率”工作思路和勾画全县协调、集约、均衡、永续发展蓝图的构想，编制各项规划。东北片区城市设计、城市主出入口重要节点城市设计完成公示及报批工作。县城停车专项规划、县城加油加气专项规划、县城绿线专项规划、县城蓝线专项规划通过专家评审，并完成公示及报批工作。县城给水专项规划、县城排水（雨水）防涝综合规划通过专家评审。划定历史文化保护范围，并明确建筑处置手法。城北片区控制性详细规划、老城区控制性详细规划，通过省、市级专家评审，并根据专家评审意见加以完善。城东片区控制性详细规划，已组织相关部门、单位与设计院对接，并形成中期成果。指导重点镇、园区规划编制。双甸镇、曹埠镇、丰利镇总体规划形成中间成果。

【服务“六城同创”】 县住建局结合文明城市、园林城市创建，针对县城老城区停车紧张、绿化景观较少的情况，组织设计单位，对老城区主要道路沿线两侧启动的停车场、绿地项目开展方案设计，年底形成最终成果。启动县城如泰运河、掘苴河、掘坎河“三河六岸”整治河道景观设计工作，考虑老城区现状，结合景观效果、经济性、科学性要求，合理确定整治设计范围和研究范围。通过邀请招标形式，邀请广州筑原工程设计有限公司、浙江城建园林设计院有限公司、同济大学建筑设计研究院（集团）有限公司景观院等5家国内、国际知名设计单位参加方案竞选，并邀请东南大学、浙江大学景观学、城市设计专家进行方案评选，最终确定广州筑原工程设计有限公司为“三河六岸”的景观设计单位，年底形成评审稿。

城市建设

【概况】 2016年，县住建局按照“开发新城区、做美旧城区”思路，抓城建重点工程和为民办实事项目。全年城建各项总投入14.6亿元。至年底，城镇化率51.12%，城镇住房保障体系健全率86%，城镇污水达标

图37　如泰河沿河公园

处理率 86.4%，城镇绿化覆盖率 42.67%，城镇和农村家庭成套住房比例分别为 95%、75%。推进“六城联创”工作，完善城区公用设施，县城规划区内，新中心市场建成并投入使用，周边市政配套同步完成。新中医院、文体中心、雨润商业中心等片区加快建设与开发进程。嘉陵江路西延、悍业路建设和海花路东延、朝阳路南延等旧城道路改建使城市路网架构进一步完善，城区道路通畅。城区公共绿地建设有序推进，城市绿地率不断提升，东环路、珠江路西延、朝阳路两侧等一批高品质沿路绿化景观项目建成。如东县被省人民政府授予“江苏省园林城市”称号。

图 38　新如东农贸中心市场及爱民路西延配套工程

【城市道路建设】 县住建局全年在城区共实施道路工程 9 项，建设完工 6 项。完成爱民路西延、朝阳路南延、悍业路、龙腾路建设，海花路东延旧城道路改造、嘉陵江路西段(西环路—洋口运河桥)基本完工，电大路、鸭绿江路、嘉陵江路(钟山路—泰山路)开工建设。新建道路里程约 7 公里。

2016年如东县城区道路建设一览

表 28

序号	项目名称	建设单位	项目规模	计划投资(万元)		开工时间	建设进展
				2016年投资	总投资		
1	悍业路	如东县开泰城建投资有限公司	1500×24	5000	9000	2016年 6 月	完工
2	嘉陵江路(钟山路—泰山路)		680×45	200	2200	2016年 12 月	开工
3	爱民路西延		500×24	800	1000	2016年 4 月	完工
4	龙腾路		500×24	880	900	2016年 6 月	完工
5	嘉陵江路西段（洋口运河桥—西环路）		500×45	7500	12500	2016年 4 月	完工
6	朝阳路南延		500×30	1000	1000	2016年 4 月	完工
7	海花路东延		500×30	800	800	2016年 8 月	完工
8	电大路		1000×50	200	3000	2016年 12 月	开工
9	鸭绿江路		700×24	100	800	2016年 12 月	开工

【道路亮化】 全年实施城市照明改造项目 5 项。县城东环路、珠江路、黄海路、泰山路路段实施单灯节能控制工程安装完毕，在调试检测；实施城区芳泉西路、海花路南沿(友谊路一芳泉路)段照明改造工程，海花路南沿段全部更换 LED 灯，芳泉西路因道路整体改造，路灯暂缓施工；城区住宅小区、后街后巷路灯光源实施 LED 节能改造工程；掘兵路、掘坎路市政养护延伸路段新增路灯全部完工，并投入使用；2016 年，老旧小区改造路灯项目全部完成，南 223 线 8～9 号点路灯灯具全部更换。

【绿化建设】 县住建局以创建“江苏省园林城市”为契机，全力推进县城区公共绿地项目建设。全年实施绿化项目 9 个，续建 3 个，新开工项目 6 个，新增公共绿地约 30 万平方米，城区新栽植各类乔灌木树种 80 余种。

2016年如东县城区绿化项目建设一览

表 29

序号	工程名称	开工时间	工程造价（万元）	工程面积（平方米）	建设单位	主要品种	竣工时间（进展情况）
1	朝阳路两侧景观绿化工程	2016年4月	681	30000	如东县开泰城建投资有限公司	香樟、栾树、榉树	2016年12月
2	东环路环境综合整治A标	2015年12月	630	37000		香樟、银杏	2016年12月竣工
3	东环路环境综合整治B标	2015年12月	680	38000		栾树、香樟、红叶石楠	2016年9月竣工
4	珠江路西延两侧绿化工程	2016年3月	514	40000		香樟、垂丝海棠、女贞	2016年11月竣工
5	东二环匝道升级改造项目	2015年12月	224	12500		香樟、朴树、广玉兰	2016年12月竣工
6	掘苴河西侧沿河景观绿化工程一标段	2016年5月	1820	44000		榉树、栾树、红叶石楠	施工中
7	掘苴河西侧沿河景观绿化工程二标段	2016年5月	1728	39000		香樟、榉树、栾树	施工中
8	通海路小游园	2016年11月	273	5000		香樟、桂花	完成90%
9	创建文明城市补绿工程一标段	2006年3月	120	7000		榉树、朴树、樱花	2016年5月竣工

【房屋征收、安置】 如东县新实施建材河工程、电大路工程、三号街区改造等征收项目6个，房屋征收面积约80万平方米。安置房建设，完成新光二期一、二标段土建工程及配套，爱民路南侧、生产路东侧安置房项目和人民路西侧掘苴河南侧（老县政府地块）安置房项目完成整体地下室施工和部分楼层结构施工。向市场收购安置房源500套，解决安置房源不足问题。

【白蚁防治】 全年实施新建房屋白蚁预防工程项目103个，建筑面积100.9万平方米；灭治项目18个，建筑面积1890平方米。

【质量监督】 全年受监房建工程共205项（含上年结转工程），建筑面积372.06万平方米，新办理受监工程182项（含补办），建筑面积242.45万平方米。专项监督巡查40次，监督抽测单位工程220个。强化住宅工程竣工预验收工作，监督预验收住宅工程48个。引导施工企业创优，申报县优质结构工程12项，并推荐8个项目申报市优质结构工程。

【安全监管】 全年接受报监工程154项，面积197.57万平方米。施工起重机械产权备案84台。深入工地安全检查912次，开出《建设工程安全监督整改通知单》276份，发现安全隐患830条，安全监督覆盖率100%。评定县文明工地32个、市文明工地10个、省文明工地1个。

【城建档案管理】 全年县城建档案馆接收房屋建筑工程档案和市政基础设施工程档案49个项目、104个单体，共2579卷。全年接待咨询、查档248人次，提供案卷323卷次，为城市建设、司法部门取证、民事纠纷、清理违法建筑、房屋维修、改造等提供凭证和依据。 （冯溢铭）

镇村建设

【概况】 2016年，如东以推进镇村水环境治理为重点，组织各镇（区）申报省级临海城镇培育行动补助资金、省级城镇基础设施引导资金、沿海发展专项资金、美丽乡村规划建设专项资金，并同步推进农村危房改造。县住建局牵头做好污水处理设施改造工作，请专业机构调研，形成规划方案并报县政府批准。该项目属综合性水环境整治项目，包括污水处理厂改造、污水管网修建、村庄生活污水治理、河道整治等。推进美丽乡村补助申报。曹埠镇上漫社区、新店镇新店社区获得省级美丽乡村补助370万元。小城镇建设突出镇村特色，以美丽乡村建设为重点，栟茶镇江安村、岔河镇古北村、袁庄镇孙庄村等美丽乡村项目通过省级验收。推进农村危房改造。4月启动，至年末，692户改造任全部完成。 （冯溢铭）

城市管理

【户外广告整治】 按照创建“江苏省优秀管理城市”技术标准，4月起，县城管局分3批对城区落地灯箱广告、路灯杆广告、破损广告、横幅拉

图 39 拆除高立柱广告

杆广告、楼顶广告及高立柱广告开展全面整治。拆除大型平面广告36块,面积约5800平方米;拆除各类落地灯箱广告、破损广告1000余块,面积约2500平方米;清理主次干道临街商户窗花贴纸5万余处;拆除高立柱广告31个,面积约4500平方米。

【惠民摊亭升级】 县城管局报废县城破旧“惠民水果亭”“惠民炒货亭”“惠民修理亭”30多个,并按照“形象美观、防风防雨”标准,统一集中设置。对“同业苑”夜排档提档升级。

【示范创建】 开展通海路“省级城市管理示范路”、锦绣社区“省级城市管理示范社区”创建工作。通海路创建方面,组织实施路面摊铺、标线施划、道路两侧人行道板铺设、沿街杆线入地、公交候车亭建设招标、沿街建筑立面出新、增设空调外挂和街头公园建设房屋征收等工作;锦绣社区创建方面,开展公厕建设、排污管道疏通、绿化改造、楼道门更换、道路修补、路灯护栏维修等基础设施建设工作。

【公厕建设】 如东县在主城区新建公厕10座,其中,一类公厕6座、二类公厕4座,增密公厕布点,完备公厕设施,缓解居民用厕难矛盾。

【违法建筑整治】 县城管局以行政推动拆除为主,教育违建户自拆或组织帮拆;对拒不拆除违法建筑,组织实施依法强拆。全年在县城规划区内组织拆除违法建筑120余处,面积6000余平方米。 (刘 祁)

交 通

【概况】 2016年,如东县公路总里程2666.25公里,公路密度142.43公里/百平方公里。其中,高速公路14.30公里,一级公路190.52公里,二级公路299.47公里,三级公路273.88公里,四级公路1888.09公里。航道总里程778.96公里,其中,等级航道7条、200.76公里,五级航道93.84公里,六级航道54.07公里,七级航道52.85公里,等外级航道578.20公里;码头101个,泊位128个,码头4410延长米。如东客运站新建工程土地使用证手续办理结束,洋口港客运站投入试运营。建设新能源汽车充电桩。新建公交站亭74座、站亭(牌)66个、路牌260块。全年交通投入19.57亿元,实施交通工程建设项目18个,储备项目5个。355省道、334省道如东东段初步设计获省发改委批复,334省道如东东段建设用地获省政府批复。海启高速洋口港互通至沿海经济开发区连接线预可获省发改委批复。县交通运输局跟进通用航空机场布局规划选址研究和飞行程序设计,设计初稿成型。科学规划“十三五”综合交通规划,向“公、铁、水、空”互联互通转型,打造以“高速铁路、高速公路、高等级航道”为主体的综合交通格局。

图 40 新建惠民水果亭

【智慧交通】 县交通运输局对接南通市“智慧交通”信息指挥中心和省运管局运输信息管理平台,试行运输、路网、桥梁、水运、港口等一体的“智慧交通”信息管理体系,启用“江苏交通一卡通”。在城区设立公交电子站牌20个。

【交通法制建设】 “法治交通”注重执法效果与社会效果统一,全年实施行政处罚1378起,办理行政许可502件,所有事项受理按时率、正确率均100%,未发生行政诉讼败诉和行政复议被撤销或变更案件。行政权力网上公开透明运行,实现行政许可事项网上运行率、回复率、办结率、网上点击满意率100%。

(朱晓飞)

公 路

【公路建设】 2016年,海启高速公路如东段完成便道贯通,主线开工

图 41　11 月，角林线沥青摊铺

建设。228 国道绕城段主体具备简易通车条件，355 省道东陈连接线拓宽工程、角林线拓宽段建成通车。334 省道如东东段完成施工招标，房屋拆迁完成 94%。223 省道八号桥改造完成项目部驻地建设及拌合楼基础浇筑。港城中通道完成 15 公里绿化施工。355 省道如东段、港城中通道实施 65 公里 2000 余盏国家电网普通高压钠灯。实施农村公路提档升级 300 公里，改造危桥 52 座，实施农村公路安全生命防护工程 276 公里。

【公路养护】 县公路管理站完成省道 225 线、省道 223 线养护大中修工程，维修 225 省道 11 座桥梁伸缩缝。开展干线公路桥下堆积物专项清理，清理桥下堆积物 313 立方米，拖离分解旧船 15 条，砌筑砖墙 1125 平方米，隔离网围挡 682 米。实施路面坑塘维修 840 平方米，桥头跳车 2300 平方米，桥头接线护坡维修 420 平方米。抓县道安保工程，在老 225 线与长雪线、角林线与苴东线等交通流量较大十字路口设立信号灯 5 处，投入 80 多万元实施新增道路警示桩、更换交通标志、漆画公路标线，对县道桥梁进行预防性养护，提升县道公路桥梁通行能力及安全性。（朱晓飞）

铁　路

【铁路发展规划编制】 县铁路办根据如东铁路发展现状和存在问题，结合“十三五”期间国家铁路宏观发展形势和要求，在科学预测铁路客货运输需求量基础上，牵头研究编制《如东县铁路“十三五”发展规划》，提出“十三五”期间如东县铁路发展指导思想、基本原则和发展目标。三洋（河南三门峡至如东洋口港）铁路、洋吕（洋口港至吕四港）铁路、通（南通）苏（苏州）嘉（浙江嘉兴）铁路铁路延伸工程通如城际项目被纳入如东县铁路“十三五”发展规划。10 月 8 日，该规划通过县审查。

【海洋铁路电气化改造研究】 2016 年，县铁路办开展海洋铁路电气化项目预可行性研究和前期咨询工作。委托中铁第四勘察设计院开展项目预可研究。就项目投资主体、立项程序等向省、市铁路办、新长铁路公司和铁路总公司汇报沟通，初步确定海洋铁路电气化项目投资方式、申报立项程序、资金筹集渠道。12 月，县政府向省铁路办上报《改建工程海安至洋口港铁路电气化改造工程预可行性研究》报告。

【通如城际铁路规划研究】 县铁路办委托中铁第四勘察设计院开展如东至南通城际铁路方案研究，分析探讨如东至南通城际铁路建设必要性，研究线站方案，形成《新建铁路通苏嘉铁路延伸工程通如城际规划方案研究》报告。邀请国内铁路规划领域权威专家评审，专家组认为报告为如东融入区域快速铁路网提供科学规划指导，建议推进项目前期工作，争取纳入江苏省铁路发展规划、长三角城际铁路网。10 月，县政府向省铁路办上报《新建铁路通苏嘉铁路延伸工程通如城际规划方案》及《通如城际铁路规划专家研讨会意见》，提请纳入省相关规划，与通苏嘉铁路同步开展前期工作。

【栟茶铁路货场运营】 2016 年，县铁路办协调栟茶站资产方、运营方、企业方和地方政府，加快推进栟茶站基础设施、设备完善建设工作，统筹解决各方矛盾困难，确保栟茶站货运业务如期开通。中国铁路总公司发文同意海洋线自 10 月 1 日开

图 42　10 月 22 日，上海铁路局副局长刘建堂（中），市委常委、常务副市长单晓鸣（右），县委副书记、代县长沈峻峰（左）共同启动栟茶货运站开通杆

办货物运输初期运营，并于全路营业线开办货物直通运输。县政府办制定《关于扶持铁路栟茶货场拓展运输业务的政策意见》，培育货运市场。10 月 22 日上午，海洋铁路栟茶货运站正式开站。至年底，栟茶站发出货物 20 节车皮共 877.26 吨，到达货物 2 个车皮共 140 吨。

【铁路护路联防】 县铁路办组织召开全县铁路工作暨护路联防工作会议，层层落实责任。坚持经常性宣传与集中宣传相结合、广泛宣传与重点宣传相结合方式，先后在村居群众、沿线村组定编干部、中小学教师中，宣传铁路安全知识，开展铁路爱路护路培训及普法知识竞赛。

（张彤彤）

港　口

【概况】 至 2016 年年底，南通港洋口港区建成并投入使用码头泊位 3 座，分别是 10 万吨级 LNG 泊位、万吨级重件码头泊位和 5000 吨级液化码头泊位；在建泊位 10 万吨级石化泊位。5000 吨级液化码头竣工验收正式投入生产，并对外开放。洋口港区共成功靠泊 LNG 船舶 139 艘，LNG 吞吐量 1270 万吨。

【港口建设】 2016 年，港口建设框架基本形成，7 万吨级烂沙洋南航道、10 万吨级烂沙洋北航道建成通航。3 平方公里阳光岛全面围填完成。建成并投产码头 3 个，分别是 10 万吨级 LNG 码头、万吨级重件码头、5000 吨级液化码头，港口实现对外开放。在建 10 万吨级石化码头完成主体工程。连接陆岛的黄海大桥、管线桥建成投入使用。35 平方公里临港工业区分 3 期全部完成围垦。推进省、市重点工程烂沙洋 15 万吨级航道疏浚工程，总投资约 11.4 亿元。启动液体化工码头二期工程前期报批工作，该工程位于阳光岛东南侧，拟建 1 万吨级泊位 1 个及 5000 吨级泊位 1 个。

【港口生产】 2016 年，洋口港成功靠泊 LNG 船舶 28 艘，LNG 吞吐量 231 万吨。万吨级重件码头成功装卸石材荒料、钢板、机械装备、集装箱等散杂货，吞吐量累计 25 万吨；5000 吨级液化码头成功停靠化学品船 28 艘，装卸丙烯晴 8 万吨。

（陈网楠）

交通运输生产

【概况】 2016 年，如东拥有城市公交、客运班车、旅游客车 229 辆 10504 座。拥有营运货车 6065 辆 4.49 万吨，运输船舶 260 艘 4.84 万总吨。完成公路运输客运量 525.7 万人次，客运周转量 5.48 亿人公里；公路货运量 1358 万吨，货运周转量 21.45 亿万吨公里；水路货运量 354 万吨，货运周转量 25.99 亿吨公里。全年发送旅客 99.19 万人次（其中节假日运输 97.77 万人次、重点运输 1.42 万人次）。年末，全县机动车保有量 27.97 万辆，比上年末增加 1.90 万辆。其中，载客汽车 8.30 万辆，增加 2.04 万辆；载货汽车 1063 辆，增加 42 辆；摩托车 19.41 万辆，增加 0.35 万辆。全县个人汽车保有量 8.01 万辆，比上年末增加 1.69 万辆。

【城乡客运】 如东县推进客运经营机制改革，客运班线公司化经营车辆 194 辆，公司化经营率 84.72%，城乡客运客车 83 辆，城乡客运一体化覆盖率 100%。新开城市公交线 108 路，在双甸镇、袁庄镇、丰利镇开通镇村公交 4 条，优化公交线路 2 条。新增新能源汽车 40 辆。

【安全生产】 县交通运输局推进安全法治建设，落实企业主体责任和行业监管责任，建立健全安全生产监管长效机制，开展隐患排查治理工作，拆除通航水域危险桥梁 2 座，拆除飞鹤公交回车场具有重大隐患 LNG 加气站，防范和遏制重特大事故，确保全县交通运输安全生产形势持续稳定。全面创建“平安交通”，港城中通道公路工程被评为江苏省公路水运工程“平安工地”建设示范工程、示范工地，角林线新建段被评为省级示范平安工地。　（朱晓飞）

行业管理

【路政管理】 县交通运输局落实交通运输部规定，在岔河镇建立超限临时卸驳载点，与公安联合开展治超行动，全年检查车辆 492 辆次，处罚 51 辆次，轻微教育放行 76 辆次，卸驳载货物 327.94 吨。以“江苏省优秀管理城市” 创建为契机，整治拆除省道 223 线沿线 21 块高

图 43　6 月 21 日，县交通运输系统安全生产月主题演讲比赛

炮及平面广告牌。整治省道225线安全隐患，封闭中分带开口37处，修理路面水毁150平方米，设置信号灯5处，提升省道225县域通行环境。

【运政管理】 县交通运输局实地巡查全县所有站牌，共巡查站牌869只。对4家出租汽车企业、2家客运企业、掘港客运站进行质量信誉考核，初评AAA级2家、AA级4家、A级1家。开展城乡客运一体化发展水平评价，被省交通运输厅评为“AAAA”。全年交通运政窗口受理事项12816件。核查通过水运企业4家，核查船舶227艘，其中，省际内河普货船舶218艘、4.91万总吨；省内沿海油船9艘、1013总吨。申报争取补助资金5.61万元，7家企业获得创建名额，全县有维修企业AAA级1家、AA级3家、A级2家。开展道路运输从业人员诚信考核和“星级驾驶员”评定活动，从业资格培训机构培训学员合格率82.3%，在全市13家培训机构中名列前3名。

【港航管理】 县交通运输局做好发证内河码头特别是内河危货码头安全监管，与地方海事处联合网上审批危货码头作业。做好港口经营许可证到期换证和危货码头作业附证年审工作，为江苏优嘉植物保护有限公司建设危货码头提供政策服务。实施临、跨、过河建筑行政许可22件，全部符合法定程序和通航等级标准。实施行政处罚8件，未发生行政复议和行政诉讼案件。全年收取航道赔(补)偿费78.2万元。辖区航标正常率100%。加大航道巡航，干线通航保证率100%。现场巡航178天，巡航1.44万公里，对等级航道组织实施清障扫床2次，共591.97公里。

【地方海事管理】 县地方海事处全年处理水上交通事故和应急险情24起，审核危险品运输船进出港申报1716艘次。受市局委托检验船舶300艘、7.55万总吨、3.78万千瓦。接受施工单位委托对2处水工作业实施现场监护。水上交通安全4项指标为零，通航秩序良好，未发生24小时以上责任堵航事件。 (朱晓飞)

供　水

【概况】 2016年，县自来水公司启动管理体制和运行机制改革，供水经营效益实现巨幅增长。全年供水总量5693.31万吨，同比增长8.5%；售水总量5512.59万吨，同比增长8.8%。供水增幅和售水增量呈连年上升势头。通过强化资产管理、细化预算审核、深化资产运作、优化采购方案等途径，借力财审监督管理、助力资本运作平台发展，全年节约运行经费200多万元。查纠居民水表计量精准性和表户一致性，先后普查居民水表40478只，及时查纠和处理表号、读数、用水类别以及黑户等危及供水营销问题100多个。完成角林线、港城中通道两个供水项目续建工程，6月初竣工通水。重点推进通如线改造工程，2015年10月施工，投资8000万元，敷设管道近20公里，至2016年年底完成工程量90%。与江苏有线如东分公司对接协调会商合作途径，新增江苏有线代收水费网点2处，成功开发和推广“如东供水”微信公众号，增强水费回收及时性。如东供水事业健康有序发展，获“全国工人先锋号”“江苏省放心消费创建活动示范单位”等称号。 (冯溢铭)

供　电

【概况】 2016年，如东县有35千伏及以上变电所29座。其中，110千伏变电所18座(智能站2座)，主变容量1929.5兆伏安；35千伏变电所11座，主变容量287兆伏安。220千伏线路22条392.2公里（代维），110千伏线路34条532.56公里，35千伏线路23条284.16公里，合计79条、1208.92公里，其中用户线路35～110千伏线路18条88.89公里。全县总用电客户44.53万户。全年全县用电量49.12亿千瓦时，同比增长7.98%；供电量47.38亿千瓦时，同比增长8.58%；售电量45.64亿千瓦时，同比增长9.84%；全口径线损率3.66%，同比下降1.1个百分点；完成业扩报装1.17万户，完成增量35.83万千伏安。县供电公司同业对标综合排名系统内51家县公司全省第17，连续16年被省精神文明建设指导委员会授予“江苏省文明行业”“省文明单位”称号，获全国“安康杯”竞赛优胜单位，服务绿色能源入选国网社会责任报告，多名员工在各类竞赛中获得国网、省公司团体第一等。

【电网建设】 1000千伏淮南—南京—上海特高压交流输变电线路工程如东段全线贯通。开展220千伏城南(德银)输变电、220千伏中广核海上风电送出续建等工程。完成500千伏扶海变、110千伏新光变、110千伏陈高变工程前期工作。完成220千伏马洋线4630改造工程政处工作，确保工程按期投运。提前完成220千伏刘马线增容工程政处任务，保证施工单位立塔、架线顺利进行。县供电公司促成县政府出台政处工作相关规定，推动成立电力建设管控办公室，通过整体联动，形成推动电网项目建设合力。高标准实施国资委配、农网项目，全年电网建设投入4.34亿元。

【创新管理】 县供电公司以劳模创新工作室、技师创新工作室、党员创新工作室为龙头，带动全员推进“全面创新年”活动。将创新融入日常工作和经营管理，应用新技术、新产品，结合沿海地区特点，成功应用HYJ-08石墨防雷接地体进行线路杆塔改造，采取线路绝缘封堵、应用新型驱鸟器等方法减少鸟害对跳闸影响。《提高变电站二次电缆芯编号直接识别率》《多功能伸缩棒的研制》分获江苏省优秀QC成果、省“质协杯”QC成果一等奖，“如电如家”创新工作室获评南通市“十佳”创新工作室，秦勇劳模创新工作室获省公司职工技术创新优秀成果三等奖。

【供电服务】　县供电公司靠前服务重大项目，做好政府电参谋、客户电黄牛、群众电保姆。探索优质服务工作新路径，关爱孤老病残，定期走访慰问，指导安全用电。深化电子平台功能应用，结合安全用电和节能用电知识普及宣传，推广“电 e 宝”“掌上电力”。完善台区服务网络，组织开展台区供电服务微信群劳动竞赛活动，及时解决用电问题，配合完成安全用电宣传及停送电告知等工作。搭建“政、电、企”联动机制，免费为 756 户电力客户开展“电力体检”，降低企业经营成本。做好风电、分布式光伏发电等新能源并网服务，助推中广核风电并网，为华电 20 兆瓦、中天 10 兆瓦分布式光伏发电项目入网提供“一站式”服务，建立快速审批通道，创造中国光伏电站建设新记录。　(李　飞)

燃气供应

【概况】　2016 年，如东实施行业管理液化石油气企业 12 家、管道燃气企业 2 家、汽车加气站运行 4 家，便民供应点 1 家。如东大众燃气公司在县城建设道路管网 24 公里，累计建设管网 145 公里，并实现与“西气东输”管网对接，全年发展居民用户 21157 户、工业用户 6 户、公建用户 69 户，年供应量 453 万立方米，销售收入 2337.56 万元；华港燃气公司主要以园区化工工业供气为主，新建管网 8.16 公里，累计建设管网 22.9 公里，发展工业用户 14 家，年供应量 652 万立方米，销售收入 2559 万元。在发展场站周边工业用户同时，逐步向商业中心区延伸，为居民、商业用气提供保障。汽车加气站运行状况整体良好，满足现有车辆保有量加气需要，全年销售 LNG(液化天然气)565 万立方米，销售收入 533 万元，销售 CNG(压缩天然气)78 万立方米，销售收入 241 万元。全年全县销售液化石油气 1.4 万吨，销售收入 7200 万元。　(冯溢铭)

污水处理

【概况】　2016 年，如东有污水处理厂 14 家，其中，县城 2 家、镇区 12 家，全县污水处理总量 1587.5 万吨，污水排放总量 1835.26 万吨，城市污水达标处理率 86.5%，同比提升 3.55%。县城新建污水管道 12.7 公里，总投资约 635 万元。县城新城区污水管网覆盖率 80%以上，未开发改造的部分老城区管网覆盖率较低。镇区 12 个污水处理厂日处理能力 3.58 万吨 / 天，其中，岔河、栟茶、新店、河口、长沙等镇污水处理厂运行基本正常，但进水量偏少，进水量约为设计能力 40%左右，大豫、丰利、袁庄、曹埠等镇由于进水量太少运行时断时续，马塘镇新建 4 座微动力污水处理装置正常运行。袁庄镇 2015 年新建的污水处理厂由于管道连接问题，未正式投入运行。2016 年，各镇区新建污水收集管网约 8.7 公里，总投资约 714.46 万元。

【污水处理厂运行】　2016 年，如东县恒发污水处理厂实现安全生产，出水稳定达标。全年处理水量约 1320.4 万吨，平均日处理量 3.6 万吨，最高日处理量 6 万吨，COD(化学需养量)减排量 3870 吨，氨氮减排量 390 吨。出水 COD 平均值 24.8 毫克 / 升、SS(水中悬浮物浓度)平均值 7 毫克 / 升、氨氮平均值 0.69 毫克 / 升、总磷平均值 0.39 毫克 / 升、BOD (生化需氧量) 平均值 7.12 毫克 / 升。出水 COD 达标率 100%，氨氮达标率 100%，总磷达标率 96%，悬浮物达标率 99%，BOD 达标率 100%。符合《城镇污水处理厂污染物排放标准》国家一级 A 标准。脱泥设施正常运行，产泥量约 2560 吨，泥饼含水率平均值 78.8%，污泥外运至固废中心处理 2384 吨，因其他企业内部水处理系统培菌 176 吨。恒发污水处理厂污泥脱水系统升级改造及三期厂区扩建工程主要建构筑物：粗格栅间及进水泵房，进水巴氏计量槽，细格栅曝气沉砂池及混合分配井，水解池，改良型卡式氧化沟，配水井及污泥泵房，周进周出二沉池，二次提升泵房，高效沉淀池，纤维转盘滤池，接触消毒池，出水巴氏计量槽，加药间，污泥浓缩池，污泥调理池，污泥脱水车间，配电中心，厂区道路等；主要设备：生产设备，除臭设备，电气设备，仪表设备，化验设备，自控设备，运输设备。工程造价约 1 亿元。工程于 2015

图 44　11 月 2 日，县供电公司员工在苴镇蔡桥村 58 组对农户进行安全用电宣传

年10月初开工,2016年9月28日所有建构筑物及厂区道路完成,所有配套设备安装就位,设备单机调试,9月29日通水运行,至年底,除污泥脱水投药系统调试外运行正常,12月22日工程交工验收。三益鸿生污水处理厂日进水量3000～8000立方米,进水COD约70毫克/升,正常水量5000～6000立方米,生产运行处于半运行半停止状态。由于进水量少、进水COD偏低,碳源严重不足,对活性污泥培养难度较大,至年底无法进行完整工艺调试。出水水质基本能达到一级A排放要求,但运行难度较大。

图45 整治后的城市河道新光三级河新貌

【低洼易涝片区改造】 2016年,县住建局重点实施碧霞小区、弹琴小区、灯塔小区3个片区低洼易淹易涝区改造工程,总面积达57.4公顷,工程总投资约1330万元。年末,3个片区改造工程基本结束,共实施配套主管道改造3500米。 (冯溢铭)

垃圾处置

【概况】 2016年,如东县更新垃圾设施,新增垃圾桶(池)2.5万处,升级换代2.5万处,累计改造8万处。全县平均每日收集生活垃圾送发电厂量712吨,农村人口每日生活垃圾收集处理0.72公斤。至年底,全县建成日处理能力1500吨垃圾发电厂1座、垃圾压缩中转站9座,农村垃圾箱、房(桶)12.56万处(个),配备垃圾压缩运输车辆37辆,封闭式及四轮垃圾运输车辆41辆,拖拉机257辆,三轮运输车208辆。

(尤晓勇)

水利

【概况】 2016年,如东县践行新时期治水方针,夯实农田水利设施,保障防洪排涝安全,整治水生态环境,水利服务民生保障能力进一步增强。全年水利投入2.64亿元,全县增加有效灌溉面积16.4万亩,增加节水灌溉面积8万亩,治理水土流失面积15.2平方公里,灌溉水利用系数由0.61提高至0.63。年末,全县共有中型挡潮闸3座,一线挡潮海堤78.78公里;一级河6条、二级河20条、三级河386条、四级河1996条;农田灌溉泵站2039座,各级灌溉渠道23035条、7746.3公里;丰产沟20413条;中型灌区4个;独立水系28处。县水务局被市委、市政府通报评为农村水利建设"十佳"单位,全县整体目标责任考核获评先进集体,被县委、县政府授予"人民满意机关"称号。

【重点水利工程】 2016年,如东县建设完成重点水利工程2个,总投资约9300万元。①洋口运河工程。投资约797.74万元,实施完成洋口运河东段长兵线、北渔线坝头拆除及与四贯河交叉喇叭口护岸工程。完成土方19.38万立方米,新建扶壁式钢筋混凝土B型护岸746米,新建桥梁1座,新建1.0米排水圆管涵3处,临时围堰3条,锥型护坡6处,临时道路总长度1217米,拆除长兵线桥梁1座。工程于4月30日开工,8月竣工。②城市河道环境综合整治工程。根据全县城市河道环境综合整治计划,县水务局组织对县城青湾河、青虹河及串场河实施综合整治,项目计划总投资8500万元,实施河道清淤、水系贯通、生态护岸、拆坝建桥、水生态修复、河坡绿化及环境美化,整治河道总长度5530米。工程于12月开工建设。

【防汛抗灾】 2016年,县水务局在汛前及早开展安全检查,落实除险加固措施,消除安全隐患。及时调整防汛组织机构,明确工作职责,修订完善预案,储备防汛物资。先后实施完成掘苴垦区海堤外护坡修复、洋口外闸通航孔闸门大修、掘苴新闸上游东侧护岸应急修复、东安新闸自动化升级改造等项目。加强防汛应急能力建设,6月21日,在南通外向型农业开发区组织开展防汛抗灾抢险综合演练。全县在汛期经受台风暴雨考验。7月3日,遭受梅期强降雨及上游客水压境影响,掘港内河水位▽3.2米,超警戒0.4米;9月14－16日,受第14号台风"莫兰蒂"外围环流和冷空气的共同影响,全县各地普遍出现100毫米以上大暴雨,掘港最大降雨量205.8毫米,内河水位▽3.26米,超警戒0.46米,为历年罕见。受降水影响,全县部分河道河岸坍塌,县城部分地段积水较为严重,海堤内坡土方不同程度流失。县水务局快速启动预案,调度沿海涵闸开闸排水108潮次。全年调度沿海涵闸开闸排水25.48亿立方米,成功抗御7次强

图 46　6 月 21 日,县政府在南通外向型农业综合开发区组织防汛应急演练

降雨影响。

【农村水利建设】　2016 年,如东县完成农村水利建设项目 8 个，总投资 1.77 亿元。①2015 年中央财政小型农田水利重点县工程。项目涉及掘港、丰利、栟茶 3 个镇 9 个村,建设渠道 212.53 公里;更新改造小型泵站 14 座;新建、改造渠系配套建筑物 11262 座；新建 3 米宽水泥路 5.87 公里。投资 4683.13 万元,其中,中央财政资金 1400 万元,省级财政资金 1400 万元,县级以下配套 1883.13 万元。省水利厅、省财政厅绩效评价优秀。②2016 年中央财政小型农田水利重点县工程。项目涉及河口、双甸、苴镇 3 个镇 8 个村，建设明渠衬砌 148.81 公里，暗渠 15.93 公里，更新改造小型泵站 37 座，新建（改造）渠系配套建筑物 8840 座，新建 3 米宽水泥路 13.73 公里。投资 4677.5 万元,其中,中央财政资金 1400 万元,省级财政资金 1400 万元,县级以下配套 1877.5 万元。③2011—2013 年,旱涝保收高标准农田建设示范重点县项目结余资金工程。投资 1270.22 万元,涉及掘港、苴镇、长沙、丰利、河口、袁庄、双甸和新店 8 个镇。建设渠道 52.94 公里,更新改造小型泵站 5 座,渠系配套建筑物 2286 座,新建 3 米宽水泥路 4.30 公里。④2015 年小型农田水利重点县奖补资金工程。总投资 300 万元,在栟茶镇实施,更新改造泵站 2 座，新建防渗渠道 10.92 公里,新建渠系配套建筑物 753 座,新建 3 米宽水泥路 1.22 公里。⑤2016 年农村河道疏浚整治工程。共疏浚农村河道 203 条、150 公里，土方量 175 万立方米；整村推进整坡绿化 15 个村 97 条、150 公里,栽种垂柳、女贞等苗木共 5.5 万株，播种狗牙根草籽绿化面积 90 万平方米。投资 2300 万元，其中，争取省补资金 1040 万元，县级配套资金 1260 万元。⑥拆坝建涵工程。投资 2500 万元,拆坝建涵 973 座,完成市下达 3 年工程建设任务。⑦2015 年维修养护资金项目。投资 300 万元,完成新店镇水利站维修,河口镇、袁庄镇水利服务体系建设，独立水系维修养护,农村河道长效管护公示牌,洋口镇甜港村农民用水协会建设及周新庄村灌排设施维修。⑧2016 年维修养护资金项目。投资 541 万元,维修泵站 13 座，维修防渗渠道 7.47 公里,配套建筑物 20 座。

【水政水资源管理】　县水务局控制用水总量，完善取用水总量控制指标体系，对取用水总量接近或达到控制指标地区,限批新增取用水,形成水资源节约保护和高效利用倒逼机制。全县用水量 5.72 亿立方米，压缩在市下达 7.66 亿立方米计划指标内。控制用水效率,坚持节水优先方针，组织开展“文明创建在行动,节水服务进社区”等节水宣传活动,加大节水新技术、新工艺推广和指导，在县高级中学等单位推广安装免冲洗厕所、IC 卡洗浴等节水技术,在城区推广循环水洗车技术。在青少年教育基地投入近 200 万元，建成全市首家节水体验馆。推行水平衡测试,对 23 家县级机关、学校、医院和 21 家企业全面开展水平衡测试。年内创建省级节水型企业 1 家、节水型学校 2 所。全年征收水资源费 730 万元。限制纳污,强化备用地下水源保护，加强备用水源井安全达标建设，加大重点水功能区水质监测力度,开展入河排污口排查,在 25 个水功能区设置水功能区标志牌。12 月 7 日,如东县高分通过省级节水型社会示范区创建验收。严格执行水行政执法巡查“周·零报告”制度,依法查处各类水事违法案件，出动执法人员 1680 余人次,检查涉水占用项目 1000 多处,立案查处水事违法案件 9 件。

【水利工程管理】　县水务局加强挡潮闸通航管理，全年安全通航无事故。加强闸管单位管理,掘苴新闸通过省一级水管单位复核，闸门及启闭机设备管理通过市水利局安全等级评定。加强堤防管理,实施堤防绿化工程。组织实施特色防护林建设近 10 公里，种植中山杉、红榉、水杉、刺槐等树木 6.25 万多株,新增绿化面积 913 亩。　（尤晓勇）

生态环境

Shengtai huanjing

环境质量

【概况】 2016年,如东县集中式饮用水源地水质达标率100%,环境空气质量优良天数达标率72.9%,城市环境噪声达标区覆盖率100%,环境质量与上年基本持平。

【县城空气质量】 2016年,按《环境空气质量标准》(GB 3095—2012)二级评价标准限值评价,如东县城环境空气质量等级达到优78天、良175天,优良天数占比72.9%。空气质量指数(AQI)全年最小值20;最大值241,出现在1月14日。1—4月、11—12月,首要污染物为颗粒物PM2.5,5—10月,首要污染物主要为臭氧。空气中主要污染因子二氧化硫年均值20微克/立方米、二氧化氮年均值13微克/立方米、可吸入颗粒物(PM 10)年均值66微克/立方米、一氧化碳年均值699微克/立方米、臭氧年均值112微克/立方米、细颗粒物(PM 2.5)年均值42微克/立方米,细颗粒物年均值比上年下降14.3%。

【降水质量】 2016年,如东采集降水样品45个,出现酸雨3次,酸雨年发生频率6.7%,降水pH范围4.91～7.73。

【水环境质量】 2016年,如东县8条主要河流16个断面中,Ⅲ类水质断面5个,Ⅳ类水质断面5个,Ⅴ类水质断面2个,其余4个劣于Ⅴ水质,符合Ⅲ类水质断面占31.25%,Ⅳ类水质断面占31.25%,符合Ⅴ类水质断面占12.5%,劣于Ⅴ水质断面占25%。主要污染指标为总磷、氨氮、生化需氧量,超标断面比例分别为68.75%、68.75%、62.50%。生态补偿监测断面2个,从补偿监测指标看,全年如泰运河总体出口水质优于进口水质。城镇饮用水源水总体水质符合Ⅲ类水质标准,达标率100%,满足集中式生活饮用水水源地水质要求。

【声环境质量】 县城掘港镇区域环境噪声平均等效声级值50.9分贝,城市区域环境噪声质量等级划分为优,主要环境噪声源为社会生活声源和交通声源。

生态保护

【概况】 2016年,如东县生态环境质量稳中趋好,农村环境质量监测中,土壤符合土壤环境质量二级标准,主要内河部分污染指标有所下降,如泰运河入海水质优于如皋入境水质。

【生态文明建设】 2016年,依据《如东县"十三五"生态环境保护规划》和《关于推进生态文明建设美丽如东的实施意见》,全县生态文明建设工作确定60项工作任务,逐一分解到各镇(区)、部门,列入县委、县政府工作考核。县环保局定期组织督查推进,强化过程控制,严格考核奖惩,各项工作推进在5个县(市)中名列第三。如东县被市委、市政府评为全市生态文明建设先进地区。

【生态红线区域】 如东县根据"用制度保护生态环境"要求,构建生态红线区域保护制度体系。建立生态准入制度。严把建设项目生态准入关,把是否符合生态红线区域规划要求作为建设项目环保审批先决条件,禁止与其主体功能不相符合的开发建设活动。建立生态监察制度。严格执行《如东生态红线区域保护监督管理办法》。建立资金管理制度。严格执行《如东县生态红线区域保护专项资金管理办法》,加强管理,2015年度全县生态红线区域保护工作考核居全市第一、全省前列。根据《南通市生态红线区域优化调整方案》,牵头组织发改委、国土、海洋、水务、农委、规划等部门,对县内生态红线区域逐一评估,并结合“十三五”全县沿海开发需要,提出对“清水通道维护区”和“重要湿地”进行优化调整的建议方案,经县政府常务会议研究确认后上报。

【农村环境整治】 如东县制定秸秆禁烧工作考核办法,完善组织领导、禁烧责任和宣传教育3大工作体系,全县禁烧合力增强,全年无一例上级通报火点。根据《如东县农村环境综合整治规划(2013－2017)》,全面启动2013－2016年度13个镇区62个试点村覆盖拉网式农村环境综合整治试点工作,全年投入整治资金1200万元,建成洋口畜禽粪便处置中心,双甸畜禽粪污处置中心工程建设基本竣工,河口、长沙、高新区、岔河4座处置中心均完成工程建设前期准备,建成蓄粪池600座、农村小型生活污水处理设施建成6座、在建7座,生活污水收集管网工程在建2项,分2批集中采购吸污车11辆,全县农村环境质量逐步改善。

【清洁生产】 县环保局开展企业清洁生产审核,10家企业通过强制性清洁生产审核验收,年节水9814吨,节汽1537吨,减排废水6.27万吨,减排废气44.97吨,减少固体废弃物269.10吨。(杨国庆　周梦蝶)

节能减排

【概况】 2016年,如东县印发《2016年节能工作意见》,调整产业结构,提质增效,加快建立高效、清洁、低碳、循环、可持续绿色制造体系。加强指标跟踪分析,每月跟踪预警节能降耗指标,实现常态化机制。推进7家万家企业能源管理体系建设,组织43名能源管理负责人参加能源管理培训。配合省、市节能监察中心,对全县44家单位开展节能专项执法。全县规模以上工业企业万元产值能耗同比下降6.69%,7大高耗能行业产值占比同比下降3.54%,全部工业应税销售耗电同比下降12.66%。完成燃煤锅炉整治190台。

【节能改造项目】 2016年,如东组织实施节能和循环经济(清洁生产、资源综合利用)重点项目两批58个,总投资9.13亿元。项目实施后,年节电3878.7万千瓦时、节汽2.19万吨、节天然气56万立方米、节水31.2万吨,减排废水30.2万吨、固体废弃物380吨、废气1521吨,新增节能减排绩效1.74亿元。江苏苏中电池有限公司获国家高风险污染物削减行动计划奖励资金650万元,7个重点绿色发展项目获省级转型升级专项引导资金奖励资金480万元。　(李元峰　张　波)

污染防治

【锅炉整治】 根据《如东县2015－2016年燃煤锅炉淘汰改造实施意见》,2016年,由县发改委牵头,组织环保、市场监管、安监、财政4个部门继续推进剩余燃煤锅炉完成清洁能源替代或淘汰,完成190台锅炉清洁能源替代或淘汰。全县不再新增10蒸吨/小时及以下燃烧高污染燃料锅炉,新增燃煤锅炉必须满足燃煤总量和大气污染物排放总量控制要求。

【气体污染防治】 县环保局推进VOC(挥发性有机化合物)治理。完成江苏优嘉植物保护有限公司、恒辉(南通)安全防护用品有限公司(一期)等企业VOC治理;8家企业实施LADR(泄漏检测与修复)技术。9月22日起,如东停止发放机动车环保标志,1－9月,核发环保标志53954份。加强各机动车排放检验机构管理。

【固废污染防治】 至2016年底,有158家企业在省危险废物动态管理信息系统网上申报,重点产废企业全部实现危废网上申报、转移网上备案。2016年1月后,转移网上备案1067批次,转移危废总量1.55万吨、废包装物1.41万只。受理审批跨市转移56起、跨省转移47起。出台《如东县化学品生产使用情况调查工作方案》,开展全县化学品调查工作。全年开展危险废物专项整治、废铅酸蓄电池相关行业专项整治、打击涉危险废物环境违法犯罪行为等专项行动,规范危险废物产生单位和经营单位企业行为,梳理解决危险废物历史遗留问题。做好如东大恒危险废物处理有限公司、南通万顺化工科技有限公司、南通信炜油品有限公司、栟茶冶炼厂危废经营许可证换领工作,惠天然填埋场申请领取危险废物临时许可证。

【重金属污染防治】 县环保局更新县涉重污染源调查动态信息,上报重金属“十三五”期间重点项目。推进电镀行业整治。南通黄海汽配有限公司退城进区;区外2家暂保留企业均完成整治改造,南通天际运动用品有限公司、如东县马中电镀有限公司及南通晶鑫电镀有限公司均停产关闭。10月上旬,通过公开竞选方式,确定南通杰中捷电镀有限公司、南通瑞华镀饰有限公司2家企业搬迁至电镀表面处理中心,配套服务健身器材及铁链制造产业。电镀表面处理中心污水处理厂提标升级改造完成。

环境监测

【概况】 按照“强化污染源监督监测、深化环境质量检测、突出重点任务监测、做好事故应急监测”总体思路,县环保局开展各项检测工作,为环境应急、总量减排、生态创建、环境管理等工作提供技术支撑。2016年,县环保局设置监测点位环境空气2个、降水1个、降尘4个、地表水19个、地下水(监测井位)2个、底质8个、功能区噪声7个。确定信息公开、重点污染源、参与信用评级企业名单，落实企业监测责任。全年获各类监测数据约18万个，形成环境综合分析报告20份、污染源监测周报50份，编制各类监测报告1800多份，基本掌握全县污染源排污状况及对周边环境影响。更新部分设备如天平、培养箱、台式溶解氧仪、便携式溶解氧仪、噪声仪等。完成如东监测站点位空气自动站仪器设备更新试运行验收工作，10月正式投入使用。争取专项资金275万元，完成实验室管理系统招投标工作。电感耦合等离子发射光谱仪、气相色谱质谱联用机等仪器招标。

环保宣传

【概况】 "6·5"世界环境日，县环保局召开新闻发布会，发布如东县环境质量信息和企业环保信用评级结果，并组织各单位在县城开展绿色骑行。加大对环保执法、企业环保信用评级情况宣传力度，在如东电视台、如东新媒体宣传环保执法工作。开展"绿色生活更精彩"环保主题征文活动，收到参赛作品382件，评选出成人组获奖作品39件、学生组获奖作品49件、优秀组织单位10家。联合县教育局举办初中生废物利用手工制作比赛及中小学生"绿色生活更精彩"主题征文评选活动，55名选手参加手工制作比赛，收到中小学生征文317篇，评选优秀手工作品和征文。全年在《中国环境报》、江苏环保网发表文章7篇。《重复周转使用的快递包装箱盒》获评省环保厅"十佳金点子"。

环境管理

【日常监管】 强化"辖区管理负责制"，实行随机抽查制度。县环保局将6大重点行业、5个重点地区、3类重点企业列为环境监管重点，建立污染源日常监管动态信息库、执法检查人员名录库。通过交叉辖区检查、突击夜查等多种方式，做好"双随机"抽查工作。按季度开展4次"双随机"检查，全年抽查重点企业209家、一般企业167家，实行"双随机"检查常态化，并邀请县人大代表、政协委员、纪检监察机关代表和新闻媒体全程跟踪监督现场检查。对春季排咸期、桑蚕结茧期、水稻移载期、中高考期、夏秋季秸秆禁烧期等特殊时期，加密频次，加大监管力度，确保环境安全。全年全县出动执法人员8557人次，现场检查排污单位3677家次，组织夜查182次，环保、公安部门组织联合执法检查43次，严查企业利用夜间和节假日等监管薄弱时段违法排污。

图47　5月11日，江苏省环保厅厅长陈蒙蒙（左三）到洋口港经济开发区调研环境管理工作

【环保执法】 按照"超标排放必罚、污染环境必停、恶意排污必究、危害稳定必关""四必"要求，从快从严依法处罚。县环保局加强与公安、住建、国土、安监、检察、法院、供电、供水等部门执法联动，严打未批先建、超标排污等环境违法行为，实行对各类环境违法行为"零容忍"。全年下达处罚决定216份，处罚金额1220.60万元，处罚决定数和处罚金额较上年分别增长40%、48%。利用新环保法及查封扣押、按日计罚、限产停产、移送公安4个配套实施细则，办理案件22件，其中实施按日计罚2件，查封扣押4件，限产、停产9件，移送公安行政拘留5件，移送涉嫌污染环境罪2件，联合县法院强制执行不履行处罚决定企业41家。

【环保信访调处】 县环保局完善信访工作机制，强化镇区属地管理，由传统单一"督企"模式，向"督镇督企"转变。进一步完善电子化环境信访网络平台，拓展语音录音系统，发挥信访中心"接、分、转、督、审、报、析"中枢梳理作用。结合环保网格化管理，设立5个环保分局热线电话，并通过便民服务卡对外公示5个分局举报电话号码，畅通两级信访举报渠道。实行环境信访通报制度，每月向各镇区通报全县及镇区环境信访形势。开展环保局长大接访和领导带案下访活动，通过召开厂群协调会、约谈企业法人等形式化解社会矛盾。全年信访数量有所增加，未发生影响社会稳定的群体性事件。

【环境专项整治】 开展学校及周边环境整治。县环保局对全县学校（含幼儿园）周边大气异味、水质异常、粉尘污染、环境噪音等社会反映较多、可能影响师生健康的问题进行集中排查整治，梳理学校周边17家污染源情况，督促整改并加强日常监管,问题都得到解决。抓好市交办突出环境问题专项整治。整治事项主要是电镀行业整治、福神化工厂、天天肠衣厂和化工园区整治4项。福神化工厂关闭,天天肠衣厂搬迁工作完成。16家区外电镀企业整治,区外保留2家,搬迁1家,关闭3家,剩余10家电镀企业通过投标方式,确定2家企业入园进区,其他8家企业或与2家企业合作进园,或关闭、转产。化工园区整治超临界废水处置示范项目动工建设;完成82家在产企业建档工作,建档点位34.34万个,完成16.83万个点位LDAR检测工作;园区大气环境预警监控平台基本建成,园区基础数据开始录入,部分企业在线监控信息接入平台;建成超级大气站1个、路边站3个。

【违建项目清理】 县环保局推进违法违规建设项目清理工作。全县在江苏省环保大检查(一企一档)申报系统申报企业2655家,共排查出环保违法违规建设项目2104个,其中淘汰关闭158个,整顿规范836个,完善备案1110个。按时完成国家下达环保违法违规建设项目排查清理整治工作任务。

【行业整治】 县环保局开展工业企业达标排放百日攻坚,针对沿海经济开发区化工园废气污染情况,制定《小洋口地区专项巡查方案》,重点加大对废气污染重点企业凌晨后废气处理设施运行情况检查,确定首批废气重点整治企业8家。持续开展浸胶手套、电镀、印染行业专项整治,在首批36家企业规范化建设基础上,完成30家企业环保规范化建设。取缔、关停"十小"企业。全县17家"十小"企业(或项目),包括小型再生造纸2家、印染1家、电镀4家、区外化工1家、塑料造粒4家、炼铁1家、其他行业4家,通过安监、环保等部门联合执法,取缔关停12家,督促整治落实到位5家。

【科技防控】 如东县实施重点企业污染物排放远程监控,全县164家企业安装污染源自动监控设施,其中,废气在线数采仪17台、数采流量计164台、COD在线109台、氨氮在线9台、总磷在线1台,污染源自动监控系统实现超标报警联动,全年获取监控数据约160万个,为环境监管、排污收费、总量控制、污染减排等工作提供依据。

【体制改革】 县环保局是南通市环保执法体制改革试点单位。设立派出机构区域性环保分局5个。配备办公设施、人员配备、执法装备、取证设备等,9月正式驻点办公。

(杨国庆 周梦蝶)

【农村环境长效管理】 2016年,县水务局围绕农村河网水系更加畅通化、河道保洁更加长效常态化、市场化运作更加规范化"三化"目标,推进打造农村环境升级版。拆坝建涵畅通水系工程全面完成,投资2500万元,拆坝建涵973座,累计完成2100座。推进一、二级河道市场化运作机械化保洁,全年新增50千瓦全自动保洁船10条,22~30千瓦半自动保洁船8条,一、二级河道保洁船有28条,机械化保洁实现全覆盖。推进农村环境日常保洁市场化运作,以镇为单位推行市场化保洁镇10个,全县环境管护市场化运作率66.7%,超过市下达50%要求。开展达标镇村创建工作,新增省级"水美乡村"8个。4月27日,南通市政府在如东召开全市农村环境长效管护推进会,现场观摩一、二级河道机械保洁等工作。年末,全县各种保洁船只306只,其中50千瓦大型全自动保洁船10艘,30千瓦半自动保洁船只14艘,机动快艇19艘,其他小型机动船72艘;割草机械250台,配备农村保洁员1615人。 (尤晓勇)

环保服务

【项目审批】 县环保局派出4人到县行政审批局投资发展科环保窗口,参与项目服务,所有建设项目环保审批、建设项目"三同时"验收、排污总量许可、污染防治设施拆除或闲置许可、夜间建筑施工许可等环保行政许可事项全部进驻到位、授权到位、责任落实到位。全年受理办结报批项目91个,全部在承诺时限内办结,群众满意率100%。环保竣工验收县级36个,办理排污许可证65个,为镇区企业特事特办12件,收到感谢信7封。

【环境应急】 全年完成企业预案备案71家,按风险等级分重大风险等级预案10家、较大风险等级预案26家、一般风险企业预案35家。市环保局推荐5家预案作为全省典型预案,被省环保厅应急中心采用。强化对环境风险源管控,5月,县环保局开展"严查风险隐患,保障环境安全"活动,完成120家重点环境风险源摸底调查、清查核查、数据审核、上报入库工作,基本掌握环境风险种类、分布区域。检查20家重点企业,逐一验收应急预案、应急措施、安全防护、应急演练、应急培训等考核指标,全部落实到位。

(杨国庆 周梦蝶)

公共管理

Gonggong guanli

经济事务管理

宏观规划管理

【经济调研】 县发改委围绕全县经济发展中心突出重点经济领域调查,完成《基于县域经济视角的产业园区转型升级研究——以如东为例》《"十三五"时期如东经济发展新动能分析研究》《关于加快我县项目建设的对策研究》等调研文章,深入了解全县经济社会运行情况,全面掌握全县经济运行现状,每半年开展一次服务业、能源、新材料、化工(医药)等重点行业调研活动,并形成调研报告汇编。

【发展规划编制】 围绕建设"经济强、百姓富、环境美、社会文明程度高的新如东"总体目标,县发改委编制完成《如东县"十三五"规划纲要》,并通过县人代会审议。依据《如东县发展规划管理办法》,按照"高起点规划、高水平设计、高标准建设"原则,组织编制完成如东县"十三五"生态环境保护发展规划、科技创新规划、旅游发展规划、文化发展规划、卫生计生事业发展规划、教育体育事业发展规划等专项规划。 (李元峰 张 翠)

重大项目管理

【项目计划安排】 2016年,如东县安排重大产业项目120个,计划总投资1188亿元,年度计划投资200亿元。13个项目被列入省、市重大项目计划,计划总投资373.26亿元,年度计划投资71.90亿元,其中建设项目12个,分别为重通风机叶片、中石油LNG接收站二期、中天科技如东产业园、刚正薄板、台湾中石化化工新材料、华海制药、优嘉农化、如东雨润国际广场、小洋口健康产业园、中医院整体迁建、汽车城、如东文体中心;储备项目1个,为算云科技云数据中心。

【项目协调推进】 建立健全推进机制。县委、县政府建立县领导领办重大项目机制,51个重大项目交由27位县领导领办,明确项目责任部门"一个项目、一套班子、一张时间表、一抓到底"工作制度,形成对领办项目有力支撑,建立上下联动、合力共推工作格局,确保重大项目又好又快推进。营造项目建设氛围。组织项目集中开工活动2次,全县共开工项目50个,其中亿元项目36个,完成投资28.80亿元。组织亿元产业项目观摩活动3次,涉及项目94个。项目集中开工、观摩活动,实现亿元项目镇区"全覆盖"。破解项目建设难题。定期收集、甄选重大项目信息,排查项目推进过程中存在问题,组织项目会商会办活动,协调有关部门和单位解决项目建设难题52个,确保项目早落地、快建设。先后3次向市发改委提交涉及13个项目存在的问题,请求市级以上层面解决。强化项目考核督查。组织项目建设季度考核统一核查活动3次,查台账、看现场,严格落实年初考核办法,推动项目建设进程。加大项目督查,对5月、8月集中开工项目和签约项目推进落实情况查看2次,并制作督查专题片,在全县项目建设专题会议上播放。及时发现并通报项目服务与推进中存在的问题,督促、激励各镇区及相关职能部门创新举措、主动作为,努力提升服务效能。

【项目建设效果】 2016年,120个县重大项目累计投资201.52亿元。49个续建项目竣工或部分竣工项目27个,竣工率55%;62个新建项目开工45个,开工率72.6%。13个省、市级重大项目共完成投资98.65亿元。重通风机叶片一期、中石油LNG接收站二期、中天科技如东产业园特种光纤、刚正薄板一条生产线投产或运营,中医院整体迁建、汽车城长安汽车、银奥汽车、长城哈弗4S店等竣工。（李元峰　吕　强）

国有资产监管

【概况】 2016年,县国有资产管理办公室（简称县国资办）修订完善《关于进一步深化国资国企改革发展的意见》《如东县行政事业单位国有资产管理办法》《如东县县级国有经营性企业负责人业绩考核和薪酬管理暂行办法》《如东县国有企业人力资源配置管理办法》等报县政府批准实施。会同相关部门制订《县城区房屋征收国有直管公房补偿办法》。制订《如东县国有资产管理内部控制制度》,不断提高资产管理水平。严格国有资产使用、处置,资产收购、产权转让资产评估审核。全年处置单位资产80家,其中,行政事业单位资产报废处置27家、2458.17万元,调拨、划拨资产36家、1.41亿元,出租13家、46.38万元,出售资产4家、120.92万元。国有企业资产报废处置6家、206.3万元,出租9家、410.10万元,出售2家、34.58万元。服务县级融资平台,办理国有企业占有产权登记24家,变更产权登记28家;担保抵押审核备案65笔,审核担保抵押金额192.26亿元。办理国有企业资产划拨5家,金额5.36亿元。开展全县行政事业单位国有资产清查和核实工作。做好企事业单位机构改革、撤并资产管理工作。强化公房、危房管理,防止国有资产和租户财产损失。盘活闲置资源,提高国有资产利用率。

【国有资产专项清查】 2016年,县国资办开展全县行政事业单位国有资产清查和核实工作,成立全县行政事业单位资产清查工作领导小组,召开全县行政事业单位资产清查培训会议,指导各单位进行资产清查自查工作。组织开展清查核实工作,制定核查工作方案,组织招标中介机构,部署中介机构核查重点单位。

【国有资产收益管理】 县国资办对集中进驻行政中心办公单位做好收回资产后续管理工作。对国资办所属4处房产(原安监局、供销社、计生委、影剧院)严格管理,从组织招租、签订合同、上门收取租金,全程跟踪,共收取租金58万元,确保国有资产收益及时、足额缴入国库。根据《关于加强国有企业国有资产收益管理的通知》,收缴国有企业国有资本收益160万元。

【国有资产管理改革】 县国资办组织5批次310辆公务用车公开拍卖,拍卖成交1079万元,溢价率42.5%。划拨车管中心75辆车、各镇区15辆车。推进县城三号街区保护性改造国有资产征收与补偿安置工作。拆迁影剧院地块,上缴国有资产收益204.27万元。参与县广视网络传媒有限公司网络整合二次资产评估确认工作。做好南京办事处撤消后资产办理产权过户、资产移交、账务撤并等工作。会同洋口港经济开发区完成洋口港液化品码头公司在建洋口港10万吨液化品码头审计及资产评估项目招标和资产评估确认工作。（雷淑英）

财　政

【概况】 2016年,如东县一般公共收入预算调整为53.40亿元,实际完成54.41亿元,占调整后收入预算101.9%,税收收入占比81.7%;政府性基金收入预算46.43亿元,实际完成46.49亿元,同比增长8.2%;国有资本经营收入预算160万元,实际完成172万元,同比增长7.5%;社会保险基金收入预算38.72亿元,实际完成40.78亿元,同比增长15.7%。全县一般公共预算支出102.07亿元,同比增长8.8%。政府性基金预算支出51.84亿元,同比增长19.1%;国有资本经营预算支出172万元;社会保险基金预算支出34.72亿元,同比增长9.1%。县财政局被评为省“六五”法治宣传教育先进单位,连续5年被评为省法治财政标准化建设先进单位,是南通市第一个江苏省法治财政标准化建设示范点单位。

2016年如东县一般公共预算收入一览

表30　　单位:万元

项　目	2016年调整预算数	2015年决算数	2016年完成数	占调整预算数(%)	2016年比2015年 增减额	2016年比2015年 增减(%)
收入合计	534000	585447	544084	101.9	-41363	-7.1
1.税收收入	444000	493402	444443	100.1	-48959	-9.9
增值税	111000	53877	111709	100.6	57832	107.3
其中:改征增值税	15000	7277	15738	104.9	8461	116.3
营业税	87000	151297	86902	99.9	-64395	-42.6
企业所得税(40%)	40000	40658	37677	94.2	-2981	-7.3
其中:新办及三资企业所得税(40%)	30000	29507	25093	83.6	-4414	-15.0
个人所得税(40%)	16000	17108	15004	93.8	-2104	-12.3
城市维护建设税	18000	18111	18585	103.2	473	2.6

续表 30

项目	2016年调整预算数	2015年决算数	2016年完成数	占调整预算数(%)	2016年比2015年	
					增减额	增减(%)
房产税	16000	12997	17516	109.5	4519	34.8
城镇土地使用税	46000	59526	47123	102.4	-12403	-20.8
土地增值税	48000	89230	49212	102.5	-40017	-44.8
耕地占用税	2000	4484	1731	86.6	-2753	-61.4
契税	46000	35950	47320	102.9	11370	31.6
其他地方各税	14000	10164	11664	83.3	1500	14.8
2.非税收入	90000	92045	99641	110.7	7596	8.3
专项收入	28000	26478	27127	96.9	649	2.5
行政事业性收费收入	14000	16930	13373	95.5	-3557	-21.0
罚没及其他收入	48000	48637	59141	123.2	10504	21.6

2016年如东县一般公共预算支出执行一览

表 31 单位:万元

项目	2016年调整预算数	2015年决算数	2016年完成数	占调整预算数(%)	2016年比2015年	
					增减额	增减(%)
支出合计	1082736	938165	1020736	94.3	82571	8.8
一般公共服务支出	106359	93934	102859	96.7	8925	9.5
公共安全支出	52462	38434	46462	88.6	8028	20.9
教育支出	231203	206416	225403	97.5	18987	9.2
科学技术支出	21608	22239	20408	94.4	-1831	-8.2
文化体育与传媒支出	14306	8604	9006	63.0	402	4.7
社会保障与就业支出	112210	77177	104410	93.0	27233	35.3
医疗卫生与计划生育支出	92589	69576	88489	95.6	18913	27.2
节能环保支出	17084	16490	12884	75.4	-3606	-21.9
城乡社区支出	113546	111582	107546	94.7	-4036	-3.6
农林水支出	181141	164568	173641	95.9	9073	5.5
交通运输支出	14285	21465	12085	84.6	-9380	-43.7
资源勘探信息等支出	81451	80840	80251	98.5	-589	-0.7
商业服务业等支出	4446	3242	4246	95.5	1004	31.0
金融支出	207	633	207	100.0	-426	-67.3
国土海洋气象等支出	8780	7842	7780	88.6	-62	-0.8
住房保障支出	13351	10119	7351	55.1	-2768	-27.4
粮油物质储备支出	2287	1796	2287	100.0	491	27.3
国债还本付息支出	14166	2063	14166	100.0	12103	586.7
其他支出	1255	1145	1255	100.0	110	9.6

【服务经济发展】 县财政局帮助企业争取上级财税扶持政策，申报省工业转型升级、科技创新、战略性新兴产业、环境保护等9大类100多个项目，争取补助资金2.96亿元。落实各项减费降税政策，清理规范政府性基金，综合降低企业生产经营成本1.60亿元。发挥财政资金引导作用，拨付上级和县级促进经济发展专项资金3.61亿元。安排贷款风险补偿专项资金2000万元，与金融机构合作设立“助保贷”“资金池”等金融增信产品，降低企业贷款门槛和利率，解决成长型、科技型中小企业融资难题。支持全县生态文明建设，有效改善城乡居民生活环境。加强政府债务管理，成功申报并置换省地方债28.37亿元，争取新增

政府债券额度6.20亿元,有效减轻政府偿债压力,降低融资成本。建立偿债资金池,防范债务风险。

【社会事业投入】 公共财政支出继续向民生倾斜,全年民生支出80.45亿元,占一般公共预算支出79.1%,同比增长12%。安排支农资金2.10亿元,增长11.43%,用于现代农业、“一事一议”奖补、河道疏浚等项目。投入5880万元,新建“一事一议”奖补道路231公里;投入2150万元,建造小型农桥167座。通过“一折通”发放涉农补贴7.25亿元。加大教育投入,安排义务教育学校公用经费3763万元。落实学前教育、义务教育家庭经济困难学生补助、高中阶段政府助学金、中等职业学校国家助学金等政策,补助资金830万元。下达学校基础设施设备专项经费8400万元。推进公立医院改革,落实国家基本药物制度,拨付补助资金1.69亿元。用于基本公共卫生服务及重大公共卫生专项支出8263万元。新农合筹资水平提高至每人每年600元,其中财政补助每人每年450元。安排1880万元用于人道和医疗救助。全年社会保障和就业支出10.44亿元,其中财政配套安排城乡居民基本养老基金补助4.06亿元,农村五保、低保和特困人员救助等1.02亿元。

【财政管理改革】 推进财政和国资管理改革,不断完善公共财政框架体系。全县一般公共预算、政府性基金预算、国有资本经营预算和社会保险预算4项预算编制体系更加健全,支出细化到具体项目。按照“公开为常态、不公开为例外”要求,全面推进全县财政预决算和“三公”经费等信息公开,“晒账本”工作更加透明。深化国库集中支付改革,扩大国库直接支付范围,直接支付占比99.5%。创新信息化手段,规范专项资金会计核算和财务管理。抓好票据管理,清理申领超过1年期未缴验财政票据,为完善非税收入征管体系奠定基础。公布县政府性基金收费项目清单。乡镇财政决算与农村综合改革决算“零差错”。对镇区82个项目实行就地就近监管,涉及项目资金31.70亿元。

【财政监督检查】 县财政局对县人民医院、中医院和北坎医院3家医疗机构进行会计信息质量检查,对4个基层财政所(局)和2个科室进行财务内审,对财政资金使用、非税收入收缴、重大专项资金、部门预算执行和预决算公开整改情况等进行经常性全面检查。开展“八个严禁”检查12批次。做好财政绩效评价工作,组织对79个项目进行自评价,对85个项目进行中期评价,并对其中8个项目进行重点绩效评价,评价结果公示。出台《关于推进镇(区)预算绩效管理工作的实施意见》,明确镇(区)预算绩效管理工作要求和任务。参与政府土地出让成本确认工作,对小洋口10.55平方公里土地收储成本调研、论证,核减前期土地开发成本5000余万元。加强政府投资项目工程资金管理,从立项批复、工程招投标、合同量计量、合同外调整、工程付款等环节全程监督,核减不合理开支,平均核减率7.1%。

(雷淑英)

图48 2016年12月6日,县财政局在马塘镇马西村开展财政惠农政策下乡现场咨询活动

税 务

国 税

【概况】 2016年,如东县实现全口径国税收入33.88亿元,同比增长17%。其中,增值税收入25.03亿元,同比增长29.2%,增幅名列6县(市、区)第一名。完成地方公共财政预算收入13.64亿元,同比增长63.6%,圆满达成年度目标。全县国税系统获评2013—2015年度省文明单位、市双拥模范单位,连续6年获评县人民满意机关,在县整体目标管理考核(条管部门)中名列第一。全系统各单位实现创建“如东县文明单位标兵”满堂红。

【“营改增”】 根据国务院决策和国家税务总局部署,县国税局在全县对建筑业、房地产业、金融保险业、生活服务业4大行业全面推开“营改增”试点,做好“开好票、报好税、分析好、改进好”等各阶段工作,试点取得成功。5月1日,县第一张生活服务业增值税专用发票、第一张房屋租赁发票和建筑服务发票相继开出;6月1日,第一笔税款实现正常申报。在市国税局“营改增”工作绩效考核中获得满分。全年4600多户纳税人成功转换税制,入库“营改增”增值税2.95亿元,建筑业、房地产业、金融保险业、生活服务业4大行业累计减税近4000万元,减税面99%,在拉动投资、改善出口、推动三产、促进民生等方面显现出良好效应,助推供给侧结构性改革。

【税收管理改革】 县国税局打好省国税局深化税收管理改革“第四战役”。征管规范2.0版、国地税合作规范3.0版全面落实,深改“50个到位”逐一落地,“四个示范”创建有力,高分通过省国税局深化税收管理改革综合示范点验收,国地税合作工作得到省、市国税局肯定。风险管理提档升级,《风险应对工作模板》《风险应对法律指引》运用到位,标准化、集约化、实体化和团队化运行机制顺畅,应对质效实现新提升。全年完成风险应对245户,实现应对成效1.01亿元,应对成效贡献率3.1%,高于市国税局平均水平。其中,稽查查结案件41件,查补收入3912万元,成功破获“2·26”虚开增值税发票案,被国家税务总局作为2016年度6大典型案例正面通报;大企业风险应对实现成效1853.50万元。

【依法治税】 县国税局深化税务行政审批制度改革,严格执行税收职责清单,规范行使行政处罚自由裁量权,实施科学抽查制度,加强税收政策确定性管理、税收规范性文件管理和重大税务案件审理,健全利益表达、协商沟通等纠纷处理机制,全年无复议诉讼案件发生。围绕“三证合一”(工商营业执照、组织机构代码证和税务登记证三证合为一证)后续管理、小微政策落实、代开发票管理等执法重点事项,开展执法督察278户次,做到证据化、痕迹化管理,督察结果可验证、可评价、不可逆。推行实名制办税,推广增值税发票管理新系统,推进欠税预警提醒和纳税人信用等级管理,开展稽查“双打”和跨国税源风险管理工作。县国税局被市国税局推荐参加“全国法制宣传教育先进集体”评审。

图49 2016年10月8日,县国税局金税三期单轨上线首个工作日平稳运行

【税务服务】 县国税局推进便民办税,按照中央“简政放权、放管结合、优化服务”要求,落实纳税服务规范,取消非行政许可审批事项,江苏国税电子税务局用户使用覆盖率98%以上,外管证网上开具率90%以上。推行O2O发票服务和预约取件新模式,全省首个县区级国地税联合纳税体验中心初步建成,国地税24小时联合自助办税厅建设全面升级,并在全省率先上线省国税局办税服务厅综合管理系统,首创纳税服务项目第三方外包,方便纳税人办税。推进政策落地,全年兑现出口退税、减免退税、其他减免等税收优惠11.50亿元,固定资产抵扣增值税7.38亿元,增值税备案类减免销售收入159.01亿元。加强纳税人信用管理与服务,小微企业金融服务平台帮助53户企业申请贷款2702万元。推进项目建设,成立重大项目建设服务团队,帮助LNG企业做好亿元发票申领,解决外来人员社保费用税前列支政策难点,开展风电产业经济调研、项目建设发展建议、“营改增”政策执行分析等税收分析,围绕LNG、风电、医药等重大项目,形成税收服务性调研报告9份。 (季桂荣 刘祖年)

地 税

【概况】 2016年,如东县征收各项地税收入62.59亿元,同比减少7.99亿元,下降11.3%。其中,全口径税收收入36.85亿元,同比下降21.1%,剔除营改增减税因素,同比增长2.3%;一般预算收入31.88亿元,剔除营改增减税因素,同比增长2.5%,对财政公共收入贡献率58.6%。全年征收社保费23.70亿元,同比增长7.9%,征缴率98.1%。呼应税制改革和供给侧改革,贯彻落实各项税收优惠政策,支持“双创”、扶持“小微”,促进产业结构优化升级。全年办理各类退税(费)3210笔、4.10亿元,政策享受面100%。

【深化税收改革】 县地税局推进“营改增”。做好政策应对、征管应对和服务应对,完成4476户纳税人基础管理数据移交、国地税前后台业务衔接、欠税清理、委托代征等工作。全局设18个征税窗口,均可代开二手房转让和私房出租增值税发票,全年代开各类增值税发票2582份,受理增量房4447户次,存量房1657户次。备战“金三”(税收征管软件)上线。按序时完成数据清洗、票证初始化、双轨运行、系统测试及全员培训,测试业务11228笔,发现并上报问题176个,实现系统单轨运行。构

2016年如东县地税税收收入一览

表 32　　　　　　　　　　　　　　　　　　单位:万元

序号	项　目	2016年
1	税收收入合计(含两税)	368451
2	分项一:省级收入	8017
3	市县级收入	318834
4	地方公共财政预算收入	318834
5	税收收入合计(不含两税)	319400
6	其中:市县级收入	269783
7	地方公共财政预算收入	269783
8	分项二:营业税	105692
9	其中:省级收入	8017
10	市县级收入	97715
11	增值税	638
12	企业所得税	31459
13	其中:省级收入	0
14	市县级收入	12584
15	个人所得税	37511
16	城市维护建设税	18585
17	土地使用税	47123
18	资源税	49
19	印花税	8342
20	土地增值税	49212
21	房产税	17516
22	车船税	3273
23	契税	47320
24	耕地占用税	1731

建税收共治格局。落实国地税 6 大类 44 个重点合作项目，互设窗口、互派人员，促进业务融合，实现合作升级。联合开展纳税信用等级评定，促进纳税信用与社会信用相互融合。加快推进社会综合治税，与县法院联动，对 8 家社保费欠费单位启动强制执行程序，入库社保费 404.90 万元。

图 50　4 月 14 日，国地税合作第一次联席会议召开

【优化征管服务】 县地税局加强基础管理，实施户籍清洗，全面清理漏征漏管户，推进个体税收社会化代征。开展欠税和建筑项目专项清理，清理建筑项目 1728 个，入库税收 1.79 亿元，拉动全县建筑业营业税同比增长 60.6%，增幅排名全市第一。将社保费和列入公共预算基金(费)征缴列入风险管理和监控，全年推送中等风险任务 943 户，完成中等风险应对任务 911 户，应对税款 2.40 亿元，风险应对贡献率 7%。建立部门联动、职能联动、社会联动、司法联动“四联动”社保费征管机制，省地税局专题简报刊登该做法，并在省基金费管理工作交流推进会上交流。落实纳税服务规范，持续开展便民办税行动，推行国地税联合办税，共建办税服务厅和 24 小时自助办税区，推进委托代征税款，实现国地税业务“同厅通办”。

【依法行政】 县地税局创新普法教育形式，推进法制文化建设，打造普法宣传精品项目。推行权力清单制度，规范行政执法程序，修订案卷评查工作实施方案及评分标准，运用税收执法典型案例指导基层单位开展风险应对。开发中等风险应对“全景式痕迹化”管理系统，跨部门对任务管理、应对过程、绩效评价全程实施闭环管理，实现案头分析自动化、过程监控痕迹化和绩效展示实时化，有效提升风险管理工作质量和效率，在全市地税系统创新项目评审中获第一名。加强稽查效能建设，与国税、公安、检察联合办案，全年查办 500 万元以上大要案 2 起。落实“双随机”抽查机制，抽查 54 户，结案 45 户，风险应对有效率 100%，查补入库率 95%，积案清理率 92%。围绕关键环节和重点岗位，严格内控监督，加大惩戒问责力度。全年开展分局长离任审计 4 人次，财务收支内审2个分局，监督机关基础设施建设招投标项目4个。

（唐莹莹）

金融管理

【概况】 2016年，如东县形成以国有商业银行为主体，政策性银行、地方法人金融机构、新型非银行业金融机构为补充的金融格局，金融服务平台逐步完善。全县共有银行业金融机构15家，财产保险机构13家，人寿保险机构17家，证券营业部2家，担保等金融中介服务机构2家，小贷公司等新型金融服务组织3家。至12月底，全县本外币各项存款余额1027.54亿元，比年初增长19.6%；各项贷款余额495.49亿元，比年初增长17.6%。其中，工业贷款余额136.79亿元，比年初增加8.44亿元，增长6.6%；中长期贷款余额270.30亿元，比年初增加78.77亿元，在各项贷款增量中占比54.6%。全县金融业发展态势良好，金融对县域经济尤其是实体经济支持力度增强。优化金融服务。各银行业金融机构加强市场调研，主动提高服务质量，探索和开展金融服务与金融产品创新，取得良好效果。工商银行如东支行新增2030万元小微创业贷，支持县内小微企业创新、创业发展；江苏银行如东支行营业部获中国银行业协会“千佳示范网点”称号；南京银行如东支行成功投放全国融资租赁行业首单跨行双保理业务；招商银行如东支行开展单笔金额最高城市发展基金项目。改善金融生态环境。继续开展全县金融风险防范和化解工作，防范和打击非法集资、打击逃废债等，对县内互联网金融及投资理财类企业进行拉网式排查，整肃金融秩序，为金融业健康发展提供保障。 （王小燕）

国土资源管理

【概况】 2016年，如东县成立不动产登记中心，对重点项目建设用地审核、不动产登记发证等事项开辟全业务快车道，研究下放不动产登记地籍调查事项、工业用地交地事项，取消经营性用地建设用地批准书作为不动产登记前置条件，为各类项目实施争取时间。全年受理不动产登记办件23283件，其中，受理类办件9338件、查询类办件13945件，按时办结率100%。县国土资源局按时完成县城周边永久基本农田划定方案编制上报工作，拟划入基本农田260公顷。提交年度土地变更调查成果，调查核实国家下发1917个753.12公顷监测图斑，通过集体会商确定合理变更地类，由作业单位逐图斑变更处理，变更调查成果一次性通过省级核查。规范和完善砖瓦用黏土出让市场，完成砖瓦用黏土挂牌16宗12.10万吨，并按规定足额收取出让价款和矿产资源补偿费。推进4家砖瓦企业关闭拆除，1家签订拆除协议，从源头上控制破坏耕地行为发生。编制下发《如东县2016年度地质灾害防治方案》。继续加强网站、数据库和应用系统建设，推进国土资源信息化管理，为规划修编、复垦整理、卫片执法检查、不动产登记等重点工作提供技术支撑。全年转用征收土地190公顷，供应各类建设用地550公顷。如东被评为2015年度省国土资源节约集约利用模范县，县国土资源局被评为全省国土资源信访工作先进集体。

【耕地资源保护】 县国土资源局围绕耕地总量动态平衡和基本农田“总量不减少、用途不改变、质量不降低”目标，实行“双目标责任制”管理，县、镇(区)、村、农户逐级签订耕地及基本农田保护目标责任书，形成一级抓一级、层层抓落实的耕地保护责任体系，全县耕地保有量、基本农田保护面积等核心指标全部合格，完成上级下达任务。重点做好县级耕地占补平衡、城乡建设用地增减挂钩和工矿废弃地复垦新增耕地3项工作，入库规模和推进力度大，县委、县政府将3项工作列入对镇(区)年度目标责任制考核，并专题召开县级土地整治项目督查推进会安排部署，组织力量到田间地头现场指导推进，至年底，增减挂钩和工矿废弃地复垦新增耕地333公顷。推进省以上投资土地整治项目和市补“双百整治”项目，全县在建省投项目6个，总投资2.03亿元，市补项目5个，市补资金2310万元，对在建项目全面实施跟踪审计和质量过程控制，确保按期保质保量完成计划目标。开展后备资源排查，争取生态公益林规划调整，南通外向型农业开发区先行启动13.33公顷试点项目，已取得省农委批文，列入复垦整治规划和耕地后备资源；挖掘沿海未利用地资源，明确在掘苴垦区试点225.67公顷高盐土壤条件下占补平衡工程，配合省海洋院编制完成掘苴垦区东侧200公顷土壤改良初步设计文件及工程预算，并通过省国土厅专家审查。

【发展用地保障】 县国土资源局围绕“有用、实用、可用”原则，调整完善土地利用总体规划，形成规划修改方案报省政府审批，为14个镇(区)74个项目86.53公顷用地修改规划，重点保障海启高速、S335、S334东延、文体中心等基础设施、有重大影响工业项目和急需落地民生工程，将358.47公顷存量允许建设区调整为村镇建设控制区，解决增减挂钩拆旧源规划问题。落实重大项目供地，服务市级重大项目和县级以上亿元重大产业项目，按照“向上争取增量、对内盘活存量”思路，用足用活土地政策，加大对上协调沟通，全年争取计划外指标110.87公顷，其中，点供计划指标8.87公顷、单独选址计划指标66.67公顷，土地节约集约利用模范县奖励指标33公顷。优先保障重点区域、重大项目用地需求，精心组织用地报批，有效保障县所有亿元以上重大产业项目用地，为全县项目建设考核在全市进入第一方阵提供坚强保障。提升土地经营水平，多途径拓宽土地储备渠道，满足城市经济发展对土地需求，全年收储存量国有建设用地25宗353.34公顷;科学编制供应计划,强化土地供前、供中、供后协调配合,向重点区域集中、向主导产业和重点项目倾斜、向盘活存量拓展。实行地价集体会商,工业用地、经营性用地公开出让等制度,促进全县土地市场健康发展。

【节约集约用地】 县国土资源局处置闲置土地3宗8.41公顷,先后盘活河口镇老南通十七棉纺厂、丰利镇老阀门厂等存量建设用地。提升建设用地监管水平,下发《关于启用土地市场动态监测与监管系统的通知》,将项目用地批后监管系统平台前移至各镇(区)所(分局)一级,保证跟踪管理工作流程及时性,强化项目用地供后管理。开展全县低效产业再开发调查,普查工业用地,为处置低效用地夯实数据基础,至年底,协作单位完成全县工业企业外业调查,普查工业企业用地2845公顷。

【土地执法监察】 县国土资源局推进市级季度卫片执法检查,按照"完善一批、查处一批、补办一批"总体思路,确保违法用地早查处、早整改。在卫片执法检查与土地变更调查同步推进、政策进一步从紧情况下,统筹推进违法用地查处和整改工作,违法用地查处率、整改率100%,卫片执法检查实现"双零"目标。加强土地执法培训,学习《国土资源行政处罚办法》和《国土资源违法行为查处工作规程》,组织开展土地执法业务专题培训和土地执法卷宗互评活动,有效提升土地执法人员业务能力。创新日常执法巡查,在日常高频次分片巡查督查基础上,集中开展3季度土地执法交叉巡查活动,并专题点评,规范土地监察执法水平,从源头上防范和遏制土地违法行为发生,全年查处违法用地155宗,责令退出土地95.22公顷。注重行政争议化解机制建设,健全法律顾问制度,完善复议诉讼机制,对涉地行政复议、行政诉讼典型案件加强会商,达到"会商一案、规范一片"效果。

【土地法制宣传】 县国土资源局借助全国土地日、世界地球日、法制宣传日等,开展现场法律咨询、电视广播宣传、政策法规讲座等法制宣传活动,提高群众依法利用土地资源、依法调处解决涉地矛盾纠纷意识。结合"七五"普法工作,坚持特色化、群众化土地法制宣传,与县委宣传部、县司法局、县文联等联合举办第二届"国土杯"摄影大赛,收到摄影作品400余幅并择优展出,在国土资源部纪念第26个"全国土地日""国土人拍土地日"摄影活动中,获优秀组织奖。

【民生权益维护】 县国土资源局贯彻《江苏省征地补偿和被征地农民社会保障办法》,按照县政府相关文件要求,指导各镇(区)建立农村集体经济组织农用地数据库,全年所有已获批文建设用地批次,批后程序履行到位,相关社会保障补偿标准与同期居民最低生活保障标准保持同步上调。按照"重在预测预防、强化疏导、畅通渠道、依法办访"总体思路,坚持完善4级信访网络,定期和不定期排查涉地矛盾纠纷,全年接待和处理各类涉地信访267件次,按时报结率100%,全市信访分类处置会议在如东召开。及时向社会公开各类政府信息80条。

(徐小健)

市场监督管理

【概况】 2016年,如东县市场监督管理局完成2亿元招商引资任务,运用动产抵押助企融资15.25亿元。指导江苏中天科技股份有限公司主攻"省长质量奖"通过评审进入公示,指导"如东大米"获评国家地理标志证明商标,"如东条斑紫菜"获准成为国家地理标志保护产品,成功争取3个全国标准化工作组落户如东县太极化纤纺织器材有限公司、江苏海宝电池科技有限公司、江苏南通凯缘食品科技有限公司。牵头推进"江苏省食品安全城市"和"国家食品安全城市"创建,完成1986家持证餐饮服务单位量化升级,在药械健妆领域开展15项专项检查,整改特种设备使用单位安全隐患738条,开展"平安电梯"行动并推进到位。全年查处办结案件421件,受理处置投诉、举报856件,办结率100%,为消费者挽回损失238万元。未产生行政复议和行政诉讼案件。办理建议、提案25件。开展集中授课、网络教育、定期考核等活动,累计培训32场2160人次。成功创建省计量惠民示范县、省文明单位等。

【服务沿海开发】 县市场监督管理局将招商引资作为"一号工程",搭建人脉资源和项目信息库,出台工作方案和考核办法,着重深耕上海、拓展浙江,举办微型专场推介会多场,向政府部门、行业商会、重点企业介绍投资环境、了解项目意向、邀请实地调研,成功招引总投资3600万美元"江苏欧浦科技新材料项目"和总投资2亿元"抹香鲸欢乐世界娱乐项目"落户如东。制订《服务项目建设发展十项措施》,助企融资15.25亿元。

【规范市场秩序】 县市场监督管理局采用划分"责任田"模式,抓好农贸市场规范管理、无证无照行为清查、餐饮服务单位整治、校园周边环境清理等重点任务落实。结合"平安市场"创建,形成《建成区农贸市场升级改造设想方案》上报县政府,提请县"六城联创"指挥部以"1号文件"印发《农贸市场综合管理星级评定办法及考核细则》,投入45万元为县城农贸市场配置电子屏、农残检验、垃圾箱、灭火器等设施,保障"菜篮子"安全落到实处。

【推进质量强县】 县市场监督管理局紧贴供给侧改革对发展质量新要求,牵头召开质量强县工作会议,制订行动计划和考核办法,定期从4大方面16项任务对各镇区阶段性进展情况进行“盘点”与“倒逼”,以质量强业、质量强企、质量强镇推进质量强县。推广“工匠精神”,引导企业实施卓越绩效管理，江苏中天科技股份有限公司申报“省长质量奖”通过评审。南通大东有限公司、南通辉煌彩钢有限公司入围“市长质量奖”现场评审、现场答辩,南通大东有限公司进入公示阶段。5家企业获评“市质量标兵”,新增首席质量官67人。

【深化品牌标准】 县市场监督管理局突出精准培育品牌,“如东大米”获评国家地理标志证明商标,“如东条斑紫菜”获评国家地理标志保护产品。“如东泥螺”“栟茶竹蛏”申创地理标志证明商标，国家工商总局受理;“如东泥螺”申创地理标志保护产品,国家质检总局初审通过。新增商标注册532件，申报著名商标17件、知名商标16件;申报江苏名牌15个、南通名牌46个。年末,全县注册商标5325个，驰名商标3个，著名商标48个，知名商标65个。有江苏名牌11个,南通名牌38个。突出标准实用化品牌化建设,成功争取3个全国标准化工作组落户3家企业。“银树出口蔬菜基地”申报国家级农业标准化示范项目通过省级初审;“金沙滩优质梨种植”省级农业标准化示范项目和“中天科技”市级技术标准创新基地项目获批落户。指导制(修)订国家、行业、地方标准15项,江苏新象股份有限公司、江苏三旗线缆有限公司、南通博爱面粉有限公司3家企业被确认为“省AAA级标准化良好行为企业”。

【食品安全监管】 县市场监督管理局牵头推进共创共建“国家食品安全城市”和争创“江苏省食品安全城市”,组织召开全县食品安全工作暨食品安全城市创建推进会议，完成中高考、县“两会”、科技人才节等28次重点会议、重大赛事、重要活动期间食品安全保障工作，成功创建食品安全示范街14条。坚持“全覆盖”与“双随机”监管相结合,做好重大节日、重点产品、重要区域等关键点食品安全监管工作,完成1986家持证餐饮服务单位量化分级，监督抽检初级农产品、豆制品、肉制品、猪血制品、糕点制品等重点品种2310批次,开展涉及生产、流通、餐饮环节专项整治行动21项,全覆盖检查食品生产经营主体8780户,下达责令改正通知书496份，办结食品案件144件。

【药械健妆安全监管】 县市场监督管理局强化企业第一责任人意识,督促指导11家新开办药品零售企业实施GSP(产品供应规范)并申请认证,监督抽检药品160批次、保健食品40批次、化妆品30批次,分别上报药品、医疗器械、化妆品不良反应报告1192件、486件和8件。坚持日常监督与专项检查相结合，在全覆盖检查基础上，尝试运用“双随机”方式对药品零售企业开展GSP跟踪检查,组织开展疫苗、药品医疗器械风险防控、无菌和植入性医疗器械、特殊药品和A型肉毒素、化妆品等15项专项检查,出动监管人员3022人次,检查药械健妆相关生产、经营、使用单位1385家次，提出整改意见4500多条,办结药械健妆案件44件。

【特种设备安全监管】 县市场监督管理局以全县9大类公共场所特种设备使用单位为主线，结合节日安全检查、燃油(气)锅炉专项检查、落实主体责任安全大检查等活动,排查治理隐患，检查特种设备使用单位1221家次,发现重大隐患17条,全部整改,发现一般隐患789条,整改721条，办结特种设备案件32件。通过制定方案、会议部署、宣传引导、开展自查、隐患督查等举措,组织开展小锅炉隐患专项整治、电梯维保专项整治、以气瓶条码升级二维码为重点的气瓶整治等整治活动,解决一批重点行业、重点领域、重点设备存在突出问题。深化“平安电梯”行动,“96333”电梯应急救援平台完善到位，为937台电梯办理入保手续。

【产品商品质量安全监管】 县市场监督管理局实施监督抽查制度,围绕重点领域和重点产品商品实施常态化质量监督,加强对农资、儿童服装、电动工具、强化地板、建筑材料、日用消费品等产品商品抽检力度,全县产品商品质量保持稳步上升态势。强化区域性、行业性产品质量综合整治力度,深化“质检利剑行动”,开展“去产能”、基础教育装备、建材、农资等产品质量安全专项行动,严厉打击假冒伪劣商品。全年查处产品质量案件73件。

【惠企利民服务】 县市场监督管理局打造“计量惠民”服务品牌。牵头创建“江苏省计量惠民示范县”,以94.8分通过现场验收，成为全省第二家、全市第一家成功创建县。指导创建省、市“诚信计量示范单位”38家，帮助企业争取省级奖励56万元。开展“计量维权惠民行”活动,围绕大米、农资、油气充装等重点行业开展监督抽查。免费检定集贸市场和医疗机构计量器具4124台,依法强制检定计量器具1.96万台,合格率100%。打造“诚信律企”服务品牌。注重培育诚信典型,推荐大豫镇施永兵获评“全国先进个体工商户”,赴京参加表彰大会,受到李克强总理接见。分别认定国家级、市级“守合同重信用”企业9家、12家。指导申报省质量信用3A企业3家、2A企业2家,通过现场评审;新创建南通市诚信企业49家和南通市诚信示范店448家。注重强化信用监管,各类市场主体平均年报率96.5%,高于全市10个百分点,2677家未按时年报企业被列入经营异常名录。打造“消费维权360°”服务品牌。围绕“新消费,我做主”消费年主题,开展新闻发布、现场咨询、志愿服务、知识竞赛、销毁假冒伪劣商品等10大活动，扩大公众对消费维权工作知晓度。加强对群众反映问题较多的商品和服务消费等问题数据分析，开展广告监管执法百日竞赛活动，组织非法集资违法行为、汽车市场和电动车行业等专项整治。全年处置投诉、举报856件，诉转案率17.6%，为消费者挽回损失238万元。打造“精准帮扶”服务品牌。与大豫镇伯安村、东安闸村、大同村、止马洼村联合制定并落实20项承诺事项，对挂钩村全民创业、品牌培育、农业标准化项目建设等方面提供指导，筹措4万元用于基础设施和文化建设，改善村容村貌。组织“扶贫献爱心”活动，筹措6.11万元，慰问贫困户51家。

(陈飞飞　桑云梅)

价格管理

【概况】 2016年，如东实行水价和管道天然气价格改革，调整全县城乡自来水价格，实施县城居民生活用水阶梯价格制度；调整全县管道天然气销售价格，实施居民生活用气阶梯价格制度和价格联动机制，同时建立居民生活用气销售价格联动机制。推进环境、资源价格改革，全面开征水资源费，调整县各类用水污水处理费标准；对各镇非居民生活用水开征污水处理费，对全县高污染企业执行差别水价政策。出台《如东县物业服务收费管理实施细则》及普通住宅前期物业公共服务等级收费标准及住宅小区物业管理停车服务收费标准。改革县煤热联动机制，工业蒸汽价格与秦皇岛平仓煤价变动挂钩，并设定调价窗口期，实现动态调整蒸汽价格制度化、规范化。深化公立医院医药价格改革，完成与城市公立医院医药价格综合改革接轨，落实国家药品价格改革政策和低价药品管理方式改革，强化医药费用价格行为综合监管。实施幼儿园收费改革，对政府纳入普惠性民办幼儿园按公办幼儿园收费管理，对非普惠性民办幼儿园执行市场调节价，实行市场价格监管。调整县机电排灌水费价格模式，实行供需双方协商定价，为农业水价改革打好基础。加强目录清单管理，及时调整更新、发布县级《行政事业性收费目录清单》《涉企收费目录》《经营服务性收费目录》《涉房收费目录》《涉车收费目录》《涉农收费公示目录清单》。全年取消行政事业性收费项目5项、降低2项、免征7项，取消经营服务性收费项目7项，放开经营服务性收费项目15项。明确县中小学收费、有线电视收费、小洋口景区门票价格、车用天然气最高销售价格等。承接上级下放收费定价权，核定洋口外闸、东安新闸、掘苴新闸船舶过闸费标准。贯彻落实小麦、粳稻最低收购保护价政策，与粮食部门联合做好夏粮、秋粮收购工作。开展平价商店规范年建设活动，加强平价商店管理。完成省、市、县各项调研57个，上报各类收费管理工作信息38篇，其中，省级录用15篇、市级录用9篇、县级录用14篇。答复办理“12345”政府公共服务中心交办件11件，及时转发国家、省、市文件13份。

(李元峰　洪　莉)

统计管理

【统计法制建设】 开展普法宣传。县统计局利用“9·20”中国统计开放日和“10·20”世界统计日，利用户外电子屏宣传；分别在《如东日报》和县法制宣传栏开辟农业普查及统计法知识宣传专版、专栏；开展“农普杯”统计法律法规知识竞赛和书法竞赛，扩大群众对第三次全国农业普查知晓率。加大执法力度，以《中华人民共和国统计法》《江苏省统计条例》为遵循，对30家企业开展网上直报企业数据质量“双随机”抽查。定期开展统计执法检查、统计监审和统计行政指导工作，全年统计监审20家，统计行政指导30家，查处违法案件4件。

【统计改革】 县统计局实施GDP核算制度改革，实现GDP按季核算目标；推进投资统计改革，投资统计运行顺畅，数据评估科学合理。开展“三新”(新产业、新业态、新商业模式)统计，实行战略性新兴产业进度统计和电子商务平台交易季度统计监测，开展县城商业综合体统计专项调查。按计划推进服务业统计改革，实施规模以上服务业企业月报制度和“四上”单位企业信息化及电子商务调查。有序推进工业统计、能源统计、贸易统计、文化产业、人口就业和城镇化率统计、住户调查等统计改革。继续巩固完善城乡住户一体化和粮食、棉花、畜牧业等抽样调查，有粮食产量点18个，棉花产量点8个，玉米产量点5个，生猪、禽、羊散户调查点各20个，畜牧业大户监测调查点15个，生产者价格调查点12个。规模以下工业抽样调查省级样本企业36家、样本村14个、个体户616户。采购经理调查有样本企业17家。工业品、消费品、农资价格调查点共129个。批零贸易有规模以下抽样调查点60个。

【普查和专项调查】 县统计局做好县第三次全国农业普查准备阶段各项工作，相继完成县镇区普查机构组建、经费预算编制和物资筹措、普查员培训、综合试点、专项调研、遥感测量、清查摸底等工作，完成国家统计局既定方案目标。至12月底，全县登记农普对象280548户，其中规模户6357户，有实际经营农业经营单位913家。全面开展各类专项调查，包括服务业、规模以下工业、批零贸易抽样调查和采购经理指数调查，劳动力、人口和群众安全感，粮食、畜牧业、生猪生产大县统计监测和城乡住户调查一体化建设工作等。

【统计服务】 县统计局定期编辑各类统计资料，完成《统计手册》《统计年鉴》《统计快报》《统计月报》编辑。创办《统计内参》，全年报送9期，其中4期得到县领导批示。全年编发《如东统计》76期，上报统计工作信息169条，其中省统计内网采用42条、市统计内网采用119条；经济信息279条，其中市内网采用188条；统计分析76篇，其中国家内网采用

图51　5月23日，在掘港镇三桥村开展如东县第三次全国农业普查农作物播种面积遥感测量野外调查业务培训

1篇、省内网采用10篇、市内网采用70篇。1篇课题被省社科联确定为2016年度江苏省社科应用研究精品工程市县专项课题，1篇课题被县社科联列为年度重点课题。发挥统计监测导向作用，对全面建成小康、农业现代化、文化产业、生态文明、新型工业化、节能减排、科技进步、新农村建设等情况实行监测。按季召开包含核算、投资监测、居民收入监测等内容的部门联席会议，加强部门间协调合作、数据审核与评估，提高GDP、投资、居民收入数据与相关基础指标协调性和匹配性，确保全县统计数据准确、全面。制订重大投资项目统计服务直通车工作方案，建立县重大投资项目统计服务直通车工作领导小组、统计服务绿色通道制度、统计服务联系人制度、统计监测联席会议制度、统计分析报告制度、考核奖惩制度，服务全县重大项目建设。

【统计培训】 全年有733人参加统计继续教育。县统计局举办统计系统培训班2期，先后对新进定报企业统计人员、各镇和各部门分管领导、统计助理、综合统计人员共150多人进行理论知识与专业技能培训。定期对镇区统计人员开展专业业务培训，提高基层统计人员业务素质。（袁晓娜）

图52　12月28日，如东县第三次全国农业普查数据处理业务培训

审计监督

【概况】 2016年，县审计局贯彻“全面审计，突出重点”方针，加大对违法违纪问题查处力度。全年实施审计项目31个，出具固定资产投资决算审计核定单453份。审计查出主要问题金额6.93亿元，违规资金1.49亿元，促进增收节支4.25亿元。通过审计发现移送经济案件线索3起，提出各类审计建议56条。提交审计信息158篇，被省级以上刊物、网站录用42篇。

【预算执行审计】 县审计局以财政审计为重点，对县文广新局等8部门及栟茶高级中学等3所高级中学实施财政财务收支审计。以中央“八项规定”执行情况为审计重点，同步实施机关（单位）“三公”经费及政府采购制度执行情况专项审计调查，有效促进财政资金合理配置、规范使用。通过财政部门非税收入系统中201个单位电子数据采集，以排污费、罚没收入、国有资产出租出让收益为重点，对2013—2015年中138.41万条记录，进行纵向比对和横向分析，检查总金额达66.75亿元，审计认定不规范金额471.79万元。同时，围绕税收征管，审计发现8家企业漏缴土地增值税，督促税务部门追缴入库。

【经济责任审计】 县审计局完成组织部门委托经济责任审计项目16个，涉及县级机关部门、单位以及3所县管学校领导干部。审计重点围绕领导干部职责履行、管理效能以及廉洁自律等开展。在3所高级中学审计中，重点追踪调查在校学生代办费、食宿费及参加商业保险缴费情况,揭示并反映问题与不足,有效维护学生利益。组织全县镇区审计机构开展村"两委"负责人经济责任审计,共审计44个村79名村"两委"负责人,累计审计金额4.63亿元,查出问题金额2422.14万元,移送案件线索5起,为全县农村"两委"换届选举提供详实基础资料。

【固定资产投资审计】 县审计局对市民服务中心、实验小学异地迁建、如东火车站站前广场等重点工程进行竣工决算审计。全年出具工程审计核定单453份,审核工程结算资金24.81亿元,核减2.73亿元;跟踪审计总金额39.60亿元,出具跟踪审计意见单35份,核减634.23万元。

【资源环境审计】 县审计局对全县2012—2014年度土地、水、海洋等资源资产开发、利用、治理等情况进行专项审计调查,客观评价如东在涉及自然资产资源经济活动中,资产与资源管理的经济性、效率性及效果性,揭示区域经济发展中资源环境领域存在的不足和问题,促进区域经济、社会、环境可持续发展。对全县镇区污水处理厂投资建设绩效情况进行专项审计调查。

【专项审计调查】 县审计局以"同级审"为抓手,对扶持企业发展资金、扶持农(渔)业发展专项资金、残疾人就业及康复专项业务费、财政扶持项目整合和以年度结余专项资金统筹使用情况等6个专项资金管理使用及绩效开展审计调查。通过财政扶持项目整合和以年度结余专项资金统筹使用情况审计调查,财政部门根据"整合使用,提高效益"的审计建议,对财政专户结存资金逐项逐笔梳理,清理出年度结余结转资金,收归国库统筹安排,编入2016年度预算调整,有效改变资金使用"碎片化"现象。

【审计管理创新】 县审计局探索实践适应高定位使命、全覆盖要求、大数据趋势的现代综合审计模式。进一步完善联网审计平台,对已建成与县财政管理系统、社保管理系统以及农村经济管理系统的联网审计平台,做到数据更新正常化、数据分析定期化,夯实大数据审计工作基础。探索搭建"社保费用征收核查管理系统"审计平台,实现社保信息中心应征电子数据与地税部门月度收征电子数据收集整合,审计人员通过系统平台即时查询全县社保费缴纳情况。针对"新农合与城镇居民医疗保险并轨运行"新情况,编制"新农合医疗基金与医疗救助资金综合专项审计调查模型",该模型入选"国家审计署2016年度社会保障审计知识技能提高班"课案,并应邀做培训讲座。 (丛雯燕)

社会事务管理

人口和计划生育

【概况】 2016年,如东县全面落实《中华人民共和国人口与计划生育法》,依法推动全面二孩政策落实,实施各项计划生育惠民政策,优化人口结构,提高人口素质,促进人口与经济、社会、资源、环境协调可持续发展,为加快现代化、建设新如东创造良好人口环境。全年出生6125人,符合政策生育率99.79‰,人口出生率6.05‰;死亡9544人,死亡率9.66‰,人口自然增长率-3.3‰,出生人口性别比为104.99。全年二孩出生1981人,同比增长32.3%。年末总人口103.54万人。如东县被评为2016—2017年度全国计划生育优质服务先进集体。

【全面二孩政策推动实施】 1月1日起,如东县全面实施"一对夫妇提倡生育两个孩子"政策,再生育一孩审批改为生育登记制度,并简化办证程序,方便群众。加大二孩政策宣传力度。在如东电视台《卫计之窗》进行全面二孩政策专题解读和答疑;在《如东日报》专版宣传全面二孩政策出台背景、政策意义、办理手续等;在如东卫监、如东生活微信平台等大众媒体宣传全面二孩政策;利用计划生育基层网络对全县育龄群众进行全覆盖宣传,订购最新版《计划生育政策读本》,全县村级计生专干人手1本,并印制宣传折页发放到全县育龄群众手中,让全面二孩政策真正做到家喻户晓。引导群众正确认识计划生育国策,合理安排再生育,依法推动全面二孩政策实施。

【生育登记服务管理】 1月1日起,如东县对生育第一、第二个孩子夫妇实行生育登记服务。在县民政局婚姻登记大厅、县行政服务中心卫计窗口等地点对新婚夫妇和怀孕二孩夫妇发放《生育登记服务提示单》,告知准爸爸、准妈妈们办理生育登记地点、用途以及所需准备资料和办理程序,提醒他们及时办理生育登记。为各镇计生办配置生育服务登记专用电脑和打印机,提高办件效率,并有效保证群众信息安全。

【计划生育惠民政策实施】 2016年,如东县奖扶新增申报对象13139人,特扶新增申报对象867人,累计奖扶84836人,独生子女伤残死亡特扶4705人,三级以上计生手术并发症特扶941人;新增城镇老年居民一次性奖励64人,新增企退职工一次性奖励5209人。全年全县奖特扶及一次性奖励95754人,共支付资金1.28亿元,其中县以下财政配套支付5317万元。

【优生优育服务】 如东县加大宣传和组织发动,规范开展免费婚前医学检查和免费孕前优生健康检查项目,全年检查2186对,检查出高危人群,及时进行一对一指导。将优生优育贯穿全程服务之中,为孕13周前孕妇建立《江苏省孕产妇保健手册》,做到孕早、中、晚期定期产检,规范开展实验室检查、孕期心理、营养评估和各项保健指导,及时发现异常情况,并提供咨询、转诊服务,进行产后访视和产后42天健康检查。早孕建册率99.88%，孕产妇健康管理率98.88%，住院分娩率100%，产后访视率98.41%，围产儿死亡率2.04‰，产前筛查率93.80%。新生儿访视率99.39%，0～6岁儿童健康管理率98.64%，0～3岁儿童系统管理率98.18%，出生缺陷发生率1.12‰。新生儿疾病筛查率99.61%，新生儿听力筛查率98.45%。规范医疗卫生机构计划生育技术服务行为。1月、7月，分别组织相关专家对全县医疗卫生机构从事计划生育技术服务项目进行现场技术审查，全县有28家医疗机构通过审查，在"医疗机构执业许可证"上核准登记。做好"母婴保健技术合格证"换证工作，9月中旬启动后，申报223人，其中符合免考条件129人，参加实践考核94人。10月9日，组织全县实践考核，83人通过。母婴保健技术服务机构和人员持证执业率100%。继续开展避孕药具知情选择、随访服务，开展国家避孕药具不良反应/不良事件收集上报工作，至9月底共上报避孕药具不良事件748例，相关健康报告250例，完成序时进度。2月，首次在医疗卫生机构开展宫内节育器首诊登记工作，育龄妇女在医疗卫生机构首次落实或变更宫内节育器登记，各镇计生服务站随访，至年底共登计66例，随访85人次。全县药具发放采取以计生系统发放为主，社会机构发放为辅，送药具上门与群众自取相结合模式。全县475个发放点，其中，256个是村居级计生人员和组信息员发放，187个社区卫生服务站为辅助发放点，另有46台二代身份证发放机正常发放。

【出生人口性别比治理】 2016年，如东县出生男孩2756人，出生女孩2625人，出生人口性别比为104.99，继续处于正常值范围内。组织开展全县出生人口性别比治理工作。县卫计委向各医疗、卫生计生单位下发《关于进一步规范做好整治"两非"工作的通知》，组织学习国家和省有关出生人口性别比综合治理和整治"两非"(非医学需要的胎儿性别鉴定和选择性别人工终止妊娠)工作法律法规。规范设置和管理使用南通市统一禁止"两非"警示标志，将整治"两非"工作常态化、制度化。在全县药店、药企张贴"两非"警示标志，向各镇计生、卫生窗口发放禁止"两非"宣传板画100份，营造确立正确性别观、禁止"两非"宣传氛围。县卫生监督所和妇幼保健所对各医疗、卫生计生单位禁止"两非"的制度制定、责任落实、标志张贴、手术检查等工作开展督查。开展关爱女孩行动，县卫计委与县妇联在双甸中学联合举办暑期女生安全知识专题培训课，双甸中学部分初中女生及学生家长300多人参加；县卫计委、县计划生育协会联合下发《关于开展"关爱女孩携手行"活动的通知》，县卫计委对掘港街道、大豫镇等8个镇区8位新考取大学贫困女学生发放助学金。

【流动人口均等化管理】 2016年，如东县镇两级卫生计生部门以全面落实和推进流动人口基本公共卫生计生服务均等化为抓手，加强流动人口管理，优化各项服务。年初，县转发省5部门《关于加快推进流动人口基本公共卫生计生服务均等化工作的意见》，明确县内各医疗卫生计生单位和内部科室工作目标，落实监管责任。上半年对1万余名流入人口数据进行核实、补充和变更。年内发送协查申请信息1.44万条，其中省内协查1.33万条、省外协查1165条，协查反馈1.39万条，综合反馈率96.5%；接受外地发送协查信息3583条，其中省内协查2591条、省外协查992条，协查反馈3544条，综合反馈率98.9%。建立流动人口健康档案4612份，建档率61.1%。流动儿童与常住儿童同样享受免费建证建卡、免费接种一类疫苗服务，各苗接种率均在95%以上。

（顾　建）

民族宗教事务

【概况】 2016年，如东县有35个少数民族，人口4887人。有宗教活动场所12处，从事宗教教职人员45人。县民宗局紧扣"安全稳定，服务发展"工作主题，按照精准帮扶要求，摸准全县少数民族贫困家庭底数66户，全面分析致贫原因，分类施策，落实帮扶措施。开展全国和谐寺观教堂和省星级宗教活动场所创建工作，国清寺被省宗教局认定为五星级宗教活动场所。开展宗教慈善活动，筹集善款10.30万元，资助少数民族贫困家庭、失学儿童和社会弱势群体。全年处置领导交办事项3件、群众来访信件5件，查处率100%。

图53　2月19日，县民宗局局长赵杰(左二)一行到上真观商谈二期工程草案

【行政权力事项】 按照县政府要求，县民宗局进一步梳理行政权力事项，审核确定行政权力清单37项，其中，行政许可5项、行政处罚23项、行政确认4项、其他权力5项。编制权力运行流程图，理顺与其他部门之间职责关系，明确履职界限，制定行政权力事中事后监管制度。全年办理民族成份变更7人次。

【少数民族帮扶】 县民宗局在摸清少数民族贫困家庭底数基础上，制定精准帮扶措施，根据各镇(区)实际情况，下达帮扶指标，纳入年终社会事业考核。鼓励少数民族人员自主创业，帮助改善少数民族家庭生产生活条件，先后到马塘镇、曹埠镇、循环经济产业园等镇(区)调研，确定大豫镇长毛兔养殖项目和马塘镇许楼村防渗渠项目为少数民族发展资金扶持项目，省民委下拨专项资金50万元。

【星级宗教场所创建】 县国清寺按照省五星级宗教活动场所创建要求，加大环境整治力度，拆除照壁墙，清理广场打卦算命摊点，并对寺内图书馆、会议室、斋堂等进行改造，寺内环境焕然一新，被认定为省五星级宗教活动场所。大豫基督教堂和高新区神东堂分别被市民宗局认定为四星级、三星级宗教活动场所。

【寿圣寺文化建设】 3月，寿圣寺在雷迪森大酒店举办如东寿圣寺文化创意设计论坛活动，国家4大智库、苏州大学、扬州大学、北京师范大学以及《光明日报》《新华日报》高管和国内知名IT、DT等20多位专家学者参加论坛活动，为寿圣文化建设提供理论支撑。

【教职人员队伍建设】 县民宗局通过“筑巢引凤”方法，分别引进无锡开原寺能超大和尚负责栟茶寿圣寺、杭州香积寺如龙法师负责洋口港开发区海福寺、南通福田寺妙真法师负责丰利镇大圣寺建设，得到社会各界认可。4月、5月，分别组织国清寺廓清法师方丈升座和大豫基督教堂吴春香按立副牧师活动。

图54 3月20日，如东寿圣文化创意设计论坛在雷迪森大酒店举办，图为县委常委、宣传部部长张蓉蓉讲话

2016年如东县宗教活动场所一览

表33

序号	教别	场所名称	类别	所在地	批准时间	登记时间	负责人	备注
1	佛教	国清寺	寺观教堂	高新技术产业开发区(掘港镇)	1991年6月	2010年8月	廓　清	
2		海印寺	固定处所	沿海经济开发区(洋口镇)	2005年5月	2010年8月	光　明	
3		寿圣寺		栟茶镇	1993年6月	2010年8月	能　超	
4		海福寺		洋口港经济开发区(长沙镇)	1995年5月	2010年8月	如　龙	在新建
5		地藏寺		河口镇	2002年12月	2010年8月	明　贤	
6		大圣寺		丰利镇	2014年10月	2010年8月	妙　真	在建
7	道教	上真观	固定处所	高新技术产业开发区(掘港镇)	2000年11月	2010年8月	陈美泉	
8		扶海宫			2008年10月	2010年8月	待　定	建成待开放
9	天主教	大豫镇天主教堂	寺观教堂	循环经济产业园区(大豫镇)	1985年4月	2010年8月	陈小平	
10	基督教	大豫镇基督礼拜堂	固定处所		1995年5月	2010年8月	吴春香	

续表 33

序号	教别	场所名称	类别	所在地	批准时间	登记时间	负责人	备注
11	基督教	掘港镇基督教神东堂	固定处所	高新技术产业开发区(掘港镇)	2002年11月	2010年8月	曹爱芳	
12		丰利镇基督教真神堂		丰利镇	1995年5月	2010年8月	陆宝华	

(单蔡微蓉)

民政事务

【概况】 2016年,根据民政部文件要求,取消福利企业资格认定职能。全县福利企业32家,福利彩票销售点87个,福利彩票销售8586.96万元,同比增长1.7%。社会救助、社会保障水平提高,全年县民政局发放各类经费3.85亿元。“如东舰”正式获得命名。“慰烈工程”建设进一步完善,河口烈士陵园等烈士纪念设施得到修缮。开展双拥工作进军营进社区活动,《解放军报》《中国边防报》等头版头条报道如东双拥工作。如东县被评为省现代民政示范县、省福利彩票销售先进县、市拥军优属模范单位等。“爱、孝、福、荣”民政文化被《中国社会报》重点报道。民政局军队离休退休干部休养所所长夏晓军和他的如东籍老山战友群入选“中国好人榜”。

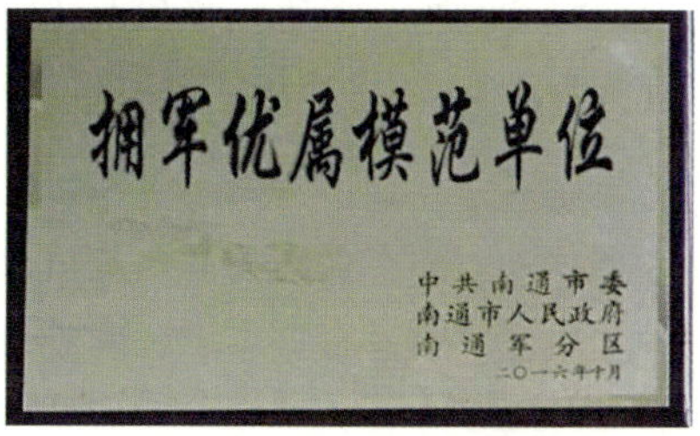

图55 10月,如东被市委、市政府、南通军分区评为拥军优属模范单位

图56 如东民政文化建设被评为2016年江苏民政十大创新项目

【社区建设】 如东加快城乡和谐社区达标社区建设,全县建成合格率92.5%,一站式平台达标率96.8%。“政社互动”运行机制良好,覆盖率100%。承担全省第十一届村委会和第六届居委会换届选举试点任务,取得成功,全县选举村(居)委会成员1278人,其中,村(居)主任253人、村(居)副主任132人、村(居)委员893人。

【婚姻、收养登记】 县民政局开通“如东婚姻”微信公众号,优化婚姻登记服务流程,全年婚姻登记6430对,其中,补办登记556对,离婚登记1447对,补发结婚证1351对。加强收养登记服务,联合公安机关出台便民措施,解决事实收养社会弃婴落户、参保、送养登记难题。为136个家庭提供收养咨询、落户、医保服务,审核办理收养登记95例。

【殡葬改革】 2016年,掘港、岔河、袁庄3个殡仪馆共火化遗体10735具,火化率继续保持100%。县民政局分2批次批准2598位农村籍无丧葬费待遇逝者享受惠民殡葬补贴待遇,发放资金184.40万元。全年新、扩、改建农村公益性公墓(骨灰堂)47处。

【社会组织】 2016年,如东登记注册社会组织37家,其中社会团体19家、民办非企业单位17家、基金会1家。至年底,全县共有社会组织1022家,其中,社会团体365家、民办非企业单位656家、基金会1家。社会组织每万人登记数10个。(高 建)

信 访

【概况】 2016年,如东信访形势平稳可控,信访秩序持续好转,保持进京“零非访”,保持在各级重大敏感时期全县信访稳定。县信访局被县委、县政府评为人民满意机关。完善工作机制,推进信访制度化建设。印发《2016年全县信访工作要点》,引领全县信访工作提档升级。转发市信访工作联席会议《关于建立乡镇(街道、园区)信访工作联席会议的意见(试行)》和《2016年全市乡镇(街道、园区)信访工作重点管理实施办法》,全面落实基层信访工作责任。下发《关于在全县推行群众依法逐级走访权益保障卡的实施意见》,引导群众依法有序信访。突出“事要解决”,加大信访难题化解力度。梳理出41件信访突出问题列入年度领导包案范围,实行包调查、包处理、包督办、包结案、包息访、包稳定“六包”责任制。先后组织疑难复杂信访事项会商会办45次,多部门联合接待集体上访群众75次。在各级重大敏感时期,12次牵头相关部门深入相关镇(区),督查督办有可能影响社会稳定的信访隐患处置工作。及时梳理研判信访工作涉及重点问题,向县领导报送《信访摘报》18期,得到县领导重视和批示。做好各级“两会”,省、市、县、镇党委换届,G20峰会和中共十八届六中全会期间信访稳定工作,通过召开会议、发文部署、矛盾排查、领导接访、督查督办、信息预警、值班轮守和应急处置等方式,确保其间全县社会和谐稳定。深化进京赴省重复访集中化解工作,重点控制和减少进京非正常上访、重复上访和集体上访。全年受理群众来信1942件,接待群众上访823批4016人次。

【党政领导接访下访】 2016年,如东县在全县开展党政领导接访下访工作。县委、县政府领导每月安排1天时间到县人民来访接待中心接待群众来访;各镇(区、街道)党政领导每周安排1天时间到镇(区、街道)信访接待场所接待群众来访。领导接访主要采取现场接访、带案下访、重点约访等方式,固定接待地点,直接听取群众诉求,了解社情民意。领导接访时间、地点和形式向社会公布,接受群众监督。每次接访均做到记载完整、材料齐全。全年协调处理信访突出问题41件。

【领导包案化解信访突出问题】 2016年,县信访局梳理出41件信访突出问题列入领导包案范围,主要是:群众赴京上访以及到省到市集体上访反映的重要信访问题;中央和省、市领导批示交办需报结信访案件;可能引发群众大规模越级或集体上访的信访隐患和重大矛盾纠纷;群众20人以上联名信反映重要问题;重信重访以及久拖未决的涉及群体利益信访问题;其他信访热点、难点问题。领导包案按照“谁包案,谁负责”原则,实行“六包”责任制。包案领导听取各有关责任单位案情汇报,组织研究制定处理方案。各有关责任单位对包案领导确定的处理意见定措施、定时间、定责任,按期按要求落实到位。领导包案实行动态管理。对问题已化解并停诉息访或按照信访程序终结的,各责任单位及时形成包案专题报告分别报县包案领导和县信访联席办,经县信访联席会议核准取消领导包案,做到化一件、结一件、稳一件。对新发生的疑难复杂、涉及面广、社会关注度高的信访事项,县信访工作联席会议根据谁主管、谁负责原则,及时纳入领导包案。上级交办和新发生的突出信访问题,按信访程序办理。各镇(区、街道)所辖范围内发生的重点难点信访问题各自实行领导包案。县信访联席办定期督查通报包案落实情况,督查结果纳入年度综合考核。

【重大信访信息日报告制度】 7月16日起,如东县建立并实施重大信访信息日报告制度,日报告信息内容3类:2015年后进京非访(含未登记)重点人员动态;其他扬言进京或采取过激行为人员动态信息;群体性异常访信息。对上报信访信息,各镇(区、街道)均要上报处置结果或进展情况,并跟踪续报。

【镇(区、街道)信访工作联席会议】 12月,县委、县政府部署在镇(区、街道)召开信访工作联席会议。镇(区、街道)信访工作联席会议由镇(区、街道)党(工)委、政府(办事处、管委会)领导,召集人由书记、镇长(主任)、分管政法工作领导担任,成员由其他领导和综治办、公安派出所、司法所、信访办、矛盾纠纷调处中心等相关部门及村(居)主要负责人组成。联席会议下设办公室,由分管政法工作领导任办公室主任,信访办主任、综治办主任、派出所所长任副主任。建立健全滚动排查、研判会商、领导包案、信息预警、应急处置、考核督查6项工作机制,确保相关信访工作及要求落到实处。

【信访维稳融合工作体系】 如东县在各镇(区、街道)建立健全以镇党委、政府,区党工委、管委会,街道党工委、办事处为主导,信访办、综治办、公安派出所、司法所各司其职,统筹实施源头排查发现、协调矛盾化解、加强教育稳控、强化依法处置融合的进京非访重点人员工作体系,概括为“一个平台、一套职责、一套机制”。一个平台,将融合工作体系接入江苏省综治信息系统。各镇(区、街道)将信访重点人员的管控档案资料全部录入江苏省综治信息系统,各单位落实专人负责融合管控平台,做到随有随录、及时更新、实时管控,同时汇总重点人员每天动态情况,及时向各镇(区、街道)并通过管控平台向县联席办、综治办报送动态信息。一套职责,各镇(区、街道)牵头统筹信访办、综治办、公安派出所、司法所,加强矛盾纠纷协调化解、重点人员教育稳控、违法行为依法处置等工作实施。信访办组织开展好人员劝返接回、矛盾协调化解、管控平台管理和维护,配合做好人员教育稳控工作;综治办加强协调、指导和督查,配合做好管控平台管理和维护、矛盾化解和人员教育稳控工作;公安派出所协助党委、政府加强重点人员教育稳控,依法维护正常信访秩序,严厉打击违法犯罪活动,配合做好人员劝返和矛盾化解以及教育管理工作;镇司法所和调处中心抓好矛盾纠纷排查,重点矛盾纠纷调解,做好重点对象法治宣传教育,协助做好重点人员思想工作。一套机制,实行“日报告”制度、预警信息报送制度、联动管控制度和常态化研判制度。

(吴迎春)

公共安全管理

防灾减灾

【概况】 县民政局组织县减灾委员会成员单位开展第八个全国“防灾减灾日”主题宣传、知识竞赛、应急演练等活动,人民群众防灾减灾意识和自救互救技能不断提升。栟茶镇浒零社区成为如东第六个国家级防灾减灾示范社区。 (高　建)

【防震减灾】 县地震局不断完善震情监视和短临跟踪工作机制,制订

《2016年如东县震情监视和短临跟踪工作方案》,按照突出重点、各负其责、积极推进要求,做好全县震情监视和短临跟踪各项工作。健全和完善全县防震减灾联席会议组织体系,县政府办印发《县政府办公室关于调整如东县防震减灾工作联席会议成员的通知》,并对各成员单位和镇区实行防震减灾工作目标管理责任制。加强地震监测管理。坚持24小时值班制度,确保局内电话24小时畅通无阻。每季度坚持对苴镇强震台、苴镇测震台、小洋口强震台、小洋口电磁波观测台和洋口港测震台5个地震微观监测台巡查摸底,及时处理巡查中发现的管理漏洞、仪器运行失常、供电通信故障等问题,确保台站仪器运行正常,地震监测设施位居全省先进行列。苴镇强震台、小洋口强震台进入全省优秀行列。配合省地震局做好国家地震烈度速报与预警工程新建台站场址勘选工作。县人民公园被列为国家地震烈度速报基本站,新店镇、河口镇被列为国家地震烈度速报一般站,进入仪器安装与运行准备阶段。规范抗震设防管理。全县所有新建、改建、扩建工程项目均经驻行政服务中心“地震局窗口”受理,进行抗震设防要求审核确定,做到新建、改建、扩建工程全部达到抗震设防要求,重大工程和可能产生次生灾害的建设工程按规定开展地震安全性评价。2016年,县地震局对县重点工程、民生工程、推动内需工程、生态建设工程等项目采取特事特办、急事急办原则,以最快速度和最短时间内办结抗震设防要求相关手续,及时解决项目审批过程中难点和疑点问题。全年完成重大建设工程地震安全性评价1件(如东时代广场),对南通汽运集团掘港汽车站和如东通用机场建设工程项目做好服务工作。加强防震减灾宣传。县地震局先后参加全县“5·12”防灾减灾日宣传和科普讲师团等活动,发放地震知识宣传资料1000余份,巡回宣传展板30块次,接受社会咨询50多人次。按照省级地震安全社区创建9条标准和市级7条标准,通过排查和摸底,掘港镇新光社区申报省级地震安全社区。县地震局协助和指导县实验小学举办1期全县教育系统“防灾减灾进学校”暨应急疏散救援综合示范演练观摩活动。组织全县各镇(区)防震减灾助理参加南通市地震应急救援知识培训。

(徐　峰)

安全生产监督管理

【概况】 1月1日起,“危险化学品建设项目安全设施设计专篇审查”“职业病危害严重、较重的建设项目审核、审查、验收”“烟花爆竹经营(零售)许可”“危险化学品经营许可证审查”“非药品类易制毒化学品经营备案”5项行政许可职责划转至县行政审批局。完善事故举报制度、重特大事故报告制度,加大安全生产信息报告和事故调查处理力度。全年通过国家安监总局安全生产事故直报系统上报工贸企业生产安全事故14起,未发生较大以上生产安全事故。委托江苏省安全生产科学研究院编制《如东县安全生产“十三五”规划》,6月通过省专家评审会评审。县安监局被评为全省危险化学品安全监管先进集体、全省职业健康监管工作先进单位、市安全生产执法工作先进集体;县安全生产执法监察大队被评为全省安全执法工作先进集体;局机关被县委、县政府评为人民满意机关。

【安全生产责任体系】 抓好企业主体责任落实。开展“主体责任落实年”活动和“落实企业安全生产主体责任专项行动”,落实企业主要负责人定期约谈制度和履职情况定期报告制度,建立以企业为主体的隐患排查治理工作机制,建立健全职业健康管理责任体系。抓好监管责任落实。年初,县政府下发《2016年安全生产目标考核细则》,将安全生产工作各项目标任务细化分解,纳入全县综合目标考核,推动镇(区)党委、政府和行业主管部门共同发力,落实好安全生产监管责任。县政府与各镇(区)及安委会成员单位分别签订安全生产目标责任书,各镇(区)、各部门层层分解责任,形成一级抓一级、层层抓落实工作格局。建立健全安全生产诚信体系。建立“双随机”制度,制定随机抽查事项清单,进一步完善安全生产“黑名单”制度,对238家非公有制经济代表人逐个进行安全生产综合考核指标评价,并对589家企业安全生产诚信守法情况进行年度指标评估。及时按照新《中华人民共和国安全生产法》《中华人民共和国职业病防治法》等规定,修订行政处罚自由裁量标准156项432条。

【安全生产标准化】 县安监局坚持以安全标准化创建作为提升企业安

图57　4月27日,南通市副市长单晓鸣(左一)带队到如东检查安全生产

全管理水平主抓手，加大日常运行检查力度，引入第三方监管和检查，提升企业安全管理质量。全年二级标准化创建达标企业5家，三级标准化创建达标企业215家，小微企业创建达标186家，106家加油站和15家化工企业通过三级标准化复评，49家化工企业通过标准化运行质量审计。开展安全文化示范企业建设，全年创建市级示范企业3家、省级示范企业1家。

【隐患排查治理】 县安监局继续开展隐患排查治理和安全生产大检查，将重要时间节点和工作要求以条目式“提醒单”形式下发，并通过明察与暗访相结合方式，做好督办推进，全县排查企业4100家，共排查各类事故隐患1.80万条，整改1.73万条，落实整改资金1062.80万元，未整改到位隐患全部按照要求明确责任人和整改时限。继续抓好重大安全隐患挂牌督办，县级挂牌督办重大事故隐患50条，市级挂牌重大隐患5条，按期整改到位。推进事故隐患排查治理信息系统，全县1728家企业登陆隐患排查信息系统，录入隐患1.88万条，企业登陆率和隐患排查、整改率均稳步上升。加大隐患整改复核力度，对查出隐患采取分级复查复核方式，确保层层闭环整改到位，形成上下联动、行业联动、日常监管和专项工作联动的隐患排查治理体系。

【重点领域专项整治】 县安监局开展危险化学品专项整治、工业企业达标排放和安全隐患治理百日攻坚行动，在危险化学品企业中全面推行安全总监制度、企业安全生产承诺和报告制度、安全生产责任险和风险抵压金“二选一”制度。全县1008家危险化学品(单位)企业签订安全承诺书，23家实行安全生产责任险，85家交纳风险抵压金，17家涉及“两重点一重大”(重点监管的危险化工工业、重点监管的危险化学品、重大危险源)危化品企业改造提升自动化控制水平，109家危化生产企业落实安全总监制度。编制《如东县烟花爆竹零售经营布点规划》，组织烟花爆竹安全专项整治、联合执法，取缔无证经营点48家，收缴各类烟花爆竹180多箱。坚持把有限空间作业、液氨使用企业、可燃粉尘企业安全整治作为工作重点，确定15家涉粉企业为重点整治企业，请第三方机构专家会诊。在20家企业中开展较大危险因素辨识管控行动试点，全县规模以上企业“一企一档”建档工作基本完成。推进职业危害申报，职业病危害项目网上申报1672家，新增157家，职业病危害检测评价新增企业255家。

【行政执法】 县安监局形成具有如东特色“委托执法、独立办案、过程指导、动态监察”安全执法模式，“委托执法”工作经验在全市推广。全年依法立案查处各类安全生产违法案件206件，罚款617.96万元，其中事前处罚160起，罚款154.10万元。注重将打非治违与信访举报核查相结合，全年核查举报件15件，查处核查中发现的违法行为。全年召开案审会24次，审查行政处罚案件197件，行政处罚案件涉企备案58件、109次。

【安全宣传教育】 县安监局重点抓好两高院《关于办理危害生产安全刑事案件适用法律若干问题的解释》和新《江苏省安全生产条例》的学习宣传贯彻，印刷1万余册下发企业。推广关注“江苏安全生产”微信公众号，使公众精准知道安全生产方针政策、法律法规、知识常识、经验做法等，全县1.5万多人注册。继续开展“安全生产月”活动。在中国如东网站设置“安全生产月”专栏，组织12个部门36名安监人员到5个镇区开展联合集中咨询活动，向全县发放各类安全宣传资料2.50万多份(册)、展示板图200多块，接受咨询3万多人。县“安全生产月”专题报道分别被市、省政府网站录用。4—5月，县安监局出资20多万元，组织安全知识培训班18期，全县生产经营单位主要负责人、安全管理人员参训3227人。全年配合培训机构举办电工、电(气)焊工、高处作业工“三项岗位”人员资质培训11期，参训1595人。督促各类企业培训新上岗人员4120人、班组长5263人、转岗教育7341人、农民工2.15万人、其他从业人员3.21万人。

【安全生产应急管理】 县安监局抓好《生产安全事故应急预案管理办法》贯彻落实，印刷3500册发放至全县7人以上企业和相关部门，督促镇区和生产经营单位编制综合预案、专项预案和现场处置方案，安全生产应急预案体系初步形成，应急

图58　12月28日，举办危险化学品事故应急救援演练

救援预案备案工作不断规范，有103家危险化学品企业进行应急预案备案。注重抓好应急处置能力提升，组织全县危险化学品应急救援演练，参与、观摩指导以及督促指导相关企业举办安全生产事故应急预案演练626场。开展应急管理执法专项行动，收到企业自查自纠表658份，发放整改指令书65份，存在问题843条，行政处罚9.20万元。

【安全生产事故查处】 2016年，如东发生安全生产事故14起，造成14人死亡，2人受伤。1月2日，曹埠镇如东梅鑫健身器材厂发生1起铁粉包发生坍塌事故，造成1人死亡。1月10日，马塘镇江苏新源建筑工程有限公司后勤基地发生1起脚手架钢管堆垛坍塌事故，造成1人死亡。1月24日，栟茶镇殷岩勤、施巨川捻线加工厂发生1起机械伤害事故，导致1人死亡。1月30日，上海天德建设(集团)有限公司在洋口镇南通雅本化学有限公司更换反应釜搅拌机时，发生1起中毒与窒息事故，造成1人死亡，1人受伤。3月14日，如东县恒升彩钢结构厂施工人员在屋顶拆除彩钢板时，发生1起高处坠落事故，造成1人死亡。3月25日，新店镇南通华成运动用品有限公司进行钢结构厂房加固时，发生1起高处坠落事故，造成1人死亡。5月9日，江苏龙海建工集团有限公司在如东经济开发区对燃气管道抽取盲板作业时，发生1起中毒与窒息事故，造成1人死亡，2人受伤。6月16日，江苏鼎鑫建设工程有限公司发生1起车辆伤害事故，造成1人死亡。6月23日，南通卓大玻璃制品有限公司在如东耐力运动用品有限公司安装玻璃时，发生1起高处坠落事故，造成1人死亡。9月13日，于绍纯施工队在沿海经济开发区施工时发生1起物体打击事故，造成1人死亡。10月23日，南通新龙手套模具有限公司发生1起高处坠落事故，造成1人死亡。11月11日，如东县利源浆纱厂在进行钢结构仓库维修时，发生1起高处坠落事故，造成1人死亡。11月26日，南通欣滨城建设工程有限公司发生1起车辆伤害事故，造成1人死亡。12月11日，江苏江禹建设工程有限公司在马塘镇潮南村进行农路修造时，发生1起机械伤害事故，造成1人死亡。县政府对上述事故均依法成立事故调查组，及时查清事故原因，确定事故性质，客观划分事故责任，总结事故教训，严格落实整改措施。14起事故均在规定时间内结案，事故结案率100%。强化事故案例警示教育作用，编纂《如东县安全生产典型事故案例汇编(2005—2015年)》，收编典型事故案例18例。

(郑长兵)

网络安全监管

【概况】 按照省、市电子政务网络安全规范要求，县政府信息中心进一步提升全县电子政务内、外网安全水平。与县机要保密局等部门合作，借助技术手段，对网上信息进行实时自动甄别，发出预警提示，每月定期对“中国如东”网站及各镇(区)、部门子站群的网上公开信息开展拉网式扫描，从源头上构筑信息安全防线。组织专业安全测评机构，对全县电子政务系统进行信息安全等级保护测评、风险评估和软件测评，全面查找薄弱环节，查漏补缺。修订完善各项安全制度，与全县115家单位签订“电子政务网络接入安全管理责任承诺书”，与各运维服务机构签订“安全保密协议书”，与20家服务器托管单位签订《服务器托管管理安全协议》，明确工作要求，强化责任意识，杜绝因职责不明确、管理不到位带来的安全隐患。建立内网终端准入控制系统，强制对行政中心内部实施严格的网络接入策略，加强网络终端主动防御能力，防止“危险”“易感”终端接入网络，控制病毒、蠕虫蔓延。调整外网核心路由、交换和机房服务器区结构，骨干网络和设备实现负载均衡及冗余；链路上实现各应用VPN逻辑隔离。优化核心机房环境，实现机房双路供电、环境24小时智能监控，提高整体安全性。优化系统安全技术手段。部署入侵检测、防毒墙、堡垒机等安全设备，针对系统应用安全，设置访问控制、流量管理、行为审计、数据库审计等安全策略。

(王海舟)

应急管理

【应急管理现状】 2016年，如东自然灾害相对较重，先后遭受龙卷风、强对流风暴、暴雨等自然灾害，有6镇7村670户、2418人受灾，倒塌房屋79间，损坏房屋1069间。全县发生工矿商贸企业事故29起，死亡28人，未发生较大以上安全生产事故，全县安全生产形势总体平稳，但一般安全生产事故时有发生。报告1起一般突发公共卫生事件，为幼儿园流感暴发疫情，无人员伤亡，经济损失约2万元，比上年下降33.3%。3个重点群体和19名重点人员得到有效稳控；成功调处各类矛盾纠纷9591起。全年破获各类刑事案件1044起，抓获刑事作案成员935人，刑拘363人，逮捕293人，移送起诉678人。应急管理工作面临形势严峻、复杂，主要表现在：化工企业多和海洋渔业从业人员多元、作业多样，安全生产监管难度和压力大；部分企业生产经营困难、利润下降，因劳资纠纷引发的群体上访事件不断增多；部分企业主和养殖户环保意识不强，环境污染和生态破坏事故风险较高；社会转型期利益诉求引发各类社会矛盾和冲突难以全面化解；台风、暴雨等极端天气引发自然灾害时有发生等。同时，存在镇村应急人员缺乏，大多以兼职为主，部分行业和领域监测预警手段相对落后，应急救援能力需进一步提高，公众应急知识和应急避险能力需进一步提升，科学技术支撑体系比较薄弱等问题。

【预案修编】 县政府出台《关于进一步建立健全突发事件应急反应机制的若干意见》，并对工业企业安全生产事故、海洋渔业突发事件、环境突发污染、信访维稳突发事件、社情舆情突发事件5大类情况作全面部署。针对新情况、新问题,及时制定应急处置预案,实现应急预案动态管理,及时修订完善自然灾害、事故灾难、公共卫生事件和社会安全事件4大类专项应急预案以及部门应急预案。按照"横向到边、纵向到底、互相衔接"要求,督促各镇区、各部门根据突发事件趋势变化,制定和完善相关预案。完善或新修订《如东县药品和医疗器械突发公共事件应急预案》《如东县城镇供水应急预案》《如东县食品安全事故应急预案》《如东县2016年有序用电方案和电力供应应急预案》《如东县地方政府债务风险化解规划及应急处置预案》5个专业预案。

【应急演练】 全年举行应急演练活动30多次。4月1日,在洋口港万吨级重件码头举行保安设施应急演练活动,县港口管理局以及洋口港港务有限公司员工参加演练活动。模拟有"不明身份人员"预谋潜入洋口港口实施破坏,港口管理局立即启动"应对蓄意损坏港口设施系缆设施等关键部位的程序",保安等级由1级升至2级,停止生产作业。重件码头生产安全部、技术设备部、货运业务部、综合管理部等部门按照"程序"要求开始执行、落实保安等级2级状态具体措施。最终"不明身份人员"被控制,码头警报解除,保安等级恢复1级,码头恢复生产。5月12日,县减灾办、县安监局、县教育局、县民政局、县消防大队、县卫计委、县地震局、县气象局、县红十字会等部门共同举行教育系统防灾减灾进学校暨防灾减灾应急疏散救援综合示范演练观摩活动。实验小学3418名师生参与演习,以地震应急为主线,设6个科目,分别是紧急避险演练,应急疏散演练,互助逃生、现场搜救演练,应急救护演练,消防救援、技能演示,心理疏导演练。5月18日,组织开展油气长输管道保护应急演练桌面推演。演练事故背景为在S223和S334省道交叉处,由于挖掘机违规施工,导致管道破损,造成天然气泄漏,引发火灾爆炸事故。此次桌面推演着重对事故信息上报、建立救援组织机构、启动应急救援预案、联合开展救援、管道应急抢修等救援程序进行演练。6月20日,在丰利镇举行全县海上应急救援演练活动。县公安局、县消防大队、县安监局、县海洋与渔业局、县卫计委、丰利镇等50多人参加应急救援演练。6月24日,在沿海经济开发区举行专职消防队石油化工应急演练活动,并现场成立火场指挥部、侦查组、警戒组、灭火组、供水组、疏散组。6月29日,组织全县"两客一危"(从事旅游的包车、三类以上班线客车和运输危险化学品、烟花爆竹、民用爆炸物品的道路专用车辆)运输企业开展突发事件应急运输救援演练,锻炼和提高在重特大突发事件发生后,快速调集应急运输车辆处置能力和各救援运输企业快速反应能力。8月10日,在洋口港经济开发区举行危险化学品事故应急救援演练,县安监局、县环保局、县市场监督局、县公安局、县消防大队、县卫生计生委、县农委等应急部门及相关企业人员参加演练。8月16日,在外向型农业综合开发区举行滩涂生产安全应急演练,出动救援快艇2条、救援拖拉机1辆。

【应急队伍建设】 综合应急救援队伍建设。依托县公安消防大队组建"如东县综合应急救援大队",组建一支集灭火与抢险救援职能为一体的县级消防中队攻坚组,挑选专业人员57人,强化培训,提高应急队伍救援能力。同时针对县沿海开发需要,在洋口港经济开发区、沿海经济开发区建立消防站2个,作为县综合救援队伍分支队。各镇区根据辖区实际,分别建立应急救援队伍。专业(专家)队伍建设。整合县内各类应急救援力量,建立专业应急救援体系。专业队伍建设围绕港口安全事故救援、危化品应急救援、卫生应急、水上搜救、公用事业保障、重大动物疫情、防汛抗旱、反恐处突、舆情导控、突发事件信息员10个方面。在洋口港经济开发区、沿海经济开发区、县安监局、县卫生局、县农委、县海洋与渔业局等重点领域建立应急救援专家库。应急救援志愿者队伍建设。县各有关部门和单位根据部门职责、行业特点,开展应急救援志愿者队伍招募、训练工作,动员社会力量参与应急救援。县人武部建立民兵应急队伍,落实由工、青、妇等部门建立应急救援志愿者队伍任务。全县建立各类应急专业队伍12个,15个镇(区)建立应急救援队伍105个。 (施 乐)

社会事业

Shehui shiye

综 述

【概况】 2016年,如东县社会事业工作以办好民生实事工程为重点,加快社会公共服务体系建设,全年民生类财政支出80.45亿元,占一般公共预算支出79.1%,同比增长12%。其中,社会保障和就业支出10.44亿元,增长35.3%;教育支出22.54亿元,增长9.2%;医疗卫生支出8.85亿元,增长27.2%。教育现代化水平不断提高。14所学校通过省现代化学校验收,省现代化学校占比85%,教育质量持续高位走强,高考成绩连续23年省、市第一,省理科状元花落如东;义务教育学生获省以上素质大赛奖项290多人次;认定普惠性民办幼儿园14所,创建省优质园4所,省优质幼儿园占74.5%;职业教育、社区教育进一步加强,成功创建"全国职业教育和成人教育示范县""省级社区教育示范区"和"省责任督学挂牌督导创新县",如东中等职业专科学校创建为首批省高水平现代化职业学校。新区初中、栟茶小学、少年宫附属幼儿园及洋口、马塘、新店3所幼儿园如期投入使用;中专培训大楼、港口学校基本竣工;马塘初中、曹埠初中主体竣工;加固改造校舍5363平方米,单体新建2.19万平方米;开发区、掘港、沿南、锦绣幼儿园开工建设。卫计服务迈上新台阶。医改工作不断深化,三级医疗服务体系逐步完善,全面取消"以药补医";全县新农合参合率99.7%,筹资标准提高至人均600元,住院次均费用下降3%,政策范围内住院费用补偿比例77.04%;成功创建国家卫生县城,创建国家、省级卫生镇各1个;全年二孩出生1981人,同比增长32.33%;中医院迁建工程基本竣工;洋口港医院一期工程地下室土建施工,县第四人民医院整合方案如期推进;县人民医院外科大楼开工准备工作完成。文体事业健康协调发展。文化产业增加值占GDP 4.8%以上;文艺创作再创佳绩,魔术《纸飞机》获第五届中国西湖国际魔术交流大会近景组唯一金奖,魔术《变鸽子》获第三届中国北京国际魔术大会"金长城杯"世界魔术冠军作品展演金奖,小品《人物儿》获"天穆杯"全国小戏小品大赛最佳创作奖和最佳表演奖;文体活动广泛开展,成功承办第11届中国艺术节"在希望的田野上——中国农民画精品巡回展览首展(如东)",成功举办中国如东国际风筝邀请赛、省风筝精英赛等重大赛事,如东风筝节被评为"最美中国·首批最具影响力特色节庆",全年体育彩票销售7524万元;县杂技团综合业务收入250万元;县文体中心开工建设。养老服务体系不断完善。基层敬老院管理水平、养老服务环境得到提升,省星级敬老院实现全覆盖。

(李元峰　吴海林)

教 育

【概况】 2016年,如东县有中小学、幼儿园117所,在校生近7.50万人。其中,建制幼儿园47所,在园幼儿15397人;小学45所,在校生29225人;初中21所(含马塘中学初中部),在校生16667人;高中4所,在校生8581人。另有如东中等专业学校1所,在校生4746人;逸夫特殊教育学校1所、108人;少年业余体育学校1所、28人;社区教育中心14所。全县在职教工7067人,专任教师5882人。普高教师1002人,职高教师356人,初中教师1801人,小学教师2165人,幼儿园公办教师407人,成人教育教师114人,特教教师37人。幼儿园编制内教师大专以上占比98.8%,小学专科以上占比95.7%,初中本科以上占比95.1%,高中教师研究生(含硕士学位)96人。在职省特级教师19人,省

“333 高层次人才”培养工程培养对象 2 人,省名教师 3 人,教授级中学高级教师 6 人,现职市级名优人才 215 人,县级名优人才 595 人。县以上骨干教师占比 14.6%。全年全县教育经费投入 18.92 亿元。

【教师队伍建设】 如东县开展“两学一做”学习教育,组织“学为人师、行为世范”师德主题教育活动,开展专项活动 113 场。招聘教师 189 人,其中农村学校 168 人。制订县乡村教师支持计划,实施乡村教师助力工程和领雁工程,组建 2 个县级乡村骨干教师培育站。组织“送培到镇(校)”活动 6 场次,惠及教师 1100 多人。举办第八期“教育艺术与管理智慧”高级研修,组织新教师培训、信息技术应用技能提升全员培训、心理健康教育培训等。组织教师教学岗位竞聘,全县 84 名教师未能竞聘到教学岗位而转岗聘用。组织教育干部换届工作,聘用新一届局管干部 785 人,其中,新提拔 79 人,交流任职 83 人。完成教师资格首次注册,全县 6094 人注册合格。周卫红、沙建华、顾新红、周云凤获评省特级教师,唐海燕、张松斌、李旭东获评省教学名师,顾小京和康红兵 2 人新当选省“333”高层次人才培养对象。36 人获评市第九批学科带头人,46 人获评市骨干教师,37 人获评市教坛新秀,当选率全市第一。3 人获评省优秀教育工作者,1 人获市园丁奖,2 人当选第七届感动南通教育人物。4 人获国家赛课一等奖,21 人获省级赛课一、二等奖,147 人次获市级奖。

【教育教学研究】 县“十三五”期间教育教学课题立项 213 项,申报省级课题 40 项,市级课题 51 项。2016 年,批准微型课题 500 余项,241 项如期结题。县教育局编辑发行《沿海教育》12 期近 120 万字,编印《金帆远航又十年》文集。县教育学会获“江苏省先进教育学会”称号。全面推进县域教学资源库建设,资源总量 157G,县教育局获评省教育信息化资源发行先进单位。5 月,第 22 届小学“黄海潮”大型教研活动在宾山小学举行。10 月,举办主题为“教育科研与改革创新”省第 20 届“金帆杯”大型教育科研活动;实验小学、丰利小学、景安初中和洋口古坳初级中学承办第四届全国中小学课堂教学创新成果博览会分会场活动。11 月,第七届全国情感教育年会暨中陶会教育与情感文明专委会第二届年会在蠙山小学举行。12 月,举办主题为“项目攻关与课堂生态优化”第 20 届初中“黄海潮”教研活动;县主题大单元情境课程建设展评活动在实验小学、双甸小学、兵房小学举行。全年接待 9 省 8000 余人参观。

图 59 10 月 15 日,江苏省第二十届“金帆杯”大型教育科研活动在如东举行

【重点工程建设】 新区初级中学、少年宫附属幼儿园、栟茶小学、洋口幼儿园、马塘幼儿园、新店幼儿园投入使用。如东中等专业学校培训大楼、港口学校基本竣工;马塘中学、曹埠初级中学新建工程主体竣工。加固改造校舍 5356 平方米,单体新建 2.19 万平方米。实施县城教育资源增量提质工程,掘港高级中学、解放路小学、宾山初级中学、爱民路幼儿园项目完成设计方案。创建“江苏省基础教育装备示范县”,实施教育装备提升二期工程。投入 957 万元,装备 103 所学校功能室和幼儿园教室 640 个。添置 196 个中小学音乐美术功能室仪器设备,新建 3 个史地教室。添置中小学课桌椅 2.36 万套、图书 6.69 万册、38 所学校中小学录播教室系统。投入 500 余万元,实施教育城域网网络中心优化工程。

【教育督导】 如东县完善挂牌督导机制,分设督导责任区 18 个,聘请县责任督学 52 人,成功创建“江苏省责任督学挂牌督导创新县”。继续实施新一轮素质教育督导工作,全年完成 5 所初中、10 所小学、5 所幼儿园全面督导工作。县政府教育督导室组织完成国家义务教育质量监测工作,教育现代化监测综合得分 85.05 分,较上年提高 4.56 分,14 所学校通过省现代化学校验收,省现代化学校占比 85%,中小学国家信息化达标率 90%。 (顾新民)

学前教育

【概况】 如东县推进学前教育优质普惠发展,进一步完善学前教育公共服务体系。2016 年,全县有建制幼儿园 47 所(另有分园 5 所),其中公办幼儿园 33 所,占比 70%。全县学前教育班级 410 个,在园幼儿 15397 人,其中公办园就读幼儿 11536 人,占 74.9%,学前 3 年毛入园率98%。

【幼儿园建设】 学前教育资源布局进一步优化,新增公办园2所,青少年宫附属幼儿园秋季开学正式启用,丁店幼儿园独立建制。少年宫附属幼儿园、马塘小学附属幼儿园、丁店幼儿园、凌河幼儿园、新店幼儿园等新建改建工程全部完成。开展普惠性民办园评估认定,县政府与14个民办园签订普惠性民办园认定协议书。

【学前教育管理】 靖海幼儿园、光荣幼儿园、孙窑幼儿园、九总幼儿园4所幼儿园创建省优质园,并接受评估验收,省优质园39所,占比83%。推进课程游戏化项目建设,接受市课程游戏化项目视导验收。8月,接受省学前教育5年行动计划专项视导,检查组对如东学前教育发展给予肯定。县教育局加强保教保育管理,调整幼儿园收费标准,联合县相关部门开展收费、幼儿伙食、保育管理、卫生保健等专项检查,规范办园行为。推进学前教育服务区制度,完善县城幼儿园招生办法,有效解决“入园难”问题。 (孙维志)

义务教育

【概况】 2016年,如东县义务教育学校67所,均为公办学校,其中,初中21所、小学45所、少年业余体育学校1所。初中395个班,在校生16667人,小学740个班,在校生29225人。适龄健康儿童按时入学率100%,义务教育巩固率100%。丰利中学、岔河中学、双甸中学停办高中部,全部改办初中。调整组建4个初中8个小学教育教学共同体,促进均衡发展。县教育局完善考评体系,修订《义务教育办学水平综合评估实施细则》,组织年度办学水平综合评估。义务教育质量全市领先,中考生均总分594.39分,名列全市第一,8所初中进入南通市前20名,所有初中中考均分位居南通市前1/3。宾山小学创建并通过省绿色学校评估验收。

【德育工作】 县教育局召开全县中小学幼儿园德育工作会议,培育和践行社会主义核心价值观,开展中华优秀传统文化、“八礼四仪”养成教育、“我们的节日”等主题教育活动。在掘港小学举行“我们的节日——清明”,在实验中学举行“青春仪式”,在丰利小学举行“纪念红军长征胜利80周年”主题教育展示观摩活动。开展留守儿童专项排查,组织开展关爱行动。开展“校园欺凌”专项治理行动,促进学生身心健康。加强心理健康教育,为全县中小学生统一配发心理健康教材,落实心理健康教育课时,举办中小学心理健康教育培训班2期,实验中学被评为省、市心理健康教育特色学校。举办中小学班主任基本功比赛和培训活动,参加市班主任基本功大赛,1人获特等奖,3人获一等奖。

【综合实践】 开展科技教育、环境教育、健康教育、国防教育、劳动教育、志愿服务、研学旅行等主题系列活动,让学生在实践活动中增长知识,陶冶情操,增强责任感。举办初中生科技制作比赛、小学生“智能杯”小巧手比赛等活动。丰利小学获世界珠心算比赛团体特等奖2个、个人全能特等奖和一等奖各1个;景安初级中学学生获世界教育机器人大赛一等奖3人、二等奖6人;邱陞中学获第31届全国青少年科技创新大赛二等奖、省青少年建筑模型比赛综合团体金奖;古坳初级中学获省第16届青少年电子技师认定比赛电子百拼项目综合团体一等奖;宾山小学、马塘小学参加市小学生厨艺大赛均获一等奖。如东承办第四届全国中小学课堂教学成果博览会分会场,全国各地300多名代表考察景安初级中学、古坳初级中学、实验小学、丰利小学,4所学校展示教学改革和特色建设成果。蛲山小学承办全国情境教育观摩展示活动。县教育局组织评选县第三批特色学校、优秀校本课程评选活动,组织中小学德育、体育、艺术、综合实践优秀活动案例征集评选活动,古坳初级中学获“全国学校体育工作示范学校”“省初中课程建设特色学校”称号,实验小学获“全国新教育实验示范学校”“市首批十佳书香校园”称号。景安初级中学课堂教学改革和创客科技教育2个项目通过省前瞻性教学改革项目和初中课程改革项目评审,双甸小学“耕读课程建设项目”通过省小学特色化课程评审。古坳初级中学投入400多万元,建设科技教育课程项目和校园文化。 (黄美云 王海军)

图60 4月8日,举办“我们的节日——清明”经典诵读比赛

高中教育

【概况】 2016年,如东县普通高中学校调整保留为如东高级中学、栟茶高级中学、马塘中学、掘港高级中学4所,四星级高中占比75%。全县普通高中共189个班级,在校学生8581人。如东高级中学、栟茶高级中学接受四星级普通高中复审。完善中等学校招生制度,高中阶段招生计划按普职1:1安排,四星级高中招生计划70%按生源数均衡分配到所有初中,实行实名推荐报考,组织普通高中特长生招生。高中教育质量连续23年保持省、市领先水平,高考400分以上38人,全省前100名9人。如东高级中学李云飞445分获全省理科状元。全县高考生均总分343.78分,一本上线1198人,上线率36.51%,二本及以上上线2784人,上线率84.85%。生均总分、一本上线率、二本上线率、学科均分等核心指标再夺省、市第一。推进普通高中特色发展,如东高级中学被评为省和市中小学心理健康教育特色学校。举办创新人才培养实验班,承办南通市普通高中创新人才实验班教学观摩研讨会。栟茶高级中学承办全省普通高中体质监测点学校体育工作现场会。马塘中学物理课程基地通过省视导验收。如东高级中学、栟茶高级中学国家安全教育特色课程建设接受教育部专题调研。 (孙维志)

职业教育

【概况】 2016年,如东成功创建"全国职业教育和成人教育示范县"。全县职业学校仅江苏省如东县中等专业学校1所,为省四星级职业高中,被省教育厅评定为江苏联合职业技术学院如东分院,是江苏开放大学首批二级学院。学校108个班,在籍学生5113人。

【基础能力建设】 如东中等专业学校成功创建机电技术应用省职业院校现代化专业群,获省财政拨款60万元。电子电工技术和数控技术应用基地成功创建为省高水平示范性实训基地,累计投入1200多万元,设施配备居同类职业院校前列。加大职业教育信息化硬软件投入,为省"智慧校园"创建验收奠定基础。报告厅建设进入内部装修,体育馆建设开始基础施工。

【师资队伍建设】 以名师工作室建设为抓手,提升教师专业素质。丁春明工作室创建为"省名师工作室",张松斌被评为"省联合职业技术学院名师"。周卫东获"江苏省第四届职业教育领军人才"称号。1人获评县"十佳青年教师",4人被评为市优秀教育工作者,2人被评为市职教学科带头人,近30人获评县骨干和教坛新秀。1人获美发美容化妆美甲大赛金奖。近50人参加省、市教学大赛获等级奖。职教教师在市级以上刊物发表论文122篇,国家、省、市级论文获奖14人次。组织职业学校名优人才课堂教学汇报活动,27位骨干教师上教学展示课。

【人才培养质量】 开展"修身教育",学生陈亚飞荣登10月"中国好人榜",被评为"孝老爱亲好人";蔡元淇获"感动江苏教育人物—2016美德学生"提名奖。在"文明风采"大赛中,县29件作品获省等级奖,9件作品获国家奖,获奖等次和获奖数全市第一,学校连续5年获全国"优秀组织奖"。职教学生在省技能大赛中获一等奖3个,在全国职业院校技能大赛中获工业分析检验赛项金奖。在第七届江苏省职业教育创新大赛中,获一等奖3个,二、三等奖6个。

【服务发展】 如东中等专业学校组织第二届"职教活动周",向社会开放教学和实训场所,组织初中生职业体验活动,稳定办学规模,全县约50.3%初中毕业生升入县职业学校,新增"汽车检测与维修技术"高职专业1个,增加50人高职招生计划。推进"现代学徒制"试点工作,如东县被评为全省首批4个学徒制试点区域之一。建立"中德职业教育培训中心",首期"三一帕尔菲格班"成功招生。新增5个校企合作组织,与南通亚振家具有限公司、中天科技集团、三一重工特种机械有限公司、江苏新农化工有限公司等企业合作举办面向全县企事业单位的校内人才市场,职教毕业生就业率95%以上,县内一次就业率80.5%。开展职业技能培训,全县退役士兵、特种作业上岗、学历进修等培训7000余人。 (傅 红)

社区教育

【概况】 2016年,如东县14个镇社区教育中心,238个村(居)民学校,全县社区教育专职教师123人。完成省、市下达2万人次现代农民培训工程、3万人次以上居民学习活动和200人次"农村妇女网上行"培训任务。成功创建为首批"全国农村职业教育和成人教育示范县"(全省3家)、"江苏省社区教育示范区"。双甸镇、曹埠镇获评全国社区教育示范镇,长沙、苴镇、马塘、掘港4镇创建为"省级标准化社区教育中心",袁庄、栟茶2镇创建为"市级标准化社区教育中心",曹埠镇社区教育中心双羊生态种植示范基地创建为省级"教育服务'三农'高水平示范基地",30所村居学校创建为省级标准化居民学校。

【制度建设】 县教育局强化工作例会制度,按季度召开全县社区教育工作例会,交流、研讨部署工作,有效促进全县社区教育工作推进和落实。强化师资培训制度,举办第六届全县社区教育专职师资培训,21名社区教育专职教师参加业务技能竞赛。完善工作月报制度,各单位月底汇报交流当月工作完成情况和下月重点工作,促进工作落实。强化考核评估制度,调整修订年度考核评估细则,年终对县社区培训学院和14个社区教育中心工作进行考核,评选年度工作优胜单位和单项优胜奖。

【终身教育】 县教育局开发"如东社区教育"微信公众号平台，及时发布社区教育工作动态及便民服务信息。承办南通市全民终身学习活动周开幕式，组织评选出28个县优秀学习型组织和32个县"百姓学习之星"。2人被评为江苏省"百姓学习之星"（全市3人）。岔河镇学习型组织"燕川姐妹学习园"特色项目被评为省"终身教育特色品牌项目"，并被省推荐为全国"终身教育特色品牌"参评项目（全省6个）。大豫镇、马塘镇获评"全国学习型乡镇"，双甸镇星光居委会、大豫镇徐征村和香台村获评"全国农村优秀学习型村（居）"，江苏宇迪光学股份有限公司获评"全国农村优秀学习型企业"。（傅 红）

民办教育

【概况】 2016年，如东县经教育行政主管部门审批的民办教育机构20个。其中，民办幼儿园13所，如东县岔河镇童乐幼儿园、如东县丰利镇阳光幼儿园改制注销。其他民办非学历教育培训机构7个：如东县启程教育培训中心、如东县星光舞蹈培训中心、如东县文峰教育培训中心、如东县乐邦教育培训中心、如东尚学堂教育培训中心、如东汇才英语培训中心、如东七颗星青少年教育培训中心。其中如东七颗星青少年教育培训中心为新审批设立。如东县锐奇教育培训中心、如东县会通教育培训中心、如东工人文化宫培训中心因常年无办学，未提交年检材料，被注销。（周爱武）

艺术教育

【概况】 2016年，如东县各级艺术教育特色学校9所，其中省艺术教育特色学校1所、市艺术教育特色学校8所。县教育局制订艺术教育发展规划，确定艺术教育发展目标及实施措施，把学校艺术课程落实情况作为督导评估重要指标。掘港小学、先民小学、凌河小学通过市艺术教育特色学校验收，新区初级中学被认定为南通市初中音乐学科基地。如东中等专业学校和丰利小学《跳马夫》、汤园小学《新店山歌》、浒澪小学《浒澪花鼓》、马塘小学《马塘锣鼓》等非遗传承项目取得较好成效。成立"如东县青年艺术教师成长联盟""如东县艺术教师技能俱乐部"，并定期组织活动。组织艺术教师全员培训和"送培到镇"活动，在省、市艺术教师基本功比赛和课堂教学竞赛中，获省级一等奖2人、二等奖1人；市一等奖7人、二等奖4人。县教育局合唱团在全县纪念抗日战争胜利70周年合唱比赛中获金奖第一名。

【艺术活动】 各学校开展校园艺术节、艺术竞赛、优秀艺术作品展示、节日文化等艺术教育活动，加强艺术社团建设。搭建艺术教育展示平台，4月和12月分别举行中小学生独唱、独奏、独舞和器乐合奏比赛，举行"江海天籁"中小学合唱节、中小学合唱节专场展演、中学生现场绘画等赛事。参加市中小学生"三独"比赛，获一等奖20个、二等奖25个、三等奖14个。8个节目参加全市艺术汇演，1个节目参加省汇演。参加市陶艺、绘画比赛，18人获一等奖。实验中学获南通市中小学生合唱节比赛特等奖，栟茶小学获一等奖。（丁晓红）

特殊教育

【概况】 如东县有特殊教育学校1所，创建于1977年。1996年，香港邵逸夫资助新建学校，1997年更名为"如东县逸夫特殊教育学校"。学校位于县经济开发区淮河路56号，占地面积1.50万平方米，建筑面积5789.20平方米。2016年，有班级12个（培智班8个，聋教班3个，学前班1个），学生108人（其中初中21人、小学79人、学前班8人）。学校实行全日制食宿在校，住宿、就餐、生活用品和学习用品等实行全免费，残疾儿童少年入学率98.5%。加强普通中小学随班就读指导服务，对不能到校正常学习残疾儿童开展"送教上门"服务。完善残疾学生学籍管理，为253名随班就读和送教上门残疾儿童建立学籍。举行庆祝第26次全国助残日暨爱心捐赠活动，43家企事业单位及爱心人士捐赠款物11余万元。做亮"扬长教育"特色品牌，市级以上媒体14次报道县特殊教育办学业绩。4名聋生录取山东特殊教育学院，在全国纵横汉字输入大奖赛中，1人获一等奖，5人分获二、三等奖，舞蹈《舞动中国》获全国特殊教育排舞公开赛二等奖，小品《阳光下的小草》参加省第九届残疾人文艺汇演，参加省残疾人运动会获2金1银。（严海峰）

信息技术教育

【概况】 如东县以教育信息化带动教育现代化，坚持应用驱动建设、区域整体推进，推进"三通两平台"（宽带网络校校通、优质资源班班通、网络学习空间人人通，建设教育资源公共服务平台、教育管理公共服务平台）建设与应用，加大师生信息化应用能力培养，完善"慧学南通"公共服务体系，推进智慧教育两大体系融合发展。投入500余万元，实施教育城域网网络中心优化工程，打造县级智慧教育云计算平台。云中心拥有应用服务器16台、管理服务器8台，公共存储总容量220TB，均实现虚拟化统筹管理，实现对全县40余所校园网站托管服务。先后提升改造如东高级中学、掘港高级中学、潮桥小学、少年宫幼儿园校园网。

【服务平台建设】 县教育局构建全县教育管理公共服务平台和教学资源公共服务平台，开展"慧学南通"共享资源系统应用推广，完成全县中小学学生平台注册工作。加强各级各类学校校园网站建设，组织开展优秀校园网站评比活动，推送3所学校参加省级优秀校园网站评比,2 所学校网站获评“江苏省中小学优秀校园网站”。

【教学资源建设】 县教育局全面推进县教学课件资源库建设,资源总量 157G,全县教师均能在教育网内高速下载使用。推动优质教育教学资源建设与有效应用,做好春、秋季语音教材和音像教材征订和推广工作。电化教育科被省教育信息化中心评为省教育信息化资源发行先进单位。成立专业制作队伍,组织技术培训和研讨,制订拍摄方案,统一技术规范,认真审核制作成品,完成 973 节微课拍摄制作任务,资源量位居全市第一。

【数字化校园建设】 县教育局持续推动数字化校园建设,通过召开数字化校园建设推进会、平台管理员网上培训、现场督查指导等举措,所申报 26 所学校均通过市教育局评估验收,全县所有中小学完成南通市数字化校园创建工作。

【师生竞赛获奖】 县教育局组织县级信息技术应用技能系列竞赛,参赛师生 1008 人、作品 978 个。组织教师参加中国教育电视优秀教学课例竞赛,2 人获一等奖,1 人获二等奖;参加全国多媒体教育软件比赛,1 件作品获一等奖;参加“一师一优课、一课一名师”活动,164 节课例获市级优课,64 节获省级优课,40 节获部级优课;获市赛一等奖 11 人次、二等奖 10 人。组织学生参加各级教育信息化技能竞赛,获全国中小学电脑制作活动一等奖 1 人次,获省一、二等奖 2 人次,市等级奖 11 人次;1 人获省创客教育活动一等奖;参加市高中英语口语比赛,获一等奖 2 人、二等奖 5 人、三等奖 1 人,其中 1 人参加省竞赛获一等奖。（许 兵）

老年教育

【概况】 2016 年,县老年大学组织“学、乐、为”活动,以教育科研引领创新发展,被全国老年大学学术委员会吸受为“五个十工程·县(区)项目”成员单位,成为全国“五个十工程”建设示范校。10 月中旬,英国《卫报》记者 TomPhillips(汤姆菲利普斯)和助理姚欣悦一行专程到学校采访“如东老年人生活状态”。岔河镇自编教材获评“全国老年远程教育特色教材”,该镇老年学校被评为省示范老年学校。

【思想教育】 县老年大学坚持政治建校,把学习中共十八大精神和习近平系列重要讲话放首位。开展庆祝中国共产党建党 95 周年和中国工农红军长征胜利 80 周年系列活动,继举办《我的一封家书》活动后,设立“点赞台”,点赞师生中好人好事,用身边事教育身边人,不断集聚和传输正能量。

【课程教学】 县老年大学采取“一体两翼三主”模式,开展“第三课堂”教学活动。“一体”即以第一课堂教学为主体,全年开设文史、艺体、家政 3 个系科 19 门学科 26 个班级;“两翼”即以第一第二课堂为两翼,第二课堂为学校组织 16 个学员社团活动,第三课堂为在校外举行宣讲、采风、游学等活动;“三主”即以学员为“主体”,教师为“主导”,全年聘请兼职教师 41 人,以学委会成员、班长及社团负责人等骨干学员为“主将”。

【文化活动】 县老年大学老干部文娱队、歌友会及文艺类班级社团全年举办书画摄影展 16 场,展出作品 1300 幅,校内外演出 31 场,受众 1 万多人次。配合市民政局在更俗剧场敬老演出,配合县委宣传部和县民政局在如东高级中学海韵馆参加“不老的情怀”重阳节专场演出,配合县老干部局参加全县文艺会演,配合县文化局开展“蠙城之夜”庆祝建党 95 周年和长征胜利 80 周年乘凉晚会专场演出,与县教育局、关工委联合组建手拉手艺术团走进如东高级中学和马塘中学,举办“不忘初心,砥砺奋进”专场演出。

【教育科研】 县老年大学建立教科研小组,体制上试行“党政主导、教育主管、校长主持、齐抓共建”机制;教育教学上试行“一体两翼三主”模式;示范引领上试行“1+X+N”模式,与县教育局成教办合作,把分校和教学点向镇村(社区)发展。论文《承上启下,示范引领——试谈县级老年大学在普及农村老年教育中的地位和作用》,获全国老年大学学术论文奖,并受邀出席成都老年教育研讨会。（何建华）

县属学校选介

江苏省如东高级中学

【概况】 江苏省如东高级中学创建于 1938 年 10 月,1980 年成为省首批重点高中,2000 年成为国家级示范性普通高中。学校位于掘港镇香格里大街 9 号,校园占地 16 万平方米,总投资 1.20 亿元,总建筑面积 9 万平方米。2016 年,学校有 3 个年级 54 个班 2425 名学生,教职员工 377 人,专任教师 344 人,其中教授级高级教师 1 人,省名教师 1 人,省特级教师 2 人,市名校长名教师 1 人,市学科带头人、骨干教师 27 人,县学科带头人、骨干教师 59 人,县名师创新团队 4 支,中、高级职称教师 252 人,硕士学位或研究生学历 41 人。教师参加各级赛课,1 人获省一等奖,1 人获省二等奖,6 人获市一等奖。建立健全教科研机制。全校教师在省以上刊物发表论文近 200篇。绿岸文学社改组招新,《绿岸报》改版扩容。学校获评首届省“文明校园”、市促进教育事业发展先进集体、省中学中职共青团工作“六个一”(一课一月一员、一室一角一档案)团建项目示范学校、市四星级普通高中学生军训汇报展演一等奖等。

【德育活动】 学生成长指导中心有国家级心理咨询师 5 人,兼职成长导师 100 多人,创建为市示范性成长规划指导中心。学校不断深化道

图 61 如东高级中学学生军训展演

德素养教育，强化国家安全教育。举办以“担当·卓越”为主题的第四届班主任节，组织“模范班主任评选、班主任沙龙、班主任艺术讲座、假如我是班主任、班级文化展览”等系列活动。3 位老师在市班主任基本功大赛、市团课大赛、市优质班会课评比中获一等奖。

【教育教学】 如东高级中学“生态·成长”高效课堂教学模式引发关注。12 月，举办大型对外公开教学活动。全年举办中国“长三角”教育资源联盟网络结对学校“玉兰大道”小组远程教学研讨活动 3 次，网络结对 5 所名校，实现数字教育资源共建共享。2016 年高考，全省文理科前 100 名有 9 人，生均总分 360.96 分，400 分以上 36 人，一本上线 641 人，二本上线 917 人，李云飞夺得省理科状元，邱玉清获省理科第二名。第 18 届“语文报杯”作文大赛，7 名学生获国家一等奖以上奖项，学校获评全国“作文教学先进单位”。省“领航杯”中学生英语口语电视比赛，1 人获省一等奖。第 15 届“21 世纪·新东方杯”全国中学生英语演讲比赛，43 人进入复赛；全国高中学科联赛，获省一等奖以上 34 人。

【体育艺术】 学生足球啦啦操获市首届大赛二等奖，学生女排获 2016 年县中学生排球联赛冠军，学生足球队获高中组冠军；教工男子足球队获如东县高中校园足球阳光联赛二等奖。以纪念长征胜利 80 周年为契机，以“铭记青春梦、迈步新长征”为主题，举办第 38 届红五月歌咏节、第 30 届艺术节，组织高一高二文艺汇演、高一课本剧展演、高二辩论赛等艺术节活动。

【后勤保障】 如东高级中学改造 4 幢学生宿舍楼，改造学生宿舍 192 间；改造学校报告厅，购置 260 套座椅及会议桌，添置电子屏；改造学生食堂，添置 5 匹空调 28 台；改造教学区厕所 50 个，安装 3 升冲水蹲厕 324 位，纳米材料、无异味免冲水小便斗 192 位，每月节约水费 2 万元，创建省节水型先进学校。（王继兵）

江苏省栟茶高级中学

【概况】 江苏省栟茶高级中学创办于 1928 年，是省四星级普通高中，是县创办最早中学。学校位于栟茶镇卫海北路 63 号，占地 13.33 万平方米，建筑面积 8 万多平方米，固定资产超 1 亿元。2016 年，有班级 52 个，学生 2565 人，教职工 290 人，其中，特级教师 1 人，高级教师 105 人，市县学科带头人、骨干教师 42 人。平民教育、校风育人和精致管理是学校核心理念和教育品牌。通过专题培训、教学观摩、研讨沙龙、课堂点评等方式，打造“优学课堂”。承办县高中教学工作研讨会 2 场。新增各年级组文化宣传窗口，展示“优学课堂”攻关项目。组织读书专题推进会，编辑《栟中教育 2016 高考回眸》专刊和新一期《栟中教育》，3 项省级课题、5 项县级课题成果结题鉴定，2 项省级课题申报成功，教师发表、获奖论文 100 多篇。学校被评为县教科研先进集体、县书香校园。2016 年高考，946 人参考，一本上线 379 人，上线率 40.1%，二本上线 876 人，上线率 92.6%，生均总分 348 分，各项数据在全市同类学校中领先。“小高考”得 A 688 人，生均加分 1.8 分，得 4A 73 人，居南通市同类学校第一。

【素质教育】 栟茶高级中学以省德育活动课程基地为依托，20 个社团活动走向深化。11 名学生在各类学科竞赛中获省一等奖，121 名学生获省一、二等奖，1 名学生获省“金钥匙”科技竞赛特等奖，31 名学生在科技、体艺类比赛中获省、市奖。高二年级开展“如东学子看如东、我爱家乡责任担当”社会实践活动，组织成人宣誓仪式。成功举办省高中测试点校体育现场推进会，全省 150 多位代表与会。自编体育校本课程 13 本，将大课间活动与学生社团活动结合，体育传统特色实现新突破。

【校际交流】 栟茶高级中学与白蒲高级中学等 4 所学校开展教学研讨；与南京理工大学、南通大学等高校就中学与大学教育有机衔接进行探讨，与泰国曼谷吞武里大学伯格理中文学院建立“友好学校”关系。省人民教育家培养对象、苏州市、扬州市、巩义市教育代表团等相继到校考察交流。（姜宁兵）

如东县马塘中学

【概况】 如东县马塘中学创建于 1951 年，是江苏省四星级高中，位于马塘镇仁和北路 15 号，占地 8.74 万平方米，绿化面积 2.58 万平方米。2016 年，班级 65 个，学生 3050 人，在岗教职工 349 人，其中，省正高、特级教师，市、县名教师，学科带头人、骨干教师 139 人，120 多位教师在省、市、县优质课观摩评比中获奖。学校获评省基础教育青年教师教学基本功大赛先进集体、省健康促进金牌学校、市学校安全管理工作先进集体、市依法治校示范校、市四星级普通高中学生军训汇报展演二等奖、县高考考务工作目标管理先进单位、高中教学成果金奖、高中教学培优工作金奖、学科教学金奖等,获县教职工足球比赛一等奖、女子足球比赛第一名,学校网站获省中小学优秀网站评比二等奖。

【特色建设】 马塘中学以市精品项目“晓塘文化”为载体,以关注教育生态、弘扬校园文化、展现师生风貌、提升办学品位为宗旨,挖掘“晓塘文化”内涵,创办《晓塘风韵》刊物,举办“晓塘杯”篮球赛、晓塘读书节、晓塘成语大赛、晓塘十佳歌手大赛、“幸福感恩 放飞青春”晓塘励志活动、晓塘社会实践、晓塘辩论赛、晓塘乐园、晓塘远足等活动,拉伸“晓塘文化”张力,使“晓塘”成为学校独特文化符号。

【教育教学】 马塘中学确立“多元成才”育人定位,高三年级开设单独艺术班,探索学生发展生涯规划指导、多元发展道路。学生在各级各类竞赛中,获全国三等奖3人、省一等奖6人、省二等奖36人,其他等级奖146人。6月,省教育科学院“教育示范性综合改革”之“教改项目”,推介学校“灵动课堂”。8月,《南通教育研究》以“踊跃展示”介绍学校课改。2016年,高考一本上线130人,二本上线562人,二本上线率81%,生均总分位列南通市第18名。小高考生均加分1.19分,位列南通市第17名。中考如东高级中学上线51人,四星级高中上线141人。

【师资建设】 马塘中学举办“聚焦核心素养 取景灵动课堂”青年教师优课评比活动,举办“课改回头看”教学沙龙,邀请专家做讲座,鼓励教师培训进修并撰写研修心得。全校有14人取得硕士学位,12人在读,教师资格达标率100%。新晋市学科带头人2人,市骨干教师3人、市教坛新秀1人。在优课和基本功比赛中,1人获省优课评比一等奖,3人获市一等奖,11人获县一等奖。全年教师发表省级以上论文103篇,14项省、市、县课题结题,1项被评为省精品课题。 (丛 杰)

如东县丰利中学

【概况】 如东县丰利中学创办于1956年,位于丰利镇新建西路99号,占地面积6.34万平方米,建筑面积4.57万平方米。2016年秋季,学校由完全中学转型为初级中学。教学班24个,在校生984人,教职工181人,专任教师147人,其中,特级教师1人,中高级教师119人,市、县学科带头人、骨干教师、教坛新秀20多人。学校实行封闭式管理,开展“真学课堂巩固深化年”活动,分阶段开展校本教研活动,定期举行优课评比、教学设计比赛活动。各年级部分学科实施分层走班试点,初二年级数学学科实行分层走班教学。2016年高考,生均总分325.55分,本科上线175人,本科上线率67.3%,创新高,获县高中教学多项金、银奖,中考成绩大幅提升,学校获县义务教育办学水平综合评估质量银奖,连续被评为绩效考核优秀单位,被评为如东县“十二五”期间教育工作先进集体。

【素质教育】 丰利中学坚持育人为本德育为先理念,探索“绿色德育”“绿色课堂”新途径,不断丰富绿色教育内涵,推进特色建设。“金枫”文学社,书法、艺术、体育等各类兴趣小组活动有序开展。参加南通市中学生乒乓球团体比赛,获男子组、女子组第四名;参加县初中生乒乓球团体比赛,获男子组、女子组一等奖;参加县中学生阳光体育运动会,获初中组一等奖;参加县中学生跑操比赛获一等奖。参加县第三届江海天籁中小学生合唱比赛,获中学组二等奖。参加南通市“体彩杯”大中小学生航海车辆模型比赛,获木结构模型承重中学组团体第一名,大脚车一对一推球赛中学组团体第四名,北京四合院创意外观模型中学组团体第三名,中国馆外观模型中学组团体第二名,中学组综合团体总分第四名。 (陈 珺)

如东县双甸中学

【概况】 如东县双甸中学创办于1952年,地处双甸镇育才路19号。1999年被评为南通市重点高中,2010年晋升为省三星级普通高中。2016年暑期完成高中向初中转型。校园占地面积4.48万平方米,建筑总面积3.35万平方米,绿化面积5550.08平方米。上半年,6个高中班,24个初中班;下半年,24个初中班,学生1072人,教职工157人,专任教师143人,其中,高级教师61人、市骨干教师2人、县学科带头人3人、县骨干教师26人、县教坛新秀7人。全年获“如东县‘十二五’期间教育工作先进集体”等48项市、县荣誉。

【教育教学】 双甸中学开展“高效课堂巩固深化年”活动,构建“真学课堂”,借助“电子白板”“鼎易软件”等现代化教学技术,以师生互动、生生合作为突破口,不断提高教育教学质量。2016年高考,获高职自主招生金奖等11块奖牌,在同类学校中名列前茅,数学成绩进入全县第一方阵。6人被如东高级中学创新班录取,中考高分层人数、生均总分均创学校中考最优。学校被评为中考优秀考点、中考目标管理先进单位,获南通市智能物联网竞赛团体二等奖。21名学生获市、县机器人物联网竞赛等级奖,2人获“苏教国际杯”省中学生现场决赛二等奖。学校获县中小学跑操比赛一等奖、“我们的节日·清明”诵读比赛二等奖。校女子足球队、男子足球队分获县一、二等奖。

【教育科研】 27项省、县级课题结题,10项省、县级课题在研。22篇论文(课件)交流获奖,36篇文章发表。双甸中学多次举办或组织“交响课堂”教育教学共同体研讨活动,协办“南通市‘江海名师大讲堂’走进如东县双甸中学公益活动”,获县第20届初中“黄海潮”教研活动组织奖。

“《快乐成长》心理健康教育课程”被评为县优秀校本课程。《拥有一颗感恩的心》《意外的惊喜》《让孩子在互助中唱响“你、我、他”》等班会课、艺体课案例被县教育局评为“德育体育艺术综合实践”优秀活动案例。

（周海峰）

如东县岔河中学

【概况】 如东县岔河中学创办于1956年，位于岔河镇燕坞巷1号。上半年为江苏省三星级高中，下半年高中部撤并后转为县直初中。学校占地4.33万平方米，建筑面积3.80万平方米。2016年下半年，班级24个，在校生983人，教职工182人，其中高级教师68人，县级以上名优人才29人。高考成绩居全县同类学校之首，获高中教学成果金奖等10个奖项。中考取得新突破，被如东高级中学创新实验班录取6人，居全县第三。

【特色建设】 岔河中学实施素质教育，重视学生社团建设。以“阳光足球”和“百草园”文学社等为特色项目带动其他社团发展。高分通过“全国青少年校园足球特色学校”阶段考核评估。校男子足球队、女子足球队均获县足球比赛一等奖；代表如东县参加南通市青少年足球联赛总决赛，女足获市一等奖，男足获市三等奖。学校被评为市校园足球竞赛优胜学校。男篮、女排获县比赛第三名，文学社成员参加县经典诵读比赛，获团体第一名。在“七彩语文杯”江苏省第九届中小学生硬笔、软笔书法展示赛中，多人获特等奖、一等奖。在省初中化学CESL竞赛活动中，18人获省级奖。美术、航模、音乐、舞蹈等社团在省、市、县比赛中均取得优秀成绩。

【教学改革】 岔河中学转型为县直初中后，在全县率先实施“分层走班”教学改革。“分层走班”教学在初一、初二年级数学、英语学科实施后，取得良好效果，市内外多家教育考察团到校交流考察，多家媒体报道。

（任乃国）

如东县掘港高级中学

【概况】 如东县掘港高级中学初创于1938年，2008年9月，搬迁至县城东环路168号，占地4.82万平方米，建筑面积4万多平方米。2016年，教学班级36个，在校学生1621人，教职工215人，其中，专任教师182人，中高级职称教师148人。15人在市、县优课评比中获一等奖，1人被评为市骨干教师，1人被评为市优秀德育工作者，1人被评为市优秀班主任。生物教研组获市“巾帼标兵岗”称号。学校获县融合教育网络知识竞赛优秀组织奖，被评为市学校安全管理工作先进集体、县“十二五”期间教育工作先进集体、县教育系统绩效考核优秀单位，获县中小学经典诵读比赛高中组二等奖、中学生阳光体育运动会高中组二等奖、县第三届江海天籁优秀组织奖、全国少儿书信文化活动大赛如东赛区优秀组织奖、县直学校男子教工足球联赛一等奖等。

【教育教学】 2016年高考，本一上线20人，本二上线135人，生均总分327.7分，全市排名第27名，获县教学成果金奖等10块奖牌。以推进“真学课堂”巩固深化年活动为抓手，构建校本化“高效活力课堂”模式，开展校际交流。发表论文70余篇。6个县级课题结题，4个省、市级教育科学“十三五”规划课题立项，4个县教育科学规划课题立项。

（张亚斌）

江苏省如东中等专业学校

【概况】 如东中等专业学校初创于1981年，2012年9月，迁建至县经济开发区，占地面积26.67万平方米，建筑面积14.50万平方米。学校集高等、中等职业教育、成人学历教育、社区教育及实用技能培训等为一体，是国家级重点职中、省四星级中等职业学校，省首批高水平现代化职业学校。学校先后获“江苏省德育特色学校”“江苏省课程改革实验学校”“江苏省平安学校”等100多项称号，办学业绩先后被《光明日报》《新华日报》等30多家新闻媒体报道。2016年，学校教职工429人，其中，省特级教师1人、省职教领军人才4人、市学科带头人2人、市骨干教师3人、市教坛新秀2人。招生1662人，其中，成人学历教育招生343人，全日制班1319人。在籍学生全日制班4746人、成人学历教育1215人。全年培训社会人员近6000人次。校学生会被团省委评为全市唯一省优秀学生会，学校被确认为全省中学共青团工作“六个一”团建项目示范学校。

【办学特色】 如东中等专业学校推进“修身教育”，编印修身教育“三字经”，编印《修身教育》校本教材。2016年，在全国、全省文明风采大赛中，获奖等次与数量均居全市前列，连续4年获全国优秀组织奖。开展“基于财商教育的创新创业教育和实践”活动，该案例获市教育创新优秀案例，并被向全市推介，人民论坛网等多家媒体专题报道。学校技能大赛再攀新高。工业分析检验项目成为第三个获国赛金牌项目；在省技能大赛中，获一等奖6个，居全市第一；在第27届江苏省青少年科技创新大赛、第七届江苏省职业教育创新大赛和“挑战杯·彩虹人生”全国职业学校创新创效创业大赛中，比赛成绩均居全市第一，在全省名列前茅。

【创新发展】 如东中等专业学校引进专业师资，组建机器人集训团队，建成机器人实训基地。在世界机器人比赛、中国机器人大赛和省第七届大学生机器人大赛中，均获一等奖。学校整合财经商贸专业教育资源，建立“创客如东”电商平台，为政府、企业、学校消除“痛点”，组织电子商务、市场营销、会计等专业学生，借助于淘宝、天猫和阿里巴巴国际等电子商务平台，为境内外企业提供基于网络的营销解决方案。学校与德国东勃兰登堡bbw教育中

图 62　7 月 14 日，中奥联合学徒培训项目开班仪式在三一帕尔菲格特种车辆有限公司举行

心、奥地利经济发展局、意大利拉齐奥大区商会合作，在“现代学徒制”试点和中外合作、校企合作育人方面迈出坚实步伐。

【服务社会】　作为省职业教育化工技能教学研究基地，如东中等专业学校持续 2 年承办化工类技能大赛教练培训班，分享技能集训要领、教学成果，全省参赛选手数比 2014 年翻一番。南通市承办省技能大赛 8 个项目中，如东中等专业学校承办 4 个。与中天科技集团、亚振家具有限公司等县内上市公司合作，学生县内就业率保持在 80%以上，有效支撑“人口老龄化”背景下县域经济发展。　（孙智明）

如东县新区初级中学

【概况】　如东县新区初级中学是县委、县政府 2014 年“十大工程”之一，2016 年 8 月正式投入使用。学校位于掘港镇钟山路 88 号，占地 5.33 万平方米，建筑面积 3.16 万平方米，按照省一类标准建设实验室和专用教室，全县初中第一个录播教室(微格教室)、历史专用教室、地理教室、生化探究室、物理探究室、书法教室、美术教室、舞蹈室。综合实践课程方面，设置 3D 专用教室、机器人专用教室、航海(船模、海模、车模)专用教室。建有塑胶跑道和室内篮球馆。学校规模 12 轨 36 个班级，2016 年，有初一、初二年级，学生近 1000 人，教师 89 人，其中，县、市级骨干教师、学科带头人 19 人。依托兴趣小组、校园艺术团、学校艺术节等平台，开展艺术教育活动。获省中小学生合唱比赛金奖、市“江海天籁”合唱节特等奖，有数十位学生在省、市艺术类比赛中获奖，新区初级中学被确立为市唯一音乐学科基地。　（韩　明）

如东县实验中学

【概况】　如东县实验中学创建于 1999 年，2010 年天一学校并入，2016 年秋季，分校新区初级中学开始招生。学校位于掘港镇黄海西路 89 号，占地面积 13.60 万平方米，建筑面积 5.66 万平方米。拥有教学楼、行政楼、实验楼、师生餐厅、学生公寓楼等。2016 年，教学班 88 个，学生 5261 人，教职工 510 人，其中，特级教师 4 人、市县学科带头人、骨干教师 115 人。制订《如东县实验中学 2016 年暑期名优人才分流实施办法》《新学期教师安排工作方案》，均衡配置新区初级中学和实验中学教师。2016 年秋季期中考试后，新区初级中学初一、初二年级和实验中学初一年级分别实施分层走班教学。中考录取如东高级中学 350 多人，其中被首届创新实验班录取 29 人，占创新实验班总人数 59.2%。第二届创新实验班招收 90 人，其中实验中学被录取 54 人。中考达到普高录取分数线 1000 人，普高录取率近 60%，生均总分超过县均分 5 分。开展“协进课堂”教学研共同体活动。“东方丽鹰”卓越联盟正常开展活动，参与南通市李庾南实验学校、南通市 7 校联谊活动。承办西部边远省份校长培训班、贵州省初中化学骨干教师培训班 2 个国培项目培训任务，承办市语文学科基地、市初中音乐学科基地等多项市级以上教研活动。全年有徐州市教育代表团等 20 多家单位到校学习考察。获省科技教育先进学校、市文明单位、市心理健康教育特色学校、县初中办学水平评估质量金奖等荣誉。

【教育科研】　省教育科学“十二五”规划重点自筹课题、精品课题培育对象“博客空间示例下教育文化特质研究”结题。“社会即学校理论指导下的德性课程建设”被列为省“十三五”重点规划课题。全年教师在省级以上报刊发表教育教学论文近 100 篇。实验中学组织开展“五个十佳”系列评比活动。1 人被评为省第 13 批特级教师，1 人被评为省教学名师，3 人获省教学比赛一等奖，5 人获市优课评比一等奖。

图 63　新建的新区初级中学

【特色课程】 实验中学开展入学仪式、青春仪式、毕业仪式3大主题教育活动。承办如东县青春仪式现场观摩会,3500多人参与。组织清华之旅、德育之旅、科技之旅、海外修学之旅等户外游学课程,形成名人讲座课程、户外游学课程和志愿服务课程等特色校本课程。以逸夫特校和宾山养老院为德育活动基地,定期组织开展志愿服务活动并列入德育活动课程计划。开展体育艺术“2+1”项目活动,校合唱队获“江海天籁”市中小学合唱比赛特等奖。校男子足球队两次参加市中小学足球联赛均获一等奖,校乒乓球队参加市初中生乒乓球比赛,获女子团体冠军和男子团体第二名,篮球队获市第四名。在省级作文大赛中,多名学生获特等奖、一等奖。 (韩 明)

如东县茗海中学

【概况】 如东县茗海中学位于栟茶镇,占地面积4万多平方米,建筑面积2.18万平方米,运动场1.33万平方米。2016年,教学班28个,学生1215人,教职工129人,其中,专任教师128人,中学高级教师27人,中学一级教师77人,县教学骨干、学科带头人10多人。教育教学质量位于全县前列,连续多年被评为县办学质量优等学校,2016年,初二生物、地理学业水平测试双A率88%以上,中考栟茶中学上线140多人,普高上线率超65%。全面更新教师办公桌椅,装备所有音乐室、美术室、理化生实验室和1个简易录播室。春季学生跑操比赛获县一等奖,县阳光体育运动会获团体第三名,男、女组各获第三名,男子足球比赛第五名,教工足球赛第四名,“校长杯”乒乓球比赛获县二等奖。获县诵读比赛初中组二等奖第一名,获第12届全国少年儿童书信文化大赛“如东赛区优秀组织奖”,1人获优秀指导奖,多名学生获等级奖。获县中小学生合唱比赛一等奖。省“新动力杯”青少年航海模型锦标赛中,获综合团体第一名,6个单项团体第一名,1个单项团体第二名,个人等级奖20人(项);市“体彩杯”大中小学生航海车辆模型比赛中,获2个中学组团体第一名,4个团体第二名,2个团体第三名,1个团体第五名。获评省青少年科技教育先进学校,1人获“省优秀青少年科技辅导员”称号。

【德育活动】 暑期,茗海中学组织初一年级开展德育之旅、初二年级北京—山东励志修学营、少年法学苑活动等。1人获县班主任基本功比赛二等奖,1人获评第六届南通市知法守法好少年。初三(8)班获“南通市优秀班集体”称号。1人被评为市优秀班主任,1人被评为县优秀班主任。

【教育教学】 2016年暑期,茗海中学教师岗位竞聘完成。完善集体备课及巡课制度,组织县“真学课堂”开放日及第六轮“送培到镇”大型教研活动。组织市、县“名优人才”考核及县课改工作先进个人评比申报工作。县义务教育综合水平评估获银奖,继续保持“县质量优等学校”称号。1人在“一师一优课”赛课中获部优,3节微课参与市基础教育微课录制;1人获市地理优课评比二等奖,获县优课评比一等奖;1人获县地理优课评比二等奖;1人获县班主任基本功比赛三等奖;1人微课作品获省二等奖,获县班会课评比二等奖。

图64 6月1日,县领导和学生一起欢度六一儿童节

【教育科研】 茗海中学申报3个县级课题、10个微型课题,部分“十二五”期间课题及微型课题结题,申报市级“十三五”规划课题。相继组织“行知杯”“师陶杯”“蓝天杯”“优秀教育论文”“市教育学会优秀论文”“黄海潮教学案例”等论文评比活动。全年教师在省级以上刊物发表论文51篇。 (林红亮)

如东县实验小学

【概况】 如东县实验小学创建于1906年,为省首批实验小学。学校位于掘港镇富春江路18号,占地面积8万平方米,建筑面积4.5万平方米。2016年,教学班64个,学生3210人,教职工218人,其中,特级教师1人,中小学高级教师13人,市、县学科带头人15人,骨干教师42人,教坛新秀33人。承办省小学教学改革与创新现场会观摩研讨会暨第四届全国中小学课堂教学创新成果博览会、市小学音乐优课评比暨教学观摩活动、市小学英语Project单元教学研讨活动、市少儿田径跳高跳远项群比赛、全县教育行政工作会议、县主题性大单元情境课程建设展评活动等34项活动。获全国新教育实验示范学校、省青少年科技教育先进学校、首批省书香校园建设示范点、市十佳书香校园、市青年文明号、市基础教育装备示范学校等71项荣誉。

【童心校园】 实验小学贯彻“让儿童成为儿童”教育理念,学校校徽、吉祥物小飞鹿、橱窗板报、特色班牌、校园标志等均设计有学校教育理念标识,举办玩具节和游戏节,建设“四大园地”——憩园、榆园、童心园、五洲园,布置3D动画主题墙,布置草编动物,打造动物狂欢王国,布置丰子恺儿童画,管理好开放书吧。推进小事德育工程。相继开展江海小记者玩转盐城湿地公园活动、挂树牌活动、“十岁成长礼”、小主持人大赛等30余次活动。

【师德锤炼】 实验小学开展“学为人师,行为世范”师德系列活动,引领教师忠诚事业、模范执业。组织教师公开宣誓、签订师德师风承诺书,开展4次道德讲堂活动,组织教师开展志愿护学岗行动,30余名教师参加无偿献血活动,学期末组织学生及家长开展网络评议教师活动。

【教学研究】 实验小学研究自主学习和问题导学两大项目,建设“全员、全程、全面”教学新常态。抓“四级课程”落实,开发微生活课程和主题大单元情境课程。10人当选市名优人才。教师在县级以上活动中执教公开课209节次,参加教学竞赛获奖71人次,获得表彰88人次。省级课题“小学‘智趣课堂’实践与研究”和“县城小学‘独二代’同伴交往能力的培养研究”结题,新教育实验研究和情境教育实验研究在研。“不倦”研究社举办活动8次。全年教师发表文章100余篇,获奖60多篇。实验小学被评为“十二五”期间教育科研先进集体。 (王国斌)

如东县掘港小学

【概况】 如东县掘港小学始建于1906年。2001年实验班分设学校,掘港小学本部迁建至掘港镇人民北路66号,占地面积4.67万平方米。2016年,教学班57个,在校学生2635人,教职工206人,其中,省特级教师2人,高级教师16人,县级以上名优人才30人。学校秉承“以文化人,儿童至上”办学理念,推进学校整体发展。获评全国学校毒品预防教育工作先进单位、中国陶行知研究会教育ESC项目实验学校、省行知优秀实验学校、市体育教育优秀会员学校、县综合办学评估小学组第一名等32项荣誉。2人被评为县“行为世范”好教师,1人获县园丁奖。

【教育教学】 掘港小学将“爱的教育”融入课堂,课堂教学突出“四学”“四引”(自主先学,引导参与;合作共学,引导展示;迁移活学,引导评价;建构乐学,引导提升)。承办市、县级教学活动6次。教师参加县级以上基本功比赛、赛课31人次,执教省、市、县公开课、做讲座47人次,获奖146人次,1人被评为省特级教师。品德学科获市小学学科基地工作年度考核一等奖,英语学科获二等奖。2个省级课题结题,1个省级规划课题立项,多名教师主持市、县级课题立项。1人被评为全国新教育实验先进个人,2人被评为县教科研先进个人。全年教师论文发表获奖100余篇。

【课程建设】 掘港小学开设28门七彩体验课程。围绕《勺嘴鹬之乡》特色课程开展系列活动。12月,部分学生参与拍摄、中央电视台记录频道制作的大型纪录片《云与梦之间》在中央电视台国际频道正式播出。在市泥工、合唱比赛,县小巧手、“三独”比赛中,多名学生获一等奖,学校获团体特等奖、优秀组织奖。在省、市、县书法比赛中,120多人次获奖,学校获评市硬笔书法工作先进单位。

【阳光体育】 掘港小学坚持打造“乒乓文化特色”。田径队在县小学生阳光体育运动会上蝉联5连冠,乒乓球队获县小学生乒乓球比赛第一名,羽毛球队获市小学生羽毛球比赛第二名,足球队参加县小学生足球比赛进入前8强。1人参加市体育老师优质课评比获一等奖。

【特色建设】 掘港小学引进新教育实验“每月一事”项目。建构儿童好习惯微故事、微讲坛等好习惯立体课程,设计系列好习惯养成活动,如好习惯漫画大赛、好习惯“红马甲”行动等,引导学生在活动中理解、触摸、践行好习惯标准。30余名学生获评市、县优秀少先队员、“三好生标兵”。 (张 斌)

如东县嫔山小学

【概况】 如东县嫔山小学创建于1906年,现位于掘港镇日晖东路1号,占地面积4.93万平方米。2016年,班级52个,学生2226人,教职工188人,其中,省特级教师1人,高级教师21人,市、县名优人才50多人。获全国新教育实验优秀实验学校、省教育工作先进集体、省书法教育先进集体、省绿色学校、县质量评估金奖、县教育成果创新奖等37项县级以上荣誉。新建校史陈列馆,编印《行走在桂香里》建校110周年纪念画册,以“百年回眸”和“十年耕耘”为主要内容,全面回顾发展历程,总结提炼嫔小精神。

【德育活动】 嫔山小学坚持德育为先,活动育人。突出纪念建党95周年和纪念红军长征胜利80周年主题,组织第七届桂苑励志红歌会,开展“学党史、学国史、听党话、跟党走”主题教育。组织第十届桂苑文化节暨诚信教育专题月活动,活动叙事入编县主题性大单元情境课程《采撷田野的花朵》。小记者活动继续领跑全县,活动经验在全省校外教育辅导站工作培训班上交流。

【教育教学】 嫔山小学致力“生态课堂”教学研究,呈现“真、简、活、乐、思、美”课堂生态。承办市小学数学青年教师优课评比、市小学品德教学研讨活动、市中小学生“学宪法讲宪法”主题演讲活动、县第22届小学“黄海潮”大型教研活动等21项县级以上活动。依托新落成“艺萃馆”,加强艺术、体育、科技等社团建设,培养学生兴趣爱好和个性特长。

全年教师执教县级以上公开课 70 多节，获全国比赛一等奖 1 人次、省级赛课一等奖 1 人次、市级赛课一等奖 4 人次、县级赛课一等奖 32 人次，在省级以上发表论文 34 篇。1 人被评为省特级教师，1 人获全国新教育实验"智慧校长"提名奖，1 人被评为全国新教育"十佳榜样教师"，1 人被评为市学科带头人，3 人被评为市骨干教师，4 人被评为市教坛新秀。

【科研特色】 蟠山小学抓实新教育、情境教育，凸显情感教育研究，承办全国第七届情感教育年会暨中陶会教育与情感文明专委会第二届年会，中陶会副会长吕德雄、副秘书长陈会忠以及北京、上海、山东、陕西、安徽、四川及省内南京、苏州、江阴、南通等地约 200 多人参加活动。承办中陶会教育与情感文明专委会 ECS 项目骨干教师第一次研修活动、县情感文明教育实验学校实验教师研修培训活动。 （康艳丽）

如东县马塘小学

【概况】 如东县马塘小学始建于 1906 年，位于马塘镇马南村培英路 1 号，占地 5.84 万平方米，建筑总面积 2.22 万平方米。2016 年，班级 34 个，在校生 1393 人，教职工 123 人，其中，高级教师 11 人，市学科带头人 5 人，市骨干教师 3 人，市教坛新秀 2 人，县学科带头人 1 人，县骨干教师 4 人，县教坛新秀 8 人。马塘小学被评为全国新教育实验优秀实验学校、市文明单位、市优秀教师群体、市装备示范学校、市体育优秀会员学校、县教育系统绩效考核优秀单位、县"十二五"期间教育工作先进集体等，在县 2015—2016 学年义务教育办学水平综合评估中获金奖。

【特色建设】 马塘小学实施"仁和教育"，秉承"科研引领　科学育人"办学策略，以学校主课题"'仁和文化'视阈下乡村小学课程校本化的实践研究"为依托，聚焦教育教学，打造品质文化校园。推进"仁和课程"建设。每日 10 分钟晨诵课程——《让经典文学开启生命的黎明》和《学会生活》综合实践课程。整合校本课程，逐渐形成以艺体课堂教学为核心，以特色课程为引领，以社团活动课程为保障，以活动课程和综合实践课程为延伸的"新艺体课程"体系。

【教育教学】 马塘小学围绕"真学课堂中的激励与评价"项目研究，推进"真学课堂"建设。研制实施《马塘小学"每月一星""真学标兵""最佳学习小组"评选方案》，修订《马塘小学学生综合素质评价手册》。打造"天香桂子"润童年主题性大单元情境活动，通过"桂香课堂润童年""桂香课程沁童心""桂香活动润童真"3 个活动板块丰富学生校园文化生活。在市中小学综合实践"团队合作能力培养"专题研讨活动中，做《体验快乐实践，收获全面成长》专题报告，获市小学学科基地建设评比二等奖。承办市小学劳动与技术优课评比活动和市小学英语教学研讨活动。全年全校教师受各级表彰 73 人次，参加各级优课赛和基本功比赛 70 人次。学生参加各级各类比赛获奖 230 人次。

【教育科研】 马塘小学召开课题研究培训会、推进会，开展"读透一本好书"等活动，引领教师加强学习和研究。成功申报 8 个县教育科学"十三五"规划 2016 年度课题，其中重点课题 2 个，立项课题 6 个，10 位老师微型课题结题。推进新教育实验，代表如东县实验区在全国新教育年会上做专题研究报告。全年教师发表文章 56 篇，论文获奖 63 篇。全校教师累计发表文章 4559 篇，论文获奖 2788 篇。 （陈爱红）

如东县实验幼儿园

【概况】 如东县实验幼儿园分东西两部，共 30 个班级，在籍幼儿 1088 人，教职工 120 人，专任教师 66 人，其中高级教师 8 人，市学科带头人 2 人，市骨干教师 3 人，县学科带头人 3 人，县骨干教师 16 人，市、县教坛新秀 5 人。实验幼儿园坚持师德为先，规范从教行为。签订《师德承诺书》，开展"师德专题演讲"等主题活动，每学期家长满意率均在 98%以上，1 人被评为市优秀德育工作者，1 人获县园丁奖，1 人被评为县"十二五"期间教育工作先进个人。实验幼儿园获"全国新教育实验优秀实验学校""省优秀教育工作先进集体""县教育改革创新成果奖"等 10 多项荣誉。

【教育科研】 "十二五"期间省级课题"县城幼儿园男教师专业成长路径研究"获省第三批精品课题，1 个省"十二五"期间增补课题、1 个省教研课题及 10 多个微型课题有序推进，申报"十三五"规划省级课题"幼儿园戏剧游戏化教学研究"。全年教师发表、获奖论文及案例近 50 篇。在省第 20 届"金帆杯"大型教育科研活动及省学前教育教研成果展示交流会中，副园长周云岚做《课题研究——教师专业成长的绿色通道》《做课程　叙故事　促成长》专题介绍。5 月，承办"县幼儿园绘本教学大赛"，4 人分获县绘本大赛一、二等奖，1 人代表如东赴市参赛获一等奖。

【幼儿发展】 实验幼儿园成功开展"健康节""艺术节""科技节""童话节"4 大节主题活动，"毕业嘉年华""亲亲南黄海"等活动报道在省群转发获好评。中大班幼儿为新疆卡赞奇村双语幼儿园小朋友捐赠衣物获社会好评。瞿雪晴家庭表演的《文明旅游，从我做起》获市亲子共读比赛特等奖，陈子衿、张顾腾岳、孟赵涵家庭联合表演的《六尺巷》获市一等奖，胡承哲等多个家庭表演作品分获县特等奖和一等奖，幼儿园获优秀组织奖。

【共建项目推进】 实验幼儿园与共建单位栟茶幼儿园申报省第二批课程游戏化项目"幼儿园本土化区域活动创建与实施项目建设"，与县级机关幼儿园申报市基础教育课程建设项目“幼儿园融合式区域活动”。2016年参加省答辩,向市、县汇报3次,并参加省、市、县群交流。

【示范辐射】 4月,实验幼儿园对东海县6个乡镇园长及骨干教师开放半日活动。承办国培计划海南省幼儿园“乡村新任教师访名校”培训跟岗实践活动,近300名教师听专题讲座与课程叙事介绍。10月,对泰州兴化市戴南镇幼儿园开放半日活动。多位老师赴镇江、南通等地送教、做讲座,多次参与实验幼儿园教学研共同体活动,起到示范辐射作用。组织承办“县幼儿园绘本教学大赛”等大型教研活动,接受市、县领导督查获好评。　(谢美红)

如东县县级机关幼儿园

【概况】 如东县县级机关幼儿园创办于1956年,是如东县最早独立建制幼儿园,2008年成为江苏省优质幼儿园。2016年,有东、西2个园区,东园位于掘港镇蒋家桥巷10号,占地面积2171平方米,4个班级,139名幼儿;西园位于掘港镇朝阳路15号,占地面积9470平方米,15个班级,594名幼儿。在编教职工46人,其中,高级教师2人,省特级教师1人,县级以上名优人才7人。确立“以人为本”办学理念,树立“让每个孩子拥有幸福的童年”“让每位教师过幸福完整的教育生活”办学思想,逐步构建绿色园本课程,打造“绿色教育”办园特色。11月15日,南通市幼儿园音乐教学研讨活动在该园举行,幼儿园新建成2350平方米的户外生态活动场地,向全市同行开放游戏活动。获全国新教育实验先进集体、“十二五”期间教育工作先进集体、教科研先进集体、书香校园等称号。

【幼师队伍建设】 县级机关幼儿园建立师德建设长效机制,每两周师德宣讲板块推出“机幼精神解读”“我的教育故事”。建有“教师联盟”,老师们自发约定不收家长礼物及宴请。开展“党员统一活动日”“贫困幼儿帮扶慰问”“我是共产党员主题宣讲”“教学研讨活动展示”“志愿者活动”等活动,发挥党员教师先锋模范作用。每学期家长满意度98%以上。全年教师在各类活动中做讲座、上公开课、课程叙事50多人次,在市、县优课比赛、基本功比赛、读书交流等活动中获奖26人次,1人被评为全国新教育实验先进个人,1人获市基本功大赛一等奖,2人被评为市骨干教师、市教坛新秀,1人被评为省特级教师。

【教育教学】 县级机关幼儿园是市课程游戏化项目园和省综合活动课程试点园,从幼儿学习方式和特点出发,用课程游戏化精神审视幼儿园一日活动,探索以“区域学习”“区域自主游戏”“户外锻炼”“户外自主游戏”等主题活动模式,进行4个方面课程改革:小组化、个别化学习活动,开展户外混班、混龄自主游戏,各功能室体验与探索,走向社区实践活动。

【教育科研】 县级机关幼儿园坚持走“科教兴园”之路,将园本教研和课题研究有机结合。在省、市“十二五”规划课题成功结题基础上,申报市“十三五”规划课题“幼儿园生态游戏课程的实践研究”,4名教师主持的微型课题结题。全年教师发表、获奖论文及案例30篇。　(唐锦秀)

如东县青少年宫附属幼儿园

【概况】 如东县青少年宫附属幼儿园是县直属幼儿园,坐落于县城中央广场。2015年启动建设,2016年9月建成启用。全园占地2300平方米,建筑面积2200平方米,规模9个班。2016年开设7个班,其中4个小班、3个中班,在园幼儿262人。教职工34人,专职教师大专以上学历100%,高级教师3人,一级教师4人,有市“五一巾帼标兵”、市优秀班主任、县骨干教师、县优秀教育工作者等一批骨干教师队伍。1人在县音乐教研组活动暨沿南幼儿园承办教学研共同体活动中,执教中班韵律活动;承办以“课程游戏化背景下的课程叙事学习与研讨”活动,1人代表幼儿园参加现场大组交流;1人参加县“成才杯”中年教师基本功比赛、1人参加县青年教师读书演讲比赛均获一等奖。

【基础建设】 青少年宫附属幼儿园设施齐全,全园无线网覆盖,班班设有独立盥洗室和卧室。配套设施齐全,有洗衣机、消毒柜、冬季暖供水设施、互动电视、玩具橱柜和适合各年龄段操作的教学玩具。践行课程游戏化精神,环境布置上突显“三性”,即幼儿参与性、材料简约性、呈现生动性。户外场地、室内环境,走廊、楼梯,都体现“以幼儿为本”“让环境说话”理念。

【实践活动】 青少年宫附属幼儿园南邻县青少年宫、图书馆、老干部活动中心。各班挖掘和利用周边资源,组织幼儿秋游,带领孩子参观图书馆、老干部活动中心、夏加儿美术培训中心、花草市场。结合中秋节、敬老月、圣诞节、元旦等,开展“中秋家家乐”“我和爷爷奶奶一起过重阳”“亲子运动会”“圣诞大狂欢”“欢欢喜喜过新年”等节日特色活动。

(蔡蓉蓉)

如东县马塘小学附属幼儿园

【概况】 如东县马塘小学附属幼儿园始创于1953年,隶属于如东县马塘小学。2000年被评为县一类幼儿园,2006年创建为省基本实现现代化园,2008年5月创建为省优质幼儿园。2016年,班级14个,其中,大班5个、中班5个、小班4个,在园幼儿646人。教职工58人,专任教师34人,其中本科学历15人,高级教师1人,市学科带头人1人,市骨干教师1人,县骨干教师7人,市、县教坛新秀各1人。开展师德主题教育活动,4人分别被评为市优秀德育工作者、县优秀教育工作者、县优秀乡村教师、县“行为世范”好老师。组织教师开展基本功练兵。参加县创新团队和音乐组活动16次,组织共同体活动6次,10名教师执教公开课。在省、市、县优课评比、基本功竞赛中,8人获一、二等奖。

【办园条件】 8月,马塘小学附属幼儿园独立建制,成立新领导班子。新园占地面积1.37万平方米,建筑面积6460平方米,投入资金2346万元,2016年9月新园竣工,12月28日举行开园仪式。新园各班配有吸顶式空调、互动一体机、直饮机、电子钢琴、喷淋系统等设施设备,设有幼儿平板专用室、科学发现室、图书室等专用活动室,户外配备大、中型玩具,建有沙坑、种植园、攀爬墙等活动场所,设施齐全,是全县一流幼儿园。

【教育科研】 2016年,马塘小学附属幼儿园申报课题通过市、县课题评审,5个县微型课题结题。教师全年发表省级文章14篇,24人在省、市优秀论文、案例评比中获等级奖。成功承办市乡村学前教育骨干教师领雁站活动、教学研共同体暨县第四期名师提高班成员教学展示活动,获好评。

【幼儿活动】 马塘小学附属幼儿园围绕节日组织幼儿开展"欢乐庆元宵""亲亲好妈妈"、清明节祭扫、"六一"节大型团体操展示及文艺演出活动,"中秋月儿圆""祖国妈妈过生日""快乐圣诞 喜迎新年"及体育节系列活动。组织各年级家长、幼儿参加亲子社会实践活动,召开家长半日开放活动、家长会各6次。组织幼儿参加县少儿书信大赛。在县亲子阅读比赛中,4人获等级奖,幼儿园获优秀组织奖。 (周晓琴)

如东县少年业余体育学校

【概况】 如东县少年业余体育学校始建于1980年,是一所隶属县教育(体育)局直管九年一贯制体育学校,是县体育后备人才培养输送主要基地。位于如东县掘港镇富春江路18号,占地面积8000平方米,建筑面积3600平方米。2016年,班级6个,学生64人,教职工34人,其中高级教师6人,市教坛新秀1人,县骨干教师3人,县教坛新秀1人。成功创建江苏省田径单项高水平基地。开展"拒绝校园暴力,构建和谐校园""珍爱生命,健康成长""弘扬民族精神——实现美丽中国梦"等"追风少年·立志行" 德育系列主题教育活动。学校运动员代表如东参加省青少年阳光体育联赛(第一赛区)各田径项目角逐,连续8年位居甲级赛区上游水平;代表如东县参加市中小学生田径锦标赛,获团体总分第二、甲组第一、乙组第二、儿童组第三。1位老师获市班主任基本功大赛特等奖,获省班主任基本功大赛三等奖,同时被评为市优秀班主任。 (许 权)

科技服务

【概况】 2016年,如东加快科技创新体系建设,科技促进经济社会发展能力进一步增强。全年实现高新技术产业产值792.47亿元,高新技术产业产值占规模以上工业总产值40.1%。认定高新技术企业32家、省高新技术产品77个;万人发明专利拥有量10.92件,比上年增加1.17件;认定省工程技术研究中心5家、市工程技术研究中心10家;认定省研究生工作站8家;认定省民营科技企业92家。18人入选省"双创计划",争取科技资金及政策性低息贷款5188.20万元,超额完成县委、县政府下达重点突破性工作任务。年末,全县高新技术企业91家,高新技术产品323个。全年征集技术需求50项,新签订产学研合作协议61项,组织、参加产学研活动7次。

【创新主体培育】 如东坚持"宣传先行、部门联动、强化服务、政策激励"原则,推进高新技术企业培育认定工作,全年申报高新技术企业39家,认定32家,申报数、认定数均创新高。通过科技例会、专题培训、科技优惠政策巡回宣讲等方式,宣传高新技术企业税收优惠和技术开发费用加计扣除政策,调动企业创新主动性和积极性。邀请专家在县委党校开展企业研究开发项目专项培训,100多家企业150多人参加。强化项目管理和技术项目开发,争取上级科技政策扶持,在新材料、生物医药、新能源、新一代信息技术等战略性新兴产业组织实施一批科技计划项目。中天宽带技术有限公司、江苏苏中电池科技发展有限公司省重大科技成果转化项目,江苏中天科技股份有限公司、大唐恩智浦半导

图65 高新技术产品认定证书

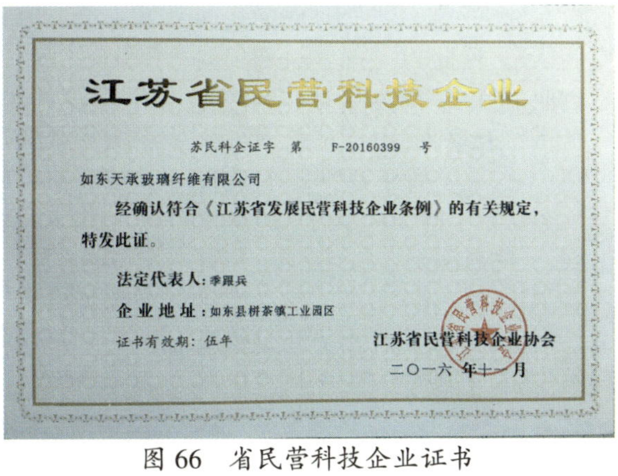

图66 省民营科技企业证书

图 67　5 月 13 日，举办大众创业万众创新科技政策落实培训班

体有限公司省产业前瞻技术项目，江苏宇迪光学股份有限公司省共性关键技术项目、省创新能力建设项目，金太阳粮油股份有限公司省现代农业项目等获得立项。

【载体平台打造】　统筹推进科技产业园、科技创业园、特色产业基地建设，引导各类园区向创新型园区转型。如东县申报“国家火炬如东海上风电特色产业基地”并获批，如东新宇科技创业园成功创建如东首个国家级科技孵化器。加快众创空间建设，县科技局提请县政府调整县级科技创新激励政策，对众创空间、众创集聚区等新型孵化器给予奖励，对提供创业场所房租、宽带互联网和公共软件等费用优惠的众创空间建设单位给予补贴，引导园区和有条件镇与高校联合成立众创空间等创业载体。如东高新技术产业开发区生命健康产业园获创新南通众创空间认定，首批 21 个生物医药类创新创业项目入驻园区。如东经济开发区围绕互联网、电子信息、软件、文化产业、电子商务等领域，打造扶海创客众创空间被认定为省级众创空间，并申报国家级众创空间。与重庆大学、扬州大学、苏州大学合作建立 3 家技术转移分中心，在科技成果转化、人才交流与合作、研发机构和开发基地建设、科技决策及科技咨询交流等领域展开全面合作。县政府和华东师范大学牵头组建上海分子治疗与新药创制工程技术研究中心如东产业化基地，推动成果转化和技术转移。南通中江农业发展有限公司承建的如东主要作物产业分店、便利店获省农村科技服务超市认定。

【政产学研合作】　根据镇区产业特色和技术需求，结合高校领先领域和强势学科组织开展校地产学研合作。县科技局会同县委组织部、县人才办等部门及沿海经济开发区、如东经济开发区等重点园区，走访西北工业大学、兰州大学、哈尔滨工业大学、大连理工大学、复旦大学、苏州大学、中关村等高校院所，围绕人才、载体、项目合作开展对接洽谈。全年征集技术需求 50 项，新签订产学研合作协议 61 项，组织、参加产学研活动 7 次。举办专题科技成果发布会。中关村天合科技成果转化促进中心主任朱希铎发布生物医药、节能环保、智能家居、新能源、新材料等领域 30 多项成果，全县 120 多家企业负责人参加会议。中科院兰州化学物理研究所到如东开展对接活动，南通天材科技有限公司、江苏锵尼玛新材料有限公司、南通常佑药业科技有限公司等企业听取专家在新材料、清洁化学化工、资源化学、医药等领域成果发布，专家现场考察江苏必康制药股份有限公司、南通雅本化学有限公司、江苏快达农化股份有限公司等企业，并就反应过程强化技术、含氯化钠、硫酸钠等高盐分废水的处理方法等 9 项技术需求进行交流洽谈。在中国如东第二届科技人才节暨“通创荟”走进如东活动中，中国技术交易所发布一批军民融合方面成果，并与镇区和企业开展现场对接。

科技活动

【概况】 1 月 5 日，曹埠镇组织江苏泛亚劳护用品有限公司赴苏州大学学习考察，与苏州大学新型功能高分子材料国家地方联合工程实验室签订合作协议。1 月 13 日，沿海经济开发区与江苏理工学院共同签订《关于共建化工产业研究院的协议》，共建成化工产业研究院，服务园区 120 多家企业项目申报、成果鉴定、专利、高新产品申报，负责化工、医药等产业科技攻关，成果转化和技术转移工作。3 月 2 日，江苏中天科技股份有限公司与南京邮电大学签署合作协议，共建特种光纤制备与研究联合实验室。3 月 23 日，南京正联知识产权代理有限公司到南通嘉得利安全用品有限公司和南通亚升安全用品有限公司开展上门科技服务。4 月 21 日，中关村天合科技成果转化促进中心科技成果发布暨科技公共服务平台推介对接会召开，中关村天合科技成果转化促进中心、中科院上海科技查新中心技术与产业情报研究中心南通分中心、江苏省检验检疫科学技术研究院、江苏天坤人力资源服务有限公司、南通新红时资产管理有限公司 5 个平台进行推介，中关村天合科技成果转化促进中心主任朱希铎发布生物医药、节能环保、智能家居、新能源、新材料等领域 30 多项成果，全县 120 多家企业负责人参加会议。6 月 4 日，中国如东第二届科技人才节暨“通创荟”走进如东，如东高新区生命健康产业园开园，21 家企业率先入驻，“生命健康” 创新创业大赛决赛举行。6 月 5 日，中国技

图 68 6 月 4 日，“通创荟”走进如东创新创业大赛

术交易所召开科技成果发布会，现场发布成果 15 个，书面发布成果 60 个，并与镇区和企业开展现场对接。7 月 8 日，南通市“强农惠民”送科技下乡活动在如东县城中街道三元社区举行，市科技局与南通科技职业学院共建的社区书屋落户三元社区，捐赠图书 525 册，价值近 2 万元。7 月 10 日，“第二届中国如东科技人才节·2016 教授/博士如东行”活动举行。7 月 14 日，上海电机学院在新店镇南通东力健身器材有限公司举办如东科研成果发布会。8 月 23 日，114 产学研协同创新服务平台到沿海经济开发区开展对接服务。

科 技 管 理

【概况】 年初，县科技局研究制定“创新杯”考核细则，分解落实科技创新指标。提请县政府出台《2016 年全县科技工作意见》，从创新载体建设、创新主体培育、创新项目推进、创新创造运用、创新金融支持、创新强农惠民 6 个方面加以强化。提请县政府出台《大众创业万众创新如东行动计划》。县政府出台《实施创新驱动战略加快构建科技创新体系意见》，整合科技驱动战略和科技体制改革内容，明确总体要求、主要目标和保障措施。调整现行创新政策，县政府出台《关于进一步促进科技创新的若干政策意见》，突出大众创业万众创新、研发机构建设和长效管理、产学研合作和知识产权运用保护，发挥财政科技资金在促进科技创新中的引领带动作用。出台《县级工程技术研究中心认定管理办法》，加强县级工程技术研究中心建设和管理。贯彻落实《如东县金融机构科技型中小企业贷款风险补偿资金池管理实施办法》《如东县科技成果转化风险补偿专项资金管理办法》等，宣传“苏科贷”政策，全年为 11 家企业争取贷款 2850 万元。年底，如东县与凯璞庭资本管理（集团）合作成立南通东凯科技创业基金中心（有限合伙），基金规模 5000 万元，双方各出资 50%，该基金是如东县首个县级层面科技金融平台。继续在全县开展“创新杯”竞赛活动，河口镇、如东沿海经济开发区获金杯，岔河镇、如东高新技术产业开发区获银杯，栟茶镇获铜杯。

图 69 7 月 8 日，南通市“强农惠民”送科技下乡活动到如东

科技计划实施

【概况】 2016 年，如东企业申报上级科技计划项目近 100 项，共争取上级资金和政策性低息贷款 6238.2 万元。其中，中天宽带技术有限公司和江苏苏中电池科技发展有限公司项目获省重大成果转化资金项目立项，争取上级资金 1800 万元。江苏中天科技股份有限公司“特种光传输材料及器件高价值专利培育示范中心”项目入选 2016 年省高价值专利培育计划，全省 10 家企业和高校院所入选，江苏中天科技股份有限公司是 2015 年该项目实施后南通唯一入选企业。

2016年如东县争取上级项目资金一览

表 34 单位:万元

专项资金计划名　称	项目名称	完成单位或所在企业	争取经费
省重大成果转化专项资金	新一代大容量智能化高速光接入设备研发及产业化	中天宽带技术有限公司	1000
	耐低温长寿命微型电动汽车动力电池系统研发与产业化	江苏苏中电池科技发展有限公司	800
省重点研发计划(产业前瞻与共性关键技术)	新一代高比能量长寿命电池及其关键材料开发	江苏中天科技股份有限公司	740
	航空航天新型可见—近红外宽波段成像光学技术研发	江苏宇迪光学股份有限公司	100
	汽车电子半桥门驱动芯片 DNG1116 关键技术研发	大唐恩智浦半导体有限公司	100
省重点研发计划(现代农业)	菜籽油低温压榨与精炼及菜籽蛋白回收关键技术研究	金太阳粮油股份有限公司	50
省高价值专利培育计划	特种光传输材料及器件高价值专利培育示范中心	江苏中天科技股份有限公司	400
省贯标优秀		江苏宇迪光学股份有限公司	10
创新能力建设专项资金	江苏省重点企业研发机构	江苏宇迪光学股份有限公司	80
省高层次创新创业人才引进计划专项资金	科技副总:河　路	南通岩艺涂装科技有限公司	5
	科技副总:王为善	南通香地生物有限公司	5
	科技副总:甘学辉	如东县太极化纤纺织器材有限公司	5
	科技副总:肖建喜	南通常佑药业科技有限公司	5
	科技副总:段　续	金太阳粮油股份有限公司	5
	科技副总:陈广通	精华制药集团南通有限公司	5
	科技副总:汪　伟	南通辉煌彩色钢板有限公司	5
	科技副总:孙顺平	江苏三旗线缆有限公司	5
	科技副总:汪顺义	南通沃兰化工有限公司	5
	科技副总:梁国斌	江苏万年长药业有限公司	5
	科技副总:刘汝章	南通雅本化学有限公司	5
	科技副总:潘长多	南通市纳百园化工有限公司	5
	科技副总:李德成	江苏海宝电池科技有限公司	5
	科技副总:陈超越	江苏快达农化股份有限公司	5
	科技副总:张春燕	南通宝鹏健身器材科技有限公司	5
	科技副总:杨凤丽	迈克斯(如东)化工有限公司	5
	科技副总:孙桂芳	南通大力化工设备有限公司	5
	双创博士:顾春华	南通高盟新材料有限公司	15
省级专利资助经费	2016年度知识产权创造与应用(专利资助)	如东县	8.2
苏科贷		光大消防器材(南通)有限公司	300
		南通振雄电子科技有限公司	300
		南通宁普电器有限公司	200

续表 34

专项资金计划名　称	项目名称	完成单位或所在企业	争取经费
苏科贷		南通瑶华纤维有限公司	300
		南通德润纺织有限公司	200
		江苏鑫鼎瑞运动用品科技有限公司	200
		南通亨利锂电新材料有限公司	300
		南通岩艺墙体材料科技有限公司	300
		纳拓润滑技术江苏有限公司	300
		南通尤莱运动用品有限公司	150
		南通新天锐运动用品有限公司	300
合计			6238.2

知识产权保护

【宣传培训】 县知识产权局利用"4·26"世界知识产权宣传日、知识产权宣传周、科普宣传周等活动,组织专业人员深入镇区、企业开展知识产权宣传和现场咨询活动。开展知识产权培训,邀请南京众联专利代理有限公司、南通商专知识产权有限公司等知识产权专业机构,对全县高新技术企业、规模以上工业企业等进行专利申请、知识产权贯标等培训和辅导,培训100余人。强化知识产权保护,联合县市场监督管理局、县文广新局、县检察院印制《告全体市民保护知识产权书》,在县城和重点镇发放5000余份,宣传知识产权保护相关法律法规。制作宣传标语,在县级机关、学校、企业、社区、乡村和医院组织大型签名活动。

【目标管理】 县知识产权局通过指标分解、加强考核、宣传培训、主动服务,开展知识产权申报管理工作。全年全县专利申请量3399件。其中,发明专利369件,同比增长64.73%;实用新型专利692件,同比增长44.47%。专利授权量1424件,其中发明专利153件,同比增长93.7%。万人发明专利拥有量10.92件。申请PCT(《专利合作条约》英文缩写)专利26件。宣传贯彻执行《企业知识产权管理规范》,南通海宝电池有限公司、南通宝鹏健身器材科技有限公司、江苏万年长药业有限公司、南通鑫鑫体育运动用品有限公司等企业申报省级知识产权贯标备案。组织江苏中天科技股份有限公司申报省高价值专利培育计划项目并获得立项。申报市知识产权消零企业135家,市知识产权试点企业32家。

【专利执法】 县知识产权局加强专利行政执法队伍建设,参与省、市专利行政执法培训,4人有知识产权执法证。制定专利行政执法工作目标责任书,协调县市场监督管理局、县公安局等知识产权管理部门,开展知识产权联合执法。8月,联合市知识产权局在县城文峰超市、苏果超市、欧尚超市开展知识产权执法专项行动,查获涉嫌假冒专利60件,立案60件,全部结案。

科技人才引进培育

【概况】 如东树立人才是第一资源理念,加强高端人才引进。加快载体、项目、金融和服务"四位一体"联动,鼓励更多人才到如东创新创业。动员高新技术企业和科技成长型企业引进创新创业人才。南通泰禾化工有限公司、南通高盟新材料有限公司等8家企业申报企业创新类省博士计划7人、世界名校创新类省博士计划3人,其中,2名博士进入面试答辩环节,确认1人,占全市1/5。开展省科技副总类双创博士计划申报和服务工作,江苏快达农化股份有限公司、南通常佑药业科技有限公司、精华制药集团南通有限公司、中天宽带技术有限公司等企业申报省科技副总(企业创新岗)30人,17人进入公示并被确认,居全市第二位。 (徐力群)

气象测报

【概况】 2016年,如东在掘港镇五总村征地建设新观测场,年底安装中尺度站进行对比观测。全年气象观测业务质量稳定,观测、发报和报表无错,观测资料上传及时率99.95%。气象自动站设备运行正常,各项数据及时上传。在第一届南通市气象行业职业技能竞赛中,县气象局获团体第三名。全县14个中尺度自动气象站和1个海洋生态站运行平稳。中尺度站和海洋生态站仪器维护继续实行社会化管理,仪器维护维修委托给江苏无线电研究所有限公司。

【气象服务】 2016年,天气复杂多变,年降水量、降水日数异常偏多,且各月分布不均,旱涝急转明显,6月、9月降水量均超300毫米,明显偏多,8月降水量25.1毫米,异常偏少,且气温高,干旱明显,汛期气候异常。全年灾害性天气频发,暴雨、高温、连阴雨、雷暴、台风、雾霾、大风等不时袭击。每次重大灾害性天气到前，县气象台通过系统网站、电视、短信发送平台等及时将各预警信号对外发布。全年发布各类预警信号 73 次，其中，雷暴类 20 次、雾霾类 17 次、暴雨类 15 次、高温类 11 次、大风类 6 次、寒潮类和道路结冰类各 2 次；发布预警短信 73 条，接收 12.41 万人次；提供各类决策气象预报服务（重要天气和决策服务）短信 80 条，接收 7.68 万人次，接收人员主要是政府领导、防汛负责人、各单位负责人。发布各类重要天气报告 44 期，内容涵盖 1 月 20－25 日低温雨雪冰冻天气报告，春节期间寒潮警报，5 月 2 次较强降水报告，各重大节日天气公告，入梅出梅公告。汛期强风、暴雨、台风、高温，县气象台超前、准确、跟踪预测和报告。6 月底暴雨、1 号台风“尼伯特”影响、7 月中下旬连续高温、14 号台风“莫兰蒂”影响期间，县气象台服务到位。夏收夏种和秋收秋种期间，县气象台向县植保站、作栽站、气象协理员、涉农部门每天发布 5 天滚动天气预报。

【“两个体系”建设】 2016 年，县气象局继续完善“两个体系”（农业气象服务体系和农村气象灾害防御体系）建设。对全县 24 块电子显示屏、27 个气象大喇叭以及 4 个气象小气候站进行维护和保养，更换 19 个气象信息宣传栏和 15 个气象信息工作站展板内容，对 12 个区域自动气象站实施社会化保障。对全县气象协理员和部分气象信息员进行气象知识培训。继续开展气象为农直通服务，为全县专业合作社、家庭农场、种养殖大户等，每天发送天气预报和不定期灾害性天气预警预报。

【气象宣传】 县气象局以“3·23”世界气象日、防灾减灾日、防灾减灾宣传周、科普宣传周、安全生产月和“送科技下乡”等活动为契机，通过布置展板、印发宣传资料、播放专题片及现场解说等形式，开展气象宣传活动。通过记者采访在《如东日报》、如东广播电台、如东电视台宣传报道《气象设施和气象探测环境保护条例》、气象防灾减灾知识、气象与人民生活等内容。县气象局新闻稿件全年被江苏文明网录用 28 篇、市气象局网站录用 32 篇，《如东日报》、如东新媒体网站和中国如东网站各录用 1 篇、3 篇和 20 篇。每季度编印《如东气象》150 份，向社会各界发放宣传。（冯芝祥）

文　化

【概况】 2016 年，如东县全面提升公共文化服务水平，总面积 5.20 万平方米的县文化中心一期工程（含县文化馆、图书馆、博物馆和科技馆）混凝土结构于年底全面封顶，高新区城中街道文化站建成开放，新建县文化馆分馆 3 个，82 个村（社区）综合文化服务中心建设达标。县图书馆与 14 个镇图书馆分馆、242 个村农家书屋实行“一卡通”。全年举办各类大型文化活动 100 余场。小品《人物儿》获全国小戏小品展演最佳剧目奖，2 件作品在第 12 届江苏省“五星工程奖”决赛中获银奖。全县规模文化服务业企业 102 家，新进规模文化服务业企业 34 家，文化产业增加值占 GDP 4.8%。开展文化市场专项整治、“扫黄打非”等专项检查 20 余次，文化市场健康有序发展。完成栟茶镇历史文化名镇保护规划编制及大豫盐垦公司掘港办事处维修工程方案编制工作，开展第二次文物征集工作，征集到文物 128 件（套）。

图 70　3 月 30 日，县文化馆边防大队分馆、国家级非遗项目傩舞《跳马伕》边防大队培训传承基地揭牌仪式，在驻如东边防部队机动中队综合训练场举行

文化服务设施

【如东县文化馆】 如东县文化馆馆舍面积 2413.90 平方米，设办公室、文艺辅导部、美术摄影辅导部、非物质文化遗产保护中心等部门，工作人员 18 人，为国家二级馆。2016 年，县文化馆开展大中型文化活动 100 多场，送文化下乡演出 40 多场。举办如东画家皖南写生作品展、精彩江苏群星美术提名展、法润银潮情暖夕阳老年书画展等展览、展示活动 25 次。边防大队、高新区、双甸镇和栟茶镇建成县文化馆分馆。年底，因县城三号街区保护性改造，迁至掘港镇范堤路 4 号。

【如东县图书馆】 如东县图书馆馆舍面积 4000 多平方米，设综合外借室、报刊阅览室、少儿借阅室、参考咨询室、文化共享工程电子阅览室、汤氏金石纪念馆等对外服务窗口8个，工作人员18人，为国家一级馆。2016年，县图书馆有各类纸质图书28万册，电子图书150万册，接待读者12.62万人次；举办“如东人著作展”“文化养老在寿乡”等展览8个。新增专业数据库2个，新建少儿数字图书馆。

【镇(区)文化服务站】 如东高新区增设城中街道综合文化站于原掘港中心市场，面积2000平方米，功能室10个；河口镇与中天科技集团合作，投资1亿元兴建河口综合文体娱乐城，6月开始征地拆迁；双甸镇投入35万元，改造镇综合文化服务中心法治广场及图书馆；大豫镇综合文化服务中心基建主体工程封顶；如东经济开发区综合文化站搬迁至社区管理中心，总面积2000平方米。

【电影院】 2016年，如东新增加电影院2家。“0086”影城位于岔河镇，12月正式运营，该影城加盟省幸福蓝海文化集团，面积1700平方米，有4个标准放映厅，510个座位。另一影城位于栟茶镇，12月底建成，该影城加盟省幸福蓝海院线，属如东茗都影视文化有限公司，面积1235平方米，有4个放映厅，510个座位，选用进口科视放映机。年末，全县有电影院6家。

群众文化

【概况】 2016年，县文广新局举办春节“欢乐送万家”送戏下乡26场、第六届“港城之春”演出4场、第12届“宾城之夏”镇区巡演和集中展演42场、“百姓舞台·周周演”19场、“5·23”系列文化活动和如东县第三届大型公共文化服务展示月系列文化活动等。县杂技团送戏下乡演出56场。县镇文化单位举办各种文化阵地展览展示活动120多场。县文广新局在213个行政村统一设置露天电影放映银幕框和公示栏，放映农村公益电影5112场。

【中国农民画精品巡回展览首展】 11月27日，由中国农民画研究会、文化部全国公共文化发展中心、中国动画学会和江苏省文化厅联合主办，南通市文化广电新闻出版局和县政府承办的“在希望的田野上——第11届中国艺术节中国农民画精品展巡回展览首展（江苏如东）”，在县规划展览馆开幕。文化部、省文化厅、全国20多个农民画

图71 11月27日，第十一届中国艺术节中国农民画精品展巡回展首展在如东举行

画乡领导和画家，中央电视台、《农民日报》、省及市新闻媒体记者等150人参加。如东13幅农民画参展。

【“郎牌特曲·唱响如东”巨星演唱会】 10月6日晚，“郎牌特曲·唱响如东”2016巨星演唱会在江苏省如东中等专科学校举行。陈小春、张惠妹等7位港台歌星参加演出，观众1万余人。

【数字文化建设】 2016年，县文广新局开通如东文化旅游微信公众平台，通过文字、图片、视频定期推送动态信息，提供惠民服务。县图书馆在栟茶镇便民服务中心、双甸文化站、洋口港政务服务中心投放3台歌德电子借阅机。县图书馆数字图书馆检索8.20万次，使用总次数17.68万次。利用文化共享工程资源播放优秀影片、视频讲座40场，观看1260人次。

文艺创作

【概况】 2016年，如东县在省以上发表、展演、参赛、获奖作品52件。新创作《高拐》《肩上芭蕾》《网吊》等杂技节目7个；新创作大型中德少儿情景杂技剧《魅力伊甸园》和大型多媒体杂技剧《海星花》。2个魔术节目在国际大赛中获奖，29件美术书法摄影作品在省级以上参展。

【魔术节目获国际奖项】 9月23日，在第三届中国北京国际魔术大会“金长城杯”世界魔术冠军作品展演中，丁洋表演魔术《变鸽子》获金奖。11月6日，在第五届中国西湖国际魔术交流大会颁奖晚会以及国际金牌魔术师舞台魔术展演上，朱明珠表演魔术节目《纸飞机》，获近景组唯一金奖。

【小品《人物儿》展演】 4月25日，於国鑫编剧，於国鑫、蒋抒华导演，蒋抒华、张志一、易丁香表演《人物儿》参加全国戏剧品牌活动“中国·宜兴第二届梁祝戏剧节”，获最佳剧目奖(最高奖)。9月9日，小品《人

物儿》参加中共天津市委宣传部、天津市农村工作委员会、天津市广播影视局、天津市北辰区人民政府主办的“天穆杯”第五届小品展演，获最佳表演奖(最高奖)，於国鑫获最佳创作奖(最高奖)。小品《人物儿》在2016年第4期《剧本》杂志上发表。

文化产业

【概况】 2016年，如东县文化产业主营业务收入120亿元，文化产业增加值占GDP 4.8%，文化产业工作考核列南通市第二。杂技培训演出产业加快发展，如东少年杂技团“杂技传承人才培养及文化输出”项目获省文化产业引导资金80万元。栟茶镇古镇文化旅游开发项目通过中期评审；投资2000万元的寿圣寺佛教产业园项目一期工程基本封顶，栟茶大东旅社维修项目启动。洋口港经济开发区石材文化产业园等项目取得新进展。

【杂技培训演出产业】 县少年杂技团与杭州杂技团联合，成功打进香港演出市场，在香港海洋公园商演2年，共演出1600场。县政府投入600万元，创作投排大型多媒体杂技剧《海星花》。与德国正式签约杂技剧《魅力伊甸园》赴德国商演，与德国合作办学的杂技文化交流项目正式签约。10月，县杂技艺术学校、县少年杂技团分别被省广播电视总台(集团)授予“江苏省特色创新艺术学校”“江苏省优秀杂技团”称号；6月，县少年杂技团被省侨联授予“江苏省华侨文化交流基地”称号。1人被省人社厅、省文化厅评为江苏省文化系统先进工作者。

【红木文化产业】 如东红木文化产业园完成红木雕刻博物馆建设和内外装饰，道香馆主体工程完工并投入运营。5月，在倍得满家居广场举办首届如东红木家具工艺品博览会，35家红木企业参展。

【石业文化产业园】 2016年，洋口港经济开发区石材文化产业园有32个亿元项目入驻，石材博物馆方案评审完成，石材大板展示配送中心钢结构施工完成80%。

【文化产业干部培训】 9月22—27日，由县委宣传部、县文广新局组织举办的“如东县文化产业发展与公共文化服务建设专题研修班”在浙江大学开班。围绕文化创意产业政策与发展战略、发展文化创意产业理论与杭州文化创意产业发展实践、现代公共文化服务发展方向、当前宏观经济形势分析、中国文化产业发展特征与趋势、博弈论与中国现实问题分析等专题进行集中学习1周。培训期间，学员实地参观杭州市西溪文化创意产业园、白马湖创意生态园、桐庐美丽乡村建设等重点文化产业项目。县级相关部门分管负责人、科室负责人，各镇区分管负责人、文化站站长以及部分文化企业负责人共50人参加培训。

图72 7月11日，举行“江苏省华侨文化交流基地”揭牌仪式

新闻出版

【概况】 2016年，县文广新局推进省农家书屋提升工程试点示范县创建，农家书屋提档升级。举办“农家书屋”图书管理员培训班15期，培训325人。推进全民阅读活动，表彰2015年度全县全民阅读先进单位及50佳阅读典型。制作第二届如东县全民读书节回眸片《书海泛舟》，录制宾山小学等学校优秀经典诵读节目进行宣传展播。建立“宾城点灯人”“海韵诵读社”“文海采珍沙龙”“彩虹花读书会”4个阅读推广组织，开展大型全民阅读活动10多场。完成一般作品免费登记1000件。

【农家书屋建设】 县文广新局制定出台《如东县创建江苏省农家书屋提升工程试点示范县实施意见》，双甸镇星光居委会、高新区掘西村建成省五星级示范农家书屋；岔河镇启秀村等9个农家书屋建成市四星级示范农家书屋；洋口镇耿庄村等38个农家书屋成建县三星级标准书屋。

【“一卡通”工程】 县图书馆投入15万元，购买力博管理软件用于“一卡通”网络建设，县图书馆与14个镇图书馆分馆、242个村农家书屋实行“一卡通”，实现“一馆办证，多馆使用，通借通还”目标。

【全民阅读活动】 县文广新局开展如东县第四届“农家书屋·暑期悦读·一站到底”知识竞赛、“我的书屋我的梦”读书征文、“晒书房——点赞最美阅读空间”农家书屋优秀读书案例征集、江苏省12本好书、如东县40本好书推荐评选等读书活动。邀请江苏少年儿童出版社《少年文艺》杂志主编田俊做《在文字间甜蜜飞行》阅读辅导。

图73　8月23日，第四届"农家书屋·暑期悦读·一站到底"知识竞赛在县总工会举行

文化市场监管

【概况】 2016年，如东县共有印刷企业109家，出版物发行单位190家，歌舞厅、KTV19家，游戏经营场所43家，网吧74家，文艺表演团队6家，演出经纪人单位1家，电影放映单位6家，美术品经营单位2家。县文广新局加强文化法治建设，开展"扫黄打非"和校园周边社会文化环境整治，依法打击文化市场违法行为，出动执法人员1.06万人次，检查文化市场各类经营单位2277家次，受理各类举报43起，查缴各类盗版图书2200册、音像制品7100张，立案查处文化市场案件32件，罚款8.96万元。举办文化行政执法培训班2期，参加培训60人次；参加市主管部门业务学习培训活动近30人次。1人被省文化厅评为全省文化行政综合执法优秀个人。

【重点行业监管】 县文化行政综合执法大队开展网吧"护蕾"、娱乐场所集中整治、演出经营活动及农村演出市场专项检查、印刷企业专项整治、"小耳朵"检查等专项整治活动。开展"绿书签行动"系列宣传、校园周边社会文化环境整治、"4·26"世界知识产权日系列宣传和"法律六进"宣传等活动。开展"星级网吧"评比考核、奖励。开展"青少年维权岗"创建工作，9月，通过省级测评验收。

【"扫黄打非"】 县文广新局联合公安、城管、市场监管等部门，开展"扫黄打非·清源2016"集中行动4次。推进"扫黄打非"进基层，全县镇(区)、街道均建立"扫黄打非"工作领导小组及办公室，80%以上村居、社区有兼职人员负责"扫黄打非"工作，苴镇街道办建成"扫黄打非"进基层示范街道。

【文化市场安全生产检查】 县文广新局召开文化市场经营单位负责人会议，签订安全责任状，落实管理责任。建立全县文化市场安全生产"一企一档"登记制度。开展文化市场安全生产大检查5次，检查全县娱乐场所、网吧、影院、重点印刷复制企业，消除安全隐患。暑期文化市场专项整治暨安全生产大检查行动中，对8家文化市场经营单位下发整改通知书。

文化遗产

【概况】 2016年，如东县有文物保护单位28处，其中市级文物保护单位耙齿陵陵园、丰利古建筑群、掘苴河闸3处。县博物馆开工建设，完成展陈大纲草稿编写。委托东南大学建筑学院完成县城三号街区历史文化资源调查工作。县级文物保护单位"掘港古建筑"群中"大豫盐垦公司掘港办事处"维修工程，维修方案编制完成。全国第一次可移动文物普查信息录入完成。

【文物征集】 11月，县文广新局开展文物集中征集活动，并请南通博物苑专家对征集文物进行鉴定。征集到文物128件(套)，以和如东历史文化相关联瓷器为主。

【非物质文化遗产】 国家级非遗项目傩舞《跳马伕》培训传承基地在边防大队建立。传统美术《青石微雕》、传统技艺《古丰雀舌松盆景艺术》、传统音乐《哭九千七》(掘东哭祭)被公布为第二批县级非遗保护项目，张炳林等17人被公布为第二批县级非物质文化遗产代表性传承人。

(范姜枫)

图书经营

【政治理论读物发行】 2016年，如东新华书店发行《2016年版习近平总书记系列重要讲话读本》《政府工作报告》《中国共产党章程》《中国共产党纪律处分条例》《中国共产党廉洁自律准则》《党政领导干部选拔任用工作条例》《关于新形势下党内政治生活的若干准则中国共产党党内监督条例》和学习辅导用书2.79万册，在全省同级子公司内保持领先水平。

【读书活动】 在"4·23"世界读书日期间，如东新华书店重点推荐央视评选年度中国好书28种，江苏省全民阅读活动推荐好书12种，以及县全民阅读活动推荐好书40本。特邀名师到如东开展"校园人文行"活动和读书报告会13场次。举办第11届"潜心读书·丰富内涵"教师全员读书活动、中小学生寒、暑假读书

活动等，为农家书屋添配图书4.36万册。(陈旭江)

新闻传媒

广播

【概况】 2016年，如东人民广播电台对新闻宣传、频率质量、节目创优和对外发稿进行综合考核。拥有调频89.6兆赫波段和农村有线广播，主要节目有《896新闻播报》《三农之声》《896政风行风热线》《一路有你(早晚高峰)》《你的故事我的歌》《音乐ing》《896名医在线》等。如东人民广播电台有采编播人员18人，具有中级职称7人。全年送评5大类别、6档节目。其中，直播节目《896三农之声》获省优秀栏目奖，为在省里获得最高奖。5档节目分获市一、二等奖。为县里大型活动直播解说3场次、晚会主持10场次、演讲比赛主持3场次。全年在中广网和省、市台用稿40多篇。

【广播节目改版】 县广播电台根据节目特点和收听习惯编排节目时间表。新制作台宣、开机、关机等片头片花、四季系列、线性单元100多条。推出两个新日播节目《音乐ing》和《民歌飞扬》。节目改版后，自办节目12个，分别是《896新闻播报》《896三农之声》《896名医在线》《896新闻整点听》《如东县政风行风热线》《新科技新农村》《行业之声》《音乐ing》《你的故事我的歌》《一路有你(早晚高峰)》《民歌飞扬》《戏曲荟萃》，其中直播节目7个。全天有7个时段整点新闻贯穿其中。

【广播新闻宣传】 广播新闻宣传紧扣中心、服务大局。坚持规定动作与自选动作并重，常规宣传与重点宣传并举，一般策划与突击策划相结合。经济宣传相继开辟《项目建设进行时》《聚焦主体经济》等专栏，围绕项目建设、招商引资、服务业发展等重点工作，及时报道镇区调结构、促转型，以及企业加大科技投入、实施产品转型升级做法。策划报道亮点。2月14号，抹香鲸在如东沿海滩涂搁浅后，围绕此突发新闻精心策划，从新闻现场，到新闻发布会，再到后期打捞、制作标本，全程跟踪采访，及时报道。三八妇女节，关注自强不息农家妇女；五一劳动节，关注普通劳动者；母亲节，走近寻常百姓家庭，从不同侧面表达对母亲敬爱之情；重阳节，开辟“寻找孝亲敬老好家庭”专栏，集中报道多位五世同堂、孝老爱亲家庭。在世界无烟日、禁毒日、国土日等，及时作相应策划。突出“三农”宣传，每档节目都有“三农”报道。全年接听电话495个，线上线下为听众解决问题500多个。做好春播、秋收、病虫害防治等常规宣传，采写一批新闻稿件。民生宣传推出《民生118》专栏，先后围绕小区生活垃圾乱倒、少儿感冒缘何多发、家畜疫苗质量、高考前夕家长和孩子如何备战等进行宣传。

【县政风行风热线】《如东县政风行风热线》全年播出32期，先后邀请县委书记潘建华等县领导以及40多个部门主要负责人做客直播室。通过热线节目受理咨询投诉600多件，当场答复办结254件，办结回复率100%。(金建平)

电视

【概况】 2016年，县文广传媒中心实施机构设置改革，县电视台除时政新闻部外，新设立民生节目部。时政新闻部播出《如东新闻》365档，平均每天播出时长22.5分钟，围绕县委、县政府中心工作，设置“聚焦主体经济”“项目建设在行动”“最美的城市最美的家”“走基层”“创业故事”“跨江融合接轨上海”等栏目，各栏目每周平均播出2～3个相关新闻。民生节目部有《直通民生》《这方水土》《乡村行》《法治如东》等自办新闻和社教节目。电视节目创优实现新突破。2个新闻片获省三等奖，2个新闻片获市一等奖，6件新闻作品获市二等奖。

【电视新闻宣传】 时政新闻部完成“两会”、党代会等全县重大会议活动报道；涉及经济社会发展政策解读(系列)报道47个；聚焦项目建设、工业运行、企业发展等经济类报道400多篇，平均每天播出2条；重大社会工程建设、公共事业发展等报道300多篇，平均每天播出1条；每天播出关注老百姓生产生活走基层报道1～2条。民生节目部对2015年政府为民办实事工程进程及实施情况组织系列报道，开辟专栏“民生报告单”，并对2016年政府确定的10大为民实事作解读。全年先后推出10大公益项目展播；《身边的感动》栏目长期播出发生在社区、农村的感人事迹，播出凡人善举报道40多篇；《当前农事》《生活妙招》《乡村行》中，播出农民致富信息、技术；《老街古巷》系列片及《秀生活》栏目，报道如东非遗传承人、老手艺人40多篇。

【对外宣传】 如东全年在南通电视台(包含NTTV新闻、城市日历两档栏目)用片185条，仅次于海安、如皋，位列6县(市、区)第三；在江苏电视台发片79条，有24条关注如东风电新能源、基础教育、生态文明、新兴产业培育等经济社会发展亮点；在中央电视台用片10条，其中1条在《新闻联播》播出，《我建议我履职》《首个“双十”海上风电项目投入运行》《神秘黑金》《中石油多举措保障冬季天然气供应》《国内首座20万立方米LNG储罐投产运行》《河蟹养殖》等新闻分别报道县人大代表履职、海上风电产业发展、石墨烯新兴产业发展等，向外宣传推介如东。(刘敬华)

报纸

【报纸新闻策划】 县传媒中心从“高度”入手，既把党委、政府决策和重大举措报深、报透、报到位，加强宏观、中观报道，又把触角伸入到与人民群众生活息息相关领域，在贴近群众中引导群众。围绕县委、县政府中心工作，策划、开展“项目建设进行时”“项目建设区镇行”“聚焦主题经济”“关注十大优势产业”“文明城市创建”等有关经济、社会方面大型宣传报道20多项。深化“走转改”，记者每周深入基层2次以上，走进企业、农村、社区、田头，采写新闻1000余篇。

【媒体融合】 县传媒中心以媒体融合发展、转型发展为契机，推进纸媒与新兴媒体内容、渠道、平台等方面深度融合。3月，升级数字报，推出手机版，进一步扩大报纸受众面，打造平面媒体立体化传播新平台。注重培养全媒体记者，组建6人全媒体记者队伍，发布微博、微信等。

【对外宣传】 2016年，县传媒中心在国家、省、市3级党报及其他报刊、网站发稿100余篇。其中，人民网2篇，新华网30多篇，《新华日报》15篇，《南通日报》50多篇。在江苏省县市报年度好新闻评比活动中，12件作品分获一、二、三等奖。

（朱晓进）

如东新媒体

【概况】 2016年，如东新媒体（网络媒体部）有工作人员10人，运行如东新媒体网站、无线如东手机客户端、如东关注微博和如东新媒体微信4大网络媒体平台。其中，如东新媒体网站于2012年5月18日正式上线运行，日均访问量1万多人次，是如东唯一（百度、360等大型搜索网站）地方新闻源网站；如东关注微博于2014年1月正式运行，用户数（粉丝数）近12万人（手机客户端）；无线如东和如东新媒体微信公众平台于2014年9月上线运行，用户数量分别为1.30万人和4万人，传播广度和影响力不断提升。

【平台活动】 2016年，利用微平台（微信、微博）和无线如东手机客户端移动终端优势，先后成功策划、组织和参与《26个英文字母带你看懂我们大如东！》《小编带你看看如东“熊孩子们”的开学第一天……》《今天上午，央视、新华网、江苏卫视……各路媒体大咖纷纷聚焦如东……》《如东今天暴雨不止，水位猛涨，啥情况？》《那个陪伴如东人二十几年的地方，真的要说再见了……》《黄浦江畔，看这些大咖们为如东带来啥？》《可怜天下父母心，直击如东高考首日！》《特大喜讯！省理科状元花落如东高级中学！》《赛龙舟、品美食……今天的栟茶有点“嚣张”》《细数如东10位与新中国同岁老人，他们都经历了什么？》《揭秘亚振成功上市密码》《“总书记和我握手了！”昨天，这个如东人登上新闻联播的头条！》《好消息！如东这3个镇被国家盯上了！》《洋口港昨天办成了一件大事儿，将惠及整个长三角！》《海洋铁路栟茶货运站正式开通》等200多篇，贴近百姓，赢得网民认可。

【外宣创优】 网站有20多条原创新闻被新华社、新华网、人民网、凤凰网、《中国日报》、央广新闻等国内知名媒体引用、转发。其中，微视频《如东·幸福又一年》成功入围中央网信办、央视网组织的“新春·变化·乡愁”微视频主题征集活动，以37329票居“变化”主题全国第十名；原创微信《“郎牌特曲”杯第二届栟茶古镇龙舟赛暨美食节举行》被新华社采用，创下1天阅读量超过20万记录；原创新闻《洋口港承担出口的第一船外贸货物即将启航》在《人民日报》《新华日报》《江苏经济报》等主流媒体刊发，并在人民网、人民日报客户端等主流网媒再度转发。网络媒体部被市委宣传部评为全市先进集体，在全省“文明办网”创建活动中被评为省“文明办网”先进单位。

（徐晓波）

医疗卫生

【概况】 2016年，如东县有各类医疗机构461个，其中，医院46家，基层医疗卫生机构396个，专业公共卫生机构4个。共有床位3649张，平均每千人拥有床位3.52张。卫生技术人员5493人，平均每千人拥有5.31人。总诊疗480.2万人次，出院病人10.39万人次。业务总收入16.95亿元，业务总支出16.66亿元，盈利2919万元。医疗卫生机构总资产21.72亿元，其中固定资产7.32亿元。如东创成国家级卫生城市，马塘中心卫生院、苴镇中心卫生院被国家卫计委评为“群众满意的乡镇卫生院”。各镇（区）全面开展家庭医生个性化签约服务试点。至年底，8家中心级医院及5家改制医院在11个镇区与864人开展家庭医生个性化签约服务。在全县公立医院开展法人治理结构，探索公立医院薪酬制度改革和公立医院备案制管理。县中医院整体迁建工程投资5.1亿元，外装、内装全部完成，室外配套工程和绿化工程在施工。县人民医院外科大楼项目进入施工招标、施工手续办理阶段。洋口港医院一期工程完成桩基工程施工，进入土建主体工程施工。全年按序时完成改厕1.35万座，完成率100.06%。开展省级卫生镇村创建工作，创成省级卫生镇1个、省级卫生村56个。

【国家基本药物制度实施】 县人民医院和县中医院优先使用基本药物，使用比例40%～50%。4家二级乙等中心级医院50%实施基药，5家一级中心卫生院85%实施基药；4家新建镇卫生院、237个村卫生室、城区社区卫生服务站100%实施基药；38家改制医院根据其运行规模、“信用等级”等情况合理使用基本药物。

【医政管理】 各医院开展“三好一满意”（服务好、质量好、医德好，群众满意）活动，推进和谐、平安医院建设。组织医患纠纷调解巡回宣讲团，普及纠纷预防、调解知识，接待投诉52起，调处医患纠纷48起。医院和个体诊所均参加医疗责任保险。组织开展“健康南通服务百姓”“中医药在你身边”等义诊周活动，参加义诊医务人员36人次，义诊210人次，发放宣传资料150份，参加大讲堂 400 人次，义诊患者收治住院 2 人次，义诊活动期间减免患者费用近 1000 元。完成 147 家医疗单位换证和 268 家医疗机构年检，其中现场校验 64 家。完成医师注册与变更注册 73 人次，完成护理人员注册和变更 190 人次。改进医疗服务，二级公立医院全面开展预约诊疗服务，专家门诊就诊患者预约率 40% 以上，出院病人复诊预约率 100%。建立医疗质量管理体系，二级以上医院开展临床路径管理试点工作。实施医疗技术分类管理和手术分级管理，落实抗菌素合理使用指导原则和规范，开展抗菌药物临床应用专项整治活动。全面推进电子病历开发应用，开展电子病历评估。县人民医院、县中医院建成符合卫生部和省卫生厅要求电子病历系统。

【卫生行风】 县卫计委落实廉政约谈制度，开展廉政谈话 50 余人次。对医药卫生体制改革、卫生计生信息化建设等重大事项全程监督。全程参与医疗卫生单位人员公开招聘监督，录用医疗专业技术人员 160 余人，无举报或投诉。参与医疗卫生计生单位政府采购项目监督 28 次，涉及资金 1516 万余元；对县公共卫生中心维修工程、非专利药品带量采购等招标现场监督。继续推进“无红包医院”建设，严肃查处收受红包、回扣等违纪行为。查处违反中央八项规定问题 1 起，受理其他违纪案件 16 件，其中 8 件按期办结，9 件在办；受理群众上访举报投诉 8 起，均按期答复，无重复上访。

【医教科研】 2016 年，县医学会组织医疗质量与医疗安全、糖尿病适宜技术、重症医学、肿瘤防治、医院药学、临床检验、心血管内科、感染管理、儿科常见病、危重病护理、感染性疾病、心身疾病、麻醉技术、病理、五官、中西医结合、预防医学等专业培训活动 25 期，邀请胡晓翔、杨毅、缪飞等国家和省、市、县级 16 位专家授课，医疗卫生技术人员和乡村医生 2780 人次参加培训。县医学会被评为市科协系统先进集体。县人民医院和县中医院开展医学科研活动。立项课题省级 2 个、市级 23 个。“经皮脑穿刺活检术的临床应用研究”和“消痔洗剂对肛门病术后创面恢复的应用研究”结题。12 月中旬，县中医院肛肠科被确定为省中医重点专科。

图 74　11 月 5 日，承办南通市心力衰竭中西医结合论坛

农 村 卫 生

【概况】 县、镇两级都成立基本公共卫生服务项目实施领导组，制定《如东县基本公共卫生服务项目实施方案》。县卫计委坚持季度督查、半年考核制度，将考核结果与基本公共卫生服务专项经费补助挂钩。基本公共卫生服务项目配套专项资金被列入县财政年度预算，并建立专户，各镇设立专账，确保资金封闭运行、专款专用。12 类 46 项基本公共卫生服务项目有序推进。各镇认真落实死亡医学证明书出具和死亡信息网络直报工作，全县网络直报死亡 1.03 万人，报告合格率 97.02%，报

图 75　9 月 22 日，全县基层卫生岗位练兵和技能竞赛在县人民医院举行

告及时率99.12%,报告卡审核及时率100%;做B超14.32万人,胸透10.16万人。

【乡村医生签约服务】 2016年,县医改办等6部门联合印发《关于深入推进如东县家庭医生个性化签约服务试点工作的通知》。乡村医生个性化签约服务新方案在全市率先实现签约服务费用3方分担机制,即签约居民个人承担50%,医保基金报销30%,基本公共卫生服务经费列支20%。个人一次购买2个及以上服务包,第2个及以上服务包按个人自付部分半价收费,实施积分奖励机制,即签约居民每主动到医疗机构接受服务1次奖励1分;每配合家庭医生转诊安排1次奖励3分,协议期满,每积1分次年续约时个人自付费用下浮1%,最高年累计下浮达15%。12月,启动新一轮家庭医生个性化签约服务试点。

【老年人健康管理】 做好65岁及以上老年人免费健康体检工作。各镇在常规体检过程中发现可疑病灶,发放胸透、B超检查预约单,服务对象到医院进一步作胸透、B超检查,县卫计委派人现场督查各体检点。全年体检17.20万人,体检率80%,发现各类疾病2.82万人次,确诊1.75万人次,其中,恶性肿瘤203例,确诊74例,体检结果均以书面形式告知受检人。新增高血压、糖尿病患者被纳入慢性病管理,通知疑似肿瘤人员到上级医院确诊、治疗。

【居民健康档案】 县卫计委通过入户服务、门诊服务、疾病筛查、健康体检等方式,对辖区内居民及老年人、慢性病患者建立纸质档案和电子档案,实行双重管理。累计建立纸质居民健康档案88万份,并录入档案管理系统,建档率89.47%。加强居民健康档案规范化管理,启动居民健康档案"1人1档1袋",居民个人健康信息及就诊、随访记录等全部归档管理,避免居民个人健康资料遗失,并及时更新。

【新型农村合作医疗】 县政府修订完善《如东县新型农村合作医疗管理办法》,人均筹资标准提高至600元,财政补贴450元。参合72.5万人,参合率99.97%。全面试行按病种付费、按床日付费、"一般诊疗费"包干使用等混合支付方式改革,乡镇卫生院住院次均费用(医药总费用/住院人次)上升5.29%,次均支出(新农合基金补偿总额/住院人次)上升8.02%。全县累计结报369.42万人次,共支出4.04亿元。在全市率先推行"信用等级"评定工作,根据各医疗机构管理水平、诊疗层次、服务能力、民众满意度等情况确定其信用等级,与新农合报销相挂钩,推动各医疗机构改善医疗服务,加强财务收支管理。全面落实重大疾病救治工作,为73名慢性髓性细胞白血病患者提供新农合救治补偿金95.84万元,为15名血友病患者提供新农合救治补偿金9.52万元。

疾病预防控制

【概况】 2016年,如东县报告甲乙丙类法定传染病15种2525例,总发病率253.51/10万,同比上升40.28%,上升病种主要为手足口病(上升1.24倍),其中甲乙类传染病报告874例,发病率87.84/10万,同比下降14.73%。成功处置1起H7N9禽流感疫情。县疾病预防控制中心(简称县疾控中心)完成重点项目6个,通过省级督导评审6个。

【艾滋病防治】 县疾控中心按规定要求对常住县内艾滋病病毒感染者进行告知、个案调查和随访,每季度对艾滋病病人和感染者进行一次CD 4细胞和病毒载量检测。开展监管场所被监管人员艾滋病病毒抗体检测,未发现阳性标本。开展医疗机构住院病例HIV检测,全年检测2.55万例,检测率69.29%,较上年有明显提高。开展艾滋病免费自愿咨询检测,共咨询检测597人次,发现3例阳性。开展娱乐场所艾滋病高危行为干预,全县共干预服务小姐5500余人次,发放安全套5.5万只、宣传材料1200余份,结合公共娱乐场所人员体检,筛查艾滋病病毒抗体600余人,未发现阳性病人。

【免疫规划】 2016年,如东县接种一类疫苗12.13万剂次、二类疫苗1.45万剂次,报告疑似预防接种异常反应100例。县疾控中心对各镇进行常规接种率入户调查,走访适龄儿童420人,建卡率及各苗接种率均100%,无漏卡漏种现象;在流动儿童专题调查中,334名适龄儿童建卡、建证率均100%,各苗基础和加强接种率均在95%以上。全县报告AFP(急性迟缓性麻痹)1例,患儿粪便标本未分离出脊灰病毒;共报告疑似麻疹27例,其中2例为麻疹确诊病例,其余25例麻疹风疹IgM(免疫球蛋白)均为阴性。

【血地寄防制】 血吸虫病防治,通过血吸虫病消除省级评估。县疾控中心在历史血吸虫病流行的7个重点镇、39个村中开展查螺工作。全县查螺用工7065个,调查面积617.56万平方米,未发现螺情。对血吸虫病流行区流动人员,双甸船舶签证站水上流动人员及外来流动人员等,开展血吸虫病感染情况监测,检测300人,未发现阳性人员;县内采血检测3000人,发现DDIA(胶体染料试纸条法)阳性13人,经病原学监测,未发现血吸虫病人。疟疾防治,报告3例疟疾病人,均为境外劳务归国人员,病人经规范治疗已治愈;全县16家镜检站血检"三热病人"(临床诊断为疟疾病人、疑似疟疾病例和不明原因发热病人)1939人次。组织寄防人员疟疾防治知识及消除疟疾工作技能培训与测试1次。碘缺乏病防治,对盐业公司批发部及零售店采样监测63份,均合格;水碘监测采集县自来水公司出厂水、末梢水各1份,水碘含量分别为7.2毫克/升、7.0毫克/升,与上年结果一致;抽取掘港、袁庄、新店、洋口、马塘5个镇开展人群碘营养状况调查。每镇采集 40 名 8～10 周岁学生尿样和 20 名孕妇尿样，检测尿中碘含量和家中食盐碘含量，发现非碘盐 3 份，不合格碘盐 2 份，碘盐合格率 98.33%，碘盐覆盖率 99%，合格碘盐食用率98.33%；儿童触诊甲状腺 200 人，发现 1 例甲状腺肿大者；检测儿童尿碘 200 份，尿碘范围 24～469 毫克／升，尿碘中位数 185 毫克／升；检测孕妇尿碘 100 份，尿碘范围 5～512 毫克／升，尿碘中位数 136 毫克／升，各项指标均达到消除碘缺乏病标准。肠道寄生虫防治，全年调查 1358 人，发现蛔虫感染 1 例。每镇各抽查 1 所幼儿园和 1 所小学低年级学生，共调查 628 人，发现蛲虫感染 1 例，鞭虫感染 1 例，全县总感染率 0.15%。

【结核病防治】 2016 年，各社区卫生服务站向医疗机构推荐转诊肺结核可疑症状者筛查 2396 人。县人民医院结核病专病门诊初诊登记 783 人，共发现登记结核患者 367 例(含结核性胸膜炎 5 例)。362 例活动性肺结核患者中，涂阳 87 例、涂阴培阳 21 例、分子生物学检测阳性 2 例、涂阴 252 例；耐多药肺结核患者发现数为 0。全县非结核病定点医疗机构共网络报告当地疑似肺结核患者 341 例，与现场登记核查一致，医疗机构病人报告率 100%。县人民医院 2015 年登记治疗的 434 例活动性肺结核病人，实行系统管理 418 例，病人系统管理率 96.3%。县人民医院对上述 87 例涂阳患者家庭 273 例密切接触者，全部进行问诊或医学检查，涂阳病人密切接触者筛查率 100%。

【慢性病防制】 如东县累计登记高血压患者 14.39 万例、糖尿病患者 3.52 万例，随访 53.51 万人次；报告新发肿瘤病例 2622 例，肿瘤死亡病例 2022 例，报告心肌梗死 281 例、脑卒中 3466 例。全县累计登记恶性肿瘤 1.44 万例，并对所有登记肿瘤患者开展追踪随访。各医疗机构建立 35 岁以上首诊病人测血压制度，全县累计测血压 169.50 万人次。

【公共卫生监测】 全年县疾控中心发放从业人员健康证 1.56 万份；成功处置 2 起疑似食物中毒事件，对与食品安全事故有关因素进行流行病学调查，为患者正确救治提供技术支撑。对 276 家单位 2.31 万名从事有毒有害作业工人体检 2.57 万人次。其中，岗前体检 139 家 6302 人，发现职业禁忌症 69 人；岗中体检 254 家 1.65 万人，发现职业相关异常 2245 人，职业禁忌症 483 人，疑似职业病 15 人；离岗体检 57 家 758 人，发现职业相关异常 45 人，发现疑似职业病 1 人。监测 49 家放射工作单位医用射线装置 75 台次，监测 230 点，合格 229 点；对 58 家 223 名放射工作人员进行职业健康检查 226 次，发现职业相关异常 21 人，未发现疑似职业病人。配合县招生办公室完成 22 所中学 8100 名初三学生及 7 所高中 4300 名高三学生中、高考体检工作。开展学生因病缺课监测并网络报告，监测学生 7.88 万人。监测 116 家公共浴室，合格率 63.79%，监测公共场所 157 所，合格 117 所，合格率 74.52%。

【卫生检验和质控】 全年县疾控中心收检各类样品 5.80 万份，计 69.34 万项次。其中，理样品 2.16 万份、33.16 万项次；微生物 3.64 万份，36.18 万项次。利用内部检验管理系统发放检测报告 1220 份。完成市检验检测机构公共服务平台数据录入及计量器具校验工作。参加 6 市实验室间比对考核合格；参加省疾控中心、省质监局质控考核合格。

【健康教育】 全年县疾控中心发放健康教育资料 378 万份，设置宣传栏 269 个，开展各类宣传日活动 19 次。健康素养学习测评系统完成科普版答题 7019 人，专业版答题 6.06 万人。与县电视台合作完成《卫计之窗》专题栏目 12 期、与县广播电台合作完成《896 名医在线》专题栏目 24 期、与县报社合作完成《如东日报·卫生与健康》专刊 24 期，不定期与县电视台《民生直通车》栏目合作，在媒体宣传各类宣传日活动、全民健康生活方式和慢性病防控知识。创立“如东县疾控中心”微信公众号，全年推送健康生活方式及卫生防病知识近 500 条。开展全民健康生活方式指导员培训，共培训 231 人。掘港、苴镇、河口 3 个镇作为市级全民健康监测点参与调查，共调查居民 432 户。

【精防工作】 2016 年，如东在管重

图 76　6 月 26 日，县疾控中心组织全县首届疾病预防控制知识竞赛

性精神疾病患者6147人,当年新增695人,在管率100%,规范化管理90%。开展肇事肇祸危险性评估,对全县所有精神疾病患者免费体检4488人次,贫困精神残疾人免费救助559人。

卫生监督执法

【卫生行政许可】 2016年,县卫生监督所办理卫生许可事项455件,其中新发公共场所卫生许可证253件、复核202件;办理医疗服务许可事项460件,其中设置批准1件、执业登记190件、校验242件、变更27件;办理放射诊疗许可证24件,其中新发13件、校验11家。按期办结率100%,即办件即收即办。年内获部门“优胜杯”1次、红旗窗口2次、先进个人3人次、“服务能手”1人次。

【卫生行政执法】 县卫生监督所通过日常卫生监督巡查、监督抽检、群众举报等发现违法案由并实施查处。立案148件,其中传染病及消毒感染类案件52件、公共场所类案件57件、生活饮用水1件、医疗类案件32件、计划生育类6件,罚款到账55.79万元。接处举报件38件,及时率和处理率均100%。

【专项整治与监督抽检】 县卫生监督所部署落实住宿场所、游泳场所、生活美容业、消毒产品、餐具消毒单位,打击“两非”等专项整治和专项检查14次,组织开展健康相关产品抽检,检测公共场所181家、1028个样品、2202个项目,检测合格率62.43%。采集集中式供水单位出厂水水样28份,抽检消毒产品51份;对消毒餐具进行消毒效果抽样检测,抽检样品136份,合格率99.26%。

【日常监管与宣传】 如东县有各类医疗机构461个、预防接种单位61家、接种点74个、公共场所721家、学校72所、集中式供水单位13家。县卫生监督所加强对各级各类被监管单位日常监督管理,监督覆盖率100%。开展食品安全标准宣传进社区、进乡村、进学校、进企业、进机关活动,宣传10余次。利用“如东卫生监督”微信公众平台,向受众用户手机定期推送卫生监督信息,如法律法规、政策信息、卫生知识、工作信息、行业动态等134篇,受众2万多人。被省、市、县网络、媒体录用信息82篇,其中,被《南通卫生监督》录用稿件70篇。

妇幼卫生

【概况】 如东县各妇幼服务机构严格孕产妇、婴幼儿健康管理,开展孕产期保健及0～6岁儿童健康体检,重点抓好高危孕产妇、高危儿童管理,严控产筛、新筛质量。县妇幼保健所组织开展业务培训、督查指导和绩效考核。2016年,全县围产儿5379例,活产5083人,5岁以下儿童死亡21人,死亡率4.13‰,婴儿死亡14人,死亡率2.75‰,新生儿死亡10人,死亡率1.97‰,出生缺陷6例,出生缺陷率1.12‰。县妇幼保健所开展母婴保健技术服务机构和人员考核换证,发放“母婴保健技术服务执业许可证”14家、“母婴保健技术考核合格证书”203人。加强爱婴医院长效管理,推进基层医疗卫生机构妇幼健康规范化门诊建设,控制剖宫产率。规范“出生医学证明”签发管理。

图77 12月20日,如东县远程会诊中心与南通市远程会诊中心开通联网

【妇幼卫生服务项目】 县妇幼保健所加强孕产妇住院分娩补助、增补叶酸预防神经管缺陷、宫颈癌和乳腺癌检查以及预防艾滋病、梅毒和乙肝母婴传播项目管理,住院分娩补助实行应补尽补,叶酸应服尽服,“两癌”检查国家级试点项目超额完成目标任务,母婴阻断项目实行免费检查。住院分娩补助3641人,叶酸增补4277人。完成宫颈癌检查2.97万人、乳腺癌检查2.98万人,发现子宫颈上皮内瘤变和宫颈浸润癌316例,均追踪随访进一步治疗。

(顾 建)

卫生系统医疗单位选介

如东县人民医院

【概况】 如东县人民医院是县内唯一二级甲等综合性医院,是南通大学、江苏建康职业学院教学医院,同济大学第十人民医院医疗集团加盟医院,国家级爱婴医院,红十字医院。医院占地面积6.18万平方米,建筑面积6.60万平方米,固定资产总值4亿多元,实际开放床位975张。2016年,门急诊47.09万人次,出院3.45万人次,业务总收入6.07亿元。在编职工994人,其中高级职称169人,中级职称270人,医学硕士29人,南通大学硕士班在读研究生36人,县第八轮拔尖人才5人。医院设35个临床科室、21个病区、12个医技科室、30个专科(专病)门诊。临床、医技科室门类齐全,功能完善,神经外科、肿瘤科、心血管内科、普外科、消化内科、骨科为市级临床重点专科,呼吸科为市级临床重点建设专科。建有"120"急救中心、腔镜中心、肿瘤诊治中心、心脑血管疾病介入诊治中心、血透中心、远程医疗会诊中心、健康管理(体检)中心等。探索开展MDT(多学科综合治疗),加快推进远程会诊、远程教育,与上海、南京等地大型医院建立紧密协作关系,助推医院业务技术建设。医院拥有直线加速器、1.5T磁共振、DSA、64排螺旋CT、DR、数字胃肠机、口腔全景机、数字乳腺钼靶机、彩色多普勒、系列电子内镜、全自动生化分析仪、五分类细胞分析仪、化学免疫发光分析仪、血液透析系统、急危重症抢救仪等高精尖仪器设备。医院以建设基本现代化和谐医院为目标,围绕"深化新医改、推进现代化、争创三级综合医院"战略定位,组织实施"人才引领、科技驱动、学科整合、可持续发展"战略,加快基础设施建设步伐,加强业务技术建设,实现健康发展。先后获"全国维护消费者权益先进集体"、省"文明单位""省爱国卫生运动先进集体""省巾帼文明示范岗市县文明单位""市十佳医院"等称号。

(江亚芳)

如东县中医院

【概况】 如东县中医院占地面积2.42万平方米,建筑面积2.57万平方米,医疗及医疗辅助用房面积1.94万平方米,总资产4.9亿元,其中固定资产总值1.2亿元,为二级甲等综合性中医医院。2016年,在职职工637人,其中卫技人员568人,占全院职工总数89.16%,高级卫技人员90人(其中正高22人),中级卫技人员148人。设14个一级临床科室、6个二级临床科室、13个专病门诊。医院核编床位800张,实际开放450张,设10个病区。全年门诊31.1万人次,收治病人1.64万人次,总收入2.78亿元,同比增长4.1%,总支出2.72亿元,结余600万元。开展腹腔镜下胆囊切除术;宫腔镜检查治疗不孕症、异常子宫出血、难取性节育环、妇科腹腔镜治疗子宫肌瘤、附件囊肿、宫外孕;经尿道前列腺电汽化切割;钼靶机诊查妇女乳腺疾病;肿瘤介入治疗;体外震波碎石治疗泌尿系结石;肛肠中心治疗各种痔、瘘疾病;眼科中心拥有一流环境、设备、服务;小针刀中心治疗慢性软组织损伤所致的疼痛类疾病疗效显著。有医疗设备3000多台套,总值近7000万元,其中1万元以上医疗设备360余台(套)。拥有西门子1.5T磁共振、全身螺旋CT、C型臂X光机、500mAx光机、计算机成像系统(CR)、钼钯机、彩色多普勒超声诊断系统、全自动生化分析仪、血透机、电子胃肠镜、血凝仪、激光光子系统、全自动血细胞分析仪、呼吸机、氩气刀、监护仪、腔镜及前列腺汽化设备、全自动化学放光免疫检测仪、细菌培养微生物鉴定及药敏、中医四诊综合诊断系统等大中型医疗仪器设备。新院址按三级医院标准设计,占地面积10.47万平方米,一期工程总建筑面积11.42万平方米,床位800张,投入7.1亿元。

(高 洁)

图78 12月9日,如东县人民医院与上海胸科医院心胸疾病诊疗协作中心揭牌

如东县第二人民医院

【概况】 如东县第二人民医院地处如东西部重镇岔河镇,省道334、225及其复线交汇于此。医院是如东西南片唯一公立医疗及预防保健单位,服务半径20公里,服务人口20万人,是一所集医疗、保健于一体的二级乙等综合性医院。占地面积1.6万平方米,建筑面积1.08万平方米,固定资产总值2657万元,开放病床160张,年门急诊7万人次,年出院近3600人。2016年,在编职工160人,其中,高级技术职称31人、中级技术职称68人,医学硕士1人。医院设14个临床一、二级科室,6个医技科室,县级重点建设专科2个。医院配备有磁共振、CT、DR、彩超、电子胃肠镜、电子鼻咽喉镜、全自动生化分析仪、心电工作站、彩色经颅多普勒、血球计数仪等先进仪器设备,采用手术、化疗、生物治疗等方法,综合治疗各种恶性肿瘤。心血管、消化、神经内科、儿科、骨科、普外、肛肠科等各具特色,眼科采用超声乳化人工晶体植入术治疗白内障等。医院多次被评为市、县文明单位、行风建设先进集体,被世界卫生组织联合国儿童基金会评为"爱婴医院"。

(孙海燕)

如东县第三人民医院

【概况】 如东县第三人民医院始建于1956年,坐落于栟茶镇,与海安、如皋、东台3县(市)毗邻。占地面积1.9万平方米,建筑面积2.15万平方米,固定资产9000万元,是一所集医疗、预防、保健、康复于一体的二级乙等综合性医院。2016年,门诊13万余人次,收治病人6153人,业务收入近6000万元。在岗职工225人,其中,高级职称52人、中级职称85人、初级职称88人。医院医疗设备齐全,设6个病区,开放床位200张,病区均配备多参数心电监护装置、床边X光机,氧气全部管道化,并有内部传呼系统、轨道式输液架、电脑网络系统等,每间病房均安装空调,配有盥洗间、卫生间。2012年3月,开设血液透析中心,南通市第一人民医院赠送血透机5台及水处理系统,后增添5台。2016年,血透病人40人。 (缪丽霞)

如东县第四人民医院

【概况】 如东县第四人民医院为二级精神专科医院,精神心理科、皮肤性病科是县政府唯一认定权威性县级专科。占地面积1.56万平方米,医疗及医疗辅助用房建筑面积4578平方米。医院实际开放床位120张,设4个病区。2016年,在岗职工153人,其中,卫生技术人员113人,占全院职工总数74%,高级卫技人员17人(其中正高4人),中级卫技人员37人。全年门急诊7.2万人次,收治病人1188人次,出院病人1186人,总收入4230万元,总支出4223万元,结余7万元。医院总资产2527万元,其中固定资产1155万元。设7个一级临床科室、2个专病门诊。开展内科、外科、妇产科、骨科等疾病诊疗;拥有肛肠科、脊柱外科、心理咨询、皮肤美容等知名专病专科。医疗设备101台(套),总值428万元,其中万元以上医疗设备57台(套)。医院引进四维彩超、DR、无抽搐电休克治疗仪、全自动生化分析仪、五分类血球计数仪、多功能水光针机、C臂机、胶囊胃镜等大型医疗设备。 (徐 境)

如东县丰利医院

【概况】 如东县丰利医院创建于1956年,新址在丰利镇新区,占地面积2.33万平方米,医疗用房1.42万平方米,附属用房1000平方米,是一所花园式、宾馆式、现代化综合乡镇卫生院,承担丰利地区预防、保健、健康教育、计划生育、医疗、康复等工作。1997年12月,创建爱婴医院。2006年,与南通大学附属二院建立协作关系。2007年,丰利医院被确定为如东县职业病应急救治中心。2012年,晋升为二级乙等医院,10月29日通过江苏省职业健康体检资质认定。医院开放床位100张。卫生技术人员139人,其中高级职称25人、中级职称56人,常年聘用享受国务院津贴专家2人。设内科、外科、妇产科、传染科、急诊科等科室,设置"120"急救分站及血透室、ICU等。配备多排螺旋CT、彩超、呼吸机、血透机、24小时动态心电图、彩色经颅多普勒、电子胃镜、肠镜、支气管镜、胸腔镜、电子喉镜、电子测听、声导抗、电脑验光仪、裂隙灯、全自动生化分析仪、五分类血球计数仪、血气分析仪、除颤仪、电子支气管镜、阴道镜等高精医疗诊断治疗设备。骨科被评为南通市特色专科。2016年,医院总资产6620.38万元,其中固定资产4227.48万元,收入5000余万元。 (秦 霞)

如东县马塘医院

【概况】 如东县马塘医院始建于1951年,是一级甲等综合性中心医院,承担近20万人口医疗保健服务。占地面积1.28万平方米,建筑面积9000平方米,在职职工129人,其中卫技人员112人,开放床位100张,年治疗病人2593人。拥有螺旋CT、彩超、电子胃镜、全自动生化分析仪、血细胞分析仪、500毫安X线电视透视系统、TCD诊断仪、高档麻醉机等诊疗设备;在腔镜专科、中医康复科、无痛专科、骨科、消化内科、心血管内科、眼科等特色专科建设方面形成技术特色与优势,是县内首家"无红包医院"。获市、县"文明单位""文明单位标兵",市"文明诚信窗口""卫生系统行风建设先进单位""价格诚信单位""省诚信计量示范医院"等称号。2016年,医院通过国家群众满意乡镇卫生院验收,腔镜专科、中医康复科被列入省特色专科重点扶持项目。 (付卫卫)

如东县大豫镇中心卫生院

【概况】 如东县大豫镇中心卫生院是一所集基本医疗和预防保健服务为一体的一级甲等中心卫生院,占地面积8643平方米,建筑面积6248平方米,开放病床50张,服务半径15公里,服务人口10万人。在职职工80人,卫生专业技术人员65人,其中,高级职称7人、中级职称37人。2016年,门急诊7.1万人次,出院1897人。业务总收入3158万元,业务支出3110万元,结余48万元;总资产2921万元,其中固定资产总值1746万元。配备进口西门子螺旋CT、全自动生化分析仪、血球计数仪(五分类)、血流变分析仪、电解质分析仪、血凝仪、彩色B超、心电图工作站、经颅多普勒(TCD)、中科美仑数字化X射线计算机成像系统(ZK-DR)、奥林巴斯V70电子胃镜系统、美国HILL-ROM抢救床、耳鼻喉科综合治疗仪、24小时动态心电仪、多功能麻醉机、心电监护仪、中心供氧系统等医疗设备。2016年,引进富士平板DR,普利德数字胃肠机。该医院是全县首家通过"省示范乡镇卫生院"评审验收的中心级医院,是南通市第一人民医院、南通瑞慈医院、南通康复医院的技术协作医院。获县"文明单位""无红包医院""新型农村合作医疗管理工作先进集体"等荣誉。 (宋晶晶)

如东县苴镇中心卫生院

【概况】 如东县苴镇中心卫生院始建于1952年,是一所集医疗、保健于一体的一级甲等综合性医院。占地面积1.46万平方米,建筑面积1.11万平方米,绿化面积3593平方米,总资产2116万元,固定资产1286万元。2016年,在职在编员工60人,卫生技术人员49人,高级职称7人,中级职称20人,初级职称25人。核定病床64张。全年业务总诊疗3.85万人次,出院病人629人次,业务总收入702万元,业务总支出1389万元。医院配备进口DR、彩超、电子胃肠镜、电子鼻咽喉镜、全自动生化分析仪、心电工作站、彩色经颅多普勒、五分类血球计数仪等先进仪器设备。开展消化内科等专科建设,被评为县"文明单位""爱婴医院""平安医院"、全国群众满意乡镇卫生院及省示范乡镇卫生院。

（谢　红）

如东县掘港镇中心卫生院

【概况】 如东县掘港中心卫生院是一级甲等卫生院，在编职工 63 人，卫技人员 48 人，其中，高级职称 2 人、中级职称 20 人，全科医师 26 人。医院本部位于掘港镇江海中路 33 号,占地面积 375 平方米,建筑面积 1500 平方米。护理医院位于掘港镇公共路 17 号,占地面积 422 平方米,建筑面积 1477 平方米。病床数 80 张,2016 年，诊疗 2.45 万人次，出院病人 314 人，全年业务收入 359.29 万元,业务总支出 1033.9 万元。总资产 1352.39 万元,其中固定资产 711.29 万元。医院具有集预防、保健、健康教育、医疗、康复于一体的服务功能,有麦迪逊彩超、全自动生化分析仪、DR、全自动尿液分析仪、24 小时动态心电图等仪器设备,提供常见病、多发病门急诊服务和住院服务及康复医疗、临终关怀等医疗服务，南通大学附属医院专家常年坐诊。

（赵文贤）

体　育

【概况】 2016 年,如东县举办各级各类群众性体育活动和比赛 200 余场次。建成市级体育公园 1 个,笼式足球场 1 块，全县 65%(省局要求 50%）行政村完成体育场地升级改造。体育彩票销售 7524 万元。参加省县组比赛获省第 15 名(南通市列第 1 名)。组队参加市少儿田径赛，获少年甲组第 1 名、少年乙组第 2 名、儿童组第 3 名，团体总分第 2 名。组队参加市少儿乒乓球、篮球、排球、足球、羽毛球等比赛,篮球获儿童男子乙组第 2 名；排球获儿童男子组第 2 名、少年男子组第 2 名、儿童女子组第 3 名；足球获男子甲组第 2 名、女子丙组第 3 名;羽毛球获少乙男团、儿童女团、儿童男团第 2 名。县队校办项目学校利群小学参加全国重点学校射箭锦标赛,获 2 金、2 银、3 铜。全年向市体校输送 19 人、省体校输送 3 人。新增国家级裁判 2 人、一级裁判 4 人、二级裁判 10 人、三级裁判 36 人,全县有国家级裁判 1 人,一级裁判 35 人,二级裁判 108 人,三级裁判 287 人。选调送培社会体育指导员国家级 5 人、省一级 7 人、市二级 40 人。举办中国如东第 17 届国际风筝会暨"小洋口旅游杯"江苏省风筝精英赛、江苏省青少年田径短跨项群比赛等有影响赛事。如东风筝节获 2016"最美中国·首批最具影响力特色节庆"称号。

竞技体育

【概况】 2016 年,如东县先后承办省青少年田径短跨项群比赛、市少儿排球(男子组)赛和市田径跳高跳远项群比赛和县中小学生阳光体育运动会。组队参加县以上各类体育比赛 16 项，取得 43 金、46 银、28 铜。如东县少年业余体育学校被省体育局命名为 2016—2017 年度高水平体育后备人才(田径)单项训练基地;栟茶高级中学、马塘中学、实验小学 3 所学校创建为省体育传统项目学校。

【全国射箭重点学校锦标赛】 8 月 20—24 日，全国射箭重点学校锦标赛在江苏省方山体育训练基地举行。比赛由国家体育总局射击射箭运动管理中心、中国射箭协会主办，江苏方山体育训练基地、省体育竞赛管理中心承办。全国 72 家单位 449 名运动员参赛。如东县利群小学组队参赛，获得 2 金、2 银、3 铜。

【省县组田径比赛】 4 月 29 日—5 月 3 日，江苏省青少年田径锦标赛暨县组田径比赛(第一赛区)在张家港举行,64 个县(区)参赛。如东代表队 16 名运动员夺得 1 金、4 银、4 铜,位列全省第 15 名(南通市第 1 名)。

【省青少年田径短跨项群比赛】 7 月 11—12 日,江苏省青少年田径短跨项群比赛暨训练营在如东高级中学举行,全省 13 个市国家级和省级田径单项后备人才基地近 400 名运动员参赛，其中如东有 12 人参赛。比赛由省文明办、省体育局、省教育厅等单位联合主办，设 100 米、200 米等 6 个短跨项目，这是如东县承办规模最大田径比赛。

【省小学生体育传统学校田径夏令营】 7 月 18—19 日,江苏省青少年阳光体育运动联赛暨江苏省小学生体育传统学校田径夏令营（苏北赛

图 79　7 月 11—12 日,江苏省青少年田径短跨项群比赛在如东高级中学操场举行

区)在泗阳县举行,苏北8个地级市31个县(市、区)35所学校219名运动员参赛。比赛分4个年龄组,包含60米、100米、1500米、跳高、垒球等41项次。县实验小学获5枚金牌,位列奖牌榜第5名。

【市少儿田径比赛】 11月17—20日,南通市少儿田径比赛在市体育学校举行,比赛设少甲、少乙、儿童3个组别,全市8个县(市、区)300多名运动员参赛。如东代表队52名运动员参赛,获金牌23枚、银牌21枚和铜牌14枚,获少年甲组总分第1名、少年乙组总分第2名、儿童组第3名,团体总分第2名。

【市少儿排球比赛】 8月16—18日,南通市少儿排球(男子组)比赛在县实验小学体育馆举行。全市6支代表队67名运动员参赛。洋口镇光荣小学和苴镇德耀小学组成如东代表队参加4个组别比赛,光荣小学获儿童组(10~11岁)亚军、少年组(12~13岁)亚军。

【市少儿田径跳高跳远比赛】 11月25－27日,南通市少儿田径跳高跳远比赛在县实验小学举行。全市5支代表队70多名运动员参赛。比赛设跳高、跳远与三级跳远3个项目,分14~15岁男、女组,12~13岁男、女组,10~11岁男、女组6个组别。如东县代表队获金牌2枚、银牌4枚,获团体总分第3名。

群众体育

【概况】 2016年,如东县举办中国如东第17届国际风筝会暨“小洋口旅游杯”江苏省风筝精英赛等4项大型比赛,组织群众体育活动比赛200余场次。5人被批准为国家级体育社会指导员,7人参加省一级社会体育指导员专项技能晋级培训,40人参加市二级社会体育指导员培训。县空竹协会创建为4A社团。

【国际风筝比赛】 10月15—16日,中国如东第17届国际风筝会在小洋口旅游度假区风筝放飞场举行,比赛分国际风筝邀请赛和江苏省风筝精英赛。国际赛项目设运动风筝单双人及团体芭蕾赛、打斗风筝个人赛等及特色风筝板类、龙类、软体类赛等。省赛项目有地方特色风筝、软体造型风筝、夜光风筝等12项。英、美等国家和中国台湾地区47支代表队236名运动员参赛。如东队陈刚获省赛地方特色风筝最佳工艺奖和夜光风筝最佳空中效果奖,张再如获软体造型风筝最佳空中造型奖,吴维英获体育道德风尚奖,县风筝协会获体育道德风尚奖。

【棋类比赛】 8月28日,“江阴周庄”2016中国体育彩票全国象棋业余棋王赛、“乐在棋中”江苏赛区如东分站赛暨“史东杯”如东县围棋高手与南通地区围棋名手(特邀)团体对抗赛在如东规划展览馆举行。吴炳泉、周宏、毛春泉分获象棋比赛前3名,南通队获围棋团体赛第1名。

【全民健身日活动】 8月8日,如东县“全民健身日”“南通体育日”启动仪式在蠙山小学举行,全县13支代表队700余名健身爱好者、运动员、市民参加活动。在全民健身节目展演环节,4个社会健身团体表演广场舞、太极拳等健身项目。

【足球比赛】 4月2日—6月22日,如东县第四届男子业余足球联赛在如东中等专业学校举行。全县各机关、企事业单位、民间团体10支足球队近300名足球爱好者参赛。经过9轮45场角逐,经世宇足球队获冠军,洋口港和铁人代表队分获2、3名;经世宇足球队许东明获评最佳射手、张晓烨获评最佳球员,东盛足球队徐元国获评最佳守门员。

【乒乓球比赛】 8月6—7日,如东县“郎牌特曲·乒协杯”乒乓球比赛在掘港高级中学举行。全县31支代表队200名运动员参赛,规模创如东新高。信孚俱乐部队获第1名,如东汽车站飞鹤国旅队获第2名,阳光乒乓球馆队获第3名。11月20日,“德禾御景杯”如东县第三届企业家乒乓球邀请赛在掘港小学举行,全县7支企业队近30人参赛。张学功获单打冠军,顾秋兵获亚军;高新区代表队获团体冠军,LNG代表队获亚军。

【广场舞比赛】 5月21日,如东县首届“小康村”农民广场舞大赛在栟茶高级中学举行,全县25个村510名运动员参赛。比赛设规定套路及自选套路。栟茶镇栟南村代表队、袁庄镇孙庄村代表队、岔河镇南桥村代表队分获前3名。8月9日,南通市首届“小康村”农民广场舞大赛决赛在南通经济开发区举行,全市8个县(市、区)14支代表队参赛。岔河镇南桥村代表队获规定套路、自选套路、团体赛总分3个第1名。

【健身秧歌、腰鼓大赛】 5月13—15日,全国健身秧歌、健身腰鼓及手拍鼓大赛在张家港市举行。全国38支代表队483名运动员参赛。县高新区健身秧歌队获健身秧歌项目B组规定套路、自选套路2个一等奖。9月13—14日,省第七届全民健身运动会群舞飞扬大赛秧歌腰鼓分站暨省健身秧歌比赛在宜兴市举行。全省13个地级市13支代表队200多人参赛。比赛设置健身腰鼓、中青年组健身秧歌、老年组健身秧歌3个项目。如东代表队获健身秧歌(老年组)规定套路优秀奖、自选套路优秀奖。 (徐本如)

学校体育

【概况】 3月,如东县中小学体育工作会议召开,制定下发《关于进一步加强中小学体育工作的意见》,强化体育课程管理和课堂质量,开展阳光体育运动,推进校园足球活动,提升学校体育工作水平,提高学生体质。

【体育活动赛事】 县教育局举行阳光体育竞赛活动，举行全县小学生和中学生阳光体育运动会、中小学跑操比赛、中小学排球、篮球、乒乓球比赛。举办中小学校园足球联赛，全县 49 所学校 82 支球队报名参赛，参赛学校占比 70%，推进校园足球运动开展。在市少儿足球、排球、乒乓球、篮球、羽毛球等比赛中，实验中学、岔河中学、光荣小学、新光初中、九总小学、马塘小学、掘港小学等学校获得一、二等奖。

【健康教育】 县教育局开展健康教育，加强学校传染病防控工作，协同县卫生部门组织中小学生健康体检，对学校卫生室建设情况进行专项督查，如东高级中学、岔河中学创建省健康促进金奖学校。研究制定并提请县政府印发《如东县学校体育设施向社会开放实施细则(试行)》，15 所学校体育设施向社会开放，如东高级中学、栟茶高级中学、马塘中学、掘港高级中学、如东中等专业学校、实验中学、直夫初级中学、景安初级中学、先民初级中学、新店初级中学、实验小学、马塘小学、童店小学、洋口小学、双甸小学成为首批向社会开放体育设施学校。 (宋卫东)

图 80　3 月 22 日，全县中小学跑操比赛

体育产业

【概况】 如东县抓住江苏沿海开发和南通陆海统筹发展战略实施机遇，利用自然人文资源、区位优势，探索具有如东特色的体育产业发展之路，逐步形成以新店镇健身器材产业园为重点，以小洋口体育休闲旅游带为主线，以健身服务、竞赛表演等为中心的纵贯南北横跨东西的产业框架。全年体育彩票销售 7524 万元。争取省级体育产业发展专项资金 50 万元。8—11 月，开展全县体育产业专项调查工作，对国家体育总局体育产业数据库中 1466 家单位逐一上门排查登记，完成数据审核上报。

图 81　南通鑫锐健身器材科技有限公司生产车间一角

【体育用品业】 2016 年，新店镇有各类健身器材企业 80 多家，实现销售收入 15 亿多元，产品销往 20 多个国家和地区，形成“家用健身器材”“商用健身器材”和“竞技健身器材”3 大门类 2000 多种产品。5 月 31 日，省体育局局长陈刚到如东调研，要求新店镇抢抓国家大力发展体育产业，加快促进体育消费时机，通过技术创新、提档升级，利用互联网平台，通过品牌确立，进一步提高产品在国内外市场占有率。

【宝鹏健身器材进里约奥运会】 8 月，新店镇宝鹏健身器材有限公司生产的杠铃片、哑铃等健身器材被里约奥运组委会选中，作为比赛用器材。该公司 PU 专利产品整体包覆带彩式 COGO 技术生产工艺居国内领先水平，关键技术具有自主知识产权，生产的 PU 哑铃、PU 杠铃、PU 铃片等产品得到客商青睐。该公司成功申请省体育产业引导资金 50 万元。

【县体育中心开工建设】 8 月 2 日，县体育中心一期工程破土动工。年底，体育馆进入三层结构施工。一期工程占地 10.8 万平方米，计划投资 3.3 亿元，总建筑面积 3.56 万平方米，计划 2018 年投入使用。主要包含体育馆和全民健身中心两部分。

体育馆有主篮球馆、副篮球馆、游泳馆各1座;全民健身中心有国民体质监测中心、健身房、乒乓球室、羽毛球馆、壁球馆、桌球室、棋牌室、武术馆、体育舞蹈室等室内活动场地,建筑面积1.24万平方米。县体育馆北侧建南通市青少年校外足球活动中心,总投资1000万元,建设1片标准11人制和2片7人制天然草皮足球场,周边配建9片篮球场及健身步道、休息区和配套用房。

【体育彩票业】 2016年,如东县新增体彩专营店8家,其中5家填补集镇销售空白区域,全县共有体彩专营店67家。体育彩票销售7524万元,较上年增长10.9%。其中,传统电脑彩票销售3066万元,“11选5”销售3594万元,即开票销售416万元,竞猜销售448万元。

【体育旅游业】 如东县利用黄海滩涂优势,以小洋口旅游度假区为轴心,有效整合体育与旅游资源,开发适合不同年龄、性别、民族的旅游项目,打造休闲度假、康复疗养、竞技竞赛、冒险体验、健康美食5大类休闲体育旅游品牌。10月27—29日,“金立杯”中国围棋甲级联赛——华泰证券江苏队VS河北新奥队,在小洋口旅游度假区如东金陵金蛤岛温泉酒店举行。

如东县城区主要健身活动场馆一览

表35

企业名称	地 址	服务产品	联系电话
如东县全民健身中心	掘港镇陵园路59号	篮球、网球、羽毛球	84162658
如东县老干部活动中心	掘港镇陵园路59号	乒乓球、门球	84162658
如东县职工健身中心(南通铁人健身)	掘港镇珠江路8号总工会2楼	器械、舞蹈、瑜伽	81966111
如东宾果健身俱乐部	掘港镇泰山路22号	游泳、器械、健身操	81965333
南通顺星酒店管理有限公司天辰养生源馆	掘港镇武夷山路2号	游泳、器械、羽毛球	81958666
如东县城市在线健身会所	掘港镇掘宾路30号	游泳、羽毛球、乒乓球	13806271608
如东县飞翔乒羽俱乐部	掘港镇范堤南路5号	羽毛球、乒乓球	13906270919
如东县先河体育馆	掘港镇江海中路63号	舞蹈、篮球、游泳	13813620007
如东阳光乒乓球体育俱乐部	掘港镇人民南路(原棉麻公司内)	乒乓球	13328088122
江苏大明国际大酒店有限公司	掘港镇友谊东路81号	游泳	84159999
如东县星光壹佰健身中心	掘港镇江海中路51号	游泳、器械、瑜珈	13771017527
南通爱玛会文体产业有限公司如东雨润会所	掘港镇珠江路9号	游泳、器械	15896295679

(徐本如)

养老服务

【养老机构】 2016年,新店镇敬老院一期工程、马塘镇敬老院护理楼、岔河镇敬老院改建工程竣工。年末,全县共有养老机构36家,其中,公办养老机构23家、民办养老机构13家,机构养老床位7652张。

【人员培训】 县民政局继续实施养老服务人员持证上岗、免费培训制度,全面落实养老从业人员激励机制,实现养老从业人员岗前培训率100%,持证上岗率80%以上。2016年,8人参加养老机构负责人培训,12人参加营养配餐师培训,127人参加养老护理员培训,均取得相关资质证书。 (高 建)

社会保障

Shehui baozhang

劳动就业

【统筹城乡就业创业】 县人力资源和社会保障局(简称县人社局)实施就业优先战略,贯彻落实《关于进一步做好新形势下就业创业工作的若干政策措施》。全年举办各类招聘会52场次,向社会提供就业岗位5.05万个。全年新增城镇就业7697人,城镇失业人员再就业4020人,新增农村劳动力转移9899人,就业困难人员再就业459人,城镇登记失业率控制在1.85%。推动大众创业、万众创新,释放创业带动就业倍增效应。开展如东县首届“创业之星”评选活动,讲述创业故事,营造创业氛围。全年新增自主创业1384人,其中,引领大学生创业161人,返乡农民工创业701人,带动就业6620人。个人创业担保贷款新增发放53笔、1720万元,小额担保贷款贴息53.65万元。建成县级创业孵化基地2家、市级创业孵化基地1家。

【和谐劳动关系构建】 县人社局坚持“执法与服务并举、维权与维稳并重”,着力解决经济运行下行态势中出现的劳资矛盾,维护劳动关系和谐稳定。全年受理劳动人事争议仲裁案件315件,不予受理案件78件,案外调解案件46件,按期结案率100%,调解结案201件,撤诉结案62件,裁决结案64件,调撤率80%,案件网上运行率100%,处理集体争议案件5件。全年监察用人单位650家,信息采集3618家,书面审查用人单位3026家。受理举报、投诉504件,正式立案132件,372件通过简易程序调处,劳资双方达成共识,调处成功率100%。接待、处理群体性、突发性事件61起,涉及劳动者1601人,追讨工资2633.35万元。向公安部门移送涉嫌拒不支付劳动报酬案件1件,案件涉及欠薪人员287人,欠薪446万元。如东县被省人社厅授予“全省劳动保障监察两网化管理示范县”称号。 (冯 飞)

图82 3月30日,如东县“12333”现场咨询活动在文峰大世界广场举行

社会保险

【概况】 2016年,如东通过加大宣传、联动稽查、基金监管、经办服务力度,全县社会保险覆盖范围持续扩大,基本养老、医疗、工伤、失业、生育保险新增参保分别为1.78万人、1.44万人、1.45万人、1.2万人、9797人。城乡居民基本养老保险基础养老金标准提高至每人每月115

图 83　10 月 17 日，全县居民医疗保险机构整合动员会召开

元。城乡居民养老保险参保人数实现全覆盖，当年征收保费 3.08 亿元。全面实施机关事业单位养老保险制度改革，推进城镇居民基本医疗保险与新型农村合作医疗制度并轨实施。做好断保人员续保和城乡居保参保人员转入职工养老保险工作。社会保险实现“扩面、提质、增量”，在经济下行和政策性减收、支出增加形势下，实现社保基金收支平衡。严格执行省、市社会保险政策，出台稳岗补贴政策，5 月 1 日起，养老保险企业缴费比例从 20%降为19%，2016 年度社会保险最低缴费基数不作调整，全年为企业减负 1 亿多元。

【职工养老保险】 2016 年，如东新增参保 17834 人，新增保额 1.73 亿元，累计参保 163433 人，参保金额 14.02 亿元。当年办理职工基本养老保险退休手续 7087 人，领取退休待遇 5755.2 万元，累计领取 65118 人，发放金额 15.36 亿元。

【职工基本医疗保险】 2016 年，如东新增参保 14360 人，新增保额 5485.34 万元，累计参保 178434 人，参保金额 6.54 亿元。当年报销医药费 325.15 万人次，发放金额 4.88 多亿元。

【工伤保险】 2016 年，如东新增参保 14528 人，新增保额 435.43 万元，累计参保 119442 人，参保金额 8976 万元。当年工伤鉴定 516 人，领取工伤保险待遇 1252 人，发放金额 4783 万元。

【失业保险】 2016 年，如东新增参保 12047 人，新增保额 243.75 万元，累计参保 81214 人，参保金额 5168.22 万元。当年申领失业保险待遇 4041 人，发放金额 3779.73 万元。

【生育保险】 2016 年，如东新增参保 9791 人，新增保额 101.21 万元，累计参保 63608 人，参保金额 1851 万元。当年申领生育保险待遇 1318 人，发放金额 1435 万元。

（冯　飞）

社会救助

【城乡低保】 县民政局完善困难家庭经济信息核对系统，加强对城乡低保动态管理，做到“应保尽保、应退尽退”，体现救助公平公正。落实自然增长机制，2016 年 7 月 1 日起，城乡低保标准分别提高至每人每月 590 元、480 元，比上年分别增加 10 元、60 元，人均补差分别为每人每月 501 元、350 元。年末，全县城乡低保 5852 户 8717 人，其中，城镇低保 350 户 501 人，农村低保 5502 户 8216 人，全年发放低保补助金 3842.45 万元。

【农村五保、城镇“三无”老人、孤儿供养】 2016 年，农村五保供养标准提高至每人每年 7250 元，同比增长 11%，五保供养对象 4932 人，全年发放供养经费 3350 万元。城镇“三无”（无收入、无子女、无赡养）老人供养提高至每人每年 15550 元，同比增长 9.4%，城镇“三无”老人 36 人，全年发放供养经费 52.21 万元。孤儿基本生活补助集中供养提高至每人每年 2.18 万元、分散供养提高至每人每年 1.32 万元，同比分别增长 10%、11%，全县孤儿 66 人；监护人监护缺失困境儿童和其他困境儿童参照孤儿补助标准 80%、60%比例发放，困境儿童基本生活保障对象 280 人，共发放养育资金 249.96 万元。

【医疗救助】 2016 年，如东县重点优抚对象医疗救助比例达 75%，年救助封顶线提高至 4.5 万元。全年即时救助 33.37 万人次，救助资金 1287.94 万元。

【流浪人员救助】 县救助管理站联合县公安局和各镇（区、街道）民政办，加强流浪乞讨人员救助服务。全年救助流浪乞讨对象 187 人次，涉及山东、重庆、安徽、贵州、河北、河南、浙江、黑龙江、广东等地。其中护送救助县外户籍智障、患病流浪人员 56 人次。

社会福利

【老年福利】 2016 年，如东 60 岁以上人口 32.66 万人，占户籍人口 31.55%，社会老龄化程度为全省最高。其中，80 周岁以上 5.24 万人，占户籍人口 5%。百岁老人 144 人。全县发放尊老金 4162.18 万元。建立分散供养特困人员“3+1”关爱照料服务补贴制度，全县 3110 名分散供养特困人员享受政府购买服务，发放关爱照料服务补贴经费 321.04 万元。

【优抚安置】 如东实施抚恤补助城乡一体化标准，全年发放各类抚恤补助金 1.23 亿元。安置转业士官 25 人，其中，事业性质岗位 20 人，国有企业 3 人，辅助岗位 2 人。如东退役士官计分安置模式被省民政厅推广。扩大重点优抚对象优待内容，实行重点优抚对象免费公交，免费游览，水、电、煤气补助等优惠措施。开展关爱功臣活动，组织 300 多名重点优抚对象康复疗养。 (高 建)

住房保障

保障房建设

【概况】 2016 年，如东县加快推进住房保障和供应体系建设，构建以政府为主提供基本保障、以市场为主满足多层次需求的住房供应体系，优化保障性住房筹集和使用方式。全年新开工和基本建成城市棚户区(危旧房)改造(含货币化安置) 3000 套(户)。公共租赁住房保障覆盖城市中等偏下收入住房困难家庭、低收入住房困难家庭、低保和特困职工住房困难家庭、新就业人员、引进人才和外来务工人员。全年新增保障县城机关事业新就业人员 47 人，保障公租房 20 套，累计保障 243 人次、45 套；新增保障城镇住房困难家庭 66 户、66 套，累计实物配租保障城镇住房困难家庭 172 户、172 套。全年发放租赁补贴 7.59 万元，保障 25 户家庭，累计发放补贴 193 万元，保障 258 户家庭；保障引进人才 13 户、13 套；其他政府指定特殊对象 90 套。公共租赁住房保障达到应保尽保。全年争取上级资金 6682.8 多万元，并及时拨付给项目主体，其中，中央及省级专项补助资金 6182.8 万元，县财政补贴 500 万元，住房公积金增值收益 1286.11 万元。建立县住建和国土(房产)、民政(收入认定)、公安(户籍、车辆管理)、社会保障(养老)、工商、税务、住房公积金等多部门联动审核保障对象的动态管理机制，对公共租赁住房实物配租和租赁补贴保障对象年度审核采用多部门联动审核，进一步加大监督和审核力度。建立季度巡查制度，定期不定期上门检查入住情况，打击骗租、转租行为。通过动态监管和多部门联动，年度审核 3 户因收入提高、拥有汽车、购买房产等原因退出保障，15 户因家庭收入提高而降低保障标准。在南通地区首度研发住房保障人员管理系统，所有住房保障对象全部实行信息化管理，随时查询保障对象准入退出情况，并实现实体、电子档案双轨制管理。同时，对住房保障对象实行一户一档，建立电子档案及实物配租台账，便于及时核查。

老旧小区改造

【概况】 2016 年，如东实施老旧小区改造项目 10 个，投入资金 1500 余万元。其中，财政内资金项目 3 个，包括日晖小区、兴泉小区、南公路周边居住区；县开泰城建投资有限公司自筹实施项目 7 个，包括花苑小区、宾东小区、教工小区、金侨小区、海花新城小区、明霞香阁小区、北明霞及周边居住区。日晖小区、兴泉小区改造全部竣工，南公路周边居住区、花苑小区 12 月底前基本竣工，宾东小区、明霞香阁小区等 6 个小区有序推进。围绕完善基础设施、改善居住环境、解决停车难以及实施墙体出新、解决安防问题、新建居民活动室等内容，小区改造整治从解决群众投诉和应急改造，逐步拓展到小区配套、环境改善等综合整治。 (冯滥铭)

住房公积金管理

【概况】 2016 年，如东县新建住房公积金单位 198 个，累建单位 1926 个，同比增长 11.14%；新缴 7507 人，实缴 60636 人，增长 4.44%，覆盖率 34.11%。归集余额 19.04 亿元，净增 1.87 亿元，同比增长 10.89%，月应缴额 5516.39 万元，同比增长 13.77%。贷款发放 5.10 亿元，同比增长 21.67%。全年业务收入 6247.92 万元，其中住房公积金利息收入 879.52 万元，委托贷款利息收入 5368.4 万元；业务支出 3690.29 万元，其中个人年度结息支出及计提 3300.49 万元，手续费计提支出 329.47 万元。增值收益 2557.63 万元，公积金月平均余额 18.30 亿元，增值收益率 1.4%。

【公积金提取】 2016 年，县住房公积金管理中心审批公积金业务提取 8746 笔、3.55 亿元，同比增长 41.33%，其中，购房支取 3528 笔、2.11 亿元，还贷支取 1973 笔、4171.22 万元。办理逐月提取还贷户 6583 户，占总贷款户 7553 户 87.16%，列全市第三。

【公积金贷款】 2016 年，县住房公积金管理中心与 6 家房产开发公司签定住房按揭贷款协议，建筑面积26.22 万平方米、2949 套。全年发放 1441 户，比上年 1203 户多放 238 户；发放金额 5.10 万元，比上年多 9078.6 万元；回收 2.13 亿元，比上年多回收 4512.55 万元。贷款余额 17.91 亿元，比上年末净增 2.97 亿元。

【公积金归集】 县住房公积金管理中心推进沿海经济开发区、如东高新区内企业建立公积金制度，并会同银行召开企业专题会。重点推进长沙镇和栟茶镇，2 个镇 25 个村 181 名村干建制到位。加大公积金稽核工作力度，对沿海经济开发区 51 家企业发稽核告知函，并逐家跟进，提高企业规范公积金建制意识。除行政事业单位基数调整外，从系统梳理出 600 多家企业，通过邮寄文件、网站报纸宣传、电话通知方式，督促企业调整基数。全年调整单位 1004 家，月缴额增加 373 万元。对欠缴单位，月初电话“友情提醒”，月中上门催欠，月底按银行分工集中催缴,至12月底,欠缴单位4家,欠缴率控制在0.21%,排名全市第一。

(刘小军)

人民生活

【城镇居民生活】 城镇居民收入继续保持较快增长态势,消费结构日趋合理,新型耐用消费品平稳增长。据城镇百户抽样调查资料,2016年,城镇居民人均可支配收入3.71万元,同比增长8.1%;收入结构变化不大,4项收入全面增长。其中,工资性收入占比66.2%,依然是居民收入主体;经营净收入占比13.1%,较上年增加0.4个百分点;财产净收入占比8.8%,较上年增加0.8个百分点;转移性净收入占比11.9%,较上年增加0.2个百分点。全年人均生活消费支出2.15万元,同比增长5.9%,结构日趋合理,8大类消费项目中,居住和交通、通信支出增幅均超过8%。年末,城镇居民每百户拥有家用汽车61辆,同比增加8辆;家用电脑103台,同比增加8台;移动电话259部,同比增加11部;空调210台,同比增加10台。接入互联网家用电脑95台,同比增加7台;接入互联网移动电话137部,同比增加5部。

【农村居民生活】 农村居民生活水平进一步提高。据农村住户百户抽样调查资料,2016年,农村居民人均可支配收入1.71万元,同比增长8.2%;人均生活消费支出1.33万元,同比增长11.3%。8大类消费项目中,食品消费人均支出3994.1元,同比增长11.6%;衣着类消费925.4元,同比增长11.4%;居住类消费1428.7元,同比增长13.5%;家庭设备、用品及服务消费1044元,同比增长13.5%;交通、通信消费1504元,同比增长8.5%;文教娱乐类消费2742.6元,同比增长11.2%;医疗保健类消费1021元,同比增长12.4%;其他类消费654元,同比增长6.9%。农村居民每百户拥有耐用消费品:空调170台,热水器107台,电冰箱104台,彩色电视机204台,移动电话259部,洗衣机88台,家用计算机67台,家用小汽车38辆。

(苏 琳)

2016年如东县居民收支构成一览

表36

收支结构 \ 收支指标 \ 对象	全体居民		城镇居民		农村居民	
	指标值(元)	增长(%)	指标值(元)	增长(%)	指标值(元)	增长(%)
人均可支配收入	26683.0	9.1	37133.3	8.1	17118.8	8.2
工资性收入	16708.8	6.5	24558.0	5.6	9496.0	9.1
经营性净收入	5474.5	8.2	4877.2	11.4	6024.7	6.0
财产性净收入	1851.1	17.5	3257.6	18.1	563.0	12.4
转移性净收入	2648.6	10.1	4440.5	10.0	1035.1	10.2
生活消费支出	17118.9	8.1	21469.7	5.9	13313.8	11.3
1.食品	5576.6	7.8	7386.0	5.6	3994.1	11.6
2.衣着	1298.9	5.2	1726.0	1.9	925.4	11.4
3.居住	1433.5	11.3	1439.0	9.0	1428.7	13.5
4.家庭设备用品及服务	1142.4	16.9	1255.0	5.0	1044.0	13.5
5.交通和通信	2611.6	8.8	3778.0	8.9	1504.0	8.5
6.文教娱乐用品及服务	3326.4	8.1	3994.0	5.9	2742.6	11.2
7.医疗保健	1063.0	8.1	1111.0	4.0	1021.0	12.4
8.其他商品和服务	666.5	4.1	680.7	1.3	654.0	6.9

政党政权

Zhengdang zhengquan

中共如东县委员会

【概况】 2016年，中共如东县委抓住项目建设核心，全力推进产业、城市、交通3大转型，实现“十三五”良好开局。实现地区生产总值746.69亿元，同比增长9.2%；完成一般公共预算收入54.41亿元。三次产业结构9.1∶45.6∶45.3，服务业增加值占GDP比重提高1.8个百分点。县域经济基本竞争力居全国百强县(市)第51位，比上年度再进5位。

【项目引领】 经市确认，如东县全年新开工1亿元以上工业项目54个、服务业项目30个，累计完成投资117.6亿元，在全市9个县(市、区)考核中位居第三名。实现外资到账4.13亿美元，累计完成固定资产投资545.42亿元，工业应税销售收入突破1000亿元。全社会研发投入占GDP 2.51%，高新技术产业、新兴产业产值占规模以上工业产值分别达40.2%、21.4%。2家企业在上海证券交易所主板上市。

【改革开放】 供给侧结构性改革稳步实施，“三去一降一补”(去产能、去库存、去杠杆、降成本、补短板)5大任务进展顺利。相对集中行政许可权改革、综合行政执法体制改革取得初步成果，实现“一枚印章管审批”“一支队伍管执法”。农村土地承包经营权确权登记颁证工作全面展开。洋口港经济开发区正式获批筹建省级经济开发区，如东经济开发区成功创建国家级科技孵化器，海上风电和生命安全防护2个特色产业获评国家火炬特色产业基地。如东海关、如东国检局揭牌成立。

【城乡建设】 2016年，如东县城市建设投入10.6亿元。通过省优秀管理城市、省园林城市现场验收。房地产销售80万平方米，创新高。交通建设投资19.3亿元，海洋铁路货运业务正式开通。在南通5县(市)率先启用公交“一卡通”。新建改造农村公路526公里、农桥212座。全年空气环境质量优良天数上升，生态环境持续向好。

【社会事业】 全年社会事业投入80.5亿元，同比增长12%。实现精准脱贫3367户、4589人。完成城镇居民医保与新农合并轨运行，通过国家卫生县城验收。高考核心指标再夺省、市第一，省理科状元花落如东。“中国好人‘如东现象’”受中央和省、市主流媒体关注，沈亚秋家庭获评第一届全国文明家庭。平安法治建设和政法队伍建设“十大工程”有序推进，信访稳定工作绩效继续保持全市领先，公众安全感稳居省、市前列。

【党的建设】 “两学一做”学习教育有效开展。完成县镇党委换届和村(社区)党组织换届。获评全省学习型党组织建设先进单位，连续3年被评为全省党员冬训工作示范县。启动党风廉政建设巡察工作，全年巡察4个单位，反腐倡廉和作风建设取得新成效。

重要会议

【开放型经济暨项目建设工作会议】 1月26日，全县开放型经济暨项目建设工作会议在县行政中心召开。县委副书记、县长潘建华强调，抓项目就是抓发展、抓民生、抓未来，各级各部门务必紧扣发展第一要务，树立项目为王理念，切实把招商引资和项目建设作为加快转型跨越发展头等大事，作为活力工程、全民工程、系统工程，抓紧抓好，抓出成效，为全县经济社会又好又快发展注入强大动能。县委副书记周建飞作动员部署。县政协主席陈建华，县人大常委会党组副书记、副主任陈昌龙等县四套班子相关领导出席会议。

【综合表彰暨经济工作会议】 1月27日,县委、县政府召开2015年全县综合表彰暨经济工作会议,动员全县以先进典型为榜样,全面营造比学赶超氛围,坚持加快发展不动摇,坚持项目为王不动摇,高点定位,奋发作为,抓实抓好经济发展各项工作,为建设"强富美高"新如东奠定坚实基础。县委副书记、县长潘建华出席会议并讲话;县委常委、常务副县长沈峻峰宣读表彰决定。县四套班子领导出席会议。

【机关作风建设大会】 2月16日,县委、县政府召开全县机关作风建设大会,贯彻落实中央、省、市要求,动员部署全县机关作风建设工作。县委副书记、县长潘建华要求各地各部门紧扣发展第一要务,以作风建设新成效凝聚改革发展正能量,以作风大转型推动发展快转型。会议由县委副书记周建飞主持。县四套班子领导出席会议。

【县级机关部门招商引资动员大会】 5月28日,县委、县政府召开县级机关部门招商引资动员大会,动员全县县级机关部门推进招商引资和项目建设工作,不断增强县域经济发展"源动力",促进经济保持中高速增长、产业迈向中高端水平。县委书记、县长潘建华出席会议并讲话。县委副书记周建飞主持会议。县委常委、组织部部长任新峰宣布90名挂职人员名单和管理暂行办法,副县长王智解读县级机关部门招商引资考核办法。县政协主席陈建华,县人大常委会副主任、党组副书记陈昌龙等县四套班子相关领导出席会议。

【中国共产党如东县第十四次代表大会】 7月28日,中国共产党如东县第十四次代表大会在县行政中心召开。会议学习习近平"七一"重要讲话精神,贯彻省委十二届十二次全会部署要求,总结县第十三次党代会后工作情况,研究部署十四次党代会目标任务。会议听取和讨论中共如东县第十三届委员会工作报告和纪律检查委员会报告,选举产生中共如东县新一届委员会和纪律检查委员会,以及出席南通市第十二次党代会代表人选。潘建华当选为县委书记,沈俊峰、任新峰当选为县委副书记。

【教育工作会议】 9月9日,全县教育工作会议在县行政中心召开。会议表彰教育工作先进集体、先进个人,研究部署教育现代化创建工作。县委书记潘建华强调,没有教育发展优先,就没有经济社会发展领先,没有教育卓越,就没有县域发展跨越,必须把"人民期盼有更好的教育"作为继续前行动力,推进教育现代化建设,努力办好人民满意教育,为全县经济社会发展提供有力人才保障和智力支撑。副县长姜晓静部署全县教育现代化推进工作,县委常委、宣传部部长张蓉蓉宣读表彰决定。各镇区和相关部门递交教育现代化创建目标责任书。县领导唐国均、桑健出席会议。

图84 5月28日,县级机关部门招商引资动员大会召开

重要决策

【推动工业经济发展】 3月,县委、县政府研究出台《2016年全县工业经济工作意见》,明确保障工业经济稳增长、提升发展硬实力、提升企业管理软实力、促进产业优化快升级、营造发展好氛围5个方面13条工作举措,激发创新活力,破解制约因素,培植发展优势,促进产业结构升级,推进工业经济平稳健康发展。

【推进产业项目建设】 4月,县委、县政府印发《关于加快推进产业项目建设的意见》,明确项目建设工作总体要求、基本原则、主要目标,突出重大产业项目招引、招商方式创新、重大产业项目建设、技术改造提升、载体能级提升、新兴产业发展、土地供应保障、环境容量优配、融资方式创新和人才资源保障等工作重点,进一步突破项目建设瓶颈,加快产业项目建设进程,推动全县经济社会持续、稳定、快速发展。

【实施脱贫致富奔小康工程】 9月,县委、县政府研究出台《关于脱贫致富奔小康工程的实施意见》,明确坚持"开发式"扶贫与"救助式"保障并举,以"五个一批"(发展生产脱贫一批、易地搬迁脱贫一批、生态补偿脱贫一批、发展教育脱贫一批、社会保障兜底一批)工程为抓手,加快推进脱贫致富奔小康工程,为全面建成更高水平小康社会、开启基本实现现代化建设新征程奠定坚实基础。

(朱栋强 许佳佳)

组 织

【概况】 2016年,如东县有基层党组织2202个,其中,党委建制76个、总支建制279个、支部建制1847个。县直党委20个,县直党工委10个。党员6.19万人,其中,女性1.34万人,占21.8%。农牧渔民党员2.51万人,占40.6%;离退休党员1.43万人,占23.1%。党员中研究生633人,占1.0%;大学本科9838人,占15.9%;大学专科7543人,占12.6%;中专4892人,占7.8%;高中、中技1.40万人,占22.6%;初中及以下2.47万人,占40.0%。党员年龄35岁以下9111人,36~45岁7506人,46~55岁1.09万人,56~60岁5456人,61岁以上2.90万人。

县委组织部建立健全管党责任机制,将281个重点项目分解细化到个人,实施项目化推进。县、镇两级党委换届组织提名人选全部高票当选,实现"零落选、零差错、零违纪、零信访"。新一届镇党政领导班子平均年龄39.7岁,比上届年轻0.3岁,35岁左右年轻干部占比提高3.1%,具有2年以上乡镇工作经历人员占比提高22.5%,具有2年以上乡镇领导工作经历的党政正职占比提高26.8%,14名"三类人员"(事业站所负责人、村支部书记、大学生村官)新充实进镇党政班子,新提拔进班子39人,全部充实到镇区一线。优选4名机关正职担任镇区党政正职,提拔4名机关综合或经济部门副职到镇区担任镇长、人大主席、纪委书记,推动县镇机关领导干部双向互动交流。择优遴选90名干部到项目建设一线挂职,3人得到提拔或重用。创新基层党组织书记"两议两诺、双述双评"("两议"即定期议党、专题议党,"两诺"即任期和年度管党承诺,"双述"即分别向镇党委和党员群众进行管党述职,"双评"即分别组织镇党委委员和党员群众代表对基层党组织书记进行管党评议)制度,在全市率先实施"专题议党、定期议党"制度。248个村(社区)党组织换届全部完成。《江苏组工信息》专题介绍如东经验。如东连续3年被省委组织部评为非公企业党组织书记培训优秀县(市),江苏宇迪光学股份有限公司党委被评为全市非公企业唯一省先进基层党组织。县委出台《如东县关于在非公有制企业全面实施融合党建的意见》,被市委组织部全文转发。推进"四比双争"(比政治信念、比公道正派、比业务水平、比作风形象,争创模范部门、争当模范干部)主题活动,开设"部长讲坛",常委部长专题上党课、上业务辅导课,在部机关开展"严守底线、勇当标杆"主题教育。强化组工干部实践锻炼,组织"组工干部沿海行"活动。

(吴 昊 陈 铖)

图85 4月1日,县委组织部开展"组工干部沿海行"活动

【"两学一做"学习教育】 5月5日,县委召开全县"学党章党规、学系列讲话,做合格党员"(简称"两学一做")学习教育工作座谈会,对全县开展"两学一做"学习教育进行动员部署。县委常委班子及成员聚焦"政治合格、执行纪律合格、品德合格、发挥作用合格"4个方面进行党性分析,开展批评与自我批评,市委副书记、市长韩立明出席县委常委班子民主生活会。省、市《情况通报》《唯实》《南通党建》等报刊先后20多次介绍如东相关做法。组织专题学习研讨9次,县处级党员领导干部交流讨论52人次。全县处级以上党员干部带头讲党课78场次,22名四套班子党员领导深入联系点调研指导90余次。932名党员领导干部在所在部门、分管单位、联系点上党课1200场次,调研督导基层支部学习教育1340余次。248个村(社区)、70多家机关部门和671家规模企业党组织书记带头落实规定动作。协调小组组织业务培训2500余人次,组织5轮全覆盖督查指导,并形成《督查通报》。全县各级党委(党组)中心组组织开展专题讨论,20多篇微作品被市委组织部录用。评选表彰先进基层党组织、优秀共产党员和优秀党务工作者各50名,拍摄先进典型微视频8部。挖掘地方特色教育资源,开展党性党史教育,引领党员看齐身边典型,深学细照笃行。以领导干部带学促学推动全县学习教育不断深化,全县科级以上党员领导干部查摆问题1350条。分领域召开观摩推进会,形成"四张清单"(任务清单、责任清单、催办清单、问题清单)、"三融"(融学于讲、融学于乐、融学于做)、"三微"(微课堂、微体会、微剪影)等成功做法。以做合格党员为落脚点,组织基层党组织和党员参加抗灾救灾,收到党员捐款90多万元;在20多家窗口单位和服务部门推行党员佩戴党徽上岗,在教育、卫生和"两新"(新经济

组织、新社会组织)领域开展"党员示范岗""党员先锋岗"创建活动,272个支部5600名党员志愿者开展"一站式、代理式、菜单式、主题式"志愿服务。 (蔡晓美)

【镇党委换届】 2016年,如东县镇党委换届达成"零差错、零落选、零违纪"目标。全县新一届镇党委委员平均年龄39.7岁,35岁左右年轻干部占37%,女干部占21%,具有2年以上乡镇工作经历占100%。镇级领导班子年龄、专业、经历、性别等结构优化,班子整体功能增强。

【县级机关干部项目一线挂职】 5月,经个人报名、组织推荐,县委组织部从县级机关部门选调90名干部赴6大园区和县招商局驻外分局招商引资。县委组织部研究制定《县级机关干部项目一线挂职管理暂行办法》,明确职能部门和相关单位职责,加强对挂职干部激励与管理,推动形成"人才到项目一线锤炼、实绩在项目一线创造、能力在项目一线提升、干部从项目一线选拔"用人新导向和新机制。年末,3人被提拔或重用。

【公务员职务与职级并行】 如东落实公务员职务与职级并行制度。制定《如东县县以下机关建立公务员职务与职级并行制度实施方案》,建立专门工作组,对各单位上报晋升职级人员审核把关。1月,首批符合晋升条件1256人,其中晋升副科级845人,晋升正科级231人,晋升副处级132人,晋升正处级47人,市管干部晋升正处级1人。7月,晋升正处级2人,晋升副处级6人,晋升正科级19人、副科级17人。

【干部档案专项审核】 县委组织部开展干部档案核查工作。审核完成县管干部及45个管档单位5103卷干部档案,干部档案信息认定5103人,补充收集各类材料1.38万份,至6月底,完成干部档案专项审核任务。 (李 涛)

【干部教育培训】 县委组织部制定并实施公务员培训"百学时"计划,公务员综合能力提升培训40学时,干部在线培训40学时,其他培训20学时。全年举办各类专题班、主体班、常规班69个,累计培训干部1.4万人次。突出"干部教、教干部",确定培训课题26项,遴选11名县级机关干部及15名镇(区、街道)班子成员点对点地举办基层"一线课堂"32期,培训基层一线干部2518人次。组织开展5大发展理念系列专题培训,邀请著名经济学家,全国人大代表、民建上海市委副主委,上海社会科学院副院长、经济学博士张兆安,省委党校哲学教研部主任章凝,市委党校经济社会发展研究室主任李汝等专家学者到如东做专题讲座,引导干部队伍"跨江融合、接轨上海"。在全市率先投入使用干部培训管理系统,形成学员、师资、课程、班次以及调训5合1大数据,发挥"如东干部在线学习中心"等网络远程教学平台作用,推进干部教育培训信息化建设,培训2176人次。推行干部培训项目、培训纪律及培训成效"三三"制管理模式,落实从严治教、从严治学要求。 (胡一舟)

图86 10月11日,举办2016年干部培训秋季主体班开班仪式

【干部监督】 县委组织部围绕"九严禁"(严禁拉帮结派、严禁拉票贿选、严禁买官卖官、严禁跑官要官、严禁造假骗官、严禁说情打招呼、严禁违规用人、严禁跑风漏气、严禁干扰换届,造谣、诬告他人或者妨害他人自由行使选举权)换届纪律要求,坚持教育在先、警示在先、预防在先,营造风清气正换届环境。建立县委常委联系点负责制、党委书记负责制及巡回督导制,全面落实县委常委、镇党委书记、督导组三级责任。开展"书记夜谈""常委送学"活动,定制"学习套餐",开通"掌上课堂",确保换届纪律入脑入心。建立换届风气监督工作"日报告"制度,动态掌握各镇换届风气。至8月底,县、镇两级党委完成换届任务,实现"零落选、零差错、零信访、零违纪"。落实"凡提必核"要求,采取小规模、高频率、组合化个人有关事项报告查核模式,持续加大查核力度,防止"带病提拔"。2名干部因不如实填报个人有关事项报告、任前公示期间查实违反党纪行为,分别被作出取消拟提名资格和暂缓提拔处理决定。执行科级干部选拔任用全程纪实审核把关相关要求,运行股级干部选拔任用全程纪实系统,实现县管单位股级干部选拔任用"痕迹管理"。强化"一把手"监督,对6名镇区主要负责人实施"三责联审",牵头组织纪检、审计、财政等部门对27家单位34名领导干部开展离任交接。 (李鹏鹏)

【村(社区)党组织换届】 2016年，如东县被省民政厅确定为唯一村民委员会换届选举试点县。按照省、市委“先党组织、后村委会”换届次序要求，县委组织部在南通市率先开展村(社区)党组织换届。4月，县委下发《关于做好全县村党组织和村委会换届选举人事准备工作的意见》,对村“两委”换届人事准备工作提出明确要求。5月，县委组织部面向县镇机关公开遴选23名优秀青年干部到村任职。7月，召开全县村党组织换届工作会议，印发《村党组织换届选举操作程序》。8月上旬，全县248个村(社区)党组织换届全部完成，省、市、县关于村干部队伍结构要求全面达成。换届中，调整不胜任书记17人，选配“双强书记”60人，选派“第一书记”23人，选培“实习书记”50人，安置“退职书记”75人，实现“零差错、零违纪、零落选”目标，为省第11届村委会换届选举试点奠定基础，《江苏组工信息》介绍如东经验。

【大学生村官“135”系列培育计划】 县委组织部持续推进大学生村官“135”培养计划(按照1年融入、3年胜任、5年提升目标，用2年时间，在大学生村官群体中培养10名副科职领导干部、30名村居党组织书记、50名村居党组织书记后备干部),加大大学生村官“实习书记”培养使用力度，3人被录用为省委组织部选调生，12人被提拔为副科职领导干部，24人担任村(居)党组织书记，60人担任村主要干部，大学生村官任村主要干部占比25%，全市最高。深化新“135”创业计划和电商创业“135”计划，组织新老村官结对创业，推广“五加”(村官+村官、村官+农民、村官+合作社、村官+部门、村官+导师)创业模式，128人领办创办致富项目，发放创业贷款550万元，大学生村官张益峰东晨服饰项目获全市大学生村官创业大赛唯一一等奖，代表市参加首届省大学生村官创业大赛获优胜奖。注重多渠道分流满两个聘期大学生村官，在全县事业人员招聘中，争取21个岗位面向大学生村官定向招录。省委组织部专题到如东调研，对如东县大学生村官工作给予较高评价。

【党建工作责任落实】 县委组织部制定下发《镇(区、街道)党(工)委党建工作责任清单》,从10个方面明确党(工)委管党责任，发挥党委管党主体责任。注重抓实过程控制，创新基层党组织书记“两议两诺、双述双评”制度，在全市率先建立并实施“专题议党、定期议党”制度，对照责任清单要求，组织开展党委(组、工委)书记管党专项述职，县委组织部下发问题清单，明确主体责任和整改时限，实行挂牌销号和逐项考核，真正将“软指标”转化成“硬任务”。将管党述职向机关、农村、社区、非公党组织书记延伸，全县1825名基层党组织书记进行专项述职，确保责任清单内容落到实处。

【非公企业融合党建】 县委出台《如东县委关于在非公有制企业全面实施融合党建的意见》,从目标融合、组织融合等10个方面，探索“融合党建”新路径，推动党的建设与企业发展“目标相融”、与文化建设“过程相融”、与社会和谐“结果相融”。11月底，全市非公企业党组织书记清华大学培训班专题在南通亚振家具有限公司、江苏宇迪光学股份有限公司2家企业开展“融合党建”现场教学活动。 (管宏图)

【党员组织关系排查清理和“失联”党员处置】 6月6日，县委组织部下发《关于做好党员组织关系排查整改规范工作的通知》,通过党员组织关系排查清理，837名党员重返党组织，处置167名“失联”党员。针对因买房拆迁、镇区合并、企业兼并破产等原因导致组织关系“空挂”“乱挂”“错挂”等不合理现象，理顺镇区之间158名党员组织关系，理顺村、企业之间72名党员组织关系，理顺县内外162名党员组织关系。

【党代表和党员违纪违法查处】 5月27日，县委召开党员违纪违法未给予相应处理情况排查清理工作专项部署会。针对4510名违纪违法人员名单，逐一通过党员信息库比对、工作单位核实、户籍所在地或居住地核查等方式，核实出5类违纪违法党员276人，其中人大代表中党员11人，政协委员中党员2人，受到刑事责任追究党员127人，受到行政处罚党员136人;给予相应处理256人。根据排查情况和核实结果，对20名未给予相应处理党员由纪检部门按照相关程序处理。

图87 6月21日，市委书记陆志鹏(右三)到如东调研基层党建工作

【党内关爱帮扶机制】 1月1日起，

抗日战争期间入党老党员每人每月补助700元,高于全省标准180元;解放战争期间入党老党员每人每月补助500元,高于全省标准60元;享受优抚对象抚恤补助老党员每人每月补助150元,高于全省标准50元。全年投入补助资金600多万元,补贴标准和财政投入全市最高。经层层申报推荐、上级审核把关,徐小华等5名党员成功申报省委组织部党内关爱资金4.5万元,分别享受5000元～1.5万元资金帮扶。

【党员远程教育培训】 县委组织部落实《2014—2018 年全国党员教育培训工作规划》和《2015—2017 年全省远程教育学用工作三年行动计划实施方案》。如东高新区城中街道新光社区远程教育站点、大豫镇九龙村南美白对虾养殖基地分别被评为全省远程教育"示范站点"和"示范基地"。中央组织部党员教育和干部测评中心巡视员、副主任雷光华一行到如东调研党员教育培训工作并给予肯定。投入160多万元,更换248个基层村(社区)站点高清投影仪,促进设备提档升级。选取不同领域先进典型,摄制《留守孩子王的大爱之路》《镜头里的红色世界》等10部远程教育课件。全年举办各类业务技能培训200多期,建立党员科技示范基地35个,党员领办创办专业协会、经济合作组织68个。

(缪小明)

机关党建

【概况】 2016年,县级机关直属党组织69个,其中,党委18个、党总支16个、党支部35个,在职党员4498人,离退休党员1390人。新发展党员29人,培训入党积极分子106人和发展对象80人。县机关党工委落实"组织生活日"、民主生活会等制度,党内各类学习培训和党风廉政教育活动正常。举办如东县第二届县级机关党员"1+X"能力提升大赛,注重培养机关党员干部综合服务素养。在69个县级机关部门开展党组织书记抓党建述职评议工作。举办县级机关党组织书记专题培训,提高党务干部理论水平和实践能力。理顺部门党组织隶属关系,确保党组织有序成立和规范换届。建立县级机关党建活动专项经费制度。开展"争创群众满意服务单位、争创群众满意服务窗口、争创群众满意党员服务标兵"评选活动,表彰县卫计委"党旗辉映 阳光卫生"等10个服务品牌、县公安局车辆管理所窗口等10个服务窗口和县文广新局陈海铭等10名党员服务标兵。《"1+X"锤炼党性 提升能力》入选中央国家机关工委《紫光阁》杂志社主编的《学是基础 做是关键——全国机关党组织"两学一做"案例选编》一书。

【县级机关"两学一做"活动】 县机关党工委推进"两学一做"主题教育活动,开展党风党性教育活动,组织机关党员到如东县烈士陵园、马塘革命烈士纪念馆祭扫,到如东县围垦历史陈列馆、党风廉政教育中心等地参观。结合"统一活动日""情境党课",以革命传统教育为主题,开展专题讨论交流,慰问老党员,开展志愿服务等。开展"手抄党章、铭记党训"活动,促进机关党员逐条逐句通读熟读党章,自觉遵守党章要求,增强党性观念,争当合格党员。

【第二届县级机关党员能力大赛】 7—10月,县机关党工委举办第二届县级机关党员能力大赛,围绕增强党性修养内涵、提升服务发展能力设置比赛项目,包括"两学一做"基本知识竞赛、"十三五开局我先行"心得体会交流、项目建设知识竞赛和主题辩论赛4个大项。69个县级机关直属党组织169名党员、党员发展对象和积极分子参加各个环节比赛。县检察院金盛、县农委陈玮获综合奖一等奖,县委老干部局孙崇玲等5人获二等奖,县委宣传部于振勇等8人获三等奖,35人次获单项奖。

(田 雄)

宣 传

【概况】 2016年,如东县宣传思想文化工作取得突破性进展,县委获"全省学习型党组织建设工作先进单位"称号。党员冬训再次被评为全省基层党员冬训工作示范县,冬训项目《创新"四五六七"模式 激发冬训工作活力》获全省基层党员冬训工作创新项目。"扶海大学堂"获评江苏省优秀讲坛。在全市率先命名县级"党的创新理论传播示范点"11家,社科工作获省社科联系统"工作创新奖"。文化产业增加值占地区生产总值4.8%,在全市名列前茅。魔术《纸飞机》多次在国内、国际魔术展演中获金奖,木雕作品《春晖》获"中国工艺美术百花奖"金奖。小品《人物儿》、相声《低头人生》获省"五星工程奖"银奖,全市仅如东两个作品获奖。组织参加全市首届文化创意设计大赛,获金奖1个、银奖1个、铜奖4个,并获优秀组织奖。以"聚焦主体经济"为主线,突出项目建设,专题报道140余篇。"播撒创业的种子"项目建设主题宣传,获第八届南通市县(市)区宣传思想文化工作改革创新奖。举办县级层面新闻发布会15场,经验做法在全市交流。在中央、省、市媒体刊播外宣报道200多篇,央视一套《大美中国》栏目连续播出3个专题,《南通日报》头版头条报道13篇。开展网络文化主题活动,《"拾味栟茶"记住乡愁托起梦想》获中央网信办、共青团中央主办的"网界青年共筑中国梦"全国网络图文征集活动二等奖;《倾城·守护系列1》图文入选全国"五个一百"网络正能量精品评选活动"百幅网络正能量图片";《如东,幸福又一年》微视频获央视网举办的"新春·变化·乡愁"微视频征集活动优秀作品奖。定期召开意识形态领域情况分析研判联席会,印发《关于落实党委(党组)意识形态工作责任制实施方案》。推动"两微一端"建设,全县各镇(区)政务微信公众平台全覆盖,在全市率先实现官方微信视频直播。“六城联创”工作取得突破性进展，通过“国家卫生县城”验收，“江苏省园林城市”正式命名，高分通过“江苏省文明城市”年度测评。开展月度“如东好人”评选活动。新建“好人广场”2个、好人长廊3个及一批好人文化阵地。沈亚秋和“如东籍老山战友群体”当选“中国好人”，沈亚秋家庭被评为首届全国文明家庭，受到习近平接见；丛小泉家庭被评为首届江苏省文明家庭。“道德讲堂”在机关、镇村(居)全覆盖。“机关进社区”“文明交通行动”“图书漂流屋”等志愿服务活动制度化常态化，“霜桥晚晴”小老人帮扶老老人项目获首届省志愿服务交流会金奖。弘扬中华传统文化，开展“我们的节日”系列活动。未成年人思想道德建设主题活动“求全、求新、求特，把‘我们的节日’办得出奇出彩”获第八届市县(市)区宣传思想文化工作改革创新奖。

(肖如银　桑乃霞)

图88　12月13日，沈亚秋家庭获得首届全国文明家庭载誉归来，与县领导合影

【“扶海大学堂”】　“扶海大学堂”先后邀请市委宣传部副部长黄正平，著名评论家、作家出版社总编辑张陵，省委党校哲学教研部主任、教授章凝，湖北融园投资控股集团董事长何万里，上海社会科学院副院长张兆安等专家学者作“四个全面”战略布局、“当下重要文学作品解读”“思维创新与工作方法创新”“产业转移对区域经济发展的驱动力”“跨江融合、接轨上海”等专题讲座。县委宣传部(社科联)加强对各级讲坛学堂综合管理和指导，洋口港周末课堂、岔河镇“燕川学堂”、袁庄镇“周一大讲堂”、大豫镇“豫人讲坛”、马塘镇“乡土能人讲坛”“晓塘学苑”及县总工会国学讲堂、县妇联扶海女性学堂等“扶海大学堂”分堂和特色讲坛正常开展宣讲活动，全年举办各类讲座、报告会400多场次，直接受众6万多人次。9月30日，在省委宣传部“理论之光”网站开通仪式上，“扶海大学堂”被评为江苏省优秀讲坛，是南通地区唯一获此荣誉县级讲坛。

【扶海微学堂微信学习平台】　县委宣传部(社科联)以“扶海微学堂”为主阵地，运用网言网语、微言微语，讲好大道理、传播好声音、传递正能量，推动党的创新理论在基层实现“指尖”传播。“扶海微学堂”每天推送文字、图片、视频等最新学习内容，全年500多期，学习资讯2000多条。8月，“扶海微学堂”获省社科联社科普及创新项目专项经费资助。

【党员冬训】　在2015—2016年度基层党员干部冬训工作中，县委宣传部推出党员冬训“四五六七”模式。注重实现党组织、党员、学习载体、规范化内容“四个全覆盖”；通过分层次宣教，推动领导干部带头讲、理论专家辅导讲、先进典型巡回讲、普通党员上台讲、文艺骨干说唱讲，全面开展“五讲”活动；结合“上一堂党课、举办一场形势政策专题讲座、举办一次道德讲堂、组织一次典型巡回宣讲、召开一次民主评议会、组织一次党员志愿服务活动”“六个一”活动以及“上一堂情境党课、组织一批‘如东人看如东’活动、召开一次‘回乡如东人’参观座谈活动、组织一次网络主题宣传文化活动、组织一次各类文明典型评比活动、举办一场冬训文艺活动、开展一次结对帮扶送温暖活动”“七个一”自选活动，加强理论学习教育规范化建设，推动基层理论学习教育贴近基层、贴近党员群众。冬训期间，全县开展各类党课500多堂、形势政策宣讲400多场、道德讲堂200多场、典型宣讲100多场、技术培训200多期、文艺演出150多场、志愿服务活动100多个，直接受众5万多人次。如东县被评为全省基层党员冬训工作示范县(市、区)，是南通地区唯一连续3年获此荣誉县(市、区)。《创新“四五六七”模式　激发冬训工作活力》获省基层党员冬训工作创新项目。高新区(掘港街道、城中街道)、双甸镇被评为全省基层党员冬训工作示范乡(镇、街道)。中央人民广播电台、人民网、新华网、《新华日报》《南通日报》及省委宣传部《省建设学习型党组织工作简报》、市委宣传部《南通宣传》等国家、省、市级媒体、刊物宣传推介如东党员冬训创新做法。

【承办市基层党员冬训工作交流会】11月21日，全市基层党员冬训工作交流会在如东县召开。市委宣传部副部长黄正平出席会议并讲话。县委常委、宣传部部长张蓉蓉参加会议并致辞。会议推介如东县党员冬训工作经验，与会人员观看2015—2016年度如东党员冬训工作专题片。会上，南通各县(市、区)委宣传部分管副部长交流冬训工作开展情况。与会人员分别到县党的创新理论传播示范点——县公安局理论学习园地、市党的创新理论传播基地——县海洲文化理论传播基地和非公企业理论学习典型——江苏如通石油机械股份有限公司实地参观考察。各县(市、区)委宣传部分管副部长、理论科科长，典型乡镇街道分管负责人，市党的创新理论传播基地负责人，南通大学、南通市委党校有关专家学者代表等50余人参加会议。

【创新理论传播】 2016年，如东县在南通各县(市、区)中率先命名县级“党的创新理论传播示范点”11家，深化“理论传基层·认知零距离”党的创新理论成果传播行动，示范推动马克思主义大众化。9月19日，县委宣传部(县社科联)举行党的创新理论传播基地、示范点揭牌授牌仪式暨专题辅导讲座，市委宣传部副部长黄正平出席并讲话，为“南通市党的创新理论传播基地——海洲文化理论传播基地”揭牌。首批获得命名县级示范点：县委党校“党性教育课堂”、县教育系统“真学课堂”、县卫计系统“杏林学堂”、县公安局理论学习园地、县政务服务中心(行政审批局)项目党建工作室、洋口港规划展示馆、沿海经济开发区党群活动中心、马塘镇“晓塘学苑”理论工作站、高新区城中街道新光社区“新光之星”党建文化室、如东金融党建“1+N”联创平台、江苏宇迪光学股份有限公司。 (于振勇)

【文化产业发展考核】 2016年，如东县首次把文化产业发展情况列入对各镇区年度综合考核，在社会事业“民生杯”考核板块中占较大权重，根据各镇区产业特色，个性化制定考核分值。定期召开现场推进会、点评会，通报各镇区任务完成情况、存在问题和努力方向，研究制定《如东县文化产业发展专项引导资金管理办法》，安排500万元用于年度文化产业发展奖励引导，全县文化产业快速发展，文化产业工作考核位列全市第三。 (顾 菁)

【参加市首届文化创意设计大赛】 2016年，南通市举办首届文化创意设计大赛，包含产品设计大赛、建筑及环境设计大赛、公益广告设计大赛、工艺美术设计大赛、“未来之星”创意设计大赛、旅游商品创新设计大赛等赛事，县委宣传部牵头，县发改委、县住建局、县教育局、县市场监督管理局、县文广新局（旅游局）和县文联以及各镇(区)宣传发动，组织216件文化创意作品参赛，参赛数量全市领先，有12件作品入围。红木雕刻作品《生机盎然》获民间工艺美术设计大赛金奖，4人分获民间工艺艺术设计大赛银奖和铜奖；南通亚振家具股份有限公司作品《竹节椅》获产品设计大赛铜奖。如东县获优秀组织奖。

【杂技剧《海星花》】 9月16日，县政府县长办公会同意将大型多媒体杂技剧《海星花》作为县政府艺术创作重点项目立项。该剧以杂技艺术为本体，运用现代声、光、电以及动漫、3D技术，借鉴电影、舞蹈、魔术等多种艺术手法，适度增加魔幻元素和互动环节，有机融入如东地方南黄海风情、风土、风物元素。年底，该剧完成策划、论证、研讨、创作、排练流程，总投入650万元。

【百姓宣讲团宣讲新模式】 县委宣传部遴选10名选手充实“百姓宣讲团”，先后到沿海经济开发区、县检察院、县气象局、县市场监督管理局等单位巡回宣讲，并首次探索以政策理论为基础，以故事为表现形式宣讲新模式，取得良好效果。宣讲团成员吴晶、沈阳参加全市“百姓名嘴说三新”风采展示活动，分别获二等奖和三等奖。 (顾 菁)

【创业创新新闻报道】 3月，“五湖四海如东人，创业创新万里行”大型新闻行动启动。县文广传媒中心组织精干采访力量，赴深圳、苏州、上海、北京等地采访近40位如东籍成功企业家。围绕创新创业主题形成“五湖四海如东人 创业创新万里行”系列报道70多篇。“播撒创业的种子”项目建设主题宣传，获评第八届南通市县(市、区)宣传思想文化工作改革创新奖。

【“聚焦主体经济”系列报道】 2月起，县各媒体开设“聚焦主体经济”栏目。围绕实施“中国制造2025”如东行动计划和以调促进、完善供给侧结构，通过“走转改”深入企业、走近企业家、走进车间，报道宣传服务主体经济发展壮大。推出产业篇、智能篇、“一带一路”篇、创新篇、“互联网+”篇、人才篇等9大篇章，并强化评论类内容，推出重点报道200多篇(条)。其中，“项目建设区镇行”新闻行动走进各区、镇，推出“1+1+1+X”

图89 杂技剧《海星花》演出后合影

报道,报道集中、突出、接地气;“聚焦主体经济”系列报道展现全县在经济新常态和重要战略机遇期新作为,营造全县上下一心一意谋发展、求突破舆论氛围。

【上海媒体聚焦第十届海洽会】 9月10—11日,县委、县政府在上海举行第十届中国如东沿海经济合作洽谈会暨上海投资环境说明会,新华社、《经济日报》、腾讯、新浪、《解放日报》《文汇报》《新民晚报》、“上海发布”、《新闻晨报》《东方早报》、上海电视台、第一财经、东方网等20多家媒体宣传报道如东深耕上海、招引项目阶段性成果。新华社:“‘靠江靠海靠上海’如东做长三角产业‘后院’”、新浪财经:“上海如东投融资合作升温26个项目总投资超百亿”、《解放日报》:“南通如东来沪洽谈经济合作”、新民网:“南通如东来沪洽谈经济合作涉及8大投资项目”、“上海发布”:“第十届中国如东沿海经济合作洽谈会在沪举行”、东方网:“如东海洽会首登申城,愿主动承接上海重要外溢功能”等一批重头稿件为做好“跨江融合·接轨上海”宣传打下坚实基础。 (阙建斌)

【首届镇(区)网络文化季活动】 7—9月,县委宣传部依托网盟俱乐部和镇(区)政务微信平台,组织15个镇(区)开展首届镇(区)网络文化季活动。丰利镇组织“我眼中的家乡”网络作品征集,马塘镇组织“我爱蓝天白云,保护美丽家园”网友线下活动,新店镇推出“晒健身照,勇敢show自己”网络投票活动等,取得较好网络传播和宣传效果。

【关键信息基础设施网络安全检查】 9—12月,县委宣传部、县互联网新闻中心牵头相关部门开展全县关键信息基础设施网络安全检查专项工作,对电力、供水、社会保障、环保等重点领域的关键信息基础设施进行梳理备案,上报11个关键信息基础设施清单信息,并组织涉及单位开展自查自审,排查风险隐患。 (易向东)

【第三届“最美如东人”评选】 3月中旬,第三届“最美如东人”评选活动启动,结合每月特色,开展月度好女工、好志愿者、好儿女、好医护工作者等“如东月度好人”评选。经媒体寻找、群众推荐、组织申报和评审委员会评审,共评出3月好人8人,4月好人10人,5月好人10人,6月美德少年10人,7月好人11人,并通过“如东网”等媒体向社会公示。11月,向全县发出《关于评选第三届“最美如东人”的通知》,收到各部门、各镇(区)推荐78名好人材料。经评审委员会评审,评出如东江海义工联合会、如东籍老山战友群体、任乃贵、刘允华、花丙炎、张小琴、陆美权、徐守斌、袁金华、徐朝晖10名第三届“最美如东人”。

【“道德讲堂”示范观摩活动】 2016年,县文明委在全县开展“道德讲堂”示范课观摩活动,并与“践行核心价值观,争做最美如东人”“四在如东”等主题教育活动结合,精心选题、精心策划、精心组织。县邮政公司、县民政局、县政务服务中心、洋口港经济开发区等6家单位开设观摩示范课,讲述身边感动、凝聚道德力量,在机关、镇(区)中发挥示范引领作用。

【志愿服务】 如东县依托江海志愿者服务平台,完善机制,做好“志愿服务进社区”各类志愿服务组织和志愿者人员注册、志愿服务项目招募、活动二维码计时等,把分散、零星志愿服务工作向智能化、常态化、个性化发展。通过江海志愿者服务平台,以智能化方式管理团队、组织活动,所有志愿服务组织项目都在平台发布并招募人员,志愿者通过平台查找项目并报名参与。全县注册志愿服务组织453家,志愿者16.23万人,全年开展志愿服务活动1512次。关注特殊群体的服务需求,通过江海志愿平台发布特殊志愿服务信息,招募志愿者,个性化地开展志愿服务。 (沈燕燕)

【家风家训征集】 2016年,县文明委在全县机关、学校、镇(区)开展“家训箴言”征集活动,收到优秀家训箴言1150条,选评推出优秀家训箴言140条,并在县城朝阳路和富春江路建设1200米家训墙进行展示。 (吴 晖)

【如东海洲文化投资发展有限公司】 如东海洲文化投资发展有限公司设行政管理、创意、培训、媒体、商务服务5个中心部门,2016年,签约销售额1800万元,实际产值1537万元,比2015年(624万元)翻一番。参与“六城联创”工作,做好县内好人广场、好人社区、好人小区,各路段文化墙、公交站台、公园广场、高炮围挡公益宣传内容的设计、布置、翻新、制作工作。如东网微信公众号头条最高点击率20多万次,开通微信直播,现场直播活动10次,单次活动在线观看人数最高5万人。在规划展览馆策划多个展览活动,先后承办国家级围棋比赛、全国农民画巡展、海外华侨专题摄影展和黑白南极主题影展,引进越剧《情·生》专场到如东演出,主办国际美食节、国际灯光展、稻草人艺术节、海洋水母展等主题活动。研学游活动总人数8000人,组织以“爱家乡”为主题如东一日游、以“走进名校”为主题的研学活动、夏令营活动、跟着课本去旅游活动、以红军长征胜利为主题活动、企业和社区培训活动、如东人看如东活动。 (骆舒洪)

【获“江苏省园林城市”称号】 2016年,如东县立足“完善城市功能、美化人居环境、打造水绿特色、提升城市品位”,持续推进城市基础设施建设、园林绿化建设和城市环境综合整治。制定《如东县创建省级园林城市工作方案》,将8大类72项重点指标任务分解,落实到具体责任单位和责任人。高起点编制如东县城市绿地系统规划和城市绿线、蓝线专项规划,推进城市公共服务设施、市政公用设施、城市景观等基础设施建设。依托沿路绿廊、沿河绿化、各类公园以及各大组团规模绿地建设,加快推进重要道路、重要节点、重点区域绿化工程建设。推进现代环卫设施建设,建成建筑垃圾处置场、粪便无害化处置中心、垃圾焚烧发电厂等环卫项目,建成"数字环卫"系统。坚持绿化工程建设和绿化管理养护"两手抓",建章立制,建管并重,不断巩固创建工作成果。11月,通过省住建厅考核验收,被省政府办公厅命名为"江苏省园林城市"。

【通过国家卫生县城验收】 2016年,如东县委、县政府以改善人居环境、优化投资环境、促进经济社会全面发展为目的,开展创建国家卫生县城活动。成立创建工作指挥部,组建创建工作办公室,建立健全县、镇(街道)、社区(居委会)爱卫组织,形成三级组织共同推进爱卫和创卫工作局面。实施老小区、河道景观、城市公厕、农贸市场"四项改造",不断改善硬件基础设施。加强社区长效管理、城中村和城郊结合部管理、背街小巷整治、建设工地管理、市容管理、交通秩序整治,促进城市环境卫生长效管理。抓"五小行业"整治、抓传染病防治、抓"四害"消杀,保障公共卫生环境。开展学校健康教育、社会健康教育、控烟工作,实现健康教育全覆盖。6月,通过省爱卫会代表国家爱卫会组织的国家卫生县城考核组评审,10月公示结束。

【通过江苏省文明城市年度测评】 2016年,如东县委、县政府推进江苏省文明城市创建工作,建立组织领导、教育引导、监督反馈、投入保障、考核奖惩"五项机制",开展文明交通整治、城市设施提升、市容环境美化、环境质量改善、小区规范管理、成长环境净化、窗口服务满意和市民素质提升"八大行动",定期组织城市长效管理"六大评比"(定期对县城区有物业小区、无物业小区、农贸市场、餐饮服务、大型商超、网吧6

图90 11月23日,县委书记潘建华(右三)在县汽车站了解文明创建情况 (蔡珊珊 摄)

大重点场所进行集中考核测评)和县级机关与县城社区挂钩联系活动,全面推进廉洁高效政务环境、民主公正法治环境、公平诚信市场环境、健康向上人文环境、有利于青少年健康成长社会文化环境、舒适便利生活环境、安全稳定社会环境和可持续发展生态环境建设,进一步完善城市功能,提升城市长效管理水平。12月,通过省级文明城市年度测评验收,在同类省级文明城市中名列前茅。 (李奕涵)

统一战线

【概况】 2016年,县委统战部以开展"凝心促创业,聚力助创新"主题活动为主线,实施"聚智献计""人才反哺""助企发展""爱心为民"4大行动。全年被《中国统一战线》录用简讯1篇、《挚友》录用宣传文章2篇、南通统一战线网站录用58篇。县委统战部被市委评为统战工作先进集体,并再次被中央统战部、中国统一战线杂志社评为中国统一战线宣传先进单位。

【代表人士工作】 县委统战部牵头组织实施县政协及县工商联(总商会)换届人事安排工作。十五届县政协换届共安排委员339名,其中,党员委员135名,占39.8%,非党委员204名,占60.2%。县工商联(总商会)十一届执委会提名执委候选人114名。开展新社会阶层人士调查摸底工作,有70名私营企业和外资企业管理技术人员进入新社会阶层人士信息库,其中,党外人士42人,中介组织和社会组织从业人员中律师52人、会计师27人,新媒体从业人员约300人。7月,举办首期新社会阶层人士"同心同行"联谊沙龙,通过《如东县新的社会阶层人士"同心同行"联谊沙龙活动办法(暂行)》,发出《致全县新的社会阶层人士倡议书》,并全文在《如东日报》刊登。协助农工党南通市委在如东举行农工党江苏省委服务沿海开发"十村万卷"送书工程暨农工党南通市委"环境与健康"慢性病防治义诊活动,向曹埠镇应泉村、跨岸村以及孙窑社区分别赠送3000卷、价值5万元书籍,市第三人民医院肝胆、心脏以及肾脏、内分泌等方面10多名医学专家现场义诊患者100多人次。

【港澳台及海外统战】 县委统战部拓展海外联谊,以乡情亲情友情为纽带,加强与"三胞"(港澳同胞、台湾同胞、海外侨胞)眷属、海外重点华人社团联系。3月,为99岁的冷林(系香港如东同乡会副会长、《明报》记者顾冷冰外公)祝寿。联系县环保局、县市场监管局等部门，为香港科技大学电子及计算机工程学系副教授袁杰所研究项目在内地使用可行性提供参考。赴深圳、香港开展香港如东乡亲联谊活动。6月，协调县公安局、县外侨办等部门，为香港大学物理系助理教授张世忠博士恢复身份证明提供帮助。

【经济领域统战】 4月，县委统战部开展"企村'双挂'，互助共兴"活动(以下简称"双挂"活动，即非公有制企业挂村、非公经济人士挂户)，采取"一村一企""一村多企""一企多村"企村结对模式以及非公经济人士挂钩联系不少于1户困难户(以侨台眷属、少数民族贫困户等统战成员为主)方式，引导非公经济人士在参与脱贫攻坚、促进共同富裕中加快自身发展，不断增强责任担当，树立良好社会形象。组织非公有制企业和村(居)从实际出发，找准企村结对'双挂'共赢点。全县333家非公企业与217个村(居)结成挂钩对子，483名非公经济人士与419名贫困户结对帮扶，其中贫困侨台眷属、少数民族57人。非公企业与村(居)共建39个项目，其中二、三产业项目12个。非公企业为村(居)路、渠、桥等基础设施建设投入643万元，非公经济人士为挂钩村(居)贫困家庭捐款240万元，村(居)为非公企业解决用工3162人，化解矛盾472次。11月，县委统战部联合县委组织部、县工商联等15家单位，对317名拟推荐为各级人大代表候选人、政协委员人选的非公有制经济代表人士以及拟在工商联(总商会)任职的非公有制经济人士，就思想政治表现、企业经营状况、企业守法诚信、个人守法4个方面进行综合评价。

【统战队伍建设】 11月，县委统战部在南京市委党校举办全县统战干部暨党外中青年干部培训班，围绕统战工作会议精神解读、国际安全形势、基层宗教工作、网络舆情与政府管理创新等内容进行讲解，省委统战部副部长瞿超应邀为全体学员做"中央统战工作会议精神"专题辅导。利用"统战工作进冬训"等平台，做好中央统战工作会议精神学习宣传。建党95周年之际，组织机关全体人员参观苏中四分区抗日反"清乡"斗争史料陈列馆，重温入党誓词，开展"坚定信仰信念，保持党员本色"专题讨论，部主要领导为全体党员上"学习党的传统与做好本职工作""七一"专题大党课。

(陈轶琦)

老干部工作

【概况】 2016年，如东县离休干部466人，其中，行政离休干部173人、事业离休干部140人、企业离休干部153人，比上年减少58人；退休干部8297人，其中县处职33人、处级12人、正科职336人、副科职659人。全县离退休干部党总支14个，离退休干部党支部125个。加强离退休干部思想政治引领，组织近100名离退休干部开展"两学一做"知识竞赛，推进"两学一做"教育活动。在县四套班子老领导、老干部支部书记中，召开多场"我看从严治党新气象"座谈会。引导老干部参与志愿服务、社会关爱活动，全县离退休干部捐资10多万元，做报告130余场次。

【全县老干部工作会议】 10月10日，全县老干部工作会议在县行政中心会议厅召开。县委书记、县人大常委会主任潘建华出席会议并讲话，县委副书记、代县长沈峻峰做全县经济社会发展形势报告，向老干部们通报2016年如东经济社会发展情况。县委副书记任新峰宣读《关于表彰全县离退休干部先进集体和先进个人的决定》，印发《关于进一步加强离退休干部工作的实施办法》和《关于调整县委老干部工作领导小组组成人员的通知》。县政协主席陈建华，县人大常委会党组书记、副主任陈昌龙，全体县委常委，县四套班子原老领导、享受地市级待遇离休干部，离休干部代表，副处职(级)、正科职、副科职老干部代表及全县老干部党组织书记等出席会议。

图91　10月10日，全县老干部工作会议召开，举办"晚晴映金秋"县老干部专场文艺演出

【离退休干部党组织建设】 县老干部局推进"一方隶属、多方管理"社区离退休干部党建试点工作。先后在曹埠镇上漫社区、洋口镇洋口农场社区、栟茶镇浒澪社区、大豫镇丁家店村、长沙镇港城社区、河口镇立新桥社区建立离退休党支部；在老干部乒乓球协会、老干部民乐队、老干部集邮协会等15个活动组织中成立临时党小组。各镇(区)离退休干部党总支书记一律由组织委员兼

任，优先考虑改任非领导职务干部担任离退休干部党组织书记。4月26—28日，举办全县离退休干部党支部书记培训班，培训124名离退休干部党总支常务副书记及支部书记，强化支部带头人组织引导作用。对离退休干部组织归属情况进行全面摸底排查、建档立册。针对流动离退休干部党员、易地安置离退休干部党员和社区离退休干部党员，推行定期联系制度、情况反馈制度。12月23日，在县委老干部局增挂“如东县委离退休干部工作委员会”牌子，在退休干部服务管理科增挂“组织科”牌子，对全县离退休干部党建工作综合协调、政策推动和检查指导。

【老干部服务管理】 县老干部局对57名离退休干部实施特困帮扶，帮扶资金达10万元。建立局机关人员结对联系服务老干部责任制度，实现离休干部基本信息动态化管理；定期通过“爱心电话”慰问、老干部交流微信群了解老干部所思、所想、所盼，为老干部做好解疑释惑和心理疏导工作。筹划建立离休干部家庭医生制度，调整离休干部医药费自付部分报销比例，调低补助起始线，由1万元下调至4000元，并扩大药品目录报销范围和比例，93名离休干部受益，金额60万元。

【老干部阵地建设】 县政府投入50多万元，改造老干部活动中心室外活动场所，县老干部局利用其闲置房产成立活动中心分部，为老干部“教学乐为”创造良好条件。10月10日，围绕纪念建党95周年、红军长征胜利80周年，举办“晚晴映金秋”老干部专场文艺演出，近600名离退休干部观看16个文艺节目。

（顾新剑）

对台事务

【服务台企台胞】 2016年，如东县台湾事务办公室(简称县台办)坚持台资企业挂钩联系走访制度，加强为台商、台资企业服务，解决台资企业生产、经营、发展等方面问题和困难，推进东鑫房地产公司合作开发工作、协调南通商禧达化工科技有限公司营业执照变更、威华(如东)贸易有限公司港口经营许可证问题、推进东海冷冻食品有限公司环保设备改造验收、协调台励化工(南通)有限公司基本账户解冻、南通缔威化工有限公司经营管理问题、东盈化学材料科技(南通)有限公司基建合同涉诉纠纷以及恒基生活广场债权债务问题等10多起。1月，召开台资企业座谈联谊会，14家台资企业负责人交流企业经营发展情况及发展难题，部分台商对生活中不便之处提出建议意见，县商务局、县环保局、县安监局、县市场监管局、县行政审批局等部门针对台资企业提出问题建议进行答复。全年全县新批台资项目4个，总投资4558万美元，注册资本2600万美元，合同利用台资1820万美元，实际利用台资816.5万美元。3月，威华(如东)贸易有限公司正式运行，7月，江苏威名石化有限公司投资热电联产项目正式开工建设，8月，江苏威名石化有限公司投资环已酮项目正式启动建设。全年县台办接待返乡探亲、考察、经商台胞100多人次，组织台属联谊会会长开展学习活动1次，举办台属联谊活动4次，慰问困难台属6人。

【交流交往】 县委、如东沿海经济开发区等组织经贸考察团组赴台经贸考察，与台湾企业洽谈、推进项目。申报赴台经贸考察团组2个，成行1个。全年赴台湾商务考察和交流7批13人次。6月，洋口港经济开发区、中蓝连海有限公司共同主办“海峡两岸石化发展论坛”在如东举行。围绕“两岸石化产业集聚发展”，中国石化工业联合会园区委员会秘书长杨挺、台湾远东集团石化总部技术总长张青山、南通市台办主任蒋才茂、洋口港经济开发区管委会主任蔡东分别作主题演讲。台湾远东集团、台橡集团、台湾中石化等台湾集团企业代表及部分大陆化工企业代表近70人参会研讨，共议两岸石化产业融合与发展、交流与合作前景，推动洋口港与台湾石化产业对接，促进洋口港石化产业加快发展。12月，台湾中港加工出口区厂商协进会理事长、铁碳企业股份有限公司董事长陈隆志一行20人，到如东参观考察洋口港经济开发区、规划展览馆、小洋口旅游度假区等，并向协进会企业家和其他商界同仁推介如东。台湾优缔股份有限公司董事长曾裕峰、日产化工股份有限公司总经理刘智仁等多批台商到如东参观考察洽谈推进项目。

【涉台宣传】 县台办向上级台办报送涉台宣传信息稿件，被省、市台办网站录用10多篇。9月，在市台商产业转型升级峰会期间，组织宣传稿件，供台湾媒体选用。11月，台企东盈化学材料科技(南通)有限公司负责人接受南通市广播电台采访，宣传企业投资如东后工作、生活及政府服务等情况。宣传如东投资环境，赴台考察交流团组向台商台胞赠送投资环境画册；组织到访台胞台商参观重点亮点工程，将涉台宣传与考察接待相结合；台资企业座谈联谊时向台资企业介绍宣传如东投资环境。

（仇晶晶）

史志编研

【概况】 2016年，如东地方志工作成果丰硕，《如东县志》(重修)印刷出版，提请县委、县政府召开党史、地方志工作会议暨县志首发式，县政府专题表彰修志工作先进集体和个人；《〈如东县志〉重修评论文集》编辑出版；《如东年鉴(2016)》在全市率先出版，《如东年鉴(2014)》获全国地方志优秀成果(年鉴类)一等奖；《如东县史志志》编纂工作启动。党史工作后来居上，《中国共产党如东历史》(1949—1978)出版发行，赶上全市步伐；《中国共产党如东历史》(1978—2002)全市率先形成初稿；《如东革命斗争史》(简称党史一

图 92　4 月 13 日，省委党史办副主任万建清(左三)一行到如东开展“三解三促”活动，图为参观抗日反“清乡”斗争史料展

卷本)文字格式化转换启动。贯彻落实《全国地方志发展规划纲要(2015—2020)》，加大对镇(区)志和部门志编纂服务和指导，做好镇级年鉴编纂试点工作动员。至年末，镇志出版 4 部，在编 3 部，中国名镇志在编 1 部；部门志出版 5 部，在编 6 部。

【《如东县志》(重修)出版发行】　如东县第二轮修志工作自 2007 年启动后，经历“启动续修”“再拟重修”“两年探索”“另启重修”“分志编纂”“统稿总纂”“反馈补充”“修改完善”“三审打磨”“验收完善”“审核备案”“付梓出版”12 个阶段，共召开工作例会 65 次、人文部类专题会商会 9 次，2016 年 3 月通过“三审—验收—审核”和出版发行 6 关大考，5 月，由商务印书馆出版发行。《如东县志》(重修)分上、下 2 册，设 50 个部类、47 章、265 节、322 张置前图照、994 张正文插图、367 张表格，335.20 万字。该志运用述、记、志、传、图、照、表、录、索引诸体，横排纵写、事以类聚，纵不断主线、横不缺要项，上限溯至成陆，下限断于 2010 年 12 月 31 日，大事记、人物延至 2013 年 12 月 31 日，卷首图照延至 2014 年 12 月 31 日。

【全县史志工作会议召开】　6 月 17 日，县委、县政府召开全县史志工作会议，举行《如东县志》(重修)首发式，南通市委党史办、市地方志办主任严崇明，县委常委、宣传部部长张

图 93　6 月 17 日，全县党史、地方志工作会议暨《如东县志》首发式在县行政中心举行

蓉蓉到会并讲话，副县长姜晓静代表县政府宣读表彰全县修志先进集体和先进个人决定。与会领导为各镇(区)和机关代表赠发《如东县志》(重修)。

【《〈如东县志〉重修评论文集》出版发行】　《如东县志》(重修)出版后，县地方志办赓续 1983 年社会主义第一部新方志《如东县志》和第一部《〈如东县志〉评论文集》传统，邀请中国社会科学院、中国地方志指导小组和部分省、市地方志办公室新、老领导及一、二轮修志专家，为《如东县志》(重修)撰写志论文评 23 篇、诗评 2 首，编辑《〈如东县志〉重修评论文集》，全书 25 万字。2016 年 10 月，由广陵书社出版。

【党史编研】　年初，县委党史办及时梳理县四套班子新、老领导对《中国共产党如东历史》(1949—1978)(统称党史二卷本)送审稿反馈意见，抓紧修改完善，3 月通过市委党史办审读，4 月中旬形成审改稿获县委批准出版，6 月由中共党史出版社正式出版。全书 4 篇、9 章、62 节，附“大事纪要”“党政军历届(任)领导人名录”等，共 34 万字。如东县十四次党代会上赠发。县委党史办贯彻落实中央关于党史工作“一突出两跟进”(进一步突出开创和发展中国特色社会主义时间段历史研究，即时跟进中共十八大后党中央决策部署，即时跟进以习近平为总书记的党中央理论发展)要求，统筹推进《中国共产党如东历史》(1978—2002)(统称党史三卷本)编纂，抓紧实施党史三卷本专题资料、档案文献收集、纲目修订和编写工作，11 月底在全市率先形成初稿，分为 4 篇、

20章、62节,约45万字。

【《如东年鉴(2016)》编纂出版】 9月,《如东年鉴(2016)》由方志出版社出版发行。《如东年鉴(2016)》设21个类目,三栏排版,全彩印刷,除公共彩页外,内有随文插图118幅。随文图片标有图序,并编有图片索引;主题索引标有二级标引词,信息量大,便于查询。全书82.8万字。

【镇志、部门志编纂指导】 2016年,县地方志办精心指导的《大豫镇志》和审定的《如东县卫生志》出版发行,指导《栟茶镇志》《袁庄镇志》《岔河镇志》《长沙镇志》编纂工作,全年为部门志、镇志服务指导10多次。做好《如东县工业志》《如东县工会志》《马塘镇农机志》审核把关工作。 (胡 磊)

图94 8月26日,到栟茶镇指导名镇志编纂工作

党校教研

【概况】 2016年,县委党校在职教职员工20人,其中研究生学历4人、本科学历13人;高级讲师8人、中级职称6人、初级职称2人,职工2人。开展政治理论和业务学习,派员参加省、市、县理论研讨20多人次,送理论、送党课到机关、企事业单位和镇区90场次,为县四套班子领导成员讲课2次。举办镇、村干部培训班,为挂钩镇干部辅导《学习领会四个全面的战略布局》《十八届六中全会精神解读》《不忘初心,继续前进》等。上海财经大学研究生学历教育完成论文答辩,毕业;南京林业大学研究生学历教育完成报考工作。投资4500万元的教育培训大楼装修完成。

【干部培训】 县委党校干部培训课程涵盖党的路线方针政策、国家法律法规、行政管理知识和领导文化修养等内容,体现个性化、差异化、时代化和具体化学习培训要求。2016年,培训61个班次,其中5个主体班、35个常规班、21个外出班,总天数289天,总人数1万人次。完善"如东干部在线"学习网站。与上级及兄弟党校合作办学,全年接待上级及兄弟党校6个现场教学班,参观介绍洋口港建设和发展前景,展示县域经济发展风采。加强师资队伍培训,组织青年教师和教学骨干赴上级党校培训学习。7月,顾卫琴"坚持道德高线 守住纪律底线"课题获市委党校优课评比二等奖。公务员综合能力提升暨"七五"普法培训9期,培训2000多人。邀请省委党校教授潘艳红讲授《公务员法制思维建设》。与县政法委、县征收办、县司法局、县环保局等单位举办专题培训班。

【理论研究】 县委党校全年在省、市报刊发表文章20篇。调研报告《如东县农产品电子商务的现状与思考》,对政府出台"扶持如东农村发展经济借助电子平台"相关政策提供参考。《项目党建的实践与探索》《项目党建活动载体创设的如东实践》分别获省党校系统2011—2015年度优秀科研成果二等奖、三等奖。《滩涂农业的绿色同盟缔结之路》在市党校系统第八届科研评奖中获优秀调研决策咨询成果奖二等奖。"如东推进沿海农业现代化研究"课题获省委党校立项。县委党校获"如东县党的创新理论传播示范点"称号。调研报告《如东县行政执法状况研究》被县法学会评为法学良好论文。

(顾霁虹)

接待服务

【概况】 2016年,如东县接待上级领导、客商、来宾共283批次、2651人次,三级等级任务3次,其中部省级领导25人次,各类投资考察团、专家检查组、重大会议等10多批次。

【重要宾客】 如东县接待第十一届全国政协副主席李金华,江苏省委书记李强,湖南省原省委书记徐守盛,国家粮食局局长徐鸣,江苏省省委常委、秘书长樊金龙,湖南省人大常委会副主任陈君文,江苏省副省长马秋林,江苏省政协副主席罗一民、周健民、范燕青,上海市政协原主席冯国勤,全国人大代表、民建上海市委副主委张兆安,如东籍中国工程院院士高先祥,空军装备部原部长袁强,如东籍将军、第一集团军军长王秀斌和海军北海舰队副司令员黄新建等。

【重要客商】 2016年,到如东考察、参观、洽谈海内外客商有:香港保华集团主席兼总裁刘高原,美国凯西基金会顾凯夫,中广核(北京)新能源集团董事长陈遂,中国企业国有产权交易会会长蔡敏勇,国资委驻中船重工监事会主席董树奎,中铁上海工程局党委书记梁永兴,上海电气风电集团总裁金孝龙,上海凯维资本董事长张人天，上海实业集团副董事长、党委副书记葛爱玲，陕西柴油机重工有限公司董事长、党委书记奚国伟，重庆机电有限公司董事长王玉祥，北京信托公司总经理贡静漪，中船重工重庆船舶工业公司总经理、党委副书记孙建中，香港肇丰针织有限公司主席方铿，钟山有限公司董事长黄宏亮，泰国龙珠集团董事长顾雨春，柒壹资本集团创始会董事长张春华，雅本化学股份有限公司董事长蔡彤，乐视控股集团高级副总裁丁磊，中化国际股份有限公司总经理覃衡德，中化集团现代农业有限公司总经理夏侯国风，中化岩土工程公司总经理梁富化，中广核集团副总谭建生以及中国中车集团、中国铁建集团、泰国正大集团、华能集团、中电投(吉林)公司、上海浦发集团、上海鸿轩集团、江苏综艺集团、常州第六元素材料科技股份有限公司、浙江三美化工股份有限公司、康美药业美峰食品有限公司、凯璞庭资本管理（集团)有限公司、浙江森禾种业股份有限公司等国内外知名企业负责人。

（顾海伟）

图95 5月26日，市、县人大常委会领导一行视察掘港街道碧霞小区低洼易涝片区改造项目建设现场

如东县人民代表大会

【概况】 2016年，如东县人大常委会召开11次常委会会议，听取和审议“一府两院”工作报告7项，作出决定、提出审议意见16项；召开主任会议19次，听取“一府两院”专项工作报告10项，依法任免人大机关和“一府两院”工作人员24人次，完成县十六届人大五次会议提出的目标任务。

【监督工作】 年初，县人大常委会组织部分组成人员及相关部门负责人，到江苏道蓬科技有限公司开展专题调研，首“问”石墨烯产业项目，对项目运行提出建议，明确1名专职委员固定联系和服务该项目。专题召开项目建设与招商引资动员会，发动全县人大系统干部开展项目推进工作，增强责任意识，拓宽项目信息搜索渠道，为全县招商引资工作储备一批有效项目信息资源，持续跟踪政府投资项目、重点工业项目和上年度续建项目。关注项目服务保障，专题听取县国土资源局关于全县土地资源开发利用和管理情况报告，并对发挥土地规划统筹作用、健全项目联合预审制度等方面提出建议。县人大常委会重视民生议题，始终将人民群众最关心、最直接、最现实利益问题列入常委会重点关注问题。2016年，县人大常委会将助推水利基础设施建设列入工作要点，组织部分组成人员学习考察先进地区水利基础设施建设情况，深入各镇村开展专题调研。听取和审议县政府关于全县水利基础设施建设情况报告和常委会调查组专题调研报告，提出意见建议。

【代表工作】 2016年，县人大常委会根据市人大“万名代表小康行”主题实践活动要求，针对如东县全面小康指标弱项，梳理出人均GDP、居民收入、生态环境、农村基础设施建设等方面问题，全面部署5级代表

图96 8月3日，《人民日报》、中央电视台、《新华日报》、江苏卫视等10多家中央和省级媒体记者到如东，集中采访县“万名代表小康行”主题实践活动

助力小康“五百”工程行动，即干部代表助建100个小康村、专业代表助推100个项目、企业代表助帮100个困难户、农业代表助护100条河道和各界代表助办100件实事（建议）。针对不同类别小康短板，县人大常委会将全县1482名5级人大代表按界别类型分成干部代表、企业代表、农业代表、专业代表，引导代表按类型和界别参与助建短板指标。107名干部代表提出建议近600件，提供发展信息493个；107名专业代表反映意见156条，协助解决拆迁让地、项目审批、用工融资等矛盾105项；106名农业代表开展污染源排查，收集意见531条；109名企业代表慰问捐款130余万元，提供就业岗位80多个，参与支持农村危房改造34户；各界代表助办106件实事(建议)基本办结到位。中央电视台等国家级媒体专题到如东采访，并报道“五百”工程行动开展情况和取得成效。

重要会议

【县十六届人大五次会议】 2月18—20日，如东县第十六届人民代表大会第五次会议在县会议中心召开。会议听取和审议县长潘建华作《如东县人民政府工作报告》、常务副县长沈峻峰作《关于〈如东县国民经济社会发展第十三个五年规划纲要(草案)〉编制情况的说明》、县发展和改革委员会主任王金泉作《关于如东县2015年国民经济和社会发展计划执行情况及2016年国民经济和社会发展计划(草案)的报告》、县财政局局长罗晓东作《关于如东县2015年财政预算执行情况和2016年财政预算(草案)的报告》、县人大常委会副主任(党组副书记)陈昌龙作《如东县人大常委会工作报告》、县人民法院院长娄宏春作《如东县人民法院工作报告》、县人民检察院检察长顾祖林作《如东县人民检察院工作报告》。大会表彰优秀议案3条、优秀建议7条、优秀承办单位12家、先进代表小组5个、优秀代表40人。

【县十六届人大常委会会议】 2016年，县十六届人大常委会召开第三十二至四十二次共11次常委会

2016年如东县十六届人大常委会会议一览

表37

会议名称	召开时间	主要内容
县十六届人大常委会三十二次会议	1月12日	补选周剑浩、潘建华、戴泽晖3人为南通市第十四届人大代表，并报市人大常委会代表资格审查委员会审查确认
县十六届人大常委会三十三次会议	2月18日	表决通过《关于接受詹立风辞去县第十六届人大常委会主任职务请求的决定(草案)》；就县人大法制委员会和财政经济委员会组成人员建议人选征求意见；接受陈万荣辞去县十六届人大代表职务
县十六届人大常委会三十四次会议	2月29日	通过《县人大常委会2016年工作要点》和《县人大常委会关于深入开展县人大代表“访选民、问项目、评部门”主题实践活动实施意见》
县十六届人大常委会三十五次会议	3月30日	听取并审议县人民政府《关于全县水利基础设施建设情况的工作报告》和县人大常委会《关于全县水利基础设施建设情况的调查报告》；听取并审议县人民法院《关于提请张崴等同志职务任免的议案》，投票通过相关人事任免。会议传达全市“万名代表小康行”启动暨发挥代表作用会议精神
县十六届人大常委会三十六次会议	5月30日	听取和审议县人民政府关于《中华人民共和国环境保护法》《中华人民共和国水污染防治法》《畜禽规模养殖污染防治条例》执法检查整改落实情况报告，并就相关问题专题询问。会议听取和审议部分县人大常委会任命的“一府两院”工作人员履职报告，并进行测评
县十六届人大常委会三十七次会议	7月15日	接受潘建华辞去县人民政府县长职务请求；接受娄宏春辞去县人民法院院长、审判委员会委员、审判员职务请求；接受顾祖林辞去县人民检察院检察长、检察委员会委员、检察员职务请求；免去王智如东县人民政府副县长职务。会议经过举手表决，通过代理县长、代理院长、代理检察长的决定，决定沈峻峰代理县人民政府县长职务，任命陈春柳为县人民政府副县长，任命黄卫为县人民法院副院长，决定其代理院长职务，任命王骅为县人民检察院副检察长，决定其代理检察长职务。县委书记潘建华到会讲话
县十六届人大常委会三十八次会议	7月26日	听取并审议《县政府关于提请于立忠任职的议案》，并通过票决任命于立忠为如东县人民政府副县长。听取并审议县政府关于2016年上半年国民经济社会发展计划、财政预算执行情况以及2015年同级审计工作情况报告；审查批准2015年县本级决算；听取部分南通市人大代表履职报告

续表 37

会议名称	召开时间	主要内容
县十六届人大常委会三十九次会议	8月 4 日	听取并审议《县政府关于提请蒋树建免职的议案》,通过票决免去蒋树建如东县人民政府副县长职务
县十六届人大常委会四十次会议	9月 30 日	听取县人大常委会关于全县农村基础设施建设专项工作评议活动总结报告和县人民政府关于农村基础设施建设专项工作开展情况总结报告;听取县发改委、县财政局、县农办、县住建局等 10 家涉评部门农村基础设施建设专项工作开展情况汇报,并进行测评。会议通过《如东县人大常委会关于全县县镇两级人民代表大会换届选举若干问题的决定（草案)》《如东县选举委员会组成人员名单（草案)》和《如东县第十七届人民代表大会代表名额分配具体方案(草案)》
县十六届人大常委会四十一次会议	11月 29 日	听取并审议《县政府关于提请徐炜等职务任免的议案》,通过票决任命徐炜为如东县人民政府副县长,免去姜晓静如东县人民政府副县长职务;听取并审议县政府关于代表建议办理和常委会审议意见落实情况工作报告;通过《如东县人大常委会关于批准如东县 2016 年度县本级财政收支预算调整的决定（草案)》《如东县人大常委会关于表彰 2016 年度优秀建议和优秀承办单位的决定（草案)》《如东县人大常委会关于表彰 2016 年度优秀县人大代表和先进县人大代表小组的决定(草案)》及《如东县人大常委会关于召开如东县第十七届人民代表大会第一次会议的决定(草案)》
县十六届人大常委会四十二次会议	12月 29 日	听取并审议《县政府关于提请张杰等职务任免的议案》《如东县人大常委会关于提请韩亚莉等职务任免的议案》,以票决方式通过人事任免。听取并审议《县政府关于 2017 年全县国民经济社会发展计划(草案)》的报告;听取并审议《县政府关于 2017 年全县财政预算及部门综合预算(草案)》的报告;听取并审议县司法局关于《在全县公民中开展法制宣传教育的第七个五年规划》编制情况报告;通过县人大常委会《关于开展第七个五年法制宣传教育的决议(草案)》;听取关于县镇人大代表换届选举工作情况报告、县第十七届人大代表资格审查情况报告、县十七届人大一次会议筹备工作情况报告;修改通过县人大常委会工作报告;审看县十六届人大工作专题片

会议。

重要决议、决定

【概况】 2016年,县人大常委会共作出重要决议、决定 11 项,分别是:县十六届人大常委会三十三次会议作出《关于接受詹立风辞去县第十六届人大常委会主任职务请求的决定》;县十六届人大常委会三十七次会议作出《如东县人大常委会关于沈峻峰代理如东县人民政府县长职务的决定》《如东县人大常委会关于黄卫代理如东县人民法院院长职务的决定》《如东县人大常委会关于王骅代理如东县人民检察院检察长职务的决定》;县十六届人大常委会三十八次会议作出《如东县人大常委会关于批准如东县 2015 年县本级财政决算的决定》;县十六届人大常委会四十次会议作出《如东县人大常委会关于全县县镇两级人民代表大会换届选举若干问题的决定》;县十六届人大常委会四十一次会议作出《如东县人大常委会关于批准如东县 2016 年度县本级财政收支预算调整的决定》《如东县人大常委会关于表彰 2016 年度优秀建议和优秀承办单位的决定》《如东县人大常委会关于表彰 2016 年度优秀县人大代表和先进县人大代表小组的决定》《如东县人大常委会关于召开如东县第十七届人民代表大会第一次会议的决定》;县十六届人大常委会四十二次会议作出《如东县人民代表大会常务委员会关于开展第七个五年法治宣传教育的决议》。 (高　山)

如东县人民政府

【概况】 2016 年,如东实现地区生产总值 733 亿元，同比增长 9.1%；一般公共预算收入 54.40 亿元；固定资产投资 545.42 亿元,同比增长 12%；社会消费品零售总额 318.62 亿元,同比增长 10.9%；进出口总值 166.28 亿元,同比增长 9.6%；注册外资到账 4 亿美元；城镇居民和农村居民人均可支配收入分别为 37257 元、17250 元，同比分别增长 8.5%、9%,城镇登记失业率控制在 1.89%以内，新增转移农村劳动力 9061 人，实现精准脱贫 3367 户、4589 人。节能减排完成省、市下达任务,获“江苏省节水型社会示范区”称号。全年民生类财政支出 80.45 亿元，占总支出 79.1%，同比增长 12%。三次产业结构比为 9:45.8:45.2，服务业增加值占 GDP 比重同比提高 1.7 个百分点。全年实现工业应税销售收入 1047.78 亿元,同比增长 22%；工业用电量 36.11 亿千瓦时，同比增长6.6%；实现高新技术产业产值792.47亿元，占规模以上工业产值40.2%。全社会研发投入占GDP 2.47%，万人发明专利拥有量10.8件。全年新增高标准农田10万亩，新增家庭农场154家、“全托管”经营主体196个，“如东大米”“如东条斑紫菜”分别获得国家地理标志证明商标和国家地理标志产品保护。年末，金融贷款余额495.49亿元，比年初增加74.20亿元，其中工业贷款136.79亿元，比年初增加8.44亿元。“六城联创”有序推进，通过国家卫生城市、省园林城市创建验收。成功对接“西气东输”管网，居民天然气供气价格下浮至2.50元/立方米。县域经济基本竞争力居全国百强县(市)第51位，比上年度再进5位。

【项目建设】 如东县进一步突出“项目为王”，多次组织大规模招商活动，先后成立深圳、上海、北京等如东商会，全年新批外资企业48家，增资企业12家。全年新开工1亿元以上工业项目54个、服务业项目30个，当年完成投资117.60亿元，其中华能海上风电、优嘉植保二期、江东科技等工业项目单体投资超20亿元，众创智谷、天瑞海港城三期等服务业项目单体投资超5亿元。项目建设绩效位列全市第一方阵，获年度先进单位流动红旗。

【沿海开发】 如东海关、如东国检局先后揭牌成立。海洋铁路正式开通货运业务。洋口港经济开发区被认定为第一批省海洋经济创新示范区，并获批筹建省级经济开发区；沿海经济开发区在全省化工园区环保专项整治验收考核中名列第一，瑞丰小洋口科技城、VOC监测系统平台加快建设；如东经济开发区成功创建国家级科技孵化器；高新区生命健康产业园正式开园；循环经济产业园东凌湖旅游项目和外向型农业开发区国家一级渔港项目加快推进。

【产业发展】 如东新培育应税销售收入亿元工业企业49家、规模工业企业45家，中天科技集团如东本部应税销售收入突破100亿元，亚振家具、如通机械主板上市，金太阳粮油股份有限公司等6家企业新三板挂牌。海上风电和生命安全防护产业获评国家火炬特色产业基地。物流业、电子商务快速发展，江东物流有限公司和健桥医药公司成功创建省服务业创新示范企业。如东县获评省农村电子商务示范县。

【民生事业】 社会保障水平持续提升，城乡居民基础养老金标准提高至115元。城镇居民医保与新型农村合作医疗(简称“新农合”)并轨运行，城镇职工和居民医疗保险报销比例分别超过80%和70%，新农合筹资标准提高至人均600元。县居家养老服务综合体完工。教卫文体事业全面发展，高考核心指标再夺省、市第一，省理科状元花落如东，省现代化学校占比达85%。举办大中型文化活动120场，文化产业增加值占GDP 4.8%。

(姜　进　杨明伟)

重要会议

【县政府廉政工作会议】 4月19日，县政府召开廉政工作会议，回顾总结2015年全县政府系统廉政建设和反腐败工作，部署安排2016年重点任务。县委书记、县长潘建华要求全县以建设法治高效廉洁政府为目标，重点做好5个方面工作：加强纪律建设，把守纪律讲规矩摆在更加突出位置；深化放管服改革，促进政府职能转变；严管重点领域，管好、用好行政权力；规范行政行为，让权力在阳光下运行；加大惩腐力度，形成反腐持久态势。各地、各部门要以更严更实态度，加强权力运行监控，在法治轨道上推进政府工作，推动反腐倡廉工作向基层延伸，为如东经济社会发展提供有力保障。

【县政府常务会议】 2016年，县十六届人民政府共召开第29～34次6次常务会议。县政府第29次常务会议，就公务用车制度改革、2016年县级部门预算编制、生态文明建设相关工作、安全生产相关工作等议题进行研究。县政府第30次常务会议，就国民经济和社会发展第十三个五年规划纲要草案、农业农村工作意见、服务业工作意见、工业经济工作意见、科技工作意见、“十三五”水污染防治重点工程项目等议题进行研究。县政府第31次常务会议，就推进新型城市化加快现代化美丽县城建设、重大项目计划责任分解、政府性投资项目计划、审计项目计划、寄宿制学校和幼儿园消防安全隐患整改、一二级河道长效管护工作、大气污染防治工作、招商引资对接上海工作、《中国制造2025》如东实施纲要等议题进行研究。县政府第32次常务会议，就机关事业单位工作人员养老保险制度改革、学校及周边环境综合整治、秸秆禁烧禁抛与综合利用、农业招商引资、降低实体经济企业成本、推进大众创业万众创新行动计划、实施创新驱动战略加快构建科技创新体系、工业企业达标排放和安全隐患治理百日攻坚战工作等议题进行研究。县政府第33次常务会议，就深化行政执法体制改革全面推进综合行政执法实施方案、县城棚户区改造和市政工程建设项目房屋征收货币化安置实施办法、脱贫致富奔小康实施意见、自来水和管道天然气价格改革和调整方案、加快发展生产性服务业促进产业结构调整升级实施方案、加快发展电子商务实施意见、促进科技创新若干政策意见、光伏项目开发管理办法等议题进行研究。县政府第34次常务会议，就进一步做好新形势下就业创业工作的若干政策措施、城镇供水应急预案、加强对重大项目提前介入服务、处置大规模恐怖袭击事件应急处置预案、共创共建南通市国家食品安全城市工作实施方案等议题进行研究。

(沈海菁　张伟男)

政府投资项目工程建设

【概况】 2016 年,如东县政府投资项目完成县公安局业务大楼、新区初中 2 项工程建设并交付使用。中医院迁建工程、东安车辆检测中心、灭火救援中心、军事指挥中心、职中体育馆、广电发射塔 6 项工程在建,人民医院外科大楼、掘港高中、蟟山初中、解放路小学、爱民幼儿园 5 个项目在进行相关设计准备。全年在建工程完成投资 1.30 亿元,县政府投资项目工程建设中心组织各类工程项目招投标 28 次,招标采购预算价 2.05 亿元,中标价 1.61 亿元,节约投资 4342.89 万元,共组织材料设备招标采购 20 次,其中招标 10 次,材料设备采购 10 次。工程招标项目(采购)控制总价 2248.89 万元,中标价 1769.79 万元。通过公开预算价审核、材料设备事前询价、规范招标、有序竞争,为政府代建工程节约投资 479.10 万元。全年市场询价 38 批次,为招标和施工过程中确定材料价格提供依据。通过招标前期材料设备建议品牌型号合理选择节约资金约 100 万元。承建工程项目现场共抽样复检 1500 多批次,未出现复检不合格情况。组织召开工程工地例会、现场办公会、专题协调会、县相关监管部门会商会、专家评审和图纸会审等各种会议,及时解决工程建设中的矛盾和问题。建筑工地安全生产监管覆盖率 100%,无重大安全事故发生。 (袁维伟)

图 97 2016 年新落成的公安业务大楼

外事侨务

【概况】 2016 年,县外事侨务工作抓住国家实施"一带一路"战略等机遇,坚持"引进来"和"走出去"相结合,加强与境外、国外侨团、社团,以及国内外媒体、财团、社团沟通联络。加强《江苏省保护和促进华侨投资条例》宣传,服务侨资企业发展。利用外侨平台,组织 13 家侨资企业参加南通大学生对口招聘会,先后与佛得角博阿维斯塔岛市、芬兰西芬兰省塞伊奈约基市、芬兰西芬兰省瓦萨市 3 地签订友好合作备忘录。全年接待古巴可再生能源研修团、美国凯西基金会顾凯夫等重要团组。依托国内国际 2 个市场、外事侨务 2 个平台,加强管理和推进,较好形成大外事、大侨务发展格局。

【项目建设】 2016 年是项目建设年。县外事办用好个人人脉关系和外侨工作平台,紧盯项目信息。得知深圳惠州创亿达新材料公司在南通投资消息后,加强与总裁联系与沟通,紧盯进展情况。该项目从 9 月 30 日正式洽谈到签约只用 20 天时间,从签约到注册用 15 天时间,从注册到项目基建用 20 天时间,创造项目投资"外侨速度"。该项目成为如东高税赋新材料项目之一。跟踪推进深圳客商投资的现代绿色农业项目、大型养老产业项目。

【涉外合作交流】 依托外事平台,加强与外国驻中国大使馆、使领馆联系,宣传绿色如东,拓展如东县企业发展视野,提升如东在外知名度和影响力。6 月,组织县城市规划局、县水利局、县环保局、洋口港经济开发区等 6 家单位参加"纪念特来克到南通 100 周年暨南通—荷兰合作恳谈会",荷兰驻华大使馆、驻沪总领馆派人参加活动,县与会人员就城市规划、水利等发展经验和案例,与荷兰水利、规划企业负责人交流,寻找合作机会;12 月 5—6 日,副县长许金标率团赴人民大会堂参加以"聚焦绿色发展,共享经济增长"为主题的中国丹麦两国地方政府绿色发展合作论坛,中船重工(重庆)海装风电设备有限公司负责人发表"新能源、新机遇、新发展"主题演讲;组织 7 家企业参加南通瑞士发展合作论坛,组织 6 家农业企业出席在南京举办的中以现代农业技术商务发展合作论坛。全年审核办理邀请外国人到中国 38 批 50 人次,分别是上年度 1.41 倍和 1.19 倍,创新高,增长幅度有所放缓。全年为企业申办 APEC 商务旅行卡 27 人次。

【涉外管理服务】 2016 年,国外基金会、媒体、国际禁化武组织到如东比较多,县外侨办按照管理权限加强涉外管理。4 月 10 日,美国保尔森基金会保护总监牛红卫一行到如东考察滩涂湿地勺嘴鹬活动情况,交流湿地保护、候鸟保护做法成果,与美国 Ofolson 环境集团公司讨论互花米草防治工作。加强引导和疏导,抓好外国记者管理。协调接待英国

BBT公司北京部记者大卫等一行3人到老年大学采访拍摄如东县丰富老年人业余学习文化生活题材;日本读卖电视台上海支局长松本友一等一行4人采访县二孩政策放开后生育变化情况。参与接待国际禁化武组织核查工作2次,做好禁化武核查外事接待和外事礼仪教育服务引导工作。

【因公出国】 2016年,如东县组团出访9批次38人次,随团出访18批次59人次,是2009年后出访团组最多一年。80%的组团出访团组因任务关系,审核办理都要加急,县外侨办协调省外办及省外办驻上海、北京办事处,创造6小时出签证最快南通纪录。严格审核出国任务、团组结构、人员身份、邀请信等材料。严格遵照外事报批相关规定,对不符合要求团组在做好解释说服工作基础上,进行调整,按程序做好因公出国资料审核工作。坚持行前教育制度化、程序化,每批组团出国团组人员在申领护照前,均对其集中进行外事纪律教育,宣讲境外纪律和注意事项以及有关风俗习惯和社交礼仪,要求其认真阅读《给团长的一封信》和《给秘书长的一封信》后当面签字,对个别因工作原因不能到场领导,择时送教上门,做到行前教育100%。从严抓好出访行前人员公示、费用公示、出访成果公示,为规范出行、透明出访、文明出国奠定基础。

【侨务联谊】 县外侨办加强与海外侨胞及侨眷联谊,年内接待24批82人次,宣传如东经济社会变化和如东投资政策,鼓励海外侨胞、海外高层次人才回乡投资发展。利用现代媒体加强与海外如东人联络,建立"如东人在海外"微信群。利用重大节假日通过电子邮件、贺卡、手机短信、微信加强与海外侨胞联谊与联系,邮寄新年贺卡500封。申办"三侨生"(考生是归侨青年、归侨子女、华侨在国内子女)2人次,慰问侨眷71户。 (陆亚军)

公共资源交易管理与运行

【概况】 2016年,县公共资源交易管理办公室(以下简称县公管办)按照"统一进场、管办分离、规则主导、依法监督"原则,在规范公共资源交易程序、强化过程控制,推进科技防腐、提升服务效能、控减投资成本方面进行改革和创新。全年组织服务招标采购项目670项,预算额48.46亿元,节约资金4.28亿元,综合节约率15.4%。产权交易6项,评估价265.94万元,成交价360.02万元,升值额94.08万元,资产增值率35.4%。预算评审项目187个,评审预算额24.74亿元,评审净核减预算9705.75万元,控减投资成本。合同备案审查187份,纠正合同文本、要素、内容等方面问题486条,为建设项目标后管理提供规范有效的约束依据。发布政府采购类招标公告、询价公告、竞谈(磋商)公告、单一来源公告、中标(成交)公告等各类信息公示248条;工程建设类招标公告、资格预审公示、中标候选人公示、负责人变更公示、中标人公告等信息公示950条;产权交易、部门采购、农村产权交易、镇(区)交易项目公示信息公告和中标(成交)公告共1901条。

【基础保障】 2016年,县公管办设置开标、评标、办公区、监控区等相对独立功能区域,高标准配备5块大型LED显示屏、2块前台触摸屏、45个高清摄像头和监控录音、身份证识别、门禁、解密机等电子设备,整个交易平台设施配套、技术服务保障完善,较好满足交易各方主体集中有序、规范透明和封闭管理要求。开发"一网四库九系统"。"一网"即如东县公共资源交易网;"四库"即供应商诚信库、施工企业资质CA库、评审专家库、法规库;"九系统"即交易管理系统、远程评标系统、专家评审系统、注册报名系统、网上竞价系统、分析评价系统、定点协议供货系统、电子监察系统、OA办公系统。

【规范服务】 县公管办按照公开、公平、公正和质量优先、透明高效原则,通过优化再造交易流程,对进场交易实行"八统一",统一交易受理、统一信息发布、统一场所安排、统一专家抽取、统一电子监督、统一中标通知、统一合同备案、统一资料管理。实行"一窗式"受理、"一次性"告知、"一站式"服务。创新服务理念,树立窗口形象,推动公共资源交易平台规范化建设。

【采购方式创新】 县公管办联合相关部门出台《如东县政府集中采购项目网上询价实施办法(试行)》,按照"先易后难,先试点后推广"方式,推进小额零星通用类设备项目政府采购网上询价机制,优化采购流程,增加透明度,降低采购成本,去除人为因素影响,有效解决政府集中采购规范与效率矛盾,为采购单位和供应商提供便捷高效服务。

【网上招投标】 2016年,县公管办在省内率先实现集所有国有资金投资房建和市政工程施工项目、工程监理项目、水利(含农业开发、土地整理)、交通工程项目电子化招投标全覆盖,建设工程电子招投标率和远程异地评标率100%,居南通地区各公共资源交易平台之首,每年为投标人节约投标成本约2500万元。实现"三大系统"无缝链接,与省直接发包、建筑市场监管系统两大系统无缝链接;门禁系统与南通市招投标系统和江苏省招投标综合监管系统5.0无缝链接;投标解密系统与网上开标系统无缝链接,实现网上招投标提速增效。

【标后评估】 县公管办组织评估专家评估已完成交易项目,依据《公共资源交易后评估办法》,"评估公共资源交易项目的经济合理性""评估招标人和招标代理机构的招标组织活动的规范性""评估评标委员会和每位评标专家的评标意见是否符合招标文件规定、是否反映投标实际、是否公平、公正、科学、合理”等均被列入后评估主要内容，并将评估结果记入对应评标专家和招标代理机构信用管理档案中，作为对评标专家和招标代理机构考核依据。

【社会监督】 招标、投标、开标、评标、公示全程网络电子单轨运行，开评标过程全程拾音录像，所有运行系统向公管办、监察、审计等专业监督部门开放。邀请纪检、财政、审计、人大代表、政协委员在重大项目开、评标中现场监督。所有项目均按规定在招标采购法定媒体公开公示，评标结束后，信息库一律向社会公开。坚持实行公共资源交易“开放日”制度。 (蔡晓洋)

行政审批

【概况】 2016年，县行政审批局(政务服务中心)受理各类办件104772件，办结103767件，按期办结率99%。投资发展领域共受理办件1394项，其中安全审批688项，投资审批527项，环境审批179项；建设工程领域共受理办件264项，其中规划许可167项，施工许可97项；市场准入领域共办理各类行政许可事项27508件，其中新设内资公司登记1119件，外资公司登记34件，“一照一码”换照7157件。获2013—2015年度省文明单位、县人民满意机关、产业项目建设先进集体等多项荣誉。

【行政审批制度改革】 县行政审批局梳理、整合划转事项，形成审批标准。对划转45项审批服务事项进行分类、整合，梳理、优化事项办理流程，明确每个事项审批依据、审批材料、办理流程、审批时限、收费依据和标准，形成审批标准，并印制服务指南。开展全流程业务人才培训，提升服务能力。在窗口实施多轮次审批人员业务培训，通过以老带新、跟班学习等方式，全面提升审批人员工作能力和水平。其中市场主体信用监管科开展全能人才培训，对原市场监管局、商务局、文广新局工作人员进行全面、系统业务培训，保证窗口每位工作人员能熟练办理市场主体设立条线原属各部门的17项审批服务事项，做到窗口间无差别审批。优化再造审批流程，提高审批效率。市场主体信用监管科整合优化市场主体准入类许可事项，将17项32类申请材料、54道审批环节，精简为20类材料和34道环节，实现审批路径最短、审批环节最少、审批材料最简。

【项目建设服务优化】 实施重大项目提前介入服务。凡总投资1亿元以上工业项目、高新技术领域项目以及县政府列入年度计划的民生保障类项目均列入提前介入服务范畴。在项目洽谈阶段，行政审批局相应窗口人员即参与，第一时间了解项目情况，并在审批政策上予以辅导。对拟落户重大项目，项目预审组定期召集相关部门专题预审，对项目落户条件、要求及面临矛盾等方面进行全方位把关。对通过联合预审的重大工业项目(化工、电镀、印染及涉重项目除外)、高新技术产业项目和列入县政府年度计划的民生保障类项目，因土地手续尚未办理到位，采用建设工程登记备案办法，履行全部咨询服务程序后，可以组织开工建设，待用地手续到位后再换办相关正式许可手续。全年召开项目预审会9次，预审项目49个，提前开工项目5个，为重大项目快速推进打好基础。持续构建公平税费征管环境。加强税费征收工作管理，坚持规费扎口征收，固化收费标准，网上出具缴款通知，网上公示减免结果。全年收取各类税费67亿元，未发现多征、少征、漏征现象。创新项目服务举措。县行政审批局在项目建设工程方面向“关联工作同步化”迈进。即评估同步(环评、安评、能评)，设计方案审查同步(人防设计、规划设计、绿色建筑设计)，施工图审查同步(气象、抗震设防、消防、施工图设计审查、人防)，竣工验收同步(项目竣工、申请验收、出具意见)，竣工备案同步(人防验收备案、房屋建筑竣工备案)。建设工程报批环节办理效率提升50%以上。

【审批服务质效提升】 推进“政务服务一张网”。按照江苏政务服务“一张网”建设工作部署，及时做好对接工作，编制录入权力清单及办事指南。根据全省“一张网”建设规范，逐步建成县“一网(政务服务网)一门(行政审批局、政务服务中心)一端(政务服务移动客户端和微信公众号)一码(实名认证机制)”新的政务服务框架，打造纵横全覆盖、事项全口径、内容全方位、办事全渠道、服务全天候的网上政务服务平台，让百姓“明白点菜、高效办事”，形成线上线下功能互补的政务服务新模式。搭建如东县行政审批中介信息平台，通过信息发布系统、门户网站、县政府门户网站等各级媒体平台对外推介，邀请各类中介机构入驻平台，有40余家中介机构进驻该平台，申请业主通过比质比价在线成交中介服务事项70余件。解决审批过程中与行政审批密切相关的中介服务不规范、收费高、时限长等问题，推进中介机构开展优质高效服务，构建公开、公平、竞争有序、服务高效的行政审批中介服务市场。

(庞 娟)

电子政务

【项目论证】 县政府信息中心以“统一领导、统一规划、统一标准、统一建设、资源整合”原则，不断规范县级电子政务建设管理，创新探索项目。根据县政府要求，牵头组织县“招商云平台”“未来教室”“智慧海洋”等20多个项目论证，资金4000余万元，涉及民生、社会保障、科教文卫等方面，提升全县电子政务应用技术水平。

【平台建设】 按照省、市电子政务建设规范要求，县政府信息中心进一步完善电子政务内、外网络平台。在物理隔离电子政务内、外网干线上，实现电子政务内、外网省、市、县、镇(区)、村(社区)5级网络互联互通。年末，全县共接入电子政务内外网900多个点，整合专线15条。加强对信息和数据资源统一调度和分配，结合“云计算”应用技术，形成行政中心主机房和政务中心机房双核运行的“双活”数据中心。其中，行政中心主机房面积400平方米，设有68个机柜核心机房，内部网络平台、安全平台、虚拟化计算存储体系均建设到位，为“中国如东”政府网站和全县业务部门提供业务资源统一划拨、设备资源共建共享、数据资源冗灾备份等服务。

【安全维护】 县政府信息中心组织专业安全测评机构，对全县电子政务重要系统开展信息安全等级保护测评，查找薄弱环节，落实整改措施，进一步做好全县电子政务系统安全管理工作。修订完善《如东县电子政务网络管理实施规定》《如东县政府信息中心信息系统安全管理制度》等制度20项。做好党政办公自动化系统服务工作，定期巡检，保障系统安全稳定。强化各单位托管服务器运维保障管理工作，定期做好漏洞扫描、修复等维护工作。

【政府网站建设】 按照《国家电子政务“十二五”规划》，不断推进政务应用建设，强化政府网站应用服务。“中国如东”政府门户网站始终坚持以政务公开、公共服务、公众参与、对外宣传4大基本功能为向导，贯彻落实国家、省、市政府加强政府网站建设管理要求，致力改革创新，至2016年，连续9年获得省、市“优秀政府网站”称号。全年以网站为主体，主动公开政府信息16525条，其中政策类8229条、动态类8296条，县政府文件14条、县政府办文件35条，各类专题27个；接受并处理网上依申请公开来信43封；发布政策解读类信息89条，其中图解13条；组织新闻发布会15场，全程录播上网发布；发起《调查征集》17次，举办《政风行风热线》节目31期，其中涉及部门51个，回答在线提问630个，平均满意率95%。全年“县长信箱”收件828件。 (王海舟)

人事人才管理

【概况】 2016年，县人力资源和社会保障局(简称县人社局)会同县委组织部招录公务员（参照公务员法管理人员)126人，招录民警21人，招聘事业单位人员141人。按照考试考核积分选岗办法，安置军转干部21人。调整机关事业单位基本工资标准，健全机关事业单位工资正常调整机制。启动机关事业单位养老保险制度改革。实施人才强县发展战略，加大引才、培才、留才工作。全年组织230多家企业，参与兰州、西安、山东、北京、南京等17条路线招聘活动，引进各类毕业生700多人。搭建平台，开展人才交流市场。举办“学子归巢反哺家乡”高校学子看家乡、“大学生就业有位来”等活动，引进高校毕业生和技能人才。落实《如东县引进高校毕业生和技能人才奖励暂行办法》，对2014年符合条件的高校毕业生和技能人才进行奖励补贴。加强专业技术人才培养，不断壮大专业技术人员队伍。专业技术人员知识更新培训1.30万多人。全年职称申报通过高级200人、中级447人、初级627人。全县专业技术人才1.40万人。

(冯 飞)

【人才引进】 县人才办编制《如东县人才引进重点产业指导目录》。坚持“走出去”与“请进来”相结合，精准化引才、社会化引才。主动承接人才智力富集地区资源溢出，组织镇区、企业赴重庆、西安等高校集中区，开展人才科技对接活动。举办“教授博士如东行”等活动，邀请高校院所专家到如东县考察、洽谈人才科技合作。围绕如东重点产业，引进国家“千人计划”专家袁一卿、王健2人，进行汽车传动系统、环境科技等研发；引进张雷、李刚强、许菲等9名顶尖人才与企业创新合作。对接上级重点人才项目，入选省“双创计划”各类项目22人。

图98 5月6日，县人社局与南京师范大学泰州学院共建人才开发合作基地签约授牌

【人才培养】 县人才办注重分类指导，以企业家和技能人才为重点，推进各支队伍协调发展。加强企业家队伍建设，中天科技集团董事长薛济萍获“张謇杯”南通杰出企业家称号，南通辉煌彩色钢板有限公司总经理刘允华获评2015年度南通“三创”人物。南通亿能彩钢板有限公司总经理黄永春获评“省第二届优秀职业经理人”(南通市仅3人)。加强

技能人才培养，中奥联合学徒培训项目正式开班，如东中等专业学校连续4届获全国职业院校技能大赛金奖。

【人才环境】 2016年，如东高新石墨烯产业研究院成立，石墨烯产业园建设启动。中天海洋智能装备产业园、瑞丰小洋口科技城、江苏理工学院如东沿海经济开发区化工产业研究院签约启动。“扶海青年互联网创业孵化园”获评省级众创空间。建立海创智库(千人计划)如东创新创业服务中心、江苏省科技创业众创集聚区、创新南通众创空间、华东师范大学上海分子治疗与新药创制工程技术中心如东产业化基地以及重庆大学、苏州大学、扬州大学如东技术转移中心。引进深圳无界投资控股有限公司，重点推进医药产业发展。县人才办加强人才公寓管理服务，组织慰问高层次创新创业人才，帮助解决工作生活难题。

【第二届科技人才节】 6月3—5日，如东县举办第二届科技人才节暨“通创荟”走进如东活动。高新区生命健康产业园开园，首批21个科创项目入驻。7个创新创业载体项目揭牌。来自生物医药领域专家学者，就生命科学领域最前沿理论进行主旨演讲。专家学者以“分享体会、建言献策”为主题，进行沙龙交流。12个创新创业大赛项目路演角逐，部分获奖项目与企业对接，意向融资8000万元。中国技术交易所发布一批军民融合方面成果，其中现场发布15个，书面发布成果60个，并与各镇区和企业开展深度对接。

【县人才工作者培训班】 10月24—28日，如东县人才工作者能力素质提升培训班在苏州大学举办。培训采取专题讲座、互动交流和现场教学等相结合方式，邀请韦刚、郑如源、黄建洪等人才研究领域专家，为学员讲授“一带一路”战略、苏州市人才工作实践与创新、高端人才引进策略与技术等内容，并组织人才工作者赴苏州高新区科技创业园、高教区展览馆、苏大天宫孵化器等地现场教学。县相关职能部门、各镇区人才工作者及省第九批科技镇长团如东团全体成员参加培训。

【省第九批科技镇长团如东团】 8月25日，如东举办省第八批“科技镇长团”如东团总结汇报会暨省第九批“科技镇长团”如东团欢迎仪式。第九批科技镇长团如东团由哈尔滨工业大学教授韩喜江、苏州大学副教授徐小平、华东师范大学副研究员马明亮、清华大学副研究员梁晓、四川大学计算机辅助设计制造研究所副所长胡晓兵、中国科学院宁波材料技术与工程研究所高级工程师赵永青、南开大学副教授李庆山、中国水产科学研究院东海水产研究所副研究员唐保军、江苏理工学院博士杨廷海、天津大学科研院项目主管葛文杰10名专家组成，分别挂任部门、镇区领导职务，指导人才科技工作。 (朱爱梅)

2016年如东县获得高级职称人员名单

具备电子信息工程高级专业技术资格人员

如东县人民医院:徐　瑾　施江峰

具备高级经济师高级专业技术资格人员

如东县太极化纤纺织器材有限公司:陆金金

江苏如东农村商业银行股份有限公司:顾曙光　顾　华

江苏宇迪光学股份有限公司:孟陈燕

江苏快达农化股份有限公司:杨　彬

江苏如石机械有限公司:徐军辉

亚振家具股份有限公司:钱蒋锋

江苏苏中电池科技发展有限公司:唐跃东　高利民

江苏盾王劳保用品有限公司:王志雄

如东县铁链厂有限公司:马　陈

南京医药南通健桥有限公司:唐　泉　缪凌云

江苏新源建筑工程有限公司:宋秀芳

具备会计专业高级专业技术资格人员

中天科技集团有限公司:李海涛

江苏省如东经济开发区管委会:黄爱莲

南通五建控股集团有限公司:王　旭

南通大东有限公司:张红梅

亚振家具股份有限公司:张亚军

南通兴科装饰布有限公司:李任重

江苏省如东经济开发区财政局:顾晓涓

具备机械工程高级专业技术资格人员

南通大力化工设备有限公司:姜永建

具备建设工程高级专业技术资格人员

南通五建控股集团有限公司:张振球　王晓峰　陈爱明

江苏新源建筑工程有限公司:蒋吉明　张小虎

江苏诚嘉工程监理咨询有限公司:王海建　顾小俊

如东县住房和城乡建设局:程小林　葛加君

南通五建跃进建筑安装工程有限公司:缪　华

如东县房屋征收管理办公室:李红兵

具备交通公路工程高级专业技术资格人员

南通市东路工程养护有限公司:顾燕霞

如东县交通工程质量监督站:孙晓榕

具备经济专业高级专业技术资格人员

江苏快达农化股份有限公司:孙光琴

如东县掘港人力资源和社会保障服务所:朱春燕

如东县中医院:戴春梅

如东县新型农村合作医疗管理委员会办公室:顾　敏

如东县白蚁防治站:孙鸿飞

如东县运输管理处:徐　辰

具备林业工程高级专业技术资格人员

如东县海堤林业管理站:曹志华　蔡亚萍

具备农业技术高级专业技术资格人员

如东县农业委员会:桑圣权

如东县农产品质量检测中心:孙建东

如东县岔河镇农业服务中心:许　燕

如东县栟茶镇农业服务中心:高群山

如东县大豫镇农业服务中心:黄雪红　吴锡华

如东县洋口镇农业服务中心:陆森林

如东县曹埠镇农业服务中心:葛海燕

如东县马塘镇农业服务中心:葛海军
具备审计专业高级专业技术资格人员
如东县审计局:顾艳飞　顾　林
具备水利工程高级专业技术资格人员
如东县水务局:孙光华
如东县水利电力建筑工程有限责任公司:徐　晔　刘冬艳　康　晟
如东县东安新闻管理所:戴建国
具备思想政治工作专业高级专业技术资格人员
如东县交通工程有限责任公司:曹　权
如东县社会保险管理中心:顾　峰
具备卫生技术高级专业技术资格人员
如东县中医院:黄志云　张严东　唐海妹　盛小燕　黄海霞　叶亚红　陈　娟
如东县双甸镇中心卫生院:康拥军　丁建云　葛丽霞
如东县妇幼保健所:康爱琴
如东县马塘医院:翟艳红　缪云华
如东县人民医院:沈冶军　徐国芳　姚秀芳　宋　宇　桑圣梅　沈九娥　任建萍　张海燕　陈亚梅　张建新　陈海兵　刘小庆　陈海磊　翟海军　郭红梅　徐　建　沈　建　傅晓东　陆　兵　钱海霞　张　晨　张锫锫　王亚琴　陈　云　王小红　张雪峰　施红伟　施春林　陈玲玲　王　震　高文华　顾　明　王思雅　冒忠华　费培培　陶云建　管菊梅　刘红梅　沈建英　吴卫星　缪玉兵　丛树杨
如东县疾病预防控制中心:陈雪琴　石俊峰　孙艳丽　徐亚红
如东县第四人民医院:李正华　缪丽华　葛小琴
如东县兵房中心卫生院:张颖红　季　丹　曹小东　王亚群
如东县掘港卫生所:汤新梅　高新冬　顾亚玲
如东县掘港中心卫生院:申茂泉
如东县双南医院:吴功辉　刘旭如
如东县栟茶卫生所:徐　丽
如东县岔河卫生所:刘海峰
如东县栟茶镇中心卫生院:赵桂红　王　丽　李爱萍　徐亚英　葛明飞　杨文华　徐晓梅　仲建云　蔡家振　薛艳芬　王海娟
如东县岔河镇中心卫生院:曹正祥　叶德建　徐俊峰　陈周红　陈银亮　朱锋华　马洪智　徐建剑
如东县河口镇于港医院:刘　辉
如东县河口卫生所:陈素兰
如东县丰利卫生所:於卫东
如东县袁庄卫生所:张晓玉
江苏省南通市如东县袁庄镇医院:冒　权　苏亚琴
如东县大豫卫生所:姜　雄　张爱娟　朱鹏飞
如东县丰利镇中心卫生院:郭美萍　李小云　钱堂美　徐　琴　王宇峰　陈　骏　朱建华　陈晓琴
如东县北坎医院:施春美　杨敏慧　李　秀
如东县曹埠卫生所:缪　平
如东文慈医院:张小平
如东县古坝医院:缪小兵
如东县计划生育指导站:李辉琴
如东县洋口医院:李海东　陈　勇
具备畜牧兽医专业高级专业技术资格人员
如东县新店畜牧兽医站:黄建云
如东县畜牧兽医站:王爱华
如东县丰利畜牧兽医站:范金明
如东县掘港畜牧兽医站:周建东
如东县苴镇畜牧兽医站:田正康
具备质量技术监督工程高级专业技术资格人员
如东县产商品质量监督检验所:沈　霞　赵　蓓
具备中等职业学校教师高级专业技术资格人员
江苏省如东中等专业学校:邓秀群　於红梅　于　军　黄丽春　何恒兵　蔡正红　薛玮玮　奚加贵　阚海霞　王小兵　吴莉萍

（冯　飞）

机构编制管理

【简政放权】 如东县抓好“放、管、服”各项改革,梳理审核全县部门行政权力事项,完成32家政府工作部门、6家垂直管理部门行政权力标准化清单确认工作,共确认权力事项6493项。加强事中事后监管体系建设,出台《关于深化行政审批制度改革加强事中事后监管的意见》,编制公布县政府工作部门231条加强事中事后监管制度措施。创新监管方式,县编办牵头编制公布县政府27家部门随机抽查事项清单282项,建立“双随机一公开”抽查机制,进一步落实部门监管责任。编制以标准化权力清单为核心的办事指南,审核确认5018项,并与省、市两级办事指南同步上线。

【相对集中许可权改革】 如东县围绕项目建设和市场准入两大领域,在优化再造审批流程、提高审批效率上求实效。在项目建设领域,实现建设项目审批“关联工作同步化”,建立联合预审、联合审图、联合评估、联合验收等审批机制,一般工业项目审批实现从立项到施工许可30个工作日;在市场准入领域,市场主体设立“无差别化一窗受理、无冗余化一站办结”,实施“多证合一”“一照一码”,推行“证照联办”,有效破解企业“办照容易办证难”问题,企业开办时间压缩到3个工作日内。建立“一网(政务服务网)一门(政务服务中心、行政审批局)一端(移动客户端和微信公众号)一码(实名认证码)”新政务服务框架,打造纵横全覆盖、事项全口径、内容全方位、办事全渠道、服务全天候的网上政务服务平台。

【综合行政执法体制改革】 县政府制订《深化行政执法体制改革全面推进综合行政执法的实施方案》,推进环保领域综合行政执法体制改革,完成职责整合、分局设置、人员配备等工作,推动执法重心下移,优化执法力量配置。率先在社会保障领域整合劳动保障监察职责和社会保险稽查职责,组建“劳动和社会保障综合执法大队”,实现“一个部门一支队伍管执法”。提出整合商务、粮食、市场监管执法职能及队伍,组建市场监管综合执法机构;整合农业、林业、农机执法职能及队伍,组建农林综合执法机构;整合文化、旅游执法职能及队伍,组建文化旅游综合执法机构的意见;在城市管理领域相对集中行政处罚权基础上,完善城市建设管理综合执法机构,实现"一个领域一支队伍管执法"。

【事业单位改革】 如东县调优事业单位布局结构，根据改革要求及中心工作需要，清理整合12家职能交叉重叠、工作任务不足、设置重复分散的事业单位。深化重点领域事业单位改革，整合县国土局土地登记和县住建局房产登记职责，组建如东县不动产登记中心；整合城镇居民基本医疗保险和新型农村合作医疗制度，建立城乡居民基本医疗保险制度；整合县镇两级妇幼保健和计划生育技术服务职责，优化县级妇幼保健计划生育服务机构管理体制和运行机制。继续加大社会事业发展支持倾斜力度，设立幼儿园8所，根据《"十三五"期间县城学校布局规划建设方案》，整合、改建设立县城各类学校7所，破解县城义务教育资源不足困局。

【机构编制规范管理】 县编办坚持进人控编、中层职数使用预审和编制使用年度预算制度，守住机构编制"只减不增"红线，确保行政编制控制在省核定限额内，事业编制控制在2012年底总量内，行政、事业实有人员总量不超编。通过盘活存量、优化配置等内部挖潜方式，将有限资源投向市场监督、安全生产、环境保护、教育医疗、社会保障等民生领域和基层一线。推广运用编制人事财政综合信息系统，初步实现财政供养人员管理一体化、自动化。全面推行"三责联审"(组织、编制、审计部门联合对党政领导干部开展用人责任审查、编制责任审核、经济责任审计)民主测评网络化，强化机构编制使用效益审核，将事后审核向事前、事中审核延伸。强化实名制管理，坚持机构编制"月报、季报、年审"制度，加强动态管理。严格科级领导职数动态调整和报审工作。

(许小波)

事业单位登记管理

【概况】 2016年，如东县全面推行事业单位登记事项网上审批办理，优化登记服务，注重登记质量。全年设立17家、变更119家、注销5家，办结率100%。536家机关、事业单位完成中文域名注册、续费工作，覆盖率100%。实行事业单位法人统一社会信用代码制度，全县498家事业单位换发法人证书，75家机关群团统一赋码，完成率100%。在县中医院、县青少年宫、县学生实践基地3家事业单位，从加强理事会建设、落实法人主体地位、完善监管体系建设入手，推进法人治理结构建设。

【事业单位信用体系建设】 开展事业单位信用等级评价省级试点工作，将事业单位信用体系建设纳入《如东县社会信用体系建设"十三五"规划》，成立事业单位信用等级评价工作联席办公室，出台《如东县事业单位信用等级评价实施办法(试行)》和《如东县事业单位信用等级评价工作实施方案》，开发建设信用等级评价网络平台，组织全县事业单位依托网络平台开展信用等级评价，推动事业单位信用体系建设。

【事业单位监管】 2016年，县事业单位登记管理局接收事业单位年度报告498家，报送率100%，将事业单位年度报告全面公开，接受公民、法人和其他组织对事业单位监督管理。围绕事业单位信用体系建设等，组织法定代表人培训2期。深入事业单位现场开展设立登记、变更登记等实地核查，探索事业单位法定代表人定期约谈机制。 (许小波)

档案管理利用

【概况】 2016年，如东县档案馆有馆藏档案232个全宗，案卷150929卷、27399件，其中，照片档案8337张、实物档案333件。馆藏资料11741册。全年接收相关单位主动公开信息56家800多条。全年查档接待2474人次，调阅3301卷，复印9506页。其中，婚姻档案查阅1462人次，调阅1115卷，复印2042页；文书档案查阅1012人次，调阅2186卷，复印7464页。县档案局获全省档案宣传工作先进集体二等奖，被评为南通市第28届科普宣传周先进集体。

【档案信息化建设】 推进数字档案馆建设。5月，馆藏档案数字化子项目招标实施，数字档案馆管理系统子项目方案经过省、市、县技术专家论证，在逐步完善。馆藏纸质档案扫描完成474.50万页，完成率41%。县档案馆及时完成进馆及馆藏档案电子数据全文挂接，保障档案便捷利用，提高查档效率。开展数字档案室建设工作。7月，举办档案业务培训会议，邀请市档案局专家做《数字档案室建设及评估细则说明》讲座。全年有4家单位分别通过4A级、3A级、2A级数字档案室验收，其中，县地税局4A级。

【档案资源建设】 县档案馆加强名人档案和地方特色档案征集工作，征集到工程院院士蔡美峰档案资料12份，征集到河口镇葛氏家谱、缪氏家谱、周氏家谱、顾氏家谱、朱氏家谱等资料的电子文本。做好档案进馆工作。对达到进馆条件的单位档案资料进行检查清点，办好交接手续，做好消毒进库上架排序等工作，正常接收档案2433卷、3482件。

【档案集中会审】 3月24日，档案局开展档案集中会审工作。会审时间1个月，审核全县15个镇(区)、80多家机关单位2015年文书档案归档整理情况，并分别安排集中培训两期，就文书档案整理、全宗卷整理、档案进馆要求等进行讲解，提升档案人员业务能力。

【档案指导】 做好档案升级(复查)单位业务指导工作。4月，县档案局在县委党校举办2016年星级单位测评复查业务培训班，全县中小学校、宗教场所等30多家单位分管领导及档案人员共40多人参加培训。县档案局解读星级档案室创建(复

图99 8月23日,省档案局副局长欧阳旭明(中)巡查如东县重大建设项目档案

查)标准、规程,并讲解全宗卷、全宗指南以及相关门类档案收集整理方法和要求,进一步提升参训人员档案意识,提高档案人员业务水平。做好土地承包经营权确权登记档案业务指导工作。县档案局分别到苴镇刘埠村、马塘镇马丰村、苴镇九阳村指导档案收集与整理。对各镇土地确权档案工作负责人、具体责任人进行培训,对调研、检查中发现问题提出整改要求。做好重大建设项目档案指导工作。分别对台湾中石化、江苏中石油 LNG 项目二期工程档案管理情况开展监督与指导,现场查看建设单位、施工单位、监理单位的档案收集、整理情况,发现问题限期整改。8月23日,省重大建设项目档案工作巡查组一行在省档案局副局长欧阳旭明带领下,巡查南通地区重大建设项目档案工作,对县中石油江苏 LNG 项目二期工程档案管理情况给予肯定。监督指导县油气输送管道项目档案。与县能源局、县市场监督局、洋口港管委会港口局和县安监局联合到中石油江苏液化天然气有限公司就压道管道质量安全及档案管理进行专题检查。

【档案宣传】 组织开展档案宣传咨询活动。6月7日,联合县人社局、县卫计委、县民政局(婚姻登记处)、县市场监督管理局、县公安局、县法院、县国土局、县农商银行等单位在如东文峰大世界广场举办如东县2016年“档案与民生—6·9国际档案日”宣传咨询活动。现场接受群众咨询,为群众解答档案利用、人事、就业、医保、食品、药品安全、婚姻等方面问题20多次。现场发放档案馆简介、查档须知、民生档案查阅指南等宣传资料300多份,宣传档案服务民生举措和成效,提高社会公众重视档案、利用档案、保护档案意识。开展“寄存梦想”活动。邀请蟆山小学60多名江海小记者,参观如东历史文化中心、县档案馆,学习个人成长档案收集、整理,并将各自梦想记录下来,留在档案馆永久保管。

(徐 洁)

图100 6月18日,江海小记者走进如东县档案馆,举行“寄存少年梦想,守候成长足迹”主题活动

机关事务管理

【机关后勤保障】 机关事务管理局实行24小时电话值班制度,按照预约登记工作流程,接收行政中心各部门会务联系、设备报修、LED屏使用等预约工作。做好会务服务保障,全年完成各类会议服务2418次,基本做到“全天候”“无条件”“零差错”。加强绿化养护管理,督促绿化服务公司做好施肥、修剪等绿化养护工作。对驻行政中心各单位义务劳动情况跟踪检查,保持行政中心绿化区卫生整洁。加强对公共区域卫生保洁监督管理,确保公共区域卫生管理及时到位。加强食堂监管,对采购环节和操作流程全程把关,对食品卫生和环境卫生全程监督,确保安全;会同财政部门赴多地机关食堂考察学习,全年保障县行政中心就餐20余万人次。深化“平安大院”建设,加强中心内部安全管理。全年接待疏导上访群众42批次1316人次。加强设备设施日常监管和维修保养,全年接受中心各部门各类报修700余次,保障中心各部门正常运转。

【公共机构节能】 2016年,机关事务管理局协助县检察院申报“江苏省公共机构节能示范单位”创建计划。6月,配合江苏东电新能源科技工程有限公司完成县行政中心分布式光伏发电示范项目建设（面积1.65万平方米),总装机容量为1.36兆瓦。至年底,总发电量56.40万千瓦/小时。9月,配合县供电局在县行政中心安装新能源汽车充电桩4根。完成2015年及2016年上半年全县公共机构能耗数据统计上报和核实工作。在节能宣传周活动中,组织相关部门参加南通市第三届公共机构节能节水技术产品展示会;在全县公共机构中开展“生态文明 节能先行”主题作品征集活动,普及节能知识,倡导低碳理念。

【公务用车改革】 按照《如东县公务用车制度改革总体方案》要求,启动车改,封存车辆366辆。1月,县公务用车管理服务中心成立,保留各类保障车辆64辆(含综合执法),保障县党政机关公务用车出行需要。4月10日,首批104辆公车被成功拍卖。至7月底,分4批公开拍卖公务车辆304辆,总成交价1017.25万元,高出资产评估价288.3万元,总溢价率39.5%。圆满完成县第二届科技人才节、秸秆禁烧禁抛等县级大型活动和专项工作公务出行任务。

图101 4月10日,如东县第一批车改公车拍卖会

【办公用房清理】 县机关事务管理局强化管理,严格按照要求开展各单位登记报告、台账归档、个人确认等工作。4月中旬,经省委督查组督查,未发现超标情况。6月初,根据督查组要求开展“回头看”。6月下旬至7月底,会同相关单位对全县党政机关开展随机抽查。同时,做好腾退办公用房登记造册工作,并按照相对集中原则统筹使用,减少闲置。

（于碧磊）

政协如东县委员会

【概况】 2016年,县政协召开全委会议1次、常委会议5次、主席会议12次,向县委、县政府提出建议案7份,组织委员撰写提案229件,编发《如东政协·社情民意专版》28期。县政协办公室、学习文史委员会被市政协评为先进集体。

【政治协商】 县政协全年组织各类协商活动49次,形成协商意见建议74条,其中,以建议案形式报送县委、县政府7份,以提案和社情民意形式提交21件,为县委、县政府提供决策参考。探索界别协商新途径,以专题建言献策会代替大会发言,围绕“互联网+农业”“公立医院深化改革”“精准扶贫”“关爱留守儿童”等话题建言献策。持续关注“畜禽养殖污染”问题,把《关于加快马塘镇覆膜式沼气发电项目建设,提升畜禽养殖污染治理水平的建议》列入跟踪问效提案范围,组织委员视察座谈、评议建议,促进畜禽养殖污染综合治理工作早到位、早实现。加强各专委会与县委、县政府有关部门沟通联系,就相关问题对口协商。县政协借助医卫界人才资源和审计部门对县人民医院、县中医院、丰利医院等医院医改情况审计调研,围绕“公立医院薪酬制度改革”调研,通过跟踪医改成效,剖析存在问题,提出对策建议。

【民主监督】 2016年,县政协安排对《关于统筹民生幸福工程,促进帮扶“孤残病老”特困群体政策举措落实到位的建议》中“四大平台”和“四大工程”落实情况逐一跟踪问效。开展对“沟通协调平台、受理救助平台、信息共享平台”建设情况问效活

图102 5月12日,县政协开展“一号建议案·慈爱孤儿工程”跟踪问效活动

动，委员们向县政府提出《关于促进社会救助精准化进一步做好扶贫解困工作的建议》，助推帮扶平台建设落实到位；围绕“慈爱孤儿工程”开展走进校园、探访未成年人保护中心、部门再次协商等活动，详细了解该工程办理落实情况；围绕“残疾人安康工程”办理情况，走访近2年住房新改造残疾人贫困户，听取残联、财政等部门实施贫困精神病人免费服药政策情况；开展“大病关爱工程”“银发无忧工程”办理情况跟踪问效活动，助推惠民政策落地。完善民主监督员派驻机制，遴选出104名政协委员组成民主监督团，分别到公安、税务、工商等25个重点部门开展民主监督工作。全年委员监督小组活动52次，向派驻单位发出委员建议39条，年终双向测评中派驻单位对民主监督员工作满意率95%。

图103　4月21日，县政协主席陈建华（右四）带领财贸组委员在县农商银行现金集中代理库调研

【参政议政】　县政协组织开展“金融系统支持项目建设”专题调研视察活动，听取人民银行如东支行、工商银行如东支行、江苏银行如东支行、建设银行如东支行和如东农商行等银行机构在服务项目建设中急需解决问题，向县委、县政府提出相关建议并得到采纳。做好挂钩服务和领办项目工作，帮助有关镇（区）和企业解决发展过程中遇到困难和问题，开展每月至少参加一次挂钩镇区招商引资活动牵头组织一次领办项目协调推进活动、全面梳理一次挂钩镇区项目建设情况“三个一”活动，全年组织项目协调推进活动近40次。县政协以“加快城区人口集聚，推动最美县城建设”和“加快新型社区建设”为切口，邀请高新区和发改委、住建、规划、人社、统计、公安等部门领导和相关专业人员，通过召开专题协商会、赴外地学习考察等形式，了解县城人口集聚和新型社区整体情况，分析现状，查找问题，先后向县委、县政府提出《关于“加快城区人口集聚，推动最美县城建设”的建议》和《关于推进县城新型社区建设的建议》。

【联谊交流】　县政协围绕“公共文化服务设施建设”“构筑科技创新平台”“加快城区人口集聚”“发展农村电子商务”等调研课题，先后组织委员赴上海、浙江、苏南、苏北等地学习考察。先后接待浙江、河北、山东、新疆等地及省内政协20多个调研组到如东考察调研。不断扩大对外交流联谊，先后组织105名骨干委员和机关干部赴井冈山江西干部学院、延安干部培训学院及全国政协青岛培训基地轮训。参加江苏沿海14县（市、区）政协研讨会和“长三角”13县（市、区）政协第42次研讨会，通过交流与学习借鉴，拓展履职视野、厘清履职思路、提升履职能力。在省委召开的全省政协工作会议上，中共如东县政协党组作为全省唯一县级政协组织交流经验。

【文史编研】　上半年，《如东美食菜谱》编委会从560道菜谱中多次筛选，精选206道具有如东区域特色菜谱烹饪并拍摄。7月，确认176道菜谱并正式定稿。10月，《如东美食菜谱》由中国商业出版社出版。“人民海军在如东起航”文史研究再传新成果，舷号808如东舰正式服役。继续做好《如东县政协志》编修工作，年末形成初稿。

【提案工作】　2016年，县政协十四届五次会议后，县政协委员、各参加单位和专门委员会共提出提案229件。经审查，立案177件，其中集体提案6件、联名提案46件、委员个人提案125件；不立案52件，其中作来信15件、作建议案参考5件、转社情民意7件、撤案25件。提案涉及县经济社会发展各方面，由县政府交51个部门和单位承办，至年底，全部办复。提案问题解决、基本解决或取得阶段性成效68件，占38.4%；提案问题被列入计划逐步解决或建议被部分采纳103件，占58.2%；提案问题受客观条件限制，待研究解决6件，占3.4%。年终，评选出优秀提案18件、提案办理工作先进单位12家。

【政协宣传】　县政协探索建立与协商民主发展相适应的政协宣传工作机制，全方位打造展示政协形象的媒体窗口群。继续在《如东日报》开办每月1期“团结与民主专版”，宣传政协履职亮点和政协委员履职先进事迹；通过政协传媒网、新华网、江苏新闻网等官方门户网站，发布基层政协理论探讨和工作集锦26篇，在《人民政协报》《江苏政协》和《南通政协》等报刊发表各类研讨文章11篇。

重要会议

【县政协十四届五次会议】 2月17—20日，县政协第十四届如东县委员会第五次会议在县行政中心召开。县委、县人大、县政府全体领导，县法院院长，县检察院检察长等共517人参加会议。县委副书记、县长潘建华代表县委作开幕讲话，县政协主席陈建华作县政协常委会工作报告。县政协副主席吴鼎皋向大会报告县十四届政协四次会议后提案工作。委员们列席县第十六届人民代表大会第五次会议，听取并协商讨论《如东县人民政府工作报告》以及其他报告。县政协主席陈建华作闭幕讲话。

【县政协十四届主席会议】 2016年，县政协召开第三十九次至五十次共12次主席会议。

2016年县政协十四届主席会议一览

表38

会议名称	时 间	主持人	参加人员	会议内容
三十九次	1月26日	陈建华	桑 健、余 科、桑圣权、吴鼎皋、陆 茵、宫向阳	会议协商讨论2015年度先进集体、优秀委员、反映社情民意先进个人、优秀民主监督员建议名单，2015年度优秀提案、承办“一号建议案”及提案先进单位建议名单；安排部署以“为百岁老寿星祝福，传尊老敬贤之风”为主题的尊老、敬老、爱老、助老、孝老系列活动
四十次	2月29日	陈建华	桑 健、桑圣权、吴鼎皋、宫向阳	会议协商部署2016年度重点工作
四十一次	4月1日	陈建华	余 科、桑圣权、吴鼎皋、陆 茵、宫向阳	会议通报4月重点工作安排情况
四十二次	4月25日	陈建华	桑 健、余 科、桑圣权、吴鼎皋、宫向阳	会议汇报4月重点工作开展情况和5月重点工作安排；协商五次会议重点提案及跟踪问效提案；通报县委关于报送周、月重点工作计划相关要求及组织委员外出培训情况；传达学习潘建华在3月26日县委常委会上关于领导干部“懂规矩、讲政治、守纪律”讲话精神，传达学习省委书记罗志军、省长石泰峰在全省机关作风建设大会上讲话精神，讨论学习全国政协研究室原副主任原冬平关于“懂政协、会协商、善议政”专题讲座主要内容
四十三次	6月27日	陈建华	桑 健、余 科、桑圣权、吴鼎皋、陆 茵、宫向阳	会议交流上半年政协领导班子所领办全县重大项目进展情况
四十四次	7月15日	陈建华	桑 健、余 科、桑圣权、吴鼎皋、陆 茵、宫向阳	会议传达县“两办”39号文件精神，部署下一阶段政协招商引资工作
四十五次	8月29日	陈建华	桑 健、余 科、桑圣权、吴鼎皋、陆 茵、宫向阳	会议通报组织政协委员赴井冈山和延安干部培训学院学习情况，协商《关于深化公立医院人事薪酬制度改革的建议》《关于加快推进镇村公共文化服务设施建设的建议》《关于构筑科技创新高端平台引领经济发展转型升级的建议》《关于推进县城新型社区建设的建议》《关于“加快城区人口集聚，推动最美县城建设”的建议》5个建议案
四十六次	10月24日	陈建华	桑 健、余 科、桑圣权、陆 茵、宫向阳	会议围绕《关于“积极发展农村电子商务有效促进现代农业发展”的建议》《关于构筑科技创新高端平台引领经济发展转型升级的建议》《关于推进县城新型社区建设的建议》《关于“加快城区人口集聚，推动最美县城建设”的建议》4个建议案与分管副县长协商情况；部署新一届政协委员遴选工作
四十七次	12月5日	陈建华	桑 健、余 科、桑圣权、吴鼎皋、张 恺	会议协商十四届政协常委会工作报告和十四届政协提案工作报告

续表38

会议名称	时 间	主持人	参加人员	会议内容
四十八次	12月12日	陈建华	桑　健、余　科、桑圣权、吴鼎皋、陆　茵、张　恺	会议协商十四届政协留任委员名单
四十九次	12月26日	陈建华	蒋树建、桑　健、桑圣权、吴鼎皋、陆　茵、张　恺	会议协商讨论县十五届政协委员建议名单；协商关于县政协十五届一次会议决定和议程
五十次	12月28日	陈建华	桑　健、桑圣权、吴鼎皋、张　恺	会议协商十五届一次会议主席团和秘书长建议名单、主席团会议主持人建议名单、大会执行主席建议名单、主席团常务主席和常务主席会议主持人建议名单；协商2016年度政协先进集体、优秀委员、反映社情民意先进个人、优秀民主监督员、十四届政协优秀提案目录、提案办理工作先进单位；协商2017年度政协工作总体思路

【县政协十四届常委会会议】 2016年，县政协召开第二十三次至二十七次共5次常委会会议。

2016年县政协十四届常委会会议一览

表39

会议名称	时 间	主持人	参加人员	会议内容
二十三次	2月19日	陈建华	桑　健、余　科、桑圣权、吴鼎皋、陆　茵、宫向阳	会议听取各组对县委领导开幕讲话、常委会报告和提案工作报告讨论情况汇报；听取各组对政府序列3个报告、“两院”报告、县“十三五”规划纲要(草案)和大会决议(草案)讨论情况汇报；听取提案协商、社情民意撰写情况汇报；审议通过大会决议(草案)
二十四次	3月21日	陈建华	桑　健、余　科、桑圣权、吴鼎皋、陆　茵、宫向阳	会议通报县十四届政协五次会议提案审查和立案情况；审议通过《如东县政协加强调研工作实施办法》《如东县政协加强委员视察工作实施办法》《如东县政协专门委员会通则》
二十五次	7月20日	陈建华	桑　健、余　科、桑圣权、陆　茵、宫向阳	县委副书记、代县长沈峻峰通报上半年全县经济社会发展情况；县政协副主席吴鼎皋传达全省政协工作会议和省委《关于加强和改进人民政协工作的意见》精神，通报县政协党组在全省政协会议上经验交流材料主要内容。县政协机关各委室负责人通报各重点调研课题进展情况
二十六次	10月14日	陈建华	刘　瑞、沈更生、冯力如、姜晓静、桑　健、余　科、桑圣权、陆　茵、宫向阳	举行纪念如东政协成立60周年座谈会。县委书记潘建华致辞，县政协老领导以及九届政协以后常委代表交流发言
二十七次	12月30日	陈建华	桑　健、余　科、桑圣权、吴鼎皋、陆　茵、张　恺	会议协商通过县政协十四届委员会常委会工作报告和县政协十四届委员会提案工作报告；协商通过县政协十五届政协委员名单，县委常委、统战部部长蒋树建对县政协十五届委员建议名单作情况说明；审议通过《关于召开政协如东县第十五届委员会第一次会议的决定》，协商《政协如东县第十五届委员会第一次会议日程及细目(草案)》，以及会议主席团成员和秘书长、大会执行主席、主持人、报告人等建议名单；宣读致县政协十四届离任委员《致敬信》

政协建议案

【培育新型职业农民化解农村种地乏人问题】 如东人口“老龄化”和农村青壮年劳动力持续大量向城市转移，支撑农业人口不断减少，“老人农业”“妇女农业”成为如东农村常态。人口总量下降，不利结构比重上升，“谁来种地”“如何种好地”问题显现。县政协专门成立调研组，实地走访农业经营主体、土地流转大户、种植大户和现代农业项目示范区,召开多层次专题座谈会,听取各方面建议意见,形成《关于培育新型职业农民,化解农村种地乏人问题的建议》报送县委、县政府。该建议案提出“推进农民职业化”,解决“谁来种地”“如何种好地”问题,并围绕“打造新型职业农民队伍”,从强化培育引领、聚焦培育对象、建好培育平台、规范培育管理、激发培育活力、营造培育氛围6个方面提出31条建议。

【深化公立医院人事薪酬制度改革】 2016年,县政协围绕助推新一轮医改,特别是深化公立医院人事薪酬制度改革,组织政协委员开展专题视察、界别协商、深入调研等系列活动,进一步跟踪改革成效、剖析存在问题,形成《关于深化公立医院人事薪酬制度改革的建议》。该建议把完善公立医院人事薪酬制度作为新一轮医改突破口,围绕人事薪酬制度改革,从完善体制机制、强化财政支撑、打造人才队伍3个方面提出对策建议,并围绕新一轮医改提出需关注处理问题。

【推进镇村公共文化服务设施建设】 县政协把“加快推进镇村公共文化设施建设”作为调研课题,组织相关政协委员先后到县文广新局、部分镇村(区、居)实地调研、听取专题介绍,开展县内文化艺术界别人士座谈,并赴如皋、海安、姜堰等周边县(市)考察学习。经讨论协商后,从“保基本、兜底线”“强基层、补短板”“建机制、促平衡”3个方面提出7条建议,形成《关于加快推进镇村公共文化服务设施建设的建议》报送县委、县政府。

【构筑科技创新高端平台引领经济发展转型升级】 县政协围绕“构筑科技创新高端平台,引领经济发展转型升级”课题,开展专题调研,先后与县发改委、县科技局、县科协等职能部门对口协商,深入县内10多家科技创新型企业走访座谈,并组织调研组成员赴浙江嘉兴、新昌实地考察,综合外地成功经验和如东实际情况,形成《关于构筑科技创新高端平台引领经济发展转型升级的建议》。建议案围绕“打造科技创新平台”,从“创建高端平台框架”“明确科技创新任务”“吸引高端人才加盟”“改革资金扶持模式”4个方面提出建议,并在“保障平台运行”方面提出建设“共享化”环境、实施“刚性化”考核、强化“市场化”运作3条建议。

【推进县城新型社区建设】 十四届政协后,县政协委员关注社区建设,通过提案、社情民意、大会发言、建议案等形式,献计助推社区工作。在2016年初政协全会上,县主要领导点题社区建设,持续关切社区工作。县政协将该议题列入2016年重点协商内容。针对社区建设中亟需解决问题,县政协相关委室与县民政局、县财政局、县住建局以及高新区等单位联合调研、深度协商,形成《关于推进县城新型社区建设的建议》。该建议分析社区建设存在“公益服务设施不足、工作队伍不稳、社区工作经费有限、运行模式不匹配”等问题,提出9条针对性建议。

【加快城区人口集聚　推动最美县城建设】 县政协城乡建设与社会法制委员会围绕“加快城区人口集聚,推动最美县城建设”课题,组织部分政协常委和委员,邀请高新区和发改、住建、规划、人社、统计、公安等部门领导和相关专业人员,通过召开专题协商会、赴外地学习考察等形式,了解县城人口集聚整体情况,学习借鉴先进经验,形成《关于加快城区人口集聚,推动最美县城建设的建议》。建议案分析县城人口现状,总结出5条制约如东县人口集聚主要问题,提出“强化产业支撑、优化功能布局、突出人才主导、实现政策创新”4个方面12条意见建议。

【发展农村电子商务有效促进现代农业发展】 县政协成立“发展农村电子商务有效促进现代农业发展”课题组,组织相关人员赴浙江义务、遂昌等地考察,并召集供销社、商务局、团县委及部分政协委员座谈协商,形成《关于积极发展农村电子商务有效促进现代农业发展的建议》。建议案分析全县农村电子商务发展存在“少、慢、小、散、粗”等问题,并从“构建平台”“科学规划”“培育人才”等7个方面提出意见建议。

如东县政协十四届五次会议重点提案一览

表40

	提案人	提案名称
(一)	徐　萍　朱亚飞　周建斌(县中)等	关于尽快对栟茶镇大东旅社进行抢救性维护的建议
(二)	王毅敏	关于加强县城污水收集和处理的建议
(三)	财贸组	关于加快建设“大恒固废”填埋场的建议
(四)	刘国峰	关于加强协调,尽快使居民使用上LNG的建议
(五)	陈建权　蔡　杰　苏建美等	关于强力推进“婚姻登记—婚孕检查一站式服务”扩大艾滋病检测覆盖面的建议
(六)	陈　建	关于进一步加强职业教育校企合作促进地方经济发展的建议

续表 40

	提案人	提案名称
(七)	朱群琪	关于策应“去产能化”新常态,谋求我县纺织业健康发展的建议
(八)	杨涟冬 崔红霞 沈 健等	关于落实“谁执法谁普法”责任制的建议
(九)	顾林海 曹春明 石素梅等	关于加快马塘镇覆膜式沼气发电项目建设,提升畜禽养殖污染治理水平的建议
(十)	保海平	关于取缔学校周边流动小吃摊点的建议
(十一)	陈长华	关于构筑科技创新高端平台 擎领经济发展转型升级的建议

(张 恺 曹勇军 王森龙)

纪检·监察

重要会议

【十三届纪委六次会议】 2月28日,中共如东县第十三届纪律检查委员会第六次全体会议在县行政中心召开。县委副书记、县长潘建华出席并讲话。县委常委、县纪委书记杨中坚主持会议,并代表中共如东县纪律检查委员会常务委员会向第六次全体会议作《推进全面从严治党,聚焦监督执纪问责,坚定不移把党风廉政建设和反腐败斗争引向深入》工作报告。各镇(区、街道),各部门、各单位党组织向县委递交党风廉政建设责任书。全会审议通过全会工作报告和决议。县四套班子领导、县法院院长、县检察院检察长、十三届县纪委委员出席会议。各镇(区)、县级机关各部门、县各直属单位主要负责人,镇(区)纪委(纪工委)、派驻(出)纪检监察组织、条管单位纪检监察组织、委局机关室(中心)有关负责人及特邀监察员代表参加会议。

【县督导巡察动员部署会议】 4月5日,县纪委在县行政中心召开县党风廉政建设督导巡察动员部署会议。县委副书记周建飞主持会议,县委书记潘建华出席会议并讲话。县委常委、县委组织部部长任新峰宣读《关于对县农委、丰利镇开展党风廉政建设督导巡察的决定》。县委常委、县纪委书记、县党风廉政建设督导巡察工作领导小组组长杨中坚对督导巡察工作提要求,并部署全县督导巡察工作。首轮被督导巡察单位县农委、丰利镇主要负责人表态发言。县委全体常委、镇(区、街道)党委(党工委)书记、县级机关部门和县直属单位党组织主要负责人、县农委、丰利镇班子全体成员、县督导巡察工作领导小组成员、督导巡察组全体成员、县纪委相关职能室负责人参加会议。8月29日,召开第二轮巡察动员会,对全县第二轮巡察工作动员部署,被巡察单位县发改委、县人社局、袁庄镇主要负责人作表态发言。

【县委反腐败协调小组会议】 4月13日,县委反腐败协调小组会议在县党风廉政建设教育中心召开。县纪委、法院、检察院、公安局、审计局、财政局、国税局、地税局8家单位通报交流案件查处和反腐败工作情况及下一步工作打算,讨论新修订如东县委反腐败协调小组工作制度。县纪委副书记、监察局局长、县委反腐败协调小组办公室主任肖斌部署2016年工作。县委常委、县纪委书记、县委反腐败协调小组组长杨中坚讲话。

【十四届纪委一次会议】 7月30日,中国共产党如东县第十四届纪律检查委员会第一次全体会议在县行政中心召开,选举产生县纪委常委、书记、副书记。经无记名投票和中共如东县第十四届委员会第一次会议通过,杨中坚、肖斌、万继红、周晓兵、戴新国、李迪胜、倪晓丽当选为县纪律检查委员会常务委员会委员,杨中坚为县纪委书记,肖斌、万继红为副书记。县委常委、县纪委书记杨中坚讲话。

惩防体系建设

【“两个责任”落实】 县纪委贯彻县委《关于落实党风廉政建设党委主体责任、纪委监督责任的实施意见》,不断延伸考评范围,将科级以上建制单位纳入一级考核,在各单位内部建立二级账户框架体系,实现考评全覆盖。层层制定主体责任和监督责任清单、配套制定正面责任考核清单26项、负面责任清单18项。健全“两个责任”落实情况网上日常审核、系统抽查、现场比对等督查机制。对“两个责任”落实情况实施分类审核检查。2016年,2个单位被一票否决,12个单位被评为一般等次,并与县委、县政府整体目标考核挂钩。落实《如东县党风廉政建设责任追究实施办法(试行)》,重点对掘港镇余荡村系列案件中“两个责任”落实不到位问题严肃问责,6人因履行从严治党主体责任不到位和履行监督责任不到位被追究纪律责任。

【党风廉政建设宣传教育】 县纪委以新修订《中国共产党廉洁自律准则》《中国共产党纪律处分条例》(简称《准则》《条例》)为主要内容,依托县委党校、廉政教育中心、警示教育基地，对全县党员干部分期分批进行套餐式廉政教育培训。全年分2期对换届后新任职500多名村主要干部进行专题培训。更新廉政知识题库,组织全县近6000名党员干部参加党纪条规网上学习测试活动。对5家被巡察单位组织党纪条规书面测试,198名中层以上党员干部参加测试。县纪委班子成员先后到栟茶镇、县委组织部、公共资源交易中心、中国银行如东支行等10多家单位做廉政专题讲座，各单位举办各类辅导会、廉政党课30余场次,受教育党员干部1万余人次。全县党员干部主动上缴礼金、礼券、购物卡272.67万元。结合“两学一做”学习教育,围绕领导干部家风建设,精心组织“5·10”思廉日活动,下发辅导资料宣传漫画1200多套,邀请省纪委审理室副主任杨光专题解读《准则》和《条例》。全县收集评比党纪党规心得体会文章400多篇,50多位部门和镇区“一把手”体会文章在“扶海清风”网、《如东日报》刊登。开展“书传统家规·扬清风正气”廉政书法大赛,收到作品200多幅,筛选上报100余幅,获奖43幅。征集领导干部家规家训,40多家单位200多名领导干部提交家规家训。完善新闻信息考核和外宣工作机制,全年在市级以上纪检刊物用稿近70篇，市级以上纪检监察网站用稿50多篇。《力促纪律审查提质增效》《严查冒领“两工补贴”硕鼠》《“三资”监督新举措》《深化干部队伍作风转变》等文章在《中国纪检监察报》《党的生活》发表。制作警示教育片《群众身边的“蛀虫”》《斩断伸向群众利益的“黑手”》等。

惩治腐败

【概况】　2016年,如东县各级纪检监察组织立案查处各类违纪违法案件414件,同比增长43.8%。其中,涉及副科级以上党员干部案件42件,实施“两规”办案措施2人,4人被移送司法机关,收缴违纪款531.60万元,挽回经济损失668.25万元。查处“2·29”岔河镇系列案件、掘港镇余荡村班子集体腐败等违法违纪案件社会关注度高、影响大、综合法纪效果好。

【完善执纪审查机制】　县委及时调整惩防体系建设领导小组、落实党风廉政建设领导小组和反腐败协调小组,调整和充实成员单位,完善协作机制,定期组织召开例会,研究解决具体事项，提出阶段性工作安排。优化整合资源,统筹县纪委、派驻工作室和基层纪检监察组织工作,实行委局职能室和派驻工作室、派驻工作室和所辖镇区捆绑考核。由机关工作室牵头,整合24个派驻纪检组力量，设立4个协作组和1个综合协调组，分片负责、联合办案，增强基层纪检监察组织执纪审查能力。

【函询监督查处】　县纪委制定《关于对党员领导干部进行谈话函询的暂行办法》,加强对党员领导干部教育提醒,及时解决苗头性、倾向性问题。发挥信访监督预警纠偏作用,继续完善信访线索精细化管理、研判评估和回告机制，对反映领导干部在思想作风、廉洁自律方面的一般性问题以及情节轻微问题加强信访监督。全年实施信访监督41件,谈话函询114人次，让有反映的干部讲清问题、认识错误、及时改正,对反映失实的予以澄清了结，对问题较严重的作出党纪处分和组织处理。全年党纪轻处分382人,党纪重处分32人,轻处分占92.3%,呈大幅上升，实现教育和挽救干部良好效果。

【基层案件查办】　2016年,如东纪委信访总量327件,信访转立案34件73人,信访总量、重复信访和越级信访率连续多年保持全市最低。以农村工作室为主导,针对农村基层案件多发频发现状,重点围绕基层党员干部在征地拆迁补偿、惠农资金补贴、民政优抚资金使用发放等领域腐败问题,在所辖镇区全面推行交叉审计,主动发现并查找存在问题,全年查处“四风”及腐败问题案件309件。基层案件查办工作做法和经验,得到市纪委肯定。

【案件质量建设】　县纪委继续实施案件审理委员会制度、质量内部控制办法、质量控制员制度等,强化过程控制,优化案件结构,提升案件质量。审理委员会制度被市纪委评为反腐倡廉好制度，广电系统严重违纪系列案件、掘港镇余荡村村干部严重违纪系列案件被评为南通市纪律审查十佳案件。5个案件质量被市评为优秀,继续保持全市第一,无一例申诉复查案件。

党风政风监督

【作风效能督查】　9月,县委将督查室部分作风效能监督职能划归县纪委监察局，并调整设立县作风效能建设领导小组及办公室。县纪委监察局提请县委制定《如东县领导班子和领导干部作风效能建设问责暂行办法》,确定工作制度和规程。全年调查投诉举报5件，组织专项督查2次，开展明察暗访39批次,编印工作简报2期，发出工作联系函11份、督查情况反馈单31份。

【换届纪律监督】　县纪委会同县委组织部成立换届工作督导组，督促落实“九个严禁”(严禁拉帮结派,对搞团团伙伙、结党营私的,一律给予纪律处分;严禁拉票贿选,对在民主推荐和选举中搞拉票、助选等非组织活动的，一律排除出人选名单或者取消候选人资格，并视情节给予纪律处分,贿选的依法处理。参与或帮助他人拉票贿选的，比照为自己拉票贿选行为依法依规给予处理;严禁买官卖官,对以谋取职务调整、晋升等为目的贿赂他人或者收受贿赂的,一律先停职或者免职,并依纪依法处理;严禁跑官要官,对采取拉关系或者要挟等手段谋取职务或者职级待遇的,一律不得提拔使用;严禁造假骗官,对篡改、伪造干部档案材料的，一律对相关人员给予组织处理或者纪律处分；严禁说情打招呼，对搞封官许愿或者为他人提拔重用说情打招呼的，对私自干预下级干部选拔任用的，一律记录在案，情节严重的严肃追究责任；严禁违规用人，对突击提拔调整干部、超职数配备干部和违反规定程序选拔任用干部的，一律宣布无效，并视情节对相关人员给予纪律处分或组织处理；严禁跑风漏气，对泄露、扩散涉及换届人事安排等保密内容的，一律追究相关人员责任；严禁干扰换届，对造谣、诬告他人或者妨害他人自由行使选举权的，一律严厉查处，涉嫌违法犯罪的移送司法机关处理）要求，先后对2011年后受理基层党员干部信访件“回头看”，实施廉政审核72批次1478人，对70人提出建议意见，并对13个镇区和部门主要领导实施函询，确保换届风清气正。

【作风纠查】 紧盯春节、中秋、国庆等重要时间节点，县纪委牵头、部门联动，分3批7组对全县所有机关食堂和16家饭店实施暗访。将6大园区及住建、国土等21家单位及其下属事业单位、国有企业等列为重点检查单位，突击调阅账册检查。对督查中发现的57起疑似违规违纪线索全部交办，责成23家单位说明情况、落实整改。全年查处违反中央“八项规定”问题46起，2批次点名通报8起典型案件，给予党纪处分51人，实施诫勉谈话5人，约谈单位主要负责人4人。

【巡察工作】 县纪委坚持问题导向，紧扣“两四一聚三紧”（“四个全面”“四个意识”；聚焦全面从严治党；紧扣6项纪律、紧盯3大问题、紧抓3个重点）巡察工作要求，启动2轮巡察工作，巡察2个镇区和3个部门（含66个下属单位和基层站所），移交问题线索77个，提出意见建议17条，立案调查27人。加强组织领导，落实县委《关于党风廉政建设督导巡察工作的实施意见（试行）》，建立健全县委领导组织体制和多方联动工作机制，配套制定巡察工作规程、单位遴选办法、信访工作办法，保证巡察工作规范运行。注重巡察工作质效，制定《巡察工作底稿》《工作情况日记录表》《巡察工作文件材料收集归档工作指南》等，加强过程留痕管理。加大督促整改，推动完善制度机制。第一轮被巡察2个单位共拟定整改措施93条，开展专项整治行动5项，主动查纠存在问题5个，向廉政账户上缴违规资金20余万元，建立健全工作制度30余项，形成正风肃纪良好效果。

图104 12月，县纪委组织5家被巡察单位中层正职以上领导干部进行党纪条规知识测试

【政风行风热线】 2016年，政风行风热线播出热线节目34期，县委书记潘建华、副县长陈春柳等领导带队，40多个部门主要负责人走进节目，受理并答复群众咨询投诉646件，精选43条问题开展热点追踪，群众满意率96%。

行政监察

【重点工作督查】 县监察局围绕安全生产、国土监管、环保专项督查、市政工程建设、扶贫以及“地条钢”专项整治等全局性工作开展监督检查，被问责党员干部15人。牵头办理省、市纪委挂牌督办件6件，立案查处23人，发挥违纪预防和进度督办双重功效。

纪检监察队伍建设

【概况】 县纪委以“两学一做”学习教育活动为契机，深化“品味经典、知责思为”主题教育。在苏中四分区抗日反“清乡”斗争史料陈列馆开展“缅怀先烈、模范履职”清明祭扫活动，加强纪检监察干部党性教育。选派5人赴中国纪检监察学院、上海浦东干部学院等参加培训；组织镇区及机关专职纪检干部到委局机关室跟班培训；换届后组织封闭式业务培训，提升全县纪检监察干部业务素质和工作能力。加大干部培养和提拔交流力度，5人被提拔使用，9人轮岗交流，3人到招商一线锻炼。采取例会督查、走访抽查等方式，强化日常监督。3人被提醒谈话，1人被问责。清理调整镇区纪（工）委书记分工，规范派驻机构工作流程和工作要求。制定并提请县委讨论下发《镇（区、街道）纪委（纪工委）书记提名考察办法（试行）》，在镇区党委换届中，新提拔纪委书记2人，交流2人。 （张 进）

群众团体

Qunzhong tuanti

如东县总工会

【概况】 2016年,如东县总工会按照《江苏省总工会基层建设工作规划(2014—2018)》要求,实现企业法人建会率95%以上,职工入会率95%以上。新建基层工会覆盖企业207家,新增会员1.06万人。全县共有独立基层工会1440家,联合基层工会270家,会员24.5万人。继续推进工资协商工作,50人以上工会企业工资集体协商建制率85%以上。制定下发《推进区镇职工文化与服务阵地建设的意见》,每年推进1~2家。组织县总、镇区及部分企业工会干部120余人赴上海交通大学培训,提升工会干部综合能力。开展最美工会干部评比活动,表彰镇区工会最美工会干部10人。开展创建“文明班组、文明岗位,争当文明职工”活动,全县争当文明职工活动开展率95%以上。创建省级“职工书屋”示范1个、县级“职工之家”示范点20个,江苏宇迪光学股份有限公司被评为市“书香企业”示范单位。强化职工劳动保护机制,动员18个行业、676家企业、9.85万名职工参加“安康杯”竞赛。依托“如东县职工维权中心”,组织并参与调解劳资纠纷25起,接待来信来访及法律咨询267人次。开展送温暖活动,全年慰问困难职工355人次,慰问总额100万元。加大劳模推荐评选力度,县自来水公司供水中心获“全国工人先锋号”称号,评选薛建明、吴理梅等省劳模7人,获市五一劳动奖章5人、市五一劳动奖状2个、市工人先锋号7个。加强宣传阵地平台建设,开通县总工会微信平台,在县以上媒体发表文章100多篇。

【为职工办实事】 2016年,县总工会筹措资金600万元,为3万多名职工免费体检,开通直通上海医疗高速公路;推进工会道德讲堂建设,8月初,举办“国学力量再造企业家精神”专题讲座。免费对规模以上企业400多名班组长、车间主任分期、分批培训。成立县总工会“娘家人志愿者服务队”,为在外地工作如东单身青年和女教师分别举办“蠙城有约”单身青年联谊活动,为困难职工子女开办免费“暑期课堂”。建立特困职工意外伤害保险机制,筹集4.65万元为153名特困职工购买意外伤害保险。

【劳动竞赛】 围绕破解新常态下经济社会发展难题,县总工会在转型升级、创新驱动、生态建设、城市形象等方面组织开展劳动竞赛。推进重点工程、重大项目劳动竞赛。紧跟全县重大基础设施建设步伐,重点推进LNG二期工程、10万吨级石化码头、万吨级重件码头和液化品码头、335省道等重点工程建设。推进非公企业创新创效劳动竞赛,组织职工开展参加一次技能培训、开展一次技术练兵、提出一项合理化建议、参与一项技术攻关、学习推广一项先进操作、践行一项节能减排措施“六个一”活动。江苏宇迪光学股份有限公司员工苏建斌提出的建议被评为市优秀科技创新成果,南通大东有限公司员工顾迎春提出的“高档色织毛巾浆纱后排头操作法”被评为市优秀操作法。提升岗位技能和职工素质。与县安监局、县市场监督管理局等部门联合,组织化工企业从业人员培训6期,培训近4000人;安全管理和特种作业人员培训2600人。与县人才办、县人社局、县教育局、县旅游局等单位和部门联合,举办教育信息教学技能大赛、农药残留检测技能大赛、卫计委系统技能比赛。在南通市计算机技能程序设计员大赛中,江苏如东农村商业银行王彬获个人第一名。

【职工文化建设】 1—8月,县总工会举办如东县第五届职工文化艺术节,开展寻找“最美一线职工”、工会系统文艺调演、职工摄影大赛、职工象棋比赛等活动，全县1000多名职工参与艺术节，4000多名职工群众观看。县委书记潘建华和市总主席

图105 8月29日，如东县第五届职工文化艺术节暨“最美一线职工”“十大如东工匠”表彰典礼在县行政中心会议厅举行。图为县委书记潘建华(左四)、市总工会主席葛玉琴(左六)等领导为如东“最美一线职工”颁奖

葛玉琴为“最美一线职工”“十大如东工匠”颁奖。开展送文化下基层活动，到江苏宇迪光学股份有限公司、曹埠镇冯桥村和栟茶镇慰问演出，1500多名职工群众观看。

【产业工会和区镇文化服务阵地建设】 县总工会召开金融、卫生、交通、建设及县级机关、教育产业工会座谈会，讨论产业工会名称与体制、经费与管理、活动与创新等问题。按照统一领导、分级管理要求，县总工会每年安排近15万元工会业务活动费，推动产业工会活动与创新工作。制定下发《推进区镇职工文化与服务阵地建设的意见》。阵地包括职工素质教育培训中心、职工文化体育活动中心、职工援助服务中心。区镇职工文化与服务阵地每年推进1～2家，2016年，推进如东循环经济产业园区和曹埠镇职工文化服务阵地建设。

【工会经费审计】 县总工会向社会公开询价竞标、购买审计服务，与南通晟达联合会计师事务所签订委托审计合同。审计审查县卫计系统行业工会下属单位11家医院、县建设行业工会17家下属单位及县交通运输行业工会5家下属单位工会经费的计拨、使用及管理情况。

【劳动关系维护】 县总工会对14个镇、70多家企业进行为期半个月走访调研，推进全县工资集体协商工作全面开展与规范运作，工资集体协商建制率85%以上。开展工资集体协商春、秋两季要约行动，全年发出工资集体协商要约书995份，收到回复989份，开展工资集体协商企业479家，签订工资集体协商专项合同365份，实现企业和职工互利共赢。全县有省劳动关系和谐企业7家，市劳动关系和谐企业41家，县劳动关系和谐企业(示范区)52家。与县人社局等部门联合，检查14个镇418家企业工资支付情况，涉及用工1.58万人，为3409名劳动者追回欠薪649万元，推动企业为职工补交各项社会保险费800多万元。

(李卫亮)

共青团如东县委员会

【概况】 2016年，如东县有团支部1124个，团总支41个，团员2.06万人。团县委建立“青年之家——92咖啡站”和“青年之家——扶海青年电商孵化基地”，扶海青年互联网创业孵化园被评为市团属青创空间优秀奖。发放助学金22万元，动员爱心单位和企业为阜宁灾区捐资捐物价值24万元，帮助留守儿童实现微心愿2400余个。围绕强化理想信念教育开展“红领巾寻访”“弘扬青春正能量”等主题教育实践活动；围绕助力发展举办青年电商创业故事分享汇、“青”字号创建评选等活动；围绕服务青年成长成才举办青年联谊、环保护绿、微爱帮扶等活动；围绕加强团队自身建设开展“走支部连百心”活动，推广“青年之声”互动社交平台，丰富“共青团如东县委”微信平台。举办第12届全国青少年书信大赛，开展“传递书香 共同成长”阅读志愿活动和“百万少年争当‘江苏好少年’展评”活动，评选出“南通好少年”170人、“江苏好少年”80人。全县建成省级青年文明号9家，市级青年文明号32家，县级青年文明号95家。团县委被评为全省团属报刊宣传工作先进单位，获省少年儿童书信文化活动优秀组织奖，“微爱助力，点亮留守童年”获全省共青团运用新媒体引导青年创新案例二等奖、运用文化产品引导青年创新案例三等奖，“爱鸟护鸟行动”引领少先队环境教育被评为全市少先队工作优秀创新项目奖。进一步推进以“六大行动”(排查摸底专项行动、管护行动、牵手行动、回归行动、阳光行动、关爱行动)为抓手的“成长护航工程”，在团中央全国重点青少年群体服务管理和预防犯罪工作考核中获评优等，获省预防青少年违法犯罪工作先进集体。

【生态环保活动】 3月19日，团县委开展“相约盎然春意 共筑绿色梦想”环保护绿活动，200多名青年赴小洋口旅游度假区，共植绿林、清洁海滩，维护美丽海域。6月5日，与县委宣传部、县级机关党工委、县环保局、县城管局联合举办“生态如东低碳骑行”绿色骑行活动。100多名环保志愿者骑自行车，向市民宣传绿色出行、低碳生活理念。

【青年创新创业】 团县委开展"共青团与人大代表、政协委员面对面"活动,邀请县人大代表、政协委员和部分镇区创业青年围绕"助力青年创新创业"主题进行交流。3月,通过初评、投票评选"十大青年电商新秀"。"五四"期间,举办"互联 创造梦想"青年电商创业故事分享汇活动,并联合如东农商银行为创业青年授信。组织创业青年参加"扶海青年电商孵化基地"创业培训,推荐优秀青年电商企业入驻基地、创业产品入驻展厅。

【关爱青少年】 团县委推进"成长护航工程",3月5日,举办以志愿结对、小知识课堂为内容的"爱心陪伴希望同行"关爱留守儿童志愿服务活动;4月17日,开展"微爱·益起来"跳蚤市场爱心义卖活动,实施"你的心愿 我的心意"微心愿征集领办项目,帮助留守儿童实现微心愿350个,共实现微心愿2400多个。开展希望工程助学行动、圆梦行动,发放助学金22万元,联合海启高速建设指挥部开展"共襄大学梦海启在行动"助学活动,每年资助助学金3.5万元。开展"爱心速递""心系阜宁"活动,为甘肃等地贫困学校捐衣捐书捐物,动员爱心单位和企业为阜宁灾区捐资捐物价值24万元。7月22日,微信公众平台正式接入省"青少年维权咨询"微信平台,为青少年维权求助、心理疏导提供新途径。

【加强团队建设】 团县委规范团队工作开展,丰富团队活动项目和品牌。推进中学共青团"六个一"(一课一月一员,一室一角一档案)团建项目,进一步规范基础团务工作。开展"走听转办——走支部连百心"和"1+100"活动,建立团干部直接联系青年制度,每名专职团干部联系100名青年,兼职团干部联系50名青年,构建专兼职团干部工作、生活网格化共青团朋友圈,畅通团干部密切联系青年渠道。成立青年综合性服务平台——"青年之家",高新区建成省级"青年之家"1个,如东经济开发区、大豫镇、沿海经济开发区建成市级"青年之家",为青年人才干创事业、学习交流提供固定场所,打造共青团"门店"。推广"青年之声"互动社交平台,全县青年和团干部在"青年之声"互动信息1万余条。

(端佳聪)

如东县妇女联合会

【概况】 2016年,如东县有妇联组织365个,其中,机关、事业单位68个、新经济组织21个、社会组织1个、镇(区、街道)16个、村(居)259个。县妇联服务妇女创新创业,评选表彰"十佳巾帼创客"和"十佳巾帼创业项目",拍摄制作专题片《巾帼创业赞》,召开"巾帼创客"表彰大会,联合县"一报两台"宣传报道妇女典型。维护妇女合法权益,以《中华人民共和国反家庭暴力法》实施为契机,开展法律"四进"(进广场、进电台、进企业、进社区)活动,举办女性健康知识公益讲座2场,接待处理各类婚姻家庭矛盾纠纷61起。开展送温暖活动,全年慰问全国女人大代表2人,生活贫困的全国,省三八红旗手26人,贫困退职村妇代会主任29人,优秀女性5人,农村贫困"两癌"妇女4人,特困妇女儿童69人、农村低收入家庭3户,发放慰问金12.34万元。关爱孤困儿童,为67名贫困孤儿发放女企业家爱心助孤款2.08万元;联合如东文峰大世界为县逸夫特殊教育学校送去6000元现金和价值2000元生活用品,改善残疾儿童生活质量;联合上海恒源祥公司、如东广隆商场举办"恒爱行动",招募100多名"爱心妈妈"为200名困难残疾儿童编织毛衣;组织各级"巾帼文明岗""社会妈妈"结对帮扶留守儿童,圆梦微心愿。"十二五"期间,县妇女儿童发展规划154项指标中,有143项达到或基本达到终期目标要求。对未达标的,县妇儿工委办及时分析反馈意见,通知成员单位整改,同时编制好"十三五"妇女儿童发展规划。县妇联被评为省维护妇女儿童权益示范岗、全国科普日活动先进集体、县法治宣传教育先进集体等。

【县妇联十四届五次执委(扩大)会议】 2月29日,县妇联十四届五次执委(扩大)会议召开。会上,增、替补县妇联十四届执委会委员8人,听取讨论并审议通过执委会工作报告。马塘镇妇联、岔河镇妇联、高新区妇联、江苏银行如东支行分别交流发言。

【女职工专场招聘会】 3月5日,县妇联联合县人社局举办"三八架金桥,春风送岗位"女职工专场招聘会,66家用人单位提供文员、客服、跟单、检验、网销、财会等适合女性岗位1130多个,2200多人进场应聘,近380名女性与用人单位达成就业意向。

【巾帼家政服务培训】 县妇联依托"好苏嫂"培训学校,举办5期家政服务培训班,200多名城乡妇女参加家政、婴儿护理、产妇护理、老人护理等知识培训。4月21—22日,在新店镇举办南通市妇联"送教下乡"家政培训如东专场,该镇120名农村妇女参加孕产妇护理、新生儿护理培训。

【妇代(委)会改建妇联】 2016年,县妇联印发《关于在全县开展村(社区)妇代会改建妇联工作的实施意见》,编印《村(社区)妇代会改建妇联工作指导手册》。以掘港街道青园社区为试点,指导筹备社区妇代会改建妇联工作。指导机关妇委会改建妇联,县妇联联合县级机关妇工委先后指导县发改委、县安监局、县文广传媒中心、县农商银行4家单位新建或妇委会改建妇联。

【首家社会组织妇联成立】 9月19日,县蠙山社会工作服务所召开妇女第一次代表大会,成立县首家社会组织妇联——蠙山社会工作服务所妇联，选举产生执委会委员 7 名。召开执委会一届一次会议，选举产生主席 1 名和副主席 2 名。

【妇女干部培训班】 9 月 2 日，县妇联举办全县妇女干部培训班，县妇联十四届执行委员会委员、镇(区、街道)妇联干部、村(居)、企业妇代会主任代表、机关事业单位、学校妇委会主任、女村支书、村主任、女大学生村干部、各级“巾帼文明岗”负责人代表 300 余人参加培训。市妇联副主席、党组成员钮曦做“反家庭暴力法”专题讲座，市发改委副主任赵京平做“未来 5 年南通经济社会发展情况”专题讲座。

图 106　9 月 2 日，县妇联举办妇女干部培训暨“巾帼创客”表彰大会

图 107　3 月 24 日，县妇联举办公益创投项目签约暨培训会议

【承办南通市“女大学生村官与妇女儿童共发展”行动现场推进会】 4 月 28 日，南通市“女大学生村官与妇女儿童共发展”行动现场推进会在如东召开。各县(市、区)委组织部职能科室负责人、妇联主席、分管副主席、组宣部部长、女大学生村官代表，以及如东各镇(区、街道)党(工)委组织委员、妇联主席、女大学生村官代表约 120 人参加会议。会上，市妇联公布全市“妇女儿童之家”优秀服务案例评选结果，如东县妇联、崇川区妇联、女大学生村官代表、乡镇妇联主席代表交流发言。与会人员参观双甸镇高前村“我爱我家”项目、马塘镇七里镇村“鸽飞梦圆”项目、大豫镇丁家店村“板凳宣讲”项目、城中街道新光社区“新光邻里”项目等现场。

【家庭公益服务项目】 县妇联面向社会开展妇女儿童家庭公益服务项目创投活动，如东江海义工联合会承接“铿锵玫瑰”单亲贫困母亲关爱和江海情缘俱乐部、新教育如东萤火虫分站承接“彩虹花”亲子阅读、如东日华心理咨询服务中心承接“暖心行动——携手少年梦”4 个项目，涵盖关爱单亲贫困母亲、未婚青年、家庭教育、青少年心理辅导等方面，每个项目给予扶持资金 2 万元。

【县巾帼志愿者协会换届】 6 月 29 日，县巾帼志愿者协会换届大会召开。会上，表彰 2015 年度县优秀巾帼志愿服务典型，选举产生协会第三届理事会和会长、副会长、秘书长，季晓莉当选会长，新会员入会宣誓，县优秀巾帼志愿者朱仲秀、县优秀巾帼志愿服务重点项目“小手牵大手，志愿亲子行”负责人朱小红和县江海义工联合会会长陈亚梅分别交流发言。

【寻访“教子有方”最美家庭】 从 3 月开始，县妇联联合县文明办、县教育局在如东网微信公众号、中国如东等媒体平台，公布寻访“教子有方”最美家庭活动方案、评选条件和参与方式。各镇(区、街道)、县级机关、各学校广泛宣传发动家庭参与。12 月 30 日，表彰县“教子有方”最美家庭 50 户。高新区沈亚秋家庭被全国妇联评为全国最美家庭、全国五好文明家庭。

【家庭教育公益讲堂】 县妇联举办县家庭教育公益讲堂巡讲活动，县家庭教育讲师团成员先后走进实验小学、曹埠镇惕安中学、新店利群小学、袁庄小学、双甸小学、丰利小学、洋口小学，举办专题讲座 14 场，为 3000 多名家长传播科学家教知识。6 月 29 日，邀请县实验中学副校长、特级教师、县女心理咨询师协会会长秦亚飞给双甸镇初级中学女生及学生家长代表做女生暑期安全守护专题讲座，近 200 名女生和家长参加听讲。9 月 23 日，举办南通市“教子有方”最美家庭事迹巡讲如东专场。马塘小学 480 名家长聆听 4 户市“教子有方”最美家庭故事。

【律师志愿者结对共建】 8 月 6 日，县妇联、县司法局召开律师志愿者与妇女儿童之家结对共建暨“法律服务进万家”启动签约仪式，全县 24 名律师志愿者与 24 家村(居)妇女儿童之家负责人签订协议书。志愿律师到结对村(居)开展普法宣传、法律咨询等法律服务活动，解答法律咨询 40 多件。

【“春蕾助学”工程】 新建“曹埠小学县财政局春蕾班”，县财政局向春蕾班 10 名贫困学生发放爱心助学款每人 600 元。敦促已建“春蕾班”单位持续关爱，文峰大世界为双甸小学“如东文峰大世界春蕾班”12 名贫困学生每人发放 500 元现金和 1 条棉被；县环保局给马塘小学“环保局春蕾班”13 名贫困学生每人发放爱心助学款 400 元；县住建局为饮泉小学“住建局春蕾班”16 名贫困学生每人发放爱心助学款 1000 元；县农商银行为岔河小学“如东农村商业银行春蕾班”10 名贫困学生每人发放爱心助学金 800 元。县妇联为马塘镇、经济开发区、栟茶镇 4 名贫困学生争取并发放省儿基会春蕾助学款 1.5 万元。　(王艳兰)

如东县科学技术协会

【概况】 2016 年，如东有 22 个县级科技学(协)会、15 个镇(区)科协、230 个村居科普小组、76 个农村专业技术协会、20 个企业科协，科普志愿者 3600 多人。成立心理协会，会员 128 人，具有国家级心理咨询师资质 68 人，其中，国家二级心理咨询师 31 人、国家三级心理咨询师 37 人。开通协会公众号，开展心理知识宣传，推送文章 16 篇。与相关协会垂直部门加强联系，在人、财、物方面予以支持。县科协在科普经费中拿出 6 万元，分别补助县医学会、心理协会、水利学会 3 家优秀学会各 2 万元，促进学会发展。投入 19 万元，建设科普基层示范点，全县有科普画廊 174 座，其中新建 10 座，132 处村(居)科普宣传栏每季度更新 1 次。马塘镇王渡水产养殖科普示范基地被评为省农村科普示范基地，获奖补资金 6 万元；农委滕金奎被评为省农村科普带头人，获奖补资金 2 万元；新店镇社区教育中心被命名为省科普惠农服务站。

【科普宣传周活动】 2016 年科普宣传周期间，县科协普及惠农政策、助力“精准扶贫”，以“创新引领 共享发展”为主题，资助镇区开展科普活动。全年举办各类咨询、讲座 150 场次，举办各类参观 12 场次，以农村保护环境、禁烧秸秆为主题的广播电视讲座 200 多场次，组织开展千名科学使者进校园活动，针对学生开展卫生科普讲座 36 场。各镇播放科普电视节目 14 期，发放科普宣传资料 2 万多份，农村居民受益率 80%。

【开展产学研活动】 县科协组织赛立特(南通)安全用品有限公司等企业参加 2016 全国家纺产业链新兴技术论坛暨“高端纺织业·产业用纺织品”院士专家南通行系列活动，并促使赛立特(南通)安全用品有限公司和南通大学达成合作意向，南通大学在该企业建立手部防护产业化基地。

【开展厂会协作】 县科协组织学会、科技工作者与企业开展技术协作和科技攻关，搭建企业与学会、科技工作者开展技术协作的服务平台。“富硒鲜食糯玉米产业化开发”被市科协评为优秀厂会协作项目二等奖。

【科技工作者调查站点建设】 县科协加强科技工作者调查站点建设，并对调查站点实行动态管理。5 月，取消如东县人民医院、如东县中医院 2 家调查站点，选出如东医学会为新站点。全县共有调查站点 5 家。联合县农业技术推广中心站点，邀请市科协和南京师范学院教授到如东开展农业技术人员调研活动，25 名农技人员参加。　(沈玉玲)

如东县工商业联合会
如东县总商会

【概况】 2016 年，如东县工商业联合会(简称县工商联)帮助会员企业化解融资、用工、用地等矛盾和困难 70 多件，组织会员企业带头捐资助学、扶贫帮困、资助社会公益等 1000 多万元。新组建行业商会 3 个，累计有行业商会 22 个；新建如东异地商会 2 个，累计有 5 个；新发展企业会员 172 个、个人会员 30 个，累计有企业会员 3439 个、个人会员 993 个。循环经济产业园“爱心助困基金”、高新区“助梦飞翔”博爱基金会，红木行业商会“举办红木家具工艺品博览会”、家居建材装饰行业商会“诚信经营我用心，统一服务您放心”主题活动被市工商联评为商会优秀服务品牌。县红木行业商会组织 60 件红木雕刻作品参加江苏省“淘宝城杯”红木雕刻大赛，获金奖 7 件、银奖 8 件、铜奖 11 件、优秀奖 4 件，获金奖数量占全部金奖总数 50%。县工商联组织申报全国工商联科技进步奖和科技创新人才奖，江苏海力风电有限公司获全国工商联科技进步奖二等奖，中天电缆有限公司、江苏九九久科技股份有限公司、湘园化工有限公司、金友机械有限公司 4 家企业获全国工商联科技进步奖三等奖，江苏利田科技有限公司张本田获科技创新人才奖。获奖数占全国获奖企业 4.5%，名列江苏前茅。县工商联成功创建全国“五好县级工商联”，被评为市工商联系统先进集体，被县委、县政府评为人民满意机关。

【县石油机械行业协会成立】 1 月16 日，如东县石油机械行业协会成立，27 家会员企业参加会议。会议选举产生第一届理事会，江苏如石机械有限公司董事长刘志刚当选为执行理事长。

【县服装行业商会换届】 1月22日，县服装行业商会第二次会员代表大会召开，全县会员代表及有关镇(区)商会负责人等50余人出席会议。会议通过《如东县服装行业商会章程》及《如东县服装行业商会会费缴纳与管理办法》，选举产生新一届理事会，江苏世纪燎原针织有限公司董事长黄继石当选为会长，南通威尔斯服装有限公司董事长徐建泉当选为执行会长。

【建言献策】 2016年，县工商联围绕实体经济发展环境、人才引进、发挥行业商会作用等非公经济发展中热点、难点、重点问题，撰写团体提案2件、调查报告5份、行业发展报告3份和民营经济发展报告1份。县工商联界政协委员围绕企业法治建设、生态文明建设、社会诚信体系建设、企业家队伍建设等热点、难点问题，撰写个人提案40余件。《2015年度如东县民营经济发展报告》和《如东县红木产业发展报告》《如东县石油机械行业发展报告》《如东县食品行业发展报告》3份行业发展报告入选《南通市2015—2016年民营经济发展报告》一书。

【全国上规模民营企业调研】 3—4月，县工商联组织对全县2015年度营业收入超过(含)5亿元人民币的民营企业基本情况、发展和管理情况、履行社会责任情况进行调研和统计，推荐18家企业参加"中国民营企业500强"评选。中天科技集团有限公司、南通五建建设工程有限公司分别以营业收入259.27亿元、105.97亿元入围，分列全国第176位、第478位。中天科技集团有限公司成为南通唯一"全国民营制造业企业200强"，名列第107位。

【首届如东红木家具工艺品博览会】 5月1—3日，由县工商联、县文广新局指导，县红木行业商会主办的首届如东红木家具工艺品博览会在倍得满家居广场举行，35家红木企业参展，展出红木工艺品376件，展期3天。此次博览会旨在利用行业商会平台，加强行业交流、学习和展示，促进如东红木产业做大做精做强。

【县服装行业商会企业发展联盟】 5月5日，县服装行业商会企业发展联盟成立。该联盟以公司化模式建立4大共享平台。建立接单共享平台。通过信息沟通，建立联盟内企业订单相互调剂渠道；建立采购共享平台。通过集中采购，降低原辅材料(含包装物)采购成本；建立加工共享平台。根据企业各自生产加工特色和优势，通过专业化分工协作，确保承接各类订单；建立销售共享平台。通过线上和线下销售平台，对联盟企业内产品和尾货集中销售，适时统一注册品牌开拓市场。

【开展"企村'双挂'，互助共兴"活动】 2016年，县工商联联合县委统战部在基层商会、会员企业中开展"企村'双挂'，互助共兴"活动，采取"一村一企""一村多企""一企多村"企村结对模式以及非公经济人士挂钩联系不少于1户困难户方式，组织基层商会、非公企业根据挂钩村(居)实际，发挥自身在市场信息、人才技术和资金项目等方面优势，因村(居)制宜，帮助挂钩村理清发展思路，探索企村共建新途径。引导基层商会、非公企业以精准扶贫为重点，支持挂钩村基础设施建设，正常开展助学、助残、助困等活动，为建设美丽村(居)做贡献。促进挂钩村(居)为挂钩企业发展提供便利条件，为挂钩企业解决用地、用工等问题。调整农业种植结构，着力建设"米袋子"工程和"菜篮子"工程。

【县安防手套行业协会成立】 6月4日，如东县安防手套行业协会正式成立，53家会员企业参加会议。会议选举产生第一届理事会。南通强生安全防护科技有限公司董事长沙晓林当选为理事长。

【上海市江苏如东商会成立】 7月31日，上海市江苏如东商会在沪召开成立大会，商会全体会员及应邀到会领导、嘉宾200多人参加会议。大会选举产生上海市江苏如东商会第一届理事会，选举会长1名、常务副会长5名、副会长13名、监事长1名。上海惠天然投资控股集团有限公司董事长胡斌当选会长。

图108 7月31日，上海市江苏如东商会借座星河湾酒店召开第一次会员大会

【北京如东企业商会成立】 8月20日，北京如东企业商会召开成立大会，54家会员单位及应邀到会领导、

嘉宾出席会议。大会选举产生北京如东企业商会第一届理事会，选举会长1名、执行会长1名、副会长7名。北京正量网络科技有限公司董事长严晓建当选会长。

【县家居建材装饰行业商会成立】 9月6日，如东县家居建材装饰行业商会召开第一次会员大会暨成立大会，85家会员单位出席会议。会议选举产生第一届理事会，如东县倍得满家居广场运营总裁陆海峰当选为会长。会议还通过《如东县家居建材装饰行业商会诚信经营承诺书》。

【如东电子商务协(商)会成立】 12月10日，如东县电子商务协(商)会成立，80家会员单位参加会议。南通海子牛广告公司经理缪祝宏当选为会长。会上，举行如东县首届电子商务论坛，邀请成都电子科技大学经管学院院长助理、博导肖文做“利用电子商务平台推动如东更好融入长三角经济圈”演讲。

【县工商联第十一次会员代表大会】 12月25日，县工商联(总商会)第十一次会员代表大会在县行政中心会议厅召开。县政协副主席、县工商联主席(会长)桑健代表县工商联(总商会)第十届执委会做《务实开拓 创新服务 奋力谱写工商联工作崭新篇章》工作报告。会议选举产生县工商联(总商会)第十一届执委会，桑健当选主席(会长)，朱海忠等16人当选为副主席(副会长)，蔡杰等13人当选为副会长，葛冰冰等15人当选常委，陆祎等69人当选执委。县委书记潘建华到会讲话。市政协副主席、市工商联主席徐守铭、市委统战部督导组领导到会祝贺。县四套班子主要领导、分管领导，各镇(区)党(工)委书记、有关部门及各群团组织负责人出席大会。

【考察交流学习】 5月7—8日，县委常委、组织部部长任新峰，副县长许金标，县政协副主席、县工商联主席桑健带领县工商联企业家主席(会长)一行30人赴江阴市海澜集团考察学习。考察团先后参观海澜集团服装B车间、三合一门店、职工之家，并与集团高管就海澜品牌打造和运营管理，海澜商业模式创新，整合资源实现销售模式创新，企业多元化发展，招引、培养人才等进行交流和探讨。10月6—10日，县政协副主席、县工商联主席、总商会会长桑健率领县工商联(总商会)企业家主席(会长)一行22人，赴菲律宾访问考察。代表团一行考察RIS工业园、EVERGLORY钢铁贸易公司、MAKATI金融中心、CHINOHILLS写字楼、CARMONA分厂、FOREMOST服装公司，并与菲律宾华商总会、菲律宾晋江总会、菲律宾晋江龙湖商会等友好商会和企业家交流，就通讯、钢贸、水产养殖、地产开发等项目与菲律宾华商洽谈初步合作意向。 (葛冰冰)

图110 5月7—8日，到江阴市海澜集团参观

图109 12月25日，县工商联(总商会)第十一次会员代表大会召开

如东县归侨侨眷联合会

【概况】 2016年，如东县归侨侨眷联合会(简称县侨联)坚持“两个并重”(国内、海外工作并重，老侨、新侨工作并重)，深化“两个拓展”(拓展海外联络、拓展服务新侨)，完善基层侨联工作网络，联合县台办等部门开展镇区“侨台之家”平台升级、验收考评工作。重视侨联信息通讯工作，加强县侨联网站建设，编辑《如东侨讯》2期，100多篇稿件被中国侨联网、《江苏侨讯》等采用。县侨联被市侨联评为基层侨联工作先进单位、通讯工作先进单位(二等奖)、信息工作先进单位(三等奖)，县侨商会、县侨界艺术团被评为全市优秀侨社团，栟茶镇侨联小组、河口镇侨联小组、袁庄镇侨联小组、循环经济产业园(大豫镇)侨联小组被评为

南通市乡镇(街道)侨联组织先进单位。

【服务发展】 5月,县侨联发出《关于在招商引资工作中建功立业倡议书》,号召县侨联委员和侨商会成员在招商引资工作中建功立业。选派1人赴项目一线挂职。加强与县侨联海外顾问联系交流,发挥他们在项目推介中引导作用,为县项目建设建言献策。先后邀请博茨瓦纳华人妇女协会常务副会长王亚丽,中国侨联常委、广东美涂士建材股份有限公司董事长周伟建,澳洲德佛国际集团中国区董事、首席执行官缪拓等侨胞、侨商18批到如东参观考察洽谈,达成投资意向3个。

【侨商会工作】 县侨联借助县侨商会平台,加强侨商企业与有关部门沟通,引导会员单位为如东经济社会发展贡献力量。组织侨商企业参加各级侨联、侨商会举办的投资考察洽谈活动,南通大东有限公司参加"中国侨联新侨创新创业成果展"。依托县侨联法律顾问委员会,为会员单位提供法律咨询服务,接待法律咨询4人次,协调处理侨商投诉案件2件,挽回经济损失300多万元。在1月10日召开第三届江苏省优秀侨资企业颁奖仪式上,南通大东有限公司和国能子金电缆南通有限公司获第三届"江苏省优秀侨资企业(2012—2014)"称号,受到省侨联、省商务厅、省国税局等单位联合表彰。

【为侨服务】 县侨联巩固"温情侨联"品牌,借助如东旅美、旅加同乡会等平台,沟通海外联系海内,促进侨界和谐稳定。鼓励海外侨胞为促进中外友好交流与合作发挥作用。全年接待海内外侨胞24批80多人次,陪同参观县规划展览馆、洋口港经济开发区、县城新貌及部分重点建设项目。引导和支持海外侨胞、海外高层次人才回国投资发展。安排专人做好《南通新侨口述史》征稿工作,丛志远、仲建国、徐卫、高峰、于建军5名新侨完成口述史初稿。做好旅美侨胞仲建国博士(祖籍袁庄)回报家乡联络服务工作,利用袁庄镇举行"三好标兵"竞赛评选活动长效机制建设现场推进会契机,邀请仲建国博士回乡参加活动,并为"三好标兵"颁发奖学金2.28万元。做好旅美侨胞张平武"美国璇荣奖学金"发放工作,资助4名大学生2.4万元。

【关爱维权】 2016年,县侨联推进侨法进街道、进社区、进居委会,营造亲侨、爱侨、护侨良好氛围。圣诞节、春节,向海外侨胞、重要侨商和侨联海外顾问等发送贺年信(卡)400多封,传送家乡对旅外人士关怀和祝福。通过电话、微信、寄发《如东侨讯》等方式,向海外人士通报家乡发展情况。持续开展"送温暖、暖侨心"活动,会同县外侨办吊唁、探望、慰问归侨侨眷80多户,送上慰问金和慰问品。开展关爱侨界空巢老人主题活动,弘扬时代新风。依托县侨联法律顾问委员会,为侨胞及其眷属解决生活养老、拆迁建房、上学就业、出境签证等涉侨事宜7起。

【联谊交流】 县侨联充实"北美如东人""海外如东同乡""天南海北如东人""香港如东同乡会"4个微信群,将全球如东籍海外人士组织起来,与他们保持在线信息交流互通。通过QQ、微信、电子邮件等,健全侨情特别是新侨信息资料库,夯实服务工作基础。借助旅法侨胞王小波关系,前往海南三亚拜访联合国副秘书长、联合国艾滋病规划署执行主任米歇尔·西迪贝夫妇和吉布提共和国驻华特命全权大使阿卜杜拉·米吉勒夫妇、多哥总统特别顾问迪米拉一行,宣传如东优势特点,搭建沟通联系桥梁。发挥旅外同乡会作用,吸纳新侨,增强侨胞之间交流互动,增进乡情友谊。

【文化交流】 7月26—31日,县侨联在如东规划展览馆举办为期8天"祖国情·华侨梦——万晓燕摄影展",摄影爱好者和侨界人士参观交流。出席美国威廉帕特森大学版画系主任、终身教授、美国威廉帕特森大学中国艺术中心主任丛志远在贵阳举办的"视觉与视野:全美华人美术教授作品展暨研讨会",组织丛志远教授与县书画界名流座谈交流、探讨,总结出"勤于钻研、勇于担当、善于推广、乐于奉献"的如东传统美术特点。在南通市少年杂技团举行"江苏省华侨文化交流基地"揭牌仪式,协调杂技团演员参与市侨联组织的赴南非等国开展"亲情中华"文化交流,展现江海文化特色;组织杂技《福娃纳福》参加"亲情中华"——南通侨界庆祝中国侨联成立60周年、南通侨联成立35周年暨"中国梦·侨之梦"濠滨夏夜专场文艺演出。县侨商会选送魔术《向往和平》在中国侨商联合会、省侨联主办的全国侨商社会组织系统文艺汇演中获银奖。

【参政议政】 县侨联在市、县人大和政协换届之机,把一批侨界知名人士推荐到市、县人大、政协中。组织侨界人大代表、政协委员开展调查研究、座谈讨论,征求意见,提交议案、提案、批评建议42篇(件)。县侨联负责人提出《关于加强全市电梯安全管理的建议》被市人大常委会评为优秀建议,顾拥军代表提出《关于加大技术改造投入力度,加快微小企业转型升级的建议》被县人大常委会评为优秀建议。(李学军)

如东县文学艺术界联合会

【概况】 2016年,如东县文学艺术界联合会(简称县文联)与各协会着重抓好精品生产,推出名人名家。全县创作各类文艺作品500多件,其中,编制《扶海洲》综合文艺杂志12期(240余件作品,13万多字),下发到各镇区、村及80多个民间文艺团队。相声《低头人生》获第12届江苏省"五星工程奖"曲艺类银奖,行书《前贤诗抄》获第12届江苏省"五星工程奖"书法美术类优秀作品，行书《王维诗》为入展作品，小品《人物儿》获戏剧类银奖。歌曲《正义的誓言》获全国检察院之歌评比二等奖，魔术《变鸽子》获世界魔术冠军作品展金奖，少年杂技团朱明珠获西湖国际魔术交流大会舞台组唯一金奖。快板《火烧竹篱笆》获省五星工程奖展演(南通赛区)金奖。歌曲《拉网号子》获省五星工程奖展演(南通赛区)银奖。有17幅作品参加"第二届南通市美术作品大展"，其中国画《黄海人家》、油画《有雪景的老厂房之七》获铜奖。民间绘画《春暖花开》和《扣红》参加"桃花村里画美景"——2016年江浙沪农民画乡现场绘画邀请赛，分别获二、三等奖。木雕《田园小趣系列》获省第二届(国际)艺术品博览会金奖。《江海晚报》"南通书法名家"栏目先后推介谢骏、潘宗和、张德斌3名书法家创作成果。3人32件书法作品入展"南通书法名家邀请展"。年末，全县有国家级会员45人，省级会员103人，市级会员367人。

【中美杰出华人艺术家】 为庆祝中美建交36周年，中国书法家协会会员、南通市书法家协会副主席、如东书法家协会谢骏创作扇面行书《周恩来诗三首》、扇面行书《辛弃疾词三首》、扇面小草《黄庭坚书论二则》、中堂大草《古代书论一则》、行书横幅《韩翃诗寒食》、章草斗方《乾隆跋出师颂》、斗方小草《洪应明叶根谭一则》，被美国集邮集团印成邮票在美国发行，并被收藏。谢骏被该集团授予"中美杰出华人艺术家"称号。

【"在水一方杯"青年歌手大赛】 5月20日，县委宣传部、县文联、县音乐家协会举办南通市"在水一方杯"青年歌手大赛在岔河镇"在水一方"生态园开幕。南通各市、县46名青年歌手参赛，最终20人晋级决赛，其中通俗、美声、民族3种唱法各6人，青年企业家歌手2人，年龄18～40岁。如东参赛选手徐玲玲、缪娥和彭志杰获金奖。

【《黑白南极》摄影展】 8月28日，《黑白南极》戴建成摄影作品展在如东县规划展览馆开幕，省及市摄影家协会、县委宣传部、县文联、南通五建控股集团有限公司主办，县摄影家协会、如东海洲文化发展有限公司承办。县委书记潘建华参观摄影作品，并与戴建成交流分析作品构思、角度和人文意义。中国艺术研究院研究员、中国摄影家协会副主席李树峰，省摄影家协会驻会副主席兼秘书长吉龙生，著名摄影家王福春，淮安市政协副主席朱友冬，县政协主席陈建华，县人大常委会副主任沈更生，副县长姜晓静，市摄影家协会副主席兼秘书长朱新通等出席开幕式并参观展览。

【村、社区文联组建】 9月20日，马塘镇潮北村和市河社区文化艺术界联合会分别在潮北村和市河社区成立，成为南通市第一批村(社区)文联，近200名会员参加成立大会。同月21日，丰利镇龙口村、古枫社区文化艺术界联合会成立。全县成立4个村、社区文联，分别下设书画协会、戏曲协会、舞蹈协会、音乐协会等。

【杨修良作品展】 9月23日，河南著名书画家杨修良作品展在如东县文化馆举行，展出作品68件，展期6天。杨修良，1963年5月出生，湖南怀化人，任河南大雅书画院院长、河南新闻媒体编辑记者协会会长、中共河南省委《党的生活》杂志社资深编辑、《中国书画快报》总编辑。2014年定居如东。

【江国昕书法展】 10月1—8日，"佛光映照"江国昕书法展在中国国家画院美术中心开幕，共展出书体、楷体、草体、隶书、篆体作品35幅。央视新闻网、书画频道等100余家媒体报道。中国书法家协会副主席刘洪彪出席开幕式。

【策划编纂《青蓝之光——如东县青蓝工程作品选集》】 2016年，县书法家协会策划编纂《青蓝之光——如东县青蓝工程作品集》，分"好雨篇""茂林篇""新竹篇"，共收录作品80幅。市书法家协会主席丘石题词。

【会员档次升级】 2016年，戴建成成为中国摄影家协会会员。周建斌、赵卫东、施海兵加入省摄影家协会；桑俊加入省美术家协会。周宝权、王玲玲、顾剑、缪娥、朱冬萍、李保垒、黄凤琴、徐梅、李青、周雪松、徐静波加入市音乐家协会。

图111　中美杰出华人邮票纪念珍藏册封面

图112　杨修良书画展览

2016年如东县在江苏省以上获奖文艺作品一览

表 41

作者	文艺形式	作品名称	时间	赛事及其主办单位	奖项
高保国	报告文学	寻找张思德	2016年9月	中国萧军研究会第八届“祖国好”图书(主办:中国作协)	金奖
顾新红	文学	山那边 海那边	2016年1月	“美丽库区 幸福家园”征文比赛 主办:江苏省水利工程移民办、江苏省水利信息中心	二等奖
薛 晴		舌尖上的迁徙			三等奖
丁金荣		越千里—云阳如东一样亲			三等奖
孙同林		感受杨渝苏的美好生活			优秀奖
孙天浩		恍惚			优秀奖
徐娴静		此心安处是吾年			优秀奖
陈旭东		村里的重庆人家			优秀奖
朱爱霞		郑顺禄的顺与禄			优秀奖
袁陈璋		康定情歌			优秀奖
王海波		移民温中祥			优秀奖
袁金泉		江海喜相融			优秀奖
孙陈建		携手美家园,同心谋幸福			优秀奖
王 铁		遇见			优秀奖
孙同林	文学	小河上有个水埠口	2016年4月	中国作家·雨花扬州大学读者俱乐部征文比赛	优秀奖
关立蓉	文学	冬日的温暖	2016年12月	扬子晚报、中国工商银行江苏分行“约·工行”短文征集大赛	一等奖
顾荻飞	文学	三伯	2016年11月	鲁迅青少年文学奖 上海鲁迅青少年文学组委会	三等奖
季铁权 符美法	歌曲	正文的誓言	2016年7月	首届检察歌曲原创作品(主办:中国检察官文学艺术界联合会)	二等奖
秋韵艺术团	舞蹈	花之俏	2016年5月	2016年全国少数民族电视歌舞展演最佳原创节目奖	金奖
符美法	相声	低头人生	2016年12月	第十二届江苏省“五星工程奖”曲艺类(主办:江苏省文化厅)	银奖
於国鑫	小品	人物儿	2016年12月	第十二届江苏省“五星工程奖”戏剧类(主办:江苏省文化厅)	银奖
			2016年4月	中国宜兴“第二届梁祝戏剧节”(主办:中国田汉研究会、中国剧协)	最佳剧目
石剑波	书法	前贤诗抄	2016年11月	第十二届江苏省“五星工程奖”书法美术类(主办:江苏省文化厅)	优秀作品
孙德庚	书法	唐诗一首	2016年12月	2016年度江苏省退休干部书法比赛(主办:江苏省劳动保障局)	二等奖
蔡 虹	民间绘画	春暖花开	2016年3月	“桃花村里画美景”——2016年江浙农民画,现场绘画邀请赛(主办:嘉兴市美术馆等单位)	二等奖
陈卫华		扣红			三等奖
沙洪波	油画	雪后的老房子之二	2016年6月	江苏省首届青年油画展(主办:江苏省文联、江苏省美协)	优秀奖(最高奖)
丁 洋	魔术	变鸽子	2016年	第三届中国北京国际魔术大会“金长城杯”世界魔术冠军作品展	金奖

续表41

作者	文艺形式	作品名称	时间	赛事及其主办单位	奖项
朱明珠	魔术	纸飞机	2016年11月	西湖国际魔术交流大会	金奖
王小莹		自然·生命			铜奖
胡其平	摄影	满载而归	2016年1月	“魅力西昌杯”全国湿地摄影大展 中国摄影报社、四川省摄影家协会、西昌市人民政府举办	作品奖
赵卫东	摄影	南山竹韵	2016年1月	绿色江苏美好家园摄影大赛 中共江苏省委宣传部、江苏省绿化委员会办公室、江苏省林业局联合举办	优秀奖
周建斌	摄影	迷人的海滩	2016年9月	第三届中国蔬菜摄影大赛中国蔬菜协会、农业部种植业司、《农民日报》、中国农业电影电视中心、中国农业出版社、中国农业科学院蔬菜花卉研究所、中国农业新闻网等单位举办	二等奖
戴建成	摄影	幸福家园	2016年9月	第22届江苏省摄影艺术展览 江苏省现代美术馆举办	优秀作品奖
卢泽军	摄影	你叫什么名字	2016年1月	“走进义乌摄影擂台赛” 主办:中国摄影社	三等奖
刘承林	红木雕刻	田园小趣	2016年11月	第三届“紫金奖”文化创意设计大赛,主办:江苏省委宣传部、江苏省文明办、江苏省发改委、江苏省教育局等	优秀奖
周伟伟		和韵添香音乐盒			
		苏韵添香			
丛东云	红木雕刻	《瓜瓞绵绵节节高》	2016年5月	江苏省工艺美术行业协会、江苏省民间文艺家协会 江苏省“淘宝城杯”红木雕刻艺术作品展	金奖
花开阳	红木雕刻	四出头官帽椅	2016年5月	江苏省工艺美术行业协会、江苏省民间文艺家协会 江苏省“淘宝城杯”红木雕刻艺术作品展	优秀奖
钱堂均	红木雕刻	通式拐子纹卷书椅三件套	2016年5月	江苏省工艺美术行业协会、江苏省民间文艺家协会 江苏省“淘宝城杯”红木雕刻艺术作品展	铜奖
石太兵	红木雕刻	知音醉清秋	2016年12月	迎春花杯,第四届东方工艺美术之都博览会. 江苏省委宣传部、中国民间文艺家协会、江苏省文学艺术界联合会	金奖
宋凌飞	红木雕刻	镶银文盘	2016年5月	江苏省工艺美术行业协会、江苏省民间文艺家协会 江苏省“淘宝城杯”红木雕刻艺术作品展	铜奖
孙德如	红木雕刻	龙凤纹酒壶	2016年5月	江苏省工艺美术行业协会、江苏省民间文艺家协会 江苏省“淘宝城杯”红木雕刻艺术作品展	优秀奖
汪君龙	红木雕刻	江山如画笔筒	2016年12月	江苏省工艺美术行业协会、江苏省民间文艺家协会 江苏省“淘宝城杯”红木雕刻艺术作品展	优秀奖
王国军	红木雕刻	一枝独秀	2016年5月	江苏省工艺美术行业协会、江苏省民间文艺家协会 江苏省“淘宝城杯”红木雕刻艺术作品展	银奖
王其林	红木雕刻	八仙过海	2016年5月	江苏省工艺美术行业协会、江苏省民间文艺家协会 江苏省“淘宝城杯”红木雕刻艺术作品展	优秀奖
吴秀泉	红木雕刻	荷塘情趣	2016年5月	江苏省工艺美术行业协会、江苏省民间文艺家协会 江苏省“淘宝城杯”红木雕刻艺术作品展	银奖
徐宗华 高爱华	红木雕刻	十二生肖转心葫芦瓶	2016年5月	江苏省工艺美术行业协会、江苏省民间文艺家协会 江苏省“淘宝城杯”红木雕刻艺术作品展	金奖

续表 41

作者	文艺形式	作品名称	时间	赛事及其主办单位	奖项
徐宗华 高爱华	红木雕刻	旋动乐章	2016年12月	迎春花杯，江苏省委宣传部、中国民间文艺家协会、江苏省文学艺术界联合会 第四届东方工艺美术之都博览会	金奖
张永强	红木雕刻	笔杆椅三件套	2016年5月	江苏省工艺美术行业协会、江苏省民间文艺家协会 江苏省“淘宝城杯”红木雕刻艺术作品展	铜奖
赵　华	红木雕刻	高瞻远瞩	2016年5月	江苏省工艺美术行业协会、江苏省民间文艺家协会 江苏省“淘宝城杯”红木雕刻艺术作品展	铜奖
刘承林	红木雕刻	“田园小趣”系列	2016年11月	江苏省第二届国际艺术品博览会　江苏省文化厅	金奖
	红木雕刻	心心相印		苏州“启迪”苏艺杯 中国工艺美术协会、中国文化产业协会	金奖
	红木雕刻	田园小趣系列		江苏省第三届紫金奖文化创意设计大赛 江苏省委宣传部、中国民间文艺家协会、江苏省文学艺术界联合会	金奖
	红木雕刻	“心心相印”提梁对瓶	2016年5月	“淘宝城”杯　江苏民间文艺家协会　江苏工艺美术行业协会	金奖

（曹鹤松　徐晓玲）

如东县哲学社会科学界联合会

【概况】 2016年，如东县哲学社会科学界联合会（简称县社科联）有团体会员24个，其中，学会8个、协会11个、研究会5个，涵盖经济、文化、教育、心理、财经、金融、法律等主要学科。县社科联坚持以新型智库建设推动社科课题研究，以提升人文素养强化社科普及宣传，以品牌建设提升社科工作影响力，以改革创新加强社科学会建设，获全省社科联系统“工作创新奖”和全市社科联系统“先进社科联奖”。社科研究，通过社会征题、专家荐题、领导点题、部门领题、社科工作者选题相结合方式，推出立项课题33项，其中重点课题10项，均为县四套班子领导圈定。社科普及，初步形成层次分明、功能互补、各具特色的社科普及网络。依托各级社科普及网络和集中性社科普及活动，全县社科普及实现网络化、常态化。社科普及微平台——“扶海微学堂”和“无人机下的南黄海湿地生态”两个社科普及项目获省社科联专项经费资助。苏中四分区反“清乡”斗争资料陈列馆、丰利悟园获评市社科普及示范基地。至年底，创建社科普及示范基地省级1家、市级3家、县级22家。新增学会1个。6月16日，省社科联副主席徐之顺一行到如东调研基层社科工作以及社科类学会建设情况，认为如东为全省社科工作做出探索和尝试。

【社科研究成果】 8月1日，县政府办公室印发《如东县哲学社会科学优秀成果评奖办法》。县社科联正式启动如东县第三届政府社科优秀成果评奖工作，并公布评奖细则。通过开展社科评奖等活动，推出一批社科研究成果。在市纪委、市社科联联合组织“张謇廉政思想研究”专题征文活动中，县研究论文《近代实业家张謇的“初心”与坚守——关于张謇家国观的初步研究及其启示》获三等奖，《思想廉洁是廉政建设的最终目标——张謇的人生哲学对我们的启示》获优秀奖，并参加10月24日市纪委、市社科联联合召开张謇廉政思想研讨会。12月13日，市社科联公布南通市2016年度经济与社会发展热点问题研究优秀成果，县研究论文《探索与转型：现代城乡社区治理的路径选择——关于南通城乡社区治理现代化研究》获三等奖。

【社科普及宣传周】 9月1日，《江苏省社科普及促进条例》正式实施。县社科联牵头组织开展以“传承和弘扬优秀文化　建设强富美高新如东”为主题的县第六届社科普及宣传周活动。10月26日，举行第六届社科普及宣传周启动仪式暨社科沙龙活动。市社科联党组书记、副主席徐爱民出席启动仪式并讲话，县委常委、宣传部部长张蓉蓉宣布第六届社科普及宣传周活动启动。县公安局、高新区、南通未成年人社会实践基地、如东海洲文化投资发展有限公司、县创新研究会、县心理协会6家单位负责人交流社科普及活动的经验做法及打算。县政协副主席桑健向图书漂流屋、县图书馆公安分馆、城管分馆、总工会分馆赠书。县人大常委会副主任唐国均分别向县文广新局、县司法局、县人社局、县环保局、县卫计委、县市场监督管理局、县公安局、县委党校、县创新研究会和县心理协会10支社科专家服务小分队授旗。社科普及宣传周期间，组织专门志愿服务队伍进学校、进农村、进企业、进社区、进机关，开展社科普及服务工作。启动仪式结束后，邀请如东民俗专家沈阳，举行“传承和弘扬如东传统文化”主题社科沙龙活动。

【县心理协会成立】 9月8日，县心理协会在县实验中学挂牌成立，并召开第一届会员大会，聘请县委常委、宣传部部长张蓉蓉为名誉理事长，选举县实验中学副校长秦亚飞为理事长。县心理协会是非营利性社会组织，旨在提高全民素质，加强身心健康。协会业务范围涉及心理咨询服务，培养儿童、青少年健全人格，预防心理疾病，维护心理健康；协助有关部门对特殊人群进行心理咨询、辅导和矫治等活动。至年底，心理协会会员总数128人，其中国家二级心理咨询师31人、三级心理咨询师37人，会员来自卫生、教育、公检法、企业等单位。县委常委、宣传部部长张蓉蓉出席会议并讲话。

【如东大众哲语宣传】 县社科联联合县创新研究会等单位，继续深化如东大众哲学创作研究和普及宣传活动。至年底，在《如东日报》等媒体上连续刊载“如东大众哲语”56期2500多条。结合“六城联创”等工作，在县城围墙推出大众哲语文化墙5000多平方米，组织中小学教师、学生及社科志愿者等创作、绘制大众哲学宣传画，推出哲学宣传版块100多块，营造学哲学、用哲学良好氛围。县社科联、县创新研究会等联合组织开展“如东大众哲语”书法比赛，收到应征参赛作品81幅，经专家组评选，分别评出青年组金奖1名、银奖2名、铜奖3名、优秀奖5名；少年组金奖2名、银奖4名、铜奖6名、优秀奖15名。组织王冬龄、潘宗和等14位国家级书画家名家为“如东大众哲语”题书。5月7日，县委宣传部、县社科联、县教育局、县创新研究会、县书法家协会共同主办“如东大众哲语”书法作品展览及颁奖仪式在县规划展览馆举行，展期1个月，展出书画名家题书及获奖书法作品60幅。全县各界群众和哲学、书法爱好者200多人参加活动。（王　军　于振勇）

如东县残疾人联合会

【概况】 2016年，如东县新增持证残疾人1638人，共有持证残疾人27626人，其中重度残疾人15268人。全县18个残疾人扶贫基地安置残疾人903人，带动残疾人生产1375户。新增免费服药贫困精神残疾人116人，贫困精神残疾人免费基本用药601人。如东县残疾人联合会（简称县残联）发放保障资金3000多万元，扶持残疾人就业创业，200多名残疾人走上正规就业和辅助性就业之路。协助改造、维修残疾人危房93户。在省残疾人教育就业工作会议上，县残联交流《积极推进残疾人扶贫基地建设　不断加快残疾人脱贫致富步伐》。

【残疾人补贴发放】 县残联根据专项调查成果及“残疾人证”系统，做好调查摸底、经费测算工作，制定“两项补贴”（困难残疾人生活补贴和重度残疾人护理补贴）配套方案。全年为1.06万人次、81户一户多残、依老养残家庭发放困难残疾人生活补贴2848.39万元，为2432人次16～60周岁重度残疾人发放重度残疾人护理补贴240.21万元。

【残疾儿童康复】 2016年，如东县共确诊0～14周岁残疾儿童226人，机构在训儿童204人。推进“康教一体化”工程，举办康复儿童家长培训班4期，培训50多人。实施残疾儿童康复机构规范化、专业化、标准化建设和科学化管理，县蓝精灵儿童服务中心、欣盛儿童服务中心、中医院儿童康复中心被认定为省一级儿童康复机构。

【残疾人就业】 县残联配合县农委、县农广校和各镇（区）农技部门，举办种植业、养殖业技能培训班，各镇（区）残联组织500多名残疾人参加培训。残疾人托养中心逐步实现规范化、精细化管理，全年庇护工厂产品产值500多万元，38名学员劳务补贴较上年提高40%以上，人均月收入700元。建设“如宠儿电商平台”，帮助残疾人网上销售农副产品。联合县供销社举办残疾人电商培训班，组织8名学员进行电商基础培训。新增48名残疾人正式就业。

图113　6月20日，残疾人在“如宠儿电商服务中心”进行3个月电商培训

【残疾人辅助器具适配】 县残联组织省“贫困残疾人辅助器具适配和家庭无障碍环境改造（第七期）”救助项目产品发放工作，发放2287

件,受惠残疾人 2015 人。配合相关定点医院,完成 198 例贫困白内障患者免费复明手术,安装假肢 20 人,儿童矫形鞋适配 23 人。

【残疾人证办理管理】 县残联全年按季度评残 4 次,参评残疾人 2030 人,定级拿证 1638 人。开展“假错空”残疾人证集中清理工作,清理销毁残疾人证 1154 件。

【残疾人文体工作】 县残联选送 2名残疾人到市集训,参加省第七届残疾人田径锦标赛。5 月 13 日,第 26 个全国助残日,举办“欧尚杯”第三届聋人乒乓球友谊赛,开展全县盲人声乐器乐交流活动,小品《阳光下的小草》代表南通市参加省残疾人文艺汇演。

【“残疾人之家”建设】 按照省“残疾人之家”建设实施方案,新建 3 家“残疾人之家”(如东春韵残疾人之家、如东县向日葵残疾人之家、如东县城中街道勇华残疾人之家),完成法人注册登记,共接受日托残疾人 59 人,实现实体化运作,达到省规定“七有”标准:有合法法人登记注册,有独立财务核算,有统一名称和标识,有适宜活动场所,有专业的管理服务队伍,有健全管理制度,有充分安全保障。

【残疾人法律援助】 县法律援助中心组织律师深入社区、走进县康复中心和托养中心,宣传《中华人民共和国残疾人保障法》等法律法规,解答残疾人法律咨询,现场受理法律援助案件。活动现场接受咨询 29 人,发放宣传材料 180 余份,受理法律援助案件 2 件。

【挂钩帮扶】 县残联多次深入挂钩区和村,向贫困残疾人户赠送电饭煲 17 台、电风扇 9 台,现场解决外向型农业开发区残疾儿童到特教学校上学难题。到马塘镇沙庄村向 19 名残疾人适配辅助器具,招录该村残疾人进县残疾人托养中心庇护性就业,帮扶该村困难残疾户 8 户,协调改造低保户危房 3 户。

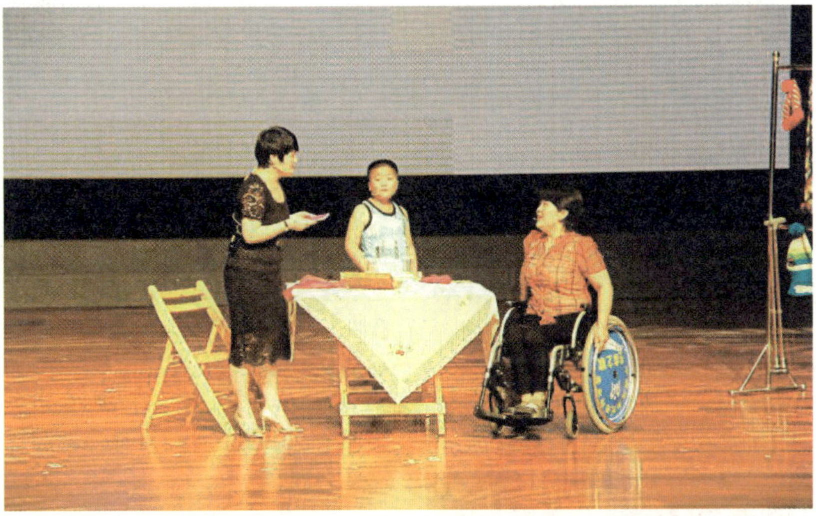

图 114　8 月 17 日,励志小品《阳光下的小草》参加第九届江苏省残疾人艺术汇演获奖

【移民贫困残疾人生活扶助】 县残联对全县移民中残疾人进行摸底调查,全县 1742 名移民中有持证残疾人 45 人,其中重度残疾人 16 人,均享受低保或重残救助。　（缪　平）

如东县红十字会

【概况】 2016 年,如东县红十字会有基层组织 103 个,其中,镇(区)红十字会 15 个、学校红十字会 72 个、医院红十字会 16 个,红十字会员 7.93 万人。县红十字会推进“三救三献”(应急救援、应急救护、人道救助;捐献造血干细胞、捐献人体器官及组织、无偿献血)工作,人道救助基金账户募集资金 303.20 万元。签订遗体捐赠协议书 3 份,新增造血干细胞志愿者 141 人。全年培训初级救护员 1133 人、普及性人员 1.01 万人。被县委、县政府评为人民满意机关、扶贫工作先进集体。

【红十字宣传】 县红十字会以“5·8 世界红十字日”“防灾减灾日”“安全生产月”等为契机,通过开展大型盆景义卖、解答疑问、派发资料、现场演示等方式宣传。县花木盆景协会义卖盆景款 3.24 万元,全部捐给县红十字人道救助基金。“博爱如东”微信公众号及微信捐款平台上线。

【生命安全体验馆建成开放】 6 月,市红十字应急救护如东生命安全体

图 115　6 月,南通市红十字应急救护如东生命安全体验馆建成开放

验馆投入使用，面向青少年开放。该馆位于如东沿海经济开发区南通市青少年教育实践基地内，面积380平方米，分为“序厅”“生命的感动”“自然的威力”“避灾的智慧”“生命的健康”“生命的守护”6个展区，集科教、体验、实践、考核为一体，旨在传播博爱文化，提升公众防灾减灾意识，普及应急救护知识和技能，引导青少年理解“人道、博爱、奉献”红十字精神，促进青少年将爱心落实到行动中。

【红十字志愿服务】 8月，县红十字会召开志愿者注册登记培训会议，规范志愿者队伍建设。全年新注册登记志愿者近1000人，全县共有志愿者9000余人。组织县直医疗卫生单位医学专家及红十字志愿者为市民们提供咨询义诊服务400多人次，组织红十字公益性救护培训志愿者进社区、进学校、进企业，为社区群众和学生宣传应急救护知识。

【人道救助】 县红十字会组织开展“博爱送万家”“大病救助”“希望之星”“暖暖农情”等救助项目。与县城管局联合设立“关爱环卫人”基金，与高新区企业家协会联合建立“助梦飞翔”博爱基金。全年救助4176人次，发放救助资金221.35万元。

【红十字青少年工作】 学校红十字工作委员会将学校红十字会工作与学校德育工作结合，增强师生红十字意识，加强学校红十字工作组织建设、制度建设、阵地建设，发动红十字志愿者开展活动。如东高级中学红十字会开展义卖活动，义卖所得全部捐给盐城灾区；如东中等专业学校红十字会开展“携手抗艾、重在预防”板报作品展活动。(杨　婧)

如东县关心下一代工作委员会

【主题教育活动】 2016年，县关工委将“学党史、学国史，听党话、跟党走”作为青少年思想道德教育主题，确定县实验小学为试点制定主题教育活动计划，并由县教育局、县关工委联合转发至全县各中小学和基层关工委。6月3日，县关工委与县教育局联合在县实验小学召开“两史”教育现场推进会。各镇关工委、各镇教育关工委、县直学校关工委常务副主任及每镇1名优秀校外辅导站负责人出席会议。掘港镇关工委分别在环北小学、九总小学、童店初中召开现场汇报会；马塘镇关工委与马塘中学联手，编写地方乡土教材，组织“五老”(老党员、老专家、老教师，老战士、老模范)和学校老师组成宣讲小分队，巡回到全镇5所中小学宣讲，各地开展贴近学生实际活动，组织参加“千站万人老少携手走访好党员”征文比赛和“童心向党，梦随心飞”电子小报比赛。县高新区三元社区辅导站组织学生开展“红领巾寻访活动”，寻访老战士、老党员，将参观寻访内容写成征文在校刊发表，编辑电子小报。马塘镇、袁庄镇、洋口镇、苴镇、长沙镇关工委组织中小学生运用读、讲、看、咏、赛、写、唱等多种形式，开展“两史”教育活动，通过宣讲和演讲、演出自编节目，制作国旗党徽、举办党史知识竞赛等回顾党史国史。主题教育活动覆盖全县各中小学和校外教育辅导站，全县参与活动“五老”2000多人，其中宣讲员633人，自编或改编宣讲材料277篇，参加活动学生8万多人次。全县参加主题教育活动征文学生2.24万人，经层层评选，向省、市上报40篇。在省主题教育征文评比中，1人获一等奖，2人获二等奖，2人获三等奖，县教育关工委获优秀组织奖。在市主题教育活动演讲比赛中，1人获一等奖，1人获三等奖。马塘镇关工委在全市关工委会议上专题介绍开展主题教育做法和经验。

【法治教育和网吧义务监督】 各地关工委参与社会治理创新，协同县综治办、预防办等部门，开展预防和减少青少年违法犯罪工作。加强法治宣传教育。围绕宪法和“两法一条例”(《中华人民共和国未成年人保护法》《中华人民共和国预防未成年人犯罪法》《江苏省未成年人保护条例》)，配合“七五”普法，组织关爱工作团(队)成员和法制副校长深入学校、社区、企业，进行法治宣传教育。发挥“少年法学苑”阵地作用，因地制宜，落实法治教育教材、课时、时间、师资“四统一”制度，按照教材备课、制作课件，开展教育活动。10月26日，县关工委、县教育局在县高新区掘港街道童店小学召开全县少年法学苑工作现场推进会，对开展好

图116　1月22日，县红十字会、县城管局“关爱环卫人”红十字基金捐赠仪式暨年终慰问活动在县环卫处举行

少年法学苑工作提出要求。马塘镇、双甸镇和长沙镇等关工委先后召开少年法学苑建设现场推进会，要求少年法学苑建设做到措施实、教学活、形式多、方法新、效果好，形成规范化、系统化、常态化机制。参与结对帮教和“未成年人零犯罪社区(村)”创建工作。各地针对失足、失管、失学、失业、失亲青少年，因人施策，开展“结对帮教，引领人生”活动，参与社会矫正工作。全县关工委系统有260人组成帮教小组87个，帮教对象96人，转化率90.5%。各地抓住重点区域、重点环节和重点群体，深化创建工作，全县未成年人零犯罪社区(村)231个，占96.2%。抓好网吧义务监督。全县151名“五老”网吧义务监督员，做到监督工作“坚定不移，坚持不懈，工作不松，力度不减”，为青少年健康成长营造良好社会文化环境。

【校外教育辅导站工作】 巩固发展校外辅导网络，鼓励各地采取多种模式办站，扩大校外教育覆盖面。2016年，丰利镇关工委针对边远地区学生路途较远及安全等原因不能参加活动情况，发动80多名“五老”新建18个校外教育辅导点，吸纳包括海边渔村在内400多名留守儿童到点活动。至年底，全县有辅导站(点)342个，“五老”校外教育辅导员1782人，社会志愿者552人。推进“校站结合”。全县80所建制中小学分别与80个村(社区)校外辅导站结合，做到分管领导落实、活动计划落实、到站辅导教师落实、电脑等有关设施共享共用落实。河口镇将“五老”队伍、教育设施等整合，成立校站结合的联合机构。发挥电子阅览室功能，建立健全各项管理制度，确保绿色上网、安全上网，组织学生参加“阳光少年网”活动。县关工委鼓励各地辅导站开展“创特色、铸品牌”活动。岔河镇校外辅导总站与各分站联动，分别开展校园足球、礼仪教育、劳动实践、阳光少年、国学广场教育等活动；新店镇将电子阅览室、农家书屋及公共服务中心各项文体活动器材整合，建立“快乐周末活动站”，在辅导站设立心理咨询室。县教育关工委会同学校建立近20个教育基地，在省教育关工委组织“创特色、铸品牌”活动中，获“显著成果奖”。

【关爱特殊群体】 2016年，如东县有留守儿童1.03万人，占学生总数22.5%。基层关工委和“五老”继续开展“爱心助学”活动，动员社会各界捐资助学，帮助贫困家庭学生完成学业，开展帮扶留守儿童和孤残儿童活动。大豫镇关工委和学校联手，实施关爱留守学生“阳光工程”，全年向37名留守儿童发放爱心捐款1.68万元；新店镇校外辅导总站坚持对特殊群体儿童进行心理健康教育和指导，辅导员杨镜梅用“心”育人，为孩子们点亮“心”灯，使校外辅导站成为孩子们心理健康加油站；马塘中学关工委“夕阳红助学基金会”筹集捐款15万多元，其中12万多元资助家庭困难品学兼优学生。全年全县关工系统共筹集助学、助困资金92万元，资助贫困学生2657人。县关工委做好《关心下一代周报》“冰凌花”奖学金评选报送工作，18名家庭贫困且品学兼优学生获得经济补助和奖励1.1万元。

(张武俊)

图117　12月23日，县供电公司志愿者与如东逸夫特殊学校孩子们共同阅读

(蔡珊珊 摄)

法　治

Fazhi

人大法律监督

【概况】 2016年,县人大常委会健全和完善学法用法机制,制定出台《如东县人大常委会关于做好“学法懂法用法、提升监督实效”工作的实施意见》,结合县人大常委会年度工作要点所确定的审议、视察、调研议题,全年开展专题学法培训7次,邀请省、市、县相关领域专家授课,提升法律监督实效。对《中华人民共和国环保法》《中华人民共和国水污染防治法》《畜禽规模养殖污染防治条例》等法律法规开展执法检查工作,对环保法等执法检查审议意见落实情况专题询问,通过开展环保法等学习培训会、向人大代表和城乡居民广泛征求意见等方式,落实好专题询问主体和主要内容。在县第十六届人大第三十六次会议上,相关委员和代表采取现场问答形式,对政府及相关部门和镇区进行专题询问,督促政府和相关部门提高环保监管能力和水平,增强全社会环保意识。听取和审议县人民法院关于立案登记情况工作报告,要求县法院进一步转变服务方式,建立多元化纠纷解决机制,加大对虚假诉讼、恶意诉讼、无理缠诉行为的惩治力度,坚决维护司法权威。听取和审议县人民检察院关于刑事检察工作情况报告,要求县检察院找准服务大局定位,创新社会管理方式,提高队伍建设效率,不断提升刑事检察工作质效。加强对“一府两院”工作人员履职情况监督,出台《关于2016年县“一府两院”工作人员报告履职情况实施方案》,听取县教育局、县审计局、县司法局、县住建局、县水务局主要负责人和法院、检察院6位班子成员履职情况报告,并进行满意度测评。　（高　山）

社会治安综合治理

【概况】 2016年,如东县政法工作把防控风险、服务发展和破解难题、把补齐短板摆在突出位置,推进平安建设、法治建设和政法队伍建设,保障全县经济社会健康、稳定发展。全县公众安全感95.75%,位居省、市前列,继续获评“江苏省平安县”。开展平安法治建设万人评议活动,问卷调查约5.2万个家庭,网上测评点击3.76万人次,全县12.7万余人参与,同步开展“平安法治如东建设征文竞赛”活动,全县近4万名学生参与有奖征文。全县各级调解组织受理、调解各类矛盾纠纷4782件,调解成功4725件。

【社会治安防控体系建设】 县委政法委组织规划并完成一县“社会治安监控专网”“十大行业视频监控网”“农村小技防网”总体框架建设任务,完成“天网工程”592个点位高清化改造招标,新增接入公安应用平台高清点1800多个,“平安走廊”18组抓拍点位建设完工并联网运行。全县120个老旧小区技防设施全部纳入改造范围。开展“技防产品进万家”活动,鼓励指导有需求个人、企业自主参与技防建设。破解农村技防建设“面广、点多、费用大”难题,探索研发农村“好用、管用、用得起”的新型视频监控产品,具有“自主掌控、实时下载”功能一体机得到试点镇村认可。组织编制《如东县技防村(居)建设产品需求技术条件》,被市质监局批准公示为全市唯一技防村(居)建设标准。下发《如东县专职巡防辅警队伍规范化管理办法(试行)》,解决长期影响专职巡防辅警队伍发展的制约瓶颈,建成700人专职巡防辅警队伍。全面加强“一点一站一队”基础建设,建成警民联系点345个、中心警务室104个、“红袖标”义务巡防队105支,治保组织212个,如东县在“江苏志愿者网”登记注册志愿者4万余人。

【社会管理服务平台】 2016年,县委政法委持续推进三级平台规范化建设,紧扣"实时、实战、实效"工作目标,投入20多万元,开发实时调取配套软件,集成"省综治信息系统、公安信息系统、司法调解系统、社会矛盾纠纷动态预警系统、视频指挥系统"5大平台,建成县级联动联调指挥中心,实现电子台账向实战研判指挥平台转变。《关于加强如东县社会管理服务中心(综治中心)规范化建设的报告》经县领导批复同意,要求建成"一级"县级综治中心。完成如东经济开发区(苴镇街道)、曹埠镇平台新建(改造),启动丰利镇平台新建任务,实现镇级平台规范化建设全覆盖,其中达省"一级"标准占比40%。依托村公共服务中心,形成具有如东特色"前有窗口、后有阵地"基层服务模式。开展村(居)"减牌"工作,清理门牌1032个,相关制度2064块。组织推进政法综治工作信息化建设,相关做法被省、市发文推广,实战应用水平全省领先,"矛盾调处""重点青少年""校园及周边安全""服务记录"等基础数据录入量全市第一,"特殊人群""社会治安""服务记录"名列前茅。市综治委在如东召开专题现场会,总结表彰如东经验。

【突出问题综合整治】 县综治办梳理集中整治治安突出问题、重点地区,确定洋口镇为市级毒品犯罪重点挂牌地区,长沙镇为县级拐卖妇女儿童犯罪重点挂牌地区。紧盯食品、药品、环境污染和交通安全等民生问题,组织开展S225线交通环境整治、海洋铁路护路联防等专项活动,立案查处食品药品环境案件7件,摧毁售卖死猪肉团伙2个,破获倾倒固体废弃物案件2件。围绕发展形势抓整治,对"企业、高利贷群体、投资理财公司"3大重点23家公司(中介)实施风险评估和动态跟踪,及时排查预警风险企业15家,立案侦查经济类案件14件,抓获涉案人员26人,挽回损失2000余万元。加强特殊人群服务管理,县综治办牵头公安、卫计、民政、财政、残联等部门,专题研究落实严重精神障碍患者有奖监护政策,形成初步工作意见,400多名易肇事肇祸精神障碍患者全面落实"四帮一"(1名社区民警、1名村干部、1名医生、1名监护人)工作机制。不断强化对近1050名吸毒人员日常监管,推进社区戒毒、社区康复人员定期涉毒检验、教育工作。全县395名社区服刑人员、1300名刑满释放人员全面实行"片区化"管理。建立5类群体6778名重点青少年"动态管理、分类帮扶、政策保障"服务管理措施,相关做法得到省综治办高肯定。

【国家安全与人民防线】 2016年,如东县国家安全工作围绕"维护全县国家安全和社会稳定"中心,抓住"人民防线"和"海岸线"两条主线,县国安办进一步强化基础工作,全年报送国安周报41期、国安信息70期,先后组织开展沿海镇(区)、小洋口地区化工企业环保问题、"走出去"企业、涉台企业、陆配情况等调研,重点关注基层换届选举、观鸟组织活动等情况,搜集各类基础性数据、资料。不断加强国家安全宣传教育,在"4·15"国家安全宣传日、"11·1"《中华人民共和国反间谍法》颁布日,通过广播、微信、LED屏、展板、宣传册、横幅、讲座等形式,深入镇村、学校、街头,组织开展宣传教育活动,增强人民群众国家安全意识,提升人民群众维护国家安全主动性。开展海上人民防线建设,召开全县国家安全海上人民防线工作会议,下发《关于加强我县海上人民防线工作的通知》,在沿海各镇(区)发放《致广大渔民朋友的一封信》4000余份、国家安全联系卡2000余张,做到涉海渔民全覆盖,筑牢全县海上人民防线。　(张　华)

政府法治工作

【依法行政】 年初,县政府制定下发《2016年度全县依法行政工作要点》和考核办法,将依法行政工作纳入政府目标考核体系,建立定期督查、定期汇报制度。依法行政工作经费落实情况良好,各项经费均得到保障。

【行政体制改革】 1月1日,县行政审批局正式运行,实现"一枚印章管审批",推动政府治理体系和治理能力现代化。在环境保护、交通运输、文化旅游、劳动保障和社会保险等领域,推行"一个部门一支队伍管执法"。有序推进相对集中行政处罚权工作,在市场监管、农林农机、城乡建设、城市管理等领域,推行跨部门相对集中行政处罚权。

【执法监督管理】 健全行政执法案卷评查制度,县法制办全年组织行政执法案卷评查2次,检查案卷事实是否清楚、证据是否确凿、办理程序是否合法规范等,逐一交流点评,加大对违法行政行为纠错力度,进一步规范行政执法行为。完善行政执法与司法联动协调机制,各行政执法机关明确"两法衔接"工作联络员,确保"两法衔接"工作有专人负责,责任落实到人。县依法行政办公室与县依法治理办公室加强配合,多次召开会商会、协调会,共同会商行政执法过程中遇到的热点、难点问题或共性矛盾与困难,促进行政执法信息共享、行为理念互动。

【行政复议和行政应诉】 坚持"复议为民"宗旨,立足及时有效化解争议,推进行政复议规范化建设。县法制办全年受理行政复议案件39件,审结31件。严格执行行政机关负责人出庭应诉制度,通报全县行政机关负责人出庭应诉情况,县镇两级行政机关负责人出庭应诉率100%。

【行政执法队伍管理】 县法制办严格执行行政执法主体及执法人员资格制度,加强对行政执法证件管理。开展执法证清理工作,将2600多名行政执法人员清理为2162名。所有行政执法人员信息全部录入全市执法人员申领系统中,通过平台换证申领，把好“入门关”。对新申领执法证人员开展为期2天执法培训和考试，通过培训讲座、考试考核等形式，提高全县行政执法人员法律知识水平。（杨舒倩）

法治如东建设

【概况】 2016年，如东县研究出台《关于法治建设重要举措实施规划(2016—2020年)》《在全县公民中开展创建法治宣传教育的第七个五年规划》等文件。如东作为“全国法治县创建活动先进单位”，创建成果进一步巩固和提升，全县法治建设满意度93%，超额完成全面建成小康社会年度考核指标。

【依法行政】 县委、县政府坚持用法治思维和法治方式推动改革发展事业。不断完善重大事项民主决策、民主公开等制度。严格履行公众参与、专家论证、合法性审查和社会稳定风险评估等相关程序，重大决策项目应评尽评。贯彻执行《江苏省行政程序规定》《县政府工作规则》《如东县重大决策听证对话工作实施办法》及其他相关规定，真正让权力在阳光下运行。促进法治政府建设，全面加强工作机构建设和法治队伍建设，通过对法治专门人员集中培训、举办案例研讨会等途径，强化基层法治队伍建设。通过组织培训讲座、知识竞赛、业务知识考试等形式，开展全县行政机关人员法律知识学习，提升行政执法人员运用法律手段管理和服务社会能力。在公布权力清单基础上，制定下发《行政权力清单管理办法》，明确法治部门、编制部门、审批部门、监察部门、各行政主体管理职责，对清单事项实时动态管理，规范部门行政权力的运行。组织开展好每年两次行政执法案卷评查，对执法案卷进行网上和网下全覆盖监督。

【公正司法】 2016年，县法院规范审判流程监管，坚持审判执行工作为第一要务，案件结案率89.3%，一审服判息诉率91.27%，案件流程在线即查，2年在线直播庭审129次，网上公开裁判文书9469篇。加强执行指挥中心建设，实时监控执行现场，累计将1000余名失信被执行人信息在网上公开曝光，执行处置财产全部在淘宝网公开拍卖，累计上传拍品424件次，成交101件，成交金额1.2亿余元，溢价最高965万元。县检查院探索“国家机关工作人员预防职务犯罪掌中宝”预防新模式，累计向全县国家机关工作人员发放5.5万余册。在全省率先打造“一室一网”社区矫正监督体系，在县社区矫正中心设立专门派驻检查室，同步配套建立社区矫正监管监督联网监控系统，并派驻检查室单独管理、封闭运行，确保对社区矫正全过程、全环节覆盖监控。县公安局常态化做好执法公开，持续推进阳光执法。通过“大平台”与“精细化管理平台”有机对接，实现执法行为实时化、全面化，对民警违反标准行为实行累计记分，强化执法办案过程控制。实现接处警受理、案件受理、立(破)案告知以及办理进展情况告知率100%。深化执法告知、执法回访制度，保障案件当事人合法权利，主动接受当事人对执法工作监督。县委政法委专门建立健全政法队伍督察管理制度和相关奖补办法，选聘政法部门分管领导、职能科室负责人、一线办案业务能手、改任非领导职务和退休政法干部、相关部门负责人、部分律师事务所负责人等精干力量为督察员，构建常态化队伍督查机制，通过组织明察暗访、执法巡查、执法督查、案件评查等活动，纠正执法不公不廉等问题，提高司法公信力。

【法治文化建设】 2016年，县委、县政府推进法治文化阵地建设，投入150万元在县城主城区打造集娱乐健身、湿地景观、法治教育等功能为一体的“如东法治文化园”。县法学会组建“平安法治讲师团”和“平安法治工作指导团”，在各镇（区、街道)开展宣讲300余场次，受众4万多人次。继续在如东电视台开设《法治天地》栏目，全年播出26期，在县广播电台开设“896政法在线”栏目，全年播出12期，每周播出《法学小课题》，全年播出52期。注重文化熏陶，营造浓烈法治氛围。先后在青少年法制教育基地投入1000多万元，建成环保教育馆、人防教育馆、税法教育馆、廉政教育馆、反邪教教育馆、南通市首家中国法治史教育馆，并将法治课列入基地必修课程。通过大型商场、影院等地设置报夹，利用办公场所、居民小区电梯显示屏等途径进行法治宣传。开辟如东普

图118 8月，法治文化园建成开放

法微博、微信等载体，营造全社会尊法学法守法舆论氛围。县委政法委牵头政法各部门编排法治专题文艺演出等宣传教育活动，组织“法润如东”“蠙城之夏”等法治文艺巡演，“蠙城之夏”活动连续开展12届，成为群众文化活动特色品牌，获江苏省第十届“五星工程奖”服务项目奖。

（张　华）

公　安

【概况】 2016年，如东县公安局围绕公安工作改革发展和创先争优目标，突出“动力换档”主题，强攻“五大工程”、提升“五个水平”（强攻风险防控工程，提升服务发展水平；强攻立体防控工程，提升治安驾驭水平；强攻合成打击工程，提升主动进攻水平；强攻教育训练工程，提升警务实战水平；强攻质态管理工程，提升内部管理水平），圆满完成各项目标任务。完成全国“两会”、G20峰会、中共十八届六中全会、省党代会等重大会议和活动安保任务；妥善处置长沙镇紫菜养殖户、雨润房产业主、新光棉业厂职工等群体集访滋事不稳定事端。严厉惩治刑事犯罪，全年破获各类刑事案件1104件，抓获刑事作案成员1025人，公诉655人，挽回经济损失7600余万元。万人发案率处于全市最低水平，公众安全感全市领先。强化公安行政管理和服务，全年公安“110”接处警服务11.6万余起次，受理查处治安及其他行政案件5043件，查处交通违法行为44万余起，户籍办理23万人次，出入境证件办理2.05万人次。不断强化思想政治工作和队伍管理，推进公安思想政治工作“三化”（科学化、标准化、经常化）和队伍“三管”（系统管理、人本管理、严格管理），班子考核连续位居全市公安机关前列，队伍建设经验在全市政法队伍会议上推广。民警张恒俊家庭被评为全国文明家庭。县公安局被评为全国老年法律维权工作先进集体。

【惩治破案】 县公安局健全完善合成侦查惩治机制，推动合成侦查中心与指挥中心同频共振，推进派出所小型作战单元建设，构建刑警大队、责任区刑警中队、派出所3级惩治体系，整治突出治安问题，惩治违法犯罪。组织开展吸毒人员查处百日攻坚、惩治“盗抢骗”侵财犯罪、惩治治理涉黑涉恶犯罪、惩治整治假币违法犯罪、惩治涉危险废物环境违法犯罪、禁毒攻坚等专项行动，严厉惩治各类违法犯罪活动，先后破获系列盗窃车内财物案、“6·16”抢劫汽车案、“9·2”毒品专案、如东首例黑客类案件等一批大要案件，摧毁贩卖儿童团伙1个，八类刑事案件破案率100%，保持命案20年全破；抓获刑事作案成员总数同比增长4.2%，专项斗争综合考核位居全市前列。

图119　5月11日，特警队员应急演练

【治安管理】 县公安局全面实施社区警务战略，按照“做强派出所，做实警务室”总体部署，构建“站、室、点”3级架构新型社区警务体系，建成警务站12个、中心警务室104个、警民联系点345个，中医院警务室、小洋口“四海之家”警务室成为市级“四项建设”（基础信息化建设、警务实战化建设、执法规范化建设、队伍正规化建设）示范点。建立“社区民警驻村、交警刑警挂村、机关民警联村、领导干部包村”工作制度，全面推进实有人口、实有房屋“双实管理”、矛盾纠纷排查化解、重点管控等各项基础工作。深化“一门受理、规范分流、依法调解、综合考核”“公调对接”新机制，强化矛盾纠纷排查化解，全局通过民警排查、“110”接处警共采录矛盾纠纷信息8605条，民警现场调处成功7830起，移送公调对接站调处412起。加强行业场所安全监管，全年对570家旅馆、网吧、洗浴、歌舞厅、寄递网点等“低慢小”场所，采取定期检查、不定期抽查、暗访相结合形式，全面进行安全检查，规范行业场所运营秩序。加强流动人员服务管理，抓“人”“屋”等基础信息登记采集，新采集流动人口信息1.7万余条，核发居住证3612份。至年底，全县登记流动人员4.1万余人、出租屋9889户。

【交通管理】 县公安局推动以S225、S334、S223、S355、G328、XZ01、洋兴线等国、省、县道为主线的“平安走廊”创建活动，在县内国、省、县道增设交通信号灯15组、雷达测速设备14套、路面高清抓拍视频监控18组、普通视频监控探头1100余只。优化路面勤务机制，完善道路基础设施，规范落实卡口联动检查制度，突出抓好酒驾毒驾、下海拖拉机、危险化学品运输车辆、非标三、四轮电动车、接送学生车、农村面包车等专项整治活动，严查各类交通违法行为，全面净化道路交通安全环境。全年查处各类交通违法行为44万余起，其中现场查处酒驾、毒驾以及营运车辆“三超一疲劳”(超速、超员、超载、疲劳驾驶)等重点违法行为14.3万余起。策应文明城市创建,持续整治城市交通秩序,查处机动车违停4.7万余起、非机动车与行人4.6万余起。强化重点道路隐患排查治理,消除源头安全隐患,全年排查治理各类道路安全隐患429处,取缔马路市场4处,印发各类整改建议函、督办函21份;与70余家重点营运企业及110余家化工企业逐一签订交通安全责任书;组织3050余名被记分大中型客货车驾驶人和820余名被记满12分驾驶人参加安全警示教育培训,淘汰报废“黄标车”及老旧车辆1515辆。

【经济文化保卫】 县公安局贯彻落实《江苏省机关团体企业事业单位治安保卫工作条例》,组织开展治安保卫重点单位系列平安创建活动,提升单位内部“人防、物防、技防”整体水平,全县165家治安保卫重点企业全面达标。强化“校园内部安全管理、校园安全隐患排查整改、校园法制安全宣传教育培训、涉校矛盾纠纷摸排化解、校园周边巡逻防控、涉校违法犯罪打击、警校联动机制及校园安全督导检查和责任追究”8项工作措施,开展校园周边环境专项整治,出动警力800余人,排查治安隐患80余处,排查整改校园周边治安乱点6处,排查化解涉校纠纷20余起,开展法制教育100余次,成功破获涉校刑事案件10件,抓获盗窃团伙1个、犯罪嫌疑人4人。结合严厉惩治涉医违法犯罪专项行动,加强医疗机构安保工作,举办“防范医疗事故及争议”等医疗安全法制教育讲座42场,化解医患纠纷40起,破获扒窃、盗窃等各类“涉医”案件40件,抓获违法犯罪人员16人。加强金融机构安保工作,每季度牵头召开1次金融例会,推进银行营业场所安防达标;强化警银协作,防范通信网络诈骗,成功阻截通信网络诈骗案件28件,避免损失120余万元。

【警营文化建设】 县公安局全面落实惠警凝心措施,实施“三丰富一救助”工程。建立民警蔬果基地,向民警供应绿色有机蔬菜,每月开展基层所队“温馨食堂”评选,丰富民警餐桌;推进“全警品书”计划,建成南通地区机关最美图书馆,筹集专门资金为民警订购所需要业务书籍,丰富民警书橱;建立书画创作室、警体训练馆,依托工会和文联成立阅读写作、图片摄影、足球、篮球、乒乓球等文体兴趣小组,丰富民警业余生活;局机关设立医务室,筹集500万元成立民警大病救助基金会,对急需帮助民警和家庭实施救助。健全完善“菜单化选学、积分制管理、总结式教学、刚性化运用”教育训练新模式,持续实施战斗力提升工程,全年民警夜校开课40余次,2万余人次参训,教育训练考核保持全市领先,多次在公安部、省公安厅调研座谈会上介绍教育训练工作经验,实战训练机制被市公安局评为示范项目,司法考试通过人数居全市前列。

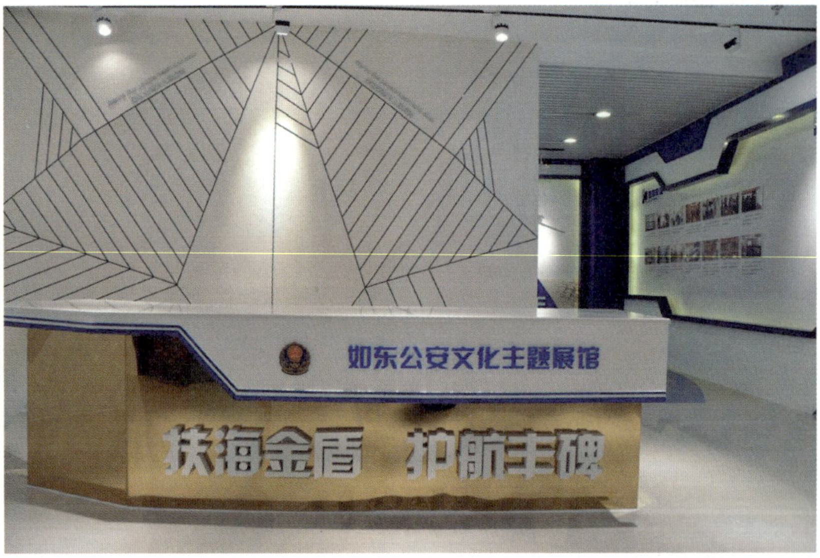

图120　公安文化主题展馆

【出入境管理】 县公安局推进窗口规范化建设,在长沙镇设立出入境受理点,并同步推进市、县“文明窗口单位”和省“优精美高”窗口建设工作。全年受理各类出入境申请2.05万人次,其中,出国申请1.32万人次,出境申请7252人次,外管证件112人次,群众满意度继续位居全市前列。以涉外单位信誉等级评定为抓手,规范涉外单位境外人员服务管理,发现并整改境外人员住宿场所安全隐患7处,完成等级评定工作;审核境外人员住宿登记3719人次,对宾馆户管员进行境外人员住宿登记培训6场213人次。依法查处涉外案事件,维护正常出境管理秩序,全年查处涉外行政案件15件,查处涉外案件线索4起,处置涉外警情31起,依法对16名被境外遣返人员开展倒查并宣布证件作废。

【执法规范化】 县公安局继续深化执法制度建设,健全执法风险定期评估机制,制定出台《如东县公安局关于改革和完善案件管理制度的实施意见》,建成并运行县局案件管理中心,落实受立案分离、立案归口管理、刑事案件法制部门“统一审核、统一出口”机制。深化执法管理建设,完善执法“可回溯”式管理体系,强化法制员队伍管理,组织开展基层法制员到法制大队常态化跟班作业活动;规范运行县局案管中心及基层所队案件管理室,形成“案管中心巡查、基层案管室自查,基层所队领导每日关注执法半小时”相结合的执法监督管理体系;结合县公安局大楼新建工程，规范改造执法办案场所，全面推进执法办案场所智能化建设。加强出庭应诉、庭审旁听工作，下发《关于进一步加强出庭应诉、庭审旁听工作的通知》，明确行政负责人出庭应诉。推进执法公开，深化执法告知、执法回访制度，做到警情周回访、案件月回访，回访率100%，县局各业务主管部门抽访率不低于10%。加强执法保障服务，推行法律顾问制度，聘请6名专业律师为县局法律顾问团成员，在警务服务中心设立律师工作站，在办案中心设立律师会见室。

【基础建设】 县公安局继续实施基础设施建设3年规划，累计投入近4亿元，完成县局业务大楼和开发区派出所新建搬迁，以及环镇、九总、栟茶、曹埠派出所办公用房改建扩建。局史馆、图书馆、DNA鉴定室、智能办案中心、档案室、大数据指挥中心等同步推进并陆续投入运行。优化技防管理机制，投入2000余万元，深化国、省、县、镇4级道路监控接力追踪系统整合、补盲、加密，完成“天网工程”592个点位高清化改造招标，扩大农村技防覆盖面，公众安全感稳居省、市前列；推进老旧小区技防设施改造工程，全县纳入改造老旧小区120余个；完成内外网交换平台建设，进一步加强视频监控资源整合汇聚，“平安走廊”18组抓拍点位建设完工并联网运行。

【所队合一】 县公安局以“党建工作、勤务指挥、打防管控、社区警务、纠纷调解、内部监督、便民服务、执法管理”为重点，推进基层所队资源整合，形成基层所队统筹化供给保障、合成化社会治理、专业化单元执法、差别化警种考核等具有如东特色的所队融合发展模式。年内，长沙、开发区、洋口、栟茶、岔河、新店、马塘7个镇区实行“六个一”(一个大门共进、一个灶台共餐、一个声音共鸣、一种文化共存、一方责任共担、一套机制共用)，实现“所队合一”从形式合向业务合、从外驱合向内驱合、从人合向机制合转变，最大限度挖掘整合警力资源，方便群众“窗口”接待、接处警服务和案事件处置，提升整体战斗力和应对突发事件能力。

典型案例

【摧毁贩卖儿童团伙】 9月，县公安局刑警大队通过案件经营获取线索：岔河镇孙某某(男，如东县人)伙同他人，于2016年9月贩卖1名幼儿至如东。侦查人员通过缜密侦查、轨迹分析，成功锁定一贵州至江苏贩卖儿童团伙。10月，县公安局相继抓获涉嫌贩卖儿童犯罪嫌疑人花某某(男，如东县人)、孙某某(男，如东县人)、白某某(男，贵州人)、何某某(女，贵州人)、张某某(女，贵州人)，以及涉嫌收买被拐卖儿童犯罪嫌疑人吴某某(女，如东县人)，成功破获该案并解救被拐卖儿童。

图121　县公安局大数据指挥服务中心大厅

【破获抢劫汽车案】 6月16日，县公安局接报警：掘港镇居民吴某停放在日晖西路盛唐足浴门前红色保时捷汽车，在其上车时被一陌生男子抢走，车内有1部手机、皮包、现金等财物，共损失价值约70万元。案件发生在白天上午时间段，案发地在人民公园附近，周边人流量较多，社会影响恶劣。接报后，县公安局迅速启动处置预案，通过走访排查锁定嫌疑人身份，同时布控涉案车辆，追踪车辆轨迹，案发后6小时成功锁定犯罪嫌疑人徐某已逃窜至海门市四甲镇并抓获。经审查，徐某如实交待实施抢劫犯罪事实。

【侦破“9·2”毒品专案】 5月31日，县公安局禁毒大队根据“陈某吸毒案件”获取一条重要贩毒件线索，禁毒大队与技侦和相关派出所协作开展内外侦控，并通过对线索研判、话单分析、车辆轨迹分析等手段，于9月2日下午，组织刑侦、技侦、特巡警、禁毒和派出所等40余名警力对涉案嫌疑人集中抓捕，共抓获涉案犯罪嫌疑人10人，涉毒违法嫌疑人12人，缴获毒品50余克。成功破获以马塘、岔河等地为据点的贩毒团伙网络，切断一条苏州、盐城至如东贩毒通道。

【侦破生产、销售伪劣产品案】 1月20日，县公安局治安大队在治安巡查中发现，岔河镇街上有人收购病死猪肉。据此线索，县公安局历时近5个月，通过先期调查、专案侦查，成功破获该起生产、销售不符合卫生标准的食品案，现场查获死猪肉68袋、1432.5公斤，先后抓获犯罪嫌疑人10人，扣押违法犯罪所得近20万元。

【侦破首例黑客类案件】 10月，县公安局网安大队通过深挖当地涉案线索发现，丰利镇徐某苹果手机被锁被敲诈 200 元案有较好破案条件，犯罪嫌疑人行为构成黑客犯罪案件中的破坏计算机信息系统罪。县公安局遂成立专案组，辗转广东、福建、浙江等 19 个省、市后，发现广东省罗定市陈某有重大作案嫌疑，专案组于 11 月 12 日凌晨，在广东省罗定市罗镜镇陈某家中将其抓获，当场缴获用于作案手机 1 部、电脑主机 2 台，成功侦破县内第一起黑客案件，并带破全国同类案件 110余件。

【破获虚开增值税专用发票案】 2 月，根据税务部门移送案件线索，县公安局经过缜密侦查，破获公安部督办唐某等人涉嫌虚开增值税专用发票案件，成功抓获犯罪嫌疑人 14 人。经查，2015 年 12 月—2016 年 2 月，天津静海县唐某利用从网上购买他人身份证，在如东先后两次请他人代办注册 "如东如兴贸易有限公司"等空壳公司 8 家，从如东县国家税务局领购增值税专用发票 5990 份，并根据曹某通过出租车送达或 QQ 邮件发送的开票明细，无实际货物购销虚开增值税专用发票。向上海、河北、江苏等省包括如"江苏中原豫诚铝业有限公司"在内 21 家受票单位，共虚开出增值税专用发票 4859 份，价税金额累计 5.6 亿多元，税额累计 8000 多万元，为如东县史上最大虚开增值税专用发票案件。

（蔡守山　王　夏）

检　察

【刑事检察】 县检察院严厉打击各类刑事犯罪，全年审查逮捕各类犯罪案件 105 人，提起公诉 676 人。提前介入、依法办理作案手段残忍、社会影响恶劣恶性杀婴案、社会广泛关注持刀抢劫保时捷车案等一批重大案件，维护社会稳定。严格落实未成年人刑事案件办理规定，开展社会调查 15 人，封存犯罪记录 10 人，提供心理疏导 12 人次，落实跟踪帮教 10 人次。开展检调对接工作，探索建立第三方参与监督刑事和解、检调对接案件 "五公开"(刑事和解案件办理中，公开调查促和解、公开审查保质量、公开听证强公信、公开宣告树权威、公开回访提效果)机制，办理刑事和解案件 125 件 125 人，涉及民事赔偿金额 4200 余万元。

【法律监督】 县检察院全面加强刑事诉讼监督。强化侦查监督，监督撤案 1 件，监督立案 1 件，借助"两法衔接"(行政执法与刑事司法衔接工作机制)、"三三"(以联络员、专管员、信息员"三类人员"为依托，点面结合立体采集信息；以建立健全联席会议机制、联合执法机制、联动指导机制"三项机制"为保障，内外协作多方联动执法；以突出专项监督、个案跟踪、检察预防"三个突出"为抓手，综合统筹全面彰显效果)模式发现并建议行政机关及时移送监督线索 2 件，公安机关均立案侦查，做法被省检察院转发。强化刑事审判监督，书面监督纠正侦查活动违法 6 件，提出抗诉 1 件，提请抗诉 2 件。推进民事行政诉讼监督。开展"基层民事行政检察工作推进年"活动，被评为全市检察机关虚假诉讼监督专项活动先进集体。提请抗诉的全市首例行政诉讼案件，被市中级人民法院撤销再审和原审裁定。开展刑罚执行和监管活动监督。完成驻看守所检察室两控联网监控系统数字化升级改造，借助"一室一网"社区矫正监督模式，监督脱漏管 4 人，均已收监执行，监内、监外两个平台得分全市领先。1 份检察建议被评为"全省检察机关刑事执行检察部门优秀法律文书"。1 件交付执行案件被评为全省检察机关交付执行监督精品案件。

【职务犯罪查办和预防】 县检察院坚持把党委政府关注、影响发展稳定、危害民生民利案件作为查办重点，立案查办贪污贿赂犯罪案件 19 人，仅用 12 天即在医疗卫生领域立案查办 4 件、9 人窝串案。开展查办危害民生民利渎职侵权犯罪专项工作，受理各类渎职侵权案件线索 7 件，立案侦查 3 人。开展职务犯罪预防，共开展警示教育和预防宣传活动 54 次，开展预防调查 6 次，提出预防检察建议 4 份。组织召开惩治和预防职务犯罪情况新闻发布会，预防综合报告得到县委、县政府主要领导批示，被县"两办"全文转发并获评全省十佳年度报告。

【检察为民】 县检察院加大民生案件查办力度，开展"保卫食品安全，检察在行动"系列活动，联合相关执法部门成功查办 1 起重大制售病死猪肉团伙案，保障群众"舌尖上的安全"。结合办案，针对群众反映强烈的牙科游医扰乱医疗服务秩序等问题，及时发出检察建议，推动相关部门开展专项检查和集中整治，相关做法被《检察日报》专题报道。组织开展"法润桃李、关爱留守"等主题

图 122　12 月 8 日，县检察院在高新区召开村干部典型案例剖析大会

图 123　12 月 5 日，员额制内检察官宪法宣誓暨道德讲坛活动

活动，维护未成年人合法权益。做好涉检信访、国家司法救助工作，受理来信来访 149 件，开展国家司法救助 9 次，发放救助金 8.5 万元。

【检察服务】 县检察院着力聚焦重点任务，深化落实“民生检察”主题，制定《如东县检察院服务保障县委“八个方面重点工作”的实施意见》，得到县领导肯定。深入江苏中天科技集团等企业调研，依法保障和促进非公企业健康、快速发展，受到企业好评。围绕全县重大项目建设，开展预防监督活动 4 次，提供重大工程专项预防咨询 3 次，保障重点项目建设和重大资金安全。围绕环境资源保护，会同环保部门开展联合执法，开展破坏环境资源犯罪专项立案监督活动，深入园区重点企业以案说法，促进绿色经济健康发展。结合执法办案及时从法治视角提出对策建议，促进提升社会治理法治化水平，借助检察建议等方式推动相关部门出台和完善制度 11 份。落实检察官以案释法和警示教育制度，借助如东电视台《检察视窗》栏目、“两微一报”新媒体、社区纳凉晚会、“党员冬训”等平台，开展专题法治宣传教育，取得良好效果。开展“护蕾”专项行动，联合有关部门，对校园周边网吧、游戏厅、KTV 等场所进行专项整治，参与推动社会治安综合治理。

【检察改革】 县检察院推进司法责任制改革，完成首批员额检察官入额工作，确保新检察权运行机制顺利实施。推进以审判为中心的诉讼制度改革。完善轻微刑事案件审前分流、快速办理机制；完善重大案件引导侦查、庭前会议和证人出庭作证等机制，保障诉讼活动规范公正，提前介入、引导侦查活动 36 次，参加庭前会议 6 次，取得良好效果。推进涉法涉诉信访改革。进一步完善依法受理、办理和答复机制，建成远程视频接访系统，建立律师等第三方参与化解和代理涉法涉诉信访案件机制，推动群众诉求在法治轨道内解决。推进检务公开改革。建立常态化新闻发布机制，整合“检察为民服务中心”实体窗口和官网、微博、微信等网络平台，公开程序性信息 938 条，重大案件信息 20 条，法律文书 479 份。

【创新创优】 县检察院完成检察文化园和文化展示区升级改造，建成 100 余平方米党建工作区，创作院歌在全国评比中获二等奖，制作微电影被省委宣传部和省网信办评为“第四届江苏网络文化季优秀作品奖”，得到省检察院检察长刘华、南通市委常委、政法委书记姜永华肯定。在全省率先建立派驻县社区矫正中心检察室和联网监控中心，打造“一室一网”社区矫正监督平台，确保对社区矫正工作常态化监督，得到最高检和省、市领导肯定，经验做法被最高人民检察院转发。构建微博、微信新媒体矩阵，创作微信作品《检察官给你讲绘本故事》在全市比赛中获特等奖，被评为全省检察微信公众号十佳微信作品；第二届全国检察新媒体创意大赛中，1 部参赛作品中获金奖，2 部获铜奖。

（王帅军）

法　院

【概况】 2016 年，县法院受理案件 10312 件，审执结 10899 件，同比分别下降 11% 和 0.73%。结案率和结收案比位居全省法院前列。审执工作良性运转，司法改革工作稳步推进，规范司法常态化建设扎实开展，全院各项工作发展势头良好。

【刑事审判】 县法院依法惩治各类刑事犯罪，审结刑事案件 517 件，判处罪犯 629 人。审结盗窃罪案件 101 件，抢劫罪案件 2 件，故意伤害罪案件 18 件。严惩危害食品药品安全犯罪，审结戴某生产、销售有毒有害食品及销售假药案件 5 件。加大对非法吸收公众存款、集资诈骗等涉众型经济犯罪惩治力度，审结相关案件 6 件，涉案资金 9000 万元。依法审理原银行工作人员郑某等非法出售、提供公民个人信息实施网络电信诈骗案等一批社会关注度高的新类型案件。依法惩处贪污、贿赂、渎职犯罪，审结冷某受贿罪案等案件 10 件 15 人，推动反腐败斗争深入开展。严厉惩治破坏生态环境违法犯罪行为，受理非法狩猎刑事案件 5 件，10 名被告人被判处刑罚。强化刑事司法人权保障，为符合条件被告人实施指定辩护，对罪行较轻被告人依法适用非监禁刑，做到罪责刑相适应。审结涉未成年人犯罪案件 17 件，缓刑适用率 88%。贯彻“教育、感化、挽救”方针，开展“远离犯罪、护航青春、庭审进校园”活动，推行圆桌审判，对轻罪记录进行封存，保护未成年人合法权益，保障青少年健康成长。

图 124　3 月 23 日，县法院在碧霞社区进行反家庭暴力法法制宣讲

【民商事审判】 县法院受理民商事案件 6138 件，结案 6283 件。突出劳动纠纷、医患纠纷联调化解工作，指导人民调解组织处理纠纷；妥善处置县域经济发展过程中土地流转、房地产开发和招商引资引发纠纷。倡导和维护诚信经营、合法经营市场秩序。组建破产清算案件专业合议庭，稳妥审理企业破产清算、重整案件，将戴园建材集团及其 7 家关联企业一并进行破产重整，促进企业、职工和债权人利益多方共赢。赴贵州、福建、山西等地送达、调解，促成三一帕尔菲格公司、南通强生光电科技公司等系列案件调解。审结抚养费纠纷案件 66 件，注重对赡养案件快速审理、巡回审理，探索适用离婚纠纷“冷静期”，更好维护传统社会价值观、和谐家庭关系。积极适用小额诉讼程序，实现快审快结，全年适用小额诉讼程序审结案件 238 件。注重物业纠纷联动化解，向管理不规范物业公司发送司法建议，源头化解物业管理服务纠纷，全年物业纠纷受理数同比下降 56%。

【行政审判】 县法院受理行政案件 421 件，审结 414 件，其中判决行政机关败诉案件 77 件，败诉率 18.6%。依法审查非诉行政案件 51 件，执行非诉执行案件 185 件。开展行政案件相对集中管辖试点工作，改革成效受到省、市法院肯定。

【执行工作】 县法院受理执行案件 2896 件，执结 3088 件，执结到位标的额 5.06 亿元。推进执行指挥中心建设，着力强化执行快速反应能力。坚持“执行 110”24 小时值班制度，集中执行常态化，突出执行工作强制性。以信息化助推司法公开，逐步实现执行文书及时网上公开，完善网上司法拍卖机制，探索尝试集中执行网络全程直播。

图 125　12 月 22 日，县法院首次实行网络全程直播集中执行活动

【立案工作】 县法院全面强化便民诉讼服务工作。实施公益律师进驻诉讼服务中心工作制度，建立人民调解工作室和法律援助工作站，为当事人提供一站式服务。推进立案登记制改革，保障当事人诉权，当场立案率 93.5%，96%案件可在 15 分钟内完成立案；需要补齐材料的，以书面形式一次性告知。开通网络立案渠道，网上立案 598 件。

【审判监督】 县法院发挥审判监督纠错作用。全院送评各类案件 6775 件，抽查 2236 件，抽查率 33.3%。对发现问题，及时与承办人沟通，提出整改意见。每月办公会报告案件质量评查情况，促进全院案件质量提升。新收再审案件 16 件，审结 21 件，法定正常审限内结案率 100%。

【法庭建设】 3 个法庭受理案件 3089 件，审结 3148 件。突出人民法庭基础性地位，紧密联系辖区，在群体性事件、突发性事件上及时介入，指导政府调解纠纷，防止矛盾激化；坚持法庭庭长参加镇区党政联席会议制度，做好庭所共建工作，为镇区发展提供法律服务。岔河法庭针对农村土地流转纠纷多、审理难特点，邀请镇村干部旁听庭审，庭后召开座谈会，引导规范农村土地流转行为，提高基层调解组织调解能力，把纠纷化在诉前。加大便民、为民工作力度。栟茶法庭坚持开展法律早市活动 16 次，接受法律咨询 140 人次，现场调处纠纷 13 次。延伸职能，利用村居法官对接平台，调处民事纠纷 21 起。洋口港法庭坚持巡回审理，每周三到丰利巡回审判点进行立案、开庭和调解，全年巡回审理 52 次，调解案件 40 件，接受诉状 20 次，送达 30 次。

【司法改革】 县法院有序开展书记

员单独序列管理、执行实施人员转任司法警察等工作，推进法院人员分类管理改革。公平公正开展首批法官入额遴选工作，51 名法官经过严格考核后入额，全部在审判一线或直接参与办案。落实院庭长带头办案制度，推动全院上下形成积极办案良好氛围。落实司法责任制，严格按照“让审理者裁判，由裁判者负责”要求，完善审判权运行机制，明确主审法官、合议庭及其成员办案责任。建立专业法官会议制度，集中研讨疑难复杂案件。参照“主审法官＋法官助理＋书记员”审判团队管理模式，在洋口港法庭等 3 个审判业务庭推进审判权运行机制改革试点。

【司法公开与司法民主】 县法院加强信息化、数字化和智能化建设，深入推进审判流程公开、裁判文书公开、执行信息公开 3 大平台建设。通过网站、手机短信平台向当事人推送立案、庭审、结案等流程节点信息，开通“12368”诉讼服务热线，为当事人提供咨询服务。通过中国裁判文书网公布生效裁判文书 12215 篇。加大庭审互联网直播力度，直播庭审 266 次。规范司法鉴定、评估工作，坚持随机摇号选择中介机构，全程公开透明。开展人民陪审员制度改革，完善选任程序，落实随机抽选机制，普通程序案件参审比例 83.51%，有效促进司法民主。主动接受人大法律监督和政协民主监督，先后就商事审判、法庭建设和执行工作等作专题汇报。重视人大代表、政协委员批评、意见和建议，组织开展法院开放日和代表联络日活动，邀请旁听评议庭审、参与执行监督。接受检察监督，依法办理检察建议。主动接受社会监督，畅通网络举报途径，及时处理网络舆情，有效回应群众关心关切问题。　（刘　宇）

司法行政

【概况】 2016 年，如东县司法行政系统共有政法专编人员 76 人，其中公证员 4 人，专职社工 54 人，注册律师 51 人，基层法律服务工作者 79 人，专职人民调解员 556 人。县司法行政系统围绕“打造人民满意服务型司法行政机关”目标，推进矛盾纠纷排查调处、公共法律服务、特殊人群服务管理、法治宣传教育“四个全覆盖”工作体系建设，各项工作取得明显成效。司法部社区参与式法律

图 126　3 月 4 日，县司法局在大豫社区开展“法润如东·2016 春风行动”

需求评估试点总结会在如东召开；参加全国普法 30 周年征文活动，获奖数居全省之首；升级版“掌上司法局”、刑事法律援助值班制度、试行“兜底”法律帮助被省司法厅领导批示；特殊人群管理“5+1+N”监管指挥中心获省肯定。县司法局被省司法厅记集体二等功，并被评为“法润江苏”系列专项活动先进集体、“互帮共建”先进单位、全省社区矫正“严格执法、严格管理”集中整治活动先进集体。马塘镇司法所、河口镇司法所被省司法厅评为 2014—2015 年度江苏省优秀司法所，创新司法所队伍“三化”建设体系获市司法局创新奖一等奖。

【公共法律服务】 法律服务平台建设不断优化，规范县、镇(区)、村三级服务平台服务流程、服务内容、服务标准，建立服务日志。县司法局按照“八个一”即“一卡、一册、一站、一室、一栏、一终端、一窗口、一顾问”标准，推进村居法律服务站建设。在县法院、县看守所、县人社局建立法律援助工作站，并安排律师值班，进一步满足涉诉人群法律需求。在全省率先出台《如东县律师事务所等级评定办法》《保障律师执行权利联席会议制度》，推动律师工作提档升级。开展“法润如东·春风行动”“美好城市　法律相伴”活动，组织律师、基层法律服务工作者走访村居、企业，开展法律服务活动。全县律师、基层法律服务工作者走访村居（社区）1500 余人次、企业 346 家，化解矛盾纠纷 427 起，提供法律体检和建议 584 件。开通农民工维权“绿色通道”，组织优秀律师成功为大豫镇 600 多名农民工办理法律援助申请，有效防止纠纷激化。全年县法律援助中心受理案件 1285 件，其中，民事 1218 件、刑事 67 件。刑事案件中未成年人 31 件，聋哑残 8 件，自申请刑事案件 6 件，法院商请 2 件，满意率 100%。接听解答“12348”咨询电话 976 件，接待解答来访咨询 6037 件。加强军人军属法律援助工作站建设，通过人武部建立军人军属潜在援助对象数据库，组织律师进消防、边防，及时有效为军人军属提供法律援助服务。县公证处办理各类公证事项 2662 件，公证收费 184 万元，公证质量保持全市领先。

【矛盾纠纷调解】 加强调解机构规

范化建设。推动调解平台由综合型向专业性、行业性扩展,县司法局牵头成立物业纠纷调处中心、土地流转纠纷调处中心、法院人民调解工作室,在掘港镇人口密集区超市、菜市场等成立人民调解委员会。进一步完善“公调对接”工作体系和运行机制,统一悬挂“人民调解工作室”标牌,全县驻交警中队、公安派出所、边防派出所人民调解工作室22家。加强队伍专业化建设。制定政府购买调解岗位3年目标计划,加强基层基础建设,调整充实一线调解力量,实施方案提交县政府讨论。开展调解员职业等级评定工作,各镇(区)上报1212人。加强多元化矛盾纠纷化解方式,出台《如东县深化矛盾纠纷多元化解机制的实施意见》,发送大调解信息快报20期。加强调解协议司法确认,全年有8份调解协议进行司法确认。拓展调解信息化平台功能,改造升级县联动联调指挥中心信息系统,整合综治信息平台、调解信息平台、视频调解平台、调解咨询平台等“六大平台”于一体,满足高效化解矛盾纠纷新要求。开发重大矛盾纠纷动态预警信息管理系统软件,探索建立“e调解”平台,促进各类纠纷解决机制跨界融合。全年全县各级调解组织受理、调解各类矛盾纠纷4782件,调解成功4725件。县镇两级防民转刑11件22人次,防止群体性事件38起1272人次,防越级上访12起63人次;组织业务培训49期1841人次。

【特殊人群管控】 严守关口,加强教育管理。县司法局严格按条件批假,加强外出人员监管,实行请假审批合议制和担保人制。开展排查和分析研判,全年完成社区矫正周、月研判39次。探索推行社区矫正“6411”动态分析研判新方法和社区服刑人员“24项调查清单式”自我教育工作法,被省司法厅推介。建立特殊人群管理“5+1+N”监管指挥中心(“5”即指挥调度、分析研判、风险防控、远程监督、应急处突5大功能。“1”即检察同步监督功能,对社区矫正执法重点环节实施常态化监督、靠前式监督和智慧性监督,对“五大数据源”进行日常监控,实施提醒、建议、督查“递进式”检察。“N”即拓展视频会见、远程教育、视频会议、法律服务、帮困扶助等其他辅助功能),提升社区服刑、刑满释放人员信息化管理水平。开展社区矫正系统信息数据专项核查,全年纠错2300余项,系统平台数据准确率99%以上。开展全县社区矫正工作队伍“三检查、三规范”(检查廉洁自律、规范执法监督;检查职能履行、规范执法行为;检查责任落实、规范队伍管理)专项整改活动。与“江海义工”等社会组织协作,实行社区服务菜单式管理,项目化推进。开展“同一片蓝天——矫途献爱心”行动和关注留守儿童、清洁家园等活动。投入3万元,建立“自然心坊”心理矫治工作室。有效预防和减少社区服刑人员心理问题发生。加强对特殊人群帮扶工作,加强与监所衔接和司法所对接,开展刑释人员危险性评估工作,开展“远程会见”6次,配合做好后续照管工作。年末,全县社区服刑人员在册380人,其中,缓刑360人,假释16人,暂予监外执行4人。社区服刑人员中,严管对象112人,普管239人,宽管29人,暴力犯罪对象31人。全县在管5年内刑满释放人员1386人,其中重点管理刑满释放人员22人。两类人员重新犯罪率控制在较低水平。

【法治宣传教育】 县司法局联合县依治办下发《如东县机关部门“谁执法谁普法”考核办法》,并配套下发《如东县机关部门“谁执法谁普法”考核评分标准》,考核分值纳入机关年终综合考核。出台《关于建立普法提示函制度的通知》《关于建立以案释法制度的通知》等文件,形成组织健全、制度完善、协同有力的法治宣传教育工作机制。科学制定“七五”普法规划。县人大常委会下发《关于开展第七个五年法治宣传教育的决议》。开办领导干部公务员“七五”普法培训班,提升领导干部法治素养。继续编印普法信息卡,全年发放普法信息卡15万份。开展“七五普法百校行”活动,评选“十佳法制副校长”和“十佳法制讲稿”。开展“法润桃李 关爱留守”“法润银潮 情暖夕阳”主题活动。将普法信息卡编写外包给江苏祎华律师事务所,先后注册成立如东县普法志愿者协会、如东县扶海法治文化创作中心、如东县法治文化促进会3个社会组织,引导80多支民间演出团体参与法治宣传教育。打造互动型普法平台,开通每周一次有奖问答、在线咨询、微普法等在线栏目,参与有奖问答3万多人次,获奖800多人。

【基层基础建设】 县司法局巩固司法行政队伍“三化”建设成果,推进局、所、站一体化建设,采取组团式帮扶、捆绑式考核、差别化激励、整体化推进方式,开展局机关挂钩联系司法所,司法所人员挂钩联系司法站,并纳入考评,提升服务效能。加强司法所建设,丰利镇、经济开发区(直镇)司法所迁新办公地点,业务用房面积300平方米以上。按照“积极引导、加快培育、优化服务、促进规范,发挥作用”要求,培育发展司法行政领域社会组织。成功培育并在民政部门注册登记“县人民调解协会”“县德法社会组织培育发展中心”“县春风护航法律援助服务站”等社会组织,全县14个镇(区)挂牌成立司法行政社会组织服务中心。年末,全县社会组织总数110个,其中,基础型102个(备案96个)、枢纽型2个、行业型4个、专业型2个。信息化运用逐步规范,局机关、镇区司法所周报告、月报告均能按时上报,工作人员登录一体化智能平台天数达到工作日60%以上。

(王聚华)

军事

Junshi

人民武装

【战备训练】 2月,县人武部针对防卫作战、动员支前、城市防空等任务,在组织防区勘察和潜力核查基础上,修订完善战备方案及配套保障预案,实现本级方案与上下级方案对接。8月,给海上民兵侦察分队4艘渔船加装“渔信通”,海上情报侦察报知能力逐步增强。12月,在小洋口民兵哨所安装对海侦察雷达,完善哨所功能。不定期组织民兵应急分队拉动演练,提升应对突发情况能力。6月,组织各镇民兵应急排440人进行防汛专业集训,双甸、袁庄等镇受灾时,民兵应急防灾作用得到发挥。成立40人应急备勤分队,开展集中备勤训练17天。县人武部和苴镇街道人武部被军分区评为战备训练先进单位,县人武部3人被军分区评为战备训练先进个人。

【民兵军事训练】 按照“党委统揽,主官主抓,形成合力”要求,党委对军事训练实行统一领导。严格落实党委议训,加强对年度军事训练工作统筹,保证军事训练人员、时间、经费有效落实。3—10月,以参加专武干部与民兵营连长集训、高机分队骨干跨区联训、“四会”(会讲、会做、会教、会做思想工作)教练员比武竞赛、民兵射击骨干比武、非战争军事指挥行动、苏渔2016海上民兵侦察演练等演训活动为契机,加大对指挥员、教练员训练力度,加强以《民兵军事训练与考核大纲》《应急作战训练纲目》等为主要内容的军事法规知识学习。参加南通市民兵射击骨干比武,取得团体第三,曹埠镇2名参训民兵获单项第三;参加苏渔2016海上民兵侦察演练,县情报信息船上报有效报情9条,受到省军区表彰。

【征兵工作】 2016年,如东县各级党委、政府将征兵工作作为中心工作抓。4—9月,各镇区运用微信、短信、横幅、标语、LED大幅广告等进行宣传,征兵期间悬挂征兵横幅750余条,张贴标语7000余张,将环港女炮排、见义勇为模范军官纪晓飞、英雄特战连连长吴建烈士等典型作为征兵形象代言人,调动适龄青年参军热情。征兵期间,全县设立16个举报信箱和16部举报电话,印制下发廉洁征兵监督卡2000余份,全县未出现一起群众举报和投诉。经体检、政审,××名优秀青年被选送入伍,完成年度新兵征集任务。

【海上民兵建设试点】 5月,如东被省军区赋予海上民兵党组织建设试点及海上民兵侦察情报规范化建设试点两项任务。县人武部政委刘瑞带队,组织相关科室和专武干部赴无锡红豆集团、宁波军分区、象山人武部等单位参观学习。县国防动员委员会牵头,成立由人武部、交战办、海洋与渔业局等相关部门主要负责人组成的海上民兵建设指挥领导小组,逐步摸清全县海上民兵侦察情报分队建设潜力,在洋口镇民兵哨所成立海上民兵侦察分队,引接渔船动态管理系统,按照民兵组织整顿实力编实海上民兵侦察分队,24名分队员中45%是党员。海上民兵侦察分队队部与环港女炮排合建挂牌,成立分队党支部,注重陆海兼顾全面覆盖,带动海上民兵队伍整体建设提质增效。

【国防教育】 2016年,县人武部依托“青年民兵之家”“民兵活动中心”,利用民兵整组、军事训练、征兵工作、节假日民兵返乡等时机,采取分片负责方式,开展职能教育和形势战备教育。6月,以市国防教育授课比赛为契机,在全县范围组织国防教育授课比赛,报送选手参加南通市国防教育授课比赛,获全市授课比赛二等奖,县人武部获优秀组织奖。

【双拥工作】 开展双拥共建和“双百双建”(100个人武部结队帮扶100个经济薄弱乡村，共建党组织、共建学校）工作。县人武部拿出10多万元，定点帮扶挂钩滨海县陈老村及县内袁庄镇濮桥村。持续做好贫困学生捐资助学工作。利用春节、八一建军节等时机，走访看望如东籍营连主官、贫困军人家庭50余户。妥善处理维权问题,为现役军人军属解决实际困难。全年协助地方相关部门处理维权纠纷20多起,协调解决海防第3团1名干部小孩上学问题。 （赵 辉）

边防保卫

【概况】 2016年,如东边防大队下辖6个边防派出所，海防工作区横跨2个县(如东县、海安县)、6个镇、5个经济开发区、18个行政村,海岸线长106公里,管辖面积925.60平方公里，管辖出海港口5个，船舶1590艘,渔民8671人,常住11224户、35467人，暂住人口5885人,企事业单位269家,公共场所136家,特种行业69家。如东边防大队加强部队党的建设,落实勤务改革,提升官兵创新创优能力,全员抓质效、抓执行，年内先后对各基层单位开展检查督导20余次,检查发现并督促整改各基层单位内部秩序、执勤执法、安全管理等方面存在问题、隐患120余处。圆满完成“两会”“G20峰会”、中共十八届六中全会及省党代会等重大会议安保维稳任务。持续开展“缉枪治爆”“打击成品油走私”“打击盗抢骗”“流动人口管控会战”等专项行动,集中整治突出治安问题，严厉惩治各类违法犯罪活动,维护沿海及海上安全稳定。全年接处警2840起，受理刑事案件143件,破获18件,执行逮捕15人;受理治安案件253件,查处222件,处罚248人，调处各类矛盾纠纷1369起。

【规范执法执勤】 如东边防大队按照“可回溯式”执法管理要求,明确各边防派出所法制员、案件管理员,按照“执法元素全部纳入,执法行为全程监督”思路,推进案件管理室建设。理顺落实接派警、装备检查、接处警回访和现场警情回传4项执法管理机制,落实日提醒、周通报、月议法和领导每日关注、错情登记制度，实行接处警执法流程全覆盖监督,倒逼民警提升业务能力。年内,有8名民警通过中高级、29名民警通过基本级执法资格考试，必考通过率95%。通过执法监督，整改警情漏登、回复缺项、审批超时及法言法语不规范等执法问题79处,督促催办超期案件21件。

【爱民固边】 如东边防大队围绕爱民固边战略核心,依托“今冬明春大走访”、模范村创建等活动,深入开展矛盾纠纷排查化解和便民利民工作,配套开展“禁毒宣传进校园”、建设“四海之家”警务室提升外来人口服务管理等专项工作。全年接待外来务工人员2711人次,办理流动人员信息登记2517个,提供法律咨询服务940余次。上门办证245个,为群众做好事办实事解难事154件,收到锦旗9面、感谢信3封。环港边防派出所成功让南通“E租宝”骨干冯某明确表态放弃上访意愿，脱离维权组织。刘埠边防派出所通过细致查证、走访和多方协调,成功为辖区村民陈某(原籍湖南省永州市)办理入户手续,为其解决困扰20多年“黑户”难题。洋口港边防派出所协调化解因黄海村、三民村滩涂赔偿、15万吨航道疏浚工程引发的群体性事件。各边防派出所启动1企1档、1店1档及重点目标、重点人头、活跃群体微信群搭建工作。大队各单位共走访群众9539户、27263人,搜集基础要素14737个，整合重点人员信息1333条，建立1企1档213册,通过基础信息研判查破案件110件,化解纠纷430起。

【惩治违法犯罪】 如东边防大队着力在维护稳定和惩治犯罪上求实效,围绕“两会”“6·4”“7·5”“G20”边防安保，将与群众生产生活息息相关的5类侵财案件、场所监管、安全监管等列为挂牌整治重点项目,主动与县环保局、县公安局治安大队、消防大队、渔政中队等部门联系,联合开展缉枪治爆、夏季破案攻坚、流动人口集中清查整治、海上联合演练等专项行动48次。专项行动中，破获刑事案件12件,查处治安案件142件,治安、刑事发案数同比分别下降22%和40%,惩治处理违法犯罪嫌疑人159人，抓获在逃人员2人,打掉犯罪团伙3个,提请逮捕数

图127　8月4日,小洋口边防派出所内进行射击训练

（蔡珊珊　叶长文　摄）

同比上升15%，盗窃、抢劫等可防性案件同比下降25%，抓获现行作案和通过群众举报破案同比上升22.5%和43.2%。

【港船管理】 如东边防大队定期集中开展查港查船行动，加大港船管理力度，肃清走私成品油、偷渡等违法犯罪倾向性苗头。小洋口边防派出所主动联合涉海管理部门，依托出海船舶管理服务中心，健全完善联合签证、联勤查验、联调纠纷、联动救援"四联"工作机制，全面提升港口执法水平。年内，大队组织开展集中查港查船行动10次，清查船舶800余艘，渔船民1500余人次。G20安保集中查港查船期间，集中警力办理浙三渔00086、浙宁渔11002等船未申领有效证件出海案7件，罚款1.22万元。 （周贵宁）

武装内卫

【概况】 2016年，武警如东县中队着眼实情抓执勤、瞄准实战抓备战，有效提升部队执行任务能力，完成以执勤、处突为中心各项任务。担负如东县看守所看守勤务，完成临时押解任务18起，路程1500公里。全年安全无事故，连续3年被省武警总队评为基层先进中队，被市委、市政府、军分区评为拥政爱民模范单位。12人被支队评为优秀士兵，1人荣立三等功。

【执勤战备】 县武警中队坚持恶劣天气、重大活动、特殊时期支部议勤，科学编组，严密组织。做好特殊敏感时期战备执勤工作，落实10人常态备勤力量，每逢重大节日、敏感时段，加强与公安部门联系，抓好防暴枪、防火器材使用和防汛抗台应急演练，进一步完善防台抗台预案。及时增购对讲机、照明设施、救生衣等防汛器材，加强拉动演练。开展执勤安全教育整顿活动，依托正规化执勤等级评定载体，抓好以专勤专训、情况处置、哨兵反袭击和防暴恐训练为主要内容的勤务训练，落实好"执勤报告"制度，正规"三班四哨"（勤务编班、勤务值班、勤务领班；上哨、站哨、换哨、下哨）组织实施，官兵执勤能力进一步提升。

【政治教育】 县武警中队始终坚持把党的创新理论武装摆在思想政治建设首位，筑牢官兵听党指挥的军魂意识。开展改革强军主题教育、"两学一做"学习教育和"五个敬畏"（敬畏信仰、敬畏组织、敬畏群众、敬畏法纪、敬畏责任）经常性教育，精心组织备课、授课。通过组织党员承诺践诺、设立党员示范岗、佩戴党徽、自交党费、定期评议党员等活动，督促党员增强党员意识。针对"两节""两会""7·5""9·3"等节假日和敏感期，及时开展形势任务教育。开展职能使命、执勤法规和心理常识等教育，提高官兵忧患意识；G20峰会期间，中队执勤压力大，引导官兵向"时代楷模"张楠学习，激发官兵履职尽责工作热情。

【军事训练】 县武警中队针对《军事训练与考核大纲》特点，严格"军事训练八落实"，加大新擒敌术、木马、器械等重难点课目训练力度。发挥教练员人才酵母作用，加大议训研训力度。结合按纲建队形势分析，先后召开军事训练分析会11次，研究、部署日常训练和军事比武工作，制订完善抓训措施。2月，在支队组织的体能破纪录活动中取得团体第一。中队90%官兵徒步5公里成绩良好，70%以上官兵完成单双杠1～5练习。坚持主官主抓、干部带头等机制，每周对军事会操成绩排名，作为评先评优参考，激发官兵训练热情。 （郑俊勇）

消防救援

【概况】 如东县公安消防大队（又称中国人民武装警察部队如东县消防大队），下辖1个现役消防中队、3个政府专职消防队。全县建有派出所保安消防队13个。2016年，全县发生火灾335起，亡3人、伤5人，直接财产损失约1020万元，同比火灾起数下降6.5%，火灾损失下降7%。从起火场所看，居民住宅（民房）火灾202起，占总数60.3%；企业（作坊）火灾10起，占总数2.9%；交通工具火灾18起，占总数5.4%；其他火灾105起，占总数31.4%。从起火原因看，生活用火不慎引起火灾217起，占总数64.8%；违规操作引起火灾23起，占总数6.8%；电气原因引起火灾51起，占总数15.2%；其他类火灾44起，占总数13.2%。从起火地域看，社区、村、居民小区发生火灾224起，占总数72.8%，同比下降3.2%。居民家庭类火灾仍占全县火灾总数60%以上。全县火灾形势总体保持平稳，未发生一起较大和有影响火灾事故。全年消防大队处置各类火灾事故及社会救援593起，出动车辆1543车次，出动警力6701人次，抢救被困人员41人，疏散被困人员15人，抢救财产价值5560万元。成功处置"1·4"德发生物化工有限公司火灾、"4·11"曹埠工业园伊贝实业股份有限公司火灾等灾害事故，全年无重大灾害事故和人员伤亡事故发生。县消防大队被公安部消防局评为全国执法质量达标基层单位，消防中队被南通消防支队评为执勤岗位练兵先进中队，1人被公安部消防局评为优秀士兵，1人被县记三等功。

【实战化练兵】 县消防大队围绕"练什么、怎么练、为何练"课题，深化执勤训练改革。开展指挥训练、装备训练、操法训练、实战演练、作战研究为重点的岗位练兵。推行社会单位"八看六测三练"（"八看"即看消防水源、看重点部位、看安全出口、看疏散楼梯、看防火分隔设施、看消防控制室、看消防车通道、看消防水泵房。"六测"即测火灾自动报警系统、测固定灭火系统、测防排烟系统、测消防电梯、测水泵接合器、测消防通信。"三练"即练进攻路线、练救生通道、练车辆停靠）熟悉法，全年熟悉社会单位197家。依托沿海经济开发区专职队组建化工编队，开展关阀断料、封口堵漏、输转倒罐、泄压排爆等专业训练。围绕“一高、一低、一大、一化工”，开展专题技术培训，提升大中队、专职消防队和保安消防队灭火与应急救援能力。

【消防治理】 县消防大队坚持问题导向、底线思维、法治理念、改革精神和创新驱动，不断完善立体化现代化社会火灾防控体系。全年开展劳动密集型企业消防安全整治“回头看”“三合一”场所、社会福利机构和易燃易爆危险化学品等场所消防安全专项整治行动，开展夏季消防检查、冬春火灾防控等工作以及重大火灾隐患和区域性火灾隐患集中攻坚活动。全年检查单位3242家，发现火灾隐患3591处，责令“三停”(停止施工、停止使用、停止营业)51家，临时查封74处，排查社会福利机构37家、劳动密集型企业132家，罚款213.55万元。组织“三合一”集中整治活动10次，强制拆除违章商铺36家，集中整治一批消防违法行为。提请县政府组织15个镇区、43个社区（村)、55个居民小区召开创建消防安全社区活动推进会，全县50家企业、商场、市场、居民小区建成电瓶车临时停放点及集中充电设施。新建市政消火栓220只、取水码头4处；将400余家重点单位及社区微型消防站全部纳入“119”消防调度指挥体系。全年为养老机构、小商铺等场所安装点式火灾报警器600余只、简易喷淋10套。

图128　2月16日，县消防大队集中约谈节日期间值班不到位的社会单位负责人

【消防宣传教育】 县消防大队强化消防宣传“七进”(消防宣传进机关、消防宣传进学校、消防宣传进社区、消防宣传进企业、消防宣传进农村、消防宣传进家庭、消防宣传进网站)工作，开展“集中宣传月”活动2次，巩固社会单位消防安全“四个能力”(提高社会单位检查消除火灾隐患能力；提高社会单位组织扑救初起火灾能力；提高社会单位组织人员疏散逃生能力；提高社会单位消防宣传教育培训能力)建设成果，全县42家幼儿园、中小学开设消防课程，印制消防教育读本11万册，培训“十一类”人员2000余人。利用电视、电台、报刊、网站、新媒体等媒体平台，加大消防工作宣传，利用消防官方微博、微信针对火灾防控重点精心制作宣传内容，微信关注2万人。消防队(站)开展“消防站对外开放”活动40余场。举办在线访谈、微访谈活动2场，并在电视台、电台黄金时段集中开展消防安全宣传提示，高频次播发消防公益广告、滚动字幕。大队统一制作消防安全教育培训示范课件，定期组织实地宣讲，从严抓好人员密集场所消防安全责任人、消防安全管理人普及性教育培训。

图129　7月21日，县消防大队宣讲团到南通市中小学生实践基地开展“消防宣传进军训”活动

【后勤保障】 各级党委、政府重视公共消防设施建设，消防队站、道路、水源、通信、装备等建设取得长足发展。全县累计投入消防经费2131.22万元，其中，消防专项业务经费582.52万元，消防专职队员人员工资855.80万元，消防装备建设补助资金450万元，各镇(区)争取财政资金242.90万元，用于灭火救援装备建设。投资5500万元的县灭火应急救援中心主体工程于11月封顶，投资2200万元的如东洋口港临江园区特勤站建成并投入执勤；化工园区消防站提档升级全部完成，投资1200万元新建化工园区消

防站主体竣工在装修；栟茶消防站完成选址及相关准备工作。全年新征召专职消防队员45人、文员5人。全县配备消防车辆22辆、消防员防护装备1360件(套)、抢险救援器材400件(套)。政府专职消防队、保安消防队建设，实现“小而密，全覆盖”建设目标。（高　伟）

人民防空

【概况】 2016年，如东人防工作贯彻第七次全国人民防空会议和全省人防工作会议精神，围绕“战时防空、平时服务、应急支援”使命任务，瞄准构建基于信息系统的防护体系目标，创新工作思路，人防工作成效明显，被评为全省人民防空先进城市。全年征收易地建设费639.02万元。新增中型机动指挥通信车1辆、多媒体警报1台。率先在全市完成人防“两室两库”建设。编制“十三五”人防发展规划。各中小学结合“九一八”防空警报试鸣组织防空疏散演练。人防专业队整组训练率、中学生民防知识教育普及率、防空警报试鸣鸣响率均为100%。

【指挥通信】 县人防办强化地下人防指挥所日常维护值班管理与安全防范工作，更新改造老旧设备特别是显示屏、消防电源、水电设施及破损墙面，确保指挥所各项功能处于完好状态，确保每月1次市、县联调测试无故障。组织人员参与南通县级机动指挥通信集成系统设计、论证、招标、采购等工作。做好防空警报日常维护保养工作，结合“九一八”警报试鸣，及时联系警报供应商维护防空警报和操作系统，深入各警报点对警报管理操作人员开展现场培训，全县17台固定警报、3台多媒体警报完好率、鸣响率继续保持100%。在疏散基地新建多媒体警报1台，对已建2台多媒体警报落实管护责任，确保正常运行。强化基础网络建设，开通市到县人防非涉密专网。

【工程建设与管理】 如东县加快构建“布局合理、功能齐全、上下协调、综合防护能力强”的人防规划体系，完成《如东县人防工程规划(2015—2030年)》修改、评审、公示及报批工作。继续加大结建人防工程力度，人防工程建设总量有新提升。不断优化功能布局，结合县人院外科大楼建设规划修建3500平方米人防中心医院救护工程。严格人防工程建设标准，把好工程立项、施工图审查、施工过程监督和竣工验收等重点环节，确保工程质量。收回万华紫金花苑人防工程优先使用权，对其防护设备进行全面检测和维护保养，并按人防工程平时开发利用规定，与新使用单位签订人防工程平时使用和维护管理协议书。完成人防工程普查和人防工程管理信息系统建设。

【人防专业队建设】 围绕落实国家人防办“青岛会议”和全省按纲施训开训动员大会精神，4月中旬，县人防办牵头召开联席会议，动员部署人防专业化年度整组训练工作。按照人防专业队“根据需要建队伍，按照制度抓管理，按纲施训搞训练，平战结合来使用”原则和“人员精干、装备精良、专业对口、训练有素、管理有序”建设要求，进一步优化组织结构。按照“能打仗、打胜仗”总要求和新形势下军事战略方针，以防空、防灾任务为牵引，围绕《人民防空训练与考核大纲》，指导人防专业队利用生产、工作、岗前培训、抢险抢修等途径落实按纲施训，突出基本理论与基本技能训练，提升人防专业队履行战时防空、平时服务、应急支援职能能力。

【依法行政】 县人防办贯彻落实省政府关于地下空间开发融合发展意见和加强人防工程维护管理工作意见，与相关部门沟通对接，研究落实法治民防建设配套政策措施。组织开展每季度1次的人防工程巡查执法和安全生产检查活动，及时发现和纠正人防工程建设、开发利用、维护管理中出现的问题，全年发出《人防工程易地建设费限期缴纳决定书》《人防执法检查告知书》《安全生产检查整改通知书》20余份。加强人防法治理论研究，撰写研究论文3篇，其中1篇获全省优秀论文三等奖。

【宣传教育】 县人防办发挥民防体验馆临场体验宣传效应，全年接待参观人员3万余人次，其中团队近100批次。继续发挥网络媒介和传统媒体宣传作用，加大如东人防网站和微信公共平台的维护更新以及政府门户网站的宣传力度，出版4期《如东日报》人防专版。结合“5·12”防灾减灾日、“九一八”警报试鸣日等重要活动，指导社区开展防空防灾知识宣传活动，利用“如东论坛”、业主QQ群、小区滚动广告屏等，宣传地下人防工程停车位租赁使用政策，引导业主参与监督人防工程平时开发利用。强化青少年素质教育基地民防知识教育的组织指导和监督管理，中小学生民防知识教育普及率和教材订阅量均达100%。

（徐秀林　花国泉）

辖镇概览

Xiazhen gailan

栟茶镇

【概况】 栟茶镇位于如东西北部，地处黄海之滨，东邻沿海经济开发区(洋口镇)，南依河口镇，西连海安县角斜镇，北接海安县滨海新区，并与东台市毗邻。距县城直线距离36公里，海洋铁路、栟茶运河、省沿海高等级公路、221省道横贯东西，225省道纵贯南北，水陆交通方便。2016年，镇域总面积95.70平方公里，耕地面积4672公顷，沿海滩涂4333公顷。辖行政村16个、居委会3个，其中茗海社区与三园村合署办公，村民小组351个。年末总人口5.68万人，出生322人，死亡493人，人口自然增长率-3‰。规划区面积20平方公里，建成区面积7.12平方公里，建成区常住人口2.05万人。栟茶镇围绕建设"五彩栟茶"总体定位，实施工业强镇、古镇开发、民生幸福3大工程，努力建成"长三角"北翼最具特色生态休闲古镇。全年地区生产总值32.10亿元，同比增长8.30%；公共财政预算收入1.02亿元，同比增长6.39%。完成工业投入9.5亿元，实际利用外资542万美元，实现应税销售收入22.5亿元。在全县综合考核中，获"综合优胜杯"铜杯、"开放杯"金杯、"服务业发展杯" 金杯、"城建杯" 银杯、"工业发展杯"铜杯、"创新杯"铜杯。获"江苏省文明镇"称号。

2016年如东县栟茶镇主要经济社会指标

表42

项　　目	单　位	数　量	比2015年增减(%)
总面积	平方公里	95.70	—
总人口	万人	5.68	-0.3
地区生产总值	亿元	32.10	8.3
第一产业增加值	亿元	3.19	8.1
第二产业增加值	亿元	15.10	8.3
第三产业增加值	亿元	13.81	8.3
财政总收入	亿元	1.64	2.5
公共财政预算收入	亿元	1.02	6.4
企业总数	家	38	5.6
其中规模工业企业	家	17	-10.5
工业总产值	亿元	45.60	7.0
应税销售收入	亿元	22.50	-27.3
工业税收总额	亿元	1.71	6.9
当年实际利用外资	万美元	542	10.4
全社会固定资产投资	亿元	19.80	11.2

续表 42

项　　目	单　位	数　量	比 2015 年增减(%)
工业投入	亿元	9.50	2.2
农业总产量	亿元	10.61	0.1
粮食总产量	万吨	3.67	-14.3
棉花总产量	吨	0	-100
油料总产量	吨	1891	-25.7
水产品总产量	吨	11588	58.9
中、小学校	所	5	—
医院、卫生院	所	3	—
参加社会养老保险人数	人	12839	-13.2
参加合作医疗人数	人	37673	-4.3
享受尊老金人数	人	2929	5.6

2016年如东县栟茶镇各村(居)基本情况

表 43

村(居)名	党支部书记	主　任	村民小组(个)	人口(人)	耕地面积(公顷)	村营收入(万元)
陈　湾	丁　群	顾国山	18	2386	244.07	61.19
大　窑	蔡向东	徐　标	20	2705	158.13	38.47
新　庄	陈春松	陈宏林	33	4676	366.27	65.62
杨　堡	沈桂芬	朱　华	20	3432	263.53	31.70
竹　园	黄正华	冯小利	26	2848	234.33	40.70
浒　澪	顾用生	顾用鹊	21	3033	196.87	66.64
兴　镇	蔡正海	蔡志明	29	3881	236.53	39.80
双　港	薛稳山	杨辉华	32	3281	257.67	35.70
栟　南	徐长胜	吴亚明	19	2798	171.93	54.49
三　园	殷小明	缪　斌	8	1232	82.13	71.67
洋　堡	虞晓春	任永建	10	1984	128.40	96.99
三　星	李　勤	缪建明	12	3351	132.47	70.39
江　安	沈三明	康　林	27	2737	264.93	54.47
兴　凌	顾国才	顾建华	26	2803	360.20	32.70
兴　灶	罗周洲	徐长银	26	2148	243.27	46.93
港　头	缪　明	康亚忠	24	3351	213.33	47.83
茗海社区	殷小明	缪　斌	—	8885	—	—
港头居委会	—	丁松柏	—	470	—	—
浒澪居委会	—	顾用生	—	735	—	—

【经济发展】 农业　2016 年，栟茶镇有注册登记家庭农场 20 家，实施粮食"全托管"服务项目 6 个，服务总面积 140.93 公顷。发展农产品加工企业，在港头村、栟南村分别落实昆虫蛋白质粉深加工和水产品冷冻仓储与销售项目。加强农业信息化平台建设，新增"栟茶印象""鲜农康达"农产品网上营销店 2 个。

工业　2016 年，栟茶镇完成 1000 万元以上工业固定资产投资 9.5 亿元，2000 万元以上新开工项目 7 个，新竣工项目 4 个，其中亿元项目 2 个。全年应税销售收入 22.5 亿元，技术、设备抵免税额完成 1060 万元；专利授权 200 件，新增高新技术企业 1 家。江苏盟友纺织有限公司技改项目投产，南通中旺包装材料有限公司扩产项目厂房竣工，如东东盟纺织有限公司节能减排项目竣工投产，帕瓦夫智能安全设备项目、如东鑫科建设有限公司机械制造项目开工建设。位列全县项目建设第三名，获县产业项目建设流动红旗。

商贸服务业　2016 年，栟茶镇

提升特色餐饮服务水平，整合规范卫海路商业一条街，区域消费吸引力增强，1000 万元以上服务业投入 10.5 亿元，应税销售收入 15.9 亿元。临海高等级公路综合物流服务区项目、汽库物流、汽车检测综合服务项目签约。惠众石油机械检测项目、栟茶古镇禅修文化中心一期工程 2 个服务业亿元项目通过市、县验收。

图 130　俯瞰栟茶运河两岸

园区建设　栟茶镇制定工业园区建设推进机制，调整充实工业园区组织机构，园区承载能力和集聚功能增强，核心区内三星机械园和兴镇工业园各占地 2 平方公里。以农业综合园区建设为抓手，建设高效设施农业示范区。洋堡村新建成如东果旺果树标准化示范园 15.9 公顷；兴灶村、兴凌村共建成设施水产养殖示范区 68.67 公顷；创建规模种养示范基地，分别在洋堡村、江安村、杨堡村、凌洋垦区建设 1 个 20 多公顷无公害果品生产基地、3 个家禽生态养殖基地。栟茶方凌肉禽现代化养殖产业标准园建设通过市级验收；2016 年，形成江安村、兴灶村、兴凌村连片 200 公顷高效农业种植示范区、266.67 公顷高效水产养殖示范区。

【镇村建设】　2016 年，栟茶镇委托北京大地风景旅游景观规划设计有限公司策划旅游工作，完成古镇开发中期评审。古镇城市设计、大东旅社及酒文化博物馆设计稳步推进，寿圣寺佛教文化产业园主体结构封顶。工商银行授信额度 8 亿元古镇综合整治一期项目贷款获批，到账资金 1.5 亿元，国家农发行改善人居环境项目贷款通过省行务会。成立栟茶历史文化名镇保护与更新项目建设领导组和推进指挥部。调查老镇区 10 个地块 500 户共 5.8 万平方米情况，部分地块开始拆迁，古镇开发正式启动。新城 3 号地块鑫华园生活广场开工，金色广场破土动工，打造栟茶餐饮一条街。五灶港河两岸绿化工程完工，兴教路、镇海路、滨河路及太平路路灯、标识标线施工，路灯基础及线路铺设实施到位。栟茶汽车站搬迁工程土地征收、方案设计工作基本完成。江安村"美丽乡村""水美乡村"建设项目通过市级验收。

【社会事业】　2016 年，栟茶镇在册教师 562 人，每千人拥有教师 9.90 人；医院 3 所，村(居)卫生服务站 16 个，拥有医生 326 人，每千人拥有医生 5.74 人，床位 340 张，每千人拥有床位 5.99 张。人均公共体育设施面积 2.10 平方米，农家书屋 16 个，每个农家书屋有图书 5000 余册。投资近 1 亿元的新栟茶小学 9 月正式开学。靖海幼儿园完成教学楼加固工程，并新建 300 平方米多功能室。陈湾村、三园村和新庄村创建市级卫生村，全面实施免费孕前优生健康检查项目。成功举办第二届龙舟赛暨第一届栟茶美食节活动，吸引游客 5 万余人次。江苏寿圣文化创意论坛圆满落幕；栟茶竹蛏地理标志申请工作有序推进，栟茶蛏干汤煨制技艺代表南通市参加"长三角"非物质文化遗产传统技艺展，获好评。党委主要负责人赴深圳参加第十二届中国国际文化产业交易博览会、赴西安参加第八届中国西部文化产业博览会、赴厦门参加第九届海峡两岸文化产业博览会；中国·以色列大学生联合考察小组走进栟茶，品享美食，体味古镇千年文化；组织编写《精彩江苏》"江苏省三名丛书——栟茶"，"中国历史文化名镇"品牌效应进一步放大。

【民生保障】　如东寿圣阳光置业有限公司入驻栟茶阳光福利中心，开启禅修养老新模式。健全镇、村养老服务体系，江安村居家养老服务站日间照料中心建设完成。栟茶镇抓好基本公共卫生服务、食品安全等工作，完善基本药物制度。以托底救助抓好精准扶贫，经县、镇审核，新一轮低收入农户建档立卡 737

图 131　栟茶阳光福利中心

户、1101人。坚持产业富民与驻村帮扶相结合，镇机关全体人员全部包干帮扶到户，实施精准扶贫、限期脱贫，至年末，脱贫246户、309人。杨堡村、大窑村公益性公墓建设完成。全年用于民生投入8200万元。

【生态环境】 栟茶镇坚持绿色发展理念，打造宜居宜旅特色城镇，推进创优生态和"农路、河道、绿化、垃圾处理、公共服务"一体化管理。关闭砖瓦企业2家（靖海砖瓦厂和浒澪砖瓦厂），分类整治燃煤锅炉，重点加大对印染、黑臭水体管控。规范畜禽养殖，开展畜禽粪污治理百日专项行动，畜禽规模化养殖场治理合格率100%，新建蓄粪池和三级沉淀池58座，全镇畜禽粪污综合整治率90%以上，粪便综合利用率98%以上，拆除禁养规模养殖场21家，治理粪污重点村1个；化肥施用量同比减少5%，农药零增长，推进沼气发电工程1家。开展路域环境整治，全年修补农路56处、1229平方米，更新增设安保标志304处。全镇配有保洁员102人，增配垃圾设施723处，垃圾收集、处置1.05万吨，日均收集垃圾28.84吨。镇区建成区生活垃圾分类设施覆盖率70%以上，生活垃圾无害化处理率100%。加强河道疏浚整治，全年疏浚整治河道12条、6810米，疏浚土方7.45万立方米。江安村投入95万元疏浚河道，整坡绿化17条、20.55公里。落实镇党政主要负责人和村(居)两委负责人"河长制"管护机制，全镇实现河道管护全覆盖。

（戴　庚）

丰 利 镇

【概况】 丰利镇位于如东县中部偏北，西与岔河镇、北与洋口镇接壤，南与马塘镇、东与如东经济开发区为邻。2016年，全镇总面积140.37平方公里，辖行政村20个、社区1个、村民小组517个。实有耕地7792公顷，总户数2.93万户，总人口7.97万人，出生456人，死亡884人，人口自然增长率-5.25‰。地区生产总值37.35亿元，完成财政总收入1.25亿元，其中公共财政预算收入6948.82万元。完成工业投入12.8亿元，实现应税销售收入19.26亿元。城镇居民人均可支配收入3.46万元，农民人均可支配收入1.61万元。

2016年如东县丰利镇主要经济社会指标

表44

项　　目	单　位	数　量	比2015年增减(%)
总面积	平方公里	140.37	—
总人口	万人	7.97	—
地区生产总值	亿元	37.35	9.1
第一产业增加值	亿元	4.87	4.1
第二产业增加值	亿元	15.60	7.4
第三产业增加值	亿元	16.88	12.5
财政总收入	亿元	1.25	-5.4
公共财政预算收入	万元	6948.82	-2.5
企业总数	家	228	-45.9
其中规模工业企业	家	16	—
工业总产值	亿元	35.10	4.7
应税销售收入	亿元	19.26	2.6
工业利税总额	亿元	0.71	241.2
当年实际利用外资	万美元	30	-90
全社会固定资产投资	亿元	18.65	2.2
工业投入	亿元	12.80	-1.8
农业总产值	亿元	13.26	1.5
粮食总产量	万吨	9.67	-2.5
棉花总产量	吨	34.90	-96.5
油料总产量	吨	2453	2.8
水产品产量	吨	37093	50.3
中、小学校	所	4	—
医院、卫生院	所	5	—
参加社会养老保险人数	人	28000	21.2
参加合作医疗人数	人	58683	-3.1
享受尊老金人数	人	4616	5.3

2016年如东县丰利镇各村(居)基本情况

表 45

村(居)名	党支部书记	主　任	村民小组(个)	人口(人)	耕地面积(公顷)	村营收入(万元)
古丰社区	刘海军	许　华	6	10033	15.47	75.97
周　桥	陆宝国	商美红	29	4884	449.13	58.12
花园桥	张　华	谢文彬	23	2983	325.67	40.03
家庙桥	陈　粲	陆修根	36	3787	395	43.10
凹　桥	刘　勇	马本泉	41	4098	402.40	53.12
陈葛庄	李鹤林	陈　云	32	3556	379	51.58
华　严	孙年华	徐同山	24	3039	254.87	51.33
玉　窑	阮如林	陈　建	24	3105	347.47	35.28
双沟门	周新波	韦　军	23	2618	328.80	43.45
龙　口	陈明权	徐训明	44	4852	581.27	34.44
月　河	吴丛贵	杨如华	41	4481	581.73	53.96
九　和	徐海军	桑乃兵	33	3387	437.27	65.05
双灰山	钱　军	吴开泉	29	2947	409.80	43.96
包　场	张爱兵	何长斌	10	2874	292.40	130.64
南　宁	严卫民	何长贵	19	3325	438.07	51.64
兴　南	葛翠华	季宝坤	10	3760	464.67	43.07
光　荣	谢福建	陆修宏	13	2633	460.33	77.81
环　渔	陈昌泉	许建林	13	2670	170.73	81.78
环　农	刘　杰	许　健	26	3169	510.33	75.21
环　堤	李根泉	陈金华	17	4485	432.07	54.94
张家园	徐　军	桑芝山	24	3736	326	62.35

【工业经济】 2016 年，丰利镇到账外资 30 万美元，外贸进出口 14.3 亿元。工业总产值 35.1 亿元，全部工业应税销售收入 19.26 亿元。项目建设取得新突破，通过“腾笼换鸟”，盘活闲置资产落户新项目，先后落户丰利机械智能化生产线项目、南通瑞金高强度铁链项目、米力健身器材项目、南通泽昊针纺织油品等工业项目。完成 1000 万元以上项目投入 12.8 亿元，枫发工业集中区基础设施投入 1102 万元，新开工 2000 万元以上项目 7 个，新竣工 2000 万元以上项目 4 个。规模企业节能降耗工作取得成效，全年万元产值能耗同比下降 15.45%，完成节能清洁生产项目 2 个；“两化”融合深入推进，江苏海上龙源风电公司建立 CIO 制度机制，新增“两化”融合项目 2 个，新增电子商务应用企业 2 家，新增电商采购销售总额超 1000 万元企业 1 家，新增信息化单项应用企业 3 家。

【现代农业】 2016 年，丰利镇共有农业企业 56 家，农民专业合作社 26 家，注册登记家庭农场 66 家，农业“三资”投入 6.21 亿元。有序推进适度规模经营，全镇流转土地 1582.67 公顷，占土地总面积 20%。建成农业种养示范园区 5 个，投入 1000 万元加工企业 2 家，市级龙头企业 4 家。环港海藻园区紫菜养殖加工产业规模不断壮大，年紫菜养殖面积 3066.67 公顷，加工机械 54 台(套)，年产紫菜 14 万标准箱。

【第三产业】 丰利镇全年生产性服务业投入 2.86 亿元，服务业应税销售收入 2.18 亿元，新开工项目 5 个，其中旅游类项目 2 个、商贸流通类项目 3 个；新竣工项目 3 个。完成社会消费品贸易额 21.21 亿元，其中社会消费品零售额 7.21 亿元。江海文化产业园集聚区有效推进，“大圣寺”复建项目初具雏形。

【镇村建设】 丰利镇修编《丰利镇总体规划》，配合县住建局修编《丰利镇村庄布局规划》，完成洋骑线丰利连接线全线路面、桥梁规划设计。三角渡、阳光大道与临海高等级公路交叉口安装红绿灯，实施新建西路、屏丰东路维修工程，更换镇区垃圾设施。供水回收率由 30%提高至 78%。绿化造林新增 549 公顷，森林覆盖率 22.83%。新建农村水泥道路 167.5 公里，新建高规格防渗渠 357 公里，新建桥梁 105 座，疏浚河道 186 公里，改拆建泵站 45 座、渡槽 9 座，改善农村生产生活条件。

【社会事业】 丰利镇加大社会事业投入，政府投入 1027 万元，民间资本投入 400 万元。推进教育重点工程，序时推进凌河幼儿园异地新建。中心卫生院主体工程和配套工程竣工，环渔、光荣、环堤、兴南、凹桥、华严 6 个村创建省示范村卫生室。全年二孩出生 121 人，免费婚检 180

对，免费孕检192对，慰问计生特困家庭30户，育龄妇女随访率92.5%，惠民政策落实率100%，流动人口计生管理服务率96.7%。新增城乡低保22户23人。

【生态环境】 丰利镇推进农村清洁能源建设工程，建成集粪池392座，新增运输车辆1台(套)，吸粪泵25台(套)，有效减少污染排放。全镇配有垃圾箱2000个，垃圾无害化处理率70%，建有污水处理厂1座，污水处理率10%。全年整治河道6条。

【丰利小学珠心算】 2016年，丰利小学珠心算在世界珠心算联合会第六届珠心算比赛中，实现个人和团体“双突破”，徐刘洋获个人全能特等奖，陆桑成获个人全能一等奖，丰利小学获团体全能特等奖，创江苏珠心算发展史新高。 (陈雨晴)

图132 6月5日，镇新配备的保洁车

图133 4月14日，北京珠心算协会教育团队观摩学习丰利小学珠心算教学

马 塘 镇

【概况】 马塘镇位于如东县中部，东邻高新技术开发区，北与丰利镇接壤，西与岔河镇、南与新店镇和曹埠镇相邻。2016年，全镇总面积140.83平方公里，耕地总面积1047.468公顷，辖村(居)18个、村民小组461个，总户数2.31万户，总人口7.88万人。全年出生422人，死亡768人，人口自然增长率-4.39‰。地区生产总值49.6亿元，财政总收入2.39亿元，其中公共财政预算收入1.14亿元，农村居民可支配收入1.92万元。工业总产值75.7亿元，同比增长8.04%；工业应税销售收入32.7亿元，同比增长18.51%。实际利用外资501万美元。全社会固定资产投资24.02亿元，项目投入16.93亿元，全镇规模以上服务业固定资产投资5亿元。全镇农村实有从业人员3.37万人，其中农林牧渔业从业人员4192人，工业劳动力1.65万人，建筑业劳动力5497人，从事第三产业人数7522人。农村运输业总收入1.95亿元，农机总动力10.12万千瓦，农业生产综合机械化水平达85%以上。水产品产量2806吨，其中海产品产量118吨。集贸市场成交额3800万元。水果产量2187吨。电话普及率100%，开通数字电视2.14万户。中小学4所，在职教师182人，在校学生1506人。卫生院3所，执业医师118人，合作医疗参保率74.38%。在全县整体目标考核中，获“城建杯”“民生杯”金杯，“生态文明杯”银杯，“兴财杯”“项目建设杯”“新农杯”铜杯。

2016年如东县马塘镇主要经济社会指标

表46

项　目	单　位	数　量	比2015年增减(%)
总面积	平方公里	140.83	—
总人口	万人	7.88	-0.4
地区生产总值	亿元	49.60	10.9
第一产业增加值	亿元	4.50	2.3

续表 46

项　　目	单　位	数　量	比 2015 年增减(%)
第二产业增加值	亿元	20.80	6.1
第三产业增加值	亿元	24.30	16.8
财政总收入	亿元	2.39	54.2
公共财政预算收入	亿元	1.14	30.2
工业企业	家	306	-13.1
工业总产值	亿元	75.70	8.0
应税销售收入	亿元	32.70	18.5
工业投入	亿元	14.02	3.9
农业总产值	亿元	15.25	-37.2
粮食总产量	万吨	9.34	6.7
棉花总产量	吨	0	—
油料总产量	吨	1512	-2.3
水产品产量	吨	2806	-18.5
中、小学校	所	4	—
医院、卫生院	所	3	—
参加社会养老保险人数	万人	5.10	—
参加合作医疗人数	人	53599	-4
享受尊老金人数	人	4270	-1.1

2016年如东县马塘镇各村(居)基本情况

表 47

村(居)名	党支部书记	主　任	村民小组(个)	人口(人)	耕地面积(公顷)	村营收入(万元)
徐　庄	杨扣群	刘学军	23	4082	392	76
许　楼	袁新华	高义金	26	5463	663	80
亚　苏	陈新建	陈新建	40	3219	501	46
尊　三	葛　勇	沙俊华	32	3808	439	38
马　丰	葛　标	葛　标	36	4277	517	60
蔡　渡	张新明	喻修林	34	4023	550	79
长　路	朱炳华	朱炳华	39	3857	480	72
潮　北	葛雪松	葛雪松	11	3932	360	63
潮　南	严海兵	陈　光	12	2672	358	51
马　北	陆亚云	沈　华	40	7322	391	71
马　东	陈如军	陈如军	21	2927	290	73
马　南	王晓沛	冯亚军	29	3612	388	32
马　西	姜一峰	赵　越	28	4895	560	80
七里镇	高亚军	高亚军	9	2296	210	47
沙　庄	顾建飞	顾建飞	40	3749	460	43
市河社区	陆金元	陆金元	8	10753	21	52
桃　园	花丽娟	严善明	12	3242	409	41
王　渡	曹永忠	曹永忠	34	4644	695	35

【项目建设】 2016年，马塘镇新开工2000万元以上项目10个，其中1亿元以上项目2个，新竣工2000万元以上项目6个。新增1000万元以上农业项目12个，其中喜丰农业公司智能育苗中心加工、储运生产线完成，兴荣饲料公司全面建成，并投产运行。

【新农村建设】 马塘镇有农民专业合作社113个，新培育市级以上示范合作社2家。全年新增土地流转面积670余公顷，新增家庭农场32个，全镇共有家庭农场146个；新增"全托管"经营主体30个，共有粮食生产"全托管"经营主体40个。全年新建水泥道路120公里，改造泵站12座，建设防渗渠71.8公里，新建桥梁23座，拆坝建涵65座，疏浚河道9条、4.5公里，建设生态河5条、11.02公里。加大面源污染治理力度，健全镇村户共同治理机制，建成如东洁美沼气发电项目及马南畜禽粪便处置中心，畜禽粪便治理率70%，马南畜禽粪便处置中心日收集处理畜禽粪便100吨。争取上级资金和镇级财政支出共600万元，综合治理农村环境。全镇村营收入1039万元，同比增长1.39%，其中7个村超70万元，全镇村营可支配收入533万元。

【镇村建设】 2016年，马塘镇育英路南延工程交付通车，市河大桥西侧接坡工程开工建设。文景佳苑、学林南苑安置房一期工程竣工交付，文豪佳苑项目于8月开工建设。实施马南绿化景观工程，新镇区文化公园进入施工图设计阶段。统筹推进老镇区改造，完成老油米厂和建民化工地块建设便民疏导点项目平面设计，制定老镇区11条道路整修计划，并序时推进，分阶段实施亮化潮桥街、镇区里街里巷、花园小区和晓塘新村，提升老镇区形象。

【民生建设】 2016年，马塘镇受理、调处各类民事纠纷384起，为当事人挽回经济损失272.4万元。全面启动镇现代技防建设，全镇安装公安治安监控142只。改造升级马塘镇敬老院，软硬件设施均达到省三星级标准；新建标准化居家养老服务站4个。优化镇域基础教育资源平台建设，马塘幼儿园全面竣工并交付，马塘初中主体结构竣工验收，改造升级潮桥小学综合楼、马丰小学教学楼及邱升中学教师周转房。投入80万元新建马东村卫生室，巩固省卫生镇创建成果。改厕1698座，完成县交办生态厕所试点任务200座，落实6个村综合文化服务中心建设。 （赵子睿 卞 卡）

曹埠镇

【概况】 曹埠镇位于如东县中南部，南与通州区十总镇接壤，西接新店镇，东边与北边与高新产业开发区相连。2016年，全镇总面积92.50平方公里，辖行政村6个、居民委员会3个、村民小组203个。总户数1.67万户，总人口4.6万人，出生204人，死亡460人，人口自然增长率-5.5‰。地区生产总值25.24亿元，三产结构比11.87:45.11:43.02。财政总收入1.23亿元，其中公共财政预算收入9018.21万元，预算外收入3232.89万元；财政总支出1.07亿元，其中公共财政支出6509.8万元。完成工业投入9.5亿元，当年实际利用外资508万美元，实现工业应税销售收入26.1亿元。亚振家具股份有限公司在上海证券交易所主板上市。农村居民人均可支配收入1.82万元。从业人员2.80万人，其中，一产从业2440人，二产从业2.01万人，三产从业4330人，外来人员从业1090人。获"全国社区教育示范乡镇"称号，在全县综合考核中，获"兴农杯"金杯。

2016年如东县曹埠镇主要经济社会指标

表48

项　　目	单　位	数　量	比2015年增减(%)
总面积	平方公里	92.50	—
总人口	万人	4.60	-0.6
地区生产总值	亿元	25.24	6.9
第一产业增加值	亿元	2.99	2.3
第二产业增加值	亿元	11.39	-1.9
第三产业增加值	亿元	10.86	17.4
财政总收入	亿元	1.23	15
公共财政预算收入	万元	9018.21	20.4
企业总数	家	1030	1
其中规模工业企业	家	35	6
工业总产值	亿元	112	-0.3
应税销售收入	亿元	26.10	19.2
当年实际利用外资	万美元	508	17

续表 48

项　　目	单　位	数　量	比 2015 年增减(%)
全社会固定资产投资	亿元	14.50	2.1
工业投入	亿元	9.50	5.6
农业总产值	亿元	8.52	2.5
粮食总产量	万吨	6.20	1.6
油料总产量	吨	2120	-1
水产品产量	吨	7870	0.1
中、小学校	所	4	—
医院、卫生院	所	3	—
参加社会养老保险人数	人	25976	11.4
参加合作医疗人数	人	37939	-2.8
享受尊老金人数	人	2683	5.1

2016年如东县曹埠镇各村(居)基本情况

表 49

村(居)名	党支部书记	主　任	村民小组(个)	人口(人)	耕地面积(公顷)	村营收入(万元)
下　漫	韩红辉	王锡华	17	3781	327	70
上　漫	朱广明	钱方军	31	7585	424	172
应　泉	顾　杰	顾小勇	9	3813	385	51
甜　水	张水剑	孙亚军	25	4789	800	61
堤　南	成卫明	钱海燕	30	6225	570	80
跨　岸	秦爱军	顾宏军	40	7539	807	150
孙　窑	张益峰	郑锦岩	26	5751	591	85
冯　桥	王慧银	韩国成	14	3759	398	55
直　港	潘荣如	丁春明	11	2747	312	28

【经济发展】 工业　曹埠镇提质扩量，实现工业应税销售收入 26.1 亿元，同比增长 19.23%。新兴产业产值 16.2 亿元，同比增长 8.4%。工业项目投入 9.5 亿元，同比增长 5.55%。完成 1 亿元以上项目 2 个，2000 万元以上项目 7 个，5000 万元扩产项目 1 个。新增应税销售收入超 1 亿元企业 1 家。12 月 15 日，亚振家具股份有限公司在上海证券交易所主板上市。

农业　全年曹埠镇新增土地流转面积 333.33 公顷，高标准农田 266.67 公顷，高效设施农业、渔业面积 66.67 公顷。新培育家庭农场 15 家、农业全托管示范点 14 个。培植特色农业，以双羊芦笋生态种植基地为主体的芦笋种植面积扩大到 53.33 公顷，被省教育厅确定为教育服务“三农”高水平示范基地。3 月 21 日，第三届中国芦笋产业发展论坛暨芦笋市场发展推进会在曹埠镇召开。

服务业　曹埠镇完成服务业投入 4.4 亿元，同比增长 26.8%。服务业增加值占 GDP 比重同比提高 7.6%。江苏众成电子商务有限公司投资 2 亿元创办综合型网购商城平台——众成乐购(www.zclbuy.com)于 3 月上线运营，位于镇工业集中区内，销售商品覆盖家居家纺、美妆个护、3C 数码、箱包鞋帽、母婴服饰品等种类。

【美丽乡村建设】 曹埠镇统筹城乡建设。完善新镇区规划，调整文体中心、公立医院选址，植树造林 64.53 公顷，人均公共绿地面积 8 平方米，街道及道路绿化率 96%，森林覆盖率 20.7%。专项整治印染、浸胶手套工业企业，结合畜禽粪污治理与新能源建设，试点沼气池基地建设。改新建桥梁 12 座，疏浚河道 7.6 公里，新建水泥路 41.3 公里，村居内所有主干道全部实现硬质化，公交线路实现村村通，全镇形成县道为骨架、乡村水泥路为脉络的路网体系。

【社会事业】 曹埠镇全年民生社会事业类财政投入 3386.91 万元，占公共财政支出 52%，同比增长 14.9%。曹埠初中、公安派出所、交警中队异地新建。创建省级优质幼儿园 2 家。稳步推进文化事业，镇文体中心大楼落成，5 个村居成功创建村居综合文化服务中心达标村，全镇省三星级以上农家书屋实现全覆盖，全年开展文体活动10次。全镇新农合参合率99%，政策范围内住院费用补偿比例47.56%。当年二孩出生70人，同比增长40%。卫生所1个，医院3所，卫生室9个，医护人员50人，床位62张，创建省示范化卫生村卫生室3个。整合资源，新建镇综治中心服务大厅，综治、司法、矛盾调解、法律服务等部门合署办公，实现一体化服务。完善养老服务体系，投入200万元改善升级镇敬老院设施，年末在院集中供养81人，分散供养五保180人。享受尊老金2683人。

【上漫社区】 上漫社区位于曹埠镇东南部，西与通州区十总镇接壤，东与如东高新技术开发区相邻，紧邻通洋高速、海启高速交通枢纽出口，省道223线横贯全境。2016年，辖5个自然村，人口7585人，居民人均可支配收入1.95万元，村营收入172万元。镇工业集中区落户上漫，区内工业企业24家，其中亿元企业3家。推进现代农业，全社区有规模种植家庭农场4家，流转土地200公顷，特色大棚种、养殖面积33.33公顷。打造美丽幸福乡村，社区内水泥路70公里，防渗渠46公里，沿桩线路全部拓宽至5米，公路及河道干线绿化面积26.67公顷。建有农居点2个，落户284户，社区公共文化服务中心及农居点邻里活动中心占地6700平方米，总建筑面积5000平方米，文化服务项目12项。上漫社区是全国防灾减灾示范社区、省新农村建设示范社区、省三星级康居示范社区、省民主法治示范社区、省卫生村，2016年，上漫社区党委被评为南通市先进基层党组织。

（张亚华）

岔 河 镇

【概况】 岔河镇位于如东县中西部，东邻马塘镇，西接双甸镇，南与新店镇、北与河口镇、洋口镇相连。2016年，岔河镇总面积141平方公里，辖行政村22个、社区3个、村民小组365个，耕地面积6993公顷。年末总户数2.74万户，总人口8.12万人，其中非农人口2.79万人，出生451人，死亡871人，人口自然增长率-5.1‰。镇区规划面积12.9平方公里，建成区面积5.2平方公里，建成区绿化覆盖率28.8%，污水处理率100%，垃圾无害化处理率100%，环境整治达标村占比100%，建成区常住人口2.81万人。地区生产总值67.22亿元，完成工业投入16.73亿元，其中1000万元以上项目投入13个共16.5亿元。当年实际利用外资500万美元，工业总产值125.8亿元，销售收入125.3亿元，应税销售收入56.5亿元，实现利润8.2亿元。城镇居民人均可支配收入3.72万元，农村居民人均可支配收入1.93万元，公共财政预算收入1.55亿元。技改投入15亿元，完成技改项目12个。全镇聚焦项目建设和中心镇创建，统筹推进“五位一体”建设，经济社会发展呈现稳中有进、转型加快、民生改善、社会和谐良好态势。在全县综合考核中，获“开放杯”“创新杯”“服务业发展杯”银杯、“兴财杯”铜杯。荣膺全国重点镇、综合实力千强镇，是南通市中心镇。

2016年如东县岔河镇主要经济社会指标

表50

项　目	单　位	数　量	比2015年增减(%)
总面积	平方公里	141	—
总人口	万人	8.12	-0.5
地区生产总值	亿元	67.22	10.5
第一产业增加值	亿元	6.78	10.5
第二产业增加值	亿元	30.83	10.5
第三产业增加值	亿元	23.11	10.5
财政总收入	亿元	2.71	5
公共财政预算收入	万元	1.55	15.7
企业总数	家	4030	0.5
其中规模工业企业	家	63	1.6
工业总产值	亿元	125.80	12.4
应税销售收入	亿元	56.50	12
工业利税总额	亿元	12.50	12.2
当年实际利用外资	万美元	500	-25.4
全社会固定资产投资	亿元	23.83	4
工业投入	亿元	16.73	6.3
农业总产值	亿元	11.87	5
粮食总产量	亿吨	10.60	1

续表 50

项　　目	单　位	数　量	比 2015 年增减(%)
棉花总产量	吨	0	—
油料总产量	吨	1740	1
水产品产量	吨	1653	1
中、小学校	所	6	—
医院、卫生院	所	4	—
参加社会养老保险人数	人	32000	2
参加合作医疗人数	人	60279	-2.9
享受尊老金人数	人	4610	1.7

2016年如东县岔河镇各村(居)基本情况

表 51

村(居)名	党支部书记	主　任	村民小组(个)	人口(人)	耕地面积(公顷)	村营收入(万元)
振　兴	孙海建	石海燕	14	3561	390	50.57
汤　桥	张建忠	于　建	10	2578	250	50.08
南　桥	丁建华	丁建华	16	3779	260	56.10
金　河	徐国美	石海剑	24	4379	488	30.05
金　桥	黄　飞	周小林	27	4110	365	76.86
兴　发	凌国祥	万　明	10	3184	324	35.02
金　发	石　磊	张建军	15	3623	376	53.24
龙　发	赵德富	崔秀凤	10	2705	187	48.79
兴　河	吴　杨	曹小栋	11	1358	87	57.68
银　河	吴兴华	吴兴华	14	3030	240	80.85
新　坝	赵旭东	赵　进	24	3872	394	71.86
新　桥	张海燕	缪　权	19	3788	365	36.69
振　河	缪徐飞	蔡春桃	19	4455	335	70.44
新　港	叶德军	吴宝生	15	3697	304	40.82
兴　北	王楚天	陈金泉	14	2684	282	50.51
古　北	丛国尤	赵学文	15	3773	379	38.07
玉　林	钱德田	丁爱华	12	2488	226	31.43
陆　港	杨小平	朱小军	15	3031	279	35.97
启　秀	桑林华	王明海	14	3333	328	32.68
坝　东	卢　桦	刘金泉	13	2663	282	30.74
三　联	张建军	张征军	16	3033	353	30.99
龙　凤	桑德晨	王根林	19	2810	356	54.56
古　坝	丛　兵	丛　兵	15	3567	123	71.18
迎春居	朱亚兵	朱亚兵	4	422	11.3	254.43
燕川居	张　浩	陈　进	—	6651	9	—

【招商引资、项目建设】 岔河镇全年完成注册外资1354万美元，外资到账500万美元，引进市外民资4.2亿元，实现外贸进出口总额6.6亿元。完成1000万元以上项目投入16.5亿元，2000万元以上开工项目13个，竣工项目6个。

2016年如东县岔河镇2000万元以上开工、竣工项目一览

表52

序号	企业名称	项目名称	主要产品	投资金额（万元）	开工时间	竣工时间
1	如东振雄织造有限公司	坯布织造	坯布	2000	2016年2月	
2	如东宇瑞纺织有限公司	坯布织造	坯布	6230	2016年1月	2016年3月
3	如东县铁链厂有限公司	高强度链条设备升级改造	铁链	2056	2015年11月	2016年2月
4	南通永尚纺织有限公司	坯布织造	坯布	5600	2015年10月	2016年2月
5	如东正然纺织品有限公司	坯布织造	坯布	12600	2016年3月	
6	金太阳粮油股份有限公司	新增年产20万吨食用油生产	食用油	40000	2016年3月	
7	南通佳喆纺织有限公司	坯布织造	坯布	8200	2016年4月	2016年11月
8	如东银腾纺织品有限公司	浆纱织造	浆纱	2385	2016年4月	
9	如东县天龙健身器材厂	健身器材扩产	健身器材	3800	2016年5月	
10	如东欣沅织布厂	坯布织造	坯布	13000	2016年5月	
11	南通荣坤纺织有限公司	坯布织造	坯布	13000	2016年5月	2016年9月
12	银河金属制品有限公司	电力金具	电力金具	2200	2016年6月	
13	如东绿草地纺织有限公司	坯布织造	坯布	2000	2016年7月	
14	如东县铁链厂有限公司	铁链设备升级改造	铁链	2530	2016年8月	2016年9月
15	南通鹏能实业有限公司	1000兆瓦太阳能组件生产	太阳能组件	12441	2016年9月	

【园区建设】 银河工业园属南通市级乡镇工业园，规划面积300公顷，建成面积206.67公顷。2005年建园后，逐渐形成棉纱、建材为主全国较具规模的大型交易市场，并带动其他服务行业发展，酒店、宾馆、超市、KTV、会所等设施俱全。2016年，园内企业超100家，产值超100亿元，成为领先苏中地区现代化乡镇产业园区。

农业园区 2016年，金桥村新流转土地26.67公顷，建设钢架大棚15公顷，春夏种植西瓜，秋冬种植蔬菜。新坝农业园区种植韭菜、韭黄40公顷，种植西瓜60公顷。

【现代农业】 岔河镇坚持以工业化手段抓现代农业发展，促进现代农业提质增效。围绕规模种养业、新兴园艺业以及生态观光农业，在做好新坝农业园区绿化、基础设施配套基础上，金桥千亩高效设施农业项目全面建设，汤桥等6个村小农水项目基本竣工。完成土地流转、适度规模经营533.33公顷，全托管12户，新增流转土地绿化86.67公顷。

【第三产业】 2016年，岔河镇实现服务业应税销售收入23.6亿元，新增规模以上服务业企业1家，限额以上贸易企业1家。新开工亿元服务业项目2个，分别为华诚机动车检车项目及尼森肯科技服务类项目。龙河湾文化创意园被评为二星级乡村旅游点。“0086”国际影城、贝宁仓储物流作为全县新兴服务业业态典范成功落户，并投入运营。

图134 2016年，贝宁仓储物流公司80万件商品应对“双十一”促销战，图为工人在包装 （徐建彬 摄）

【镇村建设】 2016年,岔河镇商品房销售9000平方米,龙发物流园项目进入拆迁扫尾阶段,古北美丽乡村示范村迎接上级验收。海启高速公路(岔河段)完成拆迁199户,落实交付取土面积25.50公顷,总长13.14公里的施工便道打通。全年河坡整治绿化6.87公里,拆坝建涵73处,改建泵站7座,新建防渗渠32.7公里,新建水泥路40.1公里、农桥18座,新建污水管网21公里。

【社会事业】 岔河镇有社区教育中心1个,中学1所,小学5所,幼儿园5所,在编教师中学182人、小学243人,编外幼儿教师72人,每千人拥有教师6.12人。在校学生初中936人、小学2302人、幼儿1299人。童乐幼儿园完成改制,落实改制后设备更新、添置和人员招聘等工作。岔河小学和岔北小学巩固全国校园足球特色学校成果,岔河小学被评为市级先进单位;岔南小学巩固"南通市科学教育特色学校"成果,航模、机器人、物联网等学生社团成绩显著,6月,学校2支代表队均获省级科技竞赛一等奖,6月15日,如东电视台《直通民生》栏目专题报道。公立医院1家,民营医院3家,床位182张,社区卫生服务中心1个,村卫生室23个,其中省示范村卫生室4个,医护人员295人,其中乡村医生70人,每千人拥有医生2.17人,每千人拥有床位2.24张。开通数字电视2.08万户,入户率95%。人均公共体育设施面积0.1平方米,人均公共文化设施面积0.17平方米。利用岔南初中撤并后闲置资产改建的镇中心敬老院竣工,占地2.33万平方米,建筑面积1.01万平方米,改建后床位189张,总投资355万元。原4家敬老院合并。

【民生保障】 岔河镇通公共交通村占比90%,电话普及率40%。在全县率先组建"老干部巡回调解工作队"。全年新增职工养老保险887人、失业保险716人、医疗保险760人、工伤保险607人、生育保险436人,参加新型农村社会养老保险占比99%,新型农村合作医疗参保率99.8%。城镇居民人均可支配收入3.72万元,农村居民人均可支配收入1.93万元。

【"0086"影城开业】 12月10日,如东首家乡镇现代化数字影院,如东西部地区唯一一家影城——如东"0086"影城在岔河镇开业。如东"0086"影城项目由南通中江文化投资发展有限公司投资1500万元建设,租用岔河宏韬广场3550平方米商业用房,加盟江苏幸福蓝海院线有限公司,建设数字影院及量贩KTV、餐饮、儿童娱乐等休闲项目。数字影院设5个影厅,其中最大厅200座,最小厅VIP厅约60座,同时可容纳500多人观影。

【岔河镇第三届全民运动会】 10月16日,岔河镇第三届全民运动会在岔河小学操场举办,以"全民健身,利国利民"为主题,突出全民性、竞技性与趣味性。比赛设跳远、慢车、拔河、负重跑、定点投篮、2人3足跑和乒乓球及中国象棋8个项目,机关、企业和村(居)33支代表队750多名运动员参赛。开幕式上,岔河小学鼓号队、龙灯队、足球操,岔南小学航模队和陆港村舞蹈队先后表演节目。振兴村、铁链厂、教育等6支代表队,分获团体总分前6名。

(钱海兵)

新店镇

【概况】 新店镇位于如东县西南部,东与曹埠镇、马塘镇为邻,南与通州区石港镇接壤,北与岔河镇、双甸镇,西与如皋市白蒲镇相依。总面积80.69平方公里。2016年,辖行政村10个、居委会2个、村民小组158个。全镇总户数1.35万户,总人口3.70万人,其中,男性1.80万人、女性1.90万人,出生196人,死亡381人,人口自然增长率-5‰。地区生产总值22.61亿元,同比下降7.29%。财政总收入7596.81万元,同比下降35%,其中公共财政预算收入5502.5万元;财政总支出1.28亿元,其中公共服务支出5194.93万元。完成工业投入14.5亿元,实际利用外资505万美元,实现应税销售收入27.43亿元。农村居民人均可支配收入1.80万元。农村居民最低生活保障351人,城镇低保3人,社会福利收养235人。全年发放低保、五保、重残救助、奖特扶等各类资金805万元。在县综合考核中,获"综合保障杯位"铜杯、"开放杯"铜杯、"工业发展杯"铜杯。新店镇被评为"江苏省首批农村电子商务示范镇"。

2016年如东县新店镇主要经济社会指标

表53

项　目	单　位	数　量	比2015年增减(%)
总面积	平方公里	80.69	—
总人口	万人	3.70	-0.5
地区生产总值	亿元	22.61	-7.3
第一产业增加值	亿元	2.05	-1.4
第二产业增加值	亿元	12.61	-0.5
第三产业增加值	亿元	7.95	-17.5

续表 53

项　　目	单　位	数　量	比 2015 年增减(%)
财政总收入	万元	7596.81	-35
公共财政预算收入	万元	5502.50	-38.5
企业总数	家	562	6.8
其中规模工业企业	家	39	—
工业总产值	亿元	92.04	0.7
应税销售收入	亿元	27.43	-7.0
当年实际利用外资	万美元	505	-3.4
全社会固定资产投资	亿元	18.74	38.2
工业投入	亿元	14.50	11.5
农业总产值	亿元	4.64	7.9
粮食总产量	万吨	4.90	-3.9
棉花总产量	吨	9.08	-17.5
油料总产量	吨	1364.60	-14.3
蚕茧产量	吨	70.82	0.3
水产品产量	吨	5597.30	—
中、小学校	所	3	—
医院、卫生院	所	2	—
参加社会养老保险人数	人	7400	-16.9
参加合作医疗人数	人	27413	-5.2
享受低保人数	人	354	—

2016年如东县新店镇各村(居)基本情况

表 54

村(居)名	党支部书记	主　任	村民小组(个)	人口(人)	耕地面积(公顷)	村营收入(万元)
胡　港	邵玲芳	张晓元	12	3123	284.43	16.67
祝　套	潘亚军	周　良	20	3558	365.20	16.13
月　池	丁炳泉	殷　花	8	2542	231.67	27.57
新　联	朱陈霞	王健林	5	1785	161.53	19.86
深　河	朱志飞	季方明	9	2859	242.53	14.83
孙　桥	钱一兵	杨剑飞	15	3082	320.00	17.29
三角渡	朱　辉	钱一梅	10	2003	187.13	18.27
双虹桥	吴立新	邵　峰	14	2735	229.18	49.04
新店居委会	朱建飞	吉春荣	14	3860	146.85	25.33
汤园居委会	鲍长兵	朱福军	25	5765	513.13	42.39
曹　庵	吴光华	袁国庆	12	3573	302.47	15.67
顾高桥	张　铁	杨　晶	14	2118	208.33	3.99

【农业农村】 2016 年，新店镇农作物播种面积 7075.89 公顷，农业总产值 4.64 亿元。粮食总产量 4.9 万吨。蔬菜总产量 7111 吨，瓜果总产量 1958.8 吨。牛肉产量 89.8 吨，猪肉产量 7577 吨，羊肉产量 172.12 吨，家禽肉产量 2161.28 吨，禽蛋产量 82.73 吨。造林面积 93.87 公顷。在胡港村实施高标准农田农业综合开发项目，新建泵站 1 个、浇筑硬质渠 30 公里、道路 12 公里。新增家庭农场 9 家、200 亩以上“全托管”经营主体 4 家，全镇共有家庭农场 20 家，“全托管”经营主体 14 家。如东金发农机专业合作社成功创建国家级农机合作社。实施如东永华米业粮食千万元农产品加工项目、南通日出畜牧有限公司规模化种养示范基地、如东海青家庭农场优质稻米产业基地和国家现代农业示范区、祝套村无公害稻米生产特色村建设项目。实施土地增减挂钩 47.53 公顷，占补平衡 13.4 公顷。新老 S225 连接道路建设施工。实施农村改厕

400座。农业机械总动力4.3万千瓦。汤园社区被评为国家防灾减灾示范社区，新店镇社区教育中心科普惠农服务站被命名为“江苏省科普惠农服务站”,深河金尊金银花专业合作社被评为“省级巾帼示范基地”,双虹桥村、胡港村被评为省标准化居民学校，孙桥村被评为省级民主法治示范村。

【工业经济】　新店镇企业562家，其中工业企业170家,列入统计“三上”企业63家,规模以上工业企业39家,高新技术企业2家。工业总产值92.04亿元,应税销售收入27.43亿元,从业人员1.58万人。进出口总额4317万元。市外民资投入2.33亿元,注册外资800万美元,到账外资505万美元。南通东洋时装有限公司通过市级安全文化建设示范企业考评验收，并通过省安全生产标准化二级企业评审验收。组织部分企业家赴上海电机学院参加产学研合作平台建设研讨和中瑞创新与智能制造论坛。南通宝鹏健身器材科技有限公司投资2000多万元,新上“PU”专利产品扩能创新项目,建成年产5000吨“PU”运动健身产品生产流水线，获得国家专利13项,该公司总经理宗国兵获县首届“十大如东工匠”称号。南通鑫锐健身器材二期项目开工,投资1.1亿元,新建厂房1万平方米,附属设施1000平方米。

图135　5月14日,新店镇2个项目集中开工

图136　7月14日,新店镇与上海电机学院开展产学研研讨

【社会事业】　2016年,新店镇投资300万元实施新店幼儿园二期工程,与一期工程共投资850万元。镇敬老院居住用房改造，新增床位64张,共有床位120张。汤园居委会、新店居委会和祝套、顾高桥、新联、月池4个村通过市级综合文化服务中心创建验收,月池村、祝套村农家书屋创建成为三星级农家书屋,全镇有三星级农家书屋6家，四星级农家书屋1家。市、县作协、诗词学会在新店镇举行诗集《牛塘荷色》出版发行研讨会。全镇公共文化体育设施面积6000平方米。利群小学射箭代表队参加“金陵体育杯”全国重点学校射箭锦标赛,获得2金2银3铜。全年孕前优生筛查83对,出生二孩69人。全镇参加新型农村合作医疗保险2.74万人,参加社会养老保险7400人，参加职工养老保险7500多人，社会保险覆盖到全镇102家规模企业，工资集体协商12家,调处养老、工伤、保险、工资等矛盾纠纷10起。新店镇被评为南通市“无小耳朵乡镇”创建工作先进单位，新店社区教育中心被命名为“2016—2020年南通市科普教育基地”。　(孙天浩)

双甸镇

【概况】　双甸镇地处如东西南部，西与如皋市丁堰镇、白蒲镇接壤，南与新店镇,东与岔河镇,北与河口镇、袁庄镇为邻。如泰河、334省道贯穿东西。2016年,全镇总面积120.12平方公里，其中水面面积1424公顷,耕地面积6651公顷。辖行政村13个、居委会3个、村(居)民小组531个。户籍总数2.31万户，总人口7.21万人。全年出生490人,死亡689人,人口自然增长率-2.76‰。镇党委、政府围绕建设“工业大镇,农业强镇,三产旺镇,宜居村镇”目标,坚持稳中求进总基调,突出工业招商引资,强化现代农业建设,推动服务业持续快速发展，促进各项社会事业协调发

展。全镇实现地区生产总值38.2亿元,同比增长8.83%;公共财政预算收入9894.98万元,同比增长17.5%。完成工业投入14.2亿元,实际利用外资537万美元,实现应税销售收入45.2亿元。农民人均可支配收入2.34万元,比上年增长22.86%。被评为全国社区教育示范乡镇、市“六五”普法先进乡镇、县工业集中建设先进单位、服务业工作先进单位、生态文明建设先进单位等,获县“综合优胜杯”银杯、“综合保障杯”银杯、“兴财杯”银杯、“项目建设杯”银杯、“工业发展杯”银杯、“生态文明杯”铜杯、“服务发展杯”铜杯、“城建杯”铜杯、“民生杯”铜杯。

2016年如东县双甸镇主要经济社会指标

表55

项　　目	单　位	数　量	比2015年增减(%)
总面积	平方公里	120.12	—
总人口	万人	7.21	-0.3
地区生产总值	亿元	38.20	8.8
第一产业增加值	亿元	3.40	-5.8
第二产业增加值	亿元	15.60	0.5
第三产业增加值	亿元	19.20	20.4
财政总收入	亿元	1.51	10.1
公共财政预算收入	万元	9894.98	17.5
工业企业	家	408	-15.8
其中一般纳税人企业	家	218	2.2
规模工业企业	家	67	12.6
工业总产值	亿元	150.10	1.2
规模工业总产值	亿元	112	2
应税销售收入	亿元	45.20	24.5
工业利税总收入	亿元	4.50	24
当年实际利用外资	万美元	537	22
全社会固定资产投资	亿元	16.40	0.1
工业投入	亿元	14.20	9.2
农业总产值	亿元	8	10
粮食总产量	万吨	8.30	-9.5
棉花总产量	吨	0	—
油料总产量	吨	1674	-9.6
水产品产量	吨	1276	-8
中、小学校	所	4	—
医院、卫生院	所	3	—
参加社会养老保险人数	人	38207	2.2
参加合作医疗人数	人	55125	-2.4
享受尊老金人数	人	4008	-0.9

2016年如东县双甸镇各村(居)基本情况

表56

村(居)名	党支部书记	主　任	村民小组(个)	人口(人)	耕地面积(公顷)	村营收入(万元)
高　前	薛建明	苏明宏	34	4412	428.59	181.09
石甸居委会	吴曙春	张国华	41	6394	601.95	90.43
曙　光	苏祥林	陈向东	48	6148	661.72	74.07
伯　元	张　军	许　兵	34	3572	469.53	84.65

续表 56

村(居)名	党支部书记	主　任	村民小组(个)	人口(人)	耕地面积(公顷)	村营收入(万元)
丛家坝	葛自乾 丛钢远	丛钢远 缪新建	35	4024	472.61	50.68
鹤　井	吴继成 王　成	马玉平 张诗林	30	3777	365.92	53.23
德　银	季长宽 张冬冬	丛远江	33	3905	478.66	47.09
镇　南	常建国	张爱兵	29	3845	390.44	67.09
中　心	金　勇	叶云峰	37	4270	482.09	74.36
星光居委会	王建明	郁建明	17	6796	192.11	109.60
镇　东	袁小燕	潘燕飞	22	2838	356.67	63.34
石　南	徐正华	陈　洁	27	3843	366.61	67.58
双南居委会	江李兵	钱银华	49	6461	641.24	97.38
田　季	冯素林	王巍威	30	3826	466.06	70.43
锡　伍	金　勇	金　勇 张　军	29	4146	422.76	62.85
宗　奎	许春荣	陈亚军	36	3853	464.63	66.69

【经济发展】　农业　双甸镇加强供给侧结构调整,新增超1000万元加工流通项目1个,新增如东星光、如东蓝鹰等家庭农场17家,新增如东晨香、如东盛华等粮食生产“全托管”经营主体11家,新培育嘉辉米业龙头企业1家。新增如东东安生态农业循环产业园等单体投资200万元以上投资示范基地2个;新增物联网技术农业应用点3个,新增农产品电商2家。实现外资注册300万美元,到账150万美元。累计流转承包土地1000公顷,高效农业面积2646.67公顷,家庭农场55家,其中省级2家、市级2家、县级4家;农业龙头企业7家,其中市级4家、县级3家。全镇土地确权工作有序推进。

工业和建筑业　全镇规模工业企业67家,超1亿元企业9家,一般纳税人企业218家。实现工业总产值150.1亿元,工业应税销售收入45.2亿元,同比增长24.5%。完成外资注册1100万美元,外资到账537万美元。1000万元以上项目投入13.5亿元,宇迪光学、嘉得利安全、际铨建筑3个亿元项目加快建设。主导产业集聚度提升,以光学镜头、纺织服装、劳保手套、健身器材、米业加工等为主导的现代产业体系逐步形成。

商贸服务业　1000万元以上服务业项目投入2亿元,实现服务业应税销售收入17亿元,入库税收400万元。全年限上贸易企业销售额6亿元,限上贸易单位零售额2.6亿元,新培育规模服务业企业1家,新增限额以上贸易企业2家。

园区建设　镇工业园区创办于2001年,位于双甸镇西首高前村,规划面积86.67公顷,设A、B、C 3个集中区。入驻企业56家,主产光学镜片、纺织坯布、织针机械、劳保手套、服装、兽药等。2016年,园区企业工业总产值40亿元。在C区中间大道实施通达工程500米,新开发20公顷亿元产业园。镇东工业集中区创办于2007年,位于镇东村4、5、6组,规划面积28.85公顷,开发面积14.44公顷,入驻企业33家,产品以纺织为主。

【镇村建设】　双甸镇区阳光一期工程通过竣工验收并实现销售,阳光二期工程中侨花园施工队进场。警务大楼主体工程结束,镇区停车场项目选址和方案设计完成,镇区排水、路灯、道路、垃圾站等基础设施进一步完善。334复线路域整治启动。全年疏浚农村河道36条、18.8万立方米;新建农路93.04公里,新建硬质渠道203.95公里,新改建农桥8座,拆坝建涵90座。总投资1325万元的双南居委会农业综合开发项目,总投资1500万元的中心村、宗奎村、镇南村小农水项目全面完工;加快推进总投资1600万元的石甸村、高前村农业综合开发项目。新增农村绿化面积63.46公顷。建设蓄粪池260座,通过县验收。畜禽粪便集中处置中心破土动工。城南变电所建成。镇区至田季村316线、镇区至如皋市林梓镇317线公交开通。

【社会事业】　2016年,双甸小学、石甸小学、双南小学创建为“义务教育现代化学校”。宇迪光学公司、星光居委会被全国成人教育协会命名为“学习型乡镇企业”和“学习型村(居)”。农村文化活动及农家书屋建设成为市、县典型。全镇18个村卫生室全部配备使用国家基本药物目录内药品,门诊14.18万人次,总费用213.06万元,均次费用15.1元,比上年下降。新增农村奖特扶794人,发放低保经费及其他临时救济费238万元,发放孤儿生活补贴、重残补助金80万元,田季、中心、鹤井等7个居家养老服务站建成。精准帮扶低收入家庭实现脱贫230户，改造农村危房33户，被评为县危房改造工作先进集体。

【社会治安】 双甸镇加强霜桥崇法文化中心建设。全镇排查并调处矛盾纠纷200多起，调解率100%，成功率98%，被评为市人民调解工作先进集体。接受社区服刑人员18人，解除矫正对象24人，法治工作成为市典型。开展工业生产、产品质量和食品药品等领域安全专项整治，安全形势保持平稳。

【民生保障】 2016年，双甸镇农民人均可支配收入2.34万元，比上年增长22.86%。全镇楼房住户1.68万户，占总数户80.1%，总建筑面积407.35万平方米，人均住房65平方米。全镇参加新型农村合作医疗保险5.5万人，参合率99.67%，当年补偿金额2143.7万元；参加新型农村社会养老保险3.82万人。

【生态环境】 双甸镇农村环境"五位一体"(河道管护、绿化养护、道路修护、垃圾收运处理、公共设施维护)长效管理机制不断加强，建有170人专业队伍，常年收集垃圾，整治环境。夏、秋季秸秆焚烧得到有效扼止。 (丁德全)

河口镇

【概况】 河口镇位于如东县西部，东临洋口镇，南与双甸镇及岔河镇毗邻，西接袁庄镇，北依栟茶镇。2016年，全镇总面积116.1平方公里，辖行政村11个、居委会2个，耕地面积5282公顷。年末总户数2.12万户，总人口6.32万人，非农业人口2.9万人，出生373人，死亡631人，人口自然增长率-4‰。镇区规划区面积8.8平方公里，镇区建成面积4.6平方公里，建成区常住人口1.29万人。地区生产总值49.5亿元，同比增长10.5%；公共财政预算收入2.4亿元，同比增长10%。完成工业投入20.1亿元，实际利用外资500万美元，实现应税销售收入112.7亿元。农民人均纯收入1.88万元。在全县综合考核中，获"综合优胜杯"金杯、"综合保障杯"金杯、"项目建设杯"金杯、"工业发展杯"金杯、"兴财杯"金杯、"服务业发展杯"金杯、"创新杯"金杯、"生态文明杯"金杯、"民生杯"银杯、"开放杯"铜杯。

2016年如东县河口镇主要经济社会指标

表57

项 目	单 位	数 量	比2015年增减(%)
总面积	平方公里	116.10	—
总人口	万人	6.32	-0.4
地区生产总值	亿元	49.50	10.5
第一产业增加值	亿元	3.80	4.7
第二产业增加值	亿元	25.90	7.5
第三产业增加值	亿元	19.80	16.2
财政总收入	亿元	4.99	18.5
公共财政预算收入	亿元	2.40	10
农民人均纯收入	元	18750	12
规模以上企业	家	33	-3
工业总产值	亿元	302	2.0
产品销售收入	亿元	291.40	3.6
工业利税总额	亿元	48.20	-5.9
当年实际利用外资	万美元	500	-17.6
全社会固定资产投资	亿元	26.80	13.1
工业投入	亿元	20.10	10.1
农业总产值	亿元	8.02	-6.7
粮食总产量	万吨	5.91	-9.1
棉花总产量	吨	0	—
油料总产量	吨	1828	8.9
水产品产量	吨	3880	-9.5
中、小学校	所	6	—
医院、卫生院	所	4	—
参加社会养老保险人数	人	15000	-10.7
参加合作医疗人数	人	44000	-10
享受尊老金人数	人	3564	-14.8

2016年如东县河口镇各村(居)基本情况

表 58

村(居)名	党支部书记	主　任	村民小组(个)	人口(人)	耕地面积(公顷)	村营收入(万元)
烈士陵	戴晓斌	尤金林	30	4014	348.40	49.59
太阳庙	王拥军	孙爱民	36	4110	443.67	108.91
锦　成	赵亚华	吴　彬	51	6884	670.93	66.20
双　港	徐相华	徐相华	29	3800	323.80	71.90
立新桥	曹　云	缪亚平	31	6797	526.67	82.79
荷　园	王建海	薛国华	14	2517	258.20	78.90
关　口	周桂凤	赵远驰	17	7309	540	65.04
小　滘	周新富	石跃军	17	3286	334.40	69.90
滘　河	吴小建	冒　军	7	3216	348.53	64.94
龙　坝	蔡守华	顾　页	18	3579	308.67	52.77
中　天	许伟伟	纪相明	49	5996	624.67	104.58
十里桥	钱永建	张红梅	20	6554	588	75.60
花园头	周　磊	吴明丽	25	5188	257.13	101.47

【经济发展】 农业　2016年，河口镇粮食综合产能保持稳定，农业产品质量不断提升，拥有无公害农产品2个。推广“盐粳13号”“扬麦23号”等优良品种，良种覆盖率90%以上。全年申报现代农业示范区2个、现代农业特色村1个，培育县级农业龙头企业1家。新增高效设施农业面积233.33公顷，新培育家庭农场20家，农业“全托管”示范点15个，托管面积176.3公顷。有序推进土地流转，全镇土地流转面积516.79公顷。农业机械化水平持续提升，全年新增拖拉机23台、插秧机28台，新上烘干设备4台(套)，拖拉机年检率95%，享受省、市补助金额180余万元，受益农户近100户。县农水重点项目工程分布在关口、龙坝、小滘3个村17个灌区，总里程62公里，改建农灌车口13座。全镇13个村(居)村营总收入992.59万元，其中3个村超100万元。

工业　2016年，河口镇实现规模以上工业产值293亿元；工业应税销售收入112.7亿元，同比增长18.9%。高新技术产业产值占规模以上工业产值92.4%。新增应税销售收入2000万元以上企业2家。至年底，累计完成外贸进出口总额3668.9万美元。全年先后在苏州、深圳等地成功举办投资说明会4次，实际利用外资500万美元。招引项目结构不断优化，大成广宇等一批高尖端、高科技、高产出项目成功落户。完成亿元项目7个，其中，工业类5个(土建类4个、设备类1个)，服务业2个(土建类1个、设备类1个)，FTTX、避雷器、光伏支架、铝包钢扩产等项目相继开工投产。科创能力持续增强，新增高新技术企业1家、市级以上工程技术中心1家、省民营科技企业8家；发明专利授权完成15个，万人发明专利拥有量和专利授权量分别为13.5件、48件，大中型研发机构92个。累计引进高层次创新创业人才5人，引进其他高层次创新创业人才5人；申报省双创团队1个，引进省“333”人才3人、“226”人才1人。

商贸服务业　2016年，河口镇服务业1000万元以上项目投入6.8亿元，一般固定资产抵扣额100万元；服务业应税销售收入8.5亿元，同比下降12.94%。江东物流公司成功创建国家AAAA级物流企业。初步规划建设镇文化中心、体育中心等项目。不断加大健康、养老、餐饮、休闲娱乐、住宅区等生活性服务业培育力度，满足个性化、多层次服务需求。

园区建设　中天工业园区于2001年11月经县人民政府批准成立。园区东起江海路，西至天池路，南至苴沿路，北至李洛河，总面积351.6公顷。按照规划，园区内包含轻纺产业园、中天高新科技产业园、服装棉纺织产业园和电子、电缆高新产业园4个板块，形成光电线缆、电子陶瓷、机械制造、纺织服装4大产业布局，拥有中天科技集团、南通纬纶纺织有限公司、南通万隆纺织有限公司、南通水星织造有限公司、南通祥峰电子有限公司、南通博创精细陶瓷有限公司等县、市50强企业。2016年，园区内共进驻企业30余家，在建亿元项目5个。全年区内企业实现应税销售收入112亿元。

【镇村建设】 2016年，河口镇委托市编研中心和南京长江都市建筑设计有限公司编制河口新区46.1公顷控制性详细规划和修建性详细规划，规划地块内52户均交房让地，全年房屋征收近2万平方米。新镇区框架全面拉开，加快完善城镇建设规模、功能和体系，全年投入1100万元，新修农路20.9公里，“一事一议”奖补项目新建道路15.2公里，新建财政农桥10座。云胜路、古井路、中天东路东延、中天大道西延、人民路等重点骨干道路改造升级工程抓紧建设，配套管网建设等有序实施。连接线工程全线开工，服务海启高速(河口段8.9公里)工作有力推进。

【社会事业】 2016年，河口镇在册教师293人，每千人拥有教师4.65人；医院、卫生院4所，医生75人，每千人拥有医生1.2人，每千人拥有床位1.17张。教育教学质量持续走高，景安初中等3所初中中考成绩在全县乃至全市名列前茅。景安初中课改经验享誉省内外，得到省教育厅肯定，吸引全国20多个省教育同行、学者参观交流。全年全镇投入约1200万元，用于直夫中学学生公寓、景安初中综合楼内部改造、于港小学重建等工程。加快发展公共卫生事业，筹划组建镇公立医院；创建省级卫生村1个，并通过县、市考核验收；新增省示范村卫生室2个。推进改厕工作，完成改厕1020座。全年献血499人，超额完成县下达任务数。文体事业协调发展，举办镇第十一届全民运动会，建成广播电视"户户通"工程；被县确定为省"书香乡村"创建单位1个，并创建市级四星级农家书屋1个；打造"和谐之春"新春文艺演出文化品牌，河口小学成为全县空竹训练基地。推进和谐社区建设，完善矛盾大调解机制和社会防控体系。不断加大安全生产经费投入，监管网络不断拓展和延伸，公众安全感持续增强。镇司法所获"江苏省优秀司法所"称号。

【民生保障】 2016年，河口镇用于民生投入1.11亿元，全年新增城镇就业1809人，自主创业102人，城镇登记失业率控制在2.8%以内。全镇社会保险范围持续扩大，质态稳步提升，其中新型农村合作医疗参保4.4万人，农村社会养老保险参保1.5万人。社会救助能力不断提升，救助标准逐年提高。实施脱贫攻坚工程，开展低收入户建档立卡工作，建档立卡726户、1555人；低收入户实现脱贫171户、255人。完善社会养老服务体系，有公立敬老院1所，逐步形成政府主导、社会参与、市场配置的发展格局。落实退役转业军人安置政策，接县级安置任务安置1人；节假日期间，通过组织开座谈会、上门慰问等方式，慰问优抚对象70余人。

【生态环境】 2016年，河口镇突出生态环境治理，镇域环境面貌明显改善。全年投入446万元，新增绿化面积880亩，镇域林木覆盖率23.2%，城镇建成区绿化覆盖率26%。全年拆除破旧广告6处，取缔、纠正"店外店"7处，依法取缔公路沿线废旧点1家，规范整治8家。增设于港中学、于港小学停车场，有效避免出现重点路段拥堵现象。加大污水处理力度，收集污水处理率100%。建立健全城镇垃圾运输处置体系，垃圾无害化处理率100%。

图137 9月21日，河口镇第十一届全民运动会举办

【小漻村】 小漻村由原小漻、漻中、高墩3村合并而成，地处河口镇东南部，南有江岔河与岔河镇新桥村隔河相望，东有岔栟河与荷园村相连，西有江海河与立新桥居委会相邻，北有幸福河与漻河村相接，西南与锦成村相交。2016年，全村有小组17个、1136户、3286人，耕地面积334.4公顷，村营收入69.9万元。全村形成以粮食生产为基础，蚕桑产业为龙头，个体私营企业为支柱，种养加工齐头并进，并辅助特种养殖格局，逐渐向现代农业发展。有年出栏100头生态养羊场1家、无公害优质稻米生产基地66.67公顷、苗木生态林40公顷、无公害大棚蔬菜生产基地15公顷。小漻村先后被评为省级卫生村、省生态文明村、省基层居民学校、市、县级文化中心村，2016年获评省级"森林生态示范村"，为全县唯一一家。 (唐 玲)

袁 庄 镇

【概况】 袁庄镇地处如东西部，西与如皋市东陈镇接壤，南邻双甸镇，东依河口镇，北连海安县李堡镇。海洋铁路穿境而过。2016年，全镇总面积97平方公里，辖行政村11个、村民小组153个。年末总户数1.81万户，总人口5.79万人，出生353人，死亡542人，人口自然增长率-3.26‰。年末实有耕地6010.44公顷。地区生产总值28.99亿元，同比增长5.1%，公共财政预算收入5602.21万元，同比增长22.2%。完成工业投入4.01亿元，实际利用外资158万美元，实现应税销售收入18.17亿元。袁庄镇获县综合考核"新农杯"银杯，通过省AA级数字档案室等级评估，被评为全省关心下一代工作先进集体；小康村获省"民主法治示范村"称号。

2016年如东县袁庄镇主要经济社会指标

表 59

项　目	单　位	数　量	比 2015 年增减(%)
总面积	平方公里	97	—
总人口	万人	5.79	-0.3
地区生产总值	亿元	28.99	5.1
第一产业增加值	亿元	4.13	12.8
第二产业增加值	亿元	11.01	-7.1
第三产业增加值	亿元	13.85	14.7
财政总收入	亿元	1.04	3
公共财政预算收入	万元	5602.21	22.2
企业总数	家	413	137.4
其中规模工业企业	家	16	—
工业总产值	亿元	26.18	1
应税销售收入	亿元	18.17	42.8
工业利税总额	亿元	3.74	13.3
当年实际利用外资	万美元	158	-21
全社会固定资产投资	亿元	4.03	-39.9
工业投入	亿元	4.01	12
农业总产值	亿元	8.38	-14.8
粮食总产量	万吨	6.35	-5.8
棉花总产量	吨	0	—
油料总产量	吨	1905.50	-11.1
水产品产量	吨	3085	-11.1
中、小学校	所	4	—
医院、卫生院	所	3	—
参加社会养老保险人数	人	14825	-5.2
参加合作医疗人数	人	45824	-2.8
享受尊老金人数	人	3110	-1.7

2016年如东县袁庄镇各村(居)基本情况

表 60

村(居)名	党支部书记	主　任	村民小组(个)	人口(人)	耕地面积(公顷)	村营收入(万元)
铁果门	倪　勇	李　勇	10	4584	551.10	104.37
大袁庄	黄晓林	罗登峰	19	4494	465.69	103.06
时　桥	平亚梅	袁宏斌	9	5457	610.24	52.42
海河滩	缪亚军	张秀云	29	5088	400.53	114.54
小　康	张　平	徐希朋	9	5775	542.09	80.55
濮　桥	张肖飞	庄　建	10	7511	676.11	82.34
孙　庄	冒亚洲	王起东	28	3968	459.43	75.03
戴　南	王亚兵	姜相存	9	5523	643.31	40.74
竹　园	卞书红	张兴林	14	4408	430.46	59.40
朱　庄	刘　雷	丁佐明	6	2876	466.25	135.52
赵　港	康贻林	冯建军	10	8206	765.23	79.03

【经济发展】 2016年，袁庄镇加大工业集中区基础设施和功能配套投入，南通轩舒美纺织科技有限公司、南通帕沃机械有限公司等多家企业相继落户、开工，集中区工业实力不断增强。南通盛泰食品生物科技有限公司年销售收入超1亿元，年税赋贡献超100万元企业10家。完成1000万元以上项目投入4.01亿元，实现2000万元以上项目开工6个、竣工3个。振通门业生产金属门被评为江苏省名牌产品，获评南通市工程技术研发中心，其钢制防火门窗制造项目通过市级亿元项目验收。南通欣晨乳业有限公司通过技改成为蒙牛华东地区唯一生产基地，南通盛泰食品生物科技有限公司、南通久艳服饰有限公司、江苏亿鼎新型建材有限公司、南通众悦门业有限公司等企业技改后产销两旺。5000万元以上服务业项目1个，实现零突破，服务业增加值9亿元，社会消费品零售总额1.06亿元，均大幅度增长。袁庄镇村级集体经济发展壮大，全年实现村营集体收入927万元。全镇新增高效农田面积72.67公顷，新增土地流转面积514.8公顷，新建合作社2家。注册家庭农场16家，培育全托管项目12个，全托管面积250公顷。成功申报市级农业龙头企业3家，建成孙庄村、时桥村2个千亩农业园区，建设粮食全产业链联盟，打造戴南村、小康村优质稻米生产基地，培育“鲜活在线、我家半亩花园”等一批农产品网上销售平台，培植赵港村山羊养殖、时桥村蛋禽养殖、孙庄村出口蔬菜等特色村。

【镇村建设】 袁庄镇完成全镇土地利用总体规划、村庄优化布局规划和镇区控制性详细规划编制。服务大交通、大项目，1000千伏特高压工程完成施工，海启高速加速推进，苴东线、角林线拓宽等重点工程建成通车。加大基础设施投入，全年总投资1210.92万元。投资280万元，新建镇区青年路；投入80万元，拓宽改造袁海中心大桥南延道路；投入110万元，在袁海居民点新建道路和建设广场；投入80.92万元在兴袁大道、袁海中心路两侧安装路灯；投入220万元，新建污水处理厂，铺设污水管网3.2公里；投入230万元，用于镇区绿化。建成一事一议财政奖补项目、后扶资金项目、河道疏浚项目和泵站改造项目，新修水泥道路45.08公里，新修硬质渠3公里，新建泵站1座，疏浚2个村河道6条、12.42公里，改造农村桥梁7座、交通桥梁3座。建立镇城管中队，加大镇区管理和违章建筑查处力度。开展村庄环境整治和农村环境“五位一体”长效管理，完成绿化面积73.33公顷。

【民生保障】 袁庄镇持续加大教育事业投入，异地新建五轨制公立幼儿园1所；教学水平不断提升，中考成绩稳居全县前4名。投入152万元，敬老院新建住宿楼2幢、食堂1幢。完成自来水厂回购和管网升级改造工程，改厕1220座，省级卫生镇创建通过市验收。实施困难群众住房改造40户。孙庄村、小康村建成省示范卫生室。农村合作医疗参保率99.9%，参加社会保险1.48万人，有线电视入户率95%。“公调对接”、交通事故矛盾调处便民中心竣工。承办如东县首届中老年健身操与广场舞交流会。镇红十字会募集善款4.7万元。开展社会治安综合治理，全年未发生危害社会稳定的重大事件。推进社会面监控与社会力量监控系统利用整合，全镇专职联防队员26人，新录用专职保安联防队员7人，新增技防监控设备60只，治安防控能力进一步提高。落实安全生产责任制，开展隐患排查治理，全年未发生较大安全生产事故。 （杨 帅）

人物

Renwu

新任县领导

潘建华

1965年5月出生，江苏省海安县人，研究生文化，1985年1月加入中国共产党，第十二届全国人大代表。1981年7月在中国人民解放军第三地面炮兵学校通信专业学习；1984年7月任江苏省军区守备某团通信排长、指挥排长；1985年1月任江苏省军区守备某团政治处干部股干事；1985年12月任盐城军分区政治部宣传科干事；1987年1月在海安县人事局工作；1987年10月任共青团海安县委学少部部长；1991年3月任共青团海安县委副书记；1993年10月任海安县双楼镇党委副书记、副镇长（主持政府工作）；1994年2月任海安县双楼镇党委副书记、镇长；1996年11月任海安县仇湖镇党委书记；2000年1月任中共海安县委组织部副部长（正科级）；2000年12月任中共如皋市委常委、组织部部长；2004年3月任中共如皋市委常委，市人民政府常务副市长、党组副书记；2007年4月任中共如东县委常委，县人民政府常务副县长、党组副书记；2008年12月任中共如东县委副书记，县人民政府党组副书记；2009年1月任中共如东县委副书记，县委党校（行政干校）校长；2011年6月任中共如东县委副书记，县人民政府代县长、党组书记，县政协党组书记；2012年3月任中共如东县委副书记，县人民政府县长、党组书记；2016年1月任中共如东县委副书记（临时负责县委工作），县人民政府县长、党组书记；2016年2月起任中共如东县委书记，县人民政府县长、党组书记。2016年7月任中共如东县委书记。

沈峻峰

1970年3月出生，江苏省如皋市人，研究生学历，1994年6月加入中国共产党。1989年9月任如皋县人民法院如城镇法庭书记员；1990年9月任如皋市人大常委会内务工作委员会办事员；1992年7月任如皋市人大常委会内务工作委员会助理秘书；1995年3月任如皋市人大常委会法制工作委员会秘书；1997年10月任如皋市林梓镇党委副书记；1998年4月任共青团如皋市委书记；1999年8月任共青团如皋市委书记，如皋市高压电器厂党总支书记；1999年12月任共青团如皋市委书记，如皋市高压电器厂党总支书记、党委书记；2001年10月任如皋市林梓镇党委书记；2002年11月任海门市人民政府副市长；2006年5月任海门市人民政府副市长，精细化工园（灵甸工业集中区）管委会主任；2006年12月任海门市人民政府副市长，海门经济开发区党工委副书记、管委会主任，精细化工园（灵甸工业集中区）管委会主任，新通海沙综合工程指挥部副总指挥；2008年12月任中共海门市委常委，市人民政府副市长，海门经济开发区党工委书记；2012年1月任中共如东县委常委，县人民政府常务副县长、党组副书记；2016年6月任中共如东县委副书记，县人民政府常务副县长、党组副书记。2016年7月任中共如东县委

副书记，县人民政府代理县长、党组书记。

任新峰

1968年8月出生，江苏省南通市人，研究生学历，1992年7月加入中国共产党。1987年8月任南通县戎台墩小学教师；1989年8月任南通县五总中心小学教学负责人、教工团支部书记；1993年9月借通州市教育局秘书科工作，任市教育系统关工委办公室副主任；1997年6月任通州市教育局办公室办事员、秘书；1999年4月任中共通州市委组织部组织员、副科级组织员，办公室副主任（主持工作）兼机关党总支副书记；2001年5月任中共通州市委办公室副科级秘书、主任助理，兼秘书三科科长；2003年9月任中共通州市委研究室副主任（其间：2003年12月至2004年4月借中共南通市委组织部组织处工作）；2004年4月任中共南通市委组织部副科级组织员、组织处（企业工委组宣处）副处长（2004年12月任正科级组织员）（其间：2004年8月至2004年11月浙江省温州市鹿城区委组织部挂职部长助理）；2005年9月任中共南通市委组织部组织员办公室副主任、党员教育处处长，办公室主任、部机关第一支部书记；2009年5月任中共南通市委组织部副调研员、办公室主任、部机关第一支部书记（2010年2月兼部机关党委副书记）；2010年4月任中共如东县委常委、组织部部长；2011年6月任中共如东县委常委、组织部部长，县委党校（行政干校）校长。2016年7月任中共如东县委副书记，县委党校（行政干校）校长。

于立忠

1971年2月出生，江苏省南通市人，农业推广硕士，1994年8月参加工作，中共党员。1994年8月，南通市港闸区幸福乡政府办工作人员；1995年12月任南通市港闸区幸福乡保桥村党支部书记、经济合作社社长；1996年2月任南通市港闸区幸福乡副乡长；1997年5月任共青团南通市港闸区委员会书记；1998年7月任南通市港闸区财经贸易局局长；2001年10月任南通市港闸区财经贸易局局长，区发展计划与经济贸易委员会副主任、党组成员；2001年11月任南通市港闸区财经贸易局局长，区发展计划与经济贸易委员会副主任，区供销合作总社主任、党组书记；2003年2月任南通市港闸区法制办主任；2003年3月任南通市港闸区政府党组成员，区政府办主任、法制办主任；2005年1月任南通市港闸区秦灶镇党委书记、港闸经济开发区管委会副主任、东区管委会常务副主任；2005年8月任南通市港闸区秦灶街道党工委书记、港闸经济开发区管委会副主任、东区管委会常务副主任；2007年11月任如东县人民政府副县长；2008年1月任如东县人民政府副县长、党组成员；2012年1月任中共如东县委常委，县人民政府副县长、党组成员；2012年3月任中共如东县委常委、政法委书记；2013年1月任中共如东县委常委、政法委书记，县社会矛盾纠纷调处中心主任；2015年4月任中共如东县委常委，江苏省洋口港经济开发区党工委书记。2016年7月任中共如东县委常委，县人民政府常务副县长、党组副书记，江苏省洋口港经济开发区党工委书记。

蒋树建

1972年1月出生，江苏省如东县人，研究生学历，1993年6月加入中国共产党。1994年8月任如东县新光乡党政办秘书；1996年11月任如东县新光乡宣传委员；1998年11月任共青团如东县委副书记；2000年12月任共青团如东县委书记；2001年1月任中共如东县委委员，共青团如东县委书记；2003年1月任中共如东县委委员，县人大常委会委员，共青团如东县委书记；2003年2月任中共如东县委委员，县人大常委会委员，丰利镇党委副书记、政府筹建组组长；2003年11月任中共如东县委委员，县人大常委会委员，丰利镇党委副书记、镇长；2003年12月任中共如东县委委员，丰利镇党委副书记、镇长；2005年1月任中共如东县委委员，丰利镇党委书记；2010年7月任中共如东县委委员，县人民政府副县长、党组成员，青海省贵德县委常委、县人民政府副县长、党组成员（援青）；2013年8月任中共如东县委委员，县人民政府副县长、党组成员；2016年7月任中共如东县委常委，县人民政府副县长、党组成员。2016年8月任中共如东县委常委、统战部部长。

曹雁卉

1975年10月出生，江苏省南通市人，大学学历，硕士学位，1998年4月加入中国共产党。1998年8月南通

市崇川区西公园街道办事处工作；1998年12月南通市崇川区虹桥街道办事处工作；2001年5月南通市崇川区委组织部工作；2002年6月任南通市崇川区委组织部组织科副科长；2003年5月任南通市崇川区委组织部组织科副科长，崇川区委组织员办副主任；2003年12月任南通市崇川区团区委副书记，崇川区委组织员办副主任，崇川区委组织部组织科副科长（其间：2004年10月至2006年6月借南通市委先进性教育办公室工作）；2006年7月南通市委组织部组织处工作；2006年9月任南通市委组织部组织处副科级组织员；2007年7月任南通市委组织部组织处副主任科员；2007年8月任南通市委组织部组织处主任科员；2008年3月任南通市委组织部组织处副处长、主任科员；2010年5月任南通市委组织部新经济新社会组织工作处处长、组织处副处长；2012年2月任南通市委组织部办公室主任、研究室主任；2012年12月任南通市委组织部办公室主任；2013年12月任南通市委组织部企事业干部处处长；2015年4月任南通市委组织部副调研员、企事业干部处处长。2016年7月任中共如东县委常委、组织部部长。

刘　瑞

1970年5月出生，江苏省泗洪县人，大学学历，1990年12月加入中国共产党。1989年3月中国人民解放军某部队战士；1992年9月中国人民解放军长沙炮兵指挥学院学员；1995年7月任中国人民解放军某部队某分队排长；1996年10月任中国人民解放军某部队政治处组织干部股正排职干事；1997年12月任中国人民解放军某部队某分队副政治指导员；1999年7月任中国人民解放军某部队某分队政治指导员；1999年12月任中国人民解放军某部队某分队政治指导员；2001年3月任中国人民解放军某部队政治处保卫股副股长；2001年6月任中国人民解放军某部队政治处保卫股股长；2005年3月任中国人民解放军某部队某分队政治教导员；2008年2月任中国人民解放军某部队政治处主任；2008年6月任江苏省军区政治部宣传保卫处副处长；2011年3月任江苏省南通军分区政治部副主任；2012年3月任如东县人民武装部政治委员。2016年7月任中共如东县委常委、县人民武装部政治委员。

闫静翔

1977年2月出生，江苏省如皋市人，大学文化，2004年12月加入中国共产党。1997年8月南通市化学工业局工作(其间：1997年8月南通农药厂锻炼；1998年2月南通制药总厂锻炼)；1998年8月任南通市化学工业局科员；2001年10月任南通市经济贸易委员会投资与规划处科员；2004年4月任南通市经济贸易委员会办公室副主任科员；2006年7月任南通市经济贸易委员会办公室副主任；2009年3月任南通市经济贸易委员会综合处处长兼办公室副主任；2011年2月任南通市经济和信息化委员会办公室主任；2013年3月任南通市经济和信息化委员会党组成员、副主任。2016年5月任中共如东县委常委(挂职)。

陈春柳

女，1975年4月出生，江苏省启东市人，研究生学历，1996年12月

加入中国共产党。1995年8月任启东市万安乡团委书记、妇联主席；1997年3月任共青团启东市委副书记；1999年5月任共青团启东市委书记、党组书记；2001年10月任启东市王鲍镇党委书记；2003年12月任启东市总工会副主席、党组副书记（正科级）；2004年2月任启东市总工会主席、党组书记(其间：2005年9月明确为副处级干部)。2016年7月任中共如东县委委员、如东县人民政府副县长、党组成员。

徐　炜

1974年12月出生，江苏省如东人，中央党校大学毕业。1996年8月任南通市港闸区审计局科员；2005年1月任南通市港闸区审计局局长助理；2006年2月任南通市港闸区审计局副局长；2010年3月任南通市审计局开发区审计处副处长；2012年2月任南通市审计局财政金融审计处副处长；2012年6月任南通市审计局办公室主任；2013年9月任南通市审计局财政金融审计处处长。2016年11月任如东县人民政府副县长。

（组织部干部科）

新闻人物

沈亚秋

沈亚秋是如东高新区文体办主

任，她10多年如一日照顾着与自己没有血缘关系的3对“父母”，特别是与丈夫前女友父母组成一个特殊家庭，演绎一串感人至深大爱故事。她对待公公、婆婆同样用心。婆婆长年卧床不起，公公又被查出肺癌晚期，沈亚秋带着老人四处寻医，即使自己被检查出患有乳腺癌，她也一边和病魔做斗争，一边倾尽心力照顾公婆。丈夫的伯父、伯母中风后，沈亚秋同样给予超越血缘的爱。从买米买油，到买药看病，不论大事小事，沈亚秋都心系他们。沈亚秋被推荐为“孝老爱亲”类好人，排在10月“中国好人榜”第66位。

如东籍老山战友群体

1983年，300多名如东籍青年应征入伍。1984年7月，跟随一军一师从杭州奔赴云南老山前线，参加老山中越边境自卫还击作战。在南疆战场，18名如东优秀儿女为了国家安宁、人民幸福，献出年轻生命。为完成烈士生前嘱托，兑现对烈士父母承诺，从老山归来老兵群体，把18位烈士的父母当作自己的亲人。32年中，一直默默关心照料着痛失爱子的老人们。如东籍老山战友群体被推荐为“诚实守信”类好人，排在10月“中国好人榜”第27位。

（如　鉴）

已故人物

徐　仪

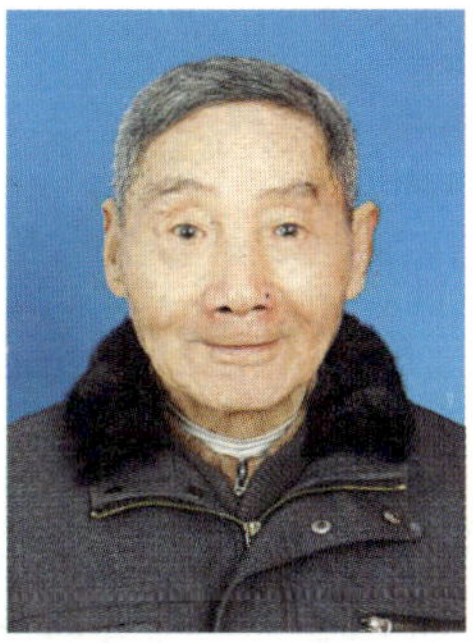

1924年11月出生于江苏盐城专区建湖县建阳公社新阳大队三队。1942年3月加入中国共产党。1941年10月至1944年9月在建湖县建湖区队任队员、班长、排长；1944年10月至1947年8月任建湖县武工队分队长、队长；1947年9月至1948年4月任建湖区公安股副股长；1948年5月至1949年7月任建湖县公安局荡东派出所所长；1949年8月至1950年9月任盐城专区公安处科员、股长；1950年10月至1952年3月任淮南盐管局盐东盐场公安股长；1952年3月至1952年11月任淮南盐管局通东办事处主任；1952年12月至1956年1月任淮南盐管局如东盐场场长、党总支书记；1956年2月至1957年1月任中共如东县委委员，县委政法部副部长、部长；1957年2月至1964年11月任中共如东县委委员，如东县人民法院院长、政法党组书记；1964年12月至1968年12月任中共如东县委常委、县政府副县长；1968年12月至1970年12月任中共如东县委委员、县化肥厂筹建组负责人；1971年1月至1974年12月任中共如东县委委员、岔河区委书记；1975年1月至1979年4月任中共如东县委委员、县农办副主任、主任；1979年4月至1980年3月任中共如东县委委员、县革会副主任；1980年3月至1984年3月任中共如东县委委员、县政府副县长；1984年3月至1985年6月任县人大常委会副主任、党组成员。1985年11月离职休养（享受地市级待遇）。2016年1月14日8时20分，因病医治无效逝世，享年91岁。

徐仪从青少年起就追求进步，18岁加入中国共产党。抗日时期，他参加和带领群众开展革命斗争、减租减息运动和反“清乡”、反扫荡斗争，组织开展农民运动和瓦解敌伪工作。1943年，参加大生产运动，主动帮助群众开展生产劳动，受到组织奖励。解放战争时期，积极参加土改运动、锄奸工作和对国民党反动派斗争，依靠群众、坚守阵地，配合解放军主力反攻，为如东解放做出贡献。中华人民共和国成立后，徐仪无论在哪个岗位上，都做到殚精竭虑，努力工作，克己奉献。担任如东县人大常委会副主任期间，认真执行人大常委会各项决议，依法履行地方人大工作职责。在法律监督和工作监督等方面作出努力，为发展社会主义民主，健全社会主义法制，促进社会改革和发展做出贡献。

（县人大办）

首届十大如东工匠

周　杨

1979年2月出生，南通大东有限公司设备科科长。从校门跨进厂门17年中，周杨立足本职，爱岗敬业，刻苦自学，勤奋钻研，在实践中摸索提高，在苦干中激发创新，使自己的业务技能，尤其是高端疑难电气的维修技术和进口高档设备的国产化配套能力取得令人赞叹的成绩。由他潜心钻研的进口电路板维修、数十台进口设备疑难杂症排查等多项技术填补国内空白，获得国家专利的自制设备重大革新项目，他所带领的

团队共为公司节约费用近 1000 万元。他被工友和同行业人士称为"电器疑难杂症医疗的点穴手""进口设备维修的主治医师""电工技术人员的好兄长好领班"。周扬先后被评为公司开业 20 年十大优秀员工之一、如东县十佳有突出贡献人才、南通市劳动模范、江苏省劳动模范和全国劳动模范等。

刘承林

1967 年 10 月出生，南通承林红木艺术精品雕刻工作室从事红木艺术精品雕刻。先后带徒传授雕刻技艺 10 余人。2011 年 12 月，由人力资源和社会保障部中国国家人才网专业人才库入库注册。2013 年，被授予南通非物质文化遗产红木雕刻代表性传承人。创建的南通承林木雕艺术馆被确定为南通非物质文化遗产传承保护基地，连续多年获南通市"优秀文艺家"称号，作品《春意盎然·蝶恋花》获江苏省民间工艺最高奖——迎春花奖和江苏文化创意设计大赛"紫金奖"。《葫芦蝈蝈》《心心相印》《番人骑象》3 件作品获国家知识产权局外观设计专利。《刘海戏金蟾葫芦瓶》《无丝牵挂》《番人骑象》作品入选江苏工美精品馆并收藏。15 件作品受到省版权局版权保护，并入编《典藏·上下册》一书。2016 年 4 月，由文化部在北京全国政协礼堂主办《中华文化非遗传承人大典》活动期间进行公益木雕展览，引起轰动，受到大会命名表彰并授予"卓越成就奖"。

李文建

1968 年 2 月出生，现任江苏必康制药股份有限公司总工程师兼工程建设部经理。李文建通过对重大

和关键技术问题进行总结分析，撰写多篇研究报告或技术方案(总结)；为重大项目立项撰写多篇可行性研究报告；结合公司实际情况，提出技术发展规划。由他主持或作为技术骨干参加的大、中型新产品开发或技术改造工程建设方案的拟定、工艺设备设计、现场安装等工作 40 多项次，实施多项创新，取得巨大经济效益及社会效益，其中包括 3 项国家火炬计划项目、1 项国家火炬计划产业化示范项目、3 项省火炬计划项目、1 项国家重大科技成果转化项目、1 项省科技攻关项目、1 项国家科技型中小企业创新基金项目等。作为受聘的江苏省安全生产专家，能勤勉尽职为社会服务。李文建获南通市科技进步奖二等奖 1 项、如东县科技进步一等奖 1 项；申报专利 18 项，其中发明专利 8 项；获授权专利 13 项，其中发明专利 4 项。被评为南通市劳动模范、如东县第八轮专业技术拔尖人才、如东县风范人物、如东县企业创新先进个人，在公司及业内具有较好口碑。

陈昌泉

1957 年 6 月出生，南通兴辰礼艺品有限公司技术总监。陈昌泉通过 2 年多不断钻研，反复试验，完善工艺，定制工装、量夹具、模具，成功研发拉式新型快速活络扳手，广泛应用于制造业、装配业等各行各业及人们日常生活中，由南通兴辰礼艺品有限公司与弘昌(南通)工具有限公司生产。项目产品在制造工艺上，采用金属注射工艺，保证精度，自锁稳定可靠，研制专用热处理装置，采用热处理新技术，使扳体硬度稳定，扭矩达到并超过国际 ISO 6787:2001(E)及国家 GB/T 4440—1998标准，在扳体上采用世界近年流行的表面处理，提高了防腐性能和环保性能。陈昌泉为公司创造经济效益，获得良好社会效益，其发明产品获南通市科学技术进步一等奖，2010 年获江苏省总工会"十佳科技创新成果"奖。

张爱林

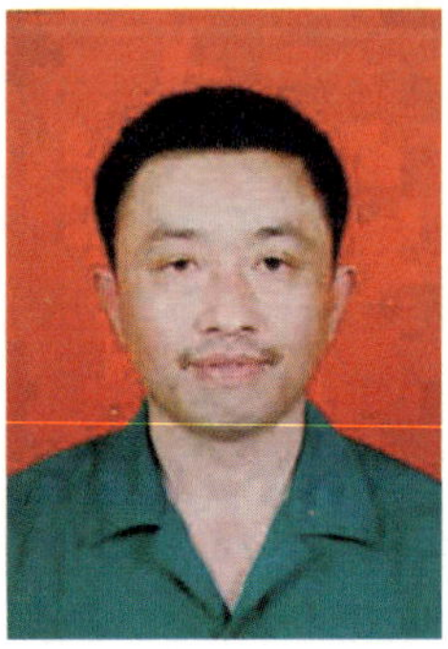

1964 年 10 月出生，亚振家具股份有限公司研发组组长。自 1994 年加入亚振后，从雕刻工做起，因爱好钻研摸索，后调至研发中心从事样品开发研究与图案设计工作。亚振家具中的 53 型、55 型、60 型、62 型产品都是其研发，并成为亚振热销产品。2015 年意大利米兰世博会中国馆中，展出一套中式家具的研发创意来自于张爱林，24 张竹节椅后背画板上的雕花对应 24 节气，凸显中国传统特色，受到客户青睐。张爱林多次参与公司技术改革。亚振家具起初雕刻都是生雕，难度大且耗时，为减少员工劳动强度，张爱林提出对需要生雕部件进行技术改革，节约成本，提高效率。亚振家具的海派技艺被列为非物质文化遗产。

宗国兵

1961 年 3 月出生，南通宝鹏健身器材科技有限公司总经理。一直从事健身器材科技研发、产品创新，先后开发出技术含量较高的 PU 系列产品 100 余种。新工艺 PU 整体包履带彩色 Logo 技术所制作的产品，

品质和档次明显提升，劳动生产率大幅提高，新工艺生产节能节耗又节省工时，居国内领先水平。关键技术具有自主知识产权。研制的产品节能减排、低碳绿色，利润空间大，发展前景广阔。先后申报国家专利13项，授权11项，其中，发明专利2项、实用新型专利7项、外观专利2项。年销售收入由研发初几百万元发展到2015年3500万元。产品主要销往欧美市场，扩展到4大洲20多个国家和地区，赢得外商青睐和国际市场认可。

陈　建

1973年2月出生，江苏省如东中等专业学校机电工程系主任。工作后，担任机械专业课教学及机电产品创新与造型设计、钳工实习、化工设备维修实习、机器人竞赛指导等课程，教学效果优秀。多次在南通市范围内执教观摩课，得到南通市教科研中心组成员一致好评。2014年9月被评为如东县“十佳”优秀教育工作者，12月考核通过为机修钳工高级技师，2015年6月参加信息化教学大赛获南通市一等奖。2015年12月参加多媒体教育软件比赛获县一等奖。作为机电专业负责人，数控实训基地建成为南通市职业教育教学研究基地，陈建被评为首席专家，担任业务组组长。数控、电工电子实训基地被评为江苏省高水平示范性实训基地，省教育厅拨款600万元用于基地建设。担任专业部主任，主抓职业教育3大赛事，取得优异成绩。学校获江苏省高技能人才摇篮奖，陈建被评为南通市职业学校技能大赛先进个人。2015年，机电部参加省赛获2金2银6铜，创最好水平。参加教科研，主持江苏省“十二五”教育科学规划课题“校企合作创新实训基地建设模式的研究”结题。多篇论文在省级以上刊物发表，被评为如东县“十二五”教科研先进个人。成立如东县创新发明陈建工作室，工作室成员指导学生的创新作品获江苏省青少年科技大赛和江苏省职业教育创新大赛一等奖7个、二等奖8个。

冯惠宏

1971年10月出生，中天科技普特缆厂创新工作室主管。从技术含量不高的低压电气维修安装到光缆生产线中使用的各种控制器设备调试和故障解决，再到CAD和PLC、人机界面的编程，一直寻求在设备自动化领域里有所建树。主动承担和参与光缆设备的技术革新与改造，以创新工作室为平台，突破生产技术瓶颈，解决产、质技术难题，在减少劳动强度、降低生产成本、提高劳动效率、保证产品质量、优化生产环境等方面均取得成绩。自主研发和创新光纤快速切换和双色母料自动切换装置，降低操作人员劳动强度，控制生产成本。采用合作创新和引进技术战略，成功开发首条国产光纤立库巷道堆垛机，在项目实施过程中为工厂技能骨干，提升机电工的维修技术水平。取得喷涂油膏恒压控制系统、光纤快速切换、双色母料自动切换3项实用新型专利授权。

李锦华

1987年7月出生，江苏龙源风力发电有限公司风电场场长。2011年9月参加龙源风电运检技能竞赛获个人第八名；2012年6月，经公司预赛选拔后，参加龙源集团公司“安全知识竞赛”获个人第二名；2012年7月参加国电集团风电运检技能竞赛获个人第二名、获“国电二级奖章”，被国电集团认定为“168”优秀技能人才，被国务院国资委授予“中央企业技术能手”称号；2013年在国电集团班组长竞赛中获个人二等奖；同年在龙源集团成立20周年时，被评为“龙源十大技能人才”，2013年全国风电运检技能竞赛中获个人第十名；2014年通过高级工技能鉴定，2015年6月在龙源电力集团运检技能竞赛中获个人一等奖，同年评为江苏龙源首席运检师。2015年8—12月，在东凌风电场搭建GE 1.5兆瓦风机SSB变桨系统模拟平台，在平台上可进行故障模拟、测试备件功能等，并编写变桨系统相关资料给现场人员学习。

沈卫华

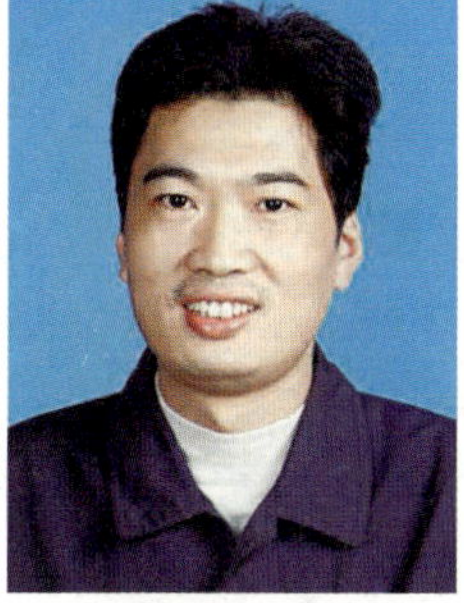

1972年2月出生，江苏如石机械有限公司铣床班组班组长。从事铣床工作后，谦虚好学，虚心向老师傅请教，同时注重机械基础知识学习和铣床技术积累，很快就掌握产品零部件铣削加工的技术要领，不到1年时间便能独立从事铣床生产工作，从同

批青工中脱颖而出。20 多年中,沈卫华刻苦钻研,勤劳苦练,在工作规范上严格要求,从不放松,在铣床业务上精益求精,一丝不苟,在技术革新上,勇于开拓,善于创新,经常独立开拓新思路,带头攻关解决难题。公司和某知名世界 500 强企业合作生产的零件,原来都是国外生产加工,价格高、交货期长,该零件精度要求高,公司决定在数控机床上加工。沈卫华仔细研究技术要求、加工方法,编制加工工艺,并对在加工过程中发现的问题与公司技术、工艺人员共同努力,终于成功加工出该零件,并出口至国外。经过不断学习和实践探索,沈卫华积累实际工作经验,提高了业务技术水平,完成各项任务,多次受到公司领导赞扬和表彰,多次获得公司“优秀员工”称号。参加南通市职工职业技能大赛,获“铣工工种技能能手”和“南通市群众性经济技术创新能手”称号。(县总工会)

图 138　8 月 29 日,市、县有关领导出席县第五届职工文化艺术节闭幕式,并为“最美一线职工”“十大如东工匠”颁奖。图为演出后合影

附 录

Fulu

重要报告

突出发展第一要务　强化党建第一责任
为加快建设“强富美高”新如东而努力奋斗
——在中国共产党如东县第十四次代表大会上的报告(节选)

(2016 年 7 月 28 日)

潘建华

过去 5 年工作回顾

过去 5 年,是沿海开发成效显著、发展实力大幅提升的 5 年。始终把沿海开发作为全县经济发展的主战略、主引擎,抢抓“一带一路”、江苏沿海开发等多重国家战略叠加机遇,坚持港口引领,突出平台打造,猛攻项目建设,持续激发区域发展新动能,提升开发开放水平。洋口港一类口岸正式开放,洋口港经济开发区正式获批筹建省级经济开发区,万吨级重件码头和液化品码头投入运营,LNG 接卸总量突破 1000 万吨。沿海 6 大园区开发质态和贡献份额不断提升,产业集聚度逐步增强。三一重工、德国巴斯夫等 17 家世界 500 强企业投资项目相继落户投产。沿海地区累计完成 1000 万元以上项目投入近 1000 亿元,占全县 80%以上。“十二五”期间,累计利用外资 16.6 亿美元,居南通各县(市)首位。去年,全县实现地区生产总值 672.7 亿元,比“十一五”期末翻了一番;实现一般公共预算收入 58.5 亿元,是“十一五”期末 3 倍,年均增幅全市第一;工业应税销售增幅连续 5 年五县(市)第一;经济综合考核位次不断前移,去年上升到全市第二,全县综合经济实力显著增强。

过去 5 年,是各项改革推进有序、发展活力加快释放的 5 年。始终把全面深化改革作为改善环境、激发活力的重要抓手,结合县情实际,认真贯彻落实中央和省、市各项改革部署。推进陆海统筹发展综合配套改革,创新海域物权管理,实行海域使用权“直通车”制度。推进政府职能转变,圆满完成政府机构改革任务;推进行政审批制度改革,加大行政审批事项“减、转、放”力度,在全市率先实施“四证(照)一体”登记模式,建立行政审批局及相关运行机制。推进行政管理体制改革,平稳实施撤镇设街工作,对重点镇区实行“区镇合一”管理,有序下放部分县级管理权限。推进国有资产管理规范化,完善国有资产监管制度体系。统筹推进生态文明、民主法制、医疗卫生、教育文化、社会体制等领域管理体制机制改革。

过去5年,是产业结构调整加速、发展质态持续优化的5年。始终把调结构、转方式、强创新作为稳增长的根本之策,坚持以质量和效益为中心,加快转型升级步伐,推动产业迈向中高端。三次产业结构由“十一五”期末的12.8∶53.4∶33.8演进为2015年的9.7∶46.8∶43.5,服务业增加值占GDP比重提高9.7个百分点。高新技术产业、新兴产业产值占规模以上工业产值的比重分别达到42.9%、24.4%,其中高新技术产业产值达到“十一五”期末的3倍,占比提高11.9个百分点。光纤光缆、健身器材、农药、风电等四个产业被评为省级特色产业集群。继九九久、中天科技主板上市之后,亚振家具、如通石油机械首发申请通过,宇迪光学、诺德新材料、金太阳粮油等7家企业新三板挂牌。农业基本现代化进程加快,获评全省智能农业示范县,“如东大米”获国家地理标志证明商标。科技创新和人才强县工程深入推进,全社会研发投入占GDP比重达到2.5%,比“十一五”期末提高0.7个百分点,被列入国家知识产权强县工程试点县和省创新型试点县,获评全国科技进步先进县,中天科技成功创建国家级企业技术中心;成功举办两届科技人才节,累计引进顶尖人才28人,自主申报入选国家“千人计划”1人,填补了南通“十二五”期间空白。

过去5年,是城乡面貌变化明显、发展环境日益改善的5年。始终把加大基础设施投入、加强生态文明建设作为提升发展环境的关键举措。累计完成城市建设投入65亿元,建成区面积比“十一五”期末增加40%,城镇化率达到54.3%。加快实施棚户区、老旧小区改造,城市管理和环境综合整治持续加强。累计完成交通建设投资115亿元,海洋铁路、通洋高速、国道328如东段相继通车,结束了如东交通“三无”历史,在南通各县(市)率先实现公交“一卡通”。区外化工企业专项整治全面完成,累计投入6.6亿元建设垃圾收集处置、污水处理等基础设施,主要污染物排放实现“双降”,累计建成国家生态镇12个,省级生态村26个,全县林木覆盖率达到23.8%,城市绿化覆盖率达到42%。先后进入“国家绿色能源县”和“全国绿色能源示范县”行列,成功获评“国家生态县”,被确定为全国生态文明建设试点地区。

过去5年,是社会民生和谐共进、发展成果普惠共享的5年。始终把增进民生福祉作为工作的出发点和落脚点,大力实施民生幸福工程。财政用于民生支出比重不断提升,城乡居民收入与经济发展同步增长,去年城乡居民人均收入分别达到34338元和15827元,年均递增10.9%和11.7%;居民人均储蓄存款突破5.5万元,比“十一五”期末翻了一番;省建档立卡贫困人口100%实现脱贫。教育体育、卫生计生、文化广电、社会保障等公共服务均等化发展,成为全国义务教育发展基本均衡县,高考主要指标连续23年全省第一,今年全省理科状元再度花落如东,就业、医疗、养老、住房等社会保障城乡统筹水平进一步提升。精神文明建设成果丰硕,首捧杂技“金菊奖”,“五个一”工程奖再攀新高。“六城联创”深入推进,蝉联“江苏省文明城市”。

如东中专、社会福利中心、残疾人综合服务中心、新中医院等一批民生重点工程已经或即将投入使用。推进依法治县,创新社会治理,加强安全生产监管,公众安全感持续位居全省前列,获“全国法治县创建活动先进单位”称号。

过去5年,是党的建设不断加强、发展保障有效巩固的5年。始终把党建创新工程作为主抓手,扎实开展党的群众路线教育实践活动、“三严三实”专题教育、“两学一做”学习教育,把全面从严治党要求贯穿党建工作全过程,营造了良好的政治生态和发展环境。坚持把“两个责任”作为重大政治责任,明确责任清单,实行“两诺两议、双述双评”制度,推动形成一级抓一级、层层抓落实的党建工作格局。坚持把学习宣传贯彻习近平总书记系列重要讲话精神作为首要任务,坚定理想信念、补足精神之钙,学习型党组织建设、党员冬训、情境党课等工作经验全省推广。坚持正确的选人用人导向,切实加强领导班子和干部队伍建设,干部选拔任用工作“一报告两评议”满意率持续位居全市前列。坚持大抓基层、强夯基础,“114”惠民服务行动、非公企业党建“融和工作法”、驻村“第一书记”、项目党建等品牌效应不断彰显,洋口港经济开发区党工委被评为“全国先进基层党组织”。坚持把纪律和规矩挺在前面,严格落实作风建设各项规定,不断健全惩防体系,持续加大反腐力度,累计立案查办违纪案件1012件,其中涉及副科级以上领导干部的92件。人大、政协工作不断加强,人武、统战、法检、群团等工作都取得新的成绩。

回顾过去5年,我们深深体会到:必须始终坚持党的领导,充分发挥党的领导核心作用,巩固风清气正的良好政治生态,不断增强党的凝聚力、号召力和战斗力,为改革发展提供坚强保证;必须始终凸显发展主题,以经济建设为中心,坚持不懈猛攻有效投入,凝心聚力抓好项目建设,更大力度推进转型升级,持续增强区域核心竞争力;必须始终突出科学务实,主动把握和积极适应经济发展新常态,遵循经济社会发展客观规律,立足实际、把握关键,突出重点、统筹兼顾,不断改革创新,完善体制机制,提高工作效能和水平;必须始终注重以人为本,持续加大民生投入,扎实办好民生实事,让改革发展成果更多更公平地惠及百姓,增强人民群众的获得感和满意度;必须始终砥砺过硬作风,持续加强机关作风建设,不断激发加快发展的豪情斗志,以担当有为精神,聚焦重点、突破难点,营造干事氛围,提升干事能力,显化干事成效。

在肯定成绩、总结经验的同时,我们必须清醒地认识到,当前经济社会发展仍然存在一些不容忽视的矛盾和问题,主要表现在:经济总量还不够大,产业层次还偏低,经济发展的质量和效益有待加快提升;创新能力还不够强,新兴产业规模偏小,新上项目储备不足,重点园区的支撑作用有待增强；对照全面小康社会目标，生态环境、居民收入、公共服务等方面的短板还比较突出，有待补齐拉长；少数党组织和领导干部全面从严治党主责意识不强，管党治党力度不大，少数干部的责任意识、思维方式、能力水平与形势发展的要求还不相适应，干事创业的主动性、积极性还不够高，聚力攻坚、大干快上的氛围还不够浓，工作绩效有待进一步提升；等等。对此，我们必须高度重视、主动应对，采取有效措施，切实加以解决。

今后5年奋斗目标和工作重点

当前及今后一段时期，宏观形势依然错综复杂，经济向好动力与下行压力并存，发展机遇和现实挑战同在。从外部环境看，在趋势性力量和周期性因素叠加作用下，宏观经济下行压力仍然较大，但我国经济韧性强、潜力足、回旋余地大的基本面不会有大的改变，前景依然看好，尤其是供给侧结构性改革等一批重大战略举措的实施，将不断拓展经济增长和改革发展新空间。从周边态势看，在新的机遇与挑战面前，各地均掀起新一轮发展热潮，千帆竞发、争相赶超的竞争态势更加激烈，“不进则退、慢进也是退”的竞争压力更加明显，“追兵日近、标兵渐远”的竞争风险更加突出。从自身实际看，通过近年来的发展，如东在产业培育、载体打造、服务环境和生态建设等方面都打下了良好的基础，形成了特色比较优势，在“一带一路”、长江经济带、江苏沿海开发、“长三角”城市群发展等国家战略的持续深入推进中，理应积极作为、大有所为。今后五年，既是如东发展的重要战略机遇期，也是优势潜能的加速释放期，更是跨越发展的赶超关键期。全县上下必须牢记时代赋予的历史使命，坚定发展信心，抢抓发展机遇，厚植发展优势，奋力实现新跨越，再创新辉煌。

今后5年，全县工作指导思想和总体要求是：全面贯彻中共十八大和十八届三中、四中、五中全会精神，以邓小平理论、“三个代表”重要思想、科学发展观为指导，以习近平总书记系列重要讲话特别是视察江苏重要讲话精神为指引，紧紧围绕“五位一体”总体布局和“四个全面”战略布局，牢固树立创新、协调、绿色、开放、共享五大发展理念，主动适应和引领经济发展新常态，深入实施供给侧结构性改革，始终突出“发展第一要务，党建第一责任”，着力推进区域先进制造业基地、江苏沿海开发重要增长极和国家生态文明示范县建设，全面建成小康社会，加快建设“强富美高”新如东。

今后5年主要发展目标是：全面完成“十三五”规划各项目标任务，力争地区生产总值年均增长10.5%左右，总量突破1000亿元；一般公共预算收入年均增长12%左右，总量突破100亿元；服务业增加值占GDP比重超过46%。同时，必须站在战略和全局高度，着重抓好“3件大事”：

*一是确保实现全面小康，增强人民群众幸福感。*全面建成小康社会，是共产党人的使命担当，是实现“中国梦”的关键一步。我们要认真兑现向全县人民作出的庄严承诺，把全面小康作为最核心、最紧要的任务，全面梳理短板，全力做好补短补缺大文章，矢志实现全面小康目标。通过有效的制度安排和扎实的工作举措，切实解决好城乡不平衡的问题、平均数背后的大多数问题、指标外的群众真切感受问题。尤其是认真落实“一个不少一户不落”的要求，坚决打赢新一轮扶贫攻坚战，同时积极创新养老服务体制机制，主动有效应对人口老龄化，着力提高发展的协调性和平衡性，提升全面小康的质量和水平，让发展更有“温度”，让如东的全面小康有更广代表性、更多获得感、更高满意度。

*二是奋力谋求总量赶超，实现整体实力新跨越。*做大经济总量是跨越赶超的核心要义，是建设“强富美高”新如东的基础条件，是坚定全县人民发展自信的根本所在。如果再不能抓住“十三五”发展关键期，加快壮大经济总量，提升发展质量，如东将在新一轮经济版图重构中被“边缘化”。如东的发展现实和历史使命，决定了加快发展、跨越赶超是十分重大的政治任务。“十二五”期间，我们在全市实现了增幅领先，为总量赶超创造了条件。今后五年，必须坚持以港口开发为龙头，加快临港产业发展，以沿海板块为支撑，提高园区贡献份额。以增幅的持续领先实现总量的赶超争先，加快由量的积累向质的飞跃转变。

*三是加快集聚要素资源，提升城市综合竞争力。*城市是集聚经济体，人才集聚、产业集聚相互作用，构成城市竞争力的依托。要从营造环境入手，切实增强城市在人才集聚、产业集聚方面的向心力和要素吸附力。就如东现阶段而言，人口集聚是关键、是根本，必须突出“扩总量”，壮大城市人口规模，以“精致、精细、精到”为目标，以“六城联创”为抓手，以推进撤县设市为突破，进一步完善城市服务功能，改善城市环境，加速集聚农村人口；突出“引高端”，加快吸引外来人才落户、如东籍在外人才回流，加快建设一批优质创新载体、空间平台，尤其要重点打造吸引80后、90后的年轻人才施展才智的空间环境，加速创新创业人才集聚。以高端人才集聚带动高端产业集聚，促进城市产业结构优化，提升城市综合竞争力。

根据上述指导思想和目标任务，做好今后5年工作，必须在指导原则上把握好4个方面：

*一是重在转变理念。*发展理念管全局、管根本、管方向、管长远，以科学的发展理念做先导，才能破解发展难题、补齐发展短板、增强发展动力、厚植发展优势。必须以五大发展理念为总指南、总遵循，认识上深一层、适应上快一步，努力以发展理念转变引领发展方式转变，以发展方式转变推动发展质量和效益提升。

*二是重在把握机遇。*既要看到国家诸多战略机遇，也要看到供给侧结构性改革等政策机遇，更要看到困难

中蕴存的机遇。这些机遇是雁行破阵的突破口,是跨越赶超的快车道。必须醒得早、起得快、抓得牢、用得好。要敏于发现机遇,勤于抢抓机遇,善于把握机遇,集中智慧和力量去盯、去抢,使机遇转化为如东的现实生产力和竞争优势。

三是重在高点定位。“取乎其上,得乎其中;取乎其中,得乎其下。”高目标决定高追求,高追求才能快发展。必须始终保持有冠必夺、有先必争、有旗必扛的精气神,勇于挑战极限,以科学的思路和超人的胆识,变“不具备条件”为“创造出条件”,变“不可能”为“可能”,变“不现实”为“现实”,奋力争第一、创一流。

四是重在作风保障。一个地方的发展,干部是决定性力量,作风是关键性因素。如东正处于爬坡过坎的关键阶段,容不得安于现状、止步不前的思想懈怠,容不得怨天尤人、不顾大局的思想局限,容不得条条框框、不敢突破的思想束缚。必须以抓好工作纪律、服务态度、办事效率为重点,坚定不移对“庸、懒、散”说不,向“拖、浮、诿”宣战。坚持抓铁有痕、久久为功,以作风大提升实现发展大跨越。

完成上述目标任务,必须坚持重点突破、整体推进的基本思路,突出抓好8个方面重点工作:

(一)突出提质增效,加快转型升级,构筑现代产业新高地。转方式、调结构是目前经济发展的首要任务。要以结构调整和转型升级为主线,加快产业结构战略性转型和产业层次战略性提升,推动经济发展迈上新台阶。

做大做强现代制造业。认真落实《中国制造2025如东实施纲要》,围绕高端产业集群化和传统产业高端化,推进制造业转型升级,打造区域先进制造业基地,叫响“如东制造”品牌。重点通过强链补链,做大做强优势产业。利用自然资源及产业配套优势,努力打造研发、设计、检测、维护以及关键零部件制造风电全产业链,积极创建国家级风电产业示范基地;利用沿海经济开发区新材料产业集聚优势,着力引进更高层级的龙头企业,带动新材料产业做大做强;以中天科技等企业为主体,加速上下游企业集聚,迅速壮大智能通讯及电网装备制造产业板块;利用石墨烯、电子信息、汽车电子、生物医药、生命健康、大数据中心等一批种子企业落户优势,加快培育战略性新兴产业,确保新兴产业产值突破1000亿元,占规模以上工业产值比重达到30%。加大传统产业技术改造力度,做大做强纺织服装、食品饲料、生命防护、健身器材、新型植保等优势产业集群。鼓励企业发展智能装备、智能车间、智能工厂,确保“两化”融合发展水平总指数达到94,重点行业机器人密度达到省内先进水平。强化产业集聚集群发展,打造一批龙头骨干企业,培育壮大特色产业集群,全力支持中天科技打造千亿级产业示范基地,力争建成省级先进制造业基地5个、市级以上特色产业基地10个。

培育壮大现代服务业。围绕制造业转型升级,重点发展产业关联度高、配套性强的物流、科技、商务、金融等生产性服务业,积极培育电子商务、工业设计、检验检测、环境服务、数字文化、供应链管理等新兴业态,确保生产性服务业增加值占全县服务业增加值比重每年提高2个百分点。深入挖掘生活性服务业发展潜能,积极发展休闲旅游、住宿餐饮、文化教育、健康养老、家政服务等服务业态,打造一批具有区域知名度的生活性服务业品牌。加快服务业集聚区提档升级,重点提升要素吸附能力、产业支撑能力和辐射带动能力。到2020年,培育省级服务业集聚区2家、市级服务业集聚示范区2家,力争1家服务业集聚区进入省“生产性服务业百区提升示范工程”行列。

加快发展现代农(渔)业。以实现农业基本现代化为目标,以建设国家现代农业示范区为抓手,走产出高效、产品安全、资源节约、环境友好的农业现代化道路。构建现代农业产业体系,推进农(渔)业园区、农产品加工区和休闲农业观光带建设,培育农业龙头企业,促进一二三产融合发展。转变现代农业发展方式,稳妥有序推进农村土地流转,大力培育新型农业经营主体。强化现代农业科技支撑,推进“互联网+农业”,发展“智能农业”“感知农业”。提升现代农业保障水平,加快农业基础设施建设,确保高标准农田比重达到60%,农业机械化装备水平达到90%。创新农村金融保险机制,提升农业保险覆盖面和保障程度。

(二)突出沿海开发,优化载体平台,厚植开放发展新优势。充分利用“一带一路”、长江经济带等国家战略叠加机遇,推动沿海地区集聚集约发展,提升开发开放水平,全面增强发展活力、内生动力和整体竞争力。

全面扩大开放。立足如东沿海区位及资源条件,找准定位、发挥优势,积极融入对内对外开放大局。不断拓展完善洋口港一类开放口岸功能,进一步构筑放大能源和化学品仓储物流港的比较优势,加快形成港口品牌效应,带动全县外贸进出口上规模、上质量。在积极引进外资的同时,着力引进先进技术、管理经验和智力资源,推动企业、城市、人才全方位国际化,深化市场、资源、投资对外融合,不断提升开放的层次和水平。围绕纺织、建筑、风电、港口物流等优势产业、资源和项目,借势发力、主动出击,全力拓展新的市场空间,广泛寻求合作共赢,在更大范围内提升我县对内对外开放影响力。

加速项目集聚。沿海地区是项目建设的主平台、主阵地、主战场,对全县长远发展起着重大的引领和支撑作用。突出“项目为王”,以项目集聚带动沿海地区发展量级攀升。明确招商方向,更加注重项目招引的精准性、针对性,立足产业的定位、特点和基础,瞄准重点地区、企业和产业发展方向深耕对接、精细梳理、精准发力。创新招商方式,突出产业链招商、并购招商、孵化器招商等模式。注重项目质量,全力招引投资规模大、科技含量高、产业链条长、带动能力强的龙头项目,加快培育壮大一批产业链集群,充分发挥聚集倍增效应,形成更有特色、更具竞争力的沿海产业新优势。

做强园区经济。更加凸显园区发展的主体性作用，进一步创新管理体制、运行机制，加快基础设施及综合配套功能建设，统筹土地、资金、人才等要素配置，大力提升承载能力，放大集聚效应，打造园区经济升级版。力争到2020年，全县园区在县域经济发展中所占比重超过70%。洋口港经济开发区要培育壮大以新材料、石化、能源、石材、现代装备制造、现代物流为重点的临港产业新体系，加快发展石墨烯产业，力争到"十三五"期末，港口年吞吐量达到2000万吨，工业、服务业应税销售突破600亿元。如东经济开发区要加快中天科技产业园等区中园建设，致力争创国家级经济开发区、国家级生命安全防护特色产业基地，打造东部沿海先进制造业基地、苏中地区产城融合示范区，力争到"十三五"期末，形成新能源、高端装备制造、生命安全防护、汽车电子、食品5大百亿级产业板块。沿海经济开发区要重点围绕打造千亿级产业集群目标，着力发展新医药、新农药、新材料、环保科技等产业，大力推进海上风电母港建设，加快形成生化科技、低碳经济和海洋经济3大特色规模产业链，争创国家新型工业化产业示范基地，小洋口旅游度假区要争创国家级旅游度假区。如东高新技术产业开发区要加快推进省级高新区创建工作，突出生命健康产业园、智能机电产业园等载体平台建设，打造生命健康、智能机电、功能材料、高端纺织4大规模产业板块，力争到"十三五"期末，高新技术产值突破200亿元。循环经济产业园要完善进口再生资源加工区建设，初步建成集旅游、观光、休闲于一体的东凌湖旅游产业融合发展示范区。南通外向型农业综合开发区要以特色农、海产品养殖培育全产业链和国家一级渔港建设为重点，加快建成具有如东特色、全省乃至全国一流的现代农(渔)业综合开发区。

(三)突出统筹协调，增强城市能级，拓展城乡发展新内涵。深入实施新型城镇化和城乡一体战略，促进城乡要素资源优化配置，形成以县城为中心、城镇为纽带、社区为节点的城乡统筹协调发展新格局。

增强县城集聚效应。推动城市从外延拓展型向内涵提升型、功能型向生态型、管理型向服务型转变，加快提升品质能级，进一步增强城市活力。突出"提质、扩能、解难、治乱"，深入开展"六城联创"，坚持规划引领，加强多规融合，深入挖掘自然禀赋和人文资源，统筹推进城市基础设施、公共设施和生态环境建设。大力推进"三河六岸"整治，做好"水、绿"文章，建设拥绿亲水、宜居宜业的新型现代化美丽城市。坚持改造老区和建设新区相结合，完善城市空间架构，优化城市功能布局，打造精品住宅小区，促进城市整体风格更加和谐、协调。深化城市管理体制改革，加快"智慧城市"建设，提升城市治理和服务效能。促进产业功能和城市功能有机结合，实现以城聚产、以产兴城的融合发展、互动发展，让更多优秀人才向往如东、更多如东学子回归如东。

加快小城镇建设进程。按照"片区化、组团化"发展理念，统筹镇村生产、生活、生态3大布局。省级重点中心镇和市级中心镇要突出主导产业发展，加快基础设施和功能配套建设，拓展城镇发展空间，提升建设开发水平，理顺管理体制机制，增强区域发展承载力和辐射力。沿海重点镇要以载体配套建设为重点，逐步提升产业层次和水平，推进产城融合发展，不断增强产业集聚度和综合承载力，全面提升经济量级，加快成为县域经济的重要增长极。其他镇要依托传统历史条件、区位优势和发展基础，深入挖掘特色产业、人文底蕴和生态禀赋，加快形成"一镇一品"，建设产业强、功能齐、环境美的综合性特色小镇。

提升新农村建设水平。按照"分类实施、多元渐进"原则，优化镇村规划布局，合理确定重点村、特色村和一般村庄。大力实施村庄环境改善提升行动计划，深入推进农村面源污染集中整治，完善农村"五位一体"长效管理机制，把重点村建设成"康居村庄"，把特色村培育成"美丽村庄"，把一般村治理成"整洁村庄"。不断加大农村基础设施投入，推进农路农桥提档升级和河道综合治理工程，增强城镇对农村的辐射和带动作用，形成城乡互动、协调发展、共同繁荣新局面。整合农村集体资产、资源、资金等要素，因地制宜，积极探索集体土地入股、集体资产入股等模式，扶持农村集体经济发展，确保农村繁荣稳定。

(四)突出互联互通，优化空间衔接，打造现代交通新格局。深度融入枢纽南通建设，持续加大交通建设投入，加快交通转型，提升交通能级，打造"外接内畅、互联互通"综合交通格局。

实现对外大通道互联互通。围绕融入"长三角"城市群、沪苏通、通泰盐经济圈发展，更加注重对外通道建设，重点布局高铁、高速公路、高等级航道等重大运输通道接入国家通道、区域通道。全力争取和推进三洋铁路、洋吕铁路、通苏嘉北延等项目，实施海洋铁路电气化改造，积极争取早日通行动车，加快融入"两小时江苏"快速交通圈。建成海启高速，推进通洋高速二期，形成完善的高速路网。加快洋口港15万吨级深水航道及相关配套设施建设，将洋口港打造成江苏重要的出海大通道和上海国际航运中心北翼重要功能组合港，使如东成为沿海区域性交通新节点。

实现区域重要组团互联互通。优化市县、县际以及镇区之间的快速交通网络，加快城外路网与城市路网的有机衔接，促进内外交通一体化发展。重点推进G228绕城段、S334东延、洋骑线等一批干道建设，统筹实施重要交通节点、经济节点、骨干路网连接线建设，加快建成县域"四纵三横"快速交通网络。加快推进城乡客运一体化发展，促进城乡交通更加绿色便捷。提前布局对接南通综合交通枢纽的快速通道，进一步激发区域"同城效应"。

实现多种运输方式互联互通。加快建设多网合一的综合交通运输体系，补齐多式联运短板。重点实施如东客运站、洋口港物流园等客货运综合枢纽工程,科学规划建设一批区域物流中心,加强与产业布局的协调互动。积极构建以洋口港集疏运体系为龙头,重点产业园区为节点的综合集疏运体系,全面提升畅通能力。加快启动和推进通用航空、内河航道建设,提高多种运输方式协调发展水平,实现高效联通。

(五)突出问题导向,全面深化改革,实现发展活力新提升。立足我县实际,以打造一流发展环境为重点,全面贯彻落实中央及省市全面深化改革各项任务部署,不断拓展改革空间,创出特色实践。

推进供给侧结构性改革。围绕去产能、去库存、去杠杆、降成本、补短板5大任务,细化明确推进重点,着力提高供给体系质量、效率和全要素生产率。鼓励化工、纺织、印染等行业企业主动减量、优化存量,盘活处置"僵尸企业"。优化土地和商品房供应结构,打通供需通道,促进房地产市场平稳健康发展。优化金融资源配置,提高直接融资比重。及时跟踪、动态调整、有效减轻企业在用工、用能、融资等方面的显性成本,降低制度性交易成本,专项整治和规范中介服务,减少企业隐性成本。

围绕交通、生态、民生等领域,梳理短板和薄弱环节,项目化加以补齐拉长,增强发展的全面性、协调性和可持续性。

发挥市场资源配置作用。进一步完善公平竞争、优胜劣汰的市场环境和机制,构建"宽进严管"的市场准入体系,推动资金、土地、劳动力等要素按照市场规律自由流动、优化组合。以南通深化陆海统筹发展综合配套改革试点为契机,在海域物权创新、滩涂征收经营、完善土地市场调节机制等方面先行先试,提高土地利用率和产出率。深入对接和融入上海自贸区建设,加强金融产品创新,着力在新三板挂牌、资产证券化、引进创投、融资租赁等方面取得更多进展,形成多层次、多渠道、多方式的投融资体系。健全人力资源市场,围绕发展加强人才集聚、培育和配置。坚持市场化导向推进国资、国企和政府融资平台改革,加强绩效管理,建立现代企业制度,有序发展混合所有制经济,积极稳妥引导外资、民资、国资融合发展。

争创全省最优服务环境。围绕重点工作、重大事项和关键环节,建立健全领导组工作机制,加大督查考核推进力度,切实提高执行力。按照接得住、放得活、管得好、服务到位的要求,全面落实"5张清单、5个平台、5项重点改革、5大监管体系"各项举措,深化行政审批制度改革,巩固提升相对集中行政许可权改革试点,进一步优化审批流程,创新审批方式,提高审批效能。全力推进简政放权、放管结合、优化服务改革,更好发挥政府作用,破除制约企业和群众办事创业的体制机制障碍,推动形成更有吸引力的国际化、法治化、便利化营商环境。同时,加快推进市场监管机制和跨领域、跨部门综合行政执法体制改革。全力打造高质高效、全省最优、全国一流的"如东服务"品牌。

(六)突出创新驱动,强化人才支撑,培育经济增长新动能。科技是第一生产力,人才是第一资源。要充分发挥科技创新引领和人才支撑作用,推动大众创业、万众创新,加快建成创新型县份。到2020年,全社会研发投入占GDP比重达到2.7%,科技进步贡献率达到65%左右。

支持企业自主创新。实施创新型领军企业培育计划,遴选具有较大规模优势、较强创新实力、具备发展潜质的骨干企业,坚持一企一策,打造具有国际竞争力、引领产业发展的创新型领军企业。引导行业骨干企业通过自主研发、并购重组、战略合作、购买知识产权等形式大幅提升自主创新能力。建立高新技术企业储备库,推动符合政策条件的科技企业申报高新技术企业,确保年均新增高新技术企业20家,高新技术产值占规模以上工业产值比重达到47%。实施"科技小巨人"行动计划,培育壮大科技型中小微企业。

打造科技创新平台。整合、集成、优化科技资源,加快6大园区创新载体建设,全力打造集知识创造、技术创新和高新技术产业培育为一体的创新核心区。推进产业公共研发平台和公共技术服务平台建设,新增重大科技创新平台2家以上、公共科技服务平台5家以上。加强科技与金融的融合创新,基本形成覆盖科技创新全链条的科技服务体系。加强与高校院所合作,鼓励支持发展企业院士工作站、产业技术研究院等新型产学研合作平台,推进科技成果的转化和运用。"十三五"期间,力争实现亿元制造业企业工程技术研究中心和规上高企研发机构两个全覆盖,沿海经济开发区建成省产学研产业协同创新基地。

汇聚创新创业人才。深入实施"扶海英才"计划,放大科技人才对创新发展的引领效应。立足产业发展体系,进一步提升招引准度、承接高度和合作深度,"十三五"期间,力争引进达到国际先进水平的创新团队5个、创新创业领军人才20名。强化人才资源供给保障,着力解决产业人才"不够用、不适用、不重用"问题。充分尊重和真心关爱企业家群体,营造支持企业家干事创业的环境。积极开展企业家、职业经理人培训,提升"创一代",培育"创二代",扶持"新生代",打造薛济萍式的企业家群体。按照"一行业领域、一人才工程"要求,统筹推进名师团队、医技人才、新型职业农民、文化创意人才等行业人才队伍建设。进一步完善人才政策,促进人才服务市场化、专业化,使创新创业人才来得了、留得住、流得动、用得好,加快形成人才促发展、发展兴人才的生动局面。

(七)突出生态优先,改善人居环境,构建绿色发展新模式。牢固树立"生态是资源,是品牌,更是民生"理念,更加注重经济增长与生态建设的良性互动,大力推进美丽如东建设,加快建成"国家生态文明示范县",让良好生态环境成为人民生活质量的增长点。

推动生产生活方式绿色化。通过空间、总量、标准"三道门槛",充分发挥负面清单对产业转型升级的导控作用,严把建设项目环境准入关。按照产业发展生态化、生态经济产业化的要求，重点发展战略性新兴产业，深入推进传统产业绿色化改造，推进工业园区生态化、循环化改造，加快构建科技含量高、资源消耗低、环境污染少的绿色经济产业结构。全面推进能源和水资源消耗、建设用地等总量和强度双控行动，实施全民节能计划，持续降低能源资源消耗。

提升区域环境承载能力。大力提升生态红线管控和保护水平，全面落实主体功能区制度，科学有序实施空间开发，引导人口、产业布局和资源环境承载力相适应，为生态环境建设留足空间。深入推进化工、印染、浸胶手套等重点行业专项整治，向结构减排要空间。集中实施一批环保重点项目，全面完成镇区污水处理设施建设运营和提标升级，提升工程减排能力。全面推行排污许可证管理制度，加大主要污染物削减、监管力度，向管理减排要效益，由点源治理向面上整体推进拓展。

加大生态产品和制度供给。持续推进“绿色如东”建设，全面布局绿色交通、绿色能源、绿色农产、园林、绿化等建设，加快形成覆盖城乡的绿网系统和生态廊道，让绿色嵌入生产生活，提高绿色生态产品供给能力。深化环保体制改革，严格执法监管，实施环保网格化管理制度，构建系统的生态制度供给体系。深入开展城乡环境综合整治，创建更多的绿色城镇和生态示范村。集中打好污染治理攻坚战，深入推进大气、水、土壤综合治理“三大战役”，实现天蓝地绿水清，让人民群众享有清新空气、清澈水质和清洁环境。

（八）突出民生改善，提升文明程度，创造共享发展新成果。顺应人民群众对美好生活的向往和日益增长的物质文化需求，牢牢把握“坚守底线、突出重点、完善制度、引导预期”的基本思路和“七个更”（习近平总书记江苏视察时提出，要努力让人民群众有更好教育、更稳定工作、更满意收入、更可靠社会保障、更高水平医疗卫生服务、更舒适居住条件、更优美环境）的目标要求，扎扎实实办好各项民生实事，切实增强人民群众获得感和满意度。

持续增加居民收入。增加收入是改善民生最直接有效的方式，要突出重点、综合施策，与经济发展同步，加快“居民收入倍增计划”实施进程。在充分保障就业基础上，鼓励和支持创业，大力实施全民创业工程，通过加强教育培训、丰富载体平台、优化创业服务，努力在拓展“众创空间”上实现更大作为，通过提升就业层次提高人均工资水平。突出农民增收这一重点，拉长经营性收入、财产性收入短板，缩小居民收入差距。扎实推进省定新一轮扶贫工作，强化精准扶贫、精准脱贫措施，有效解决相对贫困和返贫问题，确保底线织得牢、成果过得硬。

不断优化公共服务。公共服务水平和均等化程度是民生改善的“晴雨表”，既要在放大优势上求突破，也要在缩小差距上出实招，更要在保障托底上下工夫。坚持教育优先发展理念，加大教育投入，均衡配置教育资源，力争2018年通过省教育现代化示范县验收，放大“如东教育”品牌效应。积极探索医药卫生体制改革，提高公立医院服务水平和运行活力，推动形成多元化办医格局，构建分级诊疗机制，加大基层投入力度，让人民群众在“健康如东”建设中得到更多实惠。加快推进重点民生工程建设，拉长补齐公共服务基础设施短板。积极构建多层次养老服务体系，在促进基本养老服务均衡发展的同时，打造养老服务业的新增长点。抓住提升标准和完善制度两大关键，强化以5项社会保险为重点的基本保障，发展以年金和商业保险为重点的补充保障，筑牢以社会救助为重点的托底保障，完善覆盖城乡居民的社会保障体系。

着力提升文明程度。满足精神文化需求是改善民生的更高标准，要着力推动文化建设迈上新台阶，不断增强经济社会发展的价值引导力、文化凝聚力和精神推动力。大力弘扬社会主义核心价值观，深化群众性精神文明创建，大力实施公共文明指数提升工程，建立完善市民行为规范，促进市民形成良好道德素养和社会风尚。深化诚信如东建设，把握正确舆论导向，弘扬主旋律，传播正能量。以创成“全国文化先进县”“国家级、省级公共文化服务体系示范区”“江苏省历史文化名城”为目标，推动县、镇、村（社区）三级公共文化设施和服务网络提档升级。普及全民阅读，建设“书香如东”。创作打造一批省内外有影响的具有南黄海特色的文艺精品。加强文化遗产保护与科学利用，规划建设好历史文化街区，扶持“非遗”传承队伍，培育一批“民间博物馆”。积极壮大文化产业，提升文化旅游、红木工艺等传统产业，大力发展创意设计、数字媒体等新兴产业，促进文化与科技、金融、旅游等融合发展，培育一批具有市场竞争力的骨干文化企业，确保我县文化软实力和经济硬实力同步提升。

提高社会治理水平。维护社会稳定是改善民生的重要基础，要坚持系统治理、依法治理、综合治理、源头治理，深入实施社会治理创新工程，积极培育和规范发展社会组织，引导社会力量和群众自治组织参与社会治理。加强县、镇、村（社区）3级社会治理服务平台规范化建设，增强基层社区服务功能。健全重大决策社会稳定风险评估机制，完善社会矛盾纠纷化解机制，畅通和规范群众诉求表达、利益协调、权益保障渠道。深化“平安如东”建设，完善立体化现代化社会治安防控体系，严厉打击违法犯罪活动。推进“法治如东”建设，大力推进阳光执法、阳光司法，切实做到以公开促公正、以公正树公信，不断提高依法治县水平。进一步加强基层民主政治建设，深化党务、政务、村（居）务公开，全面推进依法行政。健全安全生产监管机制和责任体系，加强食品药品安全和安全生产监管，有效遏制重特大安全事故发生，切实保障人民群众生命财产安全。

推动全面从严治党迈上新台阶

全面建成小康社会，加快建设“强富美高”新如东，关键在于加强和改善党的领导。要深入学习贯彻习近平总书记系列重要讲话精神,从协调推进“四个全面”的战略高度,切实把全面从严治党贯穿如东改革发展全过程,做到真管真严、敢管敢严、长管长严,为实现“十三五”宏伟目标营造良好政治生态、提供坚强政治保障。

(一)始终把落实主体责任作为从严治党的关键举措。全面从严治党,重在责任落实。全县各级党组织和各级党员领导干部必须以高度的政治自觉,进一步增强管党治党意识,做到守土有责,担当有为。

从严落实党委主体责任。坚持党的建设和经济建设融合发展,坚持“两手抓、两手硬、两促进”,坚决防止党建工作与经济工作各吹各的号、各唱各的调。全县各级党组织要认真落实党建工作责任清单、问题清单、任务清单制度,把党建工作与中心工作一起谋划、一起部署、一起考核,统筹抓好思想、组织、作风、制度、廉政建设,做到围绕中心抓党建、抓好党建促发展,努力将党建优势转化为发展优势,将党建资源转化为发展资源,将党建成果转化为发展成果。进一步深化对党建工作规律的认识,深入实施党建工作创新工程,以改革创新破解党建工作难题,引领带动全县党建工作创新发展。

从严落实书记第一责任。坚持“书记抓、抓书记”,强化“抓好党建是本职,不抓党建是失职,抓不好党建是不称职”的理念,正确处理“第一要务”与“第一责任”的关系,着力解决“只挂帅、不出征”等问题。推行党委(党组)书记党建工作述职评议考核机制,建立专题议党、定期议党制度,推动各级党组织书记当好责任人、带动一班人,不怕得罪人、不当老好人,用足够的时间和精力抓好党的建设,做到重要工作亲自部署、重大问题亲自研究、重点环节亲自协调、重大事项亲自督办。按照“谁分管、谁负责”的原则,落实班子成员“一岗双责”要求,形成一级抓一级、层层抓落实的党建工作格局和整体合力。

从严落实基层具体责任。坚持抓基层打基础的鲜明导向,不断强化基层党组织的政治属性和服务功能。积极适应新形势、新要求,扩大基层党组织有形有效覆盖,完善农村“四位一体”组织架构。加强村居党组织书记、大学生村官、驻村“第一书记”队伍建设。投入更多资源,常态化开展软弱涣散基层党组织整顿。规范和提升非公有制经济组织、社会组织等各领域基层党建工作。着眼优化结构、增强活力,加强党员发展教育管理,严格党内政治生活,落实好基层党组织统一活动日、“三会一课”、民主生活会、组织生活会等制度,健全党员出口机制。深入推进基层服务型党组织建设,完善党员干部直接联系群众等制度,全面推广“114”惠民服务行动,打通联系服务群众的“最后一公里”。

(二)始终把忠诚干净担当作为队伍建设的鲜明导向。党员干部是事业发展的中坚力量,也是全面从严治党的关键少数,必须始终坚持高标准、严要求,坚决贯彻落实习近平总书记提出的“20字”好干部标准,切实把“忠诚、干净、担当”的党员干部选出来、用起来。

忠诚,就是要坚定理想信念。“天下之德,莫过于忠。”解决好思想政治建设这个“总开关”问题,是全面从严治党的首要任务,也是推动如东改革发展的思想基础。充分发挥中心组学习、扶海大学堂、党员冬训等载体作用,深化拓展学习型党组织建设。着力推动理论武装大众化,以科学理论引领如东改革发展的生动实践。全县各级党员干部必须自觉加强党性修养,不断增强道路自信、理论自信、制度自信和文化自信,不断增强政治意识、大局意识、核心意识和看齐意识,做“四讲四有”(讲政治、有信念,讲规矩、有纪律,讲道德、有品行,讲奉献、有作为)合格党员,不忘初心、继续前进,始终保持勤政为民的公仆本色和干事创业的激情斗志。

干净,就是要坚守纪律底线。硬气来自底气,无私方能无畏。各级党组织要严格执行《中国共产党纪律处分条例》,引导广大党员干部自觉遵守《中国共产党廉洁自律准则》,坚持把纪律和规矩挺在前面,真正明白什么事能干、什么事不能干,知晓为官做事的尺度,既奔向更高标准,树好党员形象;又守住纪律底线,决不越雷池半步。加强廉政文化和家风建设,带动社会风气持续好转。坚持严以用权,把握好“亲”“清”2字,正确处理政商关系,既要理直气壮、积极作为、靠前服务,又要做到公私分明,严守清水之交,绝不能利用手中权力搞“礼尚往来”、权钱交易。

担当,就是要坚持作风锤炼。有多大担当才能干多大事业,尽多大责任才会有多大成就。全县各级党员干部要弘扬担当精神,强化落实之功,尽职尽责,善做善成,以新状态实现新作为。要有“想为”思想境界,克己奉公、甘于奉献,吃苦在前、享乐在后;要有“敢为”胆识气魄,身先士卒、勇于担当,决不患得患失、左顾右盼;要有“勤为”工作状态,夙夜在公、勤政廉政,以自己的辛苦指数换取老百姓的幸福指数;要有“善为”能力水平,坚持在“短板”中历练,主动到招商引资、项目建设及镇村一线锻炼成长。各级党组织要勇于为担当者担当,大力营造鼓励探索、宽容失败的良好氛围,推动广大党员干部心无旁骛干事创业。

(三)始终把强化监督问责作为事业发展的有力保障。有权必有责,有责要担当,失责必追究。必须严格落实《中国共产党问责条例》,发挥震慑效应,唤醒责任意识,为事业发展提供有力的纪律保障。

强化管党治党问责。管党治党是党交给的重大政治责任,加强问责首先就是要聚焦全面从严治党,明确管党治党的戒尺,着力解决好一些党组织和党员领导干部党的观念淡漠、党的领导弱化、党的建设缺失,不担当、不负责等问题,切实把严的标准、严的措施、严的要求贯穿到党组织建设和党员干部党性锻炼、作风养成、工作生活各方面。加大党建工作巡回督查力度,实行整改销号管理,层层压实管党治党政治责任。

强化作风效能问责。深化“全员化、全过程、全方位”督查考核体系和评价问责机制,健全跟踪问效、定期通报、预警督办、逾期问责等工作制度，有效传导压力，严格奖惩兑现。着力纠正为官不为现象，干事但不干净的要处理，干净但不干事的也要问责。推动反“四风”向深度和广度延伸，坚决治理不落实、慢落实等作风顽疾，发现一起、查处一起，切实加大不适宜担任现职干部调整力度，以铁的手腕、铁的纪律为改革发展保驾护航。

强化执纪监督问责。全面落实纪委监督责任，用好执纪监督“四种形态”，让咬耳扯袖、红脸出汗成为常态。坚持问题导向，推进督导巡察工作全覆盖，做到利剑高悬、震慑常在。保持惩治腐败高压态势，以零容忍的态度和决心做到有腐必反、有贪必肃，紧盯易发高发的重点领域和群众身边的腐败，坚决减少腐败存量、遏制腐败增量。深化纪律检查体制改革，健全反腐败协调工作机制，进一步增强反腐败工作合力，推动党风廉政建设和反腐败斗争不断取得新成效。

实现“十三五”发展目标，必须紧紧依靠广大党员和全县人民的共同努力。我们要切实提高党委总揽全局、协调各方的能力，着力提升政府行政效能，支持人大、政协依法履行职能，巩固和壮大新时期爱国统一战线，充分发挥工会、共青团、妇联等人民团体的桥梁纽带作用，进一步密切军政军民团结，发挥好老干部的优势和作用，最广泛地团结社会各界人士，最大限度凝聚发展强大合力。

在县委十四届二次全体（扩大）会议上的讲话（节选）

（2017 年 1 月 4 日）

潘建华

这次全会主要任务是，深入贯彻中共十八届六中全会、中央经济工作会议、省市党代会等系列会议精神，认真总结 2016 年工作，研究部署 2017 年任务，动员全县各级党组织和广大干部群众凝心聚力、振奋精神，以更大决心、更足干劲、更实举措，持续聚焦项目建设，全面加快转型步伐，奋力推动经济社会各项事业发展实现新突破。

一、“十三五”发展实现良好开局

过去一年，面对宏观环境复杂多变、经济下行压力加大、资源要素约束趋紧的叠加影响，我们在上级党委政府坚强领导下，始终坚定信心、保持定力，积极适应经济发展新常态，牢牢抓住项目建设这一核心，全力推进产业、城市、交通三大转型，实现“十三五”良好开局。一是谋全局。结合筹备召开县党代会，县领导带头开展系列调研，进一步深化对如东县情和发展阶段的认识，明确“突出发展第一要务，强化党建第一责任”的总要求，着力推进区域先进制造业基地、江苏沿海开发重要增长极和国家生态文明示范县建设，对全县产业空间布局、转型发展方向、城乡统筹建设等进行全面研究部署，绘就了如东未来 5 年发展蓝图。二是聚重点。牢固树立“项目为王”理念，把项目建设作为各项工作的重中之重，始终突出主要领导带头，不断优化服务举措，加快完善体制机制，切实强化要素保障，全力谋项目、招项目、争项目、干项目，形成“一切围绕项目转，一切围绕项目干”的良好氛围。三是抓落实。按照协调推进“四个全面”战略布局要求，坚持以五大发展理念为引领，以质量和效益为中心，以打造特色优势为追求，扎实推进沿海开发、城建交通、生态文明、改革创新、社会民生、平安法治以及党的建设等各项工作。四是树导向。牢固树立正确用人导向，在县镇两级党委换届中，注重提拔使用扎根基层、奋战一线、甘于吃苦、业绩明显的干部人才，着力锻造一支想干事、能干事、干成事的干部队伍，为全县改革发展稳定大局提供坚强政治保证。经过一年努力，全县经济社会各项事业出现更多积极变化。

1. 综合实力稳步增长。预计全年实现地区生产总值733亿元，同比增长 9.1%；完成一般公共预算收入 54.4 亿元。三次产业结构 9:45.8:45.2，服务业增加值占 GDP 比重提高 1.7 个百分点。县域经济基本竞争力居全国百强县（市）第 51 位，比上年度再进 5 位。

2. 项目引领成效初显。经市确认，全年新开工 1 亿元以上工业项目 54 个、服务业项目 30 个，当年累计完成投资 117.6 亿元，在全市 9 个县（市、区）考核中位居第 3 名。实现外资到账 4 亿美元。累计完成固定资产投资 548.4 亿元。工业应税销售突破 1000 亿元。全社会研发投入占 GDP 比重达 2.47%，高新技术产业、新兴产业产值占规模以上工业产值比重分别达 40%、22%。如通股份、亚振家居 2 家企业主板上市。

3. 改革开放不断深化。供给侧结构性改革稳步实施，“三去一降一补”（去产能、去库存、去杠杆、降成本、补短板）5 大任务进展顺利。相对集中行政许可权改革、综合行政执法体制改革取得初步成果，实现“一枚印章管审批”“一支队伍管执法”。农村土地承包经营权确权登记颁证工作全面展开。洋口港经济开发区正式获批筹建省级经济开发区，如东经济开发区成功创建国家级科技孵化器，海上风电和生命安全防护 2 个特色产业获评国家火炬特色产业基地。如东海关、如东国检局揭牌成立。

4. 城乡建设有序实施。完成城市建设投入 10.6 亿元。顺利通过省优秀管理城市、省园林城市现场调研。完成房地产销售 80 万平方米，创历史新高。完成交通建设投资19.3亿元,海洋铁路货运业务正式开通。在南通5县(市)率先实现公交"一卡通"。新建改造农村公路526公里、农桥212座。全年空气环境质量优良天数稳步上升,生态环境持续向好。

5. 社会事业协调发展。全年社会事业投入80.5亿元,同比增长12%。实现精准脱贫3367户、4589人。完成城镇居民医保与新农合并轨运行。顺利通过"国家卫生县城"验收。高考核心指标再夺省市第一,省理科状元花落如东。"中国好人'如东现象'"受中央和省市主流媒体关注,沈亚秋家庭当选第一届全国文明家庭。平安建设、法治建设和政法队伍建设"十大工程"有序推进,信访稳定工作绩效继续保持全市领先,公众安全感稳居省市前列。

6. 党的建设全面加强。"两学一做"学习教育有效开展。圆满完成县镇党委换届和村(社区)党组织换届。获评"全省学习型党组织建设先进单位"。连续3年被评为"全省党员冬训工作示范县"。启动党风廉政建设巡察工作,反腐倡廉和作风建设取得新成效。人大、政协工作不断加强,人武、统战、法检、群团等工作都取得新成绩。

通过一年来奋斗实践,广大干部群众"精、气、神"发生积极变化,想发展、谋发展、快发展的信心更强、底气更足、氛围更浓;各级党组织的战斗力、号召力、向心力有了新提升;各镇区、各部门、各单位的担当意识、责任意识、进取意识进一步增强;全县上下凝心聚力、心齐气顺、风正劲足的良好局面正在形成。

我们也清醒认识到还存在一些问题和不足,特别是产业转型升级还有待进一步加快,科技含量高、带动性强的项目还需加快集聚,重大项目落地有待进一步突破,特色产业优势还不够明显,现代服务业还要加快发展;城乡建设、生态文明任务还比较繁重,民生事业、社会治理等对照高水平全面建成小康社会目标要求还存在不少短板;少数党员干部的使命意识、服务意识还不够强,推动转型发展的能力水平与发展的新形势新要求还不相适应。我们必须高度重视,在今后工作中切实加以解决。

二、奋力谋求各项事业发展新突破

今年是中共十九大召开之年,也是全面落实省、市党代会精神的首战之年,做好今年工作,意义十分重大。综合研判当前形势,我国经济发展新常态特征更加明显,新一轮科技革命和产业变革与我国加快转变经济发展方式形成交汇,诸多矛盾叠加、风险隐患增多,宏观形势更加复杂。但困难和挑战也为我们创造了逆势而上、后发赶超的重要契机。关键要坚定必胜信念。在全国范围内,我们地处最具发展活力的"长三角"地区;在江苏范围内,我们处在"上海经济圈";在全市范围内,我们与周边县市基本处于同一水平、同一方阵,更兼有港口和沿海优势,随着交通条件的加快改善,我们的发展能级日益提升,特别是吸引重大项目落户条件更为优越,势头明显看好。我们一定要充满信心、鼓足干劲、乘势而上,在加快发展、转型发展道路上全速向前。关键要勇于追求一流。无论在工作目标还是工作标准上都要坚持高点定位,牢固树立标志性思维。每个镇区、每个单位都要在省、市范围内寻找标杆,着力打造和培育标志性园区、标志性行业、标志性企业和标志性领军人物,全力推动各项工作出精品、创特色、争一流。关键要奋力改革创新。面对激烈竞争态势,我们要更加努力、更加勤奋、更加富有创造性,善于动脑筋、用智慧,挖掘潜在机遇、争取工作主动、破除各种障碍,尤其在科技人才引进、投资金融创新、信息技术运用、土地要素保障等方面要出新招、出实招,不断拓展各项工作的新空间、新境界。关键要狠抓推进落实。坚持"快"字当先,大力弘扬一线办公、马上就办之风,特别是在服务项目建设和实体经济发展方面,要第一时间响应,"不说不好办、只说怎么办",全力当好"店小二",积极营造雷厉风行、务实高效的发展环境。

今年全县工作指导思想是:深入贯彻习近平总书记系列重要讲话精神,按照中央和省、市决策部署以及县党代会要求,坚持稳中求进工作总基调,牢固树立和贯彻落实新发展理念,适应把握引领经济发展新常态,坚持以提高发展质量和效益为中心,以推进供给侧结构性改革为主线,持续聚焦项目建设,统筹做好稳增长、促改革、调结构、惠民生、优生态、防风险各项工作,更严更实加强党的建设,促进经济平稳健康发展和社会和谐稳定,以优异成绩迎接中共十九大胜利召开。

今年经济社会发展主要预期目标是:地区生产总值增长9.5%左右,全社会研发投入占GDP比重提高到2.55%,高新技术产业产值占规模以上工业比重达到42%,一般公共预算收入同口径增长7%以上,固定资产投资增长12%以上,社会消费品零售总额增长9.5%以上,新增就业7500人,城镇登记失业率控制在3%以内,城乡居民人均可支配收入增长与经济增长基本同步。以上目标定位,是综合考虑宏观环境、上下衔接以及我县发展的基础条件、现实可能、发展趋势和目标追求确定的,是必须付出更大努力才能实现,也必须实现的目标,我们一定要按照"聚力创新、聚焦富民""好上又好、能快则快"要求,自我加压、精准施策、奋力拼搏,圆满完成各项目标任务。

做好今年工作,要充分认识和把握新的形势要求,更加突出3个方面:

一是更加突出"接轨上海"。上海是我们的重要发展资源,一定要十分珍视、充分利用。要建立对接上海的工作机构和机制,强化工作落实推进,切实加强对上海的学习研究,与上海政界商界保持高频率、深层次的对接联系,努力从中寻找可借鉴、可引进、可配套、可合作的一切机遇,全面提升深耕上海的层次、质量和效果。

二是更加突出新业态培育。当前,以信息技术为核心的新一轮科技革命正在孕育兴起,这既对传统产业带来巨大挑战,更为新兴经济发展创造了无限可能,谁能抢占先机,谁就能率先腾飞。我们一定要有前瞻性思维和眼光,积极推进信息、科技、金融、互联网经济、平台经济、会展经济等新兴产业发展,努力使新业态成为如东发展新引擎。

三是更加突出特色品牌打造。越是特色的东西越具有不可替代性,越具有竞争力和生命力,对于资本、人才、技术等要素的吸附力和集聚力也就越强。我们要进一步确立特色定位和品牌意识,无论是城市建设、镇村建设、园区建设,还是文化、旅游产业发展等,都要加强谋划和策划,挖掘亮点、打造特色,在做实做优基础上,更要做靓做响,以此形成新的扩散带动和乘数倍增效应,努力使"眼球经济"成为如东发展新魅力。

在具体工作中,重点抓好8个方面:

1.*着力谋求重大项目*。狠抓招商引资源头,进一步加强对上海、深圳、北京等重点地区招商,突出对央企、大型民企和新上市企业募投动向的紧密跟踪,准确掌握动态信息,切实加强服务对接,全力储备一批、签约一批、开工一批重大项目。进一步强化专业招商力量,建立一支战略眼光高、全局意识强、专业技术一流的专家型招商队伍。进一步完善项目建设服务推进机制,全力加快项目实施进程。

要围绕特色产业培育,着力引进新能源、新材料、高端装备制造等产业链关键项目;围绕现代服务业发展,着力引进科技、金融、文创、体育、大数据、互联网及功能性平台项目;围绕滨海特色旅游业发展,着力引进实施现代旅游休闲项目。重点抓好经济开发区中天科技园、高新区生命健康产业园、洋口港钛金属产业园、碧科产业园、石墨烯产业园、必康产业园、协鑫能源、沿海经济开发区重装产业园、静脉产业园、外农正大对虾食品产业园、循环产业园华侨城旅游综合体等一批特色产业园及重大项目的落地建设。

要大力实施中小企业提升计划,鼓励支持有条件扩能、有技术支撑、有市场前景的高成长型企业,围绕"专、精、特、新"发展道路,加大技改扩能投入,壮大一批行业"小巨人"。继续实施规模企业培植计划,支持中天科技等重点企业不断做大做强,加快培育一批具有突出优势的企业"航母"。引导更多企业通过挂牌上市、发行债券、私募股权融资等多种手段进军资本市场,新上更多成长型项目,跨入转型升级快车道。

2.*着力推动改革创新*。大力实施科技领军型企业培育行动计划、"科技小巨人"培育行动计划,加大对企业自主创新的扶持力度,加快培育科技创新能力强、市场占有率高、质量效益优的创新型企业群体。大力引进各类创新资源,着力打通从基础研究、应用研究、中试孵化到产业化的创新链条,努力形成创新型领军企业"顶天立地"、科技型中小微企业"铺天盖地"的生动局面。

各园区和有条件的镇要进一步整合集成科技资源,加快推进镇区创新载体建设,积极引导重点企业与高校院所共建研发平台,努力打造一批集知识创造、技术创新和高新技术产业培育为一体的创新核心区。积极统筹推进全县科技创新服务平台建设,加快建设一批科技企业孵化器、众创空间和新兴产业加速器。重点推进经济开发区科创集聚区、高新区生命健康创新园、石墨烯产业研究院、沿海生物医药创业园等建设。

要充分发挥"科技人才节"等平台效应,制定落实差别化政策,全力吸引各类人才,特别是80后、90后创业创新型人才、如东在外成功人士来如东创业发展。坚持实用导向,大力培养和引进符合产业发展需求的创新创业人才、经营管理人才、高技能人才和复合型人才,重点引进电子通讯、生物医药、新材料、新能源等领域中的技术人员以及行业顶尖人才,努力以人才和技术引进的突破,促进特色产业加快崛起。

要坚持问题导向,全面深化改革。继续推进行政审批制度改革,不断优化办事流程,提升服务质效。深入推进供给侧结构性改革,全力落实"三去一降一补"5大任务。积极推进投融资改革,通过设立特色产业引导基金、中小企业转贷基金等,支持实体经济发展和战略性新兴产业培育。

要更加主动融入国家对外开放大战略,发挥地处"一带一路"和长江经济带交汇点的区位优势,全面提升开放水平。实施境内外"百展计划",重点组织好广交会、华交会和国外专业知名展会。引导纺织服装、光纤光缆等优势产业建立境外加工贸易基地,扩大对外直接投资。围绕打造洋口港保税物流中心,加强通关一体化建设。

3.*着力加快城市转型*。以实施"城建大会战"为主抓手,坚持"精致、精细、精到"理念,高点规划、高标建设、高效管理,促进城市转型,提升城市形象。有序推动城市更新,加强重点区域、主要街道、关键节点城市设计,加快建设标志性地段、景观和建筑,打造城市地标,塑造城市品格。积极推动中央商务区和新区文体板块的整体开发,着力打造"城市之眼"。突出"水、绿"特色,启动建设"一湖一河、两湾三脉、五廊十园"绿色景观工程,打造独具特色的多层次、多功能、复合型城市绿色生态网络,提高城市品质。推进三号街区保护性改造工程。结合智慧城市、海绵城市建设,加快推进路网畅通、地下管网建设、老旧小区低洼片区改造、停车场建设等市政工程,切实增强城市承载力。继续开展城市环境综合整治"931"行动,完善城市创建长效管理机制,重点开展市容秩序提升、交通秩序改善、小区物业规范等专项整治,让城市运转协调有序、百姓生活舒心滋润。

在镇村建设中,各镇要充分挖掘和利用自身的区位条件、自然禀赋、产业基础、人文资源等特色,进一步明晰发展定位,优化空间布局,促进资源要素向特色功能区和特色业态集聚,加快打造一批具有较强集聚力、特色鲜明的小城镇。按照"生活宜居、设施配套、环境优美"总要求,继续大力推进美丽乡村建设,加快打造一批有影响力的特色乡村。每个镇都要力争培育1～2个在全市有影响的乡村典型。

4. *着力推进交通基础设施建设*。全力做好海洋铁路电气化改造、三洋铁路、洋吕铁路、通苏嘉北延、通用机场等重点项目的规划争取工作。加快推进海启高速如东段建设,积极争取通洋高速二期早日实施。围绕如东客运站、洋口港物流园客货枢纽建设,加快港口、物流园区、产业园区等重要节点的集疏运体系建设。进一步完善内河港口规划,全面启动内河航道建设工程,加快构建"江海互通、多式联运"的立体式综合交通格局。

要进一步完善县域"四纵三横"干线公路布局,加快推进S334东段、G228绕城段、洋骑线等国省干线建设。加快完善重要经济节点与干线路网的衔接,实施一批镇区连接线项目。继续实施农村公路提档升级工程,集中打通一批断头路。抓紧推进全域公交建设,努力实现城乡"无缝"对接。

5. *着力提升载体能级*。在载体功能建设上,6大园区要进一步抬高标杆,对照区域内国家级开发区和先进特色园区建设标准,综合考虑资源环境承载力和未来发展方向等,对现有企业、产业结构及功能配套等空间布局进行调整优化。加快完善园区道路、管网、热电等基础配套功能。加大预拆预建力度,提前做好土地储备,推进标准厂房建设,变"项目等地"为"地等项目"。

在产业发展上,要进一步明确发展方向和路径。洋口港经济开发区要进一步加快热电厂建设,推进散杂货码头和产业岸线报批建设,强化在手重大项目落实和非化重大产业项目招商,着力在港口物流和重大临港产业项目实施上谋求新突破,努力打造"长三角"地区新兴临港产业园。如东经济开发区要坚持现代制造业和现代服务业同步并进、同步发力,加快推进特色区中园产业项目建设,尽快启动实施现代服务业集聚区建设。沿海经济开发区要按照"淘汰落后化工产能、培育环保科技服务业、大力发展非化产业、建设绿色生态园区"思路,着力打造千亿级产业集群;加快促进滨海特色旅游和产城融合发展,努力在全省沿海率先建成区域现代化城镇新节点。如东高新区要围绕生命健康、智能制造等重点产业,找准细分空间,强化攻坚突破,加快建成战略性新兴产业快速成长区。循环经济产业园要充分利用区位条件、资源禀赋,努力挖掘人脉、人文资源,统筹推进循环园区、现代农业园区、东凌湖旅游区建设,加快打造特色旅游小镇。外向型农业综合开发区要以打造特色农海产品养殖加工全产业链和建设国家一级渔港为重点,加快建成全省一流、全国有影响的现代生态高效农业示范区。

6. *着力解决环境突出问题*。以创建国家生态文明示范县为目标,深入开展"两减六治三提升"(减少煤炭消费总量和落后化工产能;治理重点行业、生活垃圾、黑臭水体、畜禽养殖污染、挥发性有机物污染和环境隐患;提升生态保护水平、环境经济政策调控水平和环境监管执法水平)专项行动,全力打赢生态保护和环境治理攻坚战。围绕构建绿色产业体系,大力发展循环经济,全面推行清洁生产。加快传统产业智能化、绿色化改造,完成电镀、印染、浸胶手套等重点行业专项整治,坚决淘汰能耗高、污染重、安全隐患多的生产工艺、技术装备和产品,最大限度减少对环境影响,为新项目、好项目腾出更多环境容量。化工园区要坚持更为严格的技术和环保准入标准,采取有效措施提升产业层次和企业档次,着力打造省级示范化工园区。

要深入实施水污染防治行动计划,加快推进乡镇污水处理设施提标改造和收集管网改造延伸工程,大力推进畜禽禁养区污染专项整治,全力整治黑臭水体,推动水环境质量持续改善。深入开展挥发性有机污染物治理、城市扬尘控制、秸秆禁烧等源头治理工作。扎实推进土壤污染防治行动计划。全面推进重点企业废气排放源整治、污水处理设施扩容和危险废物处置能力提升工程,建成区域大气环境预警系统。

要继续开展环保执法"亮剑"行动,推行环境监管执法网格化管理,始终保持"零容忍"的高压执法态势。不断健全上级挂牌督办事项和区域重大环境问题综合督查机制。深化司法环保联动执法,全面实施"双随机一公开"(在监管过程中随机抽取检查对象,随机选派执法检查人员,抽查情况及查处结果及时向社会公开)执法。积极开展生态环境制度综合改革,建立生态环境损害赔偿制度,尝试启动企业刷卡排污管理,全面落实"党政同责、一岗双责"的生态环境保护工作责任。

7. *着力促进富民增收*。深入推进就业创业,强化舆论宣传、政策引导、技能培训,鼓励引导城乡居民,特别是大学毕业生、科研人员、返乡人员等积极抢抓新经济发展机遇,创造财富、成就梦想。

要把增加农民收入作为重点,加大现代农业项目及园区建设,培育壮大农业龙头企业,促进一二三产融合发展,努力增加农民工资性收入和非农收入。扎实推进农村土地承包经营权确权登记和高标准农田建设工作,引导农民规范有序流转土地经营权,通过土地入股、托管等方式,发展多种形式的适度规模经营,增加农民财产性收入。把美丽乡村与乡村旅游和特色乡村经济相结合,培育农民增收新的增长点。加快村级集体经济发展,积极盘活村级集体资源,规范村级财务管理,探索开展农村集体资产改革试点工作,切实增强村级集体经济自身造血功能。鼓励社会资本、民间资金参与兴办农村实事,不断提升农村基本公共服务水平。

要把脱贫攻坚作为第一民生工程来抓,按照"一个不少、一户不落"的要求,坚持"扶真贫、真扶贫",深入实施脱贫致富奔小康工程,加大生活、就业、教育等扶持力度,做到精准扶贫、精准脱贫,年内确保建档立卡低收入人口脱贫率达到55%以上。

8. *着力加强社会建设*。按照"七个更"的目标要求,进一步完善基本公共服务体系、标准体系。积极创建省教育现代化示范县,优化教育资源布局,提升教师队伍素质，持续放大如东教育品牌效应。深入推进医疗卫生体制改革，加快县镇村三级公共医疗服务体系和区域卫生信息化平台建设，不断提升卫生服务水平。依法推动全面二孩政策落实，促进人口均衡发展。推动全民健身与全民健康深度融合，满足人民群众健康生活需求。积极构建多层次社会化养老服务体系，不断提升为老服务覆盖面。

要把提高人的文明素养作为核心，以“六城联创”为抓手，深入推进社会主义核心价值观教育，推动精神文明与物质文明协调发展、市民素养提升与环境设施改善同步并进，力争跻身“全国文明城市”提名城市。深入实施文化惠民工程，有效推进基层综合性文化服务中心建设。认真落实意识形态工作责任制，把握主动权，弘扬主旋律，讲好如东故事。推进传统媒体与新兴媒体深度融合，推进网上舆论生态治理。

要全面落实社会治安综合治理领导责任制，完善党委领导、政府主导、社会协同、公众参与、法治保障的社会治理体系。深入推进信访工作制度改革，全面推行阳光信访，积极引导群众依法逐级反映诉求。深化司法体制和行政执法体制改革，扎实开展法治基层基础工作规范化建设和“七五”普法工作。继续推动社会信用体系建设。切实加强立体化现代化社会治安防控体系建设。

今年将召开中共十九大，要进一步强化底线思维，把可能影响安全稳定的风险点全部梳理一遍，及时化解消除，做到预防在先、处置在前。对于社会稳定风险，要结合社会治理创新，更多运用法治思维和法治方式加以解决。对于经济运行风险，要密切关注、及时有效处置关联性、突出性问题，做到未雨绸缪、防患未然。对于安全环保风险，要全面落实安全环保责任措施，坚决杜绝重特大安全环保事故发生。

三、坚定不移推进全面从严治党

中共十八届六中全会就新形势下加强党的建设作出新部署、确立新坐标。全会通过的《关于新形势下党内政治生活的若干准则》和《中国共产党党内监督条例》，是全面从严治党的纲领性文件。学习贯彻六中全会精神是当前一项重大政治任务，全县各级党组织要按照“思路再完善、措施再深化、工作再提升”要求，以更强意识、更高标准、更大力度、更实举措，从党内政治生活管起，从党内政治生活严起，推动我县全面从严治党不断迈上新台阶。各级党组织特别是书记必须把管党治党责任牢牢扛在肩上，做到“知责、尽责、负责”；各级党员领导干部要充分发挥表率作用，模范遵守党章和《准则》《条例》，为全县广大党员树好榜样；各镇区、各部门必须从严落实党的建设各项任务，切实把全面从严要求贯穿党的思想、组织、作风、反腐倡廉和制度建设各个方面，为实现“十三五”发展目标，高水平全面建成小康社会提供坚强政治保证。

*一是“固根本”，不断增强引领发展的定力和能力。*当前，我们正面临新形势、新目标、新要求的重大考验，全县各级领导班子和党员领导干部务必进一步增强政治定力，突出党委（党组）中心组学习示范引领作用，充分发挥党支部主阵地作用，坚持抓在平常、融入日常，深入推进“两学一做”学习教育，切实增强“四个意识”（政治意识、大局意识、核心意识、看齐意识），树立“四个自信”（道路自信、理论自信、制度自信、文化自信）。进一步增强领导能力，加强学习研究和创新实践，通过培训轮训、交流轮岗、挂职锻炼等多种途径，推动各级干部在“学、思、践、悟”中，提升适应新形势、引领新常态的能力和本领。

*二是“明导向”，进一步激发干部队伍生机活力。*坚持“20字”好干部标准，倡树“重德才、重实绩、重基层、重公认”用人导向，进一步完善干部培养选拔机制，真正让“勇于创新、敢于担当、善于落实”的干部得到褒奖和重用。始终坚持求真务实，坚决克服浮躁之风，严查弄虚作假。各级党组织要用好容错免责机制，旗帜鲜明为担当者担当、为负责者负责、为干事者撑腰。

*三是“抓规范”，切实加强党内政治生活和党内监督。*严肃认真的党内政治生活是党优良作风的生成土壤。全县各级党组织要积极创新方式方法，在推动党内组织生活规范化、提高质量效果上下工夫，严格落实“三会一课”、主题党日、民主生活会、组织生活会、民主评议党员等组织生活制度。坚持和完善民主集中制，严格执行领导班子议事决策规则，“三重一大”（重大问题决策、重要干部任免、重大项目投资决策、大额资金使用）等事项必须集体讨论决定。党内监督是永葆党肌体健康的生命之源，务必进一步突出党内监督重点，健全监督体系，落实监督责任，着力解决党的观念淡漠、组织涣散、纪律松弛等管党治党宽松软问题，真正做到有权必有责、失责必追究。

*四是“强基础”，分层分类推进基层党组织建设。*以深入实施“贯标行动”为抓手，进一步加强基层党组织建设。完善农村“四位一体”组织架构，深入推进“114”惠民服务行动。开展村党支部书记述评，推动村级党组织比学赶超，更好履行职责。坚持一村一策，增强薄弱村自我造血功能。全面推进服务型机关党组织建设，开展“机关在职党员进社区”活动，加强社区志愿者队伍建设，促进社区党组织与驻区单位党组织“共驻共建”。全面推广非公企业“融合工作法”。以各级中小学校和医院为重点，深化事业单位党建工作。全面推行党员分类管理、积分考核制度。进一步加强老干部思想政治建设和党组织建设。全面实施“一镇一域一品”行动计划，打造一批内涵丰富、特色鲜明、群众公认的基层党建典型和品牌。

*五是“促清廉”，努力营造风清气正的发展环境。*党风廉政建设永远在路上。要认真抓好“两个责任”落实，深入实施责任清单项目化管理。持续加大作风建设力度，刚性执行中央八项规定和省、市、县委关于作风建设相关规定，紧盯重要节点和“四风”问题新动向，从严查处顶风违纪行为。坚持把纪律规矩挺在前面，准确把握

监督执纪"四种形态"(第一种,党内关系要正常化,批评和自我批评要经常开展,让咬耳扯袖、红脸出汗成为常态;第二种,党纪轻处分和组织处理要成为大多数;第三种,对严重违纪的重处分、作出重大职务调整应当是少数;第四种,严重违纪涉嫌违法立案审查的只能是极极少数),突出抓早抓小,用纪律管住大多数。加强廉政文化建设,引导各级干部筑牢思想防线,正确处理政商关系,把握好"亲""清"二字。充分发挥巡察利剑作用,聚焦"六项纪律"(政治纪律、组织纪律、廉洁纪律、群众纪律、工作纪律、生活纪律)推进巡察工作,用好巡察成果。始终保持惩治腐败高压态势,对违纪违法重大案件和发生在群众身边的腐败问题"零容忍",坚决做到有案必查、有腐必惩。

政府工作报告

——2017年1月10日在如东县第十七届人民代表大会第一次会议上

沈峻峰

本届政府工作回顾

2012年以来5年,是如东发展史上综合实力提升最快、城乡面貌变化最大、群众得实惠最多的时期之一。我们在省、市党委政府和县委的正确领导下,在县人大、县政协的监督支持下,紧密团结和依靠全县人民,抢抓发展机遇,积极应对挑战,坚定不移稳增长、促改革、调结构、惠民生、防风险,圆满完成"十二五"确定的主要目标和任务,顺利实现"十三五"良好开局,为全面建成更高水平小康社会奠定了坚实的基础。

一、经济发展迈上新台阶。2016年,预计实现地区生产总值733亿元,5年连跨3个百亿元台阶;一般公共预算收入完成54.4亿元,比2011年翻了一番;城镇居民和农民人均可支配收入分别达到37257元和17250元,分别是2011年1.5倍和1.6倍;三次产业结构调整为9∶45.8∶45.2。工业经济扩量提质。2016年,全县工业应税销售收入突破1000亿元。高新技术产业、新兴产业产值占比分别达40%、22%。应税销售超1亿元企业168家,其中超10亿元企业8家,中天集团如东本部突破100亿元。新增省级"两化融合"企业32家,新增上市企业2家、新三板挂牌企业8家。光纤光缆、健身器材、农药、风电4大产业被评为省级特色产业集群,海上风电和生命安全防护产业获评国家火炬特色产业基地。累计完成外贸进出口总额123.5亿美元。2016年,建筑业实现施工产值415亿元,是2011年1.5倍。获评中国建筑之乡。服务业提档增速。服务业增加值占比提高9.5个百分点。实现社会消费品零售总额318.5亿元,是2011年1.9倍。健桥医药和江东物流成功创建省服务业创新示范企业。累计接待游客902万人次,获评中国最佳海滨旅游城市。现代农业稳产增效。粮食综合产能保持稳定,农渔产品质量不断提升,通过国家地理标志产品认证4个。农渔业规模化、产业化水平进一步提高,拥有国家级农业龙头企业1家、省级17家,累计新增高效设施农渔业面积49.76万亩。创新能力持续增强。2016年,全社会研发投入占GDP比重达到2.47%,万人发明专利拥有量达到10.8件。创建国家科技孵化器1个,创建国家级企业技术中心1家。成功举办两届科技人才节,累计引进国家"千人计划"专家19人,省"双创"人才15人。先后获评全国科技进步先进县、省创新型试点县。

二、项目建设实现新突破。始终把项目建设作为经济工作的第一抓手,持续发力,聚力攻坚,项目建设绩效位列全市第一方阵。招商引资成效明显。成功举办五届海洽会,先后成立无锡、苏州、深圳、上海、北京等如东商会。一批高尖端、高科技、高产出项目成功落户,累计实现外资到账18.4亿美元。项目推进力度加大。不断完善项目推进机制,项目建设成效显著增强。累计完成1亿元以上产业项目210个,三一重工、德国巴斯夫等17家世界500强企业投资项目相继投产运营。综合保障能力增强。通过向上争取增量、对内盘活存量,全县累计争取土地计划指标347.53公顷,新增建设用地1788.07公顷。新引进银行业金融机构5家、小额贷款公司2家。2016年,全县工业贷款余额138亿元,是2011年2.7倍。

三、沿海开发展现新局面。以港口为龙头,以沿海区域为重点,以平台打造为支撑,以产业集聚为引领,开发开放水平不断提升。港口开发进程进一步加快。洋口港国家一类口岸正式开放,如东海关、如东国检局揭牌成立。初步形成以油气和液化品为主、大重件散杂货为辅的港口物流体系,累计完成港口吞吐量1217万吨。临港工业区一期、二期以及港口新城功能配套基本到位。洋口港获批筹建省级经济开发区。沿海特色产业进一步凸显。坚持错位发展、特色发展导向,明晰发展定位,完善载体功能,初步形成新能源、先进装备制造、汽车电子、安防产品、新材料、生物医药、现代旅游等具有比较优势的特色产业板块。园区支撑作用进一步增强。2016年,6大园区实现工业应税销售收入620亿元,占全县

61%；一般公共预算收入28.5亿元，占全县52.4%；1亿元以上项目投入158亿元，占全县74.9%。6大园区对全县经济发展的贡献份额显著提升。

四、重点改革取得新进展。紧扣全面深化改革主线，积极推进重点领域各项改革，进一步释放改革红利。行政体制改革不断深化。认真落实“放管服”各项改革，制编“5张清单”，推动“权力瘦身”。深化相对集中许可权改革，整合组建县行政审批局，积极推行“一枚印章管审批”。顺利推进不动产统一登记工作。市场体制改革有序实施。深入推进商事登记改革，实现“一窗式”受理办结。加强公共资源交易平台建设，规范高效配置资源要素。不断优化国有资产布局和结构，强化国有资产管理职责，规范公司治理，切实提升资产使用效益。社会事业改革加快推进。不断完善“以县为主”的义务教育管理体制。深入推进医疗卫生体制改革，三级医疗服务体系逐步完善。积极整合城镇居民医保和新农合，建立统一的城乡居民医疗保险制度。全面推进价格机制改革。顺利完成广电网络资产管理体制改革。

五、城乡统筹迈出新步伐。不断优化城市功能布局，全面推进城乡一体化、交通网络及生态文明建设。城乡建设水平不断提升。新城区建设初具规模，老城区改造逐步加快。县城累计完成市政重点工程投入95亿元，建成商品房594万平方米，保障性住房936套。引江供水工程实现县域全覆盖。重点镇和特色村建设有序推进，综合承载力日益增强。全县城镇化率达到56%，比2011年提高6.6个百分点。交通体系布局不断完善。累计完成交通建设投入113.3亿元，“139”现代化交通运输体系基本实现。海洋铁路、通洋高速、国道328线如东段相继通车，交通条件实现了从“三无”到“三通”的根本性转变。持续加大农路农桥建设力度，累计新建改造农路1138公里、农桥374座。生态环境质量不断改善。深入开展城市环境综合整治，健全完善“五位一体”长效管理机制，全面加大工业污染、生活污染和农业面源污染治理力度。环境基础设施逐步完善，大气环境监测站、县城第二污水处理厂等一批设施投入使用。新增绿化造林12万亩，林木覆盖率达到24.4%。获评国家生态县。

六、民生福祉得到新提升。积极顺应人民群众对美好生活的向往，大力实施为民办实事项目，累计完成民生类财政支出308亿元。公共服务能力增强。教育均衡趋向优质，获评全国义务教育发展基本均衡县。高考成绩连续23年全省领先。职业教育校企合作成效显著。爱国卫生运动扎实开展，顺利通过国家卫生县城验收。人口发展质量稳步提升，获评江苏省“十二五”人口协调发展先进县。文体事业协调发展，获评江苏省文化先进县、全国群众体育先进单位。保障体系逐步健全。城镇登记失业率控制在3%以内。社会保险覆盖范围持续扩大，城乡居民养老和医疗保险参保覆盖率分别达到98.39%、96.7%。社会救助、双拥、优抚、退伍军人安置等工作扎实有效，连续获评省双拥模范县。社会保持和谐稳定。精神文明建设持续推进，全国文明城市创建工作年度测评位列全省第二，沈亚秋家庭获评第一届全国文明家庭。安全生产形势稳定，社会防控体系不断完善，获评全国法治县创建活动先进单位。积极支持工会、共青团、妇联、科协、文联、侨联、社科联、工商联、残联、红十字会、慈善会、关工委等群众团体和社会组织开展工作，人武人防、外事侨台、民族宗教、防震减灾、气象、档案、地方志等工作进一步加强。

5年中，我们坚持把加强政府自身建设作为做好各项工作的基础和保障，深入开展群众路线教育实践、“三严三实”专题教育和“两学一做”学习教育活动，不断提升政府履职能力和水平。自觉接受县人大及其常委会的法律监督和工作监督、县政协及社会各界的民主监督，认真办理人大代表议案、建议和政协提案，满意率持续提升。切实加强机关作风建设，行政效能得到进一步提升。全面落实党风廉政建设责任制，强化“一岗双责”，驰而不息纠“四风”，“三公经费”支出逐年下降。

在总结成绩的同时，我们也清醒地看到当前经济社会发展还面临不少困难和挑战，主要是：县域经济总量不大、人均水平偏低，经济综合实力还需进一步增强；产业结构调整任务艰巨，新兴产业和现代服务业有待进一步培育；城乡发展还不够均衡，新型城镇化和城乡一体化水平有待进一步提升；资源约束趋紧，生态环境建设还需进一步加强；教育、卫生、文化等公共服务供给还未能完全满足群众需求；政府的法治意识、效能意识和服务意识有待进一步提高。对此，我们将切实采取有效措施，认真加以解决。

今后5年工作展望

新一届政府即将履职的5年，是如东加快发展的战略机遇期、优势潜能的加速释放期、弯道赶超的跨越关键期。我们面临更加严峻的挑战考验，必须增强危机紧迫意识。宏观形势依然错综复杂，经济下行压力仍然较大，深层次结构性矛盾和问题更加突出，保持经济持续快速发展难度加大，特别是各地竞相发展、攀高比强的态势日益加剧，必须增强区域竞争“不进则退、慢进也是退”的危机感，增强跨越赶超“时不我待、只争朝夕”的紧迫感。我们身处更为难得的发展机遇，必须增强责任担当意识。我国经济长期向好的基本面没有改变，新常态下转型路径日趋明晰，各项改革深入推进，新动力、新优势正在逐步积蓄。随着“一带一路”、长江经济带、江苏沿海开发、对接上海等战略持续深入推进，如东正面临着良好的宏观环境和宝贵的发展机遇，必须增强加快发展、积极作为的责任担当，勇当新一轮发展的实践者和推动者。我们拥有更趋完善的基础条件，必须增强赶超争先意识。通过长期努力，如东在港口开发建设、载体平台打造、交通条件改善、特色产业培育、行政效能提升等方面都打下了良好基础，独特的资源禀赋以及各类要素条件加快集聚，为承载重大产业项目增添了新优势，完全有基础有条件发展得更好更快，必须增强必胜信念和争先意识，以更加宽广的视野、更加昂扬的斗志、更加有力的举措，奋力在全市跨越赶超中争先晋位，不断开创经济社会发展新局面。

新一届政府工作的指导思想是：深入贯彻习近平总书记系列重要讲话特别是视察江苏重要讲话精神，按照“五位一体”总体布局、“四个全面”战略布局和新发展理念，主动适应和积极把握经济发展新常态，坚持发展第一要务，持续聚焦项目建设，深入实施供给侧结构性改革，提升发展质量和效益，着力推进区域先进制造业基地、江苏沿海开发重要增长极和国家生态文明示范县建设，加快建设“强富美高”新如东，让全县人民共享高水平全面建成小康社会的成果。

新一届政府工作的总体定位是：实现“一个任务、两个领先、三个全面”。一个任务：圆满完成“十三五”规划各项目标任务。两个领先：主要经济指标增速全市领先；经济社会发展质态全市领先。三个全面：确保高水平实现全面小康，全面增强人民群众幸福感；奋力谋求总量赶超，全面实现整体实力新跨越；加快集聚要素资源，全面提升城市综合竞争力。

根据上述指导思想和总体定位，做好今后5年工作，重点把握以下6个方面：一是聚焦项目龙头，坚定不移抓发展，更加注重厚植产业、打造特色。坚持以经济建设为中心不动摇，扎实有效地保运行、稳增长；坚持以项目为王的理念不动摇，狠抓产业项目引进和投入，加大项目推进建设力度，不断完善产业链、整合资源链，加快形成富有如东特色的产业集群。二是推动改革创新，坚定不移增活力，更加注重优化机制、激发动能。坚持把改革创新贯穿于经济社会发展全过程和各方面，积极营造公平有序、富有活力的市场环境，充分释放改革创新的动力；推进以科技创新为核心的全面创新，加快要素驱动向创新驱动转变，努力形成以创新创业为主引擎和支撑点的经济体系和发展模式。三是深化对接上海，坚定不移拓空间，更加注重优势叠加、融合发展。围绕建设上海“北大门”的发展要求，把对接上海上升到新的战略高度，作为如东“引进来、走出去”的第一开放窗口，加快载体平台、区位交通等互联互通，在产业、项目、人才等方面全面开展对接，推动沪如各要素优势叠加、高效配置、深度融合。四是加快城乡统筹，坚定不移促协调，更加注重城乡一体、共同繁荣。以新型城镇化为契机，以人的城镇化为核心，更好地统筹城乡经济社会协调发展、“四化”同步发展、硬实力与软实力整体发展；坚持因地制宜、因业制宜，着力提升城市品质和内涵，加快市级中心镇、沿海重点镇和特色镇村建设，努力形成协调并进、互动融合的城乡发展一体化新格局。五是坚持绿色发展，坚定不移优环境，更加注重治理环境、保护生态。牢固树立“绿水青山就是金山银山”理念，促进经济增长与生态建设良性互动；下大决心、花大力气加强生态保护和环境治理，实现生态环境质量的根本性好转，决不以牺牲环境为代价去换取一时的经济增长，决不以透支子孙后代的资源为代价来追求一时的发展速度。六是突出共建共享，坚定不移谋福祉，更加注重普惠民生、补齐短板。坚持把增进民生福祉作为政府工作的出发点和落脚点，按照人人参与、人人尽力、人人享有的要求，持续推进民生幸福工程，扎实办好民生实事，全力补齐民生短板，着力完善公共服务体系，促进普惠性、保基本、均等化和可持续，让广大群众对发展有更多的获得感，努力打造令人自豪、令人向往的幸福如东。

2017年工作任务

2017年，全县经济社会发展主要预期目标是：地区生产总值增长9.5%左右；一般公共预算收入同口径增长7%以上；固定资产投资增长12%以上；社会消费品零售总额增长9.5%以上；外贸进出口总额保持适度增长，出口额增长5%；城乡居民收入增长与经济增长同步；城镇登记失业率控制在3%以内；全社会研发投入占GDP比重达到2.55%；节能减排和环境质量完成市下达目标任务。

围绕以上目标，今年将重点抓好8个方面工作：

一、推动转型升级，促进产业加快发展壮大

坚持“好”与“快”统一，加快发展先进制造业、战略性新兴产业、现代服务业和现代农业，推动经济保持中高速增长、产业迈向中高端水平。

突出工业主体地位。加强对重点产业发展的研究、规划和政策支持，振兴实体经济，积极培育一批特色产业、骨干企业，全年力争实现工业应税销售收入1200亿元。做大做强特色产业。利用自然资源和产业配套优势，加快新能源、新材料、生物医药、高端装备、生命防护、智能通讯及电网装备等产业发展壮大，重点抓好功能性高分子新材料产业园、智能通讯与电网装备产业园、海上能源装备先进制造业产业园等特色产业园建设，充分发挥特色产业基金引导作用，努力培育百亿级、千亿级的特色产业板块。积极培育石墨烯、数据信息、汽车电子等战略性新兴产业，力争新兴产业产值占比提高2个百分点。加大技术改造力度。以“双百工程”为抓手，推动“两化”深度融合，鼓励企业发展自动装备、智能车间、智慧工厂，提升智能制造水平。全年实施技改项目不少于100个，其中智能改造项目30个以上，新增省市级融合创新示范试点企业3家。扶持发展重点企业。积极营造全社会重视实业和尊重企业家的良好氛围，大力实施规模企业培植计划和中小企业提升计划，新培育规模以上企业不少于70家。支持重点骨干企业高位嫁接、兼并重组、上市借力，实现裂变式发展，加快培育一批优势突出、核心竞争力强的行业龙头企业。全年力争培育超10亿元企业5家。

加快现代服务业发展。不断提升现代服务业发展水平，促进服务业规模扩大、结构优化、比重提升。推动制造业与服务业融合发展。鼓励制造业企业聚焦主业，实施主辅分离，壮大配套产业。大力发展现代物流业，加快洋口港现代物流园、洋口化学品物流中心、栟茶铁路物流园等一批物流园区建设。深入推进骨干企业和重点行业电子商务应用，积极培育跨境电商。探索具有如东特色的基金集聚区建设，积极发展小额贷款、融资担保、创业投资等专业性金融机构。促进消费需求与服务业互动发展。加快滨海旅游开发和建设，大力推进小洋口旅游度假区、东凌湖主题创想小镇、栟茶历史文化名镇和休闲观光农业等重点旅游项目。加快建设商贸流通集聚区，扎实推进县城中央商务区、经济开发区现代服务业集聚区等重点工程。加大健康、养老、文化等生活性服务业扶持培育力度，不断满足个性化、多层次的服务需求。

推动农业现代化进程。加快农业结构调整和产业化经营，促进农业增效农民增收。培育新型农业经营主体。以土地"三权分置"为契机，鼓励农村土地规范化流转和规模化经营，加快发展新型农业主体，全年培育家庭农场 280 家，新增粮食生产"全托管"经营主体 100 个以上。加快现代农业产业化发展。推动农业产业"接二连三"，加快建设农产品加工集中区，积极发展农产品电商。全年新增 1000 万元以上农渔业产业化项目 20 个。加快现代农业园区建设，新增高效设施农渔业面积 6.2 万亩。提升农业发展支撑能力。完善农田水利等基础设施配套，疏浚农村河道长度不少于 260 公里，新建防渗渠道不少于 150 公里，确保全年新增高标准基本农田 13.4 万亩。贯彻落实"藏粮于地、藏粮于技"战略，严守耕地红线，强化农业科技创新，提高农业机械化和信息化水平。加强农产品质量安全监管，提升全县"三品一标"农产品品牌美誉度。

二、猛攻有效投入，着力增强经济发展后劲

牢固树立"项目为王"理念，大力开展招商引资，加大有效投入，不断增后劲、调结构、促转型。

持续加大招商引资力度。不断开阔思路、创新方法，着力引进一批好项目、大项目，全年力争实现外资到账 3.5 亿美元。强化产业招商。以建设区域性先进制造业基地为目标，重点围绕国家产业发展战略规划和我县优势特色产业，突出产业链延伸和优势产业集群招商，加大创新型和非化产业重大项目招引力度，不断补链、强链、造链。强化精准招商。大力实施招商引资"一把手"工程，全面加大"盯粘抢"力度。充分发挥地区商会、行业协会等各类组织作用，积极鼓励各类如东籍人才返乡投资创业。加大与世界 500 强、央企、民营企业 500 强等行业领军企业的对接力度，想方设法、千方百计开拓客商源、扩充信息源、丰富项目源。强化接轨上海。成立对接上海工作机构，加强对上海的学习研究和分析研判。抓住上海转型发展和产业溢出的契机，加快推进园区共建和产业承接。加强服务配套，加快上海农副产品供应基地和旅游休闲基地建设。

大力提升项目建设水平。按照"好上又好、能快则快"的发展要求，高质量、高效率推进项目建设，确保在全市项目建设考核中位列第一方阵。突出项目质量。严格执行产业政策，严守项目准入门槛，从产业规划、资源利用、实施进度、产出贡献等方面，切实加强项目预审、合同管理、实时跟踪和服务保障，确保新上项目质量好、效益高。突出项目速度。强化时间观念和服务意识，超前谋划好产业规划、土地空间、环评能评等工作，及时化解项目建设各类瓶颈难题，促进项目快开工、快建设。突出项目绩效。坚持效益优先，真正让投入有产出、让项目出成效。全年力争新开工 1 亿元以上产业项目 120 个，其中，20 亿元以上工业项目 10 个，10 亿元以上服务业项目 10 个。推进优嘉植保二期、华能如东海上风电、石墨烯重防腐材料等一批项目投产运营。突出要素保障。坚持规划引领，优化产业布局，推动项目向园区集聚。坚持集约利用与创造资源相结合，盘活低效和闲置土地，鼓励建设多层标准厂房，扎实推进占补平衡、增减挂钩等工作。结合产业体系和项目需求，加大技术技能人才培养输送力度。

努力增强外向发展能力。配套完善外贸扶持政策，加快发展各种新型贸易方式，引导重点企业开展互联网+外贸、海外仓等新兴贸易业态，建立境外加工贸易基地、营销网络、品牌产品展示中心等，努力开拓国际市场。依托洋口港一类口岸，积极开展就地进出口业务，稳定外贸增长，推动外贸向优质优价、优进优出转变。全年力争实现外贸进出口总额 25 亿美元。

三、紧抓沿海开发，不断厚植特色板块优势

围绕打造江苏沿海开发重要增长极目标定位，推动沿海地区一体化转型发展，促进沿海空间优势转化为现实发展优势。

加快园区功能完善。更加凸显园区发展的主体性作用，加快基础设施及综合配套功能建设。加大港口开发开放。抢抓一类口岸开放契机，加快航道、码头等涉港工程建设，加强与周边港口的联盟合作，积极开辟国际国内航线，不断拓展港口业务，全面提升港口竞争力。加大基础设施投入。进一步完善基础设施，加快推进园区道路、管网、水电气、污水处理等配套设施建设。加大功能平台建设。推进科技创业、技术研发、电子商务、展示交易、物流集散等生产性平台建设，完善学校、医院、商贸等生活性平台配套，加快补齐功能短板，全面优化配套服务，不断提升载体能级。

推动园区特色发展。立足园区产业定位，促进资本人才引进、项目集聚、产业集群，加快形成更有特色、更具竞争力的沿海产业新优势。洋口港经济开发区加快省级开发区筹建工作，积极推进公共型保税库、出口仓建设，培育壮大临港产业，大力推进中化新材料产业园、中天海洋装备产业园、甲醇经济产业园、必康产业园、石材产业园建设；如东经济开发区着力培育新能源、机械装备制造、生命安全防护、汽车电子及零部件、食品 5 大

100亿元板块,重点推进中天科技新材料园、中船重工产业园、中欧产业园等区中园建设。启动现代服务业集聚区建设。加快实施园区东扩工程,努力争创国家级开发区;沿海经济开发区按照"淘汰落后化工产能、培育环保科技服务业、大力发展非化产业、建设绿色生态园区"思路,着力打造千亿级产业集群,大力推进海上风电重装产业园、静脉产业园和小洋口国际温泉城建设,加快形成生物药物、环保科技和海上风电3大特色规模产业链,争创国家新型工业化产业示范基地,小洋口旅游度假区积极争创国家级旅游度假区;如东高新技术产业开发区加快园区转型扩容进程,加大科创人才和项目的引进培育力度,着力打造生命健康、智能机电、半导体设备、功能材料4大产业板块;循环经济产业园加快建设东凌湖旅游产业融合发展示范区、东凌湖主题创想小镇;外向型农业综合开发区加快建设现代农渔业产业园、刘埠国家一级渔港,促进农渔产业和观光旅游产业一体化发展。其他镇区加快工业园规划配套建设,围绕优势特色产业,促进集聚发展。

四、坚持创新驱动,努力完善创新创业体系

把创新作为引领发展第一动力,加快建设省创新型试点县,着力形成以创新驱动为引领的经济体系和发展方式。

突出创新创业主体培育。强化企业创新主体作用,引导创新资源要素向重点产业和企业集聚,高新技术产业产值占比提高2个百分点。实施科技创新型领军企业和"科技小巨人"培育计划,全年培育高新技术企业30家以上,省民营科技型企业60家以上。实施企业研发机构建设行动计划,确保亿元企业工程技术研究中心建设比例达到60%以上,规模以上企业研发机构建设比例达到30%以上。实施企业知识产权战略推进计划,大力推进国家知识产权示范县建设。

突出创新创业平台建设。启动县科创中心建设,全年新增科技公共服务平台3家。实施产学研协同创新行动计划,全年完成重点产学研项目50个。加快生命健康产业园、国家农业科技园、众创智谷、环保产业研究院等科技平台建设。依托石墨烯产业研究院,积极打造石墨烯产业发展基地。发挥科创基金引导作用,全年培育市级以上众创空间2家。

突出创新创业人才培引。深入实施"扶海英才计划",提升科技人才节品牌效应,引进省级以上人才计划专家不少于25人。积极开展企业家、职业经理人培训,鼓励引导企业自主培养高层次人才。全年培育省企业研究生工作站5家以上。

五、全面深化改革,充分激发市场内生动力

认真落实中央、省、市关于全面深化改革的决策部署,围绕重点领域、紧扣关键环节,大力推动各项改革措施落地生效。

深化供给侧结构性改革。认真落实"三去一降一补"5项重点任务,着力减少无效和低端供给,扩大有效和中高端供给,提高全要素生产率。鼓励化工、纺织、印染等行业企业控总量、减存量、调结构、提质量。积极调控商品房供应结构,科学实施土地供给,促进房地产市场稳步健康发展。严格执行企业降本减负各项政策措施,最大限度降低企业运营成本。补齐拉长交通、生态、民生等领域的短板,增强发展的协调性和可持续性。

深化行政管理体制改革。纵深推进行政审批制度改革,动态调整"五张清单",促进权责清单标准化。全面推行"双随机一公开"制度,强化事中事后监管。充分利用互联网+政务服务,积极对接省市政务服务"一张网",构建线上线下功能互补的政务服务新模式。全面推进综合行政执法体制改革,实现一个领域、一个区域一支队伍管执法。

深化市场经济体制改革。深入开展个体工商户"两证合一"、企业"多证合一"及外商投资企业"审改备"工作。建立健全现代企业制度,稳步提升国有资产规模、利润水平、竞争能力。强化政府性债务管理,优化借贷结构,确保不发生区域性、系统性风险。

六、强化统筹协调,大力促进城乡一体化发展

按照"转型提质、特色发展"的要求,以"六城联创"为抓手,全力打好城市建设大会战,持续推进城乡协调发展,努力打造宜居宜业环境,提升人民群众的安居幸福感。

加强城市规划统筹引导。大力推进城乡规划一体化,加快多规融合。统筹编制县城、城镇和村居建设规划,力争实现县域规划全覆盖。提升规划设计水平,切实做好县城三号街区、老城更新等重点项目规划设计工作。强化规划的约束力和执行力,建立健全规划监督管理长效机制。

提升城市建设管理水平。大力推进"三河六岸"生态景观建设,有序实施如泰运河、掘苴河、掘坎河等滨水景观项目。加快建设生态湿地公园、青园公园等10个公园,全力创建江苏省园林城市。新建改造市政道路项目20个,新建停车场8个,实施老旧小区改造项目11个。全年实施房屋征收不少于100万平方米,推动中央广场四号地块、实验小学周边等重点地块开发建设。扎实推进省优秀管理城市创建工作,持续开展城市环境综合整治,探索网格化城市运行管理模式,规范住宅小区物业管理,不断提升城市治理水平。

加大镇村特色化建设力度。充分挖掘和利用镇域区位条件、自然禀赋、产业基础、人文资源等特色,进一步明晰发展定位,优化空间布局,促进资源要素向特色功能区和特色业态集聚,加快打造一批具有较强集聚力、特色鲜明的小城镇。加强美丽乡村建设,深入推进农村环境综合整治,不断改善农村环境面貌,加快打造一批有影响力的特色乡村。

加快交通基础设施建设。进一步完善区域交通体系,加快形成"外接内畅、互联互通"综合交通格局,全年交通建设投入不少于20亿元。扎实推进海启高速如东段、省道334线如东东段、国道228线绕城段、洋骑线等重点工程。加快实施海洋铁路电气化改造，全力争取三洋铁路、洋吕铁路、通苏嘉北延、通洋高速二期、通用机场等项目。新建改造农路不少于350公里、农桥50座以上。加快如东客运站建设，大力推进城乡公交一体化。

七、突出生态优先，全力提高绿色发展水平

围绕创建生态文明示范县，以开展"两减六治三提升"专项整治行动为抓手，更大幅度地改善环境质量，更加有效地规范环境秩序，努力打造"天蓝、地绿、水清"的生态如东。

健全生态制度体系。全面实施主体功能区战略，严守城市开发边界、生态红线管控和耕地、水资源保护红线，科学有序实施空间开发。积极开展排污权交易工作。探索建立绿色发展评估、区域生态补偿、生态环境损害赔偿等环境保护机制。建立环保"黑名单"制度，持续开展环保执法"亮剑行动"，对各类违法行为坚持零容忍，真正使环保"高压线"通上"高压电"。

促进循环低碳发展。大力推行清洁生产，从源头减少能源资源消耗与废弃物产生。控制煤炭消费总量，加快实施煤改气、煤改电工程。扎实推进生态园区建设，严把项目建设环保准入门槛，加快构建科技含量高、资源消耗低、环境污染少的绿色经济产业结构。深入推进化工、印染、电镀等重点行业专项整治，规范企业排污行为。

加大生态产品供给。强化大气污染防治，确保PM2.5浓度下降4%，全年空气优良天数260天以上。积极推行"河长制"，加大水源污染防治力度，开展畜禽养殖污染专项整治行动，加快污水处理设施提标改造和配套管网建设。开展重点区域污染地块修复工程，确保土壤环境质量总体稳定。加大湿地资源保护力度，新增绿化造林1.3万亩。

八、注重共建共享，切实提升民生幸福指数

按照"坚守底线、突出重点、完善制度、引导预期"要求，解决好群众最关心最直接最现实的利益问题，实现经济发展与民生改善良性循环。

大力推进增收富民。把富民摆在更加突出位置，着力拓宽城乡居民增收渠道，让老百姓的"钱袋子"鼓起来。大力推进"大众创业、万众创新"，促进各类社会群体依靠自身努力和智慧创造财富。深入实施脱贫致富奔小康工程，着力解决好因病因残致贫返贫问题，切实把精准扶贫、精准脱贫落到实处，确保建档立卡低收入人口脱贫率55%以上。

健全社会保障体系。全面推进"全民参保登记"工作，新增城镇基本养老保险参保1.6万人。强化社会保险基金监管，规范基金收支管理，逐步提高基础养老金标准和医保报销比例。鼓励发展民办养老机构，加强城乡标准化社区居家养老服务中心建设，建成率40%以上。统筹推进救孤、助残、济困、优抚、双拥等工作。

增强公共服务能力。围绕创建省教育现代化县，优化教育布局，大力推进掘港中学迁建、宾山初中改扩建、解放路小学新建等重点工程。围绕打造"健康如东"，深化医疗卫生体制改革，优化城乡医疗资源配置，县中医院整体迁建工程投入使用，县人民医院外科大楼、县应急救治中心、港口医院等加快建设。提升文体服务能力，县文化馆、图书馆、博物馆、科技馆、体育馆、全民健身中心等完成主体建设，加快建设基层综合性文化服务中心。

切实加强社会治理。加强公民道德和精神文明建设，扎实开展全国文明城市创建工作。深入推进"科技围城"计划，升级改造"天网工程"，加快建设政法综治中心。强化社区服务功能，提升社区治理水平。加大网络空间管理，强化舆情导控，培育健康社会心态。强化司法和信访工作，完善大调解体系，引导和支持利益群体依法理性表达诉求。加强安全生产和食品药品监管，有效防范和坚决遏制重特大安全事故发生。

加强政府自身建设

高水平全面建成小康社会，建设"强富美高"新如东，对政府工作提出了新的更高要求。我们将持之以恒抓学习、全力以赴抓作风、雷厉风行抓落实，以更高标准、更好状态、更实举措，推进各项工作迈上新台阶。

一、致力打造学习型政府。认真学习领会党中央关于治国理政的新理念、新思想、新战略，深入学习习近平总书记系列讲话精神，努力提升驾驭经济社会发展的能力和水平。坚持将学习与工作实践结合起来，准确把握经济走势、政策脉络、发展方向，学习借鉴先进地区的发展经验、模式和路径，转变观念、创新思维，不断提升组织经济活动、化解发展瓶颈、做好群众工作的能力，推动各项决策部署落地见效。

二、致力打造服务型政府。始终坚持以人民为中心的执政理念，使政府作出的工作部署、出台的政策措施更加符合人民群众的意愿，把更多的公共资源向民生倾斜。全面推进社会管理创新，健全完善公共服务体系，扩大公共服务覆盖范围。认真做好政风行风热线投诉办理工作，畅通"12345"为民服务机制，切实为群众办好实事。加大实体经济服务力度，加强重点产业和企业精准服务，不断优化投资环境和办事环境。

三、致力打造效能型政府。始终保持忘我的工作激情，倡导"真抓实干、马上就办"的作风，在政府执行力上下工夫，努力以抓落实的"好"来保证发展质量的"好"，以抓落实的"快"来保证发展速度的"快"。强化工作责任担当，对各项决策部署"第一时间反应"，明确任务书、路线图和时间表，做到抓铁有痕、踏石留印。全面推进以绩效为导向的目标管理，健全完善重要工作、重大项目、重点工程常态化督查推进机制，努力以过硬的工作成效取信于民。

四、致力打造法治型政府。自觉运用法治思维和法治方式开展工作、推动发展，严格按照法定权限和程序行使权力、履行职责。完善重大行政决策和规范性文件合法性审查机制,对涉及群众利益的重大事项,坚持社会公示和社会听证,努力提高政府决策的科学化、民主化、法治化水平。自觉接受人大及其常委会的法律监督和工作监督,主动接受政协民主监督,认真办理人大代表议案、建议和政协提案。加强政务诚信建设,加大政务公开力度,保障群众知情权、参与权、表达权。

五、致力打造廉洁型政府。严格落实党风廉政建设责任制,切实履行"一岗双责",认真对照《准则》和《条例》,不断加强政府廉政建设。扎实推进政府系统惩防体系建设,加强行政监察和审计监督,突出对重点领域、关键环节的全程监控,最大限度从源头遏制腐败现象。严格执行预算公开有关规定,严控"三公经费"和一般性支出,将公共财政更多地用到发展最需要、群众最受益的地方,努力塑造为民务实清廉的政府形象。

附件一

2016年为民办实事项目完成情况

一、富民增收方面。全年新增市级以上农民专业合作示范社27家,粮食"全托管"经营主体197个。举办各类招聘会52场,累计提供就业岗位4.9万个,其中高校毕业生就业岗位8317个,确保困难家庭大学生100%就业。新成立1家众创空间,发放小额担保贷款1718万元,培育新型职业农民3000人,新增创业844人。

二、社会保障方面。全年新增城镇基本养老保险参保1.6万人。城镇职工医保和城镇居民医保政策范围内的住院费用报销比例稳定在80%和70%以上。为农村低收入农户建档立卡并缴纳居民基本医疗保险和大病保险个人筹资部分,农村最低生活保障标准提高到480元/月。为困难对象配发康复生活辅助器具349件,为全县192名14周岁以下残疾儿童提供免费康复训练。

三、教育投入方面。新区初中、栟茶小学、青少年宫附属幼儿园、洋口幼儿园、新店幼儿园正式启用。港口学校、丰利凌河幼儿园基本竣工。马塘初中、曹埠初中主体结构完工,高新区掘港幼儿园、沿南幼儿园、开发区中心幼儿园、爱民路幼儿园、如东中专体育馆新建工程加快推进,掘港高中、宾山初中、解放路小学设计方案进入评审阶段。全县省教育现代化学校占比达到85%。

四、卫生计生方面。中医院整体迁建工程内部装修、设备安装及智能化工程基本完成,县人院外科大楼、港口医院土建工程加快建设。建成标准化社区卫生站2个,新增8个达到省级标准的示范村卫生室。居民医疗保险(新农合)完成经办机构和职能的整合,完成妇女"两癌"检查29805人次,免费孕检目标人群覆盖率100%。

五、养老服务方面。县居家养老服务综合体完工,栟茶阳光福利中心公建民营已登记,社会力量举办或经营床位数占机构总床位比例达到37%。全面推进"医养融合",建立养老机构医疗服务"绿色通道",护理型床位数占总床位数达到35%。实施养老护理员岗位补贴制度,为127名养老护理员提供免费的岗前职业资格培训。

六、安居住房方面。新光二期一标段即将交付使用,二标段土建施工完成,老政府周边地块安置房一期工程按序时施工。爱民路南侧安置房土建工程桩基结束施工。建材河周边、双语小学西侧、通海路东侧、棉麻公司和影剧院地块完成征收,三号街区、黄海路北延及周边地块征收工作已经启动。实施南公路周边居住区、兴泉小区、日晖小区三个老旧小区整治项目。县城燃气主管网实现与"西气东输"对接,居民用气价格与周边县市基本持平。

七、生态环境方面。全县全年空气质量达到二级标准天数70%以上。疏浚整治城市河道5.8公里,农村河道140公里。拆坝建涵(桥)973个。新建防渗渠道442公里。恒发污水处理厂扩容工程、电镀中心污水处理工程、沿海经济开发区污水改造工程和工业固废填埋场等重点环保基础设施均投入使用。全年节标煤2.91万吨、减排废水23万吨,完成8家重点企业强制性清洁生产审核工作。淘汰、改造燃煤小锅炉159台。新增绿化造林1.32万亩。

八、公共文化方面。县文体中心进入施工阶段。镇区综合文化站建设3个已达标,30%村居综合文化服务中心已达标。创成四星级农家书屋9家,三星级农家书屋39家。杂技、小品等舞台艺术精品节目在省以上展演、参赛、获奖、发表52件。全年送文艺演出到基层120场、电影2556场。

九、公共交通方面。完成黄海路北延工程招投标,加快嘉陵江路西延桥建设。如东新客运总站已完成招拍挂工作,率先在南通各县(市)实施公交"一卡通",新增40辆新能源公交车已运行,新增城市公共停车泊位220个,洋口港客运站投入使用。

十、公共安全方面。新增500余个监控探头和300余个社会面视频监控,完成4个老旧小区出入口监控设施安装。全县网络虚拟社会实名制率得到提升。综合检验检测中心业务大楼土建和外装工程已竣工。全年开展公益性应急救护培训11206人。全县安全生产形势持续稳定。

附件二

2017年为民办实事项目

一、富民增收方面

新增粮食"全托管"经营主体100个以上,新增农产品电商5家,培育新型农民2000人以上。举办各类招聘会50场,提供就业岗位4万个,新增城镇就业7500人。建档立卡低收入人口脱贫率55%以上。

二、社会保障方面

全年新增城镇基本养老保险参保1.6万人，城镇职工医疗保险和城镇居民医疗保险报销比例稳定在80%和70%以上。为全县中小学（含中等职业学校）、幼儿园在校生办理意外伤害补充保险。新建4个残疾人之家，免费康复儿童不少于180人。

三、安居住房方面

改造（含续建）老旧小区11个，改造（含续建）低洼片区9个，新建停车场8个。实施安置房项目2个，建成安置住房894套。实施物业管理示范小区试点15个。

四、生态环境方面

整治城市黑臭河道4条，疏浚农村河道438条。新建城镇污水收集管网20公里，污水处理设施日常运行率和达标排放率分别不低于85%和90%。实施飞灰填埋场四期工程，增加库容10万立方米。新增绿化造林1.3万亩。

五、教育投入方面

港口学校、锦绣幼儿园投入使用；马塘初中、曹埠初中、掘港幼儿园、沿南幼儿园工程竣工；掘港中学、宾山初中、解放路小学等16所中小学（幼儿园）开工建设或启动建设。

六、卫生计生方面

县中医院一期医疗中心投入使用。加快推进县人民医院外科大楼、县应急救治中心、港口医院、丰利镇中心卫生院、双甸镇中心卫生院新建（改扩建）工程。创建1个省级卫生镇，20个省级卫生村。全县人均基本公共卫生服务经费最低补助标准提高到80元，完成妇女“两癌”检查2.5万人次。

七、养老服务方面

新增养老床位300张，其中护理型床位100张。加强城乡标准化社区居家养老服务中心建设，建成率覆盖率达到40%以上。社会力量举办或经营床位数占机构总床位比例不低于45%。

八、公共交通方面

新改建农路不少于350公里、农桥50座以上。加快如东新客运站建设进程。新开和调整城市公交线路2条、镇村公交线路1条。加快推进公安交通服务中心项目建设。实施公共自行车三期工程。

九、文体惠民方面

完成县文体中心工程主体建设。洋口港经济开发区、马塘镇、曹埠镇、丰利镇、河口镇镇级文化中心开工建设。创建省级公共文化服务示范镇1个。向社会开放15所以上学校体育设施。全年送文艺演出到基层不少于100场、送电影放映2550场以上、送图书2万册以上。

十、公共安全方面

加强社会治安防控体系建设，完成4个以上老旧小区监控设施建设，新增监控探头120个以上、社会面视频监控500个以上。全年食品抽检4000批次以上。全年开展公益性应急救护培训不少于1.1万人。

附件三

注　释

1. *有关说明*：应税销售超10亿元企业8家：江苏中天科技股份有限公司、江苏刚正薄板科技有限公司、金太阳粮油股份有限公司、江苏必康制药股份有限公司、江苏海力风电设备科技有限公司、江苏海宝电池科技有限公司、南通辉煌彩色钢板有限公司、南通强生轻工集团有限公司。新增上市企业2家：江苏如通石油机械股份有限公司、亚振家具股份有限公司2016年12月在上海证券交易所上市。新增新三板挂牌企业8家：江苏宇迪光学有限公司、南通合兴铁链股份有限公司、江苏伊贝实业股份有限公司、金太阳粮油股份有限公司、江苏都市牧歌绒业股份有限公司、江苏诺德新材料股份有限公司、攀柔莎（江苏）生物科技有限公司、南通尤力体育科技股份有限公司。通过国家地理标志产品认证4个：狼山鸡、如东条斑紫菜、如东文蛤、如东大米。国家科技孵化器1个：如东新宇科技创业园有限公司。国家级企业技术中心1家：江苏中天科技股份有限公司技术中心。

2. *“139”现代化交通运输体系*：是指县城10分钟上高速，县域内部相邻主要节点30分钟互通互达，县城90分钟到达上海、苏中、苏南主要城市的交通格局。

3. *双百工程*：是指百项重点工业建设项目、百项重点技术改造项目。

4. *三权分置*：是指农村土地集体所有权、农户承包权、土地经营权“三权”分置并行。

5. *接二连三*：是指转变农业发展方式，推动农业与工业或农业与服务业融合发展。

6. *三品一标*：是指无公害农产品、绿色食品、有机农产品和农产品地理标志。

7. *五张清单*：是指行政审批事项目录清单、政府行政权力清单、投资项目目录清单、行政事业性收费目录清单、政府专项资金管理和政府性基金项目目录清单。

8. *“三河六岸”工程*：是指县城如泰运河（S223至东环路段）、掘苴河（北至黄河路）、掘坎河（东至珠江路）3条河道的整治工程。整治河道总长约12.6公里，整治内容包含河道疏浚、岸线优化、截污纳管、生态护坡、两岸增绿等。通过重要景观节点的建设加快打造城市地标。

9. *两减六治三提升*：是指减少煤炭消费总量，减少落后化工产能；治理重点行业、治理生活垃圾、治理黑臭水体、治理畜禽养殖污染、治理挥发性有机物污染、治理环境隐患；提升生态保护水平、提升环境经济政策调控水平、提升环境执法监管水平。

10. *河长制*：是指由各级党政主要负责人担任“河长”，负责辖区内河流的污染治理。

11. *天网工程*：是指为满足城市治安防控和城市管理需要，利用图像采集、传输、控制、显示等设备和控制软件组成，对固定区域进行实时监控和信息记录的视频监控系统。

组织机构及其负责人名录

中共如东县委员会

书　　记:詹立风(1月免)　潘建华(2月任)
副 书 记:潘建华(2月免)　周建飞(6月免)
沈峻峰(6月任)　任新峰(7月任)
常　　委:詹立风(1月免)　潘建华　沈峻峰
周建飞(6月免)　任新峰　杨中坚
杨小军　于立忠　张蓉蓉(女)
吴风俊(7月免)
谭玉贵(挂职,2月免)
张栩龙　闫静翔(挂职,5月任)
曹雁卉(6月任)　蒋树建(7月任)
刘　瑞(7月任)

如东县人大常委会

主　　任:詹立风(1月免)
副 主 任:陈昌龙　沈更生　冯力如
唐国均
党组书记:詹立风(1月免)　陈昌龙(7月任)
党组副书记:陈昌龙(7月免)

如东县人民政府

县　　长:潘建华(6月免)
沈峻峰(7月任代县长)
副 县 长:沈峻峰(7月免)
姜晓静(女,11月免)
蒋树建(8月免)　王　智(7月免)
程　军　许金标　韩喜江(挂职)
陈春柳(女,7月任)　于立忠(7月任)
徐　炜(11月任)
党组书记:潘建华(7月免)　沈峻峰(7月任)
党组副书记:沈峻峰(7月免)　于立忠(7月任)

政协如东县委员会

主　　席:陈建华
副 主 席:桑　健　余　科　桑圣权
吴鼎皋　陆　茵(女)
秘 书 长:宫向阳(11月免)　张　恺(11月任)
党组书记:陈建华

中共如东县纪律检查委员会

书　　记:杨中坚(兼)
副 书 记:肖　斌　万继红(女)

县委工作部门及直属机构

县委办公室[县委研究室(挂牌)、县委保密委员会办公室(县国家保密工作局)、县委机要局(县国家密码管理局)、县委督查室]

主　　任:刘旭峰(11月免)　施正泉(11月任)
副 主 任:陈小勇(兼)　蔡向阳(11月免)
王雪亮　张海城(8月任)

县委研究室

主　　任:张海城(8月任)
副 主 任:汪爱平(女)

县委机要局(县国家密码管理局)[县委保密委员会办公室(县国家保密工作局)]

局　长(主　任):蔡宇红
副局长(副主任):苏　铁　许君璞(女,11月免)

接待办公室

主　　任: 陈小勇
副 主 任:张小山

县委督查室

主　　任:蔡向阳(11月免)
副 主 任:金　裢　张玉平(女)

信访局

局　　长:朱海忠(11月免)　成晓祥(11月任)
副 局 长:陆顺国　冯　军
姜　玲(女,10月免)

组织部[县级机关党工委、"两新"组织党工委、人才工作办公室(合署)]

部　　长:任新峰(兼,6月免)
曹雁卉(兼,6月任)
副 部 长:丁　越(女)　陈苏华
张　炯(12月免)

县级机关党工委

书　　记:陈苏华(兼)
副 书 记:虞新兵　桑爱梅(女)
纪工委书记:陈亚栋

"两新"组织党工委
书　　记:陈苏华(兼)
副 书 记:黄永祥　陈建军
个体私营经济党委
书　　记:王海峰(兼)
党代表联络办公室
副 主 任:韩晓峰
人才工作办公室
主　　任:张　炯(兼,11月免)
副 主 任:朱爱梅(女)　沈拥建
东　明(挂职,7月免)
梁　晓(挂职,7月任)
党员干部现代远程教育办公室
主　　任:马施喻
干部档案管理中心
主　　任:桯慧娟(女)

老干部局
局　　长:张小薇(女)
副 局 长:田　亚(女)　顾卫国(11月任)

机构编制委员会办公室[事业单位登记管理局]
主　　任:丁　越(女、兼)
副 主 任:张　浩
事业单位登记管理局
局　　长:周　霞(女)

宣传部[精神文明建设指导委员会办公室(挂牌)]
部　　长:张蓉蓉(女,兼)
副 部 长:余　晶　陈建宗　于海霞(女)
周志勇(挂职,11月任)
精神文明建设指导委员会办公室
主　　任:余　晶(兼)
副 主 任:戴其军　缪　恒　骆舒洪
哲学社会科学界联合会
主　　席:于海霞(女)
专职副主席:王　军
兼职副主席:王雪亮　陶跃东　张海城　薛志林
吴金明　郭　勇　朱剑锋　丁晓林
周建国　崔红霞(女)
互联网新闻中心
主　　任:陈建宗(兼)
副 主 任:易向东

统战部[县委台湾工作办公室]
部　　长:吴鼎皋(兼,8月免)
蒋树建(兼,8月任)
副 部 长:缪　杰　彭卫东　赵　杰(挂职)
张宏卫(11月任)
县委台湾工作办公室[县政府台湾工作办公室(挂牌)]
主　　任:缪　杰(兼)
副 主 任:朱　伟

县委农村工作办公室
主　　任:何志刚(11月免)　曹光前(11月任)
副 主 任:曹春明(3月免)　钱引斌
张　剑(3月免)　季海泉　李海兵

政法委员会[社会管理综合治理委员会办公室(合署)、依法治县领导小组办公室、县国家安全办公室(合署)]
书　　记:杨小军(兼)
副 书 记:杨涟冬　陈　军
社会管理综合治理委员会办公室
主　　任:杨涟冬(兼)
副 主 任:陈慧荣　邱宗鹏
依法治县领导小组办公室
副 主 任:陈艳飞
国家安全办公室
主　　任:陈　军(兼)
副 主 任:章冬垒

党　校[行政干部学校(挂牌)]
校　　长:任新峰(兼)
常务副校长:吴金明
副 校 长:余　飞　汪卫东　王　华　曹　峰
行政干部学校
副校长:潘友兵(兼)

党史工作办公室[地方志编纂委员会办公室(合署)]
主　　任:於小卫
副 主 任:顾久芬(女)　刘书华

档案局[档案馆(挂牌)]
局(馆)长:陈　力(3月免)
曹晓丽(女,11月任)
副局(馆)长:徐晓明　丁伟华
曹晓丽(女,11月免)
韦志华(11月任)

人大工作部门

人大办公室
主　　任:卜其银
副 主 任:徐　健　潘　亮
内务司法工作委员会
主　　任:王震谷(11月免)　张卫东(11月任)
副 主 任:缪晓红

人事代表工作委员会

主　　任:樊重念(11月免)　陶跃东(11月任)
副 主 任:朱德军(11月免)

环境资源、城乡建设工作委员会

主　　任:张卫东(11月免)　查剑宁(11月任)

教科文卫工作委员会

主　　任:陶跃东(11月免)　龚维国(11月任)
副 主 任:郑寒冰(女)

财政经济工作委员会

主　　任:徐守华(11月免)　奚金岩(11月任)
副 主 任:韩亚莉(女,11月免)

人大研究室

主　　任:缪爱平(女,11月免)
　　　　　韩亚莉(女,11月任)

人大信访督办室

主　　任:龚维国(11月免)
　　　　　缪爱平(女,11月任)

农业和农村工作委员会

主　　任:翟以圣
副 主 任:查剑宁(11月免)
　　　　　唐李红(女,11月任)

政府工作部门及直属机构

县政府办公室[法制办公室(挂牌)、金融工作办公室(挂牌)、外事侨务办公室(挂牌)、人民防空办公室(挂牌)]

主　　任:张光平
副 主 任:陈宏兵(挂职)　张海城(8月免)
　　　　　徐秀林　缪　华(兼)　朱小建
　　　　　管怀虎　孙建全　杨雪松(11月免)
　　　　　吴亚云(女)
党组书记:张光平
党组副书记:陈宏兵(挂职)
纪检组长:丛小泉

法制办公室

主　　任:张光平(兼)
副 主 任:张海城(8月免)　蔡正建　王春荣

金融工作办公室

主　　任:张光平(兼)
副 主 任:孙建全

外事侨务办公室

主　　任:张光平(兼)
副 主 任:管怀虎　李海燕

人民防空办公室

主　　任:张光平(兼)
副 主 任:徐秀林　花国泉　周东明

信息中心

主　　任:俞雪峰(女)
副 主 任:陈晓云(女)　刘建宇　季苏吉(女)

公共资源交易管理办公室

主　　任:陈宏兵
副 主 任:季　兵　刘旭东
纪检组长:廖旭红(女)

公共资源交易中心

主　　任:季海春
副 主 任:张国华　王明华　陈　刚
党组书记:季海春

机关事务管理局

局　　长:缪　华
副 局 长:阮根群　徐亚平(女)　陈董烽
　　　　　缪照明　赵卫菊(女)
党组书记:缪　华
党组副书记:阮根群

地方志编纂委员会办公室(与党史工作办公室合署)

主　　任:於小卫
副 主 任:顾久芬(女)　刘书华

监察局(与中共如东县纪律检查委员会合署)

局　　长:肖　斌(兼)
副 局 长:周晓兵　李迪胜　周建斌

文化广电新闻出版局[版权局(挂牌)、旅游局(挂牌)]

局　　长:张　恺(11月免)　张　杰(11月任)
副 局 长:钱小梅(女)　盛晓艳(女)　温　烽
　　　　　柏秀梅(女)　顾亚军
　　　　　缪晓斌　杨　胜
党组书记:钱小梅(女)
党组副书记:张　恺(11月免)　张　杰(11月任)
　　　　　缪建军(挂职)
纪检组长:吴林新

旅游局

局　　长:张　恺(兼,11月免)
　　　　　张　杰(兼,11月任)
副 局 长:缪建军　王维群

文化行政综合执法大队

大 队 长:刘　兵

文化广电传媒中心(集团)[广播电视台(挂牌)、《如东日报》编辑部(挂牌)]

主　　任:张宏卫(11月免)　周志勇(11月任)
副 主 任:白银东　沙德斌
董 事 长:张宏卫(11月免)　周志勇(11月任)
总 经 理:白银东
副总经理:沙德斌
党组书记:白银东

党组副书记:张宏卫(11 月免)　周志勇(11 月任)
纪 检 组 长:陈亚华(女)

广播电视台

台　　长:白银东(兼)
副 台 长:徐　泉　徐庆华　姚　宇

《如东日报》编辑部

主　　任:沙德斌(兼)
副 主 任:张海燕　袁金泉　陈东晓(女)

教育局[体育局(挂牌)、县政府教育督导室]

局　　长:李建国
副 局 长:刘崇国　郭　勇　冯小临
于建华　丛军革　陈　建
陈登山(11 月免)
党工委书记:李建国
党工委副书记:陈登山(11 月免)
纪工委书记:王　艳(女)

体育局

局　　长:李建国(兼)
副 局 长:陈登山(11 月免)　张晓明　崔　鹏

县政府教育督导室

主　　任:刘崇国(兼)
副 主 任:王东宁

教师发展中心

主　　任:朱唤民(8 月免)　王　兵(8 月任)

卫生和计划生育委员会

主　　任:张旭初
副 主 任:张督平(3 月免)
季学军(兼,2 月免)　陈建权
顾溯溯(女)　缪文龙　缪卫宏
彭小丽(女)　程　宏(挂职,7 月免)
党工委书记:张旭初
党工委副书记:张督平(3 月免)　徐德建
纪工委书记:周晓梅(女)

市场监督管理局[食品药品监督管理局(挂牌)、工商行政管理局(挂牌)、质量技术监督局(挂牌)]

局　　长:沈卫华
副 局 长:蔡拥军　赵爱平(女)　包志华
鲁志明　左建军　蒋洪生
鲍向阳　潘　飞
党组书记:沈卫华
党组副书记:蔡拥军
纪检组长:周　琴(女)

食品安全委员会办公室

专职副主任:郁翠梅(女)

丰利分局

局　　长:蔡拥军(兼)

洋口分局

局　　长:赵爱平(女,兼)

马塘分局

局　　长:鲁志明(兼)

栟茶分局

局　　长:左建军(兼)

河口分局

局　　长:郁翠梅(女,兼)

双甸分局

局　　长:潘　飞(兼)

掘港分局

局　　长:曹周明

大豫分局

局　　长:袁　泉

开发区分局

局　　长:施仲斐

长沙分局

局　　长:徐伟华

岔河分局

局　　长:蒋志勇

曹埠分局

局　　长:陈晓斌

袁庄分局

局　　长:石国荣

新店分局

局　　长:朱宏亮

公安局

局　　长:程　军(兼)
副 局 长:沈　健　徐新华　缪晓建
陈小林　张健君　徐希红
唐艳山　孙海林(挂职,10 月免)
张建军(挂职,11 月任)
政　　委:沈　健
副 政 委:王　建
党委书记:程　军(兼)
党委副书记:沈　健　徐新华　缪晓建
纪委书记:缪　云
督 察 长:程　军(兼)

县委 610 办公室

主　　任:徐新华(兼)
副 主 任:钱　锋　顾新华

维稳办

主　　任:缪晓建(兼)
专职副主任:钱永忠(10 月免)　梁　锋(10 月任)

办公室

主　　任:范　焰(10 月任)

政治处

主　　任:洪　亮

警务保障室
主　　任:薛广明
指挥中心
主　　任:刘　军
教 导 员:顾建峰
法制大队
大 队 长:高卫华
教 导 员:徐晓青(女)
警务督察大队
大 队 长:张建国(10月免)　周　军(10月任)
教 导 员:薛永忠(10月免)　于　杰(10月任)
科技情报大队:
大 队 长:黄海滨
教 导 员:李晓猛
国内安全保卫大队
大 队 长:戴　辉
教 导 员:缪秀英(女,10月免)
　　　　肖学俊(10月任)
单位内部安全保卫大队
大 队 长:卞国云(10月免)　张建国(10月任)
教 导 员:孙兴龙(10月免)　卞国云(10月任)
治安管理大队
大 队 长:康传兵(10月免)　吴晓明(10月任)
教 导 员:肖学俊(10月免)
　　　　徐启铭(女,10月任)
刑事侦查大队
大 队 长:浦锦泉
教 导 员:张海峰(10月免)　吴国张(10月任)
经济犯罪侦查大队
大 队 长:周　军(10月免)　康传兵(10月任)
教 导 员:张炜东(10月免)　张海峰(10月任)
交通警察大队
大 队 长:朱亚昌
教 导 员:周　楠
巡特警大队
大 队 长:施正国(10月免)　曹　鹏(10月任)
教 导 员:许爱军
禁毒大队
大 队 长:徐善军(10月任)
教 导 员:吴国张(10月免)　桑华晶(10月任)
网络安全保卫大队
大 队 长:梁　锋(10月免)　高小林(10月任)
教 导 员:刘辉军
出入境管理大队
大 队 长:王　勇
教 导 员:周铁军
看守所
所　　长:杨兴民(10月免)　徐元国(10月任)
教 导 员:曹立新(10月免)　缪　建(10月任)
掘港派出所
所　　长:范　焰(10月免)　王书林(10月任)
教 导 员:潘建华
城南派出所
所　　长:叶红军
教 导 员:陈　强
马塘派出所
所　　长:徐善军(10月免)　赵雪峰(10月任)
教 导 员:徐启铭(女,10月免)
　　　　方　凡(10月任)
曹埠派出所
所　　长:于　杰(10月免)　徐功兵(10月任)
教 导 员:陈志华(10月免)　张冬冬(10月任)
岔河派出所
所　　长:王书林(10月免)　何卫林(10月任)
教 导 员:何卫林(10月免)　于振华(10月任)
新店派出所
所　　长:桑华晶(10月免)　杨卫海(10月任)
教 导 员:江　兵(10月免)　胡　泉(10月任)
双甸派出所
所　　长:高小林(10月免)　花飞飞(10月任)
教 导 员:吴　俊
袁庄派出所
所　　长:徐功兵(10月免)　刘　勇(10月任)
教 导 员:刘　勇(10月免)　郭彦鑫(10月任)
栟茶派出所
所　　长:何　强
教 导 员:邱建国
河口派出所
所　　长:曹　鹏(10月免)　王　伟(10月任)
教 导 员:王　伟(10月免)　杨海涛(10月任)
丰利派出所
所　　长:杨卫海(10月免)　袁雪峰(10月任)
教 导 员:花飞飞(10月免)　黄永刚(10月任)
洋口派出所
所　　长:杨晓峰
教 导 员:缪　建(10月免)　林冬云(10月任)
开发区派出所
所　　长:吴晓明(10月免)　王　鑫(10月任)
教 导 员:徐元国(10月免)　白向东(10月任)
长沙派出所
所　　长:王　鑫(10月免)　张　伟(10月任)
教 导 员:丛爱民
大豫派出所
所　　长:袁雪峰(10月免)　唐国华(10月任)
教 导 员:张冬冬(10月免)　金　锋(10月任)

司法局
局　　长:周志勇(11月免)　许亚军(11月任)

副　局　长:成晓祥(11月免)　陈晓华　张建华
李　欢　陈　影　袁卫东(11月任)
周志勇(11月免)　许亚军(11月任)
党组副书记:成晓祥(11月免)　袁卫东(11月任)
纪检组长:张　均

社会矛盾纠纷调处中心

主　　任:杨小军(兼)
常务副主任:周志勇(兼,11月免)
许亚军(兼,11月任)
副　主　任:成晓祥(兼,11月免)　张　林

民政局

局　　长:沈秀芬(女,11月免)
王亚军(11月任)
副　局　长:崔红霞(女,11月免)　顾拥军
汤杰栋　肖长卿
党组书记:沈秀芬(女)
党组副书记:崔红霞(女,11月免)
王亚军(11月任)
纪检组长:缪　华

残疾人联合会

理　事　长:冯爱琴(女)
副理事长:李智斌　郑志凡(女)　姚　军
党组书记:冯爱琴(女)

发展和改革委员会[经信委(挂牌)、物价局(挂牌)、中小企业局(挂牌)、现代服务业办(挂牌)、铁路办、能源局)

主　　任:王金泉
副　主　任:刘国峰(11月免)　许　松
郭小虎(3月免)　朱剑锋(3月免)
陆　茵(女、兼)　杨镜吾　曹爱明
张理钧(兼)　胡晓兵(挂职,7月任)
党组书记:王金泉
党组副书记:刘国峰(11月免)　张　俊(挂职)
顾庆强(挂职)
纪检组长:陈建中(3月免)　周　强(8月任)

经济和信息化委员会

主　　任:王金泉(兼)
副　主　任:顾培华(3月免)　徐建华
李鸿飞(11月免)　陶建华

中小企业局

局　　长:王金泉(兼)
副　局　长:袁卫华

物价局

局　　长:王金泉(兼)
副　局　长:张理钧　曹春荣

现代服务业办公室

主　　任:王金泉(兼)
副　主　任:陆　茵(兼)　周海建

铁路办

主　　任:刘国峰(兼,11月免)
副　主　任:周海兵　范　蓓(女)

能源局

局　　长:张　俊
副　局　长:张立新　李长华　周　华
赵永青(挂职,7月任)
党组书记:张　俊

沿海地区发展办公室

主　　任:顾庆强
副　主　任:杨　勇　王建平(3月免)
葛文杰(挂职)　童仁平

安全生产监督管理局

局　　长:王海斌
副　局　长:金　华(女)　刘继林　尤卫东
纪亚兵　陈发明(挂职,7月免)
李庆山(挂职,7月任)
党组书记:金　华(女)
党组副书记:王海斌
纪检组长:管小飞

安全生产执法监察大队

大　队　长:左　卉(女)

行政审批局

局　　长:曹光前(11月免)　袁欣荣(11月任)
副　局　长:王海峰　邵文明
党组书记:曹光前(11月免)
许金标(兼,11月任)
党组副书记:袁欣荣(11月任)
纪检组长:刘桂林

政务服务中心

主　　任:曹光前(11月免)
袁欣荣(11月任)
副　主　任:王荣华　顾　瑛(女)
陈　纲(3月免)
党工委书记:曹光前(11月免)
许金标(兼,11月任)
党工委副书记:袁欣荣(11月任)　王荣华
纪工委书记:刘桂林

商务局[口岸办公室(挂牌)、粮食局(挂牌)]

局　　长:冯　健
副　局　长:李　军(11月免)　张海荣(11月免)
黄庄荣　王　军　江令飞(女)
傅小春(11月任)
党组书记:冯　健

党组副书记:李　军(11 月免)
奚金岩(挂职,11 月免)
张海荣(11 月免)
纪 检 组 长:马本田

口岸办公室

主　　任:冯　健(兼)
副 主 任:李　军(11 月免)　刘乃群
傅小春(11 月任)

招商局

局　　长:奚金岩(11 月免)
副 局 长:张铁军　徐健钧(3 月免)

粮食局

局　　长:冯　健(兼)
副 局 长:吴向阳　张　忠　马福军

人力资源和社会保障局

局　　长:潘友兵
副 局 长:徐进张　周　毅　刘志军　陆金标
李荷香(女)张　忠　杨勇建
杨廷海(挂职)
党 组 书 记:潘友兵
党组副书记:徐进张　周　毅
纪 检 组 长:冯晓明

职工医疗保险基金管理中心

主　　任:於　进

工伤保险管理中心

主　　任:葛建军

社会保险管理中心

主　　任:顾炜玮(女)

劳动保障监察大队

大 队 长:杨成东
教 导 员:钱晶晶(女)

劳动人事争议仲裁院

院　　长:单晓滨

劳动就业管理中心

主　　任:秦　雄

城乡居民社会养老保险管理中心

主　　任:缪晓华(女)

人才服务中心

主　　任:戴　华(女)

交通运输局[港口管理局(挂牌)]

局　　长:江新泉
副 局 长:胡　伟　郁宏伟　陈纳新　陈汝忠
陶　健　顾新泉　娄家建
党 组 书 记:胡　伟
党组副书记:江新泉
纪 检 组 长:庄晓煜
总 工 程 师:赵徐祥

港口管理局

局　　长:江新泉(兼)
副 局 长:郁宏伟　何淑华

公路管理站

站　　长:濮中连
党支部书记:徐卫忠

地方海事处(水上交通稽查大队)

处　　长:施德新
大 队 长:徐　涛(女,8 月任)

航道管理站

站　　长:杨　伟
党支部书记:杨　伟

运输管理处[县交通局运政稽查大队(合署)]

处　　长:吴宇峰
大 队 长:庄永飞

乡镇交通运输综合管理所

所　　长:张建虹(女,8 月任)

科学技术局[地震局(合署)、知识产权局(挂牌)]

局　　长:胡连华
副 局 长:高智勇　秦　卫　于章宏
马明亮(挂职)
党 组 书 记:胡连华
纪 检 组 长:季炜东

地震局

局　　长:胡连华
副 局 长:钱　勇

统计局

局　　长:于海杰
副 局 长:施玉忠(3 月免)　蔡　红(女)
徐　伟(5 月任)　张向华(11 月任)
党 组 书 记:于海杰
党组副书记:张向华(11 月任)
纪 检 组 长:周　强(8 月免)　黄　瑾(女,8 月任)

省统计局如东调查局

局　　长:陈屹峰

农业委员会[林业局(挂牌)、农技推广中心]

主　　任:陈　兵(11 月免)　张玉华(11 月任)
副 主 任:桑圣权(兼,11 月免)　顾久伟
王淑娟(女)徐长青　沈寿涛
党 组 书 记:陈　兵(11 月免)　张玉华(11 月任)
党组副书记:顾久伟
纪 检 组 长:江　军(3 月免)　俞春泉(8 月任)

水务局

局　　长:周载群
副 局 长:章新建　邵亚洲　丛建国
邵新良　缪新国

党 组 书 记:周载群
党组副书记:章新建
纪 检 组 长:陆铁军
总 工 程 师:许志刚

农业机械管理局
局　　　长:张玉华(11月免)　周旭东(11月任)
副　局　长:周　俊　杨剑云(女,3月免)
　　　　　　张宏宗(11月任)
党 组 书 记:张玉华(11月免)　周旭东(11月任)

海洋与渔业局
局　　　长:顾　锐
副　局　长:缪　贵　曹　晖　秦　刚(3月免)
　　　　　　袁小燕(女,挂职,7月免)
　　　　　　唐保军(挂职,7月任)
党 组 书 记:顾　锐
党组副书记:缪　贵
纪 检 组 长:陈治林

农业资源开发局
局　　　长:郭庆国
副　局　长:张秀明(3月免)　刘　彦　朱爱华
党 组 书 记:郭庆国

住房和城乡建设局[建筑工程管理局(挂牌)、规划局(挂牌)]
局　　　长:徐东俊(11月免)　沈宝泉(11月任)
副　局　长:陈　斌(11月免)　冯　兵　顾建国
　　　　　　赵福兵　于海东(挂职,11月任)
党 组 书 记:徐东俊(11月免)　沈宝泉(11月任)
党组副书记:陈　斌(11月免)
纪 检 组 长:孙海鹏
总 工 程 师:尤智勇
建筑工程管理局
局　　　长:徐东俊(兼,11月免)
　　　　　　沈宝泉(兼,11月任)
副　局　长:丁晓林(3月免)　陈　伟　陈　曦
住房保障服务中心
主　　　任:钱　华
规划局
局　　　长:徐东俊(兼,11月免)
　　　　　　沈宝泉(兼,11月任)
总 规 划 师:金海燕(女)

房屋征收管理办公室
主　　　任:陈　斌(11月免)　于海东(11月任)
副　主　任:石佑舟　顾建海　沈亚夫
　　　　　　周旭东(11月免)

城市管理局[城市管理行政执法局(挂牌)]
局　　　长:耿卫东(11月免)　陈　斌(11月任)
副　局　长:缪建国(3月免)　陈林海(3月免)
　　　　　　左建国　缪建梅(女,兼,5月免)
　　　　　　姚学宏　孙晓禹
党 组 书 记:耿卫东(11月免)　陈　斌(11月任)
纪 检 组 长:汤爱军
城市管理执法大队
大　队　长:於海兵
教　导　员:郭年林(3月免)

环境保护局
局　　　长:张必如
副　局　长:戴威威　季根林　王毅敏
　　　　　　何爱明　徐小平(挂职)
党 组 书 记:张必如
党组副书记:戴威威
纪 检 组 长:丛伯军(8月免)　李　华(8月任)
总 工 程 师:许志华
环境监察大队
大　队　长:穆雨兵
教　导　员:陈劲松

国土资源局
局　　　长:缪雪明
副　局　长:倪劲松　葛鹏洲
党 组 书 记:缪雪明
纪 检 组 长:顾金龙(2月免)
土地资产储备中心
主　　　任:李　刚(11月免)
国土资源局掘港分局
局　　　长:应小华
国土资源局洋口港分局
局　　　长:徐　吉(1月任)
国土资源局沿海分局
局　　　长:张友华
国土资源局开发区分局
局　　　长:吴亚东
南通外向型农业综合开发区国土分局
局　　　长:陈　艳(女)

财政局[县政府国有资产监督管理办公室(挂牌)]
局　　　长:罗晓东
副　局　长:吴　昊　周建国
　　　　　　陈云霞(女,3月免)　曹建荣(3月免)
　　　　　　仇　峰(3月免)　何宁伶(女)
　　　　　　王海城　王必东(挂职,11月任)
党 组 书 记:罗晓东
纪 检 组 长:陈　康

总会计师:陈　兵

县政府国有资产监督管理办公室

主　　任:罗晓东(兼)

副 主 任:朱亚洲(主持工作)　孙　玲(女)　赵紫元

会计中心

主　　任:徐宏美(女)

投资管理办公室

主　　任:叶　勇

非税收入征管办公室

主　　任:施学辉(3月免)

财政监督检查大队

大 队 长:朱建红(女)

教 导 员:李亚红

投资项目工程建设中心

主　　任:曹建荣(3月免)　王必东(11月任)

副 主 任:丛　建　蔡建军

供销合作总社

主　　任:张　杰(11月免)　薛　峰(11月任)

副 主 任:李建国　刘李华(3月免)　王孝俣

党组书记:张　杰(11月免)　薛　峰(11月任)

审计局

局　　长:钱　勇

副 局 长:袁绍兵(3月免)　肖　娟(女)　陶国军　周明浩

党组书记:钱　勇

纪检组长:孙佩红(女)

民族宗教事务局

局　　长:赵　杰

副 局 长:袁国军

党组书记:赵　杰

纪检组长:曲海利

政协工作部门

政协办公室

主　　任:宫向阳(11月免)　张　恺(11月任)

副 主 任:刘　宏(11月免)　石小刚(11月免)

城乡建设、社会法制委员会

主　　任:杨跃进(11月免)　刘　宏(11月任)

副 主 任:孙陈建

经济科技委员会

主　　任:黄　兵

副 主 任:郑建芸(女)

教卫文体委员会

主　　任:张泽宾(11月免)　缪兴波(11月任)

副 主 任:缪兴波(11月免)

提案委员会

主　　任:唐锦霞(女)

副 主 任:张晓嵘(女)

学习、文史委员会

主　　任:薛志林(11月免)　石小刚(11月任)

海外联络委员会

主　　任:李维彬(11月免)　徐善华(11月任)

副 主 任:曹勇军

纪委工作部门

纪委办公室

主　　任:葛卫东(8月免)　丛伯军(8月任)

纪检监察干部管理监督室

主　　任:陈　波

信访室

主　　任:邓丽娟(女,11月免)

宣传教育室

主　　任:张玲霞(女)

党风政风监督室

主　　任:程剑锋

第一纪检监察室

主　　任:陆春峰

第二纪检监察室

主　　任:康建国(8月免)　陈建国(8月任)

第三纪检监察室

主　　任:周晓兵(兼)

第四纪检监察室

主　　任:马银梅(女)

案件监督管理室

主　　任:俞春泉(8月免)　康建国(8月任)

案件审理室

主　　任:袁孝军

党风廉政建设教育中心

主　　任:徐彬彬

纪委监察局第一工作室

主　　任:倪晓丽(女)

副 主 任:高桂明(11月免)　蒋　霞(女)　马发俊(11月任)

纪委监察局第二工作室

主　　任:徐善华(11月免)

副 主 任:曹瑜庆　高红霞(女)

纪委监察局第三工作室

主　　任:李迪胜

副 主 任:缪海山　葛新勇

纪委监察局第四工作室

主　　任:徐小兵

副　主　任:黄　瑾(女,8月免)　李　华(8月免)
　　　　　　陈小明(8月任)　陈海云(女,8月任)

纪委监察局第五工作室

主　　　任:耿　建
副　主　任:宋　革(女)　季建华

纪委监察局第六工作室

主　　　任:贾小勇
副　主　任:陆洪达　朱映燃(女)

洋口港经济开发区

党工委书记:于立忠(兼)
党工委副书记:余　科(兼,挂职)　蔡　东
　　　　　　刘国峰(挂职,11月免)
　　　　　　李　军(挂职,11月免)　郁宏伟
　　　　　　钱宏彬(挂职)
　　　　　　陈发明(挂职,7月免)
　　　　　　袁小燕(女,挂职,7月免)
　　　　　　赵永青(挂职,7月任)
人大工委主任:薛　峰(11月免)
　　　　　　邵建华(11月任)
主　　　任:蔡　东
副　主　任:郁宏伟(11月免)　钱宏彬　汤　杰
　　　　　　陈　东　许姚军　於维涛(11月任)
　　　　　　傅小春(挂职,11月任)
　　　　　　刘乃群(挂职,11月任)
纪工委书记:缪　华

洋口港开发建设前线指挥部办公室

主　　　任:顾庆强(兼)

经济开发区

党工委书记:徐鸿斌
党工委副书记:翟建华　方永逸
　　　　　　袁卫东(11月免)
　　　　　　东　明(挂职,7月免)
　　　　　　周　勇(11月任)　刘益松(11月任)
人大工委主任:张小芳(女)
主　　　任:翟建华
副　主　任:方永逸　袁欣荣(11月免)
　　　　　　刘益松(11月免)　李建国　虞文君
　　　　　　倪德智　徐小平(挂职,7月免)
　　　　　　胡晓兵(挂职,7月任)
　　　　　　李庆山(挂职,7月任)
　　　　　　王　锋(11月任)
纪工委书记:徐红霞(女)

办公室

主　　　任:王　锋

党群工作局

局　　　长:张小芳(女,兼)
副　局　长:陈炳慧(女,兼)　乔海波(兼)

农村工作局

局　　　长:方永逸
副　局　长:冯云志(兼)　袁步兵(兼)
　　　　　　曹　军(兼)　陈　勇(兼)

财政局

局　　　长:高志刚

招商局

局　　　长:张晓峰

经济发展局

局　　　长:张　明

社会事业局(政法综治中心)

局长(主任):冯　岗(兼)

社会保障局

局　　　长:张鸿飞(兼)

规划建设局

局　　　长:徐海燕(女)

环境保护局

局　　　长:曹晛宇

安全生产监督管理局

局　　　长:钱　进

工　会

主　　　席:冯亚林

如东高新技术产业开发区

党工委书记:赵尊兵
党工委副书记:沈宝泉(11月免)
　　　　　　张　炯(11月任)
　　　　　　缪建梅(女,7月去世)
　　　　　　丁晓飞(11月免)　马明亮(挂职)
　　　　　　程　宏(挂职,7月免)
　　　　　　梁　晓(挂职,7月任)
　　　　　　陈红芳(女,11月任)
　　　　　　杨骏锋(挂职,11月任)
人大工委主任:翁　祥(11月免)
　　　　　　丁晓飞(11月任)
主　　　任:沈宝泉(11月免)
　　　　　　张　炯(11月任)
副　主　任:赵　旭　徐　勇
　　　　　　陈红芳(女,11月免)
　　　　　　邵亚红(女,11月任)
　　　　　　邱玲玲(女,11月任)
　　　　　　刘薛峰(11月任)
纪工委书记:秦德泉(11月免)
　　　　　　邓丽娟(女,11月任)

江苏省如东现代农业产业园区

党工委书记:赵　旭(11月任)
党工委副书记:赵　旭(11月免)
邵亚红(女,11月任)
主　任:赵　旭(11月免)
邵亚红(女,11月任)
副 主 任:马志坚　陈淑梅(女)　许卫星

沿海经济开发区

党工委书记:张栩龙(兼)
党工委副书记:周　勇(11月免)
吴劲松(11月任)
张向华(挂职,11月免)
张必如(挂职)　王海斌(挂职)
张树林
于海东(挂职,11月免)
杨廷海(挂职)　葛文杰(挂职)
人大工委主任:徐晓玲(女,11月免)
张秀斌(11月任)
主　任:周　勇(11月免)
吴劲松(11月任)
副 主 任:张向华(挂职,11月免)
吴劲松(11月免)　范于松　秦友兵
张秀斌(11月免)　朱　伟
徐小平(挂职,7月任)
丛爱杨(11月任)
缪　涛(11月任)
纪工委书记:蔡晓燕(女)

小洋口旅游度假区

党工委书记:张栩龙(兼)
党工委副书记:张向华(11月免)　陶玲玲(女)
主　任:张向华(11月免)
陶玲玲(女,11月任)
副 主 任:陶玲玲(女,11月免)　蒋勇刚
张建军(11月任)
顾新林(11月任)
纪工委书记:曹树佳

如东循环经济产业园
(东凌库区产业园、进口再生资源加工区)

党工委书记:周　梁(10月免)
杨海军(11月任)
党工委副书记:康　徐(11月免)　胡　俊
秦海健(11月任)
主　任:康　徐(11月免)
胡　俊(11月任)
副 主 任:吴亚忠(11月免)　秦海健
石海兵　翁雪峰(8月任)
张建华(8月任)
人大工委主任:胡　俊(11月免)
吴亚忠(11月任)
纪工委书记:翁雪峰(11月免)
黄　建(11月任)

南通外向型农业综合开发区

党工委书记:丛　俊
党工委副书记:尤　进　吴希从(挂职)
高　峰(5月任,6月免)
主　任:高　峰(6月免)
副 主 任:尤　进　卜新华　周　林
姚旭峰　唐保军(挂职,7月任)
纪工委书记:李　飞
办公室
主　任:于新建
财审局
局　长:杨建霞(女)
经济发展局
局　长:周庆生
规划建设局
局　长:季　洁(女)
农村工作局
局　长:肖卫华
安全生产监督管理局
局　长:陈　凯
综合执法局
局　长:郑　旭
棉花原种场
场　长:卜新华

如东县人民法院

院　长:娄宏春(6月免)
黄　卫(7月任代院长)
副 院 长:缪战春　顾建国　江　旭
高耀华　任乃林(3月免)
许海虹(女)
党组书记:娄宏春(6月免)　黄　卫(6月任)
党组副书记:缪战春
纪检组长:陈晓兵
政治处主任:徐天波(女)

栟茶法庭

庭　　长：郁宏军（8月任）

如东县人民检察院

检　察　长：顾祖林（6月免）
　　　　　王　骅（7月任代检察长）
副检察长：石金山　陆　刚　陈晓莉（女）
党组书记：顾祖林（6月免）　王　骅（6月任）
党组副书记：石金山
纪检组长：冒宏伟（女）
政治处主任：曹建飞

反贪局

局　　长：朱本成

反渎局

局　　长：冯新华

如东县人民武装部

部　　长：吴风俊（6月免）
政　　委：刘　瑞
副　部　长：陈　洲（6月免）
党委第一书记：詹立风（兼，1月免）
　　　　　潘建华（兼，2月任）
党委书记：刘　瑞

群众团体

县总工会

主　　席：陶卫忠
副　主　席：邓　华（女）　葛亚华（女）　汤九海
　　　　　尹德利
党组书记：陶卫忠

中国共产主义青年团如东县委员会

书　　记：曹　薇（女）
副　书　记：蔡冬祎（女）
党组书记：曹　薇（女）

县妇女联合会

主　　席：沈秀梅（女，11月免）
副　主　席：唐李红（女，11月免）　吴晓莉（女）
党组书记：沈秀梅（女，11月免）

县工商业联合会［总商会（挂牌）］

主　席（会　长）：桑　健（兼）
副主席（副会长）：朱海忠（11月任）　缪　峰
　　　　　秦新建　孙　建
　　　　　黄继石（不驻会）
　　　　　施永平（不驻会）
　　　　　吴迪富（不驻会）
　　　　　刘志刚（不驻会）
　　　　　周新基（不驻会）
　　　　　刘允华（不驻会）
　　　　　冯克山（不驻会）
　　　　　高　军（不驻会）
　　　　　严金泉（不驻会）
总商会副会长（不驻会）：曹彩红（女）　姜学林
　　　　　张本田　蔡　杰
　　　　　符爱清　徐建泉
　　　　　冒国平　施新建
　　　　　吴希鹏　马　陈
　　　　　王亚平　张智慧
党　组　书　记：朱海忠（11月任）

县科学技术协会

主　　席：陈建忠（3月免）
　　　　　崔红霞（女，11月任）
副　主　席：徐希龙　戴晓飞
　　　　　葛宗安　施中华
副主席（不驻会）：朱亚飞　顾培华　张旭初
　　　　　滕金奎
党　组　书　记：陈建忠（3月免）
　　　　　崔红霞（女，11月任）

县归侨侨眷联合会

主　　席：沈更生（兼）
副　主　席：陈春建
副主席（不驻会）：丁小建　黄　锋
　　　　　陈　曦　顾海军　张建华
党　组　书　记：陈春建

县文学艺术界联合会

主　　席：季铁权
副主席（不驻会）：沙德斌　丁必忠　沙雪芬（女）
　　　　　王学农
党　组　书　记：季铁权

县红十字会

专职副会长：许志红（女）
副　会　长：张秀芳（女，11月免）
秘　书　长：季方亮
兼职副会长：丁　越（女）　余　晶　顾　锐
　　　　　张泽宾　唐国均　李建国
　　　　　周建国　顾　军　崔红霞（女）
　　　　　赵　杰　刘允华　曹彩红（女）
　　　　　高　军　施永平
党组书记：许志红（女）

县关心下一代协会

名誉主任:周建飞
主　　任:任新峰
常务副主任:陶明生　丁慰祖
副 主 任:姜晓静(女)　顾旦生　缪　楠
杨兴章　陈宝来　陈苏华
余　晶　龚维国　李建国

南通市、如东县双重管理单位

新华书店

总 经 理:杨海军
党支部书记:杨海军

江苏省电力公司如东县供电公司

总 经 理:周建勇
副总经理:周燕翀　瞿　成　李秋实(1月免)
隋志平　吴金明(1月任)
党委书记:周燕翀
党委副书记:周建勇
纪委书记:唐　俊(女)
工会主席:唐　俊(女)

中国电信集团公司如东分公司

总 经 理:沈　刚
副总经理:顾小海　陈敏华(女)
党委书记:沈　刚
工会主席:顾小海(兼)
纪委书记:陈敏华(女,兼)

中国邮政集团江苏省如东县分公司

总 经 理:许秋嵘(6月免)　明图荣(6月任)
副总经理:刘　华　陈小莉(女)
党委书记:许秋嵘(6月免)　明图荣(6月任)
纪委书记:陈小莉(女)

盐务管理局(南通市江东盐业有限公司)

局长(经理):蔡金兵
党支部书记:蔡金兵
副局长(副经理):樊　兵

气象局

局　　长:盛海峰
副 局 长:顾录泉
党支部书记:盛海峰

国税局

局　　长:储开森
副 局 长:杨勇军　胡　伟(女)　韩学进
党组书记:储开森
纪检组长:顾宝丰

地税局

局　　长:汤滨滨
副 局 长:李　峰　朱震锋
党组书记:管玉屏(女)
党组副书记:汤滨滨
纪检组长:叶青松

中国人民财产保险股份有限公司如东支公司

经　　理:王旭光
副 经 理:季忠华
党支部书记:王旭光

中国人寿保险股份有限公司如东支公司

总 经 理:金小莉(女,8月免)　屠建明(8月任)
副总经理:倪一明　胡海明

中国人民银行如东县支行(国家外汇管理局如东县支局)

行　长(局　长):丛　勇
副行长(副局长):管怀林　朱蔚然(女)
党组书记:丛　勇

中国银行股份有限公司如东县支行

行　　长:施凯丰(7月免)　陈震宇(7月任)
副 行 长:陆　燕(女)　王　浩
朱　彤(10月免)
薛爱华(女,10月任)
党支部书记:施凯丰(7月免)　陈震宇(7月任)

中国工商银行股份有限公司如东支行

行　　长:杭　涛(7月免)　张　健(7月任)
副 行 长:沈金梅(女)　夏秀兵
江晓明(6月免)　姜素萍(女,6月任)
党委书记:杭　涛(7月免)　张　健(7月任)
党委副书记:张　林(7月任)
纪委书记:江晓明(6月免)　张　林(兼,7月任)

中国建设银行股份有限公司如东支行

行　　长:李　庆(女)
副 行 长:周宝华(8月免)　马　军(8月免)
刘晓玉(女,4月任)
李　罡(8月任)　章仕兵(8月任)
党委书记:李　庆(女)
工会主席:毛曙明(女)

中国农业银行如东县支行

行　　长:曹佳玲(女)

副　行　长:陆建兵　刘　彬　张海涛
党 委 书 记:曹佳玲(女)
纪 委 书 记:张海涛(兼)

江苏如东农村商业银行股份有限公司

董　事　长:曹桂斌
行　　　长:顾曙光(5月免)　杨恩荣(5月任)
副　行　长:顾　华　　左　明　张　锋
季丛荣(6月任)
监　事　长:邓素民
党 委 书 记:曹桂斌
党委副书记:顾曙光(5月免)　杨恩荣(5月任)
纪 委 书 记:邓素民

中国农业发展银行如东县支行

行　　　长:沙建华
副　行　长:曹　阳　喻中华
党支部书记:沙建华

江苏银行如东支行

行　　　长:黄　斌
副　行　长:戴志勤(女)　施宏九
党支部书记:黄　斌

中国邮政储蓄银行如东支行

行　　　长:姚华海
副　行　长:缪　国
党总支书记:姚华海

如东县烟草专卖局(分公司)

局长(经理):马春福
党 组 书 记:马春福
副　局　长:韦　卫
副　经　理:王　彬(12月免)　花培均(12月任)

南通市住房公积金管理中心如东管理部

主　　　任:顾建萍(女)
党支部书记:顾建萍(女)

镇党委、人大、政府、纪委

栟茶镇

书　　　记:张　锋
副　书　记:王必东(11月免)　蔡向阳(11月任)
周俊发(5月免)　张东锋(11月免)
陈永强(11月任)
组 织 委 员:张　俊(5月免)　葛伶俊(5月任)
宣 传 委 员:葛伶俊(5月免)　唐丹丹(女,5月任)
统 战 委 员:单国锋(5月免)　耿　俊(5月任)
政 法 委 员:王　鹏(11月免)　田志栋(11月任)
人 武 部 长:缪海兵
人 大 主 席:张　锋(兼,5月免)
康　勤(11月任)
人大副主席:李小军
镇　　　长:王必东(11月免)　蔡向阳(11月任)
副　镇　长:唐于磊　周海军　刘歆荃
刘　春(11月免)　周旭东(11月任)
纪委书记:王志国(5月免)　骆宏丽(女,5月任)

洋口镇

书　　　记:周　勇(11月免)　吴劲松(11月任)
副　书　记:于海东(11月免)　张树林(挂职)
汤　浩(挂职,10月免)
顾　群(5月免)
吴劲松(5月任,11月免)
范于松(5月任)　丛爱杨(11月任)
组 织 委 员:王伟东
宣 传 委 员:吴　晖(女,11月免)
胡志刚(11月任)
统 战 委 员:缪晓旭(3月免)
缪　涛(5月任,11月免)
徐小东(11月任)
政 法 委 员:冯仕云(5月免)　马小强(5月任)
人 武 部 长:戴建军(5月免)　冯美华(5月任)
人 大 主 席:徐晓玲(女,11月免)
张秀斌(11月任)
镇　　　长:于海东(11月免)　范于松(11月任)
副　镇　长:丛爱杨(11月免)　缪　涛　张建军
陆海山　秦友兵(11月任)
朱　伟(11月任)
纪 委 书 记:蔡晓燕(女)
洋口农场场长:张树林

丰利镇

书　　　记:周旭东(11月免)　耿卫东(11月任)
副　书　记:邵亚红(女,11月免)
刘　斌(5月免)　徐　伟(5月免)
於　锋(5月任)　张东锋(11月任)
组 织 委 员:杨冠华(女)
宣 传 委 员:马贤芳(女,5月免)　曹　烨(5月任)
统 战 委 员:葛志兵(11月免)　沈　城(11月任)
政 法 委 员:汪华伟(11月免)　刘　勇(11月任)
人 武 部 长:冯美华(5月免)
戴建军(5月任,11月免)
胡　佳(11月任)
人 大 主 席:徐剑莉(女,11月免)
朱德军(11月任)
人大副主席:陈建明(3月免)　顾美凤(女)

镇　　　长:邵亚红(女,11月免)
於　锋(11月任)
副 镇 长:蒋　兵(11月免)　朱峰涛(11月免)
蒋　华(11月免)　於　锋(5月免)
戴建军(11月任)　汪华伟(11月任)
徐明光(11月任)　罗晓辉(11月任)
纪委书记:马建华(女)

苴镇街道

党工委书记:翟建华(11月免)
周　勇(11月任)
党工委副书记:方永逸　冯　岗
组织委员:乔海波
宣传委员:陈炳慧(女)
统战委员:韦育军(8月任)
政法委员:赵雪峰(5月免)　季小东(8月任)
人武部长:钱艳旭
人大工委主任:张小芳(女)
主　　　任:方永逸
副　主　任:冯云志　袁步兵　曹　军　陈　勇
纪工委书记:徐红霞(女,11月免)
吴一旻(女,11月任)

长沙镇

书　　　记:蔡　东
副　书　记:汤　杰　邵建华(11月免)
傅小春　凌　晨(挂职)
於维涛(11月任)
组织委员:童晓燕(女)
宣传委员:王海燕(女)
统战委员:徐　巍
政法委员:张　伟(5月免)　樊祥兵(5月任)
人武部长:范海炜
人大主席:薛　峰(11月免)
邵建华(11月任)
人大副主席:吴征华(11月免)
李　翔(11月任)
镇　　　长:汤　杰
副　镇　长:何素红(女)　刘乃群　吴　健
肖卫东　韦建明(11月免)
许姚军(11月任)
纪委书记:缪　华

大豫镇

书　　　记:周　梁(10月免)
杨海军(11月任)
副　书　记:康　徐(11月免)　胡　俊　秦海健
翁雪峰(11月任)
组织委员:张建华(11月免)
刘　臻(11月任)
宣传委员:陈　燕(女,5月免)
陈　静(女,5月任)
统战委员:刘　臻(11月免)
孙　丹(11月任)
政法委员:唐国华(5月免)　汤成达(5月任)
人武部长:管永庆
人大主席:胡　俊(11月免)
吴亚忠(11月任)
人大副主席:王爱民
镇　　　长:康　徐(11月免)
胡　俊(11月任)
副　镇　长:石海兵　范春霞(女)　俞叶美(女)
刘　勇　刘文军
纪委书记:翁雪峰(11月免)
黄　建(11月任)

城中街道

党工委书记:赵尊兵
党工委副书记:沈宝泉(11月免)
张　炯(11月任)
夏海燕(女,3月免)
缪建梅(女,7月去世)
陈红芳(女,11月任)
缪建周(11月任)
组织委员:陈红芳(女,11月免)
陈　昊(11月任)
宣传委员:徐建华(8月免)　赵海建(8月任)
统战委员:吴　丽(女)
政法委员:袁新兰(女)
人武部长:刘薛峰(11月免)
唐炳华(11月任)
人大工委主任:翁　祥(11月免)　丁晓飞(11月任)
主　　　任:沈宝泉(11月免)
张　炯(11月任)
副　主　任:赵晓春　曹金泽
邱玲玲(女,11月免)
缪建周(11月免)　顾　炜
徐建华(8月任)　刘薛峰(11月任)
张正银(11月任)
纪工委书记:秦德泉(11月免)
邓丽娟(女,11月任)

掘港街道

党工委书记:赵尊兵
党工委副书记:沈宝泉(11月免)
张　炯(11月任)
丁晓飞(11月免)
邱玲玲(女,11月任)

组织委员:周　丹
宣传委员:陈晓晴(女)
统战委员:田　慧(女)
政法委员:刘建玉(女,3月免)
吴亚锋(8月任)
人武部长:戴　建
人大工委主任:翁　祥(11月免)
丁晓飞(11月任)
主　任:沈宝泉(11月免)
张　炯(11月任)
副主任:徐　勇　朱益峰　张　伟　贾海川
杨晓波　徐嘉键
纪工委书记:阚　美(女)

马塘镇

书　记:施正泉(11月免)
顾　锐(11月任)
副书记:顾　锐(11月免)
杨雪松(11月任)　夏一飞(5月免)
季晓勤(女,兼)
组织委员:翁亚芳(女,5月免)
马贤芳(女,5月任,11月免)
张　磊(女,11月任)
宣传委员:张　磊(女,11月免)
张松徐(11月任)
统战委员:周金峰(11月免)
郭振华(11月任)
政法委员:陈永强(5月免)
陆亚云(女,5月任)
人武部长:吴光明(5月免)　张　峰(5月任)
人大主席:杨　一
人大副主席:莫德军　沈建军(11月免)
镇　长:顾　锐(11月免)
杨雪松(11月任)
副镇长:张正银(11月免)
陈晓祥(11月免)　俞力彦
陈永强(11月免)
蒋　华(11月任)
马贤芳(女,11月任)
王　鹏(11月任)
纪委书记:季晓勤(女,5月免)
缪四海(5月任)

曹埠镇

书　记:王亚军(11月免)
缪　锐(11月任)
副书记:缪　锐(11月免)
沈秀梅(女,11月任)
管　建(11月免)
顾烁群(挂职,10月免)
王　萍(女,11月任)
组织委员:李奕涵(女,5月免)
曹　凯(5月任,11月免)
李小维(11月任)
宣传委员:曹　凯(5月免)
於亚平(女,5月任)
统战委员:王　萍(女,5月免)
周红兵(5月任)
政法委员:於亚平(女,5月免)
张　昆(5月任)
人武部长:张　峰(5月免)　吴光明(5月任)
人大主席:何永华(11月免)
管　建(11月任)
人大副主席:管　军(5月免)
镇　长:缪　锐(11月免)
沈秀梅(女,11月任)
副镇长:陶红兵　张德华(11月免)
黄　陈　王　萍(女,11月免)
刘小军　曹　凯(11月任)
纪委书记:缪铁军

岔河镇

书　记:高　峰(5月免)　李　健(5月任)
副书记:徐　敏　邬　建(11月免)
严　频(女,11月任)
沈春燕(女,挂职,11月任)
组织委员:王小锋(5月免)
李慧敏(女,5月任)
宣传委员:卢科宁
统战委员:梅爱建(11月免)
石　磊(女,11月任)
政法委员:许　兵(11月免)
孙朝阳(11月任)
人武部长:沈　伟(11月免)
赵晶晶(11月任)
人大主席:管玉华(11月免)
高桂明(11月任)
人大副主席:缪　华(3月免)
邬　建(11月任)
镇　长:徐　敏
副镇长:周忠华(11月免)
朱亚平(11月免)　丛海峰(5月免)
严　频(女,11月免)
杨　婧(女,5月免)
吴一旻(女,11月免)
李　刚(11月任)
沈　伟(11月任)
许　兵(11月任)

梅爱建(11月任)
纪委书记:韦志华(11月免)
周忠华(11月任)

新店镇
书记:陈五霞(女)
副书记:沈瑜新　朱卫东
组织委员:邱晓晖(女,5月免)
陈季春(5月任)
宣传委员:陈　昊(11月免)
吴庆飞(11月任)
统战委员:陆晓东(11月免)
王俊峰(11月任)
政法委员:马书超
人武部长:夏金荣(5月免)　唐明明(5月任)
人大主席:陈　勇
人大副主席:丁泉铭(3月免)
镇长:沈瑜新
副镇长:季　伟　吴小娟(女)　吴建峰
徐管均
纪委书记:缪四海(5月免)
邱晓晖(女,5月任)

双甸镇
书记:李　健(5月免)
杨海军(5月任,11月免)
康　徐(11月任)
副书记:杨海军(5月免)　秦　刚(5月任)
吴银泉(5月免)　汤亚东(5月任)
组织委员:纪光熙(5月免)
吴　晶(女,5月任)
宣传委员:於　鑫(11月免)
魏　娟(女,11月任)
统战委员:董　建(5月免)　杨　宇(5月任)
政法委员:张爱明(5月免)　董　建(5月任)
人武部长:袁宗建
人大主席:钱　设(3月免)　吴银泉(5月任)
人大副主席:张　生(3月免)　张俊青(11月免)
刘建圣
镇长:杨海军(5月免)　秦　刚(5月任)
副镇长:袁小建(11月免)
管周宁(11月免)
袁文钊(11月免)
张爱明(11月免)
纪光熙(5月任)
刘　春(11月任)
董　建(11月任)
於　鑫(11月任)
纪委书记:杨晓娟(女)

河口镇
书记:丛尤兵
副书记:徐鹏飞　孙玉来
组织委员:徐明光(11月免)
端海燕(女,11月任)
宣传委员:王小波(5月免)
於琳琳(女,5月任)
统战委员:严建明(5月免)
陈巧云(女,5月任)
政法委员:王小波(11月免)
邵　彬(11月任)
人武部长:黄正华(5月免)　严建明(5月任)
人大主席:康　勤(11月免)
李宗泽(11月任)
人大副主席:徐功彬(11月免)
镇长:徐鹏飞
副镇长:肖纪平(11月免)　周　彦
汤亚东(5月免)　彭　威
徐小平(挂职,7月任)
张爱明(11月任)
王小波(11月任)
纪委书记:王国庆(5月免)　王志国(5月任)

袁庄镇
书记:许亚军(11月免)
陈威涛(11月任)
副书记:陈威涛(11月免)　殷海燕(女)
袁小建(11月任)
组织委员:吴　彭(3月免)　冒　军(5月任)
宣传委员:冒　军(5月免)　胡礼豹(5月任)
统战委员:吴　锋(5月免)
朱晶晶(女,5月任)
政法委员:黄小兵
人武部长:冯亚洲
人大主席:李宗泽(11月免)
陈威涛(兼,11月任)
人大副主席:缪向阳(11月免)　高爱军
镇长:陈威涛(11月免)
殷海燕(女,11月任)
副镇长:钱维斌　关卫东　钱爱平　邵守懿
纪委书记:马发俊(11月免)
章云峰(11月任)

部分事业单位

如东高级中学
校长:王继兵
副校长:张必忠　马　蔚　顾小京
韩　明　管建华(8月任)

党 委 书 记：张必忠
党委副书记：王继兵　马　蔚
纪 委 书 记：马　蔚

如东开放大学(如东中专)
校　　长：余　飞
副 校 长：吴金明　汪卫东　王　华　曹　峰　孙智明(8月任)
党 委 书 记：吴金明
党委副书记：余　飞

栟茶高级中学
校　　长：姜宁兵
党 委 书 记：徐旭东

马塘中学
校　　长：康红兵(8月免)　丛　杰(8月任)
党 委 书 记：康红兵(8月免)　葛家梅(女，8月任)

丰利中学(2016年8月高中撤并，原领导班子职务自然免除)
校　　长：严　玉(8月免)
党总支书记：严　玉(8月免)

双甸高级中学(2016年8月高中撤并，原领导班子职务自然免除)
校　　长：王　兵(8月免)
党总支书记：王　兵(8月免)

掘港高级中学
校　　长：张亚斌
党总支书记：张远林

实验中学
校　　长：韩　明
党 委 书 记：吴丛铎(女)

新区初中
校　　长：韩　明(兼，8月任)
党 委 书 记：苏俊华(8月任)

如东县人民医院
院　　长：季学军
副 院 长：王鹤兵　陈立新　张建新
党 委 书 记：王鹤兵
党委副书记：季学军
纪 委 书 记：刘乔明

如东县中医院
院　　长：顾海军
副 院 长：万宏坤　周建华
党 委 书 记：顾海军
党委副书记：沈　巍
纪 委 书 记：徐平平(女)

县疾病预防控制中心
主　　任：缪卫宏
党支部书记：吉玲玲(女)

县卫生监督所
所　　长：许庆忠(3月免)
党支部书记：张建军

(虞新兵　周小普)

年度荣誉

2016年如东县获得荣誉

表61

荣誉名称	授予单位
全国平安渔业示范县	农业部　国家安全监管总局
国家生态县	环保部
国家火炬海上风电特色产业基地	科技部
国家电子商务进农村综合示范县	财政部　商务部　国务院扶贫办
第一批国家级农村职业教育和成人教育示范县	教育部
江苏省节水型社会示范区	省水利厅
江苏省计量惠民示范县	省质量技术监督局

续表 61

荣誉名称	授予单位
江苏省现代民政示范县	省民政局
江苏省福利彩票销售先进县	省民政局
江苏省园林城市	省人民政府
江苏省第二批农村电子商务示范县	省商务厅
江苏省中小学责任督学挂牌督导创新县	省人民政府教育督导委员会

全国先进集体

表 62

荣誉名称	获得单位	授予单位
国家“十二五”环保工作先进集体	县教育局	中国环境科学学会
《宁粳系列超级稻品种及其栽培技术集成推广》2014—2016年全国农牧渔业丰收奖成果奖一等奖	县作物栽培指导站	农业部
《江苏地方猪遗传资源保护与产业化开发》2014—2016年全国农牧渔业丰收奖成果奖一等奖	县畜牧兽医站	农业部
基层畜牧推广示范站	县畜牧兽医站	全国畜牧总站
全国机关党组织“两学一做”最佳案例	县委组织部、县级机关党工委《1+X 锤炼党性提升能力》	中央国家机关工委
全国五好县级工商联	县工商联	全国工商联
PPP项目试点先进单位	县财政局	国务院
全国老年法律维权工作先进集体	县公安局	全国老龄办　最高人民法院 最高人民检察院　公安部 民政部　司法部
全国检察宣传先进单位	县检察院	最高人民检察院 检察日报社
全国价格监测质量考核工作优秀单位	县发改委	国家发改委
《全民科学素质行动计划纲要》“十二五”实施工作先进集体	县农委	中央组织部　中央宣传部 国家发改委　教育部 科技部　财政部 人力资源社会保障部 农业部　中国科协
全国工人先锋号	县自来水公司	中华全国总工会
全国计划生育协会工作先进单位	县计生协会	中国计划生育协会
全国体育工作先进单位	古坳初级中学	国家体育总局
全国最美家庭	沈亚秋家庭	全国妇联
全国五好文明家庭	沈亚秋家庭	全国妇联
全国休闲农业与乡村旅游五星级示范企业	南通神农生态农业科技有限公司	农业部
全国休闲农业与乡村旅游四星级示范企业	如东鑫华园生态农庄	农业部
优秀学习型乡镇	大豫镇　马塘镇	中国成人教育协会 农村成人教育专业委员会 教育部社区教育研究培训中心

续表 62

荣　誉　名　称	获　得　单　位	授　予　单　位
优秀学习型村居(社区)	大豫镇香台村　徐征村	中国成人教育协会 农村成人教育专业委员会 教育部社区教育研究培训中心
中国银行业协会千佳示范网点	江苏银行如东支行	中国银行业协会
中国服务小微企业最佳县域银行	如东农商银行	经济日报县域经济研究中心 中国县域经济报社与北京区域经济学会
全国社区教育示范街道(乡镇)	曹埠镇　双甸镇	中国成人教育协会社区教育专业委员会
国家级农机合作社示范社	如东金发农机合作社	农业部
国家 AAAA 级物流企业	江东物流有限公司	中国物流与采购联合会
全国“H5 讲述‘六五’普法”新媒体创意大赛三等奖	县司法局	全国普法办公室
审计通联宣传工作先进单位	县审计局	中国时代经济出版社
全国风筝大赛优秀组织奖	县教育局	国家体育总局社会体育指导中心
全国健身自选套路一等奖	县教育局	国家体育总局社会体育指导中心
全国健身规定套路一等奖	县教育局	国家体育总局社会体育指导中心
第十八届“语文报杯”全国中学生作文大赛作文教学先进单位	如东高级中学	共青团中央学校部
全国农村老年教育先进单位	江苏联合职业技术学院如东分院　如东中等专业学校	中国成人教育协会 农村成人教育专业委员会
全国新教育实验示范学校	县实验小学	新教育研究院 中国陶行知研究会新教育分会
全国学校毒品预防教育工作先进单位	县掘港小学	国家禁毒委员办公室 教育部
全国新教育实验优秀实验学校	县马塘小学　县实验幼儿园 桂芝小学	新教育研究院 中国陶行知研究会新教育分会
全国特殊教育学校排舞比赛二等奖	县逸夫特殊教育学校	国家体育总局体操运动管理中心
全国农村学习型组织	岔河镇迎春社区社教中心	中国成人教育协会与农村成人教育专业委员会
全国体育工作示范学校	古坳初级中学	教育部办公厅
全国作文教学先进单位	曹埠镇	中国教育学会

省级先进集体

表 63

荣　誉　名　称	获　得　单　位	授　予　单　位
省促进义务教育发展先进单位	县教育局	省人民政府
全省开发区信息工作先进单位	如东经济开发区管委会	省开发区协会
省高端装备制造业特色产业基地	江苏如东能源装备（海上风电）特色产业基地	省经信委

续表63

荣誉名称	获得单位	授予单位
省级众创空间	江苏南通海之升电子商务有限公司	省科技厅
省放心消费创建先进区域	如东循环经济产业园	省放心消费创建活动办公室
全省法院党建工作先进集体	县法院	省高级人民法院
全省沿海开发工作先进集体	县沿海办	江苏沿海地区发展领导小组办公室
全省安置帮教工作先进集体	县司法局	省司法厅
2015年度信息工作先进集体	县司法局	省司法厅
2014—2015年度江苏省优秀司法所	马塘镇司法所 河口镇司法所	省司法厅
2015年“互帮共建”先进单位	县司法局	省司法厅
2011—2015年全省普法工作先进单位	县司法局	省委宣传部　省法宣办 省司法厅
全省社区矫正“严格执法、严格管理”集中整治活动先进集体	县司法局 新店镇司法所	省司法厅
省人民调解委员会规范化建设示范点	县人民调解委员会 马塘镇人民调解委员会	省司法厅
省法律援助工作先进集体	县法律援助中心	省司法厅
省优秀法律服务所	大豫法律服务所	省司法厅
第一批江苏省海洋经济创新示范园区	洋口港经济开发区	省发改委　省沿海办 省海洋与渔业局
省现代渔业建设先进集体	县海洋与渔业局	省海洋与渔业局
省海洋伏季休渔工作先进单位	县渔政大队	省海洋与渔业局
省海监执法工作先进单位	中国海监如东县大队	省海监总队
全省安全执法工作先进集体	县安全生产执法监察大队	省安监局
全省职业健康监管工作先进单位	县安监局	省安监局
全省危险化学品安全监管先进集体	县安监局	省安监局
全省政府网站建设先进单位	县信息中心	省人民政府办公厅
省规范化建设年度示范单位	县统计局	省统计局
省专利行政执法工作先进单位	县知识产权局	省知识产权局
全省档案宣传工作先进集体二等奖	县档案局	省档案局
省文明单位	县市场监督管理局	省文明委
省维护妇女儿童权益示范岗	县妇联	省妇联　省维护妇女儿童合法权益联席会议暨“平安家庭”创建活动领导小组
省“平安家庭”创建活动示范社区(村)	双甸镇高前村	省妇联　省维护妇女儿童合法权益联席会议暨“平安家庭”创建活动领导小组
省级巾帼示范专业合作组织	南通如东深河金尊金银花专业合作社	省“双学双比”竞赛活动领导小组
省级巾帼农家乐示范基地	南通写意观光农业有限公司	省“双学双比”竞赛活动领导小组

续表63

荣誉名称	获得单位	授予单位
省巾帼志愿服务示范基地	如东县实验中学未成年人成长指导中心	省妇联
省三八红旗集体	县地税一分局	省妇联
省工人先锋号	县交通工程公司六分队	省总工会
全省关心下一代工作先进集体	县关工委	省关工委
省青少年维权岗	县文化行政综合执法大队	共青团江苏省委 省创建青少年维权岗活动领导小组
省高端装备制造业特色产业基地	如东经济开发区	省经信委
省级知识产权试点园区	如东经济开发区	省商务厅　省知识产权局
省级电子商务产业示范园区	如东经济开发区电子商务产业园	省商务厅
省文明村	河口镇双港村	省文明委
省民主法治示范村	栟茶镇陈湾村　袁庄镇小康村 新店镇孙桥村	省依法治省领导小组
省第四批农村电子商务示范村	苴镇街道金凤村	省商务厅
省农民合作社示范社	如东县鑫旺生猪养殖专业合作社 如东县卫海滩涂养殖专业合作社 如东县如泰粮食种植专业合作社 南通辉塔农地股份专业合作社 如东县江北农地股份合作社 如东鸿鹏蔬菜专业合作社 如东苏洋稻米专业合作社 南通绿环秸秆综合利用专业合作社	省农委
省级示范家庭农场	如东县勇兵家庭农场 如东嘉丰果蔬种植家庭农场 如东县徐建家庭农场 如东县洋新粮食种植家庭农场 如东喜丰生态家庭农场 如东县福林家庭农场	省农委
CMA(中国计量认证)证书	水生动物疫病防治实验室	省质监局
省休闲度假酒店	林克斯温泉度假酒店	省旅游局
省诚信示范旅游单位	中天黄海大酒店	省旅游局
省“六五”法治宣传教育先进单位	县财政局	省财政厅
省法治财政标准化建设先进单位	县财政局	省财政厅
省法治财政标准化建设示范点单位	县财政局	省财政厅
省国土资源信访工作先进集体	县国土资源局	省国土资源厅
省文明单位	县供电公司	省文明委
省特色创新艺术学校	县杂技艺术学校	省广播电视总台(集团)
省优秀杂技团	县少年杂技团	省广播电视总台(集团)
省华侨文化交流基地	县少年杂技团	省侨联
省“文明办网”先进单位	如东新媒体	省委宣传部　省委网信办 省文明办

续表 63

荣 誉 名 称	获 得 单 位	授 予 单 位
省文明单位	县行政审批局(政务服务中心)	省文明委
省巾帼文明岗	县行政审批局（政务服务中心）中心办公室	省妇联
江苏省放心消费创建先进区域	如东循环经济产业园	江苏省放心消费创建活动办公室
2015—2016 年度全省基层党员冬训工作示范县	县委宣传部	省委组织部　省委宣传部
江苏优秀讲坛铜牌	扶海大学堂	省委宣传部办公室
基层建设先进单位	如东边检站执勤业务一科	省边防总队
省第二批农村电子商务示范镇	新店镇	省商务厅
省科普惠农服务站	新店镇社区教育中心科普惠农服务站	省科协
省标准化居民学校	新店镇双虹桥村 岔河镇金发村社教中心	省教育厅
2013—2015 年度省文明镇	栟茶镇	省文明委
服务先进集体	工商银行如东支行	工商银行江苏省分行
江苏银行业五星级营业网点	中国银行马塘支行	省银行业协会
2015—2016 年度江苏省分行青年文明号	中国银行如东支行营业部 中国银行马塘支行	共青团江苏省委
存款组织双“十佳”单位	中国农业发展银行如东支行	中国农业发展银行江苏省分行
信贷资产优质行	中国农业发展银行如东支行	中国农业发展银行江苏省分行
2013—2015 年度省文明单位	县邮政分公司	省文明委
省文明单位	如东电信公司	省文明委
2013—2015 年度省文明单位	如东移动公司	省文明委
省“两化融合”管理体系贯标试点企业	南通高盟新材料有限公司江苏雅本化学有限公司 江苏海宝电池科技有限公司 亚振家具股份有限公司 江苏天泽环保科技有限公司 中天宽带有限公司	省经信委
老区宣传优秀奖	县老促会新店镇分会	省老促会
省级森林生态示范村	河口镇小漤村	省林业局
全省关心下一代工作工作先进集体	袁庄镇	省关工委　省文明委
2015年度“江苏省五四红旗团支部”	县市场监督管理局团支部	共青团江苏省委
2013—2015 年度省文明单位	县市场监督管理局	省文明委
全省信访系统先进集体	县信访局	省人社厅　省信访局
省研学旅游示范基地	县教育局	省教育厅
省教育系统先进集体	省栟茶高级中学	省教育厅　省委教育工委
省节水型学校	县茗海中学	省教育厅
省青少年教育先进学校	县实验小学	省教育厅
省中小学优秀校园网站	县丰利中学	省教育信息化工作领导小组办公室

续表 63

荣　誉　名　称	获　得　单　位	授　予　单　位
省优秀共青团组织	江苏联合职业技术学院如东分院　如东中等专业学校	共青团江苏省委 省教育厅
金钥匙科技竞赛省青少年科技教育先进学校	县实验中学	省科技厅
优秀行知实验学校	县掘港小学	省陶行知研究会
省教育工作先进集体	县蛲山小学	省教育厅
省绿色学校	县蛲山小学　河口镇于港中学	省环保厅　省教育厅
省书法教育先进集体	县蛲山小学	省教育厅
省教育工作先进集体	县实验幼儿园	省教育厅
省先进基层党组织	河口镇景安中学	省教育厅
省健康促进学校	河口镇于港中学	省卫生厅　省教育厅

市级先进集体

表 64

荣　誉　名　称	获　得　单　位	授　予　单　位
农村水利建设“十佳”单位	县水务局	市委　市政府
市促进教育事业发展先进集体	河口镇景安中学	市政府
市促进教育事业发展先进集体	如东高级中学	市政府
市安全生产目标管理先进集体	县人民政府	市政府
市安全生产目标管理优胜单位	县供电公司	市政府
市安全生产先进乡镇(街道、园区)	河口镇人民政府	市政府
市安全生产先进乡镇(街道、园区)	马塘镇人民政府	市政府
市拥军优属模范单位	江苏联合职业技术学院如东分院 如东中等专业学校	市委　市政府 军分区

全国先进个人(含部门)

表 65

姓　名	单　位　职　务	荣　誉　名　称	授　予　单　位
沈亚秋	县高新区(掘港镇)文化站站长	中国好人	中央宣传部　中央文明办
顾久伟	县农委副主任	全国农业先进个人	农业部
施永兵	县现代电子器材厂董事长	全国先进个体工商户	国家工商行政管理总局 中国个体劳动者协会
如东籍老山战友群体	老山前线退伍老兵	中国好人	中央宣传部 中央文明办
丁　洋	南通市少年杂技团魔术团副团长	第三届中国北京国际魔术大会“金长城杯”世界魔术冠军作品展演金奖	第三届中国北京国际魔术大会组委会
朱明珠	南通市少年杂技团工作人员	第五届中国西湖国际魔术交流大会颁奖晚会以及国际金牌魔术师舞台魔术展演近景组金奖	西湖国际魔术交流大会
徐建华	县公安局国保大队副大队长	公安国保荣誉章	公安部国保局
徐海明	县经济开发区颐养福利中心院长	全国敬老爱老助老模范人物	全国老龄工作委员会
吴新泉	长沙镇长沙初中教师	国家一级社会体育指导员	国家体育总局
徐宏玉	丰利镇凌河小学教师	国家优秀辅导教师	中国教育委员会

省级先进个人(含省军区和部门)

表66

姓　名	单位职务	荣誉名称	授予单位
王　智	县人民政府原副县长	省沿海开发先进个人	江苏沿海地区发展领导小组办公室
尤　进	南通外向型农业综合开发区原党工委副书记、管委会副主任	省沿海开发先进个人	江苏沿海地区发展领导小组办公室
吴亚云	县政府办副主任	省妇女儿童工作先进个人	省妇联
沈亚秋	高新区(掘港镇)文化站站长	江苏三八红旗手	省妇联
沈　健	县公安局党委副书记、政委	省公安民警贴心人	省公安厅
陈学荣	县公安局刑警大队副大队长	二等功	省公安厅
严　洁	洋口港人民法庭庭长	省优秀女法官	省高级人民法院　省妇联
桑盛富	城中街道潮墩村	省平安家庭	省妇联　省维护妇女儿童合法权益联席会议暨“平安家庭”创建活动领导小组
袁日华	马塘镇马丰村		
许海虹	县法院党组成员、副院长	省“平安家庭”创建活动先进个人	省妇联　省维护妇女儿童合法权益联席会议暨“平安家庭”创建活动领导小组
蔡雪红	江苏祎华律师事务所律师	省维护妇女儿童权益优秀公益律师	省妇联　省维护妇女儿童合法权益联席会议暨“平安家庭”创建活动领导小组
陈　燕	高新区妇联主席	省婚姻家庭纠纷优秀调解员	省妇联　省维护妇女儿童合法权益联席会议暨“平安家庭”创建活动领导小组
季敦如	如东经济开发区	省最美家庭	省妇联
孙建东	县农产品质量检测中心副主任	全国第三届农产品质量安全检测技能竞赛江苏选拔赛三等奖	省农委办公室　省海洋与渔业局办公室　省总工会办公室　省职业技能鉴定中心
顾丽霞	江苏省农业广播电视学校如东分校教师	第三届江苏省农业广播电视学校教学能手	省农业广播电视学校
滕金奎	县农业技术推广中心主任	江苏省“基层科普行动计划”农村科普带头人	省科协　省财政厅
陈云山	大豫镇退休教师	百姓学习之星	省教育厅办公室 省成人教育协会
秦亚兵	大豫镇渔业科科长	优秀技术指导员	省海洋与渔业局
张志泉	南通万豪建材科技有限公司董事长、总经理	第三届省“百名诚信之星”	省委宣传部　省文明办
吴海青	县科技局新兴产业科科长	省知识产权先进个人	省知识产权局
韦育军	县苴镇街道统战委员	信息工作先进个人	省开发区协会
陈福明	马塘镇法律服务所主任	优秀法律工作者	省司法厅 省基层协会
杨　洋	高新区司法所所长	全省安置帮教工作先进个人	省司法厅
戴文祥	如东经济开发区司法所所长	全省社区矫正“严格执法、严格管理”集中整治活动先进个人	省司法厅
张雯雯	曹埠镇司法所所长		
朱珊珊	县司法局社区矫正工作科科长		
朱慧芸	县司法局社区矫正工作科社工		

续表 66

姓　名	单 位 职 务	荣 誉 名 称	授 予 单 位
卢　洁	岔河镇司法所所长	全省“最美人民调解员”提名奖	省司法厅
史建功	江苏琴海律师事务所律师	省优秀律师	省司法厅　省律师协会
王冬梅	县司法局公证处科员	全省“人民满意公证员”	省司法厅
顾昕华	县司法局法制宣传科科长	2011—2015 全省普法工作先进个人	省委宣传部　省法宣办 省司法厅
陆　祎	江苏祎华律师事务所律师		
丁　洋	南通市少年杂技团魔术团副团长	江苏省文化系统先进工作者	省人社厅　省文化厅
刘　兵	县文化行政综合执法大队大队长	全省文化行政综合执法优秀个人	省文化厅
陈拥军	如东边检站副站长	优秀支队级班子成员	省边防总队
陈拥军	如东边检站副站长	三等功	省边防总队
方　为	如东边检站综合办公室助理员	嘉奖	省边防总队
於国鑫	县文化馆辅导老师	省五星工程奖银奖获得者	省文化厅
徐红梅	新店镇农业服务中心技术员	省优秀技术指导员	省农林厅
沙建华	掘港小学副校长	省特级教师	省人民政府
顾新红	蠙山小学副校长	省特级教师	省人民政府
周云凤	县级机关幼儿园副园长	省特级教师	省人民政府
杨林全	丰利中学教师	省优秀教育工作者	省教育厅
陈　杨	双甸中学教师	省优秀青少年科技辅导员	省教育厅
程道林	双甸中学教师	省青少年科技教育先进个人	省教育厅
丁杨华	县实验小学教导主任	省优秀教育工作者	省教育厅

市级先进个人

表 67

姓　名	单 位 职 务	荣 誉 名 称	授 予 单 位
张建华	循环经济产业园管委会副主任、党政办主任	市优秀党务工作者	市委
薛济萍	江苏中天光缆集团有限公司董事长	“张謇杯”杰出企业家	市委　市政府
周建春	县政府办综合一科科长	市安全生产先进个人	市政府
汪　武	县检察院反渎局侦查科长		
缪　涛	县沿海经济开发区管委会副主任		
陆蓉蓉	县高新区安监局副科长		
刘　涛	县安监局危化科副科长		
胡碧玉	县安监局综合科科员		
李　兵	丰利镇教育联络组教研员、工会主席	市优秀共产党员	市委
王晓琴	丰利镇丰利小学教师	市第十三届“园丁奖”	市政府
沈素兵	掘港镇童店初级中学校长	市促进教育事业发展先进个人	市政府
汤新元	栟茶高级中学教师		

文件选编

如东县国民经济和社会发展第十三个五年规划纲要

前 言

“十三五”时期,如东将全面贯彻中共十八大和十八届三中、四中、五中全会精神,深入贯彻落实习近平总书记系列重要讲话特别是视察江苏重要讲话精神。这一时期,是如东全面建成小康社会的决胜阶段和积极探索开启基本实现现代化建设新征程的重要阶段。

根据《中共如东县委关于制定如东县国民经济和社会发展第十三个五年规划的建议》,编制《如东县国民经济和社会发展第十三个五年规划纲要》(以下简称《纲要》)。

《纲要》主要阐明“十三五”时期的发展目标、发展任务、发展重点和政策取向,是政府履行经济调节、市场监管、社会管理和公共服务职责,编制和实施各类规划计划以及制定政策、安排项目和资金的重要依据,是今后五年如东经济社会发展的宏伟蓝图,是全县人民共同奋斗的行动纲领。

第一章 全面建成小康社会 开启基本实现现代化新征程

第一节 发展基础

“十二五”以来,我县积极应对宏观环境复杂多变、经济下行压力加大的挑战,抢抓长三角一体化和江苏沿海开发等战略机遇,以“三争三实”统揽全局,大力实施“港口引领、科技驱动、城乡一体和可持续发展”战略,坚持打基础、求突破,扩总量、提质量,不断加快“三个城市”建设,完成了“十二五”规划确定的主要目标任务,创造了如东发展的黄金期。

综合实力再上新台阶。经济总量连跨400亿元、500亿元、600亿元3个台阶,年均增长13.8%,2015年达到672.7亿元,人均地区生产总值超过67000元;一般公共预算收入达到58.5亿元,是“十一五”期末的3倍;社会消费品零售总额达到287.4亿元,自营出口额达到14.4亿美元,5年平均增幅分别为14.2%和12.2%;“十二五”期间累计完成固定资产投资1836亿元。工业应税销售、一般公共预算收入等指标增幅始终保持全市领先。县域经济基本竞争力连续13年跻身全国百强县(市)行列。

结构调整取得新成效。2015年,三次产业结构由2010年的12.8:53.4:33.8调优为9.7:46.8:43.5,服务业增加值占GDP比重比“十一五”期末提高9.7个百分点,二、三产业共同推动经济增长的格局更加突出。高新技术产业产值占规模工业产值比重达42.9%,比“十一五”期末提高10.9个百分点。全社会研发投入占GDP比重达到2.43%,两次获“全国科技进步先进县”称号,被列为江苏省创新型试点县。农业生产不断向规模农业、高效农业、设施农业转型升级,机械化水平达到88.5%。

改革开放迈出新步伐。陆海统筹发展综合配套改革、经济体制和生态文明体制等专项改革全面展开,相对集中行政许可权、公立医院、海域使用管理等重要领域和关键环节改革率先突破并取得重大进展。开发开放水平进一步提升,开放型经济发展迅速,实际利用外资每年保持3.5亿美元左右,沿海开发步入快车道,洋口港一类口岸正式开放,载体平台建设整体提升,洋口港经济开发区现代物流园被列为省重点物流基地,如东经济开发区成为江苏首批循环化改造示范园区、电子商务产业园获批省级电子商务示范园区,循环经济产业园进口再生资源加工区圈区管理正式获批。

交通格局开启新纪元。通洋高速、海洋铁路、G328(临海高等级公路)相继建成通车,县域“四纵三横”公路网基本形成,港城大道建成,洋口运河贯通,彻底改变我县交通无高速、无铁路、无国道的“三无”历史,基本实现“县城10分钟上高速、县域内部相邻主要节点30分钟互通互达、县城90分钟到达上海苏中苏南主要城市”的交通格局,“公水铁”无缝对接的区域性交通枢纽逐步形成,区位交通优势和板块联动效应初步凸显。

城乡发展呈现新面貌。城乡规划体系不断健全,县城老城区功能不断完善,新城区框架全面拉开。“十二五”期间累计实施市政道路、配套管网、绿化、亮化工程90多项,投入资金近100亿元。垃圾无害化处置、污水处理等基础设施不断完善,引江供水实现全覆盖,城市绿化率突破40%。村庄环境整治顺利通过省全域性验收,岔河镇、栟茶镇入选“全国重点镇”,栟茶镇被评为“中国历史文化名镇”。省级文明城市创建成功,国家生态县正式命名。

社会民生得到新提升。2015年,城镇居民和农村居民人均可支配收入分别达到34338元、15827元,年均分别增长10.8%和11.6%。城镇登记失业率控制在2.4%以内,社会保障实现全覆盖,城乡居民基本养老保险参保率达到99.9%;教育事业均衡发展,基础教育全省领先;文化事业蓬勃发展,公共文化设施更加完善;公共医疗服务水平稳步提升,乡镇公立卫生院实现全覆盖。依法治县扎实推进,法治、平安建设省市领先。

第二节　发展形势

“十三五”时期,如东发展的内外部环境将发生重大变化,既处于大有作为的重要战略机遇期,也面临诸多矛盾风险和挑战。

国际环境。和平与发展仍是当今时代主题,世界经济在曲折中复苏,新一轮科技革命和产业变革蓄势待发,资本、技术、人才、信息等生产要素加快流动和重组,孕育着新产业、新业态、新模式,蕴含着新的发展空间和突破。同时,国际和区域经贸规则主导权争夺加剧,发达国家加快再工业化和“制造业回归”步伐,东南亚等新兴经济体开始依靠资源、劳动力等优势吸纳低端制造业,低成本竞争和先进技术竞争将日趋激烈。

国内环境。中国经济发展步入速度变化、结构优化、动力转换的新常态。“四个全面”战略布局全面展开,“一带一路”、长江经济带建设全面推进,“五化协同”孕育着巨大发展潜能,全面深化改革开放和全面推进依法治国将释放新的制度红利,新型城镇化和区域协调发展孕育新动力。同时,“十三五”时期也面临“中等收入陷阱”挑战,长期累积的深层次矛盾进一步显现,能源、资源、生态环境约束加剧。

区域环境。我省完成“两个率先”的光荣使命,推动全省“迈上五个新台阶”,建设“强富美高”新江苏成为主旋律。上海自贸区、上海“五大中心”及苏南自主创新示范区建设的全面提速既对如东发展有辐射带动作用,同时虹吸效应也同步增加,应对人才外流、消费外流压力加大。南通将进一步巩固苏中新一轮发展的领头雁地位,加快建设长三角北翼经济中心,计划 2017 年以大市为单位在江苏江北率先全面建成小康社会,将倒逼我县加速发展,为南通开创“两个率先”新局面多挑重担。

发展机遇。一是区域发展的利好政策。十八届五中全会指出,形成沿海沿江沿线经济带为主的纵向横向经济轴带,支持沿海地区全面参与全球经济合作和竞争。省委指出,坚持陆海统筹、江海联动,加快建设沿江、沿海等经济带。市委提出,助推沿海前沿区域快速崛起、贡献提升。这些都为如东进一步拓展发展空间,促进产业转型升级,培育新的经济增长点带来了新的机遇,如东作为全省东部沿海开发开放前沿和全市陆海统筹综合配套改革的先行先试区域,有基础有条件发展的更好一些、更快一些。二是日益完备的基础条件。随着交通条件的极大改善,如东作为沿海沿江 T 形交汇点的区位优势更加突出。各大园区载体建设日趋完善,基础性、生产服务性功能配套逐步成熟,园区的吸引力、竞争力、带动力逐步提升。医药、新材料、能源、装备制造等良好的产业基础和较为完备的产业体系,为产业结构的持续优化和产业层级的不断提升准备了条件。“十三五”期间,如东应充分挖掘和发挥自身的优势条件,把潜在优势转化为发展优势和竞争优势。三是通江达海的港口优势。作为新晋一类开放口岸的洋口港,雄踞苏中前沿,紧临长江口,坐拥通江达海优势,港口条件优越,开发建设初具规模,集疏运体系日臻完善,有较好的腹地支撑。如东有条件凭借洋口港,推进新一轮高水平对外开放,成为对外开放的新高地。

面临挑战。“十三五”时期,如东县经济社会发展也存在着不平衡、不协调、不可持续的问题。主要表现在:经济增速下行压力加大,创新能力不强,新增长点支撑作用不足,部分企业生产经营困难;城镇化水平不高,城乡发展不平衡;基本公共服务供给不足,基础设施和公共服务配套不能充分满足群众需求;人口老龄化缺乏有效应对措施;土地、资金等资源约束趋紧,节约集约利用水平亟待提高;生态环境需要进一步改善,保护环境平衡的任务艰巨;惯性思维、陈规陋习依然存在,改革开放任重道远。我们必须增强忧患意识、危机意识、责任意识,以更大的勇气和魄力破解难题、砥砺前行。

总体来看,“十三五”时期,如东县发展仍处于经济发展长期向好的基本面没有改变,大有可为的重要战略机遇期没有改变,经济持续增长的良好支撑基础和条件没有改变,经济结构调整优化的前进态势没有改变。这一时期,我县经济增长的产业结构将由以工业为主导向工业和服务业并重转变,动力结构将由要素驱动为主向要素驱动和创新驱动并重转变,供给结构将由政府主导增长向更加侧重提升公共服务水平和激发市场需求潜力转变。我们必须明大势、看大局,准确把握国家发展理念的深刻变化,准确把握战略机遇期内涵的深刻变化,准确把握如东发展阶段性特征和新任务的深刻变化,坚定信心,奋发有为,着力在优化结构、增强动力、化解矛盾、补齐短板上取得突破性进展,加快形成发展和竞争新优势,实现更高质量、更有效率、更加公平、更可持续的发展。

第三节　指导思想与战略导向

一、指导思想

“十三五”时期,如东县经济社会发展的指导思想是:全面贯彻中共十八大和十八届三中、四中、五中全会精神,以邓小平理论、“三个代表”重要思想、科学发展观为指导,以习近平总书记系列重要讲话特别是视察江苏重要讲话精神为指引,紧紧围绕“四个全面”战略布局,牢固树立创新、协调、绿色、开放、共享的发展理念,按照省、市的部署要求,以提高经济发展质量效益为中心,保持战略定力,坚持稳中求进,深入落实“五个迈上新台阶”重点任务,统筹推进经济、政治、文化、社会、生态建设和党的建设,着力建设经济强、百姓富、环境美、社会文明程度高的新如东,全面建成小康社会,积极开启基本实现现代化新征程,谱写好中国梦的如东篇章。

二、战略导向

贯彻上述指导思想,破解发展难题,厚植发展优势,必须自觉践行创新、协调、绿色、开放、共享的发展理念,重点实施五大发展战略:

自觉践行创新发展理念,实施创新驱动战略。进一步强化创新驱动在全县发展全局中的核心地位,把创新贯穿于经济社会发展的全过程和各方面,实施科技兴县、人才强县工程,充分发挥科技与人才对经济社会发展的基础性作用,促进社会全面进步和人的全面发展,使创新这个推动发展的主引擎释放更加强大的动力。

自觉践行协调发展理念,实施城乡一体战略。以新型城镇化为契机,以人的城镇化为核心,健全空间开发机制,科学谋划人口、经济布局,不断加快城镇化进程,全面提高城乡协调发展水平,促进工业反哺农业、城市带动农村,形成城乡发展一体化新格局。

自觉践行绿色发展理念,实施生态立县战略。坚持生态优先、绿色惠民,更大力度推进绿色发展、环境问题治理、资源节约利用、生态保护和建设,强化激励约束机制,着力推进生产方式、生活方式、消费方式绿色化,促进人与自然和谐共生。

自觉践行开放发展理念,实施陆海统筹战略。抓住用好重大战略机遇,以洋口港一类口岸开放为契机,放大对外开放优势,加速提升沿海地区发展水平,辐射带动全县各个区域,以更加开放的姿态深度融入苏南、融入上海、融入全球,形成更高水平、更宽区域的开放发展格局。

自觉践行共享发展理念,实施共建共享战略。坚持以人为本、民生优先、共享发展,把民生需求作为经济社会发展根本导向,提高公共服务均等化水平,提高保障和改善民生水平,深入推进扶贫开发,使全县人民更公平地分享发展成果,不断增强全县人民的获得感和幸福感。

第四节 发展目标

“十三五”时期,如东经济社会发展实现新跨越,港口综合竞争力、区域核心竞争力显著增强,可持续发展能力和人民幸福指数大幅提升,2017年全面建成小康社会,主要经济指标增速保持领先,赶超发展格局基本形成;2020年,赶超发展取得实效,重点总量指标跃居全市前列,综合实力迈入江苏沿海开发县(市)第一方阵及苏中县(市)第一梯队,“经济强、百姓富、环境美、社会文明程度高”的新如东建设取得重大进展,全面小康社会水平更高、质量更优。

——经济综合实力显著增强。经济保持中高速增长,主要经济指标增速快于全市平均水平,地区生产总值年均增长9.5%左右,总量突破1000亿元,人均生产总值超过10万元。产业迈向中高端水平,基本形成以先进制造业与现代服务业为主导的产业体系,服务业增加值占GDP比重达46%以上,高新技术产业产值占规模以上工业产值比重达到47%,研发经费支出占GDP比重达到2.7%。地方一般公共预算收入突破100亿元,年均增长12%左右,固定资产投资累计超过3000亿元,进出口总额累计达到140亿美元,着力构建具有较强竞争优势的区域创新体系和开放型经济新格局。

——民生幸福指数持续提升。城镇、农村居民人均可支配收入与经济发展同步增长,劳动报酬和劳动生产率同步提高,提前实现城乡居民收入比2010年翻一番。居民收入结构不断优化,收入差距进一步缩小,完成新一轮脱贫任务。民生投入增长快于经济增长。公共服务体系更加健全,就业、社保、教育、文化、医疗、养老等社会事业快速发展。新型城镇化建设和城乡一体化发展取得突破,中心城市首位度进一步提高,户籍人口城镇化率达到60%左右,综合交通体系进一步健全。

——生态环境质量明显改善。生态文明制度体系更加健全,全社会环境意识显著增强,生产和生活方式绿色、低碳水平上升,主要污染物排放有效控制,空气、水、土壤污染治理成效明显。绿色循环低碳经济加快发展,能源资源使用效率大幅提高,资源保护成效显著,可持续发展水平明显提升。“六城联创”取得明显成效,生态环境质量居全省沿海县市前列。

——社会文明程度全面提高。开启传统文化与现代文明交相辉映、文化事业与文化产业共同发展的良好局面。中国梦和社会主义核心价值观深入人心,向上向善、诚信互助的社会风尚更加浓厚,思想道德素质、科学文化素质、健康素质明显提高。海洋特色文化建设走在全省前列,传统文化有效保护传承,如东美誉度持续提高,成为有影响力的思想文化建设高地和道德风尚建设高地,文化产业增加值占GDP比重达到6%。

——体制机制建设深入推进。治理体系建设和治理能力提升取得重大进展,重要领域和关键环节改革取得突破,政府职能加快转变,政府公信力和行政效率进一步提升,法治、平安如东建设持续走在全市乃至全省前列,社会保持和谐稳定,公众安全感持续提升。

如东县“十三五”经济社会发展主要指标

表68

序号	指标		单位	2015年实绩	“十三五”目标	指标属性
1	创新发展	地区生产总值	亿元	672.7	1000	预期性
2		研发经费支出占GDP比重	%	2.43	2.7	预期性
3		文化产业增加值占GDP比重	%	4.5	6	预期性

续表 68-1

序号	指标			单位	2015年实绩	“十三五”目标	指标属性
4	创新发展	科技进步贡献率		%	—	63	预期性
5		高新技术产值占规模以上工业比重		%	42.92	47	预期性
6		每万人发明专利拥有量		件	9.41	12	预期性
7	协调发展	户籍人口城镇化率		%	53.4	60	预期性
8		二、三产业增加值占 GDP 比重		%	90.3	92	预期性
9		现代农业发展水平		%	81	90以上	预期性
10		六大园区经济占全县比重	GDP占全县比重	%	52.7	70以上	预期性
			工业增加值占全县比重	%	52.8	70以上	预期性
11	绿色发展	耕地保有量		万公顷	10.79	10.7	约束性
12		新增建设用地规模		公顷	1907	2800	约束性
13		单位 GDP 能源消耗降低		%	达市要求	达市要求	约束性
14		单位 GDP 二氧化碳排放降低		%	达市要求		约束性
15		主要污染物排放减少	化学需氧量	%	达市要求		约束性
			二氧化硫	%	达市要求		约束性
			氨氮	%	达市要求		约束性
			氮氧化物	%	达市要求		约束性
16		空气质量	空气质量达到二级标准的天数比例	%	72.6	80	约束性
			PM2.5 浓度均值	微克 / 立方米	48.6	45	约束性
17		地表水好于 III 类水质的比例		%	29	70	约束性
18		林木覆盖率		%	23	25	约束性
19		城镇污水达标处理率		%	72	90	约束性
20		村庄环境整治达标率		%	95	98	预期性
21		非化石能源占一次能源消费比重		%	7.5	11	约束性
22		万元 GDP 用水量下降		%	达市要求	达市要求	约束性
23		生态红线区域占国土面积比重		%	24.36	24	约束性
24	开放发展	企业境外投资总额		亿美元	[0.37]	[4]	预期性
25		注册外资实际到账累计		亿美元	[17.5]	[17]	预期性
26		进出口	进出口总额	亿美元	[111]	[140]	预期性
			出口总额	亿美元	[58]	[90]	预期性
27	共享发展	城乡居民收入	城镇居民人均可支配收入	元	34338	54000	预期性
			农村居民人均可支配收入	元	15827	25600	预期性
28		城镇调查失业率		%	—	5	预期性
29		城乡基本社会保险覆盖率		%	97	98	约束性
30		城镇常住人口保障性住房覆盖率		%	15	23	约束性
31		每千人口执业(助理)医师数		人	1.6	2	预期性
32		每千名老人拥有养老床位数		张	29	35	预期性
33		人均拥有公共文化体育设施面积		平方米	2.9	3	预期性

续表 68-2

序号	指标			单位	2015年实绩	"十三五"目标	指标属性
34	共享发展	依法自治达标率	城镇居委会依法自治达标率	%	97	100	预期数
			农村村委会依法自治达标率	%	98	100	预期数
35		新增劳动人口平均受教育年限		年	—	15	约束性
36		法治建设满意度		%	97.1	98以上	预期性
37		公众安全感		%	97	98以上	预期性
38		农村贫困人口脱贫		人	[35074]	约[30000]	约束性

说明:[]内数据为5年合计数。

第二章　优化布局,勾画科学发展新蓝图

牢固树立空间结构也是生产力的理念,认真实施《江苏省主体功能区规划》,更加注重空间优化布局和资源合理配置,创新开发方式,规范开发秩序,提高开发效率,勾画全县协调、集约、均衡、永续的发展蓝图。

第一节　总体发展格局

合理引导生产力布局和要素流动,逐步形成"一核一带两轴"总体发展格局。

突出沿海开发核心区。包括如东高新区(掘港、城中街道)、洋口港经济开发区(长沙镇)、如东经济开发区(苴镇街道)。发挥洋口港的引领作用和如东经济开发区、如东高新区产业层次较高、配套较好的优势,依托洋口大道、港城大道等交通干道,加强港口与县城及周边地区交通联系与产业互动,将县城与港口、港区及长沙海港新城连为一体,整合各种资源要素,优化各板块的产业发展与功能配套,促进港口开发、产业发展、城镇建设联动推进,全面提升该区域一体化发展水平,将其打造成为如东县沿海地区新型城镇化、跨越转型发展及经济增长的强力引擎。

强化沿海经济发展带。发挥综合交通和土地资源优势,按照"整体有序、东西联动、轴带发展"的原则,加强规划管理控制,提升建设品位水准,推动一、二、三产联动发展、融合发展,规划形成"一廊串联、多点带动"的发展格局,打造新兴基础产业基地和海洋产业集聚区。"一廊"指由G328(临海高等级公路)、海洋铁路、S221等交通干线构成的综合交通廊道,依托该廊道,加强与盐城、连云港、南通南部地区及上海等地的互联互通,引导大进大出企业向沿海集聚;"多点" 指择优培育栟茶镇、沿海经济开发区(小洋口旅游度假区)、外向型农业综合开发区、洋口港经济开发区和循环经济产业园等多个临海重要节点。

提升沿路经济带动轴。充分发挥运输大通道的传导作用,构建联通江海、贯通腹地、沟通内外的辐射带动轴,带动更大区域发展。纵向:依托S225线,形成如东西部贯通南北的江海联动发展轴,促进沿线各镇加快发展,带动如东西北部快速崛起。横向:依托S334线,形成如东南部贯通东西的陆海联动发展轴,培育壮大通道经济,促进沿线传统产业转型升级,打造具有地区竞争力的小城镇组群。

第二节　生活空间布局

坚持交通引领、港城互动、核心辐射、组团发展,加快构建"一主三副"城镇组团,带动城镇与港口、产业协调发展,不断提高城镇宜居水平。

主城区组团。包括如东高新区(掘港、城中街道)、洋口港经济开发区(长沙镇)、如东经济开发区(苴镇街道)。如东县城作为全县政治、经济、文化中心,要进一步优化功能布局,大力发展现代服务业,不断提升城市服务功能,通过县城的高端服务、优越人居、完善配套,为港口发展提供有力支撑,同时辐射带动曹埠、马塘、大豫发展。长沙镇作为主城区的次中心,要实现与县城差别化发展,突出为临港产业配套服务的城市功能,建成独具特色的海港新城。加快县城与长沙镇的连接融合,进一步提升中心城市的发展能级,增强集聚、辐射和示范效应。如东经济开发区通过产业发展,为县城集聚人流、物流、信息流。

3个副中心。洋口组团:由沿海经济开发区(洋口镇)和丰利镇组成的发展组团。岔河组团:由岔河镇、双甸镇、新店镇组成的发展组团。栟茶组团:由栟茶镇、河口镇、袁庄镇组成的发展组团。

第三节　生产空间布局

以"产业集中、资源集约、企业集群、人才集合"为导向,优化产业布局,促进资源向重点园区、主导产业和战略性新兴产业集聚,拓展产业空间,形成以"六大平台"为核心,各镇特色载体为补充的产业发展格局。

一、做强"六大平台"

"六大平台"即洋口港经济开发区、如东经济开发

区、沿海经济开发区、循环经济产业园、南通外向型农业综合开发区、如东高新技术产业开发区。“六大平台”是如东“十三五”发展的核心载体,要进一步完善规划、提升定位,通过聚集要素、聚焦政策、聚合力量,整合资源,差别化发展,不断提升创新水平和承载能力,争创“国字头”“省字头”特色园区、功能平台以及带动能力强的共建园区。力争到2020年,6大园区能够创建3个以上国家级、4个以上省级产业基地牌子,园区定位逐步清晰,特色逐步彰显,在全省乃至全国有较高知名度,全县经济发展的主体地位进一步确立,在全县经济发展中所占比重超过70%。

6大园区产业发展引导

表69

名称	产业定位	重点发展方向	培育发展方向
洋口港经济开发区	国际水平的现代石化基地、机械装备基地	石油化工、现代装备(石化、港口装备)、电力能源、石材、现代物流	化工新材料、高端装备
如东经济开发区	全球知名生命安全防护产品研发生产基地、东部沿海地区高端机械装备制造基地、电子商务	生命安全防护、机械装备(工程机械、石油机械)、新能源、纺织服装、功能食品	汽车电子、基金创投
沿海经济开发区	国家新型化工示范基地、休闲旅游度假区	化工新材料、高端专用化学品、新医药、农药、基础化工配套原料及综合利用、生态旅游	装备制造(新能源装备)
循环经济产业园	国家“城市矿产”示范基地、旅游产业融合发展示范区	再生资源拆解、熔铸、精深加工及无害化处理;生态旅游;大数据服务	机械制造、节能环保设备、大数据产业
南通外向型农业综合开发区	现代农业示范区、国家一级渔港、旅游观光	高效果蔬种植业、健康水产养殖业、渔业深加工	高端三产服务业
高新技术产业开发区	江苏健康产业、智能装备制造引领区	功能食品、医疗机械、健康服务	生物医药研发、智能装备制造

二、做精特色载体

各镇立足自身优势,做精特色工业集中区、服务业集聚区、农产品种养殖基地等特色载体,持之以恒走特色化、专业化、精品化道路,形成差别化的竞争优势。

专栏1:各镇发展产业定位

岔河镇:以机械、纺织、粮油饲料、商务服务以及货运物流等产业为主。
栟茶镇:以文化旅游、养老服务、教育咨询等新兴服务业为主。
河口镇:以通信、电网产业为主。
丰利镇:以纺织、食品加工等传统工业、江海文化旅游业为主。
马塘镇:以纺织服装配套为主,盘活存量资源,发展新兴产业,培育发展现代物流业。
袁庄镇:以现代农业为主,壮大食品、门业等轻工业。
曹埠镇:以城郊型农业、特色工业为主,壮大家具、生命防护用品产业。
双甸镇:以轻工纺织为主,强化纺织服装产业技术和产品升级。
新店镇:以特色工业为主,加快健身器材产业集聚提升,打造具有影响力的体育用品集散基地。

第四节　生态空间布局

构筑生态安全屏障,坚持保护优先、自然恢复为主,依据《如东县生态文明建设规划(2014—2020)》,在全县构建以海陆交错带生态屏障为主骨架、纵横五条廊道为支撑、八片生态红线区为根本、重要节点为补充的“一带五廊八片多点”生态空间格局。

一带。指海陆交错带生态屏障,是全县重要的生物多样性地区,也是全县海洋保护的核心和重点,承担陆源污染物的截留消纳、保护沿海滩涂湿地生态安全的功能。

五廊。包括两条横向生态廊道和三条纵向生态廊道。两条横向生态廊道分别为栟茶运河水生态廊道和如泰运河－S334沿路绿化带复合廊道,承担改善沿线城乡环境质量和隔离污染影响、保证水质安全的功能。三条纵向生态廊道分别为九洋河水生态廊道、马丰河－九圩港水生态廊道、掘苴河－掘苴公路复合生态廊道,承担保护备用饮用水源和改善沿线城乡环境质量的功能。

八片。全县划定生态红线区共有8处,总面积410平方公里,占区域国土面积的24%。实行分级分类管理,一级管控区严禁一切形式的开发建设活动,二级管控区严禁影响其主导生态功能的开发建设活动。

多点。以陆海生态屏障和廊道形成的节点为圆心,100～200米为半径划定保护范围,控制该区域的开发,通过放大与强化绿地建设,提升节点对重要城镇、工业集中区、港口的生态调控功能。

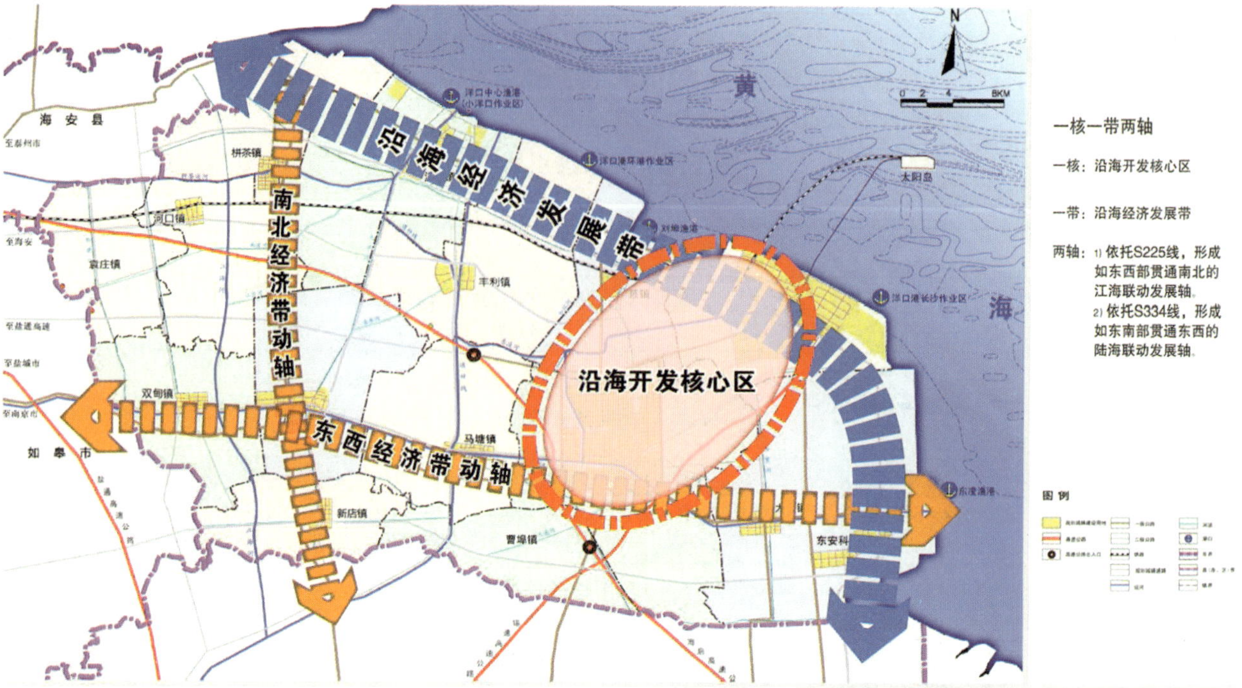

图 139　如东县“十三五”总体发展格局示意图

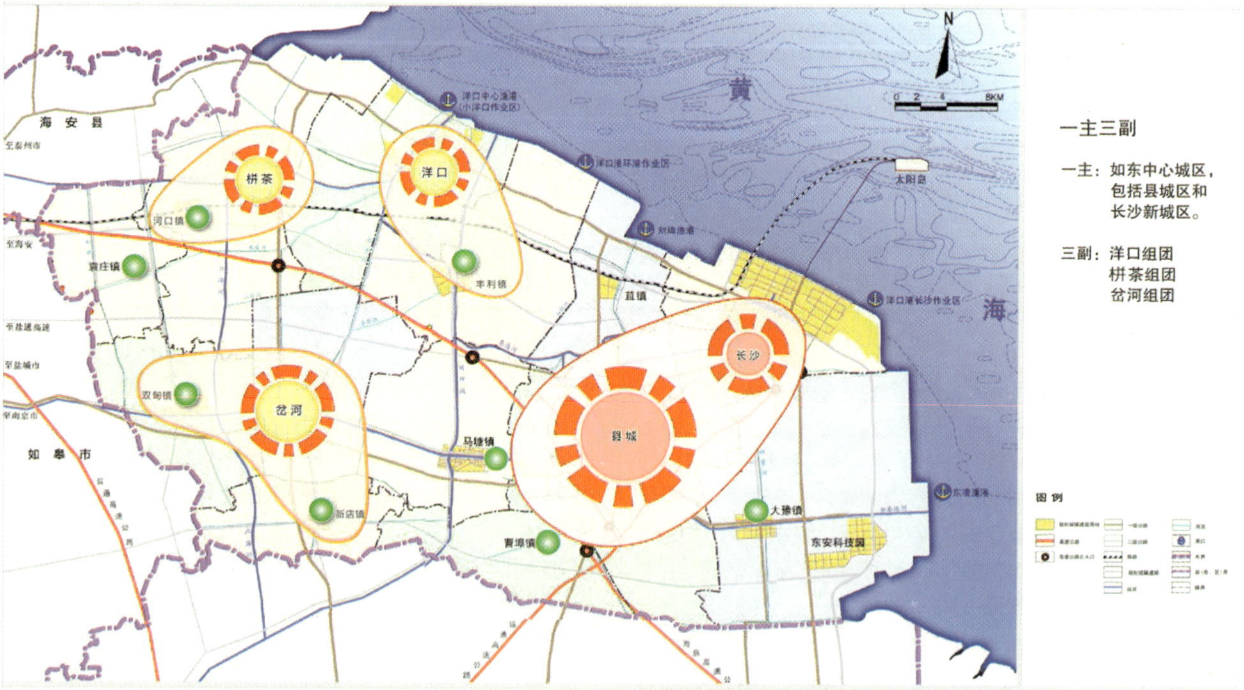

图 140　如东县“十三五”城镇发展示意图

图 141　如东县“十三五”生态空间示意图

第三章　创新驱动,培育经济发展新动力

积极对接苏南国家自主创新示范区和上海科创中心建设,深度参与江苏建设世界有影响力的产业科技创新中心,深入实施创新驱动发展战略,发挥科技创新的引领作用,构建以市场为导向、产业为支撑、企业为主体、人才为引领的创新体系,大力发展新技术、新产业、新业态、新模式,不断推动大众创业、万众创新,加快建成创新型县份。到 2020 年,研发经费支出占 GDP 比重达到 2.7%,高新技术产值占规模以上工业比重达到 47%,科技进步率达到 63%。

第一节　打造区域创新高地

促进创新园区提质增效。加强各园区创新资源整合,促进创业风险投资、公共技术服务等功能提升,增强集聚高端人才、孵化科技企业、培育新兴产业等能力。加快如东高新区科创园、生命健康产业园和沿海经济开发区科创园、如东经济开发区新宇科创园等创新载体建设和完善,全力打造集知识创造、技术创新和高新技术产业培育为一体的创新核心区。加快如东高新区创建省级高新区步伐,支持各镇区建设各具特色的创新型园区。鼓励各创新载体加强与上海科创中心、苏南科创园合作,通过挂钩支持、共建分园等方式,实现空间拓展、合作共赢。

加快创新平台培育壮大。围绕主导产业和特色产业发展需求,推进产业公共研发平台和公共技术服务平台建设,不断拓展和完善服务功能,提高科技资源配置效率。积极引进培育建设科技服务机构,大力推进技术咨询、检验检测、科技融资、知识产权、技术交易、技术培训等各类科技创新服务,基本形成覆盖科技创新全链条的科技服务体系。到 2020 年,力争新增重大科技创新平台超过 2 家,公共科技服务平台超过 5 家,技术转移中心 10 家。

推动产学研用深度融合。促进“政产学研用”高度集成融合,引导企业主动吸纳创新资源。鼓励企业设立由高层次人才领衔的各类新型产学研合作平台,建立院士工作站、博士后工作站以及研究生工作站等人才载体。支持骨干企业与科研院所共建集技术研发、产业培育和企业孵化为一体的产业技术研究院。力促国内科研院所来如东设立分院(所),吸引跨国公司来如东设立研发中心和设计中心。“十三五”期间,组织实施产学研合作项目 200 项,每年引进和实施国际科技合作项目 2 项以上,力争将沿海经济开发区建成省产学研产业协同创新基地。

完善自主创新政策体系。强化创新政策与相关政策的统筹协调,集中支持事关全县产业发展的共性关键技术研究,打造一批创新发展示范典型,构建普惠性创新支持政策体系。建立财政科技投入稳定增长机制,发挥财政资金杠杆作用,通过风险补偿、后补助、创投引导等手段支持技术创新活动,落实和完善政府采购促进中小企业创新发展的相关措施。落实研发费用加计扣除和固定资产加速折旧政策，推动设备更新和新技术应用。强化科技同经济、创新成果同产业、创新项目同现实生产力、研发人员创造劳动同利益收入“四个对接”，促进科技创新与经济社会发展紧密结合，不断健全技术长效市场导向机制。

第二节　培育创新企业集群

打造龙头型创新企业。实施创新型领军企业培育计划，遴选具有较大规模优势、较强创新实力、具备发展潜质的骨干企业，采取“一企一策”方式，制定培育方案，打造具有国际竞争力、引领产业发展的创新型领军企业。引导智能通讯、风电装备、汽车电子、化工新材料、新型植保、应急防护等骨干企业通过自主研发、并购重组、战略合作、购买知识产权等形式大幅提升自主创新能力。建立高新技术企业储备库，鼓励科创园、孵化器制定高新技术企业培育计划，推动符合政策条件的科技企业申报高新技术企业，到2020年新增高新技术企业100家。

培育壮大科技型中小微企业。大力培育和扶持有一定比例科技人员和研发经费投入、拥有自主知识产权或专有技术、通过开展创新活动提供产品或服务的科技型中小微企业。实施“科技小巨人”行动计划，遴选一批技术优势明显、活力动力充足、发展潜力巨大的科技型中小微企业列入科技“小巨人”进行培育，开展面向中小微企业的信息推送服务，降低企业研发成本，引导同类型优势企业通过兼并或控股扩大企业规模，支持中小企业靠大靠强实现跨越发展。到2020年培育行业有一定影响力的科技“小巨人”企业5家，新增江苏省民营科技企业200家。

推进企业研发机构建设。推进全县规模以上制造业企业建立健全工程技术研究中心、企业技术中心、企业院士工作站等研发机构，引导企业增强产品研发能力。实现亿元制造业企业工程技术研究中心建设和规上企业研发机构建设两个全覆盖。支持新兴产业龙头企业建设企业重点实验室、企业研究院。积极引进国家海上风力发电工程技术研究分中心，培育中天科技建设国家级工程技术研究中心。“十三五”期间，新增培育认定省、市级企业工程技术研究中心50家，省、市级企业技术中心40家。

实施知识产权强县工程。深入推进实施国家知识产权强县工程试点县和江苏省知识产权战略区域示范县建设。鼓励企业加大知识产权创造资助力度，重点支持发明专利授权、国外专利申请，促进关键技术、核心技术知识产权创造取得突破。引导企业将知识产权管理融入研发、生产、销售的全过程，推动企业尽快熟悉并积极运用知识产权规则应对国内外竞争挑战。围绕风电装备、智能通讯及电网装备、功能性高分子材料等特色产业集群，启动专利导航工作。到2020年力争培育20家年专利申请量“超50件”的专利优势企业，万人发明专利拥有量达12件。

第三节　集聚创新创业人才

加大高端人才引培力度。坚持“高精尖缺”导向，突出高层次创新创业人才和高技能人才重点，推进引才国际化、市场化、专业化、信息化，加大创新创业人才引进力度。深化与国内外人才机构和组织的合作交流，聘请专业招才引智顾问，优化引才联络布点。积极发挥科技镇长团、产业教授等桥梁纽带作用。建好用好创新人才库和专家库，推进O2O线上线下对接模式。围绕产业发展需要，促进各类科技人才合作交流。开展如东籍在外人才看家乡、献良策、微论坛、专题招聘等活动，促进人才回流。持续打造“科技人才节”品牌，搭建创新创业要素集聚平台。到2020年，引进达到国际先进水平的创新团队5个、创新创业领军人才20人。

提升通用人才技能水平。以全面提升国际化素质为重点，加快培育一批具有国际眼光、战略思维和市场开拓能力的企业经营管理人才。大力实施专业技术人才知识更新工程，建设一支规模大、结构优、素质好、竞争力强的专业技术人才队伍。健全高技能人才培养培训体系，鼓励校企联合招生、一体化办学、中高等职业教育联合培养，推行企业新型学徒制，培养更多更优的技能型人才。面向社会各类企业职工、院校学生和其他劳动者提供公益性、高水平的高技能实训和技能鉴定等服务。大力推进农村实用人才、社会工作人才、党政人才队伍建设，培养造就一支结构合理、素质优良、业务精湛的人才队伍。

优化人才发展环境。健全完善人才培养开发、评价发现、选拔任用、流动配置、激励保障机制，激发人才队伍创新创业活力。发挥政府投入引导作用，鼓励引导企业、社会组织、个人等有序参与人才资源开发。完善创新创业服务体系，加强服务机构建设，为人才创业提供人才招聘、创新指引、决策咨询、品牌营销等专业化服务。进行人才服务流程再造，整合部门力量，实行人才服务“绿卡”制度，落实高端人才在落户、医疗、住房、配偶安置、子女入学等方面的特殊待遇。

第四节　推动大众创业万众创新

大力培育创新创业主体。以众创空间建设、创业企业孵育、创业服务提升、创业文化营造为重点，培育创新创业主体。进一步降低创业准入门槛，拓展创业扶持对象。深化企业注册登记等商事制度改革，建设创新创业信息平台，为创新创业提供低成本、便利化、全要素、开放式综合服务。推动青年及大学生创业者、企业高管及连续创业者、科技人员创业者、留学归国创业者等创业“新四军”在如东集聚。鼓励有“一技之长”的各类人士返乡创业。到 2020 年,全县新增创客、极客等创新创业人才 5000 人。

加强众创空间平台建设。以创新创业创意“三创”载体为重点,全力支持低成本、便利化、开放式的大众创业空间发展。推进重点园区众创空间全覆盖,鼓励利用闲置厂房拓展创业空间。加快发展以农产品初深加工、电商平台等为核心的农业众创空间建设,以先进制造业、现代服务业、“互联网 +”等为核心的新技术、新产业、新业态的众创空间建设。加强众创空间合作联动与资源共享,搭建创新创业交流平台。鼓励引进国际国内知名孵化器,并带动成功孵化项目落户如东。“十三五”期间,新增“三创”核心区载体面积 20 万平方米,为创业“新四军”提供灵活集中办公的各类众创空间 10 万平方米以上,创建市级以上众创空间 3 家。

优化创新创业融资服务。立足产业链条布局创新链,围绕创新链布局资金链、服务链,建立覆盖创新全过程的科技创新资金保障模式。大力发展科技信贷、科技保险、风险投资、创业投资、成果转化基金,完善银行支撑、担保支持、创投优先、财政扶持的“四位一体”科技金融运行模式。积极引导各类金融机构支持自主创新和高新技术产业化,完善科技贷款奖励和风险补偿机制,探索设立如东县金融机构科技型中小企业贷款风险补偿资金池。积极吸引民间资本和境内外投资机构在我县开展投资业务,探索建立政府引导资金和社会资本共同支持种子期、初创期企业成长的天使投资基金。

第五节　建设“智慧如东”

大力发展互联网经济。实施“互联网 +”行动计划,加强互联网与产业的融合,把互联网经济打造成为推动经济转型升级的强大动力。推动互联网嵌入农业产业链,发展精准农业、智能农业。支持建立农业信息监测体系、网络销售体系,构建农副产品质量安全追溯公共服务平台。推动互联网与制造业融合,围绕实现装备智能化、生产自动化、产品数字化、管理网络化、商务电子化,促进制造业智能化生产、信息化管理、网络化销售与服务。推动互联网再造服务业,重点推进供应链管理、创意产业、云计算及服务等发展应用。实施互联网企业创新培育和规模发展计划,鼓励国内外知名互联网企业在如东设立区域总部和研发机构。加快发展互联网平台,建设一批综合类、商品销售类、消费服务类和电商交易平台载体。到 2020 年,建成互联网产业园 1 个,创建省级电子商务示范基地 1 个,互联网服务收入超过 50 亿元,全县网络零售额达到 40 亿元,应用电子商务完成进出口贸易额力争达到进出口贸易总额的 12%。

加快信息基础设施建设。积极运用先进传感、网络传输和信息处理技术,加快推进实施“宽带如东”“光网如东”“无线如东”“三网融合”为核心的 4 大重点工程。推进运营商宽带光纤化改造工程,提高带宽。重点推进工业宽带建设,支持重点园区探索开通互联网国际通信专用通道。实施工业信息基础设施“企企通”工程,推动有条件的工业及生产性服务企业开通高带宽专线服务。大力推进 4G 通信网络建设,实现以 3G/4G 为主、WLAN 为补充无线宽带网,力争 4G 网络实现主城区和重点乡镇全覆盖,基本实现城区公共场所免费 wifi 覆盖,促进网络资源共享。完善信息平台公共服务功能,加强信息资源互通共享。超前布局建设云计算中心、大数据中心,加快东凌库区卓云数据中心建设步伐。加强网络信息安全保障体系建设,全面提高通信网络系统的安全性。到 2020 年,县城百兆网络覆盖率接近 100%,农村 20 兆覆盖率超过 80%,重点骨干企业宽带带宽达 1G,一般企业达 100M,初步建成适应经济社会发展的“宽带、融合、安全、泛在”的下一代信息基础设施。

推进大数据发展应用。形成政府和社会互动的大数据采集机制。建立城市公共基础数据库,建设人口、法人、经济、基础地理信息、健康等信息库。加快搭建汇集电子政务、城市综合管理、经济运行、民生公共服务为一体的城市公共信息平台,实现政府部门基础数据共享。加快实施智慧城管、智慧交通、智慧医疗、智慧旅游、智慧环保等一批信息化项目,全面提升城市运行效率和智能化管理服务水平。推进智慧如东建设与大数据产业融合发展。

第四章　转型升级,促进经济发展迈上新台阶

优化人力、资本、技术、管理等要素配置,释放新需求,创造新供给,加快发展动力转换。以提质增效为导向,以结构调整为主线,按照调高调轻调优调强调绿的要求,推动产业链价值链向高端攀升,着力构建以高新技术产业为主导、先进制造业和现代服务业为主干的现代产业体系。到 2020 年,二、三产业增加值占 GDP 比重达到 92%。

第一节　培育转型发展新动能

培育扩大消费需求。发挥消费对增长的基础作用,创新落实鼓励消费的各项政策,加快建立扩大消费需求长效机制,规划统筹提升各级商业中心、专业市场和城市综合体,加快建设社区商业设施、特色商业街和 24 小时服务设施,促进便民经济、夜间经济和站点商业发展,挖掘居民多层次、个性化、多样化、服务性消费潜力,着力扩大居民消费。在数量增长的同时,提高消费质量,引导消费向智能、绿色、健康、安全方向转变。落实供给侧结构改革,提高有效供给能力,鼓励企业通过提高生产率和产品质量、扩大新产品和服务供给、改善用户体验等方式,开发引领时尚的概念产品、设计理念、新兴服务,通过创造新供给、提高供给质量来激发多样消费,将消费者潜在需求变为现实需求。在产品消费逐步满足的

同时，重点转向服务消费，加快培育养老、健康、家政、信息、教育、旅游、文化等领域消费热点。深入推进放心消费创建工作，加强市场监督管理，切实维护消费者权益。“十三五”期间，社会消费品零售总额年均增速保持11%左右。

持续猛攻有效投入。发挥投资对增长的关键作用，强化项目投入有效支撑，建立完善重大项目协调推进工作机制，加快项目落地和建设进程，促进投资稳定增长和提质增效。优化投资结构，严把项目准入关，严格控制对高耗能、高排放和产能过剩行业投资，加大对新兴产业、生产性服务业、现代农业和重大基础设施、城市公共设施、社会民生等领域的投资力度，提高技改投入在工业投资中的比重。坚持政府投资的公益性和基础性，着力补齐软硬基础设施短板，努力提高投资有效性。稳步推进投资领域相关改革，在审批制度改革、投融资机制改革、省市重点项目管理等方面取得突破，充分释放投资潜力。发挥财政资金撬动功能，创新融资方式，带动更多社会资本参与投资，保障项目资金供给。“十三五”期间，固定资产投资年均增速保持13%左右，累计突破3000亿元。

保持进出口稳定增长。发挥出口对增长的促进作用，逐步扩大纺织服装、机电化工以及农产品等出口规模，鼓励企业立足国际市场开发新产品，加大自有品牌的高端产品出口力度，提高出口产品科技含量和附加值。加强营销和社会服务网络建设，鼓励发展跨境电子商务、市场采购贸易等新型贸易方式，支持企业有效巩固欧美、日本等传统市场，积极拓展东盟、中东、南美等新兴市场，寻求新的出口渠道和市场。扩大转方式、调结构所需先进技术、产品和服务进口，带动进出口、内外贸协调发展。“十三五”期间，力争进出口总额年均增速保持在5%以上、5年累计总额达到140亿美元，出口总额年均增幅保持在8%以上、5年累计总额达到90亿美元。

第二节 建设先进生产制造基地

深入落实“中国制造2025”如东实施纲要，加快产业向集群化、智能化、绿色化、服务化升级，促进制造业“低转高、散转聚、大转强”，进一步提升产业核心竞争能力，加快建设区域性先进生产制造基地。到2020年，规模以上工业总产值突破3500亿元。

优化制造业结构。将高端产业集群化和传统产业高端化作为主攻方向，着力推进制造业转型升级。突出先导性和支柱性，强化产业链上下游联动发展，培育壮大新能源、新材料、生物医药、高端装备、智能通讯及电网装备等一批功能突出、特色鲜明的战略性新兴产业集群，推动产业结构向高端产业和产业高端转变。到2020年，新兴产业产值达到1050亿元，占规模以上工业产值比例达到30%。实施工业强基工程，加大传统产业技术改造力度，落实和完善企业技改财税政策，鼓励和引导传统产业增强企业自主研发、创意设计和营销服务能力，提高产品制造的技术含量和品牌附加值。加快多领域高效益的军民深度融合，促进军民两用产业发展。做大做强纺织服装、食品饲料、生命防护、健身器材、新型植保等优势产业集群，推动企业由规模扩张型向质量效益型转变。到2020年，5大优势产业产值达到2000亿元。

如东县重点培育的5大新兴产业

表70

行业类别	发展重点	2020年发展目标
新能源	积极推动风电装备制造产业发展。培育多晶硅及非晶硅薄膜电池组件、背板、逆变器、支架等光伏电站装备产业链，加大光伏微电网、储能和分布式发电的智能化技术开发力度。加快LNG燃气发电、冷能利用等产业发展	实现产值200亿元
新材料	拓展氟化工产业空间，重点发展环保制冷剂、氟橡胶、氟碳涂料、氟树脂、六氟磷酸锂等新型氟材料和锂电池材料。推进聚丙烯酰胺、卡巴肼等环保水处理药剂材料发展。推广先进的工程塑料聚碳酸酯，延伸发展塑料合金。努力开拓石墨烯防腐涂料、复合环氧树脂等新型化工新材料	实现产值200亿元
生物医药	加快特色海洋生物制品及保健品研发和产业化。积极发展抗感染、抗肿瘤、抗艾滋病、抗肝病及治疗心血管疾病的新型化学药物。重点开发分子生物学诊断试剂、免疫学诊断试剂、生物化学试剂、高通量生物芯片等产品，加快发展核苷酸系列产品。鼓励医疗器械产业发展	实现产值200亿元
高端装备	围绕页岩气、海上石油开发需求，研制开发石油机械成套装备。发展汽车阀系零部件、液压密封件等汽车关键零部件以及高铁制动单元关键部件。加快汽车门驱动芯片、新能源汽车电源控制芯片开发应用。积极壮大特种工程机械产业板块。大力培育发展机器人产业	实现产值200亿元
智能通讯及电网装备	重点开拓超大尺寸光纤预制棒、超低损耗光纤、超高频同轴电缆、新一代量子通信光纤、4G天线等光纤通信产品。积极发展超高压、大容量、大长度直流电缆，超耐热、高导电、高强度特种导线，以及金具、绝缘子、避雷器、高低压配电设备等电力传输产品	实现产值250亿元

如东县重点发展的5大优势产业

表71

行业类别	发展重点	2020年发展目标
纺织服装	推广节能减排技术，引进数码印花等先进设备，提升我县传统纺织行业附加值。加快发展尼龙6、超高分子量聚乙烯等纺织新材料。提升服装设计水平，增强市场营销能力，培育自主品牌	实现产值400亿元
食品饲料	充分发挥我县农副产品和海产品资源优势，大力拓展精深加工，不断延伸产业链条。做优葵籽油、膳食纤维、植脂末等食品辅料制造业。积极发展畜禽产品加工业，不断开发畜禽、水产系列饲料，满足生态养殖需要	实现产值350亿元
生命防护	拓展生命防护产品领域，重点发展劳护手套、劳保鞋、防护面罩、防护帽、防护服等个人防护用品，创建国家应急产业基地。加快石墨烯应用技术在劳护手套行业的产业化应用研究，调优产品结构，提升品牌形象	实现产值500亿元
健身器材	瞄准数字化、智能化发展方向和健身、医疗、养生紧密结合趋势，引进新设备，开发新产品，全面提升产品档次。在室外健身领域走"标准化、大众化"路线，在室内健身领域走"个性化、定制化"路线，并在可穿戴健身追踪设备等新兴领域取得突破	实现产值250亿元
新型植保	积极发展高效、经济、低毒、低残留、环境相容性好的化学农药新品种、新剂型以及生物农药，削减和替代高毒、高残留农药品种，开发推广悬浮剂、水乳剂、水分散粒剂和微胶囊剂等新剂型产品，促进原药生产向成品制剂转变	实现产值500亿元

加快"两化"深度融合。促进信息技术向市场、设计、生产环节渗透，推动生产方式向柔性、智能、精细转变，提升企业信息化应用水平。落实企业制造装备升级计划，推动企业发展智能车间、智能工厂、智能装备，实现企业生产过程自动化、流程管理数字化、企业信息网络化。实施智能制造示范带动工程，推广重点行业数字化车间、智能工程试点建设，打造智能制造示范企业。鼓励重点企业开展两化融合管理体系贯标，推动企业MES(制造执行系统)等集成创新应用。重点推进沿海经济开发区"省级工业化与信息化融合试验区"建设。到2020年，两化融合发展水平总指数达到94，创建智慧工厂1家、智能车间10个，新增智能制造示范企业2家、智能化生产线10条以上，重点行业机器人密度达到省内先进水平。

深入推进品牌建设。深入开展质量提升行动，实施商标和品牌战略，推进标准、质量、品牌、信誉"四位一体"建设，大力培育具有行业地位和核心竞争力的企业。加强全员、全过程、全方位和全寿命周期的质量管理，鼓励企业实施质量攻关、质量改进项目，提高产品质量。积极参与相关国际、国家、行业、地方标准制定，提高产业技术标准话语权，争取全国标准化专业技术委员会分会(秘书处)落户如东。鼓励企业确立品牌发展战略，建设品牌文化，加大品牌建设投入，创建具有影响力的国家级乃至世界级品牌。支持自主品牌企业"走出去"拓展国际市场，鼓励有条件的企业开展商标国际注册、收购国际品牌，向国际产业链和价值链的高端攀升，促进品牌国际化。

促进制造业服务化。推动制造业由生产型向生产服务型转变，引导企业从产品供应商向整体解决方案提供商转变，为客户提供总集成总承包服务和专业化集成方案。支持企业立足品牌和核心技术优势，外包产品加工环节，专注于产品设计、运营维护、零售分销、品牌管理等高附加值业务，基于互联网开展服务业态和商业模式创新，提供线上线下智能化垂直化服务。积极发展大规模定制化生产，推动企业围绕客户需求开展个性化产品设计、众包设计等网络制造新模式，不断提升服务型制造对工业转型升级的服务支撑能力。到2020年，力争培育制造业服务化骨干企业超过10家。

强化龙头企业引领带动。加强产业龙头运行协调，支持龙头企业增产增效，全力保障龙头企业新增长点项目投产达产，加快培育形成一批规模大、效益好、主导产品市场占有率高、自主研发能力强、技术装备先进的大型企业和企业集团。注重企业分工协作，鼓励中小企业为产业龙头提供配套产品，不断完善专业化分工，拉长产业链，形成龙头引领、链条延伸、集群共进的局面。到2020年，销售收入超百亿元企业1家，超50亿元企业4家，超10亿元企业40家。

加强特色产业基地建设。通过政策引导，加速产业集聚，推进特色产业基地建设，形成集研发、采购、生产、营销、物流、金融、信息等为一体的全产业链，培育壮大产业集群。大力推进"区中园"建设，把各大园区"区中特色产业园"建设作为打造先进制造业基地和实现园区二次创业的重要举措。支持洋口港经济开发区推进石墨烯产业园、中天海洋装备产业园、石材产业园、新材料产业园等特色产业园建设；支持如东经济开发区推进三一工业园、江东科技产业园、中欧(德)产业园等特色产业园建设；支持沿海经济开发区推进节能环保装备产业园建设；支持循环经济产业园推进云计算产业基地建设；支持如东高新技术产业开发区推进生命健康产业园、智能机电产业园等特色产业园建设。鼓励各大园区开辟新的特色产业园。到2020年，力争建成市级以上特色产业基地超过10个。

专栏 2:重点打造的 8 个特色产业基地

以中天集团为支撑,做大做强通信产业链、电网产业链,壮大智能通讯与电网装备特色产业基地。

以东力健身、益峰健身、丰利机械等企业为重点,做大做强健身器材产业链,壮大健身器材产业基地。

以海装风电、海力风电、重通叶片等企业为重点,完善风电装备产业链条,发展海上风电装备仓储物流,建设环港作业区海上风电母港,壮大海上能源装备先进制造业基地。

以强生安防、恒辉、汇鸿、霍尼韦尔、盾王等企业为重点,拓展生命防护产品领域,完善和延伸产业链,创建国家应急产业基地,打造国际一流生命防护产业基地。

以三美化工、九九久科技等企业为重点,积极发展新型氟材料和锂电池材料;以利田科技、高盟新材料、天材科技等企业为重点,积极发展化工新材料;以爱森化工、南天农科、联膦化工等企业为重点,发展环保水处理药剂材料;以台湾中石化、九九久、锵尼玛为重点,加快发展纺织新材料。加快石墨烯在新材料领域的产业化应用研究,积极发展石墨烯防腐涂料、复合环氧树脂等新型化工新材料,壮大化工新材料产业基地。

以海正药业、雅本化学、精华制药、海尔斯药业、常佑药业、东瑞医药等企业为重点,重点发展新型化学药物和美容保健产品,推动企业由中间体向成药、制剂链式发展;以高新区生命健康产业园、香地生物等为重点,加快发展核苷酸系列产品;以爱普医疗为重点,积极发展医疗器械产业;依托如东海产品资源,努力发展特色海洋生物制品及保健品等系列产品,打造健康生命产业基地。

以强生光电、中天科技为重点,培育光伏电站装备产业链,同时加大光伏微电网、储能和分布式发电的智能化技术开发力度,加快产业化步伐,打造光电材料产业基地。

以如通机械、如石机械、新象公司等企业为重点,研制开发石油钻采成套装备;以黄海汽配等企业为重点,发展汽车关键零部件以及高铁制动单元关键部件;以大唐恩智浦汽车门驱动芯片、新能源汽车电源控制芯片开发为重点,不断拓展汽车电子产品的应用领域;以三一帕尔菲格随车吊产品为核心积极培育特种工程机械产业板块;围绕企业智能化改造需求,积极培育发展机器人产业,打造高端装备制造产业基地。

第三节　打造现代服务业高地

推进服务业发展提速、比重提高、质量提升,以建设江苏沿海地区一流、上海都市圈北翼重要的现代服务业高地为目标,着力开拓新领域、发展新业态、培育新热点。到 2020 年,服务业占 GDP 比重达 46%。

加快发展生产性服务业。以专业化、网络化和向价值链高端延伸为方向,以互联网信息技术手段广泛运用为契机,鼓励企业运用现代信息技术创新产品和服务,积极推进现代物流、科技服务、金融服务、商务服务 4 个重点生产性服务业转型发展、提档升级,不断提升核心竞争力。积极发展电子商务、服务外包、节能环保服务、人力资源服务等成长潜力大、市场前景广的 4 个新兴生产性服务业,引导成长型企业做大做强,不断壮大规模。到 2020 年,培育生产性服务业龙头企业 10 家以上、骨干企业 100 家以上,生产性服务业增加值占全县服务业增加值提高到 46.5%。

如东县重点发展的生产性服务业

表 72

重点行业	发展重点	2020年发展目标
现代物流	以港口、公路、铁路、运河集疏运物流体系发展为重点,建设一批综合物流中心、专业物流中心和配送中心	物流业增加值占服务业增加值比重提升 5 个百分点
科技服务	重点培育一批技术转移、检验检测、创业孵化和知识产权等科技服务骨干企业和机构	新培育省、市级工程技术研究中心、企业技术中心 90 家,科技孵化器 2 家
金融服务	引进政策性银行、商业银行,积极发展小额贷款、融资担保、创业投资等专业性金融机构,完善金融业态	力争各类金融服务机构达到 50 家
商务服务	加快培育法律服务、评估检测、会计审计、广告咨询、产权代理、会务会展等商务服务企业,促进商务服务业做大做强	营业收入年均增长 15%
电子商务	加快电子商务支付类、应用及平台建设类、营销服务类、物流服务类等平台型、功能型电子商务企业发展,培育农产品电子商务	规模以上企业应用电子商务比例达 80%以上
服务外包	以管理咨询、创意设计、医药研发、金融服务、供应链管理等服务外包为重点,发展信息技术外包、业务流程外包和知识流程外包	执行额超过 20 亿元,占服务业增加值比重达到 4%以上
节能环保服务	发展能源审计、清洁生产审核、工程咨询、节能评估、节能减排投融资等第三方节能环保服务	新增节能环保服务企业 10 家
人力资源服务	加大对人力资源服务业引导、政策扶持和环境营造力度,推进服务创新	新增人力资源服务企业 10 家

拓展提升生活性服务业。以解决生活性服务业方面存在的突出矛盾和问题为重点，增加服务有效供给，扩大服务消费需求，提升服务质量水平，推动生活性服务业便利化、精细化、品质化发展。着力提升发展休闲旅游、商贸流通、住宿餐饮、文化教育、健康养老、家政服务等生活型服务业。引进和培育一批互联网平台企业，促进云计算、大数据、物联网等信息技术在生活性服务业领域广泛推广，促进同城电商、APP项目等电子商务应用，不断丰富生活性服务业的新业态，提升服务功能和发展潜力。引导培育一批具有区域知名度的生活性服务业品牌，全面提升服务质量和生活便利化水平。到2020年，形成供给结构合理、服务覆盖广泛、发展水平更高的生活性服务业体系。

如东县重点发展的生活性服务业

表73

重点行业	发展重点	2020年发展目标
休闲旅游	逐步形成以观光旅游为基础、休闲旅游为主导、养老度假等特色旅游为补充的多元化复合型旅游产品体系	接待国内外游客超过600万人次，旅游总收入超过200亿元
商贸流通	打造集购物、休闲、娱乐等服务功能于一体的核心商圈，培育发展“电子商务平台+社区智能便利店+集成网络终端”社区商业模式	全县社会消费品零售总额达到500亿元
住宿餐饮	推进住宿餐饮业连锁化、品牌化发展，引导住宿餐饮企业开展电子商务，实现线上线下互动发展，促进营销模式和服务方式创新	增加值达22亿元，年均增长12%
文化教育	发展特色文化产业集群、建设文化产业示范基地、培育优势民间文化产业、推进如东工艺美术城等重大文化产业项目、培育优势文化企业，优化文化产业总体布局	文化产业增加值占全县GDP的6%以上
健康养老	大力发展老年服务业、老年旅游业等产业，鼓励发展老年护理、社区健康体检等养老服务	每千名老人拥有养老床位35张
家政服务	重点发展职业保姆、幼教保育、钟点服务、家庭保洁、社区照料和病患陪护服务等业态	形成一批家政服务品牌

调优发展房地产业。以落实国家房地产去库存相关配套政策为契机，科学定位全县房地产行业发展方向，合理调控房地产规模，加紧优化房地产产品供给结构。根据产业发展需要，抓紧规划发展一批主题商务地产，引导开发企业加大对养生地产、休闲地产、旅游地产、科技地产、文化地产等领域的投入力度，提升发展特色商业地产。引进一批专业化、品牌化物业管理服务公司，提升如东房地产物业管理及服务水平，引导房地产业发展模式由外延式规模扩张向内涵式质量提升与功能完善转变，以满足人民群众对更高水平房地产业的需求。

突破发展现代旅游业。紧扣“黄海旅游”胜地的目标定位，注重品牌打造，挖掘整合海岸温泉、生态湿地、老街古镇、红色足迹、观光农业等特色资源，加快构建以观光旅游为基础、休闲旅游为主导、养老度假等特色旅游为补充的多元复合型旅游产品体系。重点发展温泉养生游、海鲜美食游、健康运动游、乡村休闲游、教育培训游等特色旅游产品，加快推进海岸温泉养生城（小洋口）、海港风情小镇（刘埠渔港）、海岸湿地度假区（东凌湖）、海岸文化古镇（栟茶镇）等旅游项目的开发建设。加强诚信旅游建设和旅游市场监管，提升从业人员素质，改善旅游消费环境，提升如东旅游品牌价值，将如东建设成为长三角知名的生态休闲度假目的地。

做大做优服务业集聚区。完善并抓紧实施《如东县现代服务业集聚区发展规划（2013－2020）》，着力推进服务业集聚区从规模扩张转向质量提升转型。通过规划引领、资源整合、项目准入、主题招商、平台建设，促进主体业态入驻企业数量和产出能级持续提升，进一步突出特色培育，推动集聚区向专业化、高端化方向发展。到2020年，培育省级服务业集聚区2家、市级服务业集聚示范区2家、市级服务业集聚区3家、县级服务业集聚区5家。培育营业收入超50亿元服务业集聚区2家以上，力争1家服务业集聚区进入省“生产性服务业百区提升示范工程”行列。

如东县重点发展的服务业集聚区

表74

类别	重点集聚区名称	发展方向	发展目标
现代物流集聚区	洋口港液（气）化品物流园	重点发展天然气、原油、成品油、化学原辅料材料等液（气）化品物流	年业务收入50亿元
	栟茶站铁路物流园	重点发展光纤光缆、工程机械、粮食、农副产品等综合性物流	年业务收入超过5亿元
	小洋口化学品物流园	重点发展化工、原料药、农药、气体、散货、化工设备等货物的仓储及物流	年业务收入超过20亿元
	如东公路港	建设立足如东、带动沿海的大宗商品物流枢纽和集散区	年业务收入超过20亿元

续表 74

类别	重点集聚区名称	发展方向	发展目标
现代旅游集聚区	小洋口旅游度假区	重点打造融海滨休闲、湿地娱乐、生态野趣等多形态体验于一体的国家级旅游度假区	实现旅游收入 30 亿元
	东凌水库旅游休闲区	重点发展渔乐美食和休闲养生产业	实现旅游收入 4 亿元
	古镇古街特色旅游景观区	以栟茶和丰利古镇为重点，打造古镇特色文化旅游观光区	实现旅游收入 4 亿元
	刘埠生态农业观光旅游区	重点发展以农业展示、农耕体验、休闲垂钓、乡村体验、精品采摘、瓜果品尝为主的农业观光项目	实现旅游收入 2 亿元
科技文化集聚区	高新区生命健康产业园	大力发展创新药物研发、功能食品、健康服务、生态农业等，打造具有区域影响力的生命健康产业基地	年营业收入 20 亿元
	如东文体中心	重点发展文化馆、图书馆、健身中心、大剧院、市民文化广场、文化创意产业园等	年营业收入 5 亿元
专业商贸集聚区	如东汽车城	建设 4S 专卖区、新车会展区、二手车交易区、购车综合服务	年营业额超过 20 亿元
	掘港农副产品中心市场	重点实施交易平台搭建、紫菜交易中心建设、农贸产品物流设施工程等	年营业额超过 80 亿元
	银河纺织品交易集聚区	建成华东地区具有较高知名度和较大影响力的纺织品专业交易中心	实现交易额达到 120 亿元
	刘埠海水产品交易中心	立足苏中，建成集海水产品批发交易、苗种批发交易、鱼苗苗种交易等为一体的综合交易中心	年交易规模超过 20 亿元
	洋口港国际石材城	建成全国最大的石材产业园	年交易额达到 100 亿元
	如东再生资源交易中心	建成江苏最大的进口再生资源交易中心	年交易额达到 15 亿元
	新店健身器材交易中心	建成华东地区集研发、贸易、物流、服务、体验等功能于一体的专业健身器材交易中心	年交易额达到 30 亿元
综合商贸集聚区	县城中央商务区	重点发展写字楼和金融中心	年营业收入达到 20 亿元
	开发区现代服务业集聚区	重点发展商务服务、科技服务、金融服务、信息技术服务以及教育、健康服务等	年营业收入达到 20 亿元
	青园北路商圈	重点发展连锁零售、餐饮以及休闲、文化和生活服务设施	年营业收入超过 50 亿元
	小洋口新城商业中心	打造小洋口地区商务办公、商业服务核心区	年营业收入超过 20 亿元

第四节 建设现代建筑强县

以发展绿色、智能建筑为方向，着力调整建筑产业结构，加快推进建筑产业现代化，推动建筑产业转型升级，努力争创江苏建筑产业现代化示范城市。到 2020 年，建筑业年总产值超过 1000 亿元。

推进建筑产业现代化。围绕建设资源节约型、环境友好型社会的总体要求，以发展绿色建筑为导向，以住宅产业现代化为重点，以提高建筑经济增长质量和效益为中心，以新型建筑工业化生产、信息化管理为手段，依靠科技创新，坚持政府引导、市场主导、因地制宜、系统构建、联动推进、示范先行、重点突破的原则，促进建筑产业现代化，推进建筑业转型升级，不断向"标准化设计、工厂化生产、装配化施工、成品化装修、信息化管理"为主要特征的建筑产业现代化发展目标迈进。

壮大行业整体实力。鼓励优势企业向大型项目管理公司和工程总承包企业发展，培育发展总承包特级资质企业。引导高资质施工企业向建造与开发、生产经营与资本运作、施工与设计相结合转变。培育设计企业，提升标准化设计水平。引导企业适应现代化大工业生产方式要求，推动建筑生产工业化，促进专业承包企业做精做细，差异化发展。加快培育建筑业品牌，推动企业争创国优工程、"鲁班奖"、省级优质工程、省级以上质量奖及驰(著)名商标。引入大型建筑企业，完善竞争机制，以市场为导向促进建筑行业管理、技术水平不断提升，从业人员结构不断优化。

拓展建筑市场领域。鼓励企业承接高端绿色建筑、智能建筑，提升绿色建造能力。发挥如东"建筑之乡"传统优势，加快提升在交通、水利、市政、铁路等基础设施领域的施工能力，支持企业引进国际先进技术装备和管理经验，鼓励企业"走出去"开拓境外市场。推动企业以劳务输出为主向工程承包过渡。

第五章　提质增效，推动现代农业新发展

以实现农业基本现代化为目标，按照国家现代农业示范区建设标准，全面推动农业产业化、规模化、科技化、标准化、专业化发展，提高农业机械化水平，构建现代农业产业体系，提高农业质量效益和竞争力，走产出高效、产品安全、资源节约、环境友好的农业现代化道路，着力建设现代农业示范区。到 2020 年，现代农业发展水平超过 90%，基本实现农业现代化。

第一节　深化农业结构调整

优化农业空间布局。立足我县农业产业分布现状，按照"县有万亩园区、镇有千亩园区、村有百亩园区"和南通市创建国家现代农业示范区的目标要求，科学规划现代农业产业布局。突出南通外向型农业综合开发区的龙头地位，引导各镇区立足实际，挖掘区域特色资源潜力，选择合适的农业产业，打造独具特色的农产品优势产区，促进特色农产品向最适宜区集中、农业企业向园区集中。按照管理理念先进、优势特色明显、科技含量高、辐射带动效果好的要求，加快发展江苏省如东现代农业产业园区、栟茶江安现代农业综合园区、大豫现代特色农业示范园区等农业园区，促进农业园区提档升级，建设一批区域有影响的万亩现代农(渔)业产业标准园、农产品加工集中区、农产品电子商务示范基地、农产品出口基地，打造沿海沿路现代农(渔)业示范带、生态农业观光带。到 2020 年基本形成特色鲜明、区域分布科学合理的农业生产布局。

构建现代农业产业体系。实施"藏粮于地、藏粮于技"战略，加强粮食优势产区建设，实施最严格的耕地保护制度，坚守耕地红线，提高粮食产能。突出发展"优质粮油、蔬菜园艺、精品林果、现代渔业"等四大主导产业，提升发展"规模畜禽、休闲农业"等两大特色产业，培育发展应时鲜果、食用菌、特色花木、种苗培育等新兴产业，高效发展设施农业、都市农业和外向型农业，培植发展农产品精深加工和农产品现代物流业。到 2020 年，农业增加值达 80 亿元，年均增长 5%以上，粮食年亩产保持在 1000 公斤以上。

如东县重点发展的农业主导产业

表 75

产业类别	发展重点	2020年发展目标
优质粮油	以基地化为重点，建设高标准粮油生产基地，创建粮油高产增效示范区，进一步稳定优质粮油生产，不断增强农业综合生产能力	全县建成永久性稻麦生产基地各 50 万亩，油料生产基地 15 万亩
蔬菜园艺	以设施化为重点，大力发展以蔬菜基地、设施栽培、花卉苗木为主要内容的蔬菜园艺，进一步提高蔬菜园艺综合效益	全县建成高效设施农田 32 万亩，其中设施蔬菜生产基地 20 万亩
精品林果	以区域化为重点，进一步发挥生态林业的美化功能。以"两沿三园"(沿路、沿水，工业园、农业园区、农村家园)绿化主体，全面构建生态绿色框架，提高全县林木覆盖率	果树种植面积 10 万亩
现代渔业	以集约化为重点，进一步提高现代渔业发展水平。重点发展高标准池塘养殖，拓展海水养殖，推进远洋捕捞，增加浅海养殖面积	全县水产品总产量达到 45 万吨，渔业经济总产值达到 240 亿元
规模畜禽	以生态化为重点，进一步提升规模畜禽标准化水平。重点提升规模畜禽养殖基地建设标准，严格控制分散、小规模的畜禽养殖	全县家禽规模化养殖比重达 99%以上，生猪大中型规模养殖占比达 80%以上，规模畜禽养殖场粪污无害化处理与资源化利用率达到 95%以上
休闲农业	以精品化为重点，进一步培育休闲农业持续吸引力。重点在"两沿一圈"(沿海、沿交通干线和环城市圈)大力培植市三星级以上或年经营收入 500 万元以上休闲农业项目	全县规模以上休闲农业企业(园区)超过 35 家，各类休闲农业企业年营业收入总额超过 80 亿元

培育新型农业经营主体。积极探索土地承包经营权有偿退出激励机制，加快完善鼓励土地有序流转的政策机制，规范引导农村土地流转，有序推进土地适度规模经营。坚持农民家庭经营主体地位，推进家庭经营、集体经营、合作经营、企业经营等共同发展的农业经营方式。大力发展专业大户、家庭农场、农民合作社、农业龙头企业等新型经营主体，开展订单式新型职业农民培育，提高农业规模化、产业化经营水平。发挥龙头企业辐射带

动作用,建立利益联结机制,扶持企业做大做强,创新“公司+农户”“基地带农户”“市场连农户”“科技引农户”经营模式。到2020年,家庭农场达到1500个以上,新培育市级以上农业龙头企业15个以上。

第二节　加快农业产业化进程

发展农产品深加工业。依托生态优势及优质原料产地优势,利用生物技术和现代加工科技与手段,促进粮油加工、果蔬加工、畜产品加工、海产品加工以及其他特色农产品加工朝精深化、营养化、安全化、方便化发展。加快推进农产品集中加工区建设,引导农业加工企业向园区集中,促进农产品加工企业的规模化、集群化、联合化发展,形成上下游紧密相连的产品链企业集群。着力招引培育一批附加值高、外向度好的深加工项目,有效提高初级农产品附加值。开展农产品加工领军企业培育工程,支持农产品加工企业加快技术装备改造升级,培育壮大一批领军企业,提升我县农产品加工业的发展水平和市场竞争能力。到2020年,销售超2000万元的农产品加工企业达到50家。

畅通农产品流通体系。转变农产品流通方式,合理布局建设冷链物流仓储配送中心,完善冷链物流基础设施,培育和壮大冷链物流企业,重点发展肉类、海产品及果蔬3大冷链物流,推动全县特色农产品流通更便捷、更高效。着力抓好农副产品交易市场建设,加快推行直销配送、连锁经营、农超对接等现代流通方式。借助网络平台,促进农产品销售电商化,培育一批农产品电子商务示范基地和农村电子商务人才。以上海、南京等大中城市为重点,努力开拓城市农产品消费市场,不断提高农副产品的知名度,提高市场竞争力和占有率。进一步开拓农产品国际市场,扩大农产品出口。到2020年,发展本土特色农产品电商100家,新增销售超1亿元的大型农产品流通企业2家以上,农产品出口额年均增长2%以上,打造“长三角”优质农产品供应基地和江苏沿海地区外向型农业发展高地。

实施品牌化经营战略。充分发挥行业协会等组织的作用,逐步扩大无公害农产品、绿色食品、有机农产品和农产品地理标志“三品一标”认证范围,培育一批知名度高、影响力大、市场价值高的区域特色品牌。加强“如东大米”的申报和宣传力度,加大“如东文蛤”“条斑紫菜”“狼山鸡”“中华绒毛蟹”等特色农产品品牌包装推介力度,提高产量、品质,依托品牌效应扩大销售市场。引导农产品加工企业树立品牌意识,围绕品牌开拓市场。支持企业进行商标注册和品牌认证,鼓励企业利用各类农业展示展销平台、大众媒体等宣传推介品牌,扩大品牌影响。到2020年,“三品”农产品比重达55%以上,新创建省级以上名牌农产品20个。

第三节　加强现代农业发展能力建设

提高设施装备水平。按照大旱能灌、大涝能排、大风大雨大汛无灾害要求,提升引江供水、海岸堤防和防洪标准,加强引水、蓄水、排灌设施和农田水利建设,基本实现水利现代化。划定永久基本农田,实施农村土地综合整治工程,推进新一轮高标准农田建设。加强现代渔业设施建设,提升海洋捕捞和渔业安全生产能力,完成小洋口国家中心渔港现代化改造,建成刘埠国家一级渔港。推进主要农作物农机农艺配套,逐步实现全程机械化。到2020年,高标准农田占比达到60%以上,农业机械总动力达到95万千瓦,农业机械化水平达到90%以上。

增强科技支撑能力。建立现代农业科技创新体系,集成推广适应如东自然条件的高产高效技术模式,推广农业物联网等信息技术,提高农业信息化服务水平。加快农业科研机构建设步伐,加快农特产品新品种、新技术研发和成果转化,构建完善基层农技推广体系、动植物疫病防控体系和农畜水产品质量检测体系。大力推广测土配方施肥、生物防治病虫害、农机农艺结合等先进生产技术。开展新型职业农民培训、创业培训、专业合作社和家庭农场经营者培训等多层次、多元化培训项目,着力培养新型职业农民。到2020年,农业科技进步贡献率达65%以上,新型职业农民培育程度达50%以上。

完善支撑保护体系。建立财政投入稳定增长机制,引导更多资源投向农业农村领域。推进农村土地制度、农村集体产权制度、养殖用海海域使用权改革,推进农村产权流转交易市场建设。创新支持“三农”金融服务机制,探索开展农村承包土地经营权和农民财产权抵押贷款。完善农业保险制度,狠抓粮食直补、农资补贴、良种补贴和农业保险等“三补一保”政策落实,稳步推进种粮大户补贴工作。健全农业社会化服务体系,加强县、镇区农产品质量和食用农产品安全监管能力建设,抓好农产品检测,确保从田间到餐桌的农产品质量安全。

第六章　城乡一体,打造以城带乡新格局

深入落实国家、省、市推进新型城镇化的战略部署,围绕“人的城镇化”这一核心,优化城镇结构和城乡空间体系,促进城镇化从数量规模向质量内涵转变、从空间扩展向全面发展转变、从重视城市建设向注重城乡和区域协调发展转变。

第一节　做大做强中心城市

根据“洋口港—掘港组团”作为南通市“副中心”的发展定位,加快繁荣新城区,全面提升老城区,特色发展洋口港城区,形成“三区”互动发展新格局。到2020年

基本建成产城一体、功能完善、辐射有力的现代化中心城市。

打造活力繁荣宜居县城。按照“建设新区、完善老区、接轨港区”的思路，拓展县城的发展框架，推进周边镇(街)融入县城发展。加大城市基础设施建设力度，继续推进实施城市畅通工程，完善主、次干道系统，提高支路网密度，优化公交网络，提高慢行交通出行比例，逐步形成现代、快捷、绿色、畅通的城市交通网络体系。完善城市绿地系统，新建和改造一批反映地方历史文化、增强便民服务功能的公园绿地。深入推进城市环境综合整治，加大城郊结合部环境整治，营造良好人居环境。完善提升公共停车场、专业市场、农贸市场、文体健身设施、特色景观带、慢行步道等民生设施，实现县城公共服务设施优化升级，提升综合服务功能。做优城市品质，统筹推进实施县城如泰运河、掘苴河、掘坎河“三河六岸”综合整治工程，进一步畅通“水脉、人脉、绿脉、文脉”，展现灵动秀美城市特质。实施城市地下管网改造和综合管廊建设行动计划，形成统一有序的综合管理新机制。充分发挥县城在全县政治、经济、交通、科技、文化的中心地位，有效带动县域旅游、商贸、物流、工业、信息通讯等行业发展，布局建设大型商业综合体，增强县城对全县的聚集辐射能力，吸引人口向主城区梯度集聚和合理流动。到2020年，县城人口达到35万人，城市绿化覆盖率50%以上。

特色发展长沙海港新城。突出为港区、临港工业区的直接配套服务功能，与县城统筹考虑布局生活设施、服务设施，实现与县城一体化、差别化发展，打造独具特色的现代海港新城。深化港城片区规划设计，加强与县城的互联互通。以学校、医院、城市公园为重点，加快公共服务设施建设，通过城市规模的逐步扩展和功能的不断完善，为港区和工业区快速发展提供保障。到2020年，基本建成港口配套服务齐全的特色临港城市。

提高城市管理水平。把以人为本、尊重自然、传承历史、绿色低碳理念融入城市规划建设，实现城市规划与产业布局、土地利用、生态环保等规划相互衔接，实现规划“一张图”，增强城市可持续发展能力。打造高素质的城管队伍，加快数字化城市管理向智慧化升级，把精致化、智能化贯穿到城市管理各个环节。深化城市管理体制改革，建立城市管理综合执法体制，加快形成县、街道、社区“三级联动”的管理格局，不断提升城市管理水平。

第二节　促进镇村繁荣发展

坚持城镇化与新型工业化、信息化、农业现代化、绿色化同步推进，统筹考虑空间利用、海陆融合、产业延伸、区域交通等要素，优化城乡发展布局，进一步推动镇村互动繁荣发展。推进农业转移人口市民化。全面放开落户限制，合理引导有进城意愿农业转移人口举家融入并转为城镇居民。到2020年，户籍人口城镇化率达到60%。

加快推进重点镇建设。强化产业和公共服务资源布局引导，挖掘城镇发展空间和资源潜力，按照以产兴镇、以城促产的思路，加快推进栟茶镇、岔河镇、洋口镇等重点镇建设，打造特色产业板块，提高产业集聚度和人口集聚度，增强区域发展承载力，建设现代宜居宜业新镇区。栟茶镇充分利用获批国家新型城镇化综合改革试点镇机遇，发挥千年古镇的品牌效应，重点发展休闲度假、健康养老、文化教育、旅游服务等，打造特色餐饮、娱乐、购物中心，以服务功能的完善实现镇区人口集聚和规模扩张，建成西北片区重要的综合型新兴小城市、南通市重点中心镇。岔河镇继续推进新镇区建设，充分发挥水陆枢纽优势，在促进机械制造、纺织服装、粮油饲料等传统工业转型升级的同时，重点培育壮大纺织品、农副产品等零售批发交易市场，发展现代商贸服务、货运物流等产业，打造西南片区重要的综合型新兴小城市、南通市重点中心镇。洋口镇以沿海经济开发区、旅游经济开发区和中心渔港为支撑，建设化工医药、旅游、现代渔业融合发展的综合型新兴小城市。

促进一般镇协调发展。按照“片区化、组团化”的发展理念，产业互补、交通互通、民生互惠的原则，促进其它镇与重点镇的协调发展。双甸、新店主动融入以岔河为中心的沿路城镇经济区；河口镇作为市级中心镇，与栟茶镇强强联合，实现统筹一体发展，并辐射带动袁庄镇发展，共同打造如东县西北地区发展增长极。丰利镇主动融入洋口镇，马塘、曹埠、大豫等镇主动融入以中心城区为核心的沿海城镇经济区。

管好盘活撤并老集镇资源。加大老集镇区功能设施、基础设施投入，推动实施老镇街区综合改造等民生实事工程，大力改善被撤并乡镇的人居环境。进一步加强力量配给，提升撤并老集镇区社会管理和公共服务水平，尽快扭转撤并老集镇区基础设施老化、社会管理松懈、公共服务弱化的现状。打破周边行政村与被撤并乡镇镇区的传统界限，因地制宜打造特色小镇。对自然生态条件较好或历史文化内涵深厚的镇区，培育打造休闲观光小镇；对原来工业比较好、人流量大的镇区，培育打造工业小镇；地处交通便捷、商贸活跃的镇区，培育打造商贸小镇或集中居住区。

建设幸福美丽新农村。加强规划引导，合理确定村庄布点和建设规模，优化安排农业、建设、生活等空间，有效减少土地闲置浪费，形成适度集聚的分布格局和统一建设蓝图。大力开展新农村创建活动，增强农村发展内生动力。按照“生产发展、生活宽裕、乡风文明、村容整洁、管理民主”的总要求和《美丽乡村建设指南》国家标准，科学引导农村居民点建设，保护和传承乡村地域文化特色。加强农村道路、电网等基础设施建设，实现镇村公交全覆盖。深入推进城乡环境综合整治，加强农村生活污水、垃圾、农业面源污染等治理，推进村庄、庭院绿化和生态乡村建设。把村庄整治同发展乡村旅游、农村特色产业结合起来，培育壮大村级集体经济。到2020年,力争所有中心村全部达到美丽乡村建设标准,村庄环境整治达标率达到98%。

推进城乡发展一体化。加快城乡规划、产业布局、资源配置、基础设施、公共服务、就业社保、生态文明、社会治理一体化,加快农业产业结构和布局结构调整,促进城乡产业承接转移,增强城乡产业联系,构筑城乡互动产业链。坚持市场运作、行政引导,推动资金、技术、信息、人才等要素在城乡之间自由流动和平等交换。建立健全城乡统一的人力资源市场,稳步推进城乡社会保障并轨。建立健全多元化供给机制,促进教育、医疗、养老等基本公共服务城乡协调配置。调整优化镇村布局规划,强化地方特色镇村的文化保护。

第三节　完善城乡基础设施

构建综合交通运输体系。加快推进海启高速建设,完善"X"字型高速公路布局。以S355如东段、S334东段、G228城区段建设为重点，开展S404如东段前期工作,加快国省干线建设,完善"四纵三横"的干线公路网布局,提升干线公路网密度,实现境内乡镇节点基本覆盖。完善重要行政节点、交通节点与干线路网的衔接。提档升级农村公路,改造农村道路危险桥梁,提升乡村公路路网密度。加快如东客运站建设,推进城乡客运一体化。开展如东至南通城际铁路的前期准备工作,落实轨道城际线路方案研究,预留控制用地。

完善能源基础设施系统。继续推进在建220千伏化工、德银输变电工程；重点落实500千伏如东输变电、220千伏丁店输变电及配套工程、220千伏汇流站及接入500千伏如东变线路工程;逐步完善各功能区110千伏配电网络;不断强化城区10千伏配网网络;全面推进农村电网升级改造,满足区域生产生活用电需求。推进洋口港燃气轮机发电前期研究、洋口港热电联产等项目建设。不断完善天然气主干及配套管网基础设施建设,积极推进县城老旧小区天然气管网改造。

提高水务基础设施水平。加强区域供水管网建设,对城区老旧输水管网进行升级改造,落实农村自来水改造、农村供水厂建设和供水管网建设。加强重点镇污水处理设施建设,优化污水收集管网。加快城市水系综合整治,增强水灾害综合防御能力。加强防洪减灾、民生水利设施建设,完善小型农田排涝、灌溉等农田水利工程。治理重要易涝洼地,完善与防洪工程相配套的防洪指挥调度管理体系。加大干支流河道整治,开展水闸的除险加固工作,提高防洪除涝能力。进一步完善海堤防潮体系,加固重点段海堤,构建综合防洪减灾体系。

第七章　生态立县,共创绿色美好新家园

坚持"生态立县、环保优先"发展理念不动摇,围绕率先建成国家生态文明示范县目标,全面落实国家生态文明建设战略部署,着力解决环境污染突出问题,有效推进低碳循环绿色发展，深入实施生态文明建设工程,加强生态修复和保护,完善生态文明建设机制,促进人与自然和谐共生,努力实现如东永续发展。

第一节　加强环境污染综合治理

坚持铁腕治污，持续改善群众普遍关心的环境问题。落实各级环境污染治理责任,创新城乡协同治理模式,统筹推进以水、大气、土壤、噪声为重点的污染综合治理,大力推进美丽如东建设。"十三五"期间,主要污染物排放减少完成省、市下达指标任务。

实施"清水工程"。认真落实国家和省"水十条"实施方案。突出地下水污染防治,加快应急备用水源建设,加强自来水水体水质监测,保障饮用水安全。强化工业企业排污口综合治理,规范排污行为,保证工业废水全部稳定达标排放,重点加强化工企业的排污监管整治。加快配套污水处理设施建设,实现城镇污水收集管网全覆盖,并向村庄延伸。狠抓农业面源污染防治,推广生态养殖,严格控制主要河流的水产养殖。大力开展城乡黑臭水体治理。到2020年,全县农村地区生活污水处理率达到80%,城镇污水达标处理率达到90%,地表水好于Ⅲ类水质的比例达到70%。

实施"蓝天工程"。认真落实国家和省"气十条"实施方案。严格控制工业废气等主要污染物排放,全面实施重点行业烟尘、废气、粉尘治理设施提标改造。以化工医疗、建筑涂装等行业为重点,加强挥发性有机物污染控制。加强施工场地扬尘控制和渣土管理。开展交通污染治理,鼓励使用小排量汽车、新能源汽车,加快充电桩、车用天然气加气站等基础设施建设,加大黄标车和老旧车辆等高污染车辆的淘汰力度。强化餐饮油烟污染控制,抓好秸秆禁烧和综合利用工作,全力提升大气环境质量。到2020年,实现园区有机废气全量收集处理,PM 2.5浓度均值下降到45微克／立方米,空气质量达到二级标准的天数比例达到80%。

实施"净土工程"。切实加强土壤污染防治,推进土壤环境监管能力建设，提升土壤环境监测标准化水平。强化持久性有毒有害有机污染物控制,突出电池、电镀等重金属污染防控,强化固废填埋管控,对固废产生、运输、利用、处置实施全过程监管。强化危险废物和医疗废物安全处置,实现污水处理厂污泥无害化处置。加强农村规模化养殖场周边地区、蔬菜基地土壤环境监管。加强受污染耕地土壤安全利用管理,实施受污染耕地土壤环境监测和农产品质量检测。加强遗弃污染场地环境风险防控,严格控制污染迁移扩散。积极开展农田土壤修复与综合治理试点示范,确保耕地土壤环境安全。

实施"防噪工程"。落实声环境功能区要求,从布局上解决噪声扰民问题。积极开展"宁静城市""宁静社区"

等示范建设，完善噪声监测网，加强社会生活、交通运输、建筑施工和工业企业等各类噪声源监管，建立城市噪声污染联防联控机制。推动噪声超标企业淘汰高噪声落后工艺设备，提升固定源噪声治理效果。推广多空隙沥青道路建设、立体式绿化等降噪措施。

第二节　推动绿色循环低碳发展

以推动形成绿色发展和生活方式为主线，突出生产方式的绿色化，实施更为严格的环境准入标准和土地管理制度，实行能源和水资源消耗、建设用地等总量和强度双控行动，深化产业结构调整，推动全县经济社会低碳循环集约发展。

积极推进低碳发展。发展天然气、太阳能分布式能源高效利用项目，推进LNG燃气电厂规划建设。统筹沿海风电开发。综合利用生物质发电、垃圾焚烧发电、沼气发电等新能源，加快构筑安全、清洁、高效、协调的现代综合低碳能源体系。严格控制煤炭消耗总量，大力淘汰燃煤锅炉，加快燃煤热电厂的天然气改造步伐，推进有条件的工业园区集中供热。推动重点行业、用能大户节能改造，推行合同能源管理。大力淘汰落后产能，根据产业政策和产业导向，加快淘汰落后工艺、设备和产品。提高建设项目准入门槛，积极开展碳排放权交易，实施一批低碳产业化示范项目。积极发展碳资产、碳基金等新兴业务，鼓励发展绿色金融。推进交通运输节能行动，扩大城市公共自行车覆盖范围。开展消费领域节能减排行动，推进绿色办公，在全社会带头倡导厉行节约的工作和生活方式。“十三五”期间确保完成省、市下达单位GDP能源消耗降低、单位GDP二氧化碳排放降低、非化石能源占一次能源消费比重指标任务。

大力发展循环经济。积极推行清洁生产。鼓励企业通过技术改造，实现物料循环利用，减少物料消耗。强化工业园区循环化改造，构筑循环链接的产业体系，促进产业间耦合、上下游配套，确保县级以上开发区全面完成循环化改造，推动省级开发区建成生态工业园区。推进生活垃圾分类收集处置。建立餐厨等垃圾处理中心，促进金属、废纸、塑料制品等垃圾回收利用。实施面源畜禽粪便无害化处置，实现资源化利用。推动循环产业园再生资源中心发展壮大，促进城市矿产资源开发产业化与规模化。实施建筑节材和建筑废弃物源头减量，开展建筑废弃物综合利用示范。到2020年，实施强制性清洁生产企业通过验收的比例达到100%，工业固体废物综合利用率达到98%以上，再生资源循环利用率达到65%。

加大节地节水力度。深入实施节约集约用地“双提升”行动，优化城乡用地结构，促进存量和低效建设用地盘活和利用，整合城镇用地布局，研究出台政策推动闲置厂房、行政用房高效再利用，为产业发展腾出空间。大力开展土地综合整治和高标准基本农田建设，强化耕地数量和质量占补平衡。“十三五”期间，耕地保有量不低于10.7万公顷，新增建设用地规模不低于2800公顷。加强水资源高效利用。实施最严格的水资源管理制度。落实国家水效领跑者引领行动，强化计划用水管理，实行阶梯水价改革，建立和完善重点取用水户的水资源管理控制指标。加大工业企业节水技术改造力度，扩大节水型器具和措施的普及。促进水资源循环综合利用，开展工业废水、生活污水“零排放”试点。积极调整农业产业结构，因地制宜实施节水灌溉技术。加强地下水资源保护，控制地下水开采，遏制地下水咸淡贯通的趋势。到2020年，城市污水处理厂尾水再生利用率达到15%，万元GDP用水量下降完成省、市下达指标任务。

第三节　深入推进生态文明建设

在成功创建国家生态县的基础上，进一步提升生态建设修复能力，加大海洋生态保护力度，健全生态制度建设，大力开展国家生态文明示范县创建，全面启动生态文明示范镇、村建设，不断提升生态创建水平，奋力开启生态如东新篇章。

开展生态建设修复。加大海滨湿地保护力度，重点保护如泰运河入海河口重要湿地和沿海重要湿地，加快湿地公园、湿地保护小区等建设步伐。继续建设小洋口勺嘴鹬世界珍稀鸟类自然湿地保护区等3大湿地保护区。有序推进滩涂围垦与开发。科学有序开发海上风电资源。实施海滨水生生物增殖放流、鸟类保护、湿地景观整治、湿地生态监控及效果评估等生态工程建设。有序推进全县河道生态修复，强化河道水土流失治理。开展大规模国土绿化行动，突出沿海绿色生态屏障建设。到2020年，全县林木覆盖率达到25%。

推进海洋生态保护。实施海洋功能区划制度。严格落实陆源污染和重点近岸海域污染排放总量控制制度。开展主要入海河流水环境综合治理，大幅削减主要污染物排海总量。稳妥扎实推进尾水深海排放工程，全面清理非法或设置不合理的入海排污口，严格控制向重要近海水域排放污染物。建设入海河口及直排口在线监测系统。开展近岸海域水产养殖污染防治，推进海洋清洁养殖。加强涉海工程对海洋生态影响监管，规范和控制废弃物海洋倾倒，强化港口和码头船舶水污染治理，加快完善港口污水和垃圾接收、转运及处理处置设施建设，防范海上污染风险。加强海洋生态环境修复工作，突出海洋生态补偿及赔偿，实施海域、海岸带整治修复与保护，促进海洋生态功能恢复改善。到2020年，近岸海域水质一类、二类优良比例达70%左右，入海河流基本消除劣Ⅴ类水。

加强生态制度保障。扎实推进生态文明体制改革，建立健全自然资源产权和用途管制、生态红线保护、资源有偿使用、环境污染赔偿、生态修复补偿、党政干部生态环境损害责任追究、绿色政绩考核等制度，构建产权清晰、多元参与、激励约束并重、系统完整的生态文明制度体系。完善环境信息发布和重大项目公示、听证制度,严格执行环评、稳评、安评等规范程序。实施环境网格化管理,提高生态环境监测预警预报能力,健全环境应急管理工作机制。加强环境综合执法监管,完善环境执法和刑事司法联动机制,依法严厉打击环境违法行为。

第八章 改革开放,汇聚跨越发展新动能

贯彻开放发展新理念,坚持深化改革与扩大开放互动并进,主动参与“一带一路”和长江经济带建设,全面融入长三角一体化,推动形成要素集中、动力集聚、优势集合的开放发展新格局。

第一节 全面深化改革

推进陆海统筹改革。按照陆海统筹发展综合配套改革试验区总体方案的部署要求,在陆海资源合理配置、陆海产业协调发展、陆海生态环境保护等领域积极探索、先行先试,继续以深化区镇合一和扩权强镇、产城融合发展、海域物权创新3项改革任务为重点,力争创出更多经验和成果,为其他关键领域改革提供路径借鉴,努力形成改革示范效应,促进陆海资源要素高效统筹利用和产业、城镇等布局结构优化调整。

推进行政体制改革。综合推进治理体系和治理能力现代化,积极推动简政放权、放管结合、优化服务、职能转变,努力建设职能科学、结构优化、廉洁高效、人民满意的服务型政府。深化机构改革。优化政府机构设置,理顺部门权责关系,完善决策权、执行权、监督权,形成既相互制约又相互协调的行政运行机制。创新政府监管机制和监管方式,强化监管执法体制改革,推行综合监管和执法。开展强镇扩权改革试点,赋予经济社会管理权限,探索建立简约、便民、高效的现代基层政府。分类推进事业单位改革。深化行政审批制度改革。按照接得好、放得活、管得住、服务到位的要求,加快形成以“5张清单、5个平台、5项重点改革、5大监管体系”为主要内容的简政放权、转变职能基本框架,进一步加大行政审批事项“减、转、放、免”力度,深化推进县级管理权限下放、“负面清单”等改革,简化审批程序,提高审批效率。深化财税体制改革。推进预算管理制度改革,构建全口径预算管理体系。建立跨年度预算平衡机制,提高财政预算的统筹能力。健全公共财政体系,调整和优化财政支出结构,规范财政转移支付制度,公共财力重点用于公共服务、民生和社会事业,到2020年,全县民生支出占一般公共预算支出比重不低于70%。改革财政支持经济发展的方式,整合专项资金,推动创业投资基金和产业发展基金融合发展,实现财政扶持资金市场化运作。优化政府性债务结构,建立健全偿债准备金制度和风险预警机制。建立全过程绩效管理机制,实行财政资金管理使用问责制。全面公开政府预决算、部门预决算、“三公”经费预决算。

推进市场机制改革。建立公开透明的市场规则,构建“宽进严管”的市场准入体系,完善社会征信体系,建立健全“先照后证”改革后事中事后监管机制,完善优胜劣汰市场化退出机制。以增强市场主体活力为重点,完善创业主体培育机制,营造有利于全民创业的公平竞争发展环境。主动对接和融入上海自贸区建设,借鉴相关经验,加快金融制度创新,着力在直接融资上取得突破性进展。深化土地管理制度以及以“水电气”为重点的资源性产品价格改革。不断完善国有资产管理体制,推进国有企业改革,完善现代企业制度,完善经营预决算管理、收益分配和经营业绩考核机制,实现国有资产保值增值,防止国有资本流失。引导国有资本更多投向关系国计民生的重要行业和关键领域,更好地服务于地方发展战略。

第二节 持续扩大开放

深化推进“一带一路”与长江经济带发展、江苏沿海开发、长三角一体化等重大战略的联动融合,深度承接国家省市政策、资源、创新红利的迭加辐射,不断拓展对内对外开放新空间。

主动融入“一带一路”。引导化工、光缆、纺织等优势产业积极“走出去”,深入发掘与沿线国家和地区的合作潜力,参与打造沿线区域合作的贸易流、产业带、联通网和人文圈。积极参与国际产能合作,加强境外投资和产业合作,发展具有“一带一路”特色的贸易新形态,提升企业国际竞争力。深化油气资源合作,推进LNG接收站、期货交割库、交易平台建设,推动我县成为“一带一路”油气资源华东地区主要集散中心。到2020年,全县企业境外投资总额达到4亿美元。

深度谋划接轨上海。主动对接和融入上海自贸区建设,积极承接上海自贸区现代物流、加工贸易、后台服务、分拨分销等“溢出项目”。扶持有条件的外向型企业在自贸区设立贸易公司或窗口。加大与上海的科技服务平台、技术转化平台、项目孵化平台的对接,以平台为切入口,引进产业化的项目。重点研究上海的有关政策和相关要素流动的政策需求,围绕加速人才、资金、技术、物资等要素的跨区域流动,全面加强与上海在产业、港口、人才、金融、旅游、教育、文化、卫生等全方位的合作交流。

提升开放平台能级。立足特色,完善园区产业承载配套,深化园区功能创新,加快园区提档升级,提高承接和服务战略性新兴产业、高新技术产业、生产性服务业以及总部经济等高端业态的能力。以国家一类口岸开放为契机,全力推动洋口港专用型保税物流中心建设。支持符合条件的园区申报国家级、省级开发区。着力强化跨江合作、跨国合作,深度对接先进园区,合作共建产业

园或产品基地，借助先进发展经验和管理模式，提升园区承载能力，拓展国内国际市场空间。积极探索"飞地经济"模式。"十三五"期间，注册外资实际到账累计达到17亿美元。

着力改善营商环境。尊重资本逻辑，以开明、开放、优惠的政策更多地吸引资金、技术、人才、项目，促进生产要素集聚。围绕产业链培育建链补链强链，完善产业配套和服务水平，吸引项目集聚。大力建设法治经济、信用经济，营造国际化、便利化的营商环境，形成爱商、亲商、安商、扶商的良好氛围。

第三节　深化沿海开发

始终坚持把沿海开发作为新的增长极打造，统筹推进基础设施提升、产业培育壮大、滩涂开发利用等各项工作，更好发挥洋口港沿海开发主战场、主阵地、主引擎作用，不断增强沿海特色经济板块支撑力，全力打造江苏沿海开发示范区。

完善江海联动集疏运体系。积极对接争取国家、省重大发展战略对基础设施互联互通的政策支持，加快完善以港口为龙头的集疏运体系建设。完成洋口港北航道15万吨级航道工程，推进阳光岛南侧液化码头二期工程等专用码头泊位建设，加快实施洋口运河改造升级、海洋铁路电气化改造、海启高速等工程。完善航道港口配套设施，加快内河航道建设，开展内河港口整治工作。推进通洋高速二期、三洋铁路、海洋铁路东延、海洋铁路南延、小型通用机场等项目前期工作，开展洋口港铁路专用线规划和铁路物流基地研究。构建集海运、铁路、公路、航空于一体的立体交通网络，形成东联西进、南通北达、陆海相通、出海入江的交通格局。同时，注重优化各种交通方式之间的规划衔接，促进要素合理流动，着力拓宽海陆双向腹地空间，扩大沿海开发辐射半径，提升参与国际国内分工合作能力，延展开发开放触角。

推动沿海产业扩量提质。优化沿海地区产业空间布局，明确各重点区块产业的发展方向与建设重点，构建支撑沿海发展的产业大载体。着力发展综合能源、港口物流、医药化工等临港产业，努力打造江苏沿海特色临港产业基地。有效整合沿海各区块旅游资源，促进优势互补、品牌共铸、资源共享，做强滨海旅游业。改造提升海洋渔业、滩涂农林业等传统产业，大力发展高效养殖、远洋捕捞及海产品深加工业。按照"市场主导、风险分担、互利共赢"的原则，以资产运营为纽带，探索建立与周边各大港口的联盟合作关系，提高港口资源利用效率，提升洋口港在区域航运体系中的资源配置能力，形成新的经济增长点。

促进滩涂资源有序开发利用。充分考虑和妥善处理滩涂围垦对湿地保护影响，注重保护现有沿海港口、深水航道资源，满足未来深水港口以及产业、城镇发展需求，合理确定围区布局和规模，重点拓展洋口港港口建设岸线及产业发展腹地，开展洋口港环港作业区的前期研究，积极开展刘埠国家一级渔港的相关功能区的围垦与建设，支持小洋口旅游度假区的建设。在沿海"三港"联动开发和湿地生态旅游发展方面，积极开展滩涂综合开发试验区建设和探索，启动洋口港临港产业综合开发试验区和小洋口旅游度假综合开发试验区两个滩涂围垦综合开发试点区建设。

提升岸线管理水平。推动如东沿海海岸带综合管理等体制机制创新，以海岸带综合管理理念推动海域管理创新，建立海岸带资源整体规划、统筹利用与规范管理的制度体系。强化岸线资源管理，完善岸线分区准入、合理退出机制，积极探索岸线资源政府储备和有偿使用，确保有限岸线资源发挥最大效益。

第九章　弘扬传承，提升文化软实力

以培育和践行社会主义核心价值观为基础，以完善公共文化服务体系为主线，以深化文化体制改革、加快文化产业发展为目标，激发文化创造活力，加强传统历史文化保护，着眼项目、着眼基层、着眼惠民，构筑思想文化高地和道德风尚高地，全力推动全县文化建设迈上新台阶。

第一节　提升社会文明程度

加强核心价值观宣传。加强思想道德建设和社会诚信建设，广泛开展生动活泼的社会主义核心价值观的宣传、教育、传播活动，促进社会主义核心价值观的认知认同。加快构建现代传播体系，促进传统媒体与新兴媒体深度融合，巩固和拓展新媒体宣传和舆论阵地，加强网络文明、网络文化建设，传播网上正能量。优化互联网内容管理机构架设，提高网络舆论引导能力。落实新闻发言人制度，健全突发公共事件新闻报道应急协调机制。构建大外宣格局，精心组织重大主题、重大典型的宣传活动，展示如东形象、传播如东声音。

深化公民道德实践养成。广泛开展诚信教育、勤俭教育、孝道教育、礼仪教育，加强职业道德、社会公德、家庭美德、个人品德建设，提升市民综合素质。健全诚信制度，培育诚信文化，打造政府公信、市场有序、社会文明、司法公正的诚信防线。讲好如东故事、培树身边典型，发挥"最美如东人""十佳孝顺儿女"等典型示范引领作用，弘扬"存好心、做好事、当好人、有好报"的价值取向，放大"中国好人"如东现象品牌示范和辐射效应。坚持把社会主义核心价值观融入青少年成长全过程，加强活动阵地建设，完善学校、家庭、社会"三位一体"的教育网络，为未成年人的健康成长营造良好的社会环境氛围。成立"如东美德基金会"，建立礼遇道德典型机制。按照"全面覆盖、创新发展、有效运用"的原则，推动"道德讲堂"在全县城乡、村(居)、文明单位全覆盖，并扩大辐射效应。

提升城市文明程度。全面实施以创建全国文明城市为总抓手的“六城联创”，建成全国文明城市、国家卫生城市、国家生态文明示范县、江苏省生态园林城市、江苏省历史文化名城和江苏省优秀管理城市。大力弘扬志愿服务精神，加强志愿服务社会化、项目化、常态化、制度化建设。广泛开展“讲文明树新风”系列主题活动，积极打造窗口行业、窗口单位优质服务品牌。大力培育厉行勤俭节约的饮食习惯和文明出行的习惯，不断提升全县人民的文明素养。深化农村精神文明建设，狠刹封建迷信、大操大办、赌博等不良风气。

第二节 健全公共文化服务体系

以创成“全国群众文化先进县”“省级公共文化服务体系示范区”“江苏省历史文化名城”为目标，加强文化基础设施建设，努力构建现代公共文化服务体系，提升公共文化服务标准化、均等化水平。

强化文化设施建设。狠抓县、镇、村公共文化设施提档升级，扩大文化设施服务覆盖面，打造城市“15分钟文化圈”和农村“十里文化圈”。大力推进县文化中心、城镇数字影院、镇综合文化站提升工程等重点项目建设，推动县文化馆、县图书馆建成国家一级馆。加大对农家书屋、文化信息共享工程等基层文化资源的统筹整合力度，每个镇区(街道)建成1个综合文体中心，每个村居(社区)建成1个文化活动室，促进文化资源互联互通、共享共建。到2020年，万人拥有公共文化设施面积达到1500平方米。

提高文化服务能力。深入开展公共文化服务体系示范区创建活动，大力推进文化站服务效能提升。深入实施文化惠民工程，推行文化“三送”菜单式服务，使之更加贴近基层群众文化需求。做优做强“港城之春”“百姓大舞台·周周演”等文化活动品牌。大力提倡全民阅读，加快推进“书香如东”建设，推进全民阅读在线服务管理平台建设。加强对农村民间文化艺术的引导和扶持，促进民间文艺团队健康发展。大力推进社区文化、校园文化、企业文化、家庭文化建设，引导广场文化活动健康发展。到2020年，实现全县30%以上的镇建成省级公共文化示范区，居民综合阅读率达到90%以上。

加强文化市场建设。推动金融资本、社会资本、文化资源相结合，加快培育产权、技术、信息、人才和装备等文化要素市场。积极打造综合性、专项性、区域性文化交易平台，培育和发展文化市场中介机构，发展和规范影视传媒、演艺娱乐、文化经济、艺术培训等专业市场。培育大众文化消费理念和习惯，繁荣文化市场。健全社会监督体系，完善文化市场监管制度，促进行业自律。

第三节 繁荣文化事业产业

明确文化产业发展方向，着力实施一批重点文化项目，推出一批有影响力的产业品牌，打造一批竞争力较强的骨干企业，健全文化产业扶持政策体系，促进如东文化事业产业快速健康发展。

培育文化龙头企业。立足现有产业基础，重点扶持和推进洋口港石雕文化产业园、栟茶历史文化名镇保护开发、红木雕刻艺术博物馆、如东杂技演出和培训等文化产业项目建设，形成具有引领示范带动作用的龙头板块。加快文化产业与工业、农业、旅游、信息等产业融合发展，促进广播电视、广电网络等优势产业加快发展，提升文化旅游、红木工艺等传统产业，大力发展创意设计、数字媒体等新兴产业。到2020年，文化产业增加值占GDP比重达到6%。

强化文化政策支持。探索符合县情的文化体制改革路径，健全公共文化服务、产业、经营体制机制。加快出台促进文化产业发展政策意见，通过产业规划引导、政策扶持等手段，做强文化发展实体，引导社会资本在打造产业园、走向资本市场等方面先行突破。加大文化产业投入力度，积极争取省级以上文化产业扶持项目和资金落地如东。

打造文化艺术精品。立足基层需求，开拓高端市场，创作生产一批富有如东地方特色的文学、杂技剧、歌舞、书画等各类文艺精品力作，力争更多作品在国家、省级层面获奖，力求社会效益、经济效益双丰收。精心打造精品杂技舞台剧，冲刺国内、国际高端剧场，全力争创“中国杂技之乡”。完善精品创作机制，重视对优秀文艺人才的培养和使用，优化“政府文艺奖”评选办法，加大对重点作品创作生产的投入，设立精品创作项目专项扶持基金，打造一批有市场、有品位的文艺精品。

加强历史文化保护。以创建“江苏省历史文化名城”为契机，规划建设好历史文化街区，夯实文物保护基础性工作。推进张謇掘港办事处、萍香堂、栟茶大东旅社等重点维修工程，开展县城历史文化街区环境综合整治，积极申报省级文物保护单位。积极参加海上丝绸之路联合申遗活动，完成联合申遗的各项工作。完善非物质文化遗产保护工作机制，建立全县非物质文化遗产数据库，逐步建立传承基地制度。实施“记忆工程”，完成全县民间文艺普查资料和音乐集成的数字化。加大非遗人才培育、非遗作品产业化开发力度，建立非物质文化遗产项目传承人激励机制。

第十章 改善民生，共享跨越发展新成果

以实现共同富裕、共享发展成果为导向，以深入实施民生幸福工程为载体，按照坚守底线、突出重点、完善制度、引导舆论的思路，坚持为民办实事与制度建设性安排相结合、政府主导与社会力量参与相结合，不断推动民生建设迈上新台阶。

第一节　多渠道增加居民收入

大力实施“居民收入倍增计划”，力争提前实现中共十八大提出的2020年城乡居民收入比2010年翻一番的目标。建立经济发展和扩大就业联动机制，完善公共就业服务体系，提高适应产业转型升级能力，通过提升就业层次提高人均工资水平。

千方百计扩大就业。坚持就业优先战略，实施更加积极的就业政策，创造更多的就业岗位，建立劳动者自主择业、市场调节就业和政府促进就业相结合机制，着力解决结构性就业矛盾。支持劳动密集型企业、小微企业、生活性服务业加快发展，努力增加就业容量。鼓励和支持自主创业，发挥创业带动就业的乘数效应。突出抓好高校毕业生就业工作，鼓励高校毕业生到农村、中小企业、基层生产服务一线创业就业。完善职业技能培训和职业见习制度，根据劳动者的不同需求开展分类培训，全面提高劳动者的职业素质和就业能力。健全覆盖城乡的人力资源市场和公共就业服务体系，完善就业援助制度，发挥公益性岗位的托底扶持作用。引导困难企业采取在岗培训、轮班工作、协商薪酬等方式减少裁员。完善失业预警和应对处置机制。统筹做好经济结构调整中的失业人员再就业工作。“十三五”期间，城镇调查失业率控制在5%以内，全县新增城镇就业8万人，培训各类技术技能人员10万人；到2020年，新增劳动人口平均受教育年限达到15年。

持续拓展增收空间。深入实施产业富民、创业富民、就业富民、投资富民、保障富民、转移支付富民、帮扶富民等多项富民举措，促进城乡居民收入与经济发展同步增长。围绕增加工资性收入，依法完善企业职工工资决定机制、正常增长机制和支付保障机制，完善最低工资标准调整机制。多渠道促进农民增收。逐步增加财政对社会保障和支农惠农等方面的支出，逐步提高基本养老金、最低生活保障等各类社会保障标准，增加居民转移性收入。有效拓展投资理财渠道，鼓励群众以资本、技术、专利和管理等参与现代服务业和新兴产业发展，创造条件增加收入。到2020年，城镇居民人均可支配收入达到5.40万元左右，农村居民人均可支配收入达到2.56万元左右。

加强收入分配调节。积极落实国家税收改革政策，推动建立健全综合与分类相结合的个人所得税制度。深化机关事业单位收入分配制度改革。大力发展知识密集型产业，提高人力资本参与分配的比重。减轻中低收入者税收负担，缩小城乡、区域、行业和社会成员之间收入差距。

加大扶贫攻坚力度。巩固扶贫帮困“八项工程”成果，强化精准扶贫。坚持因户施策，因人制宜，对贫困家庭实行分类扶持，对有劳动能力的实行支持发展特色产业和转移就业，对丧失劳动能力的实行社会救助，对因病、因残致贫的家庭提供医疗救助。突出产业扶贫，大力发展特色优势农产品产业、农村电子商务和乡村旅游业，鼓励农业企业、农村合作社与低收入农户建立紧密利益联结关系。实现低保政策和扶贫政策有效衔接，提高低保标准，做到应保尽保。到2020年，完成农村贫困人口脱贫3万人左右。

第二节　全方位完善保障体系

以更加公平、可持续为目标，以稳步提升待遇水平和强化制度衔接为重点，加快完善全民覆盖的社会保障体系。

加快社会保障全覆盖。建立健全全覆盖、保基本、多层次、可持续的社会保障体系。大力实施“全民参保计划”，重点推进灵活就业人员、农民工等人群参保，确保法定参保对象应保尽保。贯彻实施机关事业单位养老保险制度改革，构建基本养老保险与职业年金相结合的机关事业单位养老保险新制度。提高居民基本医疗保险覆盖水平，推进困难企业职工和退休人员参加职工基本医疗保险，在校学生参加居民基本医疗保险，做好断保人员续保工作。加快推进城乡医疗保险制度整合并轨。建立健全工伤预防、康复与补偿相结合的现代工伤保险制度。到2020年，城乡基本社会保险覆盖率达到98%。

提高综合保障水平。逐步建立兼顾各类人员的养老保险待遇正常调整机制，健全失业保险金标准与物价上涨挂钩联动机制。推进被征地农民、退捕退养专业渔民全部纳入城乡养老保险体系。推进机关事业单位退休人员社会化管理。进一步降低职工、居民基本医疗保险个人自付比例。以住院和门诊大病保障为重点，建立健全职工、居民基本医疗保险门诊统筹制度。探索建立健全照护保险制度。完善社保基金多元筹集和运作管理模式，加强社保基金监管。

加大保障性住房供应。推进保障性安居工程，统筹规划保障性住房建设和供应，逐步从实物保障为主向建设和补贴租赁并举转变，构建以政府为主提供基本保障、以市场为主满足多层次需求的住房供应体系。提高安置房建设效率、质量和品位。加快棚户区危旧房改造步伐，有序开展旧住宅小区综合整治。健全规范保障性住房管理、分配和准入退出机制，全面推进信息共享公开。到2020年，城镇常住人口保障性住房覆盖率达到23%。

发展民政福利事业。规范以低保为核心的社会救助制度，完善家庭收入认定和最低生活保障自然增长机制，完善重大疾病医疗等专项救助制度，建立健全“救急难”工作机制，全面实施临时救助制度，加大对困难群体的救助力度。统筹推进扶老、助残、优抚等社会福利和慈善事业发展，逐步提高城乡孤老供养和孤残儿童养育标准，提高残疾人保障水平，全面落实退役士兵各项优待抚恤政策。加强社会福利资金使用管理。

第三节　建设江苏教育现代化先进县

以提高质量为核心、促进优质均衡教育为重点，深化教育领域综合改革，加快推进教育信息化，加强优质教育教学资源开发应用能力，不断提升各级各类教育发展水平，建成“江苏省教育现代化先进县”。

推进基础教育高水平发展。促进学前教育普惠发展，完善学前教育公共服务体系，基本建立学前教育服务区制度，实现适龄幼儿就近入园，优化学前教育教师队伍，提升保育保教质量。推进义务教育优质均衡发展，优化中小学校布局。拓展城乡学校合作办学模式，达到省定现代化办学标准。推进高中教育特色发展，优化普通高中教育资源，加强普通高中课程基地建设，高中多样化办学水平位居省市领先位置。优化特殊教育品牌，普及残疾儿童少年15年免费基础教育。保障进城务工人员随迁子女、留守儿童少年等平等接受教育的权利，完善扶贫助学体系，确保不让一名学生因贫失学辍学。加强教师队伍整体素质建设。到2020年，全县公办幼儿园占比70%以上，省优质幼儿园占比90%以上；义务教育现代化学校占比达90%以上；全县4所高中特色建设取得成效；残疾儿童少年接受高中免费教育比例达95%以上。

促进职业教育创新发展。围绕经济社会发展需要，推进职业教育与产业深度融合发展，基本建成现代职业教育体系。推动地方高校建设，建立中、高等职业教育衔接的人才培养模式和课程体系，深化产教融合、校企合作，不断增强职业教育与产业结构的契合性。扶持建设2～3个省品牌、特色专业群，建成国家级实训基地1～2个，省级现代化实训基地3～4个。强化“创新创业”教育，实施技能大赛金牌工程。强化“双师型”队伍建设，到2020年从企业生产服务一线引入的专业教师占比20%以上，“双师型”教师占比80%以上。

推进终身教育多元发展。加快发展终身教育，依托社区平台，提供广覆盖、多层次、多形式、开放便捷的教育与培训服务。加强社区教育标准化建设，优化社区现代化办学基础，精心培育社区教育示范项目、示范课程。到2020年，100%的镇(区、街道)建成标准化、现代化社区教育中心。建设开放大学，以江苏电大如东学院开放教育为基础，试行市民终身学习卡管理制度。优化终身教育学习资源。

深化教育机制体制改革。加强中小学课程改革，启动如东课堂教学改革5年行动规划，推进课堂教学模式开发与建构。推进中小学教育质量综合评价改革，明确实施素质教育的评价导向，把增强学生社会责任感、创新精神、实践能力贯穿到教育全过程。探索实施第三方评价，落实教育质量责任机制。深化教育人事制度改革，合理配置师资和人才资源，加强教师队伍特别是乡村教师队伍建设，健全常态化校长教师流动机制，建立骨干教师到农村学校任教奖励制度，对农村教师在工资、职务、职称、公共租赁住房等方面实行倾斜政策。健全教师收入依法逐步增长机制，完善教师绩效工资和表彰奖励制度。设立青年教师创新基金，资助青年教师开展教学创新和科研活动。突出师德教育，实行校长任职培训和提高培训制度，实施“双名教育人才”培养计划，引导教师依法从教、廉洁从教、幸福从教。

第四节　提高现代医疗和全民健康水平

构建现代医疗卫生服务体系。完善区域卫生规划和医疗机构设置规划，健全包括综合医院、专科医院、区域性中心医院和基层社区卫生机构等有机组合的城乡医疗服务体系，完善医疗卫生和计生服务网络。推动县人民医院和县中医院加快升级为三级医院，重点扶持传染、儿童、精神、康复专科能力建设。支持中心卫生院创建二级综合医院，确保95%以上的乡镇卫生院和社区卫生服务中心达到省级示范化标准，90%以上的村卫生室达到省级示范化标准。推进区域卫生信息平台建设，大力发展远程医疗、网络诊疗和健康咨询，建立县级区域远程影像、检查检验等系统。到2020年，每千人拥有职业(助理)医师2名。

深化医疗卫生体制综合改革。着力深化公立医院改革，破除“以药补医”，构建稳定长效的公立医院补偿机制，建立符合医疗行业特点的人事薪酬制度。落实公立医院独立法人地位和自主经营管理权，实现公立医院管办分开。继续完善公立医院价格综合改革政策。健全各级医疗机构分工协作机制，加快构建分级诊疗制度，推动形成基层首诊、分级诊疗、双向转诊的就医秩序。探索实施以县级医疗保健机构为龙头，发展区域性医疗保健联合体或医疗集团。大力推进社会办医，鼓励各类资本投资医疗健康领域。巩固完善基本药物制度，建立规范高效的药品生产流通机制，建立现代药品供应保障体系。

提升公共卫生服务水平。完善公共卫生基础设施投入机制，明确部门和镇区责任，切实加强疾病预防控制、卫生监督、妇幼健康、精神卫生、采供血和院前急救等专业公共卫生机构建设，促进基层公共卫生服务设施提档升级。认真实施基本公共卫生服务和重大公共卫生服务项目，逐步提高人均经费标准，强化资金管理和使用，提高基本公共卫生服务可及性和均等化水平。落实重大疾病防控措施，健全完善传染病监测系统，提高各类传染病的早期发现、诊断和处置能力，提高预防接种服务水平，加强慢性病综合防治和职业病危害防治，通过多种形式降低大病慢病费用。积极开展健康县创建，加强爱国卫生运动工作，加强控烟宣传教育和干预，全面推行公共场所禁烟。实施全民健康素养促进行动。

加强卫生科教和人才建设。以县级医院为主要力量，合理配置资源，相互协作，共同发展。建立健全公开选拔、公平竞争、优胜劣汰的人才选拔、培养机制和考核指标体系，培养拔尖人才，改善科研条件，开展高水平科研活动。推进医师多点执业，吸引城市大医院在职或退休的医疗骨干到各公立医院执业。加强医护人员职业道德教育。组织实施基层卫生人才"强基工程"，探索镇村卫生人才一体化管理机制，促进乡村医生向执业（助理）医师转化。

发展体育事业体育产业。全面提升全民健身服务能力，推进县体育中心和镇区体育公园（健身广场）建设，推动公共体育设施免费或低收费开放，打造镇区"10分钟体育健身圈"。加强体育后备人才培养，拓展体育后备人才的多元化培养渠道，推进"县队校办"模式。加快发展体育产业，打造新店健身器材产业园，强化体育彩票发行和管理，大力发展体育赛事经济，积极申办有吸引力的国际性、区域性重大赛事。

第五节　积极开展应对人口老龄化行动

实施积极的人口政策。坚持计划生育的基本国策，完善人口发展战略。全面实施一对夫妇可生育两个孩子政策，帮助计划生育家庭解决实际困难。加强人口政策宣传，引导适龄人群按政策生育。提高生殖健康、妇幼保健、托幼等公共服务水平，实施优生促进工程，努力提升出生人口素质。通过发展经济、新型城镇化建设、户籍制度改革等举措，大力引入年轻的经济活力人口，改善我县人口年龄结构，促进人口均衡发展。

构建社会养老服务体系。全面加大对养老服务业的支持力度，逐步形成政府主导、社会主体的养老服务业发展格局，建设以居家为基础、社区为依托、机构为补充的多层次养老服务体系。强化居家养老服务基础性地位，加强居家养老服务政策引导，鼓励和支持社会力量参与、兴办居家养老服务业，加强居家养老服务设施建设，建立三级养老服务中心，满足居家老人多元化多层次服务需求。到2020年，城乡社区居家养老服务覆盖面、标准化社区居家养老服务中心建成率分别达80%、40%。加快发展社区养老服务，加强社区老年照料中心建设工作，提高老年人日间照料服务和助餐服务覆盖面。运用互联网优势，倡导智慧养老模式，形成信息化、智能化、多层次养老服务信息管理及呼叫网络体系和一体化在线公共服务体系，构建没有围墙的养老社会服务体系，打通养老业最后一公里。

加强养老机构建设管理。加强养老机构布局规划，加快推进县社会福利中心二期工程，发挥公办养老机构的示范和托底作用。完善鼓励社会力量兴办养老服务机构的资助和扶持政策，支持社会力量兴办养老机构。统筹城乡养老设施发展，满足养老服务需求。加强养老机构规范管理，争创社会养老服务体系建设省级示范区。到2020年，每千名老年人拥有床位达35张。

大力发展老龄产业。坚持以社会化、产业化为方向，积极发展老年食品、保健品、康复等老年服务产业，积极拓展适合老年人特点的文化娱乐、体育健身、教育培训、金融理财、休闲旅游、康复护理、精神慰藉、法律咨询代理等服务业态，在地价、房租、融资、税费等方面给予适度优惠。充分发挥和扩大"中国长寿之乡"的品牌作用和影响，推进高新区生命健康产业园、小洋口健康产业园等特色产业基地建设，鼓励企业开展养老产品、技术、业态及品牌创新，打造长寿经济产业链。

加快医养融合发展。强化老年医疗卫生服务能力建设，健全以综合医院为支撑，以社区卫生服务机构为基础，以康复院、护理院、养老服务机构内设医疗机构等为补充的服务网络，推动公立的中心级卫生院开设老年病科，鼓励现有医疗机构按标准改建护理院或康复院，更好地为老年人群提供医疗服务。加快推进县中医院医养融合PPP项目建设，努力提供"一站式"医疗、养老、养生、健教、康复、护理等于一体的中高档养老社区。统筹设置医疗设施与养老设施，支持公办医疗机构与养老服务机构医养合作。

第十一章　依法治县，构建社会治理新体系

扎实推进依法治县、依法执政、依法行政进程，实现科学立法、严格执法、公正司法、全民守法，深化"平安如东"建设，更好的保障人民群众财产安全，努力形成尚法守制、公平正义、平安和谐的社会治理新格局。

第一节　深化法治如东建设

全面推进依法行政。坚持"法无授权不可为，法有授权须尽职"，依法规范机构职能、权限、程序、责任，实施政府权力清单制度。健全依法决策机制，完善行政决策程序规定，明确重大行政决策范围。完善重大决策听证制度，健全重大决策风险评估机制，建立重大决策终身责任追究制度及责任倒查机制。深化行政执法体制改革，健全行政执法和司法衔接制度。严格规范公正文明执法，完善行政执法程序和具体操作流程，建立执法全过程纪录制度和行政执法责任追究制度。强化对行政权力的制约和监督，全面推进政务公开和行政执法公示，保障行政执法透明度和公众对政府信息的知情权。

提升公正司法水平。支持法院、检察院依法独立公正行使职权。优化司法职权配置，健全公安机关、检察机关、审判机关、司法行政机关分工负责、相互配合、相互制约机制。健全内部监督制约机制，建立司法机关内部人员过问案件的记录制度和责任追究制度。推进以审判为中心的诉讼制度改革和量刑规范化改革，实行办案质量终身负责制和错案责任倒查问责制。推进审判公开、检务公开、警务公开，构建阳光司法机制。强化人权司法保障，依法保障诉讼过程中当事人和其他诉讼参与人的知情权、陈诉权、辩护辩论权、申请权、申诉权。强化对司

法活动的监督,探索建立重大、疑难案件侦查机关听取检察机关意见和建议制度,完善人民监督员制度,加强司法人员职业道德建设,规范司法行为。建立公正、高效、权威的司法制度,实现在法律面前人人平等,筑牢社会公平正义的最后防线。

加快建设法治社会。坚持把全面普法和守法作为依法治县的长期基础性工作,将法治教育纳入国民教育体系和精神文明创建内容,增强全社会特别是公职人员尊法学法守法用法观念,探索建立群众法律需求征询机制,落实机关部门"谁主管、谁负责,谁执法、谁普法"的普法责任制,完善农村普法工作机制。弘扬社会主义法治精神,建设富有特色、覆盖全县的法治文化体系。深入开展法治县和各行各业基层法治示范点创建活动,加快县、镇区(街道)、社区(村)三级全覆盖的公共法律服务体系建设。逐步将劳动保障、婚姻家庭、食品药品、教育医疗等民生紧密相关的事项纳入法律援助补充范围,逐步将法律援助的群体从低保群体拓展到低收入群体,实现应援尽援。到 2020 年,法治建设满意度达到 98%以上。

第二节　增强社会治理能力

提升政府社会治理水平。政府充分发挥在社会治理中的主导作用,全面履行社会治理和公共服务职能,推动政府职能向创造平等发展环境、提供基本公共服务、促进社会公平正义等方面转变。不断完善法治型社会治理制度,引导和推动各类主体严格依照法律规定的权限、规则、程序参与社会治理。运用现代技术改进政府治理方式,加强源头治理、动态管理、应急处置和标本兼治。引导规范基层群众自治组织和社会组织承担政府委托事项。健全社会心理服务体系和疏导干预机制,防范和降低社会风险。积极拓展参与社会治理的领域范围、途径方式。

创新改进基层治理方式。进一步推动社会治理方式下移,加强县、镇区(街道)、社区(村)三级社会管理平台规范化建设,健全"一委一居一站一办"社区组织架构,推进网格化管理全覆盖。深化社区、社会组织和社会工作专业人才"三社联动"。完善社区信息化管理和服务体系,加强社区文化建设,引导外来人口平等融入,创新外来人口和各类特殊人群服务管理。推进基层民主,加强村规民约、社区公约等社会规范引导,依法保障居民知情权、参与权、决策权和监督权,完善公众参与治理的制度化渠道。进一步厘清行政事务和社区自治事务、政府委托事务和社区自治事务边界,构建"政社互动"新模式,推动社区"减负增效"。充分发挥村(居)委会的群众自治性组织作用,引导社区群众依法参与社区事务、财产、资产等管理。到 2020 年,城镇居委会、农村村委会依法自治达标率均达到 100%。

充分激发社会组织活力。支持和发展志愿服务组织,重点培育行业协会商会类、科技类、公益慈善类、城乡社区服务类社会组织,稳妥积极推进四类社会组织直接登记,扶持发展一批示范型社区社会组织。建立县、镇(区)两级社会组织孵化网络,支持社会组织实施公益创投项目。建立公平、开放竞争的中介市场体系,推进一业多会。充分发挥社会组织在现代社会治理中的作用,推动政府的部分行业管理、社会事务管理、技术服务等职能有序转移,健全政府向社会组织购买服务常态机制。完善社会组织扶持保障政策,推进社会组织诚信自律建设工作。大力开发社会工作岗位,推进社会工作专业人才队伍建设。

加强社会矛盾预防化解。健全重大决策社会稳定风险评估机制,畅通群众利益诉求、权益保障法律渠道,引导和支持利益群体理性表达诉求,全面推行阳光信访。维护正常信访秩序,依法处理信访活动中的违法犯罪行为。完善人民调解、行政调解、司法调解联动工作体系,完善社会矛盾排查预警和调处化解综合机制。积极整合诉讼外纠纷解决资源,调动全社会力量共同化解矛盾纠纷,构建系统、科学的多元化纠纷解决机制。健全利益保护机制,依法严厉打击农村土地征用、城镇房屋征收等过程中损害群众利益的违法犯罪行为。

建立健全社会信用体系。深化诚信如东建设,全面提高社会诚信意识和信用水平。加快政务诚信建设,坚持依法行政和政务信息公开,深入开展公务员守信道德建设和职业道德建设。注重商务诚信建设,加强企业信用信息管理,引导建立市场化和第三方信用评价机制,营造诚信市场环境。强化司法公信建设,不断提高司法规范化水平,维护法律权威。加强社会诚信建设,促进和谐友爱的人际关系形成,实现社会和谐稳定和长治久安。建立常态化的信用信息归集机制。深入推进覆盖全县公共信用信息系统的建设和使用,不断完善"如东信用网"功能。探索发展公信力强的信用服务机构,努力扩大信用产品的需求和供给。建立守信激励与失信惩戒机制,推进诚信文化建设,促使诚实守信成为自觉行为规范。

第三节　切实保障公共安全

加强社会治安防控体系建设。深化技防监控设施建设,加强老旧小区技防改造和村级技防建设,整合社会视频监控资源,构建城乡一体化监控网络,打造现代化、立体化社会治安防控体系。优化巡逻防控机制,建立健全常态化、动态化巡逻防控机制,加强专职群防群治队伍建设,最大限度防范打击各类违法犯罪活动,严格重点部位、特种行业、公共复杂场所监管,强化对城郊结合部、车站等重点地区治安整顿。强化居民治安防范教育。加强反恐工作,坚决维护国家政治、经济、文化、社会、信息、国防安全。到 2020 年,公众安全感超过 98%。

提升公共安全应急响应能力。运用现代信息手段,健全监测预警、风险评估、处置救援、社会动员、舆论引导等机制,提高危机管理、应急反应和处置能力。制定和完善全方位、多层次的应急预案,加强公共安全基础设施和专业应急队伍建设,增强全社会抵御风险、抗击危机的能力。严格落实大型活动、群众自发性节庆集聚活动安全防范措施,坚决防止发生群死群伤治安灾害事故。全面提升防灾、减灾、救灾能力,加强城市消防、防洪、排水防涝、抗震及海洋防灾减灾等设施建设。合理规划布局和建设应急水源、应急避难场所,充分发挥人防指挥、警报、工程、疏散等资源的应急避难作用。深入开展应急教育宣传,开展公益性应急救援培训,提高群众防灾减灾意识和紧急避险、自救互救能力。鼓励发展多种形式的灾害保险。加快应急产业培育。

健全安全生产长效机制。强化安全生产管理创新,遏制重特大安全事故。健全安全生产责任体系,强化党委、政府安全生产责任,全面落实安全生产企业主体、部门监管和属地管理责任,完善监管工作机制,建立企业安全生产诚信承诺制度、安全生产不良信用记录和"黑名单"制度。加强安全生产源头控制,完善隐患排查治理体系,推进安全生产标准化建设。实行最严格的安全生产监管措施,落实安全生产巡查、督查、暗查制度。重点加强海洋渔业生产安全和化工企业生产安全。强化危险化学品管理。

保障食品药品安全。贯彻食品安全战略,健全严格的食品药品安全监管制度,推进专项整治和综合治理。建立最严格的覆盖全过程的监管制度,建立食品原产地可溯制度和质量标识制度,保证食品药品安全。强化药品、医疗器械源头监管、动态监管和风险控制,落实管理规范,提升药品医疗器械管理水平。加大保健食品、化妆品监管力度。健全食品药品安全法规标准和检验检测、风险监测等体系,增强基层安全监测能力。发挥投诉举报、责任保险、行业自律等市场机制作用,形成社会共治格局。

加强交通安全管理。改善道路交通基础条件,整治道路安全隐患,增强全民交通安全意识,提高驾驶员安全行车技术,加强交通安全执法,从严查处无证驾驶和酒驾等违章违法行为,有效防范和坚决遏制重特大道路交通事故。

加强信息安全保障。开展关键行业和领域信息安全测试与评估。建设面向社会、企业、个人的信息安全专业服务平台,推进信息安全资源共享,提高信息安全保障能力。加强信息安全防控队伍建设。

第十二章　完善保障措施,确保规划纲要顺利实施

本规划纲要经如东县第十六届人民代表大会第五次会议审议批准,具有法律效力。应充分发挥本规划纲要对资源配置的导向作用,健全规划实施与保障机制,加强和改善宏观调控,落实各项责任,强化监督检查,确保有效实施,圆满完成规划目标。

第一节　强化要素保障

按照适度发展、留有余地原则,做好经济社会发展重要支撑要素的综合平衡,切实增强要素供给能力,保障经济社会持续稳定发展。

着力破解资金难题。加快完善财政管理体制、基本财力保障机制,推进财政扶持资金拨改投、拨改贷、拨改股,在新增债务可控的基础上,扩大各类产业引导资金规模,年均增长保持15%以上。强化银企对接合作,推动企业上市融资,鼓励参与网络金融、网络支付、众筹等新型金融业态,增强资金筹集能力。

着力调整用地结构。积极创新土地供应方式,优先保障社会民生服务类项目用地需求,重点保障6大园区和重点镇用地需求,突出保障转型升级项目以及行业龙头企业产能扩张用地需求,科学安排土地空间开发利用,健全落实建设用地"减量化"配套政策,有序推进城乡建设用地增减挂钩和工矿废弃地整治工作,积极争取重大项目点供用地。

着力满足用工需求。依托如东中等专业学校等载体,创新订单培养、订单招工、订单服务,有针对性的培育一批企业急需的技术工人。广泛组织用工招聘活动,继续开辟劳动力输入基地,加强产业工人等劳动力引进工作,有力缓解我县用工短缺、用工年龄老化等结构不合理问题。

第二节　强化项目保障

坚持以规划确定项目、以项目落实规划,发挥重大项目的示范和带动作用,按照"打基础、利长远"的思路,在具有全局性、基础性、战略性和补短板、促转型的重点领域谋划启动一批重大项目。"工程类项目"突出重大能源、水利、交通、城镇基础设施、生态环境和民生幸福类项目的安排,着力解决基础设施配套、城市功能提升和民生改善的问题,要合理利用政府财力,周密组织,科学实施。"产业类项目"突出新材料、装备制造、电子信息、新能源、健康养老等新特产业项目和现代服务业项目,着力解决经济结构调整和产业转型升级的问题,培育新的增长动力。建立重大项目多元投入机制,促进土地、能源等要素向重大项目倾斜,努力争取更多的项目纳入国家、省、市层面推进。"十三五"期间,初步安排重大项目300个,总投资4000亿元,"十三五"期间计划完成投资2500亿元;其中重大产业项目200个,总投资2500亿元,"十三五"期间计划完成投资1800亿元。

专栏3:“十三五”重大项目分布与结构

“十三五”期间,规划安排重大项目300个,总投资4000亿元,“十三五”期间计划完成投资2500亿元;其中重大产业项目200个,总投资2500亿元,“十三五”期间计划完成投资1800亿元。

1.按行业类别划分。基础设施项目60个,计划投资830亿元;工业项目115个,计划投资2350亿元;服务业项目75个,计划投资650亿元;农业项目10个,计划投资20亿元;社会事业项目30个,计划投资80亿元;民生保障项目10个,计划投资70亿元。

2.按投资规模划分。总投资100亿元以上项目5个,计划投资900亿元;50亿~100亿元项目20个,计划投资1200亿元;10亿~50亿元项目60个,计划投资1000亿元;10亿元以下项目215个,计划投资900亿元。

第三节　强化组织保障

加强组织领导。深化对发展规律的认识,进一步转变政府职能,改进管理方法,提高行政效率,降低行政成本,建立行为规范、运转协调、公正透明、廉洁高效的行政管理体制。健全决策咨询机制,推进科学民主决策,提高决策科学化水平。将总体规划确定的目标任务分解落实到各镇(区、街道)和具体部门,建立健全协调机制,在投资安排、项目决策、财税金融、土地供应等方面给予综合协调,形成合力。

狠抓作风建设。坚持求真务实,着力提高把控方向、谋划全局的能力,把上级精神部署与本地发展实际结合起来,把当前需要与长远发展统一起来,在突破关键性、根本性问题上下工夫。鼓励敢于担当,激发创新创业热情。善于攻坚克难,破解跨越赶超难题。敢于争先创优,抢占发展先机。强化落实之功,以“踏石留印、抓铁有痕”的劲头,努力把各项工作抓实、抓好、抓出成效,善始善终、善做善成,让人民群众不断看到经济社会发展的实在成效和变化,赢得“十三五”确定的各项目标任务的圆满完成。

完善规划体系。加快规划编制、实施、管理的制度建设,提高规划的科学性、指导性、操作性,进一步建立健全规划体系。强化经济社会发展总体规划的龙头地位,与相关空间规划、专项规划共同形成定位清晰、功能互补、统一衔接的规划体系。积极推进规划改革创新,健全规划衔接协调机制,精减专项规划数量,推动国民经济和社会发展规划、城乡规划、土地利用规划、生态环境保护规划“多规融合”和“多规合一”,为形成一本规划、一张蓝图奠定基础。

强化监督评估。建立健全规划实施监测评估机制,推动规划年度监测、中期评估工作,依法适时调整修订规划内容,及时解决规划实施中出现的矛盾和问题。强化规划执行督查机制,加强人大、政协对规划实施行为的监督检查,保障规划严格实施。加强社会监督,开展规划宣传,推动规划实施公开化、透明化,让社会各界通过法定程序和渠道参与规划实施和监督,营造全社会支持规划实施和依规办事的良好氛围。

县政府关于印发加快转型提质,建设新型现代化美丽城市若干意见的通知

县城是县域城镇体系中最重要的组成部分,是县域经济的重要增长极。为了贯彻落实中共十八大和十八届三中、四中、五中全会及中央城镇化工作会议、中央城市工作会议精神,提高城市规划建设管理水平,提升城市整体形象和实力,促进城乡一体化发展,特提出如下意见。

一、充分认识城市建设面临的新形势,适时实施发展方式转变

“十二五”期间,我县紧紧围绕打造“三个城市”总体目标,按照“完善老区、建设新区、接轨港区”的发展思路,强化规划引领,突出城市开发和功能配套,推进城市环境综合整治,城市框架已经形成,城市功能日趋完善,城市面貌不断提升,城市聚合和辐射功能进一步增强。

“十三五”时期,我县城市规划建设管理工作面临新的机遇与挑战。随着国家“一带一路”、长江经济带、“长三角”区域发展一体化、江苏沿海开发等重大国家战略的实施,区域经济发展机遇多重迭加,新型城镇化步伐不断加快,为城市发展提供了良好的外部条件。但也面临一系列的挑战,呈现新的特点。一是房地产开发在城市建设中的拉动作用正在减弱。四、五线城市商品房销售低迷,市场需求减弱。房地产业在深度整合后,发展走向理性。二是老旧小区更新和城市基础建设摆上突出位置。棚户区改造、城市地下管网建设、海绵城市推进等成为改善民生的重点和拉动经济的热点。三是市民对公共配套、公共服务要求越来越高。城市交通、教育医疗、文化休闲等设施不足的矛盾日益凸显,公共配套和公共服务实现优质化、均衡化的目标十分艰巨。四是城市的承载力、聚合力亟需增强。与周边县市相比,城市的产业和人口集聚度还不够,城市承接新经济业态和吸引高素质人才的能力不强。

面对经济发展新常态和城市发展新形势,我们要适时实施城市发展方式转变。(一)从以城市开发为主,转向城市开发与城市更新并举。摒弃“大拆大建”式开发模式,用城市更新理念指导老城区开发,在保护历史建筑和特色风貌的前提下,改善基础设施,提高服务配套,再造老城区新形象。同时,围绕新城区公共服务设施完善,

推进各类主题社区组团建设，满足人口集聚和改善需求。(二)从以外延扩展为主,转向外延扩展与内涵提升并举。改变“摊大饼”式城市生长方式,城市发展由扩张性蔓延向限定城市边界、优化空间结构转变,突出城市配套、宜居环境和产业支撑,切实提高土地利用效率和城市建设品质。(三)从以市场拉动为主,转向政府投入和市场拉动并举。抓住国家对棚户区改造、基础设施建设投融资政策机遇,充分利用政府有形之手和市场无形之手,加大老城区更新、基础设施建设力度,超前布局新城区配套功能,带动地块的出让开发,实现城市建设的滚动发展。(四)从以县级层面推动为主,转向县、区两级推动并举。理顺县区两级事权财权,合理确定各自的建设范围和重点，强化两区在城市建设中的作用和责任,促进园区与城区互动融合发展。

二、加快转型提质,建设新型现代化美丽城市的指导思想、目标和基本原则

(一)指导思想

认真贯彻中央城市工作会议精神，努力践行创新、协调、绿色、开放、共享的发展理念,以“六城联创”为抓手,以转型提质,特色发展为重点,进一步转变发展方式,加强城市规划建设管理,改善人居环境和生态环境,促进人口集聚,建设发展特色突出、规划布局合理、建筑和谐美观、功能设施齐全、公共服务完善、管理秩序井然、人居环境良好的具有水乡特色、滨海特征的新型现代化美丽城市,实现城市的水绿串联环境美,建筑精致形态美、设施完善功能美、宜居宜业生活美、社会安定和谐美。

(二)发展目标

——建设规模适度的特色城市。到“十三五”期末,建成区达35平方公里,城市人口突破20万。县城地位、城市面貌、宜居环境、功能支撑、发展能力显著提升,成为全县名副其实的经济文化中心、南通市北部重要增长极和江苏沿海具有较高识辨度的港口枢纽之城、海鲜海韵之城、绿色产业之城、教育文化之城、幸福长寿之城。

——建设功能完善的宜居城市。按照“出行快捷、生活便利、环境舒适”的人居要求,完善新城区骨干网络,加大老城区道路密度,到“十三五”期末建成区平均路网密度达8公里/平方公里;强化商业服务配套和社区生活服务设施建设,构建便捷生活服务圈,到“十三五”期末人均公共服务用地达55平方米;严格控制开发强度,增绿露水,营造宜人公共空间和绿色环境。

——建设环境优美的园林城市。到“十三五”末,城市建成区绿化覆盖率>39%、绿地率>36%、人均公园面积>9平方米,水系面积占比达到10%,污水处理率达到80%,生活垃圾无害化处理率达到80%。

——建设个性彰显的人文城市。挖掘“盐文化”、放大“海文化”“围垦文化”,彰显“红色文化”和“民俗文化”,将地区文化元素融入城市规划建设中,提高城市的识别度。

——建设生态良好的海绵城市。以解决城市内涝、雨水收集利用、黑臭水体治理为突破口,推进整治治理,提高水涵养能力,大力建设雨水滞留设施,促进水资源循环利用,逐步实现小雨不积、大雨不内涝、水体不黑臭、热岛有缓解目标。

——建设快捷高效的智慧城市。加强城市管理和服务体系智能化建设,促进大数据、物联网、云计算等现代信息技术与城市管理服务融合,提升城市治理和服务水平。加强市政设施运行管理、交通管理、环境管理、应急管理等城市管理数字化平台建设和功能整合,建设综合性城市管理数据库。积极发展民生服务智慧应用。加快发展互联网经济。

(三)基本原则

1.坚持突出县城中心地位。坚持将老城区完善摆在突出地位。坚持将新城区建设作为发展重点,牢固确立新城区全县产业、商业、商务、居住第一功能区的地位。

2.坚持以人为本。坚持以人为核心的城镇化,将以人为本的理念贯穿到城市规划建设管理的全过程。始终按照以人为中心的原则来配置资源,围绕人的需求来谋划城市规划和城市建设,让城市发展最大化满足市民需求。

3.坚持民生优先。以问题为导向,围绕热点难点问题,突出与老百姓生产生活密切相关的领域,切实提升民生幸福指数。

4.坚持统筹兼顾、突出重点。按照实事求是、量力而行、适度超前、注重品质的要求,正确处理老城区与新城区关系,解决历史欠账与创建新优势之间的关系,合理分配投入和资源,促进全面可持续发展。

三、加快转型提质,建设新型现代化美丽城市的主要任务

(一)强化规划引领作用

1.优化空间布局。坚持南到新334线(县城段)、北到洋口大道(县城段)、东到东二环、西到西环的城市发展边界,坚持生态红线和城市“四线”(蓝、绿、黄、紫),严禁无序蔓延;坚持南优、西控、北拓、东储的城市发展方向,以向北向东发展为主;坚持“两带双轴、三核五片区”的城市空间布局;优化用地结构,适度增加公共服务和绿化水面等生态用地比重;优化空间结构,推进老城区控量、新城区提质和园区增效,实现空间合理有效腾挪。

2.深化规划编制。适时对县城总体规划进行实施评估和微调,对控制性详细规划进行完善,组织编制县城管网体系、道路体系、慢行体系、城市美化专项规划,形成较为完善的规划体系。组织开展教育、医疗、市场、公厕、停车布局专项规划编制。围绕老城区更新,全面分块开展设计和研究。结合环境综合整治,开展汽车修理、砂石场、废品收购、殡葬服务外迁规划选址专项研究。全面推行城市设计,重点区域在控制性规划编制前,先行开展城市设计研究,切实做好县城门户、重点街区、主干道路沿线、滨水地段、广场等重点地段和节点的城市设计。

3.加强规划衔接。推进国民经济和社会发展规划、城市总体规划和土地利用总体规划的“三规合一”,以5年为时间维度,在空间上无缝衔接。强化国民经济和社会发展规划的引领作用、建设规划的控制作用和土地利用总体规划的保障作用。按照“十三五”规划的重点项目目录和近期建设规划,调整完善县城土地利用总体规划,提高土地利用总体规划在城市开发建设保障中的及时性、精准性。强化各专项规划与城市总体规划的衔接。

4.严格规划管理。(1)进一步完善专家咨询制度。邀请县内外关心关注如东的各类专家,组建城市规划建设咨询专家库,参与指导重大规划编制和重点建筑设计审查。(2)进一步完善规委会的民主决策。按照“政府主导、专家论证、公众参与”原则,完善县规委会议事制度,优化县规委会运作机制。邀请公众代表、人大代表、政协委员、党代表、行业代表、市民代表参与重要规划的评审。利用规划展览馆平台,加强规划的宣传,听取社会意见,提高规划的透明度。(3)进一步提高规划实施的严肃性。严格按照县城总体规划和各片区控制性详细规划进行项目选址和规划许可。正确处理好规划审批统与分的关系,切实加强放权后规划管理和监督。

(二)改善城市人居环境

以建设生态宜居城市为目标,大力推进老城区改造,加快新城区建设,完善城市公共服务功能,做好“水、绿”文章,营造宜人的生产生活空间。

1.推进老城区更新。对老城区全范围划块,按照点线面相结合原则,针对不同情况研究改造更新模式和推进时序,做到一宗地一规划一政策。一是沿街改造。通过示范路创建,优化城市界面,提升城市形象,确保每年创建省级示范路不少于1条。二是地块修补。对新老建筑混杂街区,保留新建筑,改造老建筑。三是保护开发。对历史文化街区,在保护传统风貌的前提下进行整治和开发。四是活力再造。对结构尚好,一时不能拆迁开发的老厂房,在政府主导下实现功能转换,发展创意文化产业。五是小区出新。对老旧小区改造,完善基础设施,整治建筑立面。对老城区改造,坚持以社会效益为主、兼顾经济效益,做好加减法,即减少建筑密度、建筑容量,增加公共配套、公共空间。充分发挥基层社区和市民在老城区更新中的积极作用,努力打好老城区三年攻坚战,“十三五”期末基本完成老城区更新改造。

2.加快新城区建设。按照“紧凑城市”理念和“公交引导、功能复合、配套完整、尺度适宜、社会和谐”要求,组团式、主题性开发新区。掘苴河以西重点推进新实小周边学区组团、新中医院周边养老组团、城北湿地公园周边休闲组团;掘苴河以东重点推进文体中心周边运动组团。在控规约束和城市设计指导下,小板块、快节奏推进建设。注重市场细分和如东住宅消费特点研究,通过提供个性化、多元化的住宅产品,拉动刚性需求。切实提高新区建设品质,严格控制开发强度,提高水、绿比重。城市主干道两侧原则上不设置底商。严格控制南北通道底商比重。积极推进组团内部“窄马路、密路网”和新建住宅的街区制。通过对新区建筑的通透性、梯度比、贴线率、围合感、开敞度的管理,加强城市空间的控制,优化城市形态,打造优美的城市天际线。

3.加强城市公共配套。(1)加强城市交通设施配套。突出公交优先,增加公交线路班次和特殊群体专班,公交占市民交通出行比率达20%;进一步完善公共自行车服务系统,“十三五”期末公共自行车系统布点达100个以上、自行车1500辆以上;加快城市慢行系统建设,形成贯穿全城的自行车和步行专用廊道。加强城市停车泊位建设,新建23个停车场。(2)加快城市重点配套项目建设。重点建设四个中心,即商务中心、汽运中心、文化中心、体育中心。(3)优化社会事业配套。优化教育设施配套,迁建1所高级中学,改造建设2所初级中学,新建和改造4所小学,新建8所幼儿园,到“十三五”期末县城拥有2所高中、4所初中、6所小学以及与住宅小区相配套的若干所幼儿园,实现基础教育均衡化、优质化、现代化。优化医疗设施配套,重点做好县人民医院改扩建、县急救中心、妇幼保健院、第四人民医院建设和街道卫生服务中心及对应的社区卫生服务站建设。优化养老设施配套,建设县城居家养老服务中心和社区养老服务站。鼓励社会提供养老服务设施,推进养老型居住区建设。优化市场配套,新建农贸市场3个,迁建农贸市场6个,新建其他专业市场3个,形成多点均衡满足市民生产生活的市场服务体系。优化环卫配套,改建公厕5座,新建一类公厕10座、二类公厕25座。新建垃圾中转站5座。(4)落实组团公共社区服务配套。以组团为单位,按照“8+2”要求,建设肉菜市场、停车场、环卫、文化、体育、卫生、社区服务、托老设施,增加规模水面、规模绿地配套。

(三)提升城市承载能力

大力提升城市生态环境和基础设施承载力,以适应不断扩大的城市人口规模和日益频繁的经济社会活动。

1.提升城市道路通行能力。一是推进老城区道路加密工程,做好老城区道路升级改造和扩建,提升老城区道路通行能力,缓解老城区交通压力,重点实施黄海路北延、江海东路西路改造、弹琴路改造、范堤路北延、海花路东延等工程。对老城区易堵段和商业集中区采取多种手段,改善微循环。二是推进城市对外连接工程,加强对外交通联系,重点做好电大路、长江路连接段、嘉陵江(泰山路—西环路)工程建设,构建城市快速连接体系。三是推进新城区骨架道路完善工程,加快重要节点道路建设,重点是做好东环路北延、牡丹江路东延工程建设,促进县城东北片区开发。四是推进城市道路提质增效工程,严格控制对城市主干道直接开设道口,严格控制主干道交叉口开发强度。对城区道路进行回头看,对人行、非机动车断面缺失的,完善到位。全面实施道路展宽、渠化改造。对人群密集地区,通过建设空中、地下专用人行通道和安全岛,确保人行的便捷安全。优化交通静态管理。

2.提升城市环境的净化能力。加快沿河沿主干道景观带、大型湿地公园、主题公园、街头公园等绿化景观建设,扩大县城绿量,增加城市“绿肺”,建设15分钟绿地圈、健身圈。重点做好四环城市出入口及沿路绿廊、三河(如泰河、掘苴河、掘坎河)沿河绿化、嘉陵江路、珠江路西段绿廊、城北湿地公园、儿童公园、体育公园和依托各大组团的规模绿地建设。

3.提升城市污水治理和防洪排涝能力。按照“海绵城市”要求,加强城市各类河道治理,畅通水系,提高城市河道排水、净水、蓄水能力,减少城市内涝。重点做好县城如泰河、掘苴河、掘坎河、公共河、九遥河、串场河等主要河流整治,通过河床清淤、生态护坡、沿河截污、绿化建设等措施,改善水体质量,还河于城、还岸于民。加快如泰河、掘苴河、串场河沿河沙石场搬迁整治。进一步加快洋口运河建设,尽快建成洋口港江海联运体系。有序实施城区范围内航道外迁,弱化城区河道航道功能。规划区范围内严禁三类工业项目落户,园区与居住区接壤区域严禁二类工业项目落户。着力整治垃圾河、黑臭河,推进污染企业关停并转,实施工业污水、城镇生活污水截污纳管和达标排放。切实做好恒发污水处理厂三期扩容和县城第二污水处理厂设备扩容。

4.提升城市管线建管统筹能力。按照先规划、后建设原则,统筹县城范围内上下水、强弱电等地下、地面各类设施管线布局。严格按照城市地下管线综合规划和控制性详细规划,对管线实施统一的管理,严厉打击违反规划和未经批准随意建设行为。按照先地下、后地上的原则,合理安排地下管线和道路建设时序,在道路建设改造同时,同步集中进行管网建设改造。探索地下综合管廊建设。建立管线信息系统,正常开展隐患排查。推进弱电管线集约化共建共享利用。

(四)提高城市管理效能

按照中共中央国务院《关于深入推进城市执法体制改革,改进城市管理工作的指导意见》,以城市管理现代化为指向,以理顺体制机制为途径,尽快构建权责明晰、服务为先、管理优化、执法规范、安全有序的城市管理体制,推动城市管理走向城市治理,促进城市运行高效有序。

1.落实街道办事处职能,加强基层社区建设。强化街道办、社区综合管理职能,加大财政投入和阵地建设,加强社区工作力量配备,探索社区新型管理体系和管理模式,切实发挥街道办社区在社区服务、社会治安综合治理、精神文明建设等方面的综合管理和统筹协调作用。

2.完善城管体制,推进城市管理重心下移。理顺管理体制,匡定管理职责,整合部门职能,深化综合执法,促进管理重心下移;强化队伍建设,优化执法力量,严格队伍管理,提升社会形象;规范执法制度,改进执法方式,完善监督机制,提高执法水平;整合信息平台,推进城市管理数字化、精细化、智慧化,拓展“12345”服务范围和功能。

3.疏堵结合,治理城市“六乱”现象。部门联动,重拳出击,切实解决车辆停放、马路市场、户外广告、洗车修车、建材经营、废品回收等群众反映强烈的城市管理问题,确保整治效果。加强城管、交警、住建、交通等部门联动,重点整治路面、人行道板、小区出入口乱停乱放行为。加强马路市场整治,坚决取缔影响交通和市容的马路市场。加强户外广告整治,规范户外广告建设行为,控制广告数量和品质,通过集中整治和示范创建,全面对城市各类广告进行提档升级。加快汽车修理集聚区建设,有序推进分散修理点搬迁。严格控制主要街道和交通要道洗车点。加快推进建材经营和废品回购外迁和集聚。

4.下决心解决物业管理和违章建设两大突出问题。落实属地物业管理责任。按照“条块结合、属地负责”的原则,建立县、街道、社区、住宅小区“四位一体”的物业管理新体制,充分发挥属地政府和社区在住宅小区物业管理中的主体作用,切实解决物业纠纷多、物管水平较低等问题。进一步完善规范物管市场准入制度,优中选优,从源头上杜绝不良的物业公司进入如东市场。

进一步加大防违拆违的力度,按照“管理重心下移,管理责任前移”“属地管理、条块结合、以块为主”以及“谁主管、谁负责”的原则,建立区、街道办、部门联动的长效目标责任管理体制,通过属地监督管理与职能部门相结合,行政推动拆除与依法拆除相结合,查处违法建设与责任追究相结合,实行职能部门与区、街道办、村居以及物业管理(企业)自治监督管理的有机统一,对违法建筑的许可零服务,将违法建设行为列入社会诚信管理系统,确保违法建设早发现、早制止和违法建筑早拆除。

(五)促进产城融合发展

大力实施产业化和城市化整合互进战略,以产业化促进城市化,以城市化推进产业化,实现以城聚产,以产兴城,良性互动发展。

1.加强工业邻里建设,提升生产和生活配套水平。坚持以现代工业新城的理念为指导,把“产业功能”和“城市功能”有机结合起来,处理好城区与如东经济开发区、高新区关系,统筹推进,协调发展。城区、高新区、如东经济开发区错位发展,城区主要提供生活性配套服务和金融、商务等生产性服务,高新区、如东经济开发区侧重产业布局优化,区内基础设施完善、生产环境提升等方面,努力形成城区、高新区、开发区分工明确、布局合理、互动发展的良好局面。

2.促进产业升级,优化产业链,建设特色园区。高新区以发展生命健康和智能机电为主导产业,着力在高端化学仿创药和生物仿制药产业、诊断产业、组织再生与干细胞工程平台产业、机器人关键构件、精密机电零部件加工等产业方面寻求突破提升。如东经济开发区以打造高端装备制造、生命安全防护两大特色主导产业,培育发展新能源、汽车电子、新材料、电子商务等新兴产业。

3.扩大新经济业态,大力发展现代服务业、文化产业、创意产业。一是快速推进服务业集聚区建设。重点推进国清寺南侧20公顷地块开发,努力打造以家居、建材、机电、五金为主体的苏中地区一流的专业市场集聚区。加快汽车城集聚区开发进度,在加快打造4S品牌市场的基础上,重点引进汽车后服务高端市场。充分利用好新中心市场这个全新载体,全力打造全产业链的新型农贸集聚区,以新中心市场为龙头全面整合天一批发市场和社区微型市场,尝试探索农业生产、加工、流通的营运新模式,努力建成苏中地区最有影响力的区域性农副产品集散中心。二是全力招引县城服务业新业态。大力发展农产品销售、社区智能服务、电子商务后台服务等移动互联网产业项目。依托现有红木加工产业基础,积极引进红木博物苑、空间设计等创意文化和体验休闲产业。利用交通条件根本性改善的新机遇,抓紧规划和招引新型物流产业。三是努力拓展服务业发展新空间。全力推进新区商务中心、珠江路、通海路、文体中心等重点商圈的开发建设。谋划好工业区与主城区结合部、交通道口、县城南部等城市关键部位的物流、科研、办公功能开发,大力探索总部经济、工业主辅分离等融合型发展的新路径。

(六)打造城市个性特色

城市特色是一个城市名片和品牌,也是一个城市最大的竞争力。确立“不以规模论英雄,只以特色争高低”理念,坚持走精品化、差异化、个性化建设之路。一是挖掘历史文化展现特色。以创建省级历史文化名城为抓手,做好县城三号街区的保护性开发,筛选不同历史时期的文化遗址、经典建筑、特色空间加以保护和修缮,形成历史年轮,留下城市记忆。结合三河六岸整治和绿化提升,规划建设若干小型专业博物馆、名人书画展示馆,木雕等本土工艺品展览馆,串联成文化建筑群。二是利用自然禀赋彰显特色。强化“绿水青山就是金山银山”和尊重自然、顺应自然的理念,让居民见绿望水,留住乡愁。注重与自然环境相协调,注重滨海和水乡特色地形风貌的保护,注重城市色彩,外观形态和格局风貌的融合,塑造尺度亲切、形象优雅,具有鲜明时代气息和地域特点的城市风貌,彰显“滨海水乡”独特魅力。重点做好古串场河特色风貌的和城北湿地公园的打造。三是注重细节品质打造特色。贯彻“适用、经济、绿色、美观”的建筑方针,切实提高建筑设计水平。融入现代元素,突出文化特色,系统挖掘地方建筑文化特质和文化基因,研究梳理地域特色鲜明的建筑符号、建筑材料和建造工艺,建设一批体现水乡特色、滨海特征和人文精神的新建筑。吸引县内外名家大师参与如东建筑设计,政府性投资公共项目全部由县住建部门牵头进行方案遴选,社会公示听取意见,确定方案。全面开展城市美化设计,对城市家具、临街设施、建筑界面、地面铺装等进行规划设计,形成统一协调、个性鲜明的识别系统。

(七)建立推进保障机制

1.健全投入机制。进一步完善多元投入机制,投资主体多元化、投融资模式多样化。一是做好政策性融资,抢抓国家加快城镇化发展政策机遇,积极争取棚户区改造、城市地下空间建设、小城镇建设、城市发展基金等项目债,扩大融资规模,降低融资成本。二是创新各种融资方式,对能直接产生收入的市政公用设施项目应积极采用PPP方式融资。三是做好土地资本经营,做大土储平台,扩大土储融资规模;加强土地储备与城市规划衔接,严格控制重大城市基础设施项目周边土地,统一规划,统一收储,统一开发,提高收储土地潜在价值。四是充分挖掘城市无形资产,对公共设施的广告经营权、市政建筑的冠名权等可采取拍卖、出让、出租、抵押、转让或授予特许权等方式进行经营,增加城市收入。

2.健全决策机制。进一步强化县城建指挥部高位协调决策职能,进一步健全统一的会商会办、处置指挥、督查督办、考核考评、检查通报、信息发布等制度,努力形成集中统一、归口管理、密切配合、上下一致、运转顺畅的工作格局,尤其要强化指挥部监督考核职能,赋予城建指挥部对各归口管理的相关部门和街道办一定的年终综合考核分值,切实增强各参建部门和单位的积极性、主动性。

3.健全联动机制。按照事权财权相匹配原则,合理划分好县与高新区、如东经济开发区两级政府事权,分配相应的财权,并将其制度化。

(东政发〔2016〕14号 2016年5月3日)

统计资料

如东县基本概况

表 76

指　　标	单　　位	2015年	2016年
一、总面积	平方公里	1872.70	1872.70
二、海岸线长	公里	102.59	102.59
三、耕地面积	公顷	108511	
四、城区面积	平方公里	83.41	
五、乡镇个数	个	12	12
六、街道个数	个	3	3
七、村(居)民委员会	个	262	256
其中:村民委员会	个	213	209
居民委员会	个	49	47
八、村民小组	个	5626	5626

如东县国民经济和社会发展总量指标

表 77

指　　标	单　位	2015年	2016年	比 2015 年增减(%)
一、人口、就业、城市化率				
1.人口、城市化率				
年末户籍人口	人	1039603	1035366	-0.41
其中:男	人	511850	509327	-0.49
女	人	527753	526039	-0.34
年平均户籍人口	万人	104.16	103.75	-0.39
年末常住人口	万人	98.20	98.18	-0.02
年平均常住人口	万人	98.20	98.19	-0.01
城市化率	%	54.30	56.07	1.77
2.就业				
从业人数	万人	62.20		-100.00
其中:单位从业人员	万人	16.84		-100.00
城镇失业人数	人	3514	3278	-6.72
二、宏观经济				
1.国民经济核算				
地区生产总值	亿元	672.69	746.69	9.2
第一产业	亿元	64.97	67.87	1.7
第二产业	亿元	314.83	340.57	9.3
第三产业	亿元	292.90	338.25	10.9

续表 77

指　　标	单　位	2015年	2016年	比 2015 年增减(%)
2.固定资产投资	亿元			
全社会固定资产投资总额	亿元	486.98	545.42	12.0
其中规模上:农村投资	亿元	132.99	137.98	3.8
城镇投资	亿元	328.40	385.20	17.3
3.财政				
财政总收入	亿元	139.55	139.7	0.1
其中公共财政预算收入	亿元	58.54	54.41	-7.1
财政总支出	亿元	137.31	153.63	11.9
其中公共财政预算支出	亿元	93.79	102.16	8.9
4.利用外资				
签订利用外资协议额	万美元	71296	73107	2.5
实际到账注册外资额	万美元	29397	29422	0.1
三、产业				
1.农业				
农林牧渔业劳动力	万人	8.36	8.11	-3.0
其中种植业	万人	6.76	6.43	-4.9
农林牧渔业总产值(现价)	亿元	133.35	139.88	2.0
主要农产品产量				
粮食	万吨	93.47	90.90	-2.8
棉花	万吨	0.80	4505	-44.0
油料	万吨	4.53	4.02	-11.3
蚕茧	吨	1625	803	-50.6
肉类	万吨	10.24	10.31	0.7
水产品	万吨	30.99	29.78	-3.9
2.工业				
其中定报企业总产值	亿元	1902.55	1972.03	3.0
3.建筑业				
建筑业企业人数	人	118265	112492	-4.9
建筑业总产值	亿元	378.98	401.20	5.9
施工房屋面积	万平方米	4489.73	4874.95	8.6
竣工房屋面积	万平方米	939.50	1776.20	89.1
4.交通运输				
货运量	万吨	1154	1335	15.7
货运周转量	万吨公里	1730903	211789	21.8
客运量	万人	543	679	25.0
旅客周转量	万人公里	36619	52692	43.9

续表 77

指　　标	单　位	2015年	2016年	比 2015 年增减(%)
5.邮电通信业				
邮电业务收入	亿元	7.34		-100.0
固定电话用户	万户	21.98		-100.0
城　市	万户	7.93		-100.0
农　村	万户	14.05		-100.0
6.国内商业				
社会消费品零售总额	亿元	287.43	318.62	10.9
7.对外贸易				
进出口总额	万美元	244601	251037	2.6
进　口	万美元	100523	105938	5.4
出　口	万美元	144078	145099	0.7
8.金融、保险				
金融机构存款(本外币)	亿元	859.25	1027.54	19.6
#储蓄存款(本外币)	亿元	540.20	585.30	8.3
金融机构贷款(本外币)	亿元	421.30	495.49	17.6
保费总收入	亿元	15.05		-100.0
四、教育				
各级各类学校数	个	119	123	3.4
其中:普通中学	个	27	25	-7.4
小学	个	45	45	0.0
中小学在校学生	人	61637	58484	-5.1
其中:普通中学	人	26315	25248	-4.1
小学	人	30017	29225	-2.6
五、家庭、生活、环境				
1.家庭				
家庭总户数	户	368781	367769	-0.3
平均每户家庭人口	人	2.82	2.82	—
2.居住				
农村居民人均住房建筑面积	平方米	60.20	60.50	0.5
城镇居民人均住房建筑面积	平方米	53.90	54.00	0.2
3.生活				
居民人均可支配收入	元	24463	26683	9.1
城镇常住居民人均可支配收入	元	34338	37133	8.1
农村常住居民人均可支配收入	元	15827	17119	8.2
城镇非私营从业人员平均工资	元	60952	65470	7.41
4.卫生				
卫生机构数	个	453	461	1.8
其中医院	个	46	46	0.0
床位数	张	3509	3649	4.0

续表 77

指　　标	单　位	2015年	2016年	比 2015 年增减(%)
其中医院	张	2835	2975	4.9
卫生技术人员数	人	3906	4311	10.4
其中医生	人	1685	1981	17.6
5.市政建设				
自来水供应量	万吨	2558	2392	-6.5
排水管道长度	公里	586.36	608.75	3.8
年末实有道路长度	公里	253.74	257.01	1.3
6.环境				
工业废水排放量	万吨	1915	1464	-23.6
工业废气排放量	亿标立方米	162	332	104.9
工业固体废物产生量	万吨	26.94	80.40	198.4

2016年如东县国民经济主要指标占全省比重

表 78

指　　标	单　位	江　苏	如　东	如东占全省的比重(%)
一、年末常住人口	万人	7998.60	98.18	1.23
二、地区生产总值	亿元	76086.17	746.69	0.98
第一产业	亿元	4078.48	67.87	1.66
第二产业	亿元	33855.73	340.57	1.01
第三产业	亿元	38151.96	338.25	0.89
三、全社会固定资产投资	亿元	49663.21	545.42	1.10
四、公共财政预算收入	亿元	8121.23	54.41	0.67
公共财政预算支出	亿元	9990.13	102.07	1.02
五、社会消费品零售总额	亿元	28707.12	318.62	1.11
六、进出口总额	亿美元	5096.12	25.10	0.49
# 出口	亿美元	3193.44	14.51	0.45
实际利用外资	亿美元	245.43	2.94	1.20
七、年末固定电话用户	万户	1708.30		0.00
移动电话用户	万户	8198.80		0.00
八、城镇非私营从业人员平均工资	元		65470	
居民人均可支配收入	元	32070	26683	83.20
城镇居民人均可支配收入	元	40152	37133	92.48
农村居民人均可支配收入	元	17606	17119	97.23
九、城乡居民储蓄存款余额(本外币)	亿元			
十、农业主要产品产量				
粮　　食	万吨	3466.00	90.90	2.62
棉　　花	万吨	7.00	0.45	6.44
油　　料	万吨	132.00	4.02	3.05

2016年如东县定报工业企业50强排名

表79　　　　　　　　　　　　　　　　　　　　　　单位:万元

企业名称	应税销售	入库税金	综合名次
中天科技集团有限公司	921155.89	34003.88	1
江苏海力风电设备科技有限公司	133744	7614.89	2
江苏必康制药股份有限公司	128802.59	12705.15	3
江苏海宝电池科技有限公司	109841.03	9565.81	4
南通强生轻工集团有限公司	108563.40	8718.84	5
中石油江苏液化天然气有限公司	78563.37	13473.55	6
金太阳粮油股份有限公司	131131.59	3012.98	7
南通辉煌彩色钢板有限公司	232568.63	1549.07	8
江苏海上龙源风力发电有限公司	66879.07	3308.80	9
江苏三美化工有限公司	59014.88	5130.71	10
江苏龙源风力发电有限公司	44329.81	7162.75	11
江苏优嘉植物保护有限公司	66626.23	2584.57	12
如东洋口环保热电有限公司	42598.09	5396.65	13
南通恒盛精细化工有限公司	42179.35	6923.81	14
南通大东有限公司	41645.48	3832.81	15
南通正大有限公司	58055.12	1951.04	16
南通泰禾化工股份有限公司	50777.31	2110.38	17
江苏都市牧歌绒业股份有限公司	67486.74	1199.51	18
汇鸿(南通)安全用品有限公司	32237.64	3656.41	19
巴斯夫植物保护(江苏)有限公司	62838.62	1022.64	20
南通康福特纺织有限公司	53369.31	1289.04	21
如东县铁链厂有限公司	30400.94	3013.49	22
江苏利田科技股份有限公司	35673.54	2056.39	23
南通高盟新材料有限公司	33851.63	2274.26	24
江苏宇迪光学股份有限公司	30044.60	2745.78	25
南通世纪天虹纺织有限公司	31475.42	2379.08	26
亚振家具股份有限公司	24810.55	3281.60	27
江苏长青农化南通有限公司	41066.10	893.02	28
恒辉(南通)安全防护用品有限公司	27342.87	2248.47	29
江苏如通石油机械股份有限公司	23754	2912.58	30
南通万豪建材科技有限公司	26154.24	1045.56	31
精华制药集团南通有限公司	20613.46	2822.93	32
江苏瑞邦农药厂有限公司	40169.29	541.61	33
如东南天农科化工有限公司	33473.78	549.45	34
江苏世纪燎原针织有限公司	20510.61	2054.05	35

续表 79

企业名称	应税销售	入库税金	综合名次
如东协鑫环保热电有限公司	18496.97	2420.74	36
爱德士鞋业(江苏)有限公司	19169.91	2247.25	37
南通常佑药业科技有限公司	19707.12	1684.97	38
国能子金电缆南通有限公司	42057.59	420.29	39
江苏快达农化股份有限公司	73350.52	317.36	40
三一帕尔菲格特种车辆装备有限公司	17169.62	1918.61	41
南通巴大饲料有限公司	35834.81	360.08	42
江苏优普生物化学科技股份有限公司	16209.47	1881.84	43
重通成飞风电设备江苏有限公司	22924.34	526.88	44
江苏禾本生化有限公司	25022.52	459.85	45
南通金陵农化有限公司	27044.97	429.21	46
东力(南通)化工有限公司	13612.71	2426.97	47
如东天楹环保能源有限公司	17904.39	725.66	48
江苏万年长药业有限公司	14113.80	1546.40	49
南通沃兰化工有限公司	14356.73	1107.47	50

如东县全社会固定资产投资

表 80　　　　单位:万元、万平方米

指　　标	2015年	2016年	比 2015 年增减(%)
固定资产投资	4869835	5454170	12.00
按总类分			
农村投资	1329889	1379797	3.75
城镇投资	3283968	3851959	17.30
房地产开发	255978	222414	-13.11
其他投资			
按类型分			
国有经济	568294	497523	-12.45
集体经济	21981	15515	-29.42
其他经济	4279560	4941132	15.46
按构成分			
建筑安装	1864019	2783600	49.30
设备购置	2864285	2550200	-11.0
其他费用	131531	115000	-18.4
房屋建筑面积			
施工面积	416.30	433.86	4.22
其中:住宅	143.80	164.11	14.13
竣工面积	192.70	112.60	-41.57
其中:住宅	16.70	5.97	-64.26

如东县社会消费品零售总额

表 81　　　　单位：万元

项　　目	2015年	2016年	比 2015 年增减(%)
社会消费品零售总额(全社会)	2874290	3186152	10.9
一、按销售单位所在地分组：			
(一)城镇	1832397	2078186	13.4
(二)乡村	1041893	1107966	6.3
二、按行业分组：			
(一)批发业	708128	760518	7.4
1.限额以上企业(单位)	306326	366586	19.7
2.限额以下和个体	401801	393932	-2.0
⑴限额以下企业	158374	154175	-2.7
⑵个体	243427	239757	-1.5
(二)零售业	2011773	2252603	12.0
1.限额以上企业(单位)	716671	851818	18.9
2.限额以下和个体	1295102	1400785	8.2
⑴限额以下企业	201720	230804	14.4
⑵个体	1093382	1169981	7.0
(三)住宿业	15496	17476	12.8
1.限额以上企业(单位)	6586	7804	18.5
2.限额以下和个体	8909	9672	8.6
⑴限额以下企业	2485	3181	28.0
⑵个体	6424	6491	1.0
(四)餐饮业	138894	155555	12.0
1.限额以上企业(单位)	97794	109634	12.1
2.限额以下和个体	41101	45921	11.7
⑴限额以下企业	11443	12186	6.5
⑵个体	29657	33735	13.7
(五)其他			

说明：社会消费品零售总额不含其他行业直接零售额以及其他行业法人所属限额以下批零住餐产活单位

2016年如东县对外贸易主要指标

表 82

指标名称	单位	2016年	比 2015 年增减(%)
进出口总额(海关数)	万美元	251037	2.6
自营出口总额(海关数)	万美元	145099	0.7
自营进口总额(海关数)	万美元	105938	5.0
新签对外承包劳务合同额	万美元	4307	-12.0
对外承包劳务实际完成额	万美元	7048	37.0
期末实有三资企业	个	443	7.0

续表 82

指标名称	单位	2016年	比 2015 年增减(%)
新批三资企业	个	57	9.0
协议外资金额	万美元	73107	2.5
实际利用外资金额	万美元	29422	0.1

2016年如东县各镇(区)注册外资到账完成情况

表 83　　单位:万美元

镇(区)	年度指标	1—12 月实绩	占计划 (%)
马 塘 镇	500	501	100.2
岔 河 镇	500	500	100.0
双 甸 镇	500	537	107.4
河 口 镇	500	500	100.0
曹 埠 镇	500	508	101.6
丰 利 镇	300	30	10.0
新 店 镇	500	505	101.0
栟 茶 镇	500	542	108.4
袁 庄 镇	300	158	52.7
高新区	4500	3908	86.8
经济开发区	6000	6006	100.1
洋口港开发区(长沙镇)	12000	5075	42.3
沿海经济开发区(洋口镇)	10000	8427	84.3
循环经济产业园(大豫镇)	3000	1989	66.3
外向型农业综合开发区	600	1603	267.2

2016年如东县各镇(区)有效注册外资完成情况

表 84　　单位:万美元

镇(区)	年度指标	1—12 月实绩	占计划 (%)
马 塘 镇	800	1597	199.6
岔 河 镇	800	1354	169.3
双 甸 镇	800	1100	137.5
河 口 镇	800	800	100.0
曹 埠 镇	800	800	100.0
丰 利 镇	500	200	40.0
新 店 镇	800	1020	127.5
栟 茶 镇	800	874	109.3
袁 庄 镇	500	400	80.0
高新区	6500	7978	122.7
经济开发区	9000	11086	123.2
洋口港开发区(长沙镇)	15000	16558	110.4
沿海经济开发区(洋口镇)	13000	13815	106.3
循环经济产业园(大豫镇)	5000	5700	114.0
外向型农业综合开发区	1200	2700	225.0

索　引

Suoyin

说　明

1. 本索引分主题索引、表格索引和图片索引。

2. 主题索引采取主题分析检索法，按汉语拼音字母顺序排列，同字同音按声调排列，音调相同按下一字的音序排列。图片索引只标注随文图片中心词。

3. 特载、大事记内容未编入索引。附录中的表格和图片分别编入表格索引和图片索引，其他内容未编入索引。

4. 索引标引词一般采用中心词或简称，县级党政机关、事业单位和群众团体名称前未冠以"如东县"或"如东"字样。

5. 标引词后面的数字表示内容所在的页码，数字后的字母 a、b、c 分别表示左栏、中栏、右栏。

6. 栏目、分目、副分目标题用黑体字表示。

主题索引

A

B

C

D

F

G

H

J

K

L

M

N

P

Q

R

S

T

W

X

Y

图片索引

表格索引